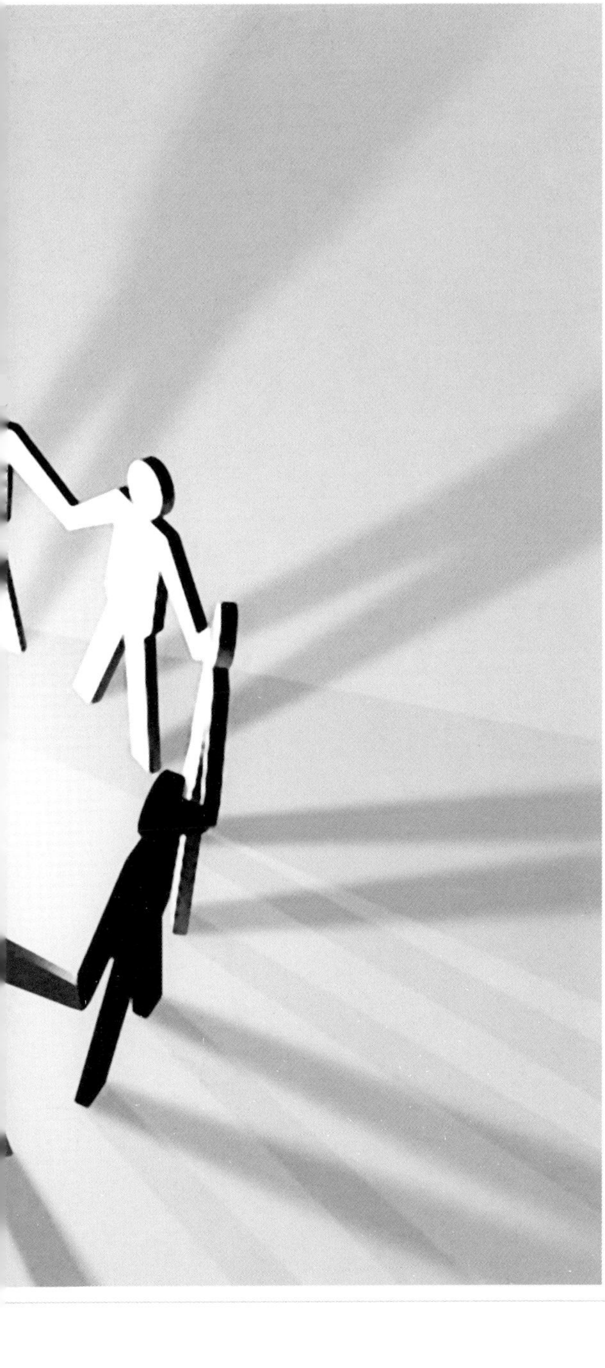

中国社会组织年鉴 2008

ZHONGGUO SHEHUI ZUZHI NIAN JIAN

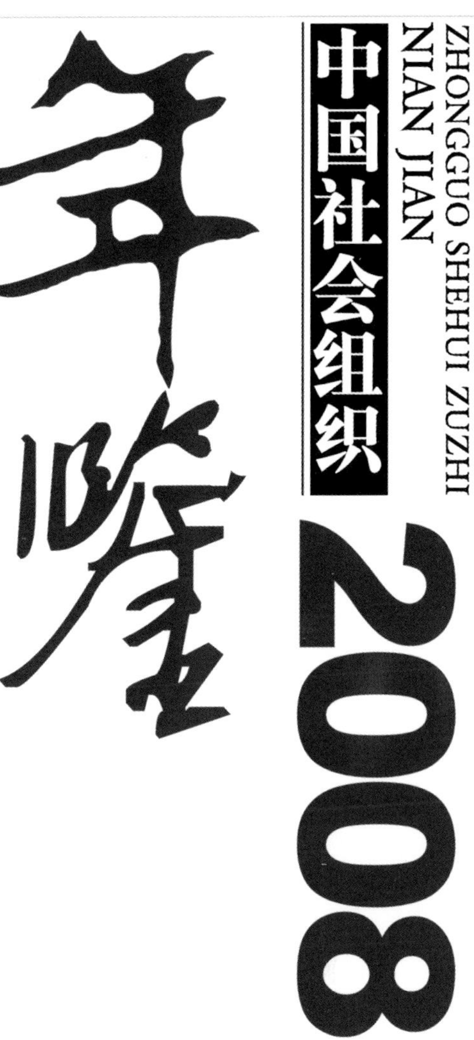

中国社会出版社

中国留学人才发展基金会在京成立

上海浦东新区政府购买医疗“第三方”服务

中国扶贫基金会重庆水灾紧急救援行动

西藏民族团结发展促进协会

举行捐资助学活动

中国内地首家县级慈善总会——

福建晋江市慈善总会成立5年筹集善款6.3亿

民政部部长李学举视察南都公益基金会

全国社会组织建设与管理工作经验交流会

全国民间组织管理工作视频会议

中国航天基金会重奖绕月探测工程有功人员

全国新社会组织党建工作取得新进展

中国国际公共关系协会获联合国"特别咨商"地位

中国社会组织年鉴 2008

中国社会组织年鉴编委会　编

中国社会出版社

编辑说明

一、《中国社会组织年鉴 2008》是由中华人民共和国民政部民间组织管理局组织、主持编纂，中国社会出版社编辑出版的全面反映我国社会组织事业发展里程和成就的大型权威性、资料性、综合性工具书。本书对社会组织登记管理机关干部、从事社会组织研究和教学的人员、社会组织各界人士，以及国际社会了解和研究我国社会组织事业的发展状况，具有重要的参考价值。

二、本书主要收录了 2007 年度中央及地方各级有关部门制定发布的有关社会组织登记管理的政策法规。

本书同时收录了民政部及部分地方省市领导的重要论述、全国和各省、自治区、直辖市及计划单列市社会组织建设与管理工作综述、有关社会组织建设、发展和管理的理论研究成果等。

本书还收录了一些社会组织健康、有序发展，在社会各领域发挥积极作用的典型案例。

三、本书大部分内容按照文件发布时间、各省、自治区、直辖市行政序列编排。在编辑过程中，得到了各省、自治区、直辖市、计划单列市的社会组织登记管理机关有关领导和同志的大力支持和积极协助，在此深表谢意。由于水平有限，难免有疏漏之处，敬请批评、指正。

四、本书由“公平发展·公共治理”项目资助出版。

《中国社会组织年鉴 2008》编辑委员会

2008 年 6 月

《中国社会组织年鉴2008》编委会名单

目　录

第一编　政 策 法 规

第二编　重要讲话和论述

第三编 工作综述

第四编　理论研究

第五编 社会组织风采

·第一编·

政策法规

社会团体登记管理条例

（中华人民共和国国务院令第 250 号
1998 年 10 月 25 日）

第一章　总　则

第一条　为了保障公民的结社自由，维护社会团体的合法权益，加强对社会团体的登记管理，促进社会主义物质文明、精神文明建设，制定本条例。

第二条　本条例所称社会团体，是指中国公民自愿组成，为实现会员共同意愿，按照其章程开展活动的非营利性社会组织。

国家机关以外的组织可以作为单位会员加入社会团体。

第三条　成立社会团体，应当经其业务主管单位审查同意，并依照本条例的规定进行登记。

社会团体应当具备法人条件。

下列团体不属于本条例规定登记的范围：

（一）参加中国人民政治协商会议的人民团体；

（二）由国务院机构编制管理机关核定，并经国务院批准免于登记的团体；

（三）机关、团体、企业事业单位内部经本单位批准成立、在本单位内部活动的团体。

第四条　社会团体必须遵守宪法、法律、法规和国家政策，不得反对宪法确定的基本原则，不得危害国家的统一、安全和民族的团结，不得损害国家利益、社会公共利益以及其他组织和公民的合法权益，不得违背社会道德风尚。

社会团体不得从事营利性经营活动。

第五条　国家保护社会团体依照法律、法规及其章程开展活动，任何组织和个人不得非法干涉。

第六条　国务院民政部门和县级以上地方各级人民政府民政部门是本级人民政府的社会团体登记管理机关（以下简称登记管理机关）。

国务院有关部门和县级以上地方各级人民政府有关部门、国务院或者县级以上地方各级人民政府授权的组织，是有关行业、学科或者业务范围内社会团体的业务主管单位（以下简称业务主管单位）。

法律、行政法规对社会团体的监督管理另有规定的，依照有关法律、行政法规的规定执行。

第二章　管　辖

第七条　全国性的社会团体，由国务院的登记管理机关负责登记管理；地方性的社会团体，由所在地人民政府的登记管理机关负责登记管理；跨行政区域的社会团体，由所跨行政区域的共同上一级人民政府的登记管理机关负责登记管理。

第八条　登记管理机关、业务主管单位与其管辖的社会团体的住所不在一地的，可以委托社会团体住所地的登记管理机关、业务主管单位负责委托范围内的监督管理工作。

第三章　成立登记

第九条　申请成立社会团体，应当经其业务主管单位审查同意，由发起人向登记管理机关申请筹备。

第十条　成立社会团体，应当具备下列条件：

（一）有50个以上的个人会员或者30个以上的单位会员；个人会员、单位会员混合组成的，会员总数不得少于50个；

（二）有规范的名称和相应的组织机构；

（三）有固定的住所；

（四）有与其业务活动相适应的专职工作人员；

（五）有合法的资产和经费来源，全国性的社会团体有10万元以上活动资金，地方性的社会团体和跨行政区域的社会团体有3万元以上活动资金；

（六）有独立承担民事责任的能力。

社会团体的名称应当符合法律、法规的规定，不得违背社会道德风尚。社会团体的名称应当与其业务范围、成员分布、活动地域相一致，准确反映其特征。全国性的社会团体的名称冠以“中国”、“全国”、“中华”等字样的，应当按照国家有关规定经过批准，地方性的社会团体的名称不得冠以“中国”、“全国”、“中华”等字样。

第十一条　申请筹备成立社会团体，发起人应当向登记管理机关提交下列文件：

（一）筹备申请书；

（二）业务主管单位的批准文件；

（三）验资报告、场所使用权证明；

（四）发起人和拟任负责人的基本情况、身份证明；

（五）章程草案。

第十二条 登记管理机关应当自收到本条例第十一条所列全部有效文件之日起60日内，作出批准或者不批准筹备的决定；不批准的，应当向发起人说明理由。

第十三条 有下列情形之一的，登记管理机关不予批准筹备：

（一）有根据证明申请筹备的社会团体的宗旨、业务范围不符合本条例第四条的规定的；

（二）在同一行政区域内已有业务范围相同或者相似的社会团体，没有必要成立的；

（三）发起人、拟任负责人正在或者曾经受到剥夺政治权利的刑事处罚，或者不具有完全民事行为能力的；

（四）在申请筹备时弄虚作假的；

（五）有法律、行政法规禁止的其他情形的。

第十四条 筹备成立的社会团体，应当自登记管理机关批准筹备之日起6个月内召开会员大会或者会员代表大会，通过章程，产生执行机构、负责人和法定代表人，并向登记管理机关申请成立登记。筹备期间不得开展筹备以外的活动。

社会团体的法定代表人，不得同时担任其他社会团体的法定代表人。

第十五条 社会团体的章程应当包括下列事项：

（一）名称、住所；

（二）宗旨、业务范围和活动地域；

（三）会员资格及其权利、义务；

（四）民主的组织管理制度，执行机构的产生程序；

（五）负责人的条件和产生、罢免的程序；

（六）资产管理和使用的原则；

（七）章程的修改程序；

（八）终止程序和终止后资产的处理；

（九）应当由章程规定的其他事项。

第十六条 登记管理机关应当自收到完成筹备工作的社会团体的登记

申请书及有关文件之日起30日内完成审查工作。对没有本条例第十三条所列情形，且筹备工作符合要求、章程内容完备的社会团体，准予登记，发给《社会团体法人登记证书》。登记事项包括：

（一）名称；

（二）住所；

（三）宗旨、业务范围和活动地域；

（四）法定代表人；

（五）活动资金；

（六）业务主管单位。

对不予登记的，应当将不予登记的决定通知申请人。

第十七条 依照法律规定，自批准成立之日起即具有法人资格的社会团体，应当自批准成立之日起60日内向登记管理机关备案。登记管理机关自收到备案文件之日起30日内发给《社会团体法人登记证书》。

社会团体备案事项，除本条例第十六条所列事项外，还应当包括业务主管单位依法出具的批准文件。

第十八条 社会团体凭《社会团体法人登记证书》申请刻制印章，开立银行账户。社会团体应当将印章式样和银行账号报登记管理机关备案。

第十九条 社会团体成立后拟设立分支机构、代表机构的，应当经业务主管单位审查同意，向登记管理机关提交有关分支机构、代表机构的名称、业务范围、场所和主要负责人等情况的文件，申请登记。

社会团体的分支机构、代表机构是社会团体的组成部分，不具有法人资格，应当按照其所属于的社会团体的章程所规定的宗旨和业务范围，在该社会团体授权的范围内开展活动、发展会员。社会团体的分支机构不得再设立分支机构。

社会团体不得设立地域性的分支机构。

第四章　变更登记、注销登记

第二十条 社会团体的登记事项、备案事项需要变更的，应当自业务主管单位审查同意之日起30日内，向登记管理机关申请变更登记、变更备案（以下统称变更登记）。

社会团体修改章程，应当自业务主管单位审查同意之日起30日内，报登记管理机关核准。

第二十一条 社会团体有下列情形之一的，应当在业务主管单位审查同意后，向登记管理机关申请注销登记、注销备案（以下统称注销登记）：

（一）完成社会团体章程规定的宗旨的；

（二）自行解散的；

（三）分立、合并的；

（四）由于其他原因终止的。

第二十二条 社会团体在办理注销登记前，应当在业务主管单位及其他有关机关的指导下，成立清算组织，完成清算工作。清算期间，社会团体不得开展清算以外的活动。

第二十三条 社会团体应当自清算结束之日起15日内向登记管理机关办理注销登记。办理注销登记，应当提交法定代表人签署的注销登记申请书、业务主管单位的审查文件和清算报告书。

登记管理机关准予注销登记的，发给注销证明文件，收缴该社会团体的登记证书、印章和财务凭证。

第二十四条 社会团体撤销其所属分支机构、代表机构的，经业务主管单位审查同意后，办理注销手续。

社会团体注销的，其所属分支机构、代表机构同时注销。

第二十五条 社会团体处分注销后的剩余财产，按照国家有关规定办理。

第二十六条 社会团体成立、注销或者变更名称、住所、法定代表人，由登记管理机关予以公告。

第五章 监督管理

第二十七条 登记管理机关履行下列监督管理职责：

（一）负责社会团体的成立、变更、注销的登记或者备案；

（二）对社会团体实施年度检查；

（三）对社会团体违反本条例的问题进行监督检查，对社会团体违反本条例的行为给予行政处罚。

第二十八条 业务主管单位履行下列监督管理职责：

（一）负责社会团体筹备申请、成立登记、变更登记、注销登记前的审查；

（二）监督、指导社会团体遵守宪法、法律、法规和国家政策，依据其章程开展活动；

（三）负责社会团体年度检查的初审；

（四）协助登记管理机关和其他有关部门查处社会团体的违法行为；

（五）会同有关机关指导社会团体的清算事宜。

业务主管单位履行前款规定的职责，不得向社会团体收取费用。

第二十九条 社会团体的资产来源必须合法，任何单位和个人不得侵占、私分或者挪用社会团体的资产。

社会团体的经费，以及开展章程规定的活动按照国家有关规定所取得的合法收入，必须用于章程规定的业务活动，不得在会员中分配。

社会团体接受捐赠、资助，必须符合章程规定的宗旨和业务范围，必须根据与捐赠人、资助人约定的期限、方式和合法用途使用。社会团体应当向业务主管单位报告接受、使用捐赠、资助的有关情况，并应当将有关情况以适当方式向社会公布。

社会团体专职工作人员的工资和保险福利待遇，参照国家对事业单位的有关规定执行。

第三十条 社会团体必须执行国家规定的财务管理制度，接受财政部门的监督；资产来源属于国家拨款或者社会捐赠、资助的，还应当接受审计机关的监督。

社会团体在换届或者更换法定代表人之前，登记管理机关、业务主管单位应当组织对其进行财务审计。

第三十一条 社会团体应当于每年 3 月 31 日前向业务主管单位报送上一年度的工作报告，经业务主管单位初审同意后，于5 月 31 日前报送登记管理机关，接受年度检查。工作报告的内容包括：本社会团体遵守法律法规和国家政策的情况、依照本条例履行登记手续的情况、按照章程开展活动的情况、人员和机构变动的情况以及财务管理的情况。

对于依照本条例第十七条的规定发给《社会团体法人登记证书》的社会团体，登记管理机关对其应当简化年度检查的内容。

第六章 罚 则

第三十二条 社会团体在申请登记时弄虚作假，骗取登记的，或者自取得《社会团体法人登记证书》之日起 1 年未开展活动的，由登记管理机关予以撤销登记。

第三十三条 社会团体有下列情形之一的，由登记管理机关给予警告，责令改正，可以限期停止活动，并可以责令撤换直接负责的主管人员；情节严重的，予以撤销登记；构成犯罪的，依法追究刑事责任：

（一）涂改、出租、出借《社会团体法人登记证书》，或者出租、出借社会团体印章的；

（二）超出章程规定的宗旨和业务范围进行活动的；

（三）拒不接受或者不按照规定接受监督检查的；

（四）不按照规定办理变更登记的；

（五）擅自设立分支机构、代表机构，或者对分支机构、代表机构疏于管理，造成严重后果的；

（六）从事营利性的经营活动的；

（七）侵占、私分、挪用社会团体资产或者所接受的捐赠、资助的；

（八）违反国家有关规定收取费用、筹集资金或者接受、使用捐赠、资助的。

前款规定的行为有违法经营额或者违法所得的，予以没收，可以并处违法经营额1倍以上3倍以下或者违法所得3倍以上5倍以下的罚款。

第三十四条 社会团体的活动违反其他法律、法规的，由有关国家机关依法处理；有关国家机关认为应当撤销登记的，由登记管理机关撤销登记。

第三十五条 未经批准，擅自开展社会团体筹备活动，或者未经登记，擅自以社会团体名义进行活动，以及被撤销登记的社会团体继续以社会团体名义进行活动的，由登记管理机关予以取缔，没收非法财产；构成犯罪的，依法追究刑事责任；尚不构成犯罪的，依法给予治安管理处罚。

第三十六条 社会团体被责令限期停止活动的，由登记管理机关封存《社会团体法人登记证书》、印章和财务凭证。

社会团体被撤销登记的，由登记管理机关收缴《社会团体法人登记证书》和印章。

第三十七条 登记管理机关、业务主管单位的工作人员滥用职权、徇私舞弊、玩忽职守构成犯罪的，依法追究刑事责任；尚不构成犯罪的，依法给予行政处分。

第七章 附 则

第三十八条 《社会团体法人登记证书》的式样由国务院民政部门制定。

对社会团体进行年度检查不得收取费用。

第三十九条 本条例施行前已经成立的社会团体，应当自本条例施行之日起1年内依照本条例有关规定申请重新登记。

第四十条 本条例自发布之日起施行。1989年10月25日国务院发布的《社会团体登记管理条例》同时废止。

民办非企业单位登记管理暂行条例

（中华人民共和国国务院令第 251 号
1998 年 10 月 25 日）

第一章 总 则

第一条 为了规范民办非企业单位的登记管理，保障民办非企业单位的合法权益，促进社会主义物质文明、精神文明建设，制定本条例。

第二条 本条例所称民办非企业单位，是指企业事业单位、社会团体和其他社会力量以及公民个人利用非国有资产举办的，从事非营利性社会服务活动的社会组织。

第三条 成立民办非企业单位，应当经其业务主管单位审查同意，并依照本条例的规定登记。

第四条 民办非企业单位应当遵守宪法、法律、法规和国家政策，不得反对宪法确定的基本原则，不得危害国家的统一、安全和民族的团结，不得损害国家利益、社会公共利益以及其他社会组织和公民的合法权益，不得违背社会道德风尚。

民办非企业单位不得从事营利性经营活动。

第五条 国务院民政部门和县级以上地方各级人民政府民政部门是本级人民政府的民办非企业单位登记管理机关（以下简称登记管理机关）。

国务院有关部门和县级以上地方各级人民政府的有关部门、国务院或者县级以上地方各级人民政府授权的组织，是有关行业、业务范围内民办非企业单位的业务主管单位（以下简称业务主管单位）。

法律、行政法规对民办非企业单位的监督管理另有规定的，依照有关法律、行政法规的规定执行。

第二章 管 辖

第六条 登记管理机关负责同级业务主管单位审查同意的民办非企业单位的登记管理。

第七条 登记管理机关、业务主管单位与其管辖的民办非企业单位的住所不在一地的，可以委托民办非企业单位住所地的登记管理机关、业务主管单位负责委托范围内的监督管理工作。

第三章 登 记

第八条 申请登记民办非企业单位，应当具备下列条件：

（一）经业务主管单位审查同意；

（二）有规范的名称、必要的组织机构；

（三）有与其业务活动相适应的从业人员；

（四）有与其业务活动相适应的合法财产；

（五）有必要的场所。

民办非企业单位的名称应当符合国务院民政部门的规定，不得冠以“中国”、“全国”、“中华”等字样。

第九条 申请民办非企业单位登记，举办者应当向登记管理机关提交下列文件：

（一）登记申请书；

（二）业务主管单位的批准文件；

（三）场所使用权证明；

（四）验资报告；

（五）拟任负责人的基本情况、身份证明；

（六）章程草案。

第十条 民办非企业单位的章程应当包括下列事项：

（一）名称、住所；

（二）宗旨和业务范围；

（三）组织管理制度；

（四）法定代表人或者负责人的产生、罢免的程序；

（五）资产管理和使用的原则；

（六）章程的修改程序；

（七）终止程序和终止后资产的处理；

（八）需要由章程规定的其他事项。

第十一条 登记管理机关应当自收到成立登记申请的全部有效文件之日起 60 日内作出准予登记或者不予登记的决定。

有下列情形之一的，登记管理机关不予登记，并向申请人说明理由：

（一）有根据证明申请登记的民办非企业单位的宗旨、业务范围不符合本条例第四条规定的；

（二）在申请成立时弄虚作假的；

（三）在同一行政区域内已有业务范围相同或者相似的民办非企业单位，没有必要成立的；

（四）拟任负责人正在或者曾经受到剥夺政治权利的刑事处罚，或者不具有完全民事行为能力的；

（五）有法律、行政法规禁止的其他情形的。

第十二条 准予登记的民办非企业单位，由登记管理机关登记民办非企业单位的名称、住所、宗旨和业务范围、法定代表人或者负责人、开办资金、业务主管单位，并根据其依法承担民事责任的不同方式，分别发给《民办非企业单位（法人）登记证书》、《民办非企业单位（合伙）登记证书》、《民办非企业单位（个体）登记证书》。

依照法律、其他行政法规规定，经有关主管部门依法审核或者登记，已经取得相应的执业许可证书的民办非企业单位，登记管理机关应当简化登记手续，凭有关主管部门出具的执业许可证明文件，发给相应的民办非企业单位登记证书。

第十三条 民办非企业单位不得设立分支机构。

第十四条 民办非企业单位凭登记证书申请刻制印章，开立银行账户。民办非企业单位应当将印章式样、银行账号报登记管理机关备案。

第十五条 民办非企业单位的登记事项需要变更的，应当自业务主管单位审查同意之日起30日内，向登记管理机关申请变更登记。

民办非企业单位修改章程，应当自业务主管单位审查同意之日起30日内，报登记管理机关核准。

第十六条 民办非企业单位自行解散的，分立、合并的，或者由于其他原因需要注销登记的，应当向登记管理机关办理注销登记。

民办非企业单位在办理注销登记前，应当在业务主管单位和其他有关机关的指导下，成立清算组织，完成清算工作。清算期间，民办非企业单位不得开展清算以外的活动。

第十七条 民办非企业单位法定代表人或者负责人应当自完成清算之日起15日内，向登记管理机关办理注销登记。办理注销登记，须提交注销登记申请书、业务主管单位的审查文件和清算报告。

登记管理机关准予注销登记的，发给注销证明文件，收缴登记证书、印章和财务凭证。

第十八条 民办非企业单位成立、注销以及变更名称、住所、法定代表人或者负责人，由登记管理机关予以公告。

第四章　监督管理

第十九条　登记管理机关履行下列监督管理职责：

（一）负责民办非企业单位的成立、变更、注销登记；

（二）对民办非企业单位实施年度检查；

（三）对民办非企业单位违反本条例的问题进行监督检查，对民办非企业单位违反本条例的行为给予行政处罚。

第二十条　业务主管单位履行下列监督管理职责：

（一）负责民办非企业单位成立、变更、注销登记前的审查；

（二）监督、指导民办非企业单位遵守宪法、法律、法规和国家政策，按照章程开展活动；

（三）负责民办非企业单位年度检查的初审；

（四）协助登记管理机关和其他有关部门查处民办非企业单位的违法行为；

（五）会同有关机关指导民办非企业单位的清算事宜。

业务主管单位履行前款规定的职责，不得向民办非企业单位收取费用。

第二十一条　民办非企业单位的资产来源必须合法，任何单位和个人不得侵占、私分或者挪用民办非企业单位的资产。

民办非企业单位开展章程规定的活动，按照国家有关规定取得的合法收入，必须用于章程规定的业务活动。

民办非企业单位接受捐赠、资助，必须符合章程规定的宗旨和业务范围，必须根据与捐赠人、资助人约定的期限、方式和合法用途使用。民办非企业单位应当向业务主管单位报告接受、使用捐赠、资助的有关情况，并应当将有关情况以适当方式向社会公布。

第二十二条　民办非企业单位必须执行国家规定的财务管理制度，接受财政部门的监督；资产来源属于国家资助或者社会捐赠、资助的，还应当接受审计机关的监督。

民办非企业单位变更法定代表人或者负责人，登记管理机关、业务主管单位应当组织对其进行财务审计。

第二十三条　民办非企业单位应当于每年3月31日前向业务主管单位报送上一年度的工作报告，经业务主管单位初审同意后，于5月31日前报送登记管理机关，接受年度检查。工作报告内容包括：本民办非企业单位遵守法律法规和国家政策的情况、依照本条例履行登记手续的情况、按照章程开展活动的情况、人员和机构变动的情况以及财务管理的情况。

对于依照本条例第十二条第二款的规定发给登记证书的民办非企业单位，登记管理机关对其应当简化年度检查的内容。

第五章　罚　则

第二十四条　民办非企业单位在申请登记时弄虚作假，骗取登记的，或者业务主管单位撤销批准的，由登记管理机关予以撤销登记。

第二十五条　民办非企业单位有下列情形之一的，由登记管理机关予以警告，责令改正，可以限期停止活动；情节严重的，予以撤销登记；构成犯罪的，依法追究刑事责任：

（一）涂改、出租、出借民办非企业单位登记证书，或者出租、出借民办非企业单位印章的；

（二）超出其章程规定的宗旨和业务范围进行活动的；

（三）拒不接受或者不按照规定接受监督检查的；

（四）不按照规定办理变更登记的；

（五）设立分支机构的；

（六）从事营利性的经营活动的；

（七）侵占、私分、挪用民办非企业单位的资产或者所接受的捐赠、资助的；

（八）违反国家有关规定收取费用、筹集资金或者接受使用捐赠、资助的。

前款规定的行为有违法经营额或者违法所得的，予以没收，可以并处违法经营额1倍以上3倍以下或者违法所得3倍以上5倍以下的罚款。

第二十六条　民办非企业单位的活动违反其他法律、法规的，由有关国家机关依法处理；有关国家机关认为应当撤销登记的，由登记管理机关撤销登记。

第二十七条　未经登记，擅自以民办非企业单位名义进行活动的，或者被撤销登记的民办非企业单位继续以民办非企业单位名义进行活动的，由登记管理机关予以取缔，没收非法财产；构成犯罪的，依法追究刑事责任；尚不构成犯罪的，依法给予治安管理处罚。

第二十八条　民办非企业单位被限期停止活动的，由登记管理机关封存其登记证书、印章和财务凭证。

民办非企业单位被撤销登记的，由登记管理机关收缴登记证书和印章。

第二十九条 登记管理机关、业务主管单位的工作人员滥用职权、徇私舞弊、玩忽职守构成犯罪的，依法追究刑事责任；尚不构成犯罪的，依法给予行政处分。

第六章 附 则

第三十条 民办非企业单位登记证书的式样由国务院民政部门制定。

对民办非企业单位进行年度检查不得收取费用。

第三十一条 本条例施行前已经成立的民办非企业单位，应当自本条例实施之日起1年内依照本条例有关规定申请登记。

第三十二条 本条例自发布之日起施行。

基金会管理条例

（中华人民共和国国务院令第400号
2004年3月8日）

第一章 总 则

第一条 为了规范基金会的组织和活动，维护基金会、捐赠人和受益人的合法权益，促进社会力量参与公益事业，制定本条例。

第二条 本条例所称基金会，是指利用自然人、法人或者其他组织捐赠的财产，以从事公益事业为目的，按照本条例的规定成立的非营利性法人。

第三条 基金会分为面向公众募捐的基金会（以下简称公募基金会）和不得面向公众募捐的基金会（以下简称非公募基金会）。公募基金会按照募捐的地域范围，分为全国性公募基金会和地方性公募基金会。

第四条 基金会必须遵守宪法、法律、法规、规章和国家政策，不得危害国家安全、统一和民族团结，不得违背社会公德。

第五条 基金会依照章程从事公益活动，应当遵循公开、透明的原则。

第六条 国务院民政部门和省、自治区、直辖市人民政府民政部门是基金会的登记管理机关。

国务院民政部门负责下列基金会、基金会代表机构的登记管理工作：

（一）全国性公募基金会；

（二）拟由非内地居民担任法定代表人的基金会；

（三）原始基金超过 2000 万元，发起人向国务院民政部门提出设立申请的非公募基金会；

（四）境外基金会在中国内地设立的代表机构。

省、自治区、直辖市人民政府民政部门负责本行政区域内地方性公募基金会和不属于前款规定情况的非公募基金会的登记管理工作。

第七条 国务院有关部门或者国务院授权的组织，是国务院民政部门登记的基金会、境外基金会代表机构的业务主管单位。

省、自治区、直辖市人民政府有关部门或者省、自治区、直辖市人民政府授权的组织，是省、自治区、直辖市人民政府民政部门登记的基金会的业务主管单位。

第二章 设立、变更和注销

第八条 设立基金会，应当具备下列条件：

（一）为特定的公益目的而设立；

（二）全国性公募基金会的原始基金不低于 800 万元人民币，地方性公募基金会的原始基金不低于 400 万元人民币，非公募基金会的原始基金不低于 200 万元人民币；原始基金必须为到账货币资金；

（三）有规范的名称、章程、组织机构以及与其开展活动相适应的专职工作人员；

（四）有固定的住所；

（五）能够独立承担民事责任。

第九条 申请设立基金会，申请人应当向登记管理机关提交下列文件：

（一）申请书；

（二）章程草案；

（三）验资证明和住所证明；

（四）理事名单、身份证明以及拟任理事长、副理事长、秘书长简历；

（五）业务主管单位同意设立的文件。

第十条 基金会章程必须明确基金会的公益性质，不得规定使特定自然人、法人或者其他组织受益的内容。

基金会章程应当载明下列事项：

（一）名称及住所；

（二）设立宗旨和公益活动的业务范围；

（三）原始基金数额；

（四）理事会的组成、职权和议事规则，理事的资格、产生程序和任期；

（五）法定代表人的职责；

（六）监事的职责、资格、产生程序和任期；

（七）财务会计报告的编制、审定制度；

（八）财产的管理、使用制度；

（九）基金会的终止条件、程序和终止后财产的处理。

第十一条 登记管理机关应当自收到本条例第九条所列全部有效文件之日起60日内，作出准予或者不予登记的决定。准予登记的，发给《基金会法人登记证书》；不予登记的，应当书面说明理由。

基金会设立登记的事项包括：名称、住所、类型、宗旨、公益活动的业务范围、原始基金数额和法定代表人。

第十二条 基金会拟设立分支机构、代表机构的，应当向原登记管理机关提出登记申请，并提交拟设机构的名称、住所和负责人等情况的文件。

登记管理机关应当自收到前款所列全部有效文件之日起60日内作出准予或者不予登记的决定。准予登记的，发给《基金会分支（代表）机构登记证书》；不予登记的，应当书面说明理由。

基金会分支机构、基金会代表机构设立登记的事项包括：名称、住所、公益活动的业务范围和负责人。

基金会分支机构、基金会代表机构依据基金会的授权开展活动，不具有法人资格。

第十三条 境外基金会在中国内地设立代表机构，应当经有关业务主管单位同意后，向登记管理机关提交下列文件：

（一）申请书；

（二）基金会在境外依法登记成立的证明和基金会章程；

（三）拟设代表机构负责人身份证明及简历；

（四）住所证明；

（五）业务主管单位同意在中国内地设立代表机构的文件。

登记管理机关应当自收到前款所列全部有效文件之日起60日内，作出准予或者不予登记的决定。准予登记的，发给《境外基金会代表机构登记证书》；不予登记的，应当书面说明理由。

境外基金会代表机构设立登记的事项包括：名称、住所、公益活动的业务范围和负责人。

境外基金会代表机构应当从事符合中国公益事业性质的公益活动。境外基金会对其在中国内地代表机构的民事行为，依照中国法律承担民事责任。

第十四条 基金会、境外基金会代表机构依照本条例登记后，应当依法办理税务登记。

基金会、境外基金会代表机构，凭登记证书依法申请组织机构代码、刻制印章、开立银行账户。

基金会、境外基金会代表机构应当将组织机构代码、印章式样、银行账号以及税务登记证件复印件报登记管理机关备案。

第十五条 基金会、基金会分支机构、基金会代表机构和境外基金会代表机构的登记事项需要变更的，应当向登记管理机关申请变更登记。

基金会修改章程，应当征得其业务主管单位的同意，并报登记管理机关核准。

第十六条 基金会、境外基金会代表机构有下列情形之一的，应当向登记管理机关申请注销登记：

（一）按照章程规定终止的；

（二）无法按照章程规定的宗旨继续从事公益活动的；

（三）由于其他原因终止的。

第十七条 基金会撤销其分支机构、代表机构的，应当向登记管理机关办理分支机构、代表机构的注销登记。

基金会注销的，其分支机构、代表机构同时注销。

第十八条 基金会在办理注销登记前，应当在登记管理机关、业务主管单位的指导下成立清算组织，完成清算工作。

基金会应当自清算结束之日起 15 日内向登记管理机关办理注销登记；在清算期间不得开展清算以外的活动。

第十九条 基金会、基金会分支机构、基金会代表机构以及境外基金会代表机构的设立、变更、注销登记，由登记管理机关向社会公告。

第三章 组织机构

第二十条 基金会设理事会，理事为 5 人至 25 人，理事任期由章程规定，但每届任期不得超过 5 年。理事任期届满，连选可以连任。

用私人财产设立的非公募基金会，相互间有近亲属关系的基金会理事，总数不得超过理事总人数的三分之一；其他基金会，具有近亲属关系的不得同时在理事会任职。

在基金会领取报酬的理事不得超过理事总人数的三分之一。

理事会设理事长、副理事长和秘书长，从理事中选举产生，理事长是基金会的法定代表人。

第二十一条 理事会是基金会的决策机构，依法行使章程规定的职权。

理事会每年至少召开2次会议。理事会会议须有三分之二以上理事出席方能召开；理事会决议须经出席理事过半数通过方为有效。

下列重要事项的决议，须经出席理事表决，三分之二以上通过方为有效：

（一）章程的修改；

（二）选举或者罢免理事长、副理事长、秘书长；

（三）章程规定的重大募捐、投资活动；

（四）基金会的分立、合并。

理事会会议应当制作会议记录，并由出席理事审阅、签名。

第二十二条 基金会设监事。监事任期与理事任期相同。理事、理事的近亲属和基金会财会人员不得兼任监事。

监事依照章程规定的程序检查基金会财务和会计资料，监督理事会遵守法律和章程的情况。

监事列席理事会会议，有权向理事会提出质询和建议，并应当向登记管理机关、业务主管单位以及税务、会计主管部门反映情况。

第二十三条 基金会理事长、副理事长和秘书长不得由现职国家工作人员兼任。基金会的法定代表人，不得同时担任其他组织的法定代表人。公募基金会和原始基金来自中国内地的非公募基金会的法定代表人，应当由内地居民担任。

因犯罪被判处管制、拘役或者有期徒刑，刑期执行完毕之日起未逾5年的，因犯罪被判处剥夺政治权利正在执行期间或者曾经被判处剥夺政治权利的，以及曾在因违法被撤销登记的基金会担任理事长、副理事长或者秘书长，且对该基金会的违法行为负有个人责任，自该基金会被撤销之日起未逾5年的，不得担任基金会的理事长、副理事长或者秘书长。

基金会理事遇有个人利益与基金会利益关联时，不得参与相关事宜的决策；基金会理事、监事及其近亲属不得与其所在的基金会有任何交易行为。

监事和未在基金会担任专职工作的理事不得从基金会获取报酬。

第二十四条 担任基金会理事长、副理事长或者秘书长的香港居民、澳门居民、台湾居民、外国人以及境外基金会代表机构的负责人，每年在中国内地居留时间不得少于3个月。

第四章 财产的管理和使用

第二十五条 基金会组织募捐、接受捐赠，应当符合章程规定的宗旨和公益活动的业务范围。境外基金会代表机构不得在中国境内组织募捐、接受捐赠。

公募基金会组织募捐，应当向社会公布募得资金后拟开展的公益活动和资金的详细使用计划。

第二十六条 基金会及其捐赠人、受益人依照法律、行政法规的规定享受税收优惠。

第二十七条 基金会的财产及其他收入受法律保护，任何单位和个人不得私分、侵占、挪用。

基金会应当根据章程规定的宗旨和公益活动的业务范围使用其财产；捐赠协议明确了具体使用方式的捐赠，根据捐赠协议的约定使用。

接受捐赠的物资无法用于符合其宗旨的用途时，基金会可以依法拍卖或者变卖，所得收入用于捐赠目的。

第二十八条 基金会应当按照合法、安全、有效的原则实现基金的保值、增值。

第二十九条 公募基金会每年用于从事章程规定的公益事业支出，不得低于上一年总收入的70%；非公募基金会每年用于从事章程规定的公益事业支出，不得低于上一年基金余额的8%。

基金会工作人员工资福利和行政办公支出不得超过当年总支出的10%。

第三十条 基金会开展公益资助项目，应当向社会公布所开展的公益资助项目种类以及申请、评审程序。

第三十一条 基金会可以与受助人签订协议，约定资助方式、资助数额以及资金用途和使用方式。

基金会有权对资助的使用情况进行监督。受助人未按协议约定使用资助或者有其他违反协议情形的，基金会有权解除资助协议。

第三十二条 基金会应当执行国家统一的会计制度，依法进行会计核算、建立健全内部会计监督制度。

第三十三条　基金会注销后的剩余财产应当按照章程的规定用于公益目的；无法按照章程规定处理的，由登记管理机关组织捐赠给与该基金会性质、宗旨相同的社会公益组织，并向社会公告。

第五章　监督管理

第三十四条　基金会登记管理机关履行下列监督管理职责：

（一）对基金会、境外基金会代表机构实施年度检查；

（二）对基金会、境外基金会代表机构依照本条例及其章程开展活动的情况进行日常监督管理；

（三）对基金会、境外基金会代表机构违反本条例的行为依法进行处罚。

第三十五条　基金会业务主管单位履行下列监督管理职责：

（一）指导、监督基金会、境外基金会代表机构依据法律和章程开展公益活动；

（二）负责基金会、境外基金会代表机构年度检查的初审；

（三）配合登记管理机关、其他执法部门查处基金会、境外基金会代表机构的违法行为。

第三十六条　基金会、境外基金会代表机构应当于每年 3 月 31 日前向登记管理机关报送上一年度工作报告，接受年度检查。年度工作报告在报送登记管理机关前应当经业务主管单位审查同意。

年度工作报告应当包括：财务会计报告、注册会计师审计报告，开展募捐、接受捐赠、提供资助等活动的情况以及人员和机构的变动情况等。

第三十七条　基金会应当接受税务、会计主管部门依法实施的税务监督和会计监督。

基金会在换届和更换法定代表人之前，应当进行财务审计。

第三十八条　基金会、境外基金会代表机构应当在通过登记管理机关的年度检查后，将年度工作报告在登记管理机关指定的媒体上公布，接受社会公众的查询、监督。

第三十九条　捐赠人有权向基金会查询捐赠财产的使用、管理情况，并提出意见和建议。对于捐赠人的查询，基金会应当及时如实答复。

基金会违反捐赠协议使用捐赠财产的，捐赠人有权要求基金会遵守捐赠协议或者向人民法院申请撤销捐赠行为、解除捐赠协议。

第六章　法律责任

第四十条　未经登记或者被撤销登记后以基金会、基金会分支机构、基金会代表机构或者境外基金会代表机构名义开展活动的，由登记管理机关予以取缔，没收非法财产并向社会公告。

第四十一条　基金会、基金会分支机构、基金会代表机构或者境外基金会代表机构有下列情形之一的，登记管理机关应当撤销登记：

（一）在申请登记时弄虚作假骗取登记的，或者自取得登记证书之日起12个月内未按章程规定开展活动的；

（二）符合注销条件，不按照本条例的规定办理注销登记仍继续开展活动的。

第四十二条　基金会、基金会分支机构、基金会代表机构或者境外基金会代表机构有下列情形之一的，由登记管理机关给予警告、责令停止活动；情节严重的，可以撤销登记：

（一）未按照章程规定的宗旨和公益活动的业务范围进行活动的；

（二）在填制会计凭证、登记会计账簿、编制财务会计报告中弄虚作假的；

（三）不按照规定办理变更登记的；

（四）未按照本条例的规定完成公益事业支出额度的；

（五）未按照本条例的规定接受年度检查，或者年度检查不合格的；

（六）不履行信息公布义务或者公布虚假信息的。

基金会、境外基金会代表机构有前款所列行为的，登记管理机关应当提请税务机关责令补交违法行为存续期间所享受的税收减免。

第四十三条　基金会理事会违反本条例和章程规定决策不当，致使基金会遭受财产损失的，参与决策的理事应当承担相应的赔偿责任。

基金会理事、监事以及专职工作人员私分、侵占、挪用基金会财产的，应当退还非法占用的财产；构成犯罪的，依法追究刑事责任。

第四十四条　基金会、境外基金会代表机构被责令停止活动的，由登记管理机关封存其登记证书、印章和财务凭证。

第四十五条　登记管理机关、业务主管单位工作人员滥用职权、玩忽职守、徇私舞弊，构成犯罪的，依法追究刑事责任；尚不构成犯罪的，依法给予行政处分或者纪律处分。

第七章　附　则

第四十六条　本条例所称境外基金会，是指在外国以及中华人民共和国香港特别行政区、澳门特别行政区和台湾地区合法成立的基金会。

第四十七条　基金会设立申请书、基金会年度工作报告的格式以及基金会章程范本，由国务院民政部门制订。

第四十八条　本条例自 2004 年 6 月 1 日起施行，1988 年 9 月 27 日国务院发布的《基金会管理办法》同时废止。

本条例施行前已经设立的基金会、境外基金会代表机构，应当自本条例施行之日起 6 个月内，按照本条例的规定申请换发登记证书。

国务院办公厅关于加快推进行业协会商会改革和发展的若干意见

（国办发［2007］36 号）

各省、自治区、直辖市人民政府，国务院各部委、各直属机构：

改革开放以来，我国行业协会、商会（以下统称行业协会）发展较快，在提供政策咨询、加强行业自律、促进行业发展、维护企业合法权益等方面发挥了重要作用。但是，由于相关法律法规不健全，政策措施不配套，管理体制不完善，行业协会还存在着结构不合理、作用不突出、行为不规范等问题。党的十六届三中全会指出，要按市场化原则规范和发展各类行业协会等自律性组织；十六届六中全会进一步强调，要坚持培育发展和管理监督并重，完善培育扶持和依法管理社会组织的政策，发挥各类社会组织提供服务、反映诉求、规范行为的作用，为经济社会发展服务。为加快推进行业协会的改革和发展，更好地适应新形势的需要，经国务院同意，现提出以下意见：

一、行业协会改革发展的指导思想和总体要求

（一）指导思想。以邓小平理论和“三个代表”重要思想为指导，全面贯彻落实科学发展观，按照完善社会主义市场经济体制的总体要求，采

取理顺关系、优化结构，改进监管、强化自律，完善政策、加强建设等措施，加快推进行业协会的改革和发展，逐步建立体制完善、结构合理、行为规范、法制健全的行业协会体系，充分发挥行业协会在经济建设和社会发展中的重要作用。

（二）总体要求。一是坚持市场化方向。通过健全体制机制和完善政策，创造良好的发展环境，优化结构和布局，提高行业协会素质，增强服务能力。二是坚持政会分开。理顺政府与行业协会之间的关系，明确界定行业协会职能，改进和规范管理方式。三是坚持统筹协调。做到培育发展与规范管理并重，行业协会改革与政府职能转变相协调。四是坚持依法监管。加快行业协会立法步伐，健全规章制度，实现依法设立、民主管理、行为规范、自律发展。

二、积极拓展行业协会的职能

（三）充分发挥桥梁和纽带作用。各级人民政府及其部门要进一步转变职能，把适宜于行业协会行使的职能委托或转移给行业协会。在出台涉及行业发展的重大政策措施前，应主动听取和征求有关行业协会的意见和建议。行业协会要努力适应新形势的要求，改进工作方式，深入开展行业调查研究，积极向政府及其部门反映行业、会员诉求，提出行业发展和立法等方面的意见和建议，积极参与相关法律法规、宏观调控和产业政策的研究、制定，参与制订修订行业标准和行业发展规划、行业准入条件，完善行业管理，促进行业发展。

（四）加强行业自律。行政执法与行业自律相结合，是完善市场监管体制的重要内容。行业协会担负着实施行业自律的重要职责，要围绕规范市场秩序，健全各项自律性管理制度，制订并组织实施行业职业道德准则，大力推动行业诚信建设，建立完善行业自律性管理约束机制，规范会员行为，协调会员关系，维护公平、竞争的市场环境。

（五）切实履行好服务企业的宗旨。行业协会代表本行业企业的利益，必须切实为企业服务。行业协会根据授权进行行业统计，掌握国内外行业发展动态，收集、发布行业信息；依照有关规定创办报刊和网站，开展法律、政策、技术、管理、市场等咨询服务；组织人才、技术、管理、法规等培训，帮助会员企业提高素质、增强创新能力、改善经营管理；参与行业资质认证、新技术和新产品鉴定及推广、事故认定等相关工作；受政府委托承办或根据市场和行业发展需要举办交易会、展览会等，为企业开拓市场创造条件。

（六）积极帮助企业开拓国际市场。行业协会要借鉴国外先进做法，在维护国内产业利益和支持企业参与国际竞争等方面充分发挥作用。要积极组织国内企业尤其是中小企业联合行动，开拓国外市场；建设行业公共服务平台，开展国内外经济技术交流与合作，联系相关国际组织，指导、规范和监督会员企业的对外交往活动；主动参与协调对外贸易争议，积极组织会员企业做好反倾销、反补贴和保障措施的应诉、申诉等相关工作，维护正常的进出口经营秩序。

三、大力推进行业协会的体制机制改革

（七）实行政会分开。行业协会要严格依照法律法规和章程独立自主地开展活动，切实解决行政化倾向严重以及依赖政府等问题。要从职能、机构、工作人员、财务等方面与政府及其部门、企事业单位彻底分开，目前尚合署办公的要限期分开。现职公务员不得在行业协会兼任领导职务，确需兼任的要严格按有关规定审批。行业协会使用的国有资产，要明确产权归属，按照有关规定划归行业协会使用和管理。建立政府购买行业协会服务的制度，对行业协会受政府委托开展业务活动或提供的服务，政府应支付相应的费用，所需资金纳入预算管理。

（八）改革和完善监管方式。要按照政会分开、分类管理、健全自律机制的原则，加强和改进行业协会登记管理工作。登记管理机关、业务主管单位和相关职能部门要加强沟通、密切配合，简化和规范管理内容和方式，逐步建立健全科学、规范、有效的监管体制，为行业协会创造公平、公正的发展环境。选择若干城市和全国性的行业协会，开展行业协会管理体制改革试点。条件成熟时，调整和改革行业协会间的代管关系。对根据法律法规授权履行特殊职能的注册会计师、注册资产评估师、律师等行业协会，有关部门要依法加强监督和指导。

（九）调整、优化结构和布局。积极推进行业协会的重组和改造，加快建立评估机制和优胜劣汰的退出机制。建立行业协会综合评价体系，定期跟踪评估，对诚信守法、严格自律、作用突出的要予以表彰。行业协会之间可通过适度竞争提高服务质量。在具有产业、产品和市场优势的经济发达地区和城市，可以将地方性的行业协会依法重组或改造为区域性的行业协会。全国性的行业协会可将总部设在产业集中、便于开展服务的地区和城市。积极创造条件，培育一批按市场化原则规范运作，在行业中具有广泛代表性，与国际接轨的行业协会。

四、加强行业协会的自身建设和规范管理

（十）健全法人治理结构。行业协会要建立和完善以章程为核心的内部管理制度，健全会员大会（会员代表大会）、理事会（常务理事会）制度，认真执行换届选举制度，实行民主管理，建立健全党的基层组织，充分发挥党组织的监督保障作用。理事会成员要严格按照民主程序选举产生，会长（理事长）应由理事会提出人选，通过会员大会（会员代表大会）以无记名投票方式选举产生，并逐步实行差额选举。鼓励选举企业家担任会长（理事长）。秘书长可通过选举、聘任或向社会公开招聘等方式产生。

（十一）深化劳动人事制度改革。行业协会要全面实行劳动合同制度，保障工作人员合法权益。建立健全岗位管理制度，完善激励机制，吸引优秀人才，优化人员的年龄、知识结构。加强专业人才队伍建设，行业协会及其分支机构、代表机构要配备专职工作人员，并参照国家有关规定，对符合条件的工作人员进行职称

（十二）规范收费行为。会费收取标准和办法，由行业协会自主确定，经会员大会（会员代表大会）半数以上代表同意后方能生效。行业协会不得从事以营利为目的的经营活动，依法所得不得在会员中分配、不得投入会员企业进行营利。未按照规定履行批准程序，不得针对企业举行全国性或行业性的评比活动，经批准举办的评比活动不得收取费用。行业协会举办展览会、交易会、研讨会、培训等活动可以实行有偿服务，收费应符合国家有关规定，并公开收费依据、标准和收支情况；对依法或经授权强制实施具有垄断性质的仲裁、认证、检验、鉴定以及资格考试等活动的收费，应执行行政事业性收费的有关规定。

（十三）加强财务管理。行业协会要建立健全财务管理、财务核算制度，设立专门的财务人员，并对所属分支机构、代表机构的财务实行统一管理。建立行业协会资产管理制度，并按有关规定接受监督检查。

（十四）加强对外交流管理。行业协会要建立和完善各项对外交流管理制度，在对外交往中遵守法律法规和纪律，维护国家利益。

五、完善促进行业协会发展的政策措施

（十五）落实社会保障制度。行业协会工作人员应按照国家有关规定和属地管理原则，参加当地养老、医疗、失业、工伤和生育等社会保险，履行缴费义务，享受相应的社会保障待遇。

（十六）完善税收政策。财政等部门要根据税制和行业协会改革进展情况，适时研究制定税收优惠政策，鼓励、支持协会加快发展。

（十七）建立健全法律法规体系。有关部门要总结经验，并借鉴发达国家的有益做法，做好立法调研和法律法规起草工作，将行业协会发展纳入法制化轨道。

（十八）加强和改进工作指导。各地区、各有关部门要积极采取措施，指导行业协会开展行业服务、自律、协调等工作。发展改革委要会同民政部等部门，抓紧制订配套措施，地方各级人民政府要结合实际制订具体的实施办法。

中华人民共和国国务院办公厅

2007年5月13日

民政部、中国科协关于推进科技类学术团体创新发展试点工作的通知

（民发［2007］68号）

中国科协所属全国学会：

为深入贯彻党的十六届六中全会和全国科技大会精神，积极探索科技类学术团体（以下简称学会）发展规律，促进学会的健康有序发展，充分发挥学会在构建社会主义和谐社会、建设创新型国家中的积极作用，民政部、中国科协就共同开展全国学会创新发展试点工作，提出如下意见：

一、充分认识推进学会创新发展的重要意义

当前，我国正处在建设创新型国家、构建社会主义和谐社会的重要历史时期。学会作为科技工作者参与学术活动、开展学术交流的重要组织形态，集中了各学科领域的众多专家、学者和科技工作者，智力密集，人才荟萃，是国家创新体系的重要组成部分。学会的组织建设和活动状况，及其在经济社会发展中的作用发挥情况，很大程度上影响着广大科技工作者为建设创新型国家服务的积极性和创造性，影响着科技界参与自主创新的

质量和水平。进一步推动学会发展，发挥学会作为党和政府团结、联系广大科技工作者的桥梁纽带作用，引导学会积极为我国经济社会发展服务，是完善社会管理体制、整合社会管理资源、提高社会管理水平的重要方面，是落实科教兴国战略和人才强国战略、深化科技体制改革、促进科技事业健康发展的客观需要，是激发广大科技工作者的创新精神、培养高水平创新人才、增强自主创新能力、推动科学技术事业发展的重要途径。

近年来，在我国各项改革不断深化的背景下，学会管理体制、运行机制的改革取得积极进展，多数学会在推动科技创新、开展学术交流、促进科学普及、为科技工作者服务、畅通党和政府与科技界的沟通渠道等方面发挥着日益明显的作用。但是，学会的整体发展仍不能满足时代发展和社会需求，学会作为国家创新体系重要力量的作用未能充分展现，学会的凝聚力、服务能力仍需加强。进一步加强学会自身建设，规范学会管理，提高学会对会员的凝聚力和服务能力，增强学会的持续发展活力，是适应我国经济社会发展和科技事业发展新形势的必然要求。抓住良好机遇，加大改革力度，完善政策措施，引导、推动学会规范发展，是当前社会组织发展与管理工作中的一项紧迫任务，也是广大科技工作者的迫切愿望。

二、明确学会创新发展试点工作的指导思想和工作目标

推进学会创新发展试点工作，以邓小平理论和“三个代表”重要思想为指导，以科学发展观为统领，坚持培育发展与监督管理并重，按照学会为经济社会发展服务、为提高全民科学素质服务、为科技工作者服务的基本定位，把促进学会发展与增强社会服务功能结合起来，加强学会组织建设、制度建设、学术建设、能力建设，循序渐进，以点带面，分类指导，因会制宜，围绕制约学会发展中存在的主要问题，积极探寻学术性社会团体发展规律和改革的有效途径。

通过学会创新发展试点工作，培育扶持一批内部管理规范、学术质量优良、服务效应明显、发展能力强劲、社会信誉良好的示范性学会，引领和推动各类学术性社会团体向自主、自立、自强、自律方向发展，初步建立学术性社会团体规范发展的政策框架，形成适应市场经济体制，符合社会发展规律，满足政府、社会和会员需求的学术性社会团体发展格局。

三、以改革的精神，探索学会创新发展的方向

学会创新发展试点工作，主要围绕以下五个方面展开：

（一）完善内部治理结构。以章程为核心，落实会员（代表）大会、

理事会、常务理事会等会议制度；合理控制理事会（常务理事会）规模，健全理事会（常务理事会）民主议事、民主决策规则，防止行政化倾向；有条件的社团探索配备监事或建立监事会。

（二）强化会员主体地位。确立以会员为本的理念，完善以会员为主体的组织体制，落实会员权利和义务；建立会员参与机制，落实会员代表、理事、常务理事、负责人民主选举制度，探索差额选举、竞选、直选等选举方式；强化会员服务，落实会籍管理，建立会员数据库和信息管理系统，拓宽会员服务的渠道、内容和措施。

（三）创新组织机构建设。强化学会独立法人意识，从体制上推动学会自主活动、自我发展、自我约束；科学合理设置分支机构，改进和加强分支机构管理，探索分支机构负责人在民主选举的基础上由理事会聘任，做到动态管理、考核评估、优胜劣汰；探索以竞争和流动为核心的动态人事管理，推动工作人员公开社会招聘，尝试秘书长竞聘上岗，建立健全学会人事、财务及资产、档案、印章等内部规章制度，提高办公自动化、信息化水平，建立志愿者登记注册制度，推进学会办事机构规范化建设和工作人员职业化建设。

（四）规范各类服务活动。自觉接受登记管理机关和业务主管单位的管理监督，严格依照章程开展活动；坚持不以营利为目的，加强会费收支管理，规范经营活动和收费行为，杜绝借开展活动敛财等不良行为；规范对外交流合作活动，实行重大事项通报，探索财务收支、接受捐赠、社会服务等信息公开制度。

（五）增强社会服务功能。为学术建设服务，加强和改进学术交流，完善同行认可、社团认可机制，倡导学术道德自律，繁荣学术，促进学科发展和人才培养；为科技进步服务，鼓励学会发挥自身优势，搭建科技咨询和科普平台，探索开展科技中介服务活动，努力承接科技研究课题、技术攻关项目，积极从事技术转让、技术开发、技术咨询、技术服务，充分利用国家优惠政策，拓宽经费来源渠道，壮大科技服务实力；为经济社会发展服务，有条件的学会应努力承接决策咨询、科技评价、科技人员评价等政府职能，积极参与公益活动，服务新农村建设，为和谐社会建设贡献力量。

四、加大扶持力度，保证试点工作取得成效

学会创新发展的试点工作，由民政部、中国科协共同组织、指导和监督。在改革试点的推进过程中，民政部作为登记管理机关，主要负责在相

关政策上给予支持和指导。中国科协作为业务主管单位，负责拟订改革试点工作的具体方案，并对试点学会给予具体组织、指导和监督，酌情给予一定资金扶持。在学会开展试点过程中，民政部、中国科协将共同加强学会规范发展的政策研究，加大宣传力度，协调有关方面出台扶持政策，为试点的顺利推进创造良好条件。

学会创新发展试点单位的遴选，按照明确要求、自愿申请、动态评估、择优支持、追踪问效的原则，由学会提出申请，在专家评审的基础上确定。学会可以根据自身的实际情况，选择全面改革试点或者专项改革试点。试点实行定期检查评估，不合格者将被停止资助，取消试点资格。

民政部、中国科协鼓励中国科协所属其他全国学会依照本通知精神，在遵循国家法律法规和学会章程的前提下，积极稳妥地推进相关改革工作。

2007 年 5 月 16 日

民政部关于推进民间组织评估工作的指导意见

（民发［2007］127 号）

各省、自治区、直辖市民政厅（局），计划单列市民政局，新疆生产建设兵团民政局：

为了贯彻党的十六届六中全会关于“发挥各类社会组织提供服务、反映诉求、规范行为的作用”以及“引导各类社会组织加强自身建设，提高自律性和诚信度”的精神，落实《国务院办公厅关于加快推进行业协会商会改革和发展的若干意见》（国办发〔2007〕36 号）关于“加快建立评估机制”、“建立行业协会综合评价体系，定期跟踪评估”的要求，现就建立政府指导、社会参与、独立运作的民间组织综合评估机制，推进民间组织评估工作，提出以下意见：

一、开展民间组织评估工作的重要意义

近年来，随着我国经济发展和社会进步，民间组织得到稳步发展，在提供公共服务、促进公益事业、繁荣文化艺术、发展市场经济等方面发挥了重要作用。但是，一些民间组织在发展中还存在着组织机构不健全、内

部治理不完善、组织行为不规范、社会公信力不高等问题。解决这些问题的重要手段是建立民间组织评估机制。做好民间组织评估工作，有利于加强民间组织的自身建设，促进民间组织的自我管理和自我完善；有利于优化政府对民间组织的监督管理，促进监管方式的科学化和规范化；有利于增加民间组织的透明度，强化社会监督，提高民间组织的社会公信力。

二、开展民间组织评估工作的基本要求

（一）指导思想。开展民间组织评估工作要按照政府指导、社会参与、独立运作的总体要求，建立科学合理的评估指标体系，制定公开、公平、公正的评估制度，形成组织健全、程序完备、操作规范、运转协调的评估工作机制，发挥评估的导向、激励和约束作用，促进民间组织健康有序发展。

（二）主要原则。一是分级管理。按照民间组织登记管理权限，各地民政部门负责对本辖区内民间组织评估工作的组织和管理。二是分类评定。根据民间组织类型按照不同指标分别开展评估。三是坚持客观公正。评估的内容、指标、程序、方法等要遵循科学性、客观性、公正性、公开性。四是坚持循序渐进。紧密结合民间组织发展现状和民间组织管理工作实际，因地制宜，先行试点，分步推进，逐步完善。

（三）评估机构。各级民政部门可以根据当地的实际情况组建评估委员会，负责民间组织评估工作的指导协调和监督管理。评估委员会的组成人员要具有代表性、专业性和权威性。民间组织评估的具体工作可以通过建立或委托相应的评估机构进行操作。

（四）评估内容。民间组织评估要按照组织类型分类开展，社会团体、基金会开展综合评估，民办非企业单位开展诚信评估。评估内容从基础条件、组织建设、工作绩效（自律与诚信建设）、社会评价等方面进行评估。各地可以参考民政部制订的民间组织评估指标体系（见附件），结合本地实际，制订科学、有效、可行的具体评估指标及实施细则。

（五）评估程序。民间组织评估要遵循被评估单位自我评估、评估机构评估、评估委员会审核、评估委员会公示评估结论、民政部门确认评估结果并颁发证书和牌匾的基本程序。各地可以据此制定具体的实施程序，评估程序要公正、合理、公开。

（六）评估等级。民间组织评估结果等级从高到低依次为 5A（AAAAA）、4A（AAAA）、3A（AAA）、2A（AA）、1A（A）。证书和牌匾的样式由民政部统一制定。民间组织评估结果要实施动态管理，设定

科学的有效期限和相应的淘汰机制。要建立相应的奖励和激励机制，根据评估结果及有关规定给予政策优惠、资助或奖励。各地4A以上等级（含4A级）的民间组织评估结论需要报民政部备案。

三、加强对民间组织评估工作的领导

（一）各级民政部门要充分认识开展民间组织评估工作的重要意义，将民间组织评估工作作为当前和今后一段时期民间组织管理工作的一项重要内容，高度重视，周密部署，积极动员，统筹协调，根据民间组织管理工作实际，有效结合民间组织管理重点工作和专项工作，积极稳妥地推进民间组织评估工作。

（二）各级民政部门要加强与民间组织业务主管单位、相关政府部门及科研机构的沟通与合作，主动听取各部门的意见和建议，共同推进民间组织评估工作。

（三）各级民政部门要加强对民间组织评估工作的宣传和培训，帮助广大民间组织和社会公众增加评估知识，提高对评估工作的认识，消除疑虑，扩大共识，营造有利的舆论环境。

（四）各级民政部门要采取切实措施为民间组织评估工作创造必要的条件，在人员、经费等方面给予保障，加强对民间组织评估机构的监督和管理，不得因为评估工作加重民间组织的负担。各地要及时总结经验，不断完善评估机制，充实评估内容，提高工作水平。

附件： 1. 行业性社会团体评估指标
2. 公益性社会团体评估指标
3. 学术性社会团体评估指标
4. 联合性社会团体评估指标
5. 基金会评估指标
6. 民办非企业单位诚信评估指标

2007年8月16日

民政部关于深入开展民办非企业单位信息公开和承诺服务活动工作的意见

（民发［2007］145号）

各省、自治区、直辖市民政厅（局），各计划单列市民政局，新疆生产建设兵团民政局：

为贯彻落实党的十六届六中全会关于“引导各类社会组织加强自身建设，提高自律性和诚信度”的精神，提高民办非企业单位的社会公信力，发挥其在构建社会主义和谐社会中的积极作用，就深入开展民办非企业单位信息公开和承诺服务活动提出以下意见：

一、指导原则

以邓小平理论和“三个代表”重要思想为指导，贯彻落实党的十六大和十六届六中全会精神，坚持以人为本，全面落实科学发展观，深入开展信息公开和承诺服务活动，进一步规范行为、完善内部制度和治理结构，全面提高素质，增强民办非企业单位服务和谐社会建设的功能。

二、主要内容

一是总结经验，建立制度。登记管理机关要在深入调研的基础上，总结做法和经验，制定政策措施，对信息公开和承诺服务的内容、形式、时间、程序等予以规范，建立指导、检查和监督机制。民办非企业单位要建立健全内部管理制度，指定专人负责有关事宜。通过建立和完善制度，建立长效机制，促进信息公开和承诺服务活动的规范化。

二是明确信息公开与承诺服务的内容。

信息公开的内容主要包括：民办非企业单位的登记证书、税务登记证书、组织机构代码证书、收费许可证的有关信息；经登记管理机关核准（或备案）的章程（或章程摘要）；接受、使用捐赠、资助的有关情况；年度工作报告等。同时，鼓励民办非企业单位在有关媒体上向社会公开其年度审计报告。

承诺服务的内容主要包括：服务项目、服务方式、服务质量、服务责任和收费标准。登记管理机关要按照不同的行（事）业类别，依靠和发挥相关行业协会等社会中介组织的作用，根据服务内容、服务对象、服务方式等特点，制定承诺服务行业标准。

三是明确信息公开和承诺服务的方式。信息公开和承诺服务的方式，包括上墙悬挂有关证书和展示有关信息的展板，在报刊、电视、网络等媒体上披露等，将有关信息和承诺服务的内容，向社会公布，公开接受服务对象、政府部门和社会公众的监督。民办非企业单位应当将本单位的登记证书、税务登记证书、组织机构代码证书、收费许可证（正本）等，以及民办非企业单位章程（或章程摘要）、服务项目和收费标准等有关信息的展板，在住所（或服务场所）的醒目位置、以上墙悬挂的方式，向社会公众公开。民办非企业单位的年度工作报告以及接受、使用捐赠、资助的有关情况，应当在登记管理机关指定的网站（媒体）上，向社会公开。鼓励民办非企业单位在电子屏幕、报刊、电视、网络等媒体上，向社会公开有关信息和承诺服务的内容。

四是制定激励措施。登记管理机关要注意培育典型，树立榜样，制定激励措施和办法，以不同的形式，表彰在信息公开和承诺服务方面做得好的民办非企业单位。在开展有关评比表彰和评估活动时，要把开展信息公开和承诺服务活动的情况，作为评比先进的一个重要内容和指标。

五是做好监督管理工作。要将开展信息公开和承诺服务活动的情况纳入民办非企业单位年度检查的范围，把是否开展这一工作、工作的效果等作为年度检查的重要内容。对未开展这一活动或者在活动开展方面存在问题的单位，可将其年检结论确定为基本合格或不合格，并责令其进行整改。要高度重视群众和舆论的监督，设立监督举报电话，畅通社会监督渠道，提搞监督效能，实现部门监督和社会监督信息互动。

三、具体要求

一是统一思想，加强领导。要在开展民办非企业单位自律与诚信建设活动的基础上，认真调查研究，结合当地实际，制定措施，积极推进和开展民办非企业单位的信息公开和承诺服务活动，促进民办非企业单位全面健康发展。

二是积极宣传，树立典型。要加大对民办非企业单位有关政策法规的宣传力度，让社会各界了解、认识民办非企业单位的性质、宗旨和有关政策法规，增强民办非企业单位深入开展信息公开和承诺服务活动的积极性，树立典型，塑造品牌，以点带面，促进整个活动的开展。

三是注重实效，狠抓落实。各地要根据实际情况，制订工作方案，调配工作力量，落实必要工作经费，特别是宣传工作和研究工作的经费，把工作落到实处。

2007 年 9 月 30 日

民政部、国家发展改革委、监察部、财政部、国家税务总局、国务院纠风办关于规范社会团体收费行为有关问题的通知

（民发［2007］167 号）

各省、自治区、直辖市民政厅（局）、发展改革委、物价局、监察厅（局）、财政厅（局）、国家税务局、地方税务局、纠风办，新疆生产建设兵团民政局、发展改革委、监察局、财政局、纠风办：

为规范社会团体收费行为，促进社会团体健康有序发展，现就有关问题通知如下：

一、社会团体的收费主要包括：社会团体会费、行政事业性收费、经营服务性收费、捐赠收入等。

二、社会团体收取会费，应当严格按照民政部、财政部《关于调整社会团体会费政策等有关问题的通知》（民发［2003］95 号）和民政部、财政部《关于进一步明确社会团体会费政策的通知》（民发［2006］123 号）的规定执行，社会团体会费标准的制定或修改须经会员大会（会员代表大会）讨论，其决议须经到会会员（或会员代表）半数以上表决通过方能生效。不得采用除会员大会（会员代表大会）以外任何其他形式制定或修改会费标准，会员大会（会员代表大会）不得采用通讯表决方式。

会费收取应该使用财政部或省、自治区、直辖市财政部门印（监）制的社会团体会费收据。除会费以外，其他收费行为均不得使用社会团体会费收据。全国性社会团体会费收据可直接到民政部购领、结报，由民政部

统一到财政部购领、结报、核销；地方社会团体会费收据购领办法，由所在地省级财政、民政主管部门确定。

三、社会团体依据法律、行政法规规定，履行或代行政府职能时收取的费用应作为行政事业性收费管理。设立收费项目应该按照财务隶属关系分别报国务院和省（自治区、直辖市）人民政府的财政部门会同价格主管部门批准；制定和调整收费标准，应当按照隶属关系分别报国务院和省（自治区、直辖市）人民政府价格主管部门会同财政部门批准。其中涉及企业的行政事业性收费项目和标准，必须按隶属关系分别报财政部、发展改革委或省、自治区、直辖市人民政府审批，重要的报国务院审批。收费时应按规定到指定价格主管部门办理《收费许可证》，按财务隶属关系到国务院和省（自治区、直辖市）人民政府的财政部门购领和使用统一印制的收费票据。收费收入按国务院和省（自治区、直辖市）人民政府财政部门的规定缴入国库或财政专户，支出通过部门预算统筹安排。

四、社会团体收取经营服务性收费应依照财政部、国家计委《关于事业单位和社会团体有关收费管理问题的通知》（财规［2000］47 号）的有关规定执行。社会团体收取不具有强制性、垄断性的经营服务性收费，应当遵循自愿、公平、公开的原则，不得强制服务和强制收费，不得转包或委托与社会团体负责人有直接利益关系的企业、事业单位实施。收费标准应向社会公示。

五、社会团体开展的各类收费业务必须符合章程规定的业务范围，履行章程规定的程序。收费所得除了用于组织管理、开展业务活动的必要成本及与组织有关的其他合理支出外，必须全部用于章程规定的非营利性事业，盈余不得在社会团体成员间分配。

社会团体的各项收费，除税收法律、行政法规及规章和财政部、国家税务总局规定不予征税的，应到指定税务主管部门购领和使用相关税务发票，依法纳税。

六、社会团体接受社会各界捐赠要坚持自愿和无偿的原则，禁止强行或者变相摊派。接受捐赠的社会团体必须与捐赠人订立捐赠合同，并向捐赠人出具合法有效的公益性单位接受捐赠统一收据。捐赠所得必须用于合同约定的用途，并向捐赠人公开捐赠资金使用情况。捐赠合同约定的用途应当符合社会团体章程规定的业务范围。代行政府职能的社会团体以政府名义接受的非定向捐赠货币收入，必须按照《财政部关于加强政府非税收入管理的通知》（财综［2004］53 号）规定，作为政府非税收入，全额上缴国库或财政专户，实行“收支两条线”管理。

七、全国性和省级社会团体举办评比达标表彰项目，应当严格按照章程规定，经会员大会（会员代表大会）通过，并经有关部门批准。其他社会团体一律不得举办评比达标表彰活动。社会团体举办的各类评比达标表彰活动一般应在会员范围内开展，必须坚持谁举办、谁出钱的原则，不得以此向会员收取任何费用或变相收取费用，或在事后组织要求参与对象出钱出物的活动；不得面向基层政府举办，不得超出登记的活动地域、活动领域和业务范围举办项目；不得以营利为目的，将活动委托营利机构主办或承办。

八、社会团体应当建立独立的财务制度，严格执行《民间非营利组织会计制度》，不得将社会团体经费与业务主管单位及所属单位经费混管，不得将社会团体收入作为业务主管单位行政经费或业务经费开支，不得用于弥补行政经费不足或发放行政机关工作人员各项补贴，不得借业务主管单位的登记、验证、年检等行政行为搭车收费。

社会团体不得向其所属分支机构、代表机构、办事机构收取或变相收取管理费用。

九、各级民政、财政、价格、税务、监察、纠风等有关部门应当按照职责分工，加强对社会团体各类收费的管理，建立日常监督检查和定期抽查制度，并依据有关规定对违规行为进行查处。

十、各社会团体应当严格按照国家有关规定，依法开展相关业务，规范各类收费行为，建立健全财务制度，并自觉接受民政、财政、价格、税务、监察、纠风等部门的监督检查。

2007 年 11 月 21 日

民政部、外交部、公安部、劳动和社会保障部关于基金会、境外基金会代表机构办理外国人就业和居留有关问题的通知

（民发［2007］169号）

各省、自治区、直辖市民政厅（局）、外事办公室、公安厅（局）、劳动和社会保障厅（局）、新疆生产建设兵团民政厅（局）、公安局、劳动和社会保障局：

为规范基金会、境外基金会代表机构外籍工作人员的管理，根据《基金会管理条例》和《外国人在中国就业管理规定》的规定，现就基金会、境外基金会代表机构聘用外籍工作人员的就业与居留有关问题通知如下：

一、基金会、境外基金会代表机构拟聘用外籍工作人员，应当向业务主管单位提出申请，填写登记管理机关制定的表格和《聘用外国人就业申请表》，并提交《外国人在中国就业管理规定》第十一条规定的相关有效文件。

二、业务主管单位核实身份且同意后，将有关材料转送登记管理机关，登记管理机关审查同意后，在《聘用外国人就业申请表》上加盖印章。在民政部登记的基金会、境外基金会代表机构，加盖“中华人民共和国民政部基金会登记专用章”。在各省、自治区、直辖市民政厅（局）登记的基金会，由各省、自治区、直辖市民政厅（局）确定加盖的印章。

三、经登记管理机关同意后，基金会、境外基金会代表机构向省级人民政府劳动保障部门或者其授权的地市级人民政府劳动保障部门提出办理就业许可的申请，劳动保障部门按照《外国人在中国就业管理规定》规定的相关证明材料和基金会、境外基金会代表机构登记证书进行核准，对符合条件者，发放外国人就业许可证书。

四、拟入境的外籍工作人员凭就业许可证书和被授权单位的签证通知函（电）到中国驻外使领馆、处、署办理职业签证。

五、免签或者持非职业签证入境的外籍人员如需在基金会、境外基金

会代表机构工作的，应当按照本通知第四条有关规定出境赴中国驻外使领馆、处、署重新办理职业签证。

六、持外交护照的外籍人员如需在基金会、境外基金会代表机构工作，应当改持普通护照，并按照本通知有关规定办理就业及居留手续。

七、外籍工作人员入境后凭就业许可证书、职业签证等证明材料到劳动保障部门办理就业证。

八、境外基金会代表机构中的外籍负责人（首席代表）可以免办就业许可，凭民政部批准文件（加盖有“中华人民共和国民政部基金会登记专用章”）和被授权单位的签证通知函（电）到中国驻外使领馆、处、署办理职业签证，入境后凭职业签证、民政部批准文件（加盖有“中华人民共和国民政部基金会登记专用章”）及相关证明材料到劳动保障部门直接申请办理就业证。

九、取得就业证的外籍工作人员，入境后30日内凭职业签证、就业证、基金会、境外基金会代表机构公函及相关证明材料到公安机关办理居留许可，并依法办理住宿登记手续。

十、台湾、香港、澳门居民在基金会、境外基金会代表机构工作的，参照本通知规定和《台湾香港澳门居民在内地就业管理规定》办理相关就业手续。

2007年11月24日

民政部关于做好社团组织评比达标表彰活动清理工作的通知

（民函［2007］1号）

各全国性社会团体业务主管单位，各省、自治区、直辖市民政厅（局），计划单列市民政局，新疆生产建设兵团民政局：

最近一个时期以来，一些地方和部门热衷于开展不切实际、劳民伤财的评比达标表彰活动，干扰了正常的生产和工作秩序，社会影响不好，群众意见很大。针对这一情况，国务院办公厅于近日下发了《国务院办公厅转发监察部等部门关于清理评比达标表彰活动意见的通知》（国办发［2006］102号）。为了在社团组织中做好这项工作，现通知如下：

一、充分认识社团组织清理评比达标表彰活动工作的重要性和紧迫性。改革开放以来，我国的社团组织得到了长足发展，在经济、政治、文化、社会等领域产生着越来越大的影响，已成为我国社会建设与社会管理的重要力量，对促进经济社会发展、构建和谐社会发挥了积极作用。但是，也有一部分社团行为不规范，背离了服务宗旨，过多过滥地组织评比达标表彰活动，聚财敛钱，违法乱纪。这次清理评比达标表彰活动，将社团组织举办的评比达标表彰活动纳入清理范围，不仅有利于规范社团组织的行为，建立健全相关制度，改进工作作风，提高社团为会员服务的水平，促进社团组织的健康有序发展，而且对搞好党风廉政建设，促进市场经济发展，构建社会主义和谐社会将产生重要影响。各类社团组织、各业务主管单位、各级民政部门要充分认识评比达标表彰活动过多过滥的严重性、危害性，充分认识清理工作的重要性、紧迫性，采取有力措施，切实抓好这项工作。要加强领导，精心部署，标本兼治，综合治理。要明确清理工作的范围、原则、要求、方式、步骤，对社团组织举办的各类评比达标表彰活动进行一次全面清理。

二、各类社团组织要把清理工作作为加强自身建设的重要任务摆上日程，周密安排。要对近年来举办的评比达标表彰活动进行自查自纠，摸清底数，列出具体项目，逐项提出撤销、合并和保留的意见。对不符合国家法律、行政法规规定或不符合实际需要的项目，要求基层、企业、群众出钱出物出工或以各种名目收费的项目，以开展活动为由违反有关财经法规和制度滥发钱物的项目，要坚决予以撤销；凡可合并的项目要一律予以合并；少数对推动工作确有重要作用、需要保留的项目，要提供相关文件依据，并说明具体理由，由业务主管单位审查后报有关部门审核批准。

三、各社团组织业务主管单位要落实工作职责，采取有力措施，认真完成清理工作。要切实加强对所主管社团清理工作的领导，提出具体要求，在社团自查自纠基础上，做好逐项审核、重点抽查和日常督促检查工作，严格控制、严格管理，保证清理工作不走过场，不留死角。对于不认真自查自纠、有令不行、有禁不止的，要责令整改，并追究有关领导的责任。同时，在总结清理工作成功经验基础上，从本部门实际出发，研究制定相应的管理办法，加强对社团组织举办评比达标表彰活动的审批和监督，并逐步建立规范评比达标表彰活动的长效机制，巩固清理工作成果。

四、各级民政部门要履行职责，密切配合，加大执法监察力度。民政部门作为社团登记管理机关，要将清理评比达标表彰活动作为当前和今后一段时期民间组织监督管理的一项重要工作来抓，通过登记管理、年度检查、信息公布、社会评估和执法监察等手段规范社团组织的行为。我部已在“中国民间组织”网站开辟“清理评比达标表彰活动”工作专题，并在今年全国性社团年检工作中将社团举办评比达标表彰活动有关情况列入年度重大事项报告内容。各级民政部门要加强对社团组织举办各种评比达标表彰活动的监督检查，重点查处在举办评比达标表彰活动中乱收费、乱摊派、乱拉赞助及弄虚作假、铺张浪费、形式主义等行为；对违反规定的社团负责人和责任人，要追究责任；造成不良社会影响的，要在新闻媒体上曝光。

做好清理评比达标表彰活动工作责任重大，任务艰巨。各社团组织、各业务主管单位、各级民政部门要统一思想，坚定信心，扎实工作，务求清理工作取得实效，使广大社团组织在构建社会主义和谐社会中发挥积极作用。

2007 年 1 月 9 日

民政部关于福建省商业联合会借评比之名乱收费有关情况的通报

（民函［2007］2 号）

各全国性社会团体业务主管单位，各省、自治区、直辖市民政厅（局），计划单列市民政局，新疆生产建设兵团民政局：

福建省商业联合会开展企业“签名、授牌”活动借机乱收费一事被媒体曝光，在社会上引起很大反响。国务院领导同志对此高度重视，批示有关部门严肃查处。福建省纠风办、省民政厅、省工商局等部门对此事进行了全面调查。现将有关情况通报如下：

福建省商业联合会系经福建省民政厅登记的社会团体，业务主管单位为福建省社会科学界联合会。福建省商业联合会于 2006 年 3 月、7 月和 9 月分别向全省千余家企业发出通知，开展“顾客满意消费承诺单位”、“福建省最佳商业信用单位”、“福建省诚信经商企业”和“福建省诚信经商企业家”等一系列签名、授牌活动。每项活动的收费标准分为四种，最低 900 元，最高 6000 元。此项活动由该会企业会员福州神笔报刊策划服务公司具体承办，收费全部转入神笔公司账户，福建省商业联合会从中提取15%的“管理费”。活动开展以来，共发出牌匾1077个，共收取费用119.5万元，福建省商业联合会从中收取了“管理费”17.5万元。这一活动未经有关主管部门审批，该会也未对参加企业及经营者进行严格审查，只要交纳费用便授予牌匾。

福建省商业联合会开展的“授牌”系列活动，是借评比之名乱收费的违纪行为，违反了《中共中央办公厅、国务院办公厅关于严格控制评比活动有关问题的通知》（厅字［1996］10号）、《国家经济贸易委员会、国家发展计划委员会、财政部、监察部、审计署、国务院纠风办关于整顿营销信息发布秩序坚决制止乱排序、乱评比行为的通知》（国经贸贸易［1999］757号）等有关政策。这不仅加重了企业负担，误导了消费者，扰乱了市场秩序，而且严重损害了社会团体的社会声誉和整体利益，负面影响很大。目前，有关部门已经责令福建省商业联合会立即停止该系列活动，清退所收费用，要求主管部门暂时冻结该会银行账户，并对其收费情况进行审计，将根据审计情况追究有关当事人的责任。近期，福建省还将召开会议，就规范社会团体行为进行专题研究。

福建省商业联合会这一违纪行为的发生，反映出近年来少数社会团体热衷于开展不切实际、劳民伤财的评比达标表彰活动，借此向会员单位、基层企业和个人收取费用或变相收费，谋取小团体利益，甚至中饱私囊，贪污腐败。应当看到，在逐步健全市场经济体制和改革社会管理体制的过程中，规范社会团体经济行为的相关制度还不够完善，少数社会团体缺乏自律机制和服务意识，未能严格遵守国家有关政策法规，违背了组织的宗旨和章程，致使组织行为不规范。特别是少数行业协会打着政府的招牌谋取经济利益，损害了广大会员、企业和社会公众的利益。

各社会团体对这一问题要有清醒的认识，并引以为戒。既要看到改革开放以来我国的社会团体得到了长足发展，在经济、政治、文化、社会等领域发挥了越来越大的影响，已成为我国社会建设与社会管理的重要力量，对促进经济社会发展、构建和谐社会发挥了积极作用；也要充分认识少数社会团体的违规违纪行为对正常经济和社会秩序的危害，对社会团体社会声誉和整体利益的损害，牢固树立遵纪守法意识和公共服务意识，完善内部治理结构，强化组织的自我监督和自我约束。

当前，各社会团体要按照国务院开展清理评比达标表彰活动工作的部署，认真对本组织近年来开展的评比、达标、表彰、创优、鉴定、认证、排序、授牌、推荐、冠名等活动进行梳理，凡不符合国家法律、行政法规规定的项目，以各种名目收费的项目，超出业务活动范围开展的项目特别是针对非会员单位和公众的项目，以及其他不符合实际需要、加重基层、企业和群众负担的项目，要坚决予以撤销。我部将加强监督检查，并会同有关部门尽快建立健全有关制度，进一步规范社会团体的行为。

2007 年 1 月 9 日

民政部关于社会团体登记管理有关问题的通知

（民函［2007］263 号）

各全国性社会团体业务主管单位：

近年来，各全国性社会团体业务主管单位加强管理，改善服务，推动了社会团体健康发展。但我部在登记审核、年度检查和执法监督过程中也发现部分社会团体存在一些突出问题。为改进和加强社会团体登记管理有关工作，现通知如下：

一、规范社会团体章程的修订及核准。社会团体确需对章程进行修改、调整的，应在报会员大会（会员代表大会）审议前，书面征求业务主管单位和登记管理机关意见。章程修改经会员大会（会员代表大会）审议通过后，社会团体应按照《社会团体登记管理条例》规定，及时报登记管理机关核准。社会团体修改章程未履行规定程序的，登记管理机关不予受理章程核准。未经核准的章程，不作为社会团体开展活动的依据，社会团体不应擅自发布。

二、加强社会团体民主程序的监督。社会团体会员大会（会员代表大会）、理事会（常务理事会）的召开，领导成员的任期都应遵照章程规定。社会团体会员大会（会员代表大会）因特殊情况需提前或延期进行换届的，应事先以书面形式报业务主管单位和登记管理机关批准同意，社会团体应当在批准期限内完成换届。

三、健全社会团体负责人备案制度。社会团体负责人备案，按照“一届一备、变更必备”的原则进行。社会团体换届产生新一届理事长（会长）、副理事长（副会长）、秘书长后，无论是否发生人员、职务变动，均应按照相关规定，及时到登记管理机关办理负责人变更备案手续。其中属于党政领导干部届满后继续兼任的，须事先根据《关于审批中央管理的干部兼任社会团体领导职务有关问题的通知》（组通字［1999］55号）精神，重新按照干部管理权限履行审批手续。

四、认真审核社会团体负责人任职资格和条件。社会团体应按照《国务院办公厅转发民政部关于清理整顿社会团体意见的通知》（国办发［1997］11号）等文件精神和章程规定，执行社会团体负责人的年龄、任期（届）资格条件。确因特殊原因，需要突破任职资格和条件提名负责人人选的，换届选举前应以书面形式报业务主管单位和登记管理机关批准同意。届内达到最高任职年龄的社会团体负责人，一般应退出领导职位，可以改任名誉职务。根据《国务院办公厅关于加快推进行业协会商会改革和发展的若干意见》（国办发［2007］36号）要求，行业协会、商会负责人未经审批不得由现职公务员担任，并一般不再批准超龄、超届任职。

五、规范社会团体法定代表人任职。社会团体法定代表人须由章程明确的负责人担任，同时不得兼任其他社会团体法定代表人。拟任人选如果已担任其他社会团体法定代表人的，应事先解除已经担任的法定代表人职务。法定代表人人选不是章程明确的负责人的，或者同时担任其他社会团体法定代表人的，登记管理机关不予受理法定代表人变更登记。

六、加强社会团体会费标准的备案管理。社会团体制订、修改会费标准，应按照《民政部、财政部关于调整社会团体会费政策等有关问题的通知》（民发［2003］95号）、《民政部、财政部关于进一步明确社会团体会费政策的通知》（民发［2006］123号）要求，经会员大会（会员代表大会）审议通过后，向业务主管单位、登记管理机关和财政部门备案。制定或修改会费标准时，违反合理性原则，或者未履行规定程序的，登记管理机关不予备案。社会团体不得依未经合法程序制定和备案的标准收取会费，或者超标准收取会费。

七、社会团体如有违反上述要求的，登记管理机关将视情况按基本合格或不合格确定年度检查结论。情节严重的，按照《社会团体登记管理条例》规定进行处罚。请业务主管单位进一步重视社会团体规范化建设，引导社会团体以章程为核心，建立健全法人治理结构和民主管理制度，提高自律性和诚信度，逐步形成自我管理、自我发展、自我约束的运行机制，为构建和谐社会贡献力量。

2007年9月12日

民政部关于印发《全国性民间组织评估实施办法》的通知

（民函［2007］232号）

各全国性民间组织业务单位：

为贯彻落实党的十六届六中全会关于“引导各类社会组织加强自身建设，提高自律性和诚信度”的精神，增强民间组织服务社会功能，提高民间组织社会公信力，促进民间组织健康有序地发展，现将《全国性民间组织评估实施办法》印发给你们，请做好评估的宣传和动员实施工作。

2007年8月16日

全国性民间组织评估实施办法

为做好全国性民间组织评估工作，规范评估程序，促进民间组织健康有序地发展，制定本办法。

第一条 全国性民间组织评估，是指依照一定的程序，根据相关指标体系，对全国性民间组织进行全面、综合的分析和评判。

第二条 全国性民间组织评估工作，遵循政府指导、社会参与、分类评定、动态管理、客观公正的原则。

第三条 全国性民间组织评估不收取评估费用，所需经费由民间组织管理工作专项经费列支。

第四条 凡依法经民政部登记满一年以上的全国性社会团体、基金会、民办非企业单位均可参加评估。

第五条 全国性民间组织有下列情形之一的，评估机构不予评估：

（一）连续2年不参加年检的；

（二）上年度年检不合格的；

（三）上年度被登记管理机关处罚过的；

（四）全国性民间组织评估委员会认为其他不符合评估条件的。

第六条 民政部设立全国性民间组织评估委员会，并负责对全国性民间组织评估委员会的管理、监督工作。

第七条 全国性民间组织评估委员会是民间组织评估工作期间的非常设机构，根据民政部的授权，负责民间组织评估的审定工作。其主要职责：

（一）对评估小组的初审结果进行审核；

（二）公示评估结果，发布评估结果公告；

（三）负责将审核意见和评估结果报送民政部。

第八条 全国性民间组织评估委员会由11—15名委员组成，设主任1名、副主任2—3名。委员由有关政府部门、研究机构和社会组织推荐，民政部聘任。

第九条 全国性民间组织评估委员会对审核结果进行表决，表决采取记名投票方式，每位委员1票，设同意票和反对票，不得弃权，投票结果以超过到会委员半数以上为准。每位委员须在审核意见和表决结果资料上签名确认。

第十条 全国性民间组织评估委员会委员应当符合下列条件：

（一）熟悉民间组织管理工作法律法规和方针政策；

（二）坚持原则，公正廉洁，忠于职守；

（三）精通业务，在所从事的领域内有较高声誉。

第十一条 全国性民间组织评估委员会的日常工作由民政部民间组织服务中心承担。其主要职责：

（一）制定评估工作程序和实施方案；

（二）建立评估专家数据库，聘请评估专家；

（三）接受民间组织评估申报材料，并对其参评资格进行审核；

（四）组织评估小组进行实地考察和初评；

（五）受理复核申请和社会检举；

第十二条 民间组织评估专家由民间组织登记管理机关、业务主管单位、政府有关部门、民间组织科研机构、会计师事务所、律师事务所和民间组织等有关专家组成。

第十三条 民间组织评估专家应当符合下列条件：

（一）熟悉民间组织管理工作法律法规和方针政策，具有丰富的专业知识；

（二）坚持原则，公道正派，廉洁自律；

（三）敬业合作，认真履行职责。

第十四条 全国性民间组织评估委员会和评估小组在评估工作中，应严格遵照评估标准和本办法的规定，不得随意简化评审流程，在评估结果公布前不得对外泄漏评审情况。

第十五条 全国性民间组织评估工作依照下列程序进行：

（一）发布评估通知或公告；

（二）参评民间组织在规定时间内完成自评，并将自评材料报送全国性民间组织评估委员会；

（三）对申报参加评估的全国性民间组织的参评资格和提交的自评材料进行审核；

（四）组织进行实地考察和初评；

（五）全国性民间组织评估委员会对初评材料进行审核，作出结论；

（六）将评估结论向社会公示；

（七）民政部根据全国性民间组织评估委员会的评估结论和公示结果，授予评估等级，并颁发证书和牌匾。

第十六条 被评估民间组织对评估结果有异议的，可以自收到通知书之日起15日内向全国性民间组织评估委员会申请复核，全国性民间组织评估委员会自接到复核申请之日起60日内，给予书面答复。

第十七条 民间组织评估结果分为5个等级，依次为5A级（AAAAA）、4A级（AAAA）、3A级（AAA）、2A级（AA）、1A级（A）。

评估等级证书和牌匾的名称为“等级＋民间组织类别”。

第十八条 获得评估等级的民间组织应当将等级牌匾悬挂在服务场所或办公场所的明显位置，也可以在开展对外活动和宣传时，将评估等级证书作为信誉证明出示。

第十九条 民间组织评估等级有效期3年。在有效期内，获得等级的民间组织，可依照有关规定给予奖励；获得3A级（含3A级）以上的民间组织，可优先享受政府购买服务等有关政策。

第二十条 参加评估的民间组织在评估中，应积极予以配合，如实提供有关情况和资料。对提供虚假情况和资料，或者与评估机构及人员串通作弊，致使评估结果失实的，由民政部宣布评估结果无效，并给予通报。

第二十一条 民间组织在获得评估等级有效期内，出现年检不合格记录或违纪违法行为的，民政部将视情节轻重，降低或者取消其评估等级，并予以公告。

第二十二条 被取消评估等级的民间组织须在收到通知书之日起10日内将评估等级证书和牌匾退回民政部；被降低评估等级的民间组织须在收到通知书之日起15日内将评估等级证书和牌匾退回民政部，换发相应的评估等级证书和牌匾。拒不退回（换）的，由民政部公告作废。

第二十三条 全国性民间组织评估委员会委员、评估专家在民间组织评估工作中，玩忽职守、弄虚作假、徇私舞弊，致使评估结果有失公正的，取消其全国性民间组织评估委员会委员或者评估专家资格，并按照有关规定处理。

第二十四条 评估指标、评分细则、评估申报书、等级证书、牌匾式样等，由民政部统一制定。

民政部关于进一步做好民办高校登记管理工作的通知

（民函［2007］328号）

各省、自治区、直辖市民政厅（局），各计划单列市民政局，新疆生产建设兵团民政局：

为了深入贯彻《国务院办公厅关于加强民办高校规范管理引导民办高等教育健康发展的通知》（国办发［2006］101号，以下简称《通知》）精神，加强民办高校的登记管理工作，引导民办高等教育健康发展，保障民办高校举办者和受教育者的合法权益，现就有关事项通知如下：

一、充分认识做好民办高校登记管理工作的重要性

近年来，随着《民办非企业单位登记管理暂行条例》、《民办教育促进法》及其实施条例的颁布实施，我国民办高校迅速发展，取得了很大成绩，已成为高等教育事业的重要组成部分，对高等教育事业的发展起到了重要的积极作用。但是，由于民办高校发育的时间较短，规模较小，相关政策法规还不尽完善，一些民办高校在招生、管理、教学等方面还存在一些问题。在登记管理方面，由于民政部门对民办高校进行登记的时间不长，有关行政部门间的政策法规不够衔接配套等原因，登记管理工作还存在许多不规范的地方。这些问题如不引起高度重视并及时解决，将会影响民办高等教育的健康发展和社会稳定。因此，各级民政部门要按照国务院办公厅《通知》精神要求，把规范民办高校的登记管理、促进其健康发展，作为当前的一项重要工作抓好。

二、依法做好民办高校的登记工作

登记管理机关要按照《民办非企业单位登记管理暂行条例》、《民办教育促进法》及其实施条例以及有关政策规定的要求，依法做好民办高校的登记工作，重点是以下几个方面：一是重点审核申请登记的民办高校是否具备法人条件，对不具备法人条件的，不予登记；二是对民办高校在申请登记时的开办资金认定问题，可要求举办者提交社会审计机构出具的验资报告，或者教育行政部门提供的有关证明文件，否则不予登记；三是要做好与教育行政部门的沟通和协调，共同或协助教育行政部门制定民办高校的《章程示范文本》，并在其中纳入《民办非企业单位（法人）章程示范文本》的有关内容；四是要按照《民办非企业单位登记管理暂行条例》和《民办非企业单位登记暂行办法》的要求，认真做好民办高校的变更登记和注销登记工作。

三、规范民办高校的日常管理工作

要推动民办高校按照其章程规定，建立健全内部管理制度，加强内部制度建设，完善法人治理结构，建立和完善理（董）事会、监事会制度，实行民主管理，推进民主决策，建立民主监督，逐步提高自身能力建设。继续推进民办高校自律与诚信建设，建立健全信息公开和承诺服务制度，规范民办高校的行为，提高办学水平，增强社会公信力，提高社会地位，逐步建立对民办高校的长效管理机制。

四、加强民办高校的年度检查工作

要按照《民办非企业单位年度检查办法》的有关规定，认真抓好民办高校的年度检查工作。年度检查的内容主要是，民办高校遵守法律法规和国家政策的情况、依照条例履行登记手续的情况、按照章程开展活动的情况、人员和机构变动的情况以及财务管理的情况。要将民办高校自律与诚信建设情况、是否坚持非营利性质等，作为年度检查工作的重点。对违反《民办非企业单位登记管理暂行条例》规定开展活动的，要指出错误，限期整改，视其情节轻重，可给予“年检基本合格”或“年检不合格”的结论；情节严重的，应当撤销登记。

五、加大监督查处工作的力度

登记管理机关要加强与公安、教育等有关部门的协调配合，建立健全监督网络，加强和推进社会监督，建立起“政府主导、部门配合、社会参与”的监督机制。要重点监督和查处那些未经登记而擅自开展活动的、抽逃、转移或挪用办学资金的、办学结余分配不符合国家有关规定的行为。要会同公安、教育等有关部门依法查处、取缔非法办学机构和非法中介，对涉嫌犯罪的，依法追究刑事责任。

六、加强工作协调和指导

登记管理机关要认真学习、领会、落实《通知》的精神要求，切实做好民办高校的登记管理工作，把民办高校登记管理工作的重点转移到完善制度、规范管理、提高质量上来。要在当地党委、政府的领导下，理顺管理体制和工作协调机制，加强与教育等行政部门的协调配合，按照职责分工，认真落实民办教育发展的各项政策，积极做好登记、管理、服务和监督工作。

在近期内，登记管理机关要对辖区内登记的民办高校进行一次专项调研，着重对民办高校的法人治理状况、内部制度建设、财务制度、《章程》的执行情况、开展自律与诚信建设情况以及民办高校发展过程中存在的困难和问题等进行调研，从登记管理工作的角度，认真分析、总结近年来民办高校登记管理工作中存在的问题、困难和经验，提出解决问题的对策和政策措施，进一步加强民办高校的登记管理工作，促进民办高校的健康发展。

加强民办高校登记管理工作，涉及面广、政策性强。各地在贯彻落实本通知的过程中遇到的问题，及时报部民间组织管理局。

2007年11月26日

民政部办公厅关于慈善协会管理工作有关问题的复函

（民办函［2007］127号）

河北省民政厅：

你厅《关于对慈善协会管理工作有关问题的请示》（冀民函［2007］26号）收悉，现就有关问题答复如下：

一、民政部门主管的慈善协会具有社会募捐的功能，应当纳入基金会管理序列，按照公募基金会的要求开展公益活动，管理和使用财产。慈善协会年检时，应当按照《基金会管理条例》的要求，进行财务审计，公布年度工作报告摘要。登记管理机关应当按照公募基金会的要求，考核慈善协会的公益支出比例和工作人员工资福利及行政办公支出比例。

二、考虑到历史原因，各级慈善协会可以暂时保留社团登记，保持现有的登记体制和组织机构，省以下的慈善协会暂不改变原登记管理机关。条件成熟的，应当按照《基金会管理条例》的规定将慈善协会变更登记为公募基金会。

2007 年 6 月 6 日

河北省人民政府关于进一步加强全省行业协会建设的若干意见

（冀政［2007］108 号）

各设区市人民政府，省政府各部门：

为深入贯彻《河北省行业协会发展指导意见及其实施意见》（冀政［2005］1 号）和《国务院办公厅关于加快推进行业协会商会改革和发展的若干意见》（国办发［2007］36 号）精神，进一步理顺行业协会管理体制，明确细化行业协会职能，加强行业协会内部建设，规范行业协会行为，优化行业协会整体布局结构，现提出如下意见：

一、切实提高加强行业协会建设重要性的认识

1. 加强行业协会建设是构建社会主义市场经济体制的重要内容，是配合政府职能转变的重要基础，是经济形势发展的客观需要，当前及今后一个时期，全省上下紧紧围绕建设沿海经济社会发展强省的奋斗目标，凝神聚力加快推进产业结构战略性调整，逐一破解经济社会发展面临的诸多矛盾和问题，认真贯彻落实国家产业政策，确保完成节能减排和淘汰落后产能目标任务，积极打造沿海经济隆起带，大力发展县域经济和民营经济，努力开拓全民创业新局面。做好这些工作，都需要包括行业协会在内的健

全完善的社会中介组织更好地发挥应有作用。

二、改革和完善行业协会监管方式

2. 实行政会分开。行业协会要严格依照有关法律法规和章程独立自主地开展活动，从职能、机构、工作人员、财务等方面与政府及其部门、企事业单位彻底分开，目前仍合署办公的要限期分开。在职公务员不得在行业协会兼任领导职务，确需兼任的要严格按有关规定审批。

3. 进一步理顺全省性经济类行业协会管理体制，规范行业协会监管方式。除根据法律法规授权履行特殊职能的行业协会以及部分工作依附性、针对性较强的国家垂直管理部门的行业协会，可仍由有关部门依法管理和监督指导外，省政府有关部门不再作为全省性经济类行业协会的业务主管单位。有关部门应积极引导和协调全省性经济类行业协会，统一归口到省工经联（省经团联）管理。

登记管理机关、业务主管单位和相关职能部门要加强沟通、密切配合，按照政会分开、分类管理、健全自律机制的原则，规范监管方式。各行业行政主管部门作为相应行业协会的对口联系单位，要积极支持行业协会依法开展活动，并依据有关法律法规对行业协会履行委托、划转的职能进行业务指导和监督。

4. 政府及有关部门要积极支持行业协会加强自身建设。行业协会目前使用的产权属于省政府所有的办公用房，自本意见发布实施起一年内仍由行业协会无偿使用和管理，一年后按冀办字［2004］43 号文件的规定缴纳房租。使用的其他国有资产按相关规定办理。

5. 全省性经济类行业协会业务主管单位，负责指导、监管行业协会遵守宪法、法律、法规和国家政策规定，依据其章程开展活动，推动行业协会自律管理，研究制订行业协会发展规划，做好与政府部门和行业协会的协调沟通。要加强与有关部门的协作配合，涉及行业协会建设的重大事项，应主动征求和听取行业行政主管部门的意见。

6. 建立完善对行业协会工作的综合评价体系。省发展改革委、省民政厅、省工经联（经团联）要尽快研究制定进一步加强行业协会自身建设和行业协会工作绩效评价办法，对行业协会进行定期跟踪、目标引导、绩效统计和综合评价。对诚信守法、严格自律、表现突出、绩效明显的行业协会给予表彰。在综合评价指标体系中，要逐步建立完善对行业行政主管部门支持行业协会发展情况的评价内容。

7. 培育发展与重组改造相结合，加快调整优化行业协会结构和布局。

通过建立科学规范的评估机制和优胜劣汰的退出机制，推动和引导行业协会搞好定位，向职业化、规范化和国际化方向发展，提升整体水平和竞争力；通过引导行业协会适度竞争提高服务质量；通过积极创造条件，并按照市场化原则规范运作，培育发展和指导重组改造一批重点行业协会，构建具有行业广泛代表性，与国际接轨的行业协会。

8. 建立政府与行业协会沟通和对话机制。政府及有关部门要不定期与行业协会就经济发展中的热点难点问题面对面沟通交流，充分听取行业协会意见。省发展改革委、省工经联（经团联）要了解掌握行业协会的意见、建议等相关信息，并定期向省政府专题报告。

三、进一步明确和理顺行业协会相关职能

9. 为促进政府职能转变，依法规范管理经济工作，做到不越位、不缺位、不错位，逐步建立起政府宏观调控、协会自律管理、企业自主经营的机制，进一步明确、理顺和完善行业协会的相关职能，主动将适宜行业协会承担的职能委托或划转给行业协会。

10. 各级政府及有关部门要积极清理和废止那些不适应市场经济发展要求的地方性规章和政策规定，为行业协会依法承担相应职能消除障碍。行业协会要主动衔接配合做好政府职能的转移、委托和授权等工作，并确保各项职能的科学规范操作和落实。

11. 行业协会要依据现行有关法律、法规、规章和政策规定，切实履行好服务企业、加强行业自律等应有的职能：

（1）积极宣传、贯彻、执行国家的法律法规和党的路线、方针政策，主动与行业行政主管部门加强沟通和配合。

（2）开展会员企业内部统计和分析，掌握国内外行业发展动态，收集发布行业信息。

（3）依照有关规定创办刊物和网站，向企业提供法律、政策、技术、管理、市场等信息咨询服务；组织人才、技术、管理、法规等方面的培训，帮助会员单位提高素质、增强创新能力、改善经营管理。

（4）加强行业自律，健全各项自律性管理制度，制订并组织实施行规行约、职业道德准则等，建立完善行业自律性管理约束机制，监督会员单位依法经营，维护公平竞争和市场秩序。依照有关法律法规，组织会员单位对涉及本行业的市场调节价格进行自律。

（5）依据协会章程或行规行约，制定本行业质量规范、服务标准。

（6）协调会员单位之间、会员与行业内外非会员单位及其他社会组织

的关系；为会员单位出具公信证明。

（7）积极组织会员企业尤其是中小企业联合行动，开拓国内外市场；建设行业公共服务平台，组织会员单位开展国内外经济技术交流与合作，联系相关国际组织，举办行业论坛、商品交易、会展招商、产品推介等活动，指导、规范和监督会员企业的对外交往活动。

（8）主动参与协调对外贸易争议，积极组织会员企业做好反倾销、反垄断、反补贴和保障措施的申诉、应诉、调查等相关工作。

（9）向政府及有关部门反映行业、会员诉求，提出有关行业发展和立法等方面的意见或建议。积极参与有关行业发展、行业改革以及与行业利益相关的法律法规、宏观调控和产业政策的研究制订，参加政府重大决策听证会。

（10）参与制订行业标准及行业准入条件，并积极组织宣传和贯彻实施。

（11）参与行业资质认证、事故认定等相关工作；按照有关规定取得相应资质条件后，组织开展新技术、新产品、新工艺等科技成果鉴定及推广工作。

（12）承担法律法规授权或者政府部门委托的其他职能。

12. 政府及有关部门要进一步转变职能，对取得规定资质、具备相应能力的行业协会予以授权，把如下职能委托或划转给行业协会：

（1）进行行业统计和调查，提供相关分析报告。

（2）开展行业重大课题研究，参与制订修订行业标准和行业发展规划、行业准入条件。

（3）组织筹办以政府或有关部门名义举办的重大交易会、展览展销会等活动。

（4）组织行业重大投资、改造、开发项目的调研论证。

（5）开展行业职工技能培训、执业注册人员资格培训。

（6）在委托和授权的事项与范围内，开展行检、行评。

（7）协助组织行业内驰名商标、名牌产品等培育与推荐。

（8）组织开展产业损害调查，协助政府及有关部门进行反倾销、反垄断、反补贴调查及对外贸易争议协调和应诉。

（9）承担政府部门委托或授权的其他事项。

13. 政府及有关部门应将制定的涉及行业发展的法规规章、政策文件、政务信息等，及时印发行业协会；组织开展重大经济活动，或者决策涉及行业发展改革的重大事项时，如研究制定行业发展、改革以及事关行业利益的重大政策；核准重大建设项目；组织对企业开展的大型检查、监督以及科技进步奖、省长特别奖、质量管理奖和工业大奖等重大奖项的评审活动；生产或经营许可、行业准入资质等行政许可事项的审定；评审行业劳模等政府表彰奖励事项等，应当听取相关行业协会的意见。

四、建立政府资助重点行业协会发展和购买服务机制

14. 建立政府资助行业协会发展机制。政府资助的对象主要是经省政府审定的主导产业和重点行业协会。对该范围内新组建（包括重组）的行业协会启动经费不足的，可给予一次性补助；对前 3 年运行确有困难或者办公用房负担较重的，经审核确认后适当给予补助。补助所需资金纳入年度财政预算管理。

15. 建立政府购买行业协会服务机制。对行业协会受政府委托开展业务活动或提供的服务，按照等价交换的市场经济规则支付相应的费用，所需资金纳入财政预算管理。

16. 对十大主导产业行业协会和部分综合性重点行业协会，政府实行长期购买固定性服务。如委托开展的行业统计分析、预测预警、信息发布、撰写年度发展报告以及有关行业管理工作等。由编委办会同发展改革、财政等有关部门研究提出具体项目，由财政部门核定购买资金，报政府一次性审定后纳入年度预算管理。

17. 政府及有关部门可以购买行业协会的临时性服务。其中需要财政资金支持的购买服务，由购买部门提出项目申请并按照预算资金管理规定编制项目预算，由编委办会同发展改革、财政等有关部门审核项目，由财政部门会同购买部门和相关行业协会商定购买价格，按规定程序批准预算后，按照《中华人民共和国政府采购法》、《河北省省级预算管理规定》等有关法律法规和政策规定组织实施。购买部门要与选中的行业协会签订购买合同，严格实行预算控制，并会同行业协会业务主管部门对承担购买服务事项的行业协会进行跟踪问效。

18. 财政部门要抓紧制订政府资助和购买行业协会服务的相关实施办法，并对购买服务资金使用效果定期进行评价。

五、进一步加强行业协会自身建设和规范管理

19. 加强组织建设，健全法人治理结构。建立健全会员（代表）大会、理事会、常务理事会及监事会等重大决策和监督机构，建立以企业家为领导主体和决策主导的协会领导班子，建立健全党组织，建立群体结构合

理、专业配套、精干高效的职业化工作队伍。认真执行换届选举制度，会长（理事长）由理事会提出，通过会员（代表）大会以无记名投票方式选举产生，并逐步实行差额选举。秘书长可通过选举、聘任或向社会公开招聘等方式产生。行业协会的常设机构及分支（代表）机构要配备专职工作人员，并参照国家有关规定，对符合条件的工作人员进行职称评定。

20. 健全规章制度，强化运行机制。依据相关法律法规及协会章程建立会议、学习、人事、财务、审计、监督、民主决策、请示报告以及劳动合同、对外交流管理等规章制度，准确界定各层级组织的职能和程序，形成规范有序、民主高效的运行机制，做到以制度管会、以制度管事、以制度管人，保证协会内部的有机体系和功能相互作用、有序有效运转。行业协会要与专职工作人员签订劳动合同，建立规范的劳动关系，保障其合法权益。行业协会在对外交往中要严格遵守有关法律法规和外事纪律，坚决维护国家利益。

21. 搞好业务定位，提升服务能力。树立"会员为本、服务立会"的办会宗旨和理念，以进入经济主战场、服务于经济建设为目标，找准与政府宏观经济工作布局相适应的结合点，选准主流业务和会员需求的服务重点，明确工作着力点，积极发挥行业服务、行业自律、行业协调、行业维权、行业监督等作用，开展贴近企业、贴近市场、贴近政府、贴近社会的有用有效的工作。

22. 实行财务独立，规范财务管理。行业协会要建立健全财务管理、财务核算、资产管理和财务审计等制度，财产权属清晰，对所属分支机构、代表机构的财务实行统一管理。设立专门财务人员，会计、出纳分离；协会领导的直系亲属不得在本会做财会工作；账目要公开，年初有预算，年底有决算，每年向理事会和监事会报告财务工作情况；协会法定代表人在离任或调离工作岗位时，要进行财务审计。

行业协会主管部门和对口联系单位不得向行业协会收取、指派各种费用，或者无偿占用其财物。

23. 建立多元筹资渠道，增强持续发展能力。行业协会要合法收取和使用会费，并按照市场化原则通过优质服务和合法活动等多元化筹措经费。可通过承担政府授权委托事项、购买服务事项等获得工作经费；可通过举办展览会、研讨会、开展培训、信息咨询等获得有偿服务经费；可通过开展经济技术合作、开发推广新产品、新技术等获得协作和开发经费；可按照会企分开原则开办非法人或法人经济实体开展合法的经营活动。行业协会不得从事以营利为目的的经营活动，依法所得不得在会员中分配，不得投入会员企业进行营利。开展服务活动收费应符合国家有关规定，并公开收费依据、标准和收支情况；对依法或经授权强制实施具有垄断性质的仲裁、认证、检验、鉴定以及资格考试等活动的收费，应执行行政事业性收费的有关规定。

六、完善扶持行业协会发展的相关政策

24. 落实社会保障制度。行业协会应按照国家和我省有关规定，参加各项社会保险，履行缴费义务，符合条件的人员，享受相应的社会保障待遇。

25. 完善税收扶持政策。对行业协会从事技术转让、技术开发业务以及相关的技术咨询、技术服务、技术培训等取得的相应收入，享受国家规定的税收优惠政策。财政和有关部门应根据税制和行业协会改革发展情况，适时研究制定鼓励和扶持行业协会加快发展的政策措施。

大连市人民政府办公厅转发市民政局关于培育发展农村专业经济协会指导意见的通知

（大政办发［2007］20号）

各涉农区、市、县人民政府，大连开发区管委会，市政府各有关部门，各有关单位：

经市政府同意，现将市民政局制定的《关于培育发展农村专业经济协会的指导意见》转发给你们，请认真贯彻执行。

2007年2月25日

关于培育发展农村专业经济协会的指导意见

为深入贯彻党的十六届四中、五中全会精神，充分发挥农村专业经济协会作用，提高农民组织化程度，促进农村经济发展，增加农民收入，推

动社会主义新农村建设，现就我市农村专业经济协会培育发展工作提出如下意见：

一、充分认识培育发展农村专业经济协会的重要意义

农村专业经济协会是指由从事同一专业的农民自愿组成的，为实现会员共同意愿、给会员提供产供销服务的互助合作的非营利性组织。它是适应新时期农村经济和社会发展新的有效组织形式，显示出强大的生命力，受到了广大农民的普遍欢迎。实践证明，农村专业经济协会有利于提高农民和农业生产的组织化程度，增强抵御市场风险的能力，提高竞争力和经济效益；有利于农业科技成果的转化和推广，促进农产品和农业技术的相互交流，推动农业产业结构的调整升级；有利于提高农民自身素质，增强自我服务能力，提高农业生产的产业化程度，实现农业增效、农民增收。加强农村专业经济协会培育发展工作是各级政府的一项紧迫任务。各地区、各有关部门要从推进社会主义新农村建设的高度，充分认识培育发展农村专业经济协会的重要性，大胆探索，采取有效措施，积极促进农村专业经济协会健康有序发展。

二、明确培育发展农村专业经济协会的指导思想、工作目标和基本原则

（一）指导思想：以邓小平理论和“三个代表”重要思想为指导，认真贯彻落实党的十六届四中、五中全会精神，坚持以《社会团体登记管理条例》为依据，以发展农村经济、增加农业效益、帮助农民增收为目的，坚持培育发展和监督管理并重的方针，大力发展各种类型的农村专业经济协会，充分发挥农村专业经济协会在农村物质文明、政治文明和精神文明建设中的重要作用，推动全市社会主义新农村建设。

（二）工作目标：“十一五”期间，全市农村专业经济协会数量由2005年底的286家发展到600家，符合条件的登记比例达到100%，拥有会员数量占全市农业人口比例20%以上，每个农村专业经济协会至少带领20户困难农户脱困，平均每年带领每户会员增收1000元以上，全市集中精力每年抓好50个先进农村专业经济协会建设。加强指导和规范化建设，全面提高农村专业经济协会整体素质和服务功能，使之成为组织机构较为完备、制度建设较为完善、功能发挥到位的独立法人组织。

（三）基本原则：一是坚持非营利性原则。将农村专业经济协会与以

营利为目的的农村经济合作组织严格区分，在登记时严格掌握农村专业经济协会的非营利性标准。二是坚持“民办、民管、民受益”原则。坚持农村专业经济协会的民间性，农民根据自己的需要自发成立，会员自愿加入、自由退会。建立以章程为核心的管理体制，实行民主决策、民主管理和民主监督。处理好政府与协会之间的关系，做到“管理不包办、参与不干预、扶持不代替”。三是坚持发展、登记、规范同步推进原则。树立培育发展农村专业经济协会思想，积极做好培育发展工作，同时加强登记规范和监督管理，处理好培育发展和规范管理的关系，做到“成熟一个、登记一个、规范一个”，促进协会健康发展，充分发挥协会的作用。

三、切实加强对农村专业经济协会登记的规范管理

各级民政部门要坚持依法管理，规范、完善登记程序，简化手续，方便群众，促进农村专业经济协会的规范管理和健康发展。

（一）农村专业经济协会登记范围。凡在本市区域内县（市、区）、乡（镇）、村成立的或者农民自愿组成，服务于农业、养殖业、畜牧业、蔬菜瓜果业、林木业及加工储藏、运输流通等领域的各种专业经济协会，均属登记范围。

（二）农村专业经济协会业务主管单位和登记管理机关。县（市、区）区域内农村专业经济协会的业务主管单位是相应的县级政府有关职能部门或科协等组织；乡（镇）、村区域内农村专业经济协会可由县级政府职能部门或由其委托乡镇政府担任并履行业务主管单位职责。县（市、区）、乡（镇）、村区域内农村专业经济协会的登记管理机关为县级政府民政部门。

（三）农村专业经济协会登记管理。申请成立具备法人资格的农村专业经济协会，在经业务主管单位审查同意后，由发起人向民政部门申请登记。

申请登记的具体条件：一是有10个以上单位会员或20个以上个人会员。个人会员、单位会员混合组成的，会员总数不得少于20个。二是有规范的名称。应以品种、技术、经营方式或环节等业务特征命名，与其业务范围、成员分布、活动地域相一致，不应以从业人群特征命名（如菜农协会）。三是有相应的组织机构和相对固定的活动场所，以及与其业务活动相适应的工作人员。四是有规范的章程和具体的业务范围。五是有合法的资产和经费来源。县（市、区）区域内农村专业经济协会有10000元以上活动资金，乡（镇）区域内有5000元以上活动资金，村区域内有2000元以上活动资金。六是有独立承担民事责任的能力。

申请登记应提交的材料：（1）成立申请书；（2）业务主管单位批准文

件；(3) 活动资金来源、办公场所证明；(4) 拟任负责人基本情况、身份证明；(5) 章程草案。

申请登记程序：农村专业经济协会登记，可减少批准筹备环节，经业务主管单位同意后，直接向民政部门申请注册登记。对乡（镇）、村农村专业经济协会登记，可免予公告。

四、全面落实培育发展农村专业经济协会的主要措施

（一）统筹规划，推进培育发展。各级政府要将培育发展农村专业经济协会纳入当地经济社会发展总体规划，有组织、有领导、有计划地做好培育发展和规范管理工作。鼓励农村专业户、产业能人创办农村专业经济协会。对已有的协会要加强发展提高工作，加大农民发展生产急需的专业经济协会的培育力度，优化结构、合理布局。

（二）完善制度，推进协会建设。各级民政部门和业务主管单位要按照边登记、边发展、边规范的原则，指导和加强农村专业经济协会的基本建设、组织建设、业务建设等，支持各协会建立以章程为核心的内部管理制度，建立健全自律机制、民主决策机制，实行民主管理，完善服务功能，提高农村专业经济协会的自身素质。

（三）双重管理，推进规范管理。各级民政部门和业务主管单位要认真落实双重管理体制，及时沟通，密切合作，因地制宜，分类指导，制定切合本地实际的农村专业经济协会管理实施办法，切实按照《社会团体登记管理条例》规定履行各自对农村专业经济协会的管理职责。要广泛培育一批适应市场经济发展需要、对当地经济发展有影响的农村专业经济协会，带动农民增收致富，促进农村繁荣稳定。

（四）典型示范，推进健康发展。各区市县民政部门和业务主管单位要抓好典型示范，树立样板，以点带面推进农村专业经济协会整体水平全面提高。对于发展较早、规模较大、作用突出、已探索出成功经验的协会，要总结宣传，采取评先选优的方式进行表彰；对于大幅度提高农民收入、扶贫帮困作用明显的协会，政府可适当给予扶持，发挥引导示范作用，带动本地区农村专业经济协会的整体发展。

（五）政策倾斜，推进优惠扶持。相关部门要制定农村专业经济协会培育发展的优惠扶持政策，增加发展后劲。农村专业经济协会代农民销售的农产品或通过订单农业带领农民生产的农产品，凡符合国家税收减免条件的，可依法免收增值税。对农村专业经济协会组织的科技推广项目，确有带动作用的，应优先纳入政府农业开发和科技推广项目，实行专业扶持。

江苏省政府办公厅转发省民政厅关于加强民间组织培育发展和管理监督工作意见的通知

（苏政办发［2007］87号）

各市、县人民政府，省各委、办、厅、局，省各直属单位：

省民政厅《关于加强民间组织培育发展和管理监督工作的意见》已经省人民政府同意，现转发给你们，请认真贯彻执行。

2007年7月16日

关于加强民间组织培育发展和管理监督工作的意见

江苏省民政厅

民间组织主要包括社会团体、民办非企业单位和基金会等类型的社会组织。近几年来，随着经济转轨、社会转型和政府职能转变，我省民间组织发展迅速，社会作用不断增强。但从总体上看，民间组织发育还不够成熟，民间组织发展状况还不能满足经济社会发展和人民群众的要求，民间组织活动的管理和监督也亟待加强。为促进我省民间组织健康发展，充分发挥新时期民间组织在经济社会生活中的作用，根据国家有关法规、规章和文件规定，结合我省实际，现对加强民间组织培育发展和管理监督工作提出如下意见：

一、新时期民间组织培育发展和管理监督工作的指导思想、基本要求

（一）指导思想。以邓小平理论和“三个代表”重要思想为指导，深入贯彻落实科学发展观，坚持培育发展和管理监督并重，采取多种方式，

支持和培育民间组织加快发展，积极发挥民间组织在经济社会生活中提供服务、反映诉求、规范行为的作用；依法对民间组织加强管理和监督，实行分类指导，促进民间组织健康发展，在全省逐步建立起与经济社会发展水平相适应，布局合理、结构优化、功能齐全、作用显著的民间组织体系和分类管理、分级负责、法制健全、规范有序的民间组织管理体制，充分发挥民间组织在构建和谐社会中的重要作用。

（二）基本要求。一是重点扶持公益类、服务类民间组织。适应当前我省经济社会发展需要，着重培育发展行业协会、民办非企业单位、农村专业经济协会、社区民间组织和慈善类民间组织。二是增强民间组织社会参与程度。鼓励社会力量在经济、教育、科技、文化、卫生、体育、社会福利等领域兴办各类民间组织，扩大民间组织发展规模，改善民间组织运作机制，拓展民间组织服务领域。三是坚持培育发展和管理监督并重。通过法律、经济、行政等多种方式，支持和培育民间组织加快发展，逐步优化民间组织的功能、结构和布局。同时，加强对民间组织的管理监督，完善政府监督、社会监督与民间组织自律相结合的监督管理体系，引导民间组织规范、有序、健康发展。四是推动民间组织依法开展活动。公民依法参与民间组织事务，民间组织依法开展社会管理和服务活动，民间组织的正当权益受法律保护。登记管理机关、业务主管单位及相关部门依法履行职责，各司其职、各负其责，协同开展民间组织管理工作。

二、切实加强对民间组织的分类指导

（三）强化社会团体的管理和服务功能。按照市场化原则改革和发展行业协会（商会），加强行业协会（商会）能力建设，不断完善行业协会（商会）自律、维权、协调和中介服务功能，重点培育新兴行业、支柱产业、优势产业的行业协会（商会），更好地服务于我省国民经济建设。实行政会分开，行业协会（商会）要从职能、机构、工作人员、财务等方面与政府及其部门、企事业单位彻底分开，严格依照法律法规和章程独立自主地开展活动。鼓励、扶持学术性社团发展，通过学术团体等平台建设，激发全社会的创新活力。

（四）促进民办非企业单位多元化发展。进一步改变民办非企业单位数量少、规模小、发展不均衡、社会认可度低的状况，积极鼓励、支持社会力量在教育、科技、文化、卫生、体育、社会福利、农业等领域举办民办非企业单位，满足人民群众多层次、多样化的需求，显著增强民办非企业单位的社会服务功能。

（五）鼓励发展基金会等慈善类民间组织。积极弘扬慈善文化，引导企业、社会组织和公民举办慈善事业，创新慈善基金募集和运行机制，培育慈善品牌，有效扩大我省慈善公益资金规模。优先扶持发展非公募性慈善类民间组织，不断提高慈善类民间组织的整体质量，完善慈善类民间组织公益服务功能。

（六）积极培育基层民间组织。不断探索基层民间组织管理体制和方法，对农村专业经济协会、社区民间组织等基层民间组织实行登记或备案的双轨管理，简化登记手续，免收登记费用。促进农村专业经济协会发展，不断提高服务“三农”能力，推动社会主义新农村建设。增强社区民间组织服务功能，提升社区自治水平和社区服务品质，加快推进社会主义和谐社区建设。

三、扶持和培育民间组织发展

（七）增强民间组织社会服务功能。适应社会需求变化，重点加快培育和发展公益性民间组织，推动民间组织参与提供公共服务。政府及各部门在职能转变过程中，应逐步将服务性事务、部分行业管理职能等公共服务和社会管理活动，授权或委托相应的民间组织承担。凡政府委托民间组织承办事务的，原则上应通过政府购买服务的方式进行。加强社区民间组织的规范化建设，提升其承接政府转移职能的能力。

（八）加大资金扶持力度。各级政府要把民间组织管理工作经费列入各级财政预算，为加强民间组织培育发展和管理监督提供必要条件。采取购买服务、项目招标、财政补贴等方式，重点扶持一批具有示范导向作用的公益性民间组织。多渠道筹集扶持发展基金，支持行业协会、农村专业经济协会、社区民间组织、慈善类民间组织等重点领域的民间组织加快发展。民间组织举办社会公益事业，经县以上民政部门会同相关业务主管部门认定，可以在开办、运营、设备购置等方面给予适当补贴，具体标准和办法由各地根据实际制订。在加大财政扶持的同时，鼓励民间组织拓展筹资渠道，增加公益积累，壮大自身实力。

（九）落实有关税收减免优惠政策。根据国家有关规定，税务部门保障民间组织享有会费收取、政府委托培训等项目的税收减免待遇。符合国家有关规定，经有关部门确认，公益性社会团体、民办非企业单位和基金会享有捐赠税前扣除等税收优惠。

（十）大力开展民间组织理论研究。鼓励、支持我省有条件的高校、科研院所建立民间组织研究机构，积极开展理论研究，指导我省民间组织健康发展。

四、规范民间组织管理

（十一）健全民间组织内部管理制度。引导民间组织进一步健全以章程为核心的各项内部管理制度，完善民主决策机制和法人治理结构，强化自律机制。加强民间组织自身能力建设，推行民间组织诚信服务制度，增强民间组织自主发展、自我管理、自我约束能力。按照国家和省的有关规定，加强民间组织涉外活动和涉外项目管理，规范民间组织评比、达标、表彰活动。

（十二）加强民间组织领导班子建设。逐步优化民间组织领导成员的年龄、知识结构。严格执行中央办公厅、国务院办公厅《关于现职党政领导干部不兼任社会团体领导职务的通知》（中办发［1998］17号）要求，确需兼职的，按干部管理权限履行审批手续。社会团体、基金会负责人由离退休党政领导干部担任的，其任职时间一般不超过2届，届满后因特殊情况确需继续任职的，按有关规定办理审批手续。

（十三）规范民间组织财务管理。民间组织执行国家财政部《民间非营利组织会计制度》，全省统一制定使用会费、接受捐赠、财务结算等民间组织专用票据。推行民间组织财务收支信息公开披露制度，便于政府部门、捐赠人、受益人及社会公众等各方面的广泛监督。制定民办教育等民办非企业单位的举办者合理回报办法及管理人员薪酬标准，确保民间组织的非营利性。民间组织依法享受法人财产权益，任何单位和个人不得违规调用民间组织的合法收入和财产，不得向民间组织摊派和集资。

（十四）加强民间组织从业人员队伍建设。培养、引进社会工作管理人才，推进民间组织从业人员的职业化和专业化，加强民间组织从业人员培训，提高从业人员的整体素质。保障民间组织从业人员的应有待遇。加快建立健全志愿服务制度，发挥志愿组织和人员的作用，规范志愿服务行为。

（十五）建立民间组织激励机制。加强对民间组织的绩效评估，建立民间组织诚信记录档案。将民间组织公益服务和遵纪守法情况纳入社会诚信管理体系，制定民间组织奖励制度，及时表彰民间组织先进集体和个人。

五、强化对民间组织的监督

（十六）健全民间组织监督体系。完善民间组织信息披露、重大事项报告、规范标准考核、诚信评估、财务审计监督等制度，加强民间组织的年度检查和日常监督工作。对未经登记的非法民间组织，质量技术监督部门不得颁发组织机构统一代码证书，公安部门不得准予刻制印章，银行不得准予开设银行账号，物价部门不得准予收费核价，各新闻媒体不得宣传报道和刊播广告。

（十七）加强对民间组织的执法监察。建立全省民间组织数据库，推进民间组织监督管理的信息化建设，健全监控网络和预警体系，充实民间组织执法监察力量，增强执法监察能力。依法查处民间组织违法行为。对长期不开展活动、不能履行社会服务功能、不接受职能部门依法管理的民间组织，要依法及时注销或撤销；对未经登记或备案擅自开展活动，或者撤销后继续以民间组织名义开展活动的，坚决予以取缔，并对相关人员视情节轻重予以责任追究。构成犯罪的，要依法追究刑事责任。对为非法民间组织提供支持、资助和其他便利条件的部门和单位，要追究主要负责人的责任。

六、着力改进和完善管理体制

（十八）进一步落实双重管理职责。各业务主管单位要认真履行管理监督职责，在扶持民间组织发展的同时，对其申请登记、党的建设、财务和人事管理、研讨活动、对外交往、接受捐赠等事项切实负起管理责任。登记管理机关要依法开展民间组织的登记审批工作，研究制定有关政策制度并组织实施，坚决查处违法违纪行为。

（十九）建立民间组织管理联席会议制度。完善登记管理机关与各业务主管单位间信息交流报送、协同监督、齐抓共管的责任机制，强化登记管理机关综合协调能力，加强业务主管单位与登记管理机关的协作配合，形成各司其职、各负其责、密切协作的管理合力，提高综合治理和应急反应能力。

七、加强对民间组织管理工作的组织领导

（二十）加大民间组织管理协调力度。各地应把民间组织管理工作摆上重要位置，纳入经济社会发展规划，制定切实可行的政策措施，有计划、有步骤地加以推进，对民间组织管理工作中的重大问题及时研究解决。各级各有关部门应密切配合，各负其责，共同做好民间组织管理工作。

（二十一）加强各级登记管理机关机构队伍建设。适应民间组织发展的新形势，充实加强各级民间组织管理机构，充分发挥职能作用，切实履行职责。各地要明确管理部门，落实管理责任，保障相应条件，确保把各项管理措施落到实处。

2007 年 6 月

浙江省人民政府关于推进行业协会改革与发展的若干意见

（浙政发［2006］57号）

行业协会是由同一行业经济组织自愿组成，依法登记为行业性的非营利社团组织。改革开放以来，我省行业协会取得了迅速发展，在协调市场主体利益、提高市场配置效率、促进政府职能转变等方面发挥了重要的作用。但是，行业协会的发展还存在着行业代表性差、职能发挥不到位、自律机制不健全、行政依附性强等问题。为适应加入世贸组织和市场经济发展的要求，充分发挥行业协会的职能作用，现就推进我省行业协会改革与发展提出如下意见：

一、行业协会改革与发展的总体目标和基本原则

（一）总体目标。按照市场化原则推进行业协会改革与发展，争取用5年左右的时间，初步形成适应我省产业特点和企业发展需要，布局合理、覆盖面广、功能完备的行业协会结构体系；初步形成符合社会主义市场经济规律和国际惯例的行业协会的组建、发展、运作和退出机制；初步形成保障行业协会健康有序发展的法律规范和管理体制。

（二）基本原则。

——坚持市场化的原则。建立健全市场竞争机制，改革政府管理方式，规范政府监管行为，推进政会分开，确立行业协会的独立法人地位，实现行业协会依法设立、民主管理、自律发展的市场化运作模式。

——坚持规范发展的原则。以发展为主线，以规范为手段，通过法律规范、政府监管、政策引导和行业自律，促进行业协会提高服务水平，增强自律能力，推进行业协会规范有序健康发展。

——坚持统筹协调可持续发展的原则。改造老的行业协会，发展新的行业协会，优化行业协会结构，协调行业协会改革发展进程中的各种关系，做到行业协会改革与政府职能转变相结合，行业协会内部机制转换与优化行业协会发展环境相结合，加强监管与政策引导相结合，推进行业协会统筹协调可持续发展。

二、行业协会改革与发展的主要任务

（一）推进政会分开。

1. 机构分设。行业协会的办事机构不得与政府部门合署办公，已合署办公的要进行机构分设。此项工作2006年下半年开展试点，2007年上半年全面推开，2007年底前完成。

2. 人员分离。现职党政机关工作人员不得在行业协会兼任职务，已兼任职务的，必须于2007年底前辞去行业协会职务或辞去公职。

3. 职能分开。进一步转变政府职能，把应由行业协会履行的职能移交给行业协会，把适宜于行业协会行使的行业管理职能委托给行业协会。

4. 财产分开。行业协会与政府部门财产不清晰的，必须于2007年底前完成资产划分、明晰产权归属。

（二）落实行业协会职能。

1. 行业自律职能。根据行业发展的要求制定行规行约并组织实施；依据有关法规规章和政策，按照协会章程制定相应质量规范、服务标准；组织贯彻实施有关地方或国家标准并进行监督，维护公平竞争的市场秩序。

2. 行业代表职能。代表行业企业或其他经济组织开展行业调查研究，掌握行业动态，提出有关经济社会发展政策和立法方面的意见和建议；代表会员企业进行反倾销、反补贴、保障措施等调查、应诉和诉讼；协助会员开拓国际市场，参与协调贸易争议；联系相关国际组织，协调会员单位开展国内外经济技术交流与合作；向政府部门反映行业、会员诉求，维护会员合法权益。

3. 行业服务职能。收集、分析、发布国内外行业经济信息；开展咨询服务；建设行业公共服务平台，开展产品展示、研发设计、质量检测、招商等服务；组织展销会、展览会，举办报告会、研讨会；组织人才、技术、职业、管理、法规等培训；指导、协助会员企业改善经营管理。

4. 行业协调职能。协调会员之间、会员与其他社会经济组织之间或个人之间的事宜；协调本行业协会与其他社会组织和个人之间的事宜。

5. 授权委托的其他职能。根据法律法规规章的规定和政府部门的委托，开展行业标准起草、行业信息披露、行业纠纷裁决、资质资格认定、检验检测以及行业规划、行业统计、行业调查、公信证明等工作。

（三）优化行业协会结构布局。

1. 调整整顿现有行业协会。对行业范围过大且特征不明显的行业协会，要引导其进行分立分设；对名称相近相似、业务交叉重叠的行业协会，引导其合并重组。对自核准登记之日起满6个月尚未开展业务活动或停止业务活动满1年的行业协会，要依法予以注销登记。

2. 大力发展新的行业协会。按照打造先进制造业基地、大力发展服务业和建设文化大省的总体部署，重点支持在电子信息、生物医药、装备制造、环境保护、金融保险、文化旅游、现代农业、现代物流等领域培育和发展一批新的行业协会。

3. 优化行业协会区域布局。各地要根据产业发展情况，制定行业协会发展规划。打破行政区划界限，支持企业集中、产品和市场优势明显的行业，组建全市性或全省性行业协会。优势特别明显的行业，争取组建全国性行业协会。积极创造条件，吸引全国性行业协会、国际性行业组织的总部或办事机构在我省落户。

4. 着力扩大行业协会覆盖面。行业协会发展会员要打破部门、所有制、经济规模等界限，注重吸收民营、外资企业等各类经济组织入会，提高行业协会的代表性。吸收与行业相关的省内科研院所和符合条件的外省市在本省的同业经济组织入会，增强行业协会的功能。行业协会会员数量要基本达到该行业单位总数的20%以上，或会员企业的销售额达到该行业销售额的50%以上。

（四）完善行业协会运行机制。

1. 健全设立机制。行业协会的设立应由行业内企业或业主自主发起，经业务主管部门审查同意，依法向民政部门申请登记，取得法人资格。行业协会的章程、自律职能、运行机制、会费标准、行规行约等由会员或会员代表大会讨论制定。行业协会的会长、秘书长等领导成员按照章程规定民主选举产生，秘书长也可由理事会向社会公开招聘。

2. 健全财务制度。行业协会要根据《民间非营利组织会计制度》建立健全财务管理、会计核算制度，设立专门的财务人员。会费的收支情况要定期向会员或会员代表大会报告并接受其审查。行业协会的资产属于财政拨款、政府资助或社会捐赠的，要接受审计部门的监督并向社会公开。

3. 规范收费行为。行业协会举办展览会、展销会、研讨会、培训等活动，允许有偿服务，但不能以营利为目的，应本着公开、公平、合理的原则，公开收费依据和收支情况，自觉接受监督。

4. 健全人事制度。行业协会要深化人事制度改革，工作人员要实行全员聘用制，面向社会公开招聘，优化人员年龄、专业结构，实现行业协会工作人员的职业化。

行业协会的基层党组织建设，按照《中国共产党章程》等有关规定执行。

三、行业协会改革与发展工作的组织领导

（一）加大政策扶持。行业协会按财政部门和民政部门有关规定收取的会费，不征收营业税；行业协会的财政拨款收入、各级政府资助收入、按照省级以上财政和民政部门规定收取的会费收入、社会捐赠收入，免征企业所得税。政府委托行业协会提供的服务，通过市场购买的方式或者法律法规允许的方式进行。行业协会承担政府部门授权或委托的职能，授权或委托的政府部门应当提供行业协会履行职能所需要的资金等物质保障。行业协会组织重大公益性活动，各级政府可给予适当的资金支持。

（二）加强组织领导。行业协会改革与发展涉及各行各业，情况复杂，任务繁重。各地要切实加强对这项工作的组织领导，成立相应的工作协调机构，按照统筹规划、分类指导的要求，加快推进行业协会的改革与发展。省发改委、省民政厅要牵头会同省级有关部门，负责做好全省行业协会改革和综合协调管理，制订行业协会发展总体规划以及促进行业协会发展的具体政策措施等各项工作。

（三）落实工作责任。政府部门要按照各自的职能分工，切实做好行业协会改革与发展的各项工作。社团登记管理机关依法行使对行业协会的设立、变更、注销登记等工作。业务主管单位负责行业协会所涉及的产业发展、行业规范、协会活动等方面的业务指导和监督。省发改委和省民政厅会同有关部门负责实施全省行业协会改革与发展试点工作。

推进行业协会改革与发展是我省经济社会改革发展中的一项重要工作，各有关部门要密切配合，齐抓共管，把行业协会改革与发展的各项任务落到实处。各地要从实际出发，抓紧制定具体的实施意见，及时解决实施过程中出现的新情况、新问题，确保行业协会改革与发展工作顺利推进。

福建省人民政府办公厅关于进一步加强社会团体监督管理工作的意见

（闽政办［2007］37号）

各市、县（区）人民政府，省人民政府各部门、各直属机构，各高等院校，各大企业：

社会团体是政府连接市场和社会的桥梁与纽带，是构建和谐社会的一支重要力量。加强社会团体登记管理，促进社会团体健康发展，是国家管理社会的重要手段，也是建立和完善社会主义市场经济体制的必然要求，对于加强社会建设和管理、构建社会主义和谐社会，具有十分重要的意义。近年来，我省社会团体管理工作水平稳步提高，社会团体布局和结构不断优化，质量有所提高，各类社会团体在提供公共服务、反映社会诉求、促进社会发展方面发挥越来越重要的作用。但也出现了部分社会团体管理制度不够完善，组织行为不够规范，法制观念比较淡薄，信用缺失，甚至营私逐利等问题；一些登记管理机关和业务主管单位监督、管理、服务不到位。为促进我省社会团体健康有序发展，依据国务院《社会团体登记管理条例》，经省政府同意，现就进一步加强我省社会团体监督管理工作提出如下意见：

一、坚持发展和规范并重，促进社会团体健康发展

各级各部门要认真研究新形势下社会团体登记管理工作的规律和特点，按照“在发展中规范、在规范中发展”的方针，不断完善和创新工作机制，及时发现并妥善解决存在的问题，为社会团体健康发展创造良好的环境。

（一）重点培育，优化布局。根据经济社会的发展需要，重点培育发展服务“三农”的农村专业经济协会、服务企业的行业协会、服务困难群体的公益性社会团体和服务基层群众的社区民间组织。逐步完善社会团体配套政策，建立健全社会团体的人事、劳动保障等方面的政策规定。进一步增强社会团体服务社会功能，积极探索培育和发展社会团体的新途径，

充分发挥各类社会团体依法提供服务、反映诉求、规范行为、维护权益的作用，形成管理规范、布局合理、结构优化、功能到位、作用明显的发展格局。

（二）加强引导，规范管理。大力开展社会团体规范化建设，引导各类社会团体加强自身建设，增强自律意识，提高诚信度。坚持培育发展和管理监督并重，进一步完善社会团体年检制度，加大监管力度；切实把好登记审批关，不得批准设立业务宽泛、分类过细、交叉重复的社会团体，防止以营利为目的的团体获得登记。根据中共中央办公厅、国务院办公厅《关于加强社会团体和民办非企业单位管理工作的通知》（中办发［1996］22号）和《关于进一步加强民间组织管理工作的通知》（中办发［1999］34号）精神，对国家政策限制的社会团体要从严把关，对申请登记设立“老乡会”、“战友会”的，一律不予审批；对申请登记设立“校友会”（包括“同学会”等类似组织）的，要从严掌握，市、县（区）成立“校友会”的，必须报省级民政部门审核同意后，按程序办理登记手续，以实现“控制数量、提高质量、合理布局”的工作目标。

二、转变政府职能，落实政社分离

各级政府各部门要切实转变职能，推进政社分离，理顺政府与社会团体的关系，加强指导、监督和服务，减少对社会团体内部事务的干预，实现社会团体“发起自愿、人员自定、经费自筹、会务自主”，真正让社会团体根据法律法规和章程的规定，自主管理内部事务。

（一）职能分开，机构分设。要适应社会主义市场经济发展和推进行政管理体制改革的要求，进一步转变政府职能，把政府不该管、管不了、管不好的事情交给市场或社会团体；对于授权或委托给包括社会团体在内的各种民间组织的事项，应当依法规范，业务主管单位不得将行政职能非法转移到社会团体，更不得收取有关费用。社会团体办事机构要单独设立，不得与政府部门合署办公，实行合署办公的要进行机构分设。

（二）人员分离，财产分置。社会团体应有固定的住所和与其业务活动相适应的专职工作人员。根据《公务员法》和中共中央办公厅、国务院办公厅《关于党政机关领导干部不兼任社会团体领导职务的通知》（中办发［1998］17号），公务员一般不得在社会团体兼任领导职务。对因工作需要确需兼任社会团体领导职务的，应严格按干部管理权限审慎办理报批手续，并不得从社会团体中领取报酬或享受福利待遇。社会团体作为独立法人，其财产应与业务主管单位、会员和其他组织分置，并按照国家统一的会计制度的规定进行会计核算，实行单独建账、独立核算。

三、建立协调联动机制和完善双重管理体制，形成社会团体管理整体合力

各级要加强组织领导，建立协调联动机制和完善双重管理体制，有关职能部门各负其责，互相配合，形成做好社会团体管理工作的整体合力。

（一）建立协调联动机制。各级要建立由民政、组织、宣传、监察、财政、审计、税务、物价、公安、工商、技术监督、人行、经济社团联合会、科学技术协会、社会科学界联合会等单位领导参加的民间组织管理工作联席会议制度，由民政部门领导担任召集人，并依托民政部门设立联席会议办公室。联席会议成员单位要明确职责，分工负责，通过定期召开联席会议、设立联络员等方式，及时沟通信息，协调有关工作，建立良好的分工协作关系，形成党委和政府统一领导、登记管理机关和业务主管单位双重负责、职能部门齐抓共管的管理格局。

（二）完善双重管理体制。现阶段社会团体管理实行登记管理机关和业务主管单位双重管理体制。县级以上人民政府民政部门是本级人民政府的社会团体登记管理机关。县级以上人民政府有关部门、县级以上人民政府授权的组织，是有关行业、学科或者业务范围内社会团体的业务主管单位。登记管理机关负责社会团体成立、变更、注销的登记或备案，对社会团体实施年度检查，研究制定有关政策规定并组织实施，指导、检查和监督社会团体活动，依法查处社会团体违法违纪行为。业务主管单位负责社会团体筹备申请、成立登记、变更登记、注销登记前的审查，包括社会团体的章程、组织机构、办公场所、资金情况、拟任的法定代表人和秘书长以上负责人等基本情况的审查把关；监督、指导社会团体遵守法律、法规和国家政策以及依据其章程开展活动，包括对社会团体的思想政治工作、党的建设、会计制度和人事管理、研讨活动、对外交往、接受捐赠资助的监督管理；负责社会团体年度检查的初审；协助登记管理机关和其他有关部门查处社会团体的违法行为；会同有关机关指导社会团体的清算事宜。业务主管单位要认真履行监管职责，建立健全责任制，明确分管的领导和联系的内设机构，配备或指定专人负责社会团体管理工作，切实落实业务指导和监督管理责任。要进一步理顺业务主管单位与所管社会团体的对口管理关系，确保社会团体的业务性质、范围和活动地域与业务主管单位的职能相对应。

四、加大社会团体监管力度，查处违法违规行为

登记管理机关和业务主管单位要改变重登记轻管理的状况，强化监管职能，创新制度，完善措施，充实力量，不断提高监管水平。对社会团体的违法违规行为，要按照有关规定予以及时纠正，并依法严肃查处。

（一）加大日常监管力度。在做好社会团体换届、法定代表人离任、注册资金变更、注销登记的审计和章程修改的审查等工作的同时，将年度检查与日常管理相结合，内部自律与行政监督、社会监督相结合，切实加大社会团体监管力度。对内部制度不健全、作用发挥不明显的社会团体，要责令其限期整改；对工作性质类同或相近的社会团体，要尽量引导归并；对没有实质业务、名存实亡、仅为小团体谋取不当利益或存在严重问题，以及已不适应当前经济社会发展需要的社会团体，应在严肃认真做好工作的基础上予以注销或撤销登记。社会团体举办展览会、展销会、研讨会、培训班等活动，可依据国家有关规定提供有偿服务，但不能以营利为目的。禁止社会团体采取不正当手段发展会员，严禁向企业强行服务和强行收费，严禁对企业乱检查、乱评比、乱培训和进行各种摊派。社会团体自身不得从事营利性经营活动，如投资设立企业法人或设立非法人的经营机构，要按照国家有关规定执行。社会团体收取会员会费和接受社会捐赠应统一使用省级财政部门印制的票据，并实行财政票据电子化管理。社会团体的经费，以及开展章程规定的活动取得的合法收入，必须用于章程规定的业务活动，不得在会员中分配。

（二）打击非法社会团体。未经批准擅自开展社会团体筹备活动，或者未经登记擅自以社会团体名义进行活动，以及被撤销登记继续以社会团体名义进行活动的，由登记管理机关依法予以取缔，没收非法财产；构成犯罪的，要依法追究刑事责任；尚不构成犯罪的违法行为，要依法给予治安管理处罚。对为非法社会团体提供支持、资助和便利条件的部门和单位，要追究其主要领导人的责任。

（三）建立预警监管网络。在登记管理机关和业务主管部门加强对社会团体日常监督的同时，财政部门对社会团体执行国家规定的财务管理制度情况进行监督；监察部门要及时查处和纠正社会团体涉及企业负担的案（事）件；审计机关对资产来源属于国家拨款或者社会捐赠、资助的社会团体进行监督；公安、工商、物价、技术监督等职能部门也要依法对社会团体的相关业务活动进行监督管理。有关部门要通力协作，逐步建立预警、预案监督、执法监督情况报告、协调处理制度，形成登记管理机关为

主负责、业务主管单位和有关部门协同配合、社会团体组织积极参与的良性运行机制，构建“预警、服务、管理、协调”的网络架构，提高快速反应能力和综合处理能力。加强社会监督，完善公共投诉受理制度，充分发挥新闻舆论的监督作用。

五、进一步健全自律机制，提高社会团体整体素质

建立健全社会团体自律机制，是社会团体健康发展的内在要求，也是解决社会团体存在问题的治本之策和加强社会团体长效管理的有效途径。业务主管单位要将社会团体自律工作作为社会团体培育发展和监督管理工作的一项重要内容，推进社会团体的自我管理、自我约束、自我规范、自我发展。

（一）健全内控机制。社会团体要根据法律法规和章程规定，建立健全会员代表大会制度、民主决策制度、换届选举制度、组织变更制度、财务管理制度、人事管理制度、重大活动报告制度等各项制度，完善内部治理结构，健全民主办法机制，提高整体素质。特别要加强财务管理，严格按照财政部、国家计委《关于事业单位和社会团体有关收费管理问题的通知》（财规［2000］47号）要求规范收费行为，按照自愿有偿原则提供服务的，收费标准除政府定价或指导价外，均由其自定或与委托人商定，到价格主管部门办理收费许可并使用税务发票；经政府部门授权或委托，根据法律法规和国务院部门规章规定开展培训的，收费标准由价格主管部门会同财政部门核定，并到价格主管部门办理收费许可，使用规范票据。要合理安排支出，坚决制止和纠正乱收乱支的违规违法行为。要在章程中明确规定自律条款，明确纪律处分的条件、种类、原则、程序以及补救办法等内容。要加强法制教育，组织社会团体领导、工作人员和会员学习、遵守相关法律、法规、政策、行业规章制度以及章程，不断提高自律意识。

（二）倡导诚信服务。社会团体要树立守信为荣、背信为耻的观念，加强信用制度建设，按照自愿、合法的原则，全面推行服务承诺制，广泛开展提供优质服务、真情回报社会等多种形式的主题活动。登记管理机关和业务主管部门要进行“以诚实守信为荣、以见利忘义为耻”荣辱观的宣传教育，营造倡导诚信服务的良好氛围；要建立社会团体信誉档案，对社会团体活动状况、纳税状况、守法状况、财务管理状况以及公众、新闻媒体的信誉评价等进行备案，定期考核。

（三）推进信息公开。要按照规范化建设要求，逐步建立公开、透明的信息披露制度，自觉接受社会监督。要将社会团体登记证、年检报告

书、服务内容、收费项目和标准通过上墙张贴、电子屏幕、互联网等方式公示；鼓励有条件的社会团体将章程、服务承诺书、重大活动、财务状况和接受、使用捐赠、资助等有关信息以适当方式向社会披露、公布，增加透明度。

（四）建立评估体系。登记管理机关和业务主管单位要探索建立社会团体自律建设评估体系，制定具体的考核标准和考核办法，检查社会团体开展自律建设活动情况；要探索建立社会团体自律建设监督体系，公开监督电话和意见箱，自觉接受社会各界和新闻媒体的监督，及时受理、办理、反馈有关的举报和投诉。社会团体参加年检时，要主动向业务主管单位和登记管理机关书面报告开展自律工作情况。

2007 年 3 月 16 日

青岛市行业协会管理暂行办法

（青岛市人民政府令第 188 号）

第一条 为规范我市行业协会的组织和行为，促进行业协会的健康发展，发挥行业协会在经济社会发展中的作用，根据《社会团体登记管理条例》等法律法规，结合本市实际，制定本办法。

第二条 本办法所称行业协会，是指由本市同业经济组织、相关单位和个人为实现会员共同意愿自愿组成，经依法登记，实行行业服务和自律管理的非营利性社会团体。

第三条 市、区（市）民政部门是行业协会的登记管理机关。政府相关部门是行业协会的业务主管单位。

登记管理机关和业务主管单位应当依照法定职责，共同做好规范行业协会管理和促进行业协会发展的工作。

第四条 各级人民政府应当积极引导、大力促进、依法规范行业协会的发展，支持其依法独立开展工作。

第五条 行业协会应当遵守法律、法规和规章，依法开展活动，不得损害国家利益和社会公共利益。

第六条 行业协会应当遵循自主办会的原则，实行自愿入会、自理会务、自筹经费。

第七条 行业协会的发起人应当具有行业代表性。

行业协会既可依据国家行业分类标准设立，也可依据产品类型、经营环节、服务功能等方面标准设立。

第八条 同一行业协会应当实行统一的入会标准，保证不同区域、所有制、经营规模的经济组织和相关单位，享有平等加入行业协会的权利。

第九条 行业协会的成立、变更、注销，依照《社会团体登记管理条例》等规定办理。

登记管理机关根据需要，可以召开听证会，对申请成立行业协会的必要性进行听证。

第十条 行政机关应当与行业协会的机构、人事和财务相分离。

在职公务员（含参照公务员管理的人员）和其他行政执法人员不得在行业协会中兼职。

第十一条 行业协会应当按照有关规定设立办事机构，有与其业务活动相适应的专职工作人员。

行业协会的主要负责人和秘书长不得从同一会员单位中产生。

第十二条 行业协会应当按照国家有关规定对专职工作人员实行合同管理。对符合参加社会保险条件的，应当给予办理相关社会保险。

第十三条 行业协会可以通过收取会费、接受捐助、开展服务或承办政府部门、企事业单位委托事项等合法途径筹措经费。

行业协会应当执行《民间非营利组织会计制度》，建立健全财务管理和监督制度，实行独立核算。

行业协会经费使用应当遵守国家有关规定和本协会的章程，并接受政府有关部门和会员的监督。

第十四条 行业协会应当发挥提供服务、反映诉求、规范行为的作用，根据相应法律、法规、规章开展以下工作：

（一）行业调研、统计、信息收集；

（二）参与制定或修订行业产品的技术、质量等标准，组织推进行业标准的实施；

（三）组织行业培训、技术咨询、对外交流、会展招商及产品推介等活动；

（四）代表行业会员进行反倾销、反垄断等调查，或者向政府有关部门提出相关调查申请；

（五）制定并负责实施行业内部争议处理规则，协调本行业与其他行业或者其他组织的关系；

（六）进行行业自律，制定并监督执行行规行约，维护行业秩序和行业整体利益；

（七）向政府有关部门反映行业情况，提出涉及行业发展的产业政策和行业规划的建议；

（八）承担法律、法规、规章规定或者政府有关部门依法委托的其他职能。

第十五条 政府有关部门在制定涉及行业利益的公共政策、行政措施或行业发展规划时，应当听取相关行业协会的意见。

第十六条 政府有关部门委托行业协会承担工作应当支付相关费用，并及时对完成情况进行监督检查。

第十七条 行业协会违反《社会团体登记管理条例》等有关规定的，由登记管理机关依法处理。

第十八条 登记管理机关和业务主管单位及其工作人员滥用职权、玩忽职守、徇私舞弊的，由所在单位或者上级主管部门给予行政处分；构成犯罪的，依法追究刑事责任。

第十九条 本办法实施前已经成立的行业协会，不符合本办法规定的，应当于本办法实施之日起一年内依照本办法进行规范，并申请变更登记。

第二十条 本办法自 2007 年 3 月 1 日起施行。

2007 年 1 月 11 日

青岛市人民政府关于印发《青岛市关于鼓励社会力量兴办民办非企业单位的若干意见》的通知

（青政字［2007］81 号）

各区、市人民政府，市政府各部门，市直各单位：

《青岛市关于鼓励社会力量兴办民办非企业单位的若干意见》已经市政府同意，现印发给你们，望认真组织实施。

2007 年 11 月 19 日

青岛市关于鼓励社会力量兴办民办非企业单位的若干意见

民办非企业单位作为新兴的社会组织，自改革开放以来，特别是近几年来，在我市教育、卫生、文化、科技、体育、劳动、民政、法律服务等诸多领域得到了长足的发展，成为推动我市经济社会发展、推进公益事业、活跃社区文化、推动养老服务、方便群众生活、促进劳动就业的重要力量。为贯彻落实《中共中央关于构建社会主义和谐社会若干重大问题的决定》，积极鼓励我市社会力量在教育、科技、文化、卫生、体育、社会福利等领域兴办民办非企业单位，进一步加快我市民办非企业单位发展，充分发挥其在构建和谐社会中的积极作用，依据国家有关法规政策，结合我市实际，现提出如下意见。

一、指导思想和目标任务

（一）指导思想：鼓励社会力量兴办民办非企业单位，要坚持以邓小平理论和“三个代表”重要思想为指导，深入贯彻落实科学发展观和党的十七大精神，以发挥民办非企业单位“提供服务、反映诉求、规范行为”的作用为目标，立足构建和谐青岛的大局，坚持“政府主管、社会参与、民间自办、科学管理”的原则，营造有利于民办非企业单位参与和谐社会建设、增强服务社会功能的发展环境，推进社会管理体制创新。

（二）目标任务：

1. 以服务全市经济社会发展为宗旨，以健康有序发展和提高服务能力为重点，以落实非营利组织的相关政策为保障，着力解决民办非企业单位发展中的突出问题，依法保护民办非企业单位和从业人员的合法权益，为民办非企业单位发展创造良好环境，推动其健康有序的发展。

2. 力争用3至5年的时间，逐步建立起布局合理、结构优化、功能完善、自律规范、作用明显的民办非企业单位发展体系。

3. 从全市经济发展和满足人民群众物质文化需求出发，有计划地引导民办非企业单位实现发展数量与服务质量的同步提高，从业人员每年递增15％－20％，增强重点民办非企业单位的辐射能力和推动能力。

二、加大对民办非企业单位的支持力度

（三）积极支持社会力量在法律法规准予进入的行业和领域举办民办

非企业单位。民办非企业单位在申请立项、税收信贷、土地使用、政府采购、资格认定、人才引进、职称评定、科研课题招标、证照办理等方面，享受与公办事业单位同等的政策待遇；在安排用于公共服务的财政资金支持和补贴等方面，要逐步加大对民办非企业单位的支持力度。

（四）支持民办教育事业。全面实施《民办教育促进法》，认真落实《青岛市人民政府关于加强民办教育规范管理引导民办教育健康发展的意见》（青政发［2007］12号）中的有关政策，保障民办学校举办者和受教育者的合法权益，引导、促进民办教育事业健康发展。加大民办教育专项资金的投入，对社会作用明显、内部制度完善、社会声誉良好的民办学校给予扶持。

（五）支持民办文化、体育事业。鼓励社会力量以多种形式参与政府主导的公益性的文化、体育活动和项目。鼓励和支持文化、体育类民办非企业单位代表我市参与省、国家及出国表演、比赛。对代表市参加国际、国家文化、体育、艺术比赛等获奖的项目、作品，各新闻媒体要积极做好宣传工作，提高民办非企业单位的社会形象。鼓励社会各界以多种形式资助、捐赠非营利性文化、体育活动及设施建设，其中公益救济性捐赠部分在计算应纳税所得额时，按国家有关规定予以扣除。

（六）支持非营利性民办医疗卫生事业。支持社会力量参与社区医疗卫生服务体系和新型农村合作医疗的建设，增加基层卫生服务供给，更好地满足广大群众日益增长的健康需求。民办非营利性社区卫生服务机构，依法享受国家和地方的税费优惠政策；财政对民办非营利性社区卫生服务机构承担公共卫生职能给予补助，具体数额由各级财政根据社区卫生服务工作量等因素综合核定。

（七）支持民办的社会福利事业。鼓励并扶持社会力量兴办以老年人、残疾人为服务对象的非营利性福利机构。鼓励民办社会福利机构从事对外服务活动。民办社会福利机构可以接受国内外组织和个人的捐赠，经同级人民政府批准，对捐资兴建社会福利机构设施（项目）的人士，其捐赠额占项目总投资额三分之一以上的，按国家法律法规等有关规定，允许以该设施（项目）的捐赠人名命名。

（八）支持发展科技类民办非企业单位。鼓励、支持科技类民办非企业单位申请承担省、市科技计划项目。在安排科技三项资金的使用方面，科技类民办非企业单位享受与同类公办科研机构同样的政策。鼓励科技类民办非企业单位申请国内外专利，科技主管部门或专利主管部门可予以一定的专利申请费补助。科技类民办非企业单位的中间试验产品，可以为企业或其他组织提供有偿试用服务，其所得只能用于本产品的研发。

三、鼓励民办非企业单位积极承接公共服务职能

（九）支持民办非企业单位参与政府购买公共服务事项的公开招标。鼓励民办非企业单位承接教育、社区医疗卫生、劳动就业培训、社区服务、福利服务、科研项目、公益事业、慈善活动、公益性体育和文化活动、法律救助等与社会发展和居民日常生活密切相关的服务事项。有关职能部门要根据民办非企业单位所提供服务的数量、质量和规模等，通过政府购买服务的形式，按照相关的标准进行评估后支付相应的服务费用。

四、建立统一、规范的政策体系

（十）落实民办非企业单位相关税收政策。对于国家法律、法规明文规定的税收优惠政策，税务部门要加大宣传力度，使符合条件的民办非企业单位能充分享受到国家相关税收优惠政策。

（十一）建立行业组织，分类制定民办非企业单位运行的行业标准。逐步建立民办非企业单位的行业组织，引导在行业中起骨干作用的民办非企业单位参与组建行业协会。通过行业组织维护行业公平竞争、制定行业规范、开展行业自律、参与行业规划和资质审查等，帮助民办非企业单位不断提高服务质量和自律水平。有关部门要尽快分类出台民办非企业单位管理和运行的行业标准。

（十二）制定有关民办非企业单位员工就业和社会保障方面的政策措施。建立民办非企业单位人力资源管理体系和相关的制度规范，并将之纳入我市人事、福利、社会保障体系。依托各级人才交流中心，建立对民办非企业单位从业人员的档案管理制度，制定民办非企业单位在医疗、退休养老、劳动、失业等方面缴纳保险金的标准，有效解决民办非企业单位人事体制的接轨问题。

五、健全社会服务体系，加强服务指导

（十三）依法保障民办非企业单位及职工的合法权益。指导民办非企业单位依法维护和尊重员工的合法权益，在平等协商的基础上与员工签订劳动合同，并按照国家有关规定，参加养老、失业、医疗、工伤、生育等社会保险，逐步完善民办非企业单位住房公积金制度。

（十四）建立民办非企业单位社会化服务体系。组建市民间组织服务中心，为各类民间组织提供注册登记、变更、注销、法律咨询等代理服

务。各区市应根据当地发展状况和民办非企业单位需求，逐步将民办非企业单位公共信息服务纳入政务服务平台，为民办非企业单位提供政策法规、行业动态、市场需求、技术项目、人才供求等信息服务。

（十五）简化民办非企业单位登记、年检制度。加快民间组织登记管理网络建设，按照节约成本、便捷有效的原则，逐步实行网上申报、审批和网上年检。对诚信度较高、获得国家、省、市政府表彰、连续两年年检为甲级的民办非企业单位，可以简化年检的内容。

（十六）深入开展自律与诚信建设活动。要积极引导民办非企业单位开展具有行业特点的自律与诚信建设活动，按照国家法律法规和社会道德规范，不断增强社会责任感和公益意识。要继续在民办非企业单位中实行信息披露制度和公开承诺服务活动，不断提高民办非企业单位的公信力。民政部门要依据上级的有关规定，建立适合我市民办非企业单位特点的信用征集体系、评级发布制度及失信惩戒机制，制定科学的民办非企业单位信用评级评分标准，建立向社会公开诚信自律民办非企业单位制度，形成民办非企业单位自律诚信长效机制。

（十七）发挥新闻媒体的引导作用。各新闻媒体要大力宣传党和国家关于促进、引导和规范民办非企业单位发展的方针政策，宣传民办非企业单位为我市经济社会发展所做的积极贡献和先进典型，营造促进民办非企业单位健康发展的舆论氛围。

湖南省农村专业经济协会促进办法

（湖南省人民政府令第 212 号）

第一章　总　则

第一条　为了促进农村专业经济协会健康发展，规范农村专业经济协会的组织和行为，促进农业和农村经济发展，根据《社会团体登记管理条例》及国家有关规定，结合本省实际，制定本办法。

第二条　本办法所称农村专业经济协会，是指由农民、农户、农业企业、农业服务组织或者相关经济组织自愿组成的，为种植、养殖、加工、销售、运输、储藏等农业生产经营提供服务的县市区、乡镇、村非营利性社会组织。

农村专业经济协会是社会团体法人，实行会员制。

第三条 农村专业经济协会遵循民办、民管、民受益的原则，坚持入会自愿、退会自由、民主办会。

农村专业经济协会的正常活动受法律保护。

第四条 农村专业经济协会应当遵守法律、法规和规章，依照章程开展活动，并接受业务主管单位、登记管理机关和有关部门的业务指导和监督管理。

第五条 各级人民政府及有关部门应当采取措施，对农村专业经济协会给予指导和扶持。

鼓励社会力量支持农村专业经济协会的发展。

第六条 县级人民政府民政部门是农村专业经济协会的登记管理机关。登记管理机关负责协会的登记和监督管理。

县级人民政府农村工作、农业、林业、水利等部门，科协、供销等组织以及经县级人民政府委托的乡镇人民政府是农村专业经济协会的业务主管单位。业务主管单位对协会的发展给予业务指导和监督管理。

第二章 登 记

第七条 成立农村专业经济协会应当具备下列条件：

（一）有30个以上的个人会员或者20个以上的单位会员，个人会员、单位会员混合组成的，会员总数不少于30个；

（二）有规范的名称和相应的组织机构；

（三）有固定的办公场所；

（四）有与其业务活动相适应的专职或者兼职人员；

（五）有2000元以上活动资金；

（六）有独立承担民事责任的能力。

第八条 农村专业经济协会以产品特征、技术特征或者生产方式、流通方式命名，名称前部冠地域名称，名称后部标明“协会”字样。

第九条 农村专业经济协会的章程，参照省人民政府民政部门会同省人民政府有关部门制定的示范文本制定。

第十条 申请设立农村专业经济协会，应当向业务主管单位和登记管理机关提交下列材料，经业务主管单位审查后，报登记管理机关批准：

（一）由会员签字盖章的会员名单，会员的身份证明；

（二）拟任会长、副会长、理事、监事、秘书长的基本情况和身份证明；

（三）办公场所使用权证明；

（四）章程草案；

（五）活动资金证明。

业务主管单位收到申请后，应当在20日内提出审查意见。

登记管理机关收到审查意见后，应当在20日内作出决定。对符合登记条件的，应当作出同意设立的决定，并发给登记证书；对不符合登记条件的，应当作出不同意设立的决定，并说明理由。

第十一条 农村专业经济协会设立分支机构、代表机构的，应当经业务主管单位审查同意后，向登记管理机关申请登记。

第十二条 农村专业经济协会成立后，应当依法向有关部门申请组织机构代码登记，按照有关规定刻制印章、领购票据。

第十三条 农村专业经济协会变更登记、注销登记，按照社会团体登记管理有关法规、规章办理。

第十四条 从事相同或相关农业产业的农民、农户、农业企业、农业服务组织或者其他相关经济组织，承认协会章程，自愿申请并经理事会同意可以成为协会会员。

第三章 会员和组织机构

第十五条 农村专业经济协会由全体会员组成会员大会，会员较多的，也可以依照章程推选代表组成会员代表大会，行使会员大会职权。

会员大会按照章程规定召开，行使章程规定的职权。

第十六条 农村专业经济协会根据实际需要和章程，设立并产生会长、副会长、理事、理事会、监事、监事会和秘书长。

会长是协会的法定代表人。会长不得同时担任其他社会团体的法定代表人。

理事会是会员大会的执行机构，对会员大会负责，依照章程和会员大会的决议履行职责。

监事、监事会监督协会的业务活动和财务管理，并向会员大会报告工作。监事列席理事会会议。会长、副会长、秘书长、理事和财务人员不得兼任监事。

秘书长在理事会领导下负责处理协会的日常工作。

第十七条 农村专业经济协会的会长、秘书长、监事和财务人员不得从同一会员单位产生。

第四章　工作职责

第十八条　农村专业经济协会的主要职责：

（一）提供技术、信息、政策、法律咨询和经营管理策划；

（二）举办经济技术培训；

（三）在遵守国家规定的前提下，制定本协会的农产品生产经营规范；

（四）组织农资和农产品购销；

（五）依法参与调解、仲裁、行政复议、诉讼活动，维护会员合法权益；

（六）章程规定的其他职责。

第十九条　农村专业经济协会可以依法申请注册证明商标和集体商标。

第二十条　农业专业经济协会可以依照有关规定创办为会员服务的经济实体。

第二十一条　农村专业经济协会可以接受政府及有关部门的委托开展服务和相关活动。

第五章　扶持措施

第二十二条　县级人民政府应当将促进农村专业经济协会发展纳入当地经济和社会发展总体规划，制定本地农村专业经济协会培育发展规划和相关政策。

第二十三条　县市区、乡镇人民政府及业务主管单位和村民委员会，应当指导、支持农民专业大户、农业企业发起组建农村专业经济协会，并在场地、办事程序等方面提供便利和服务。

第二十四条　县级以上人民政府及有关部门应当安排一定的资金用于扶持农村专业经济协会创办、发展，支持农村专业经济协会开展科技推广、信息咨询、产销服务和技术培训等工作。

第二十五条　县级以上人民政府及有关部门制订涉农政策、技术标准、发展规划以及评定优秀农产品等，应当听取农村专业经济协会的意见或者邀请其直接参与。

第二十六条　业务主管单位和登记管理机关应当指导农村专业经济协会开展活动，帮助培训管理人员，督促制定管理制度，提供产业政策、行业信息、技术、管理知识等咨询服务。

第二十七条　农村专业经济协会及其经济实体开展农业产业化经营、

绿色食品开发、科技推广、信息服务和技术培训等活动，享受有关涉农单位的优惠政策。

第二十八条 对农村专业经济协会减免收取行政事业性收费，依照国家规定不能免收的，按照最低标准收取。

禁止任何单位和个人违法或者违反规定向农村专业经济协会收费、摊派。

第二十九条 各级人民政府及有关部门对有突出贡献的农村专业经济协会，应当给予表彰和奖励。

第六章 监督管理

第三十条 农村专业经济协会不得有下列行为：

（一）强行要求他人入会；

（二）垄断市场，妨碍公平竞争；

（三）在会员之间实施歧视性待遇；

（四）限制会员开展正当的生产经营活动或者参与其他社会活动；

（五）开展超出协会宗旨或者业务范围的活动；

（六）法律、法规和规章禁止的其他行为。

第三十一条 农村专业经济协会会员的权利和义务平等。会员不得利用其经营规模、市场份额、资金资助等优势，侵犯其他会员的合法权益。

第三十二条 农村专业经济协会可以通过收取会费、接受捐赠、政府资助、开展服务等途径筹措经费。

农村专业经济协会的财产根据章程规定的宗旨和业务范围使用，不得在会员中分配，不得挪作他用。资产来源属于捐赠、资助的，应当按照与捐赠人、资助人的约定使用。

第三十三条 农村专业经济协会应当建立财务制度，实行财务公开，并接受监督。

第三十四条 农村专业经济协会应当于每年3月31日前，向业务主管单位和登记管理机关报送上一年度的活动情况和本年度的活动安排。

农村专业经济协会组织大型活动、涉外活动，应当事先报业务主管单位和登记管理机关备案。

第三十五条 业务主管单位、登记管理机关和其他有关部门，依法对农村专业经济协会进行监督检查，但不得干预其正常活动，不得在农村专业经济协会中谋取利益。

第三十六条 农村专业经济协会有违反社会团体登记管理行为的，由登记管理机关或者其他有关部门依照《社会团体登记管理条例》或者其他有关法律、法规和规章予以处罚。

第七章　附　则

第三十七条　本办法自2007年6月1日起施行。

2007年4月20日

广西壮族自治区人民政府办公厅转发自治区发展和改革委员会关于加快我区行业协会商会改革与发展实施意见的通知

（桂政办发［2007］151号）

各市、县人民政府，自治区农垦局，区直各委、办、厅、局：

自治区发展和改革委员会《关于加快我区行业协会商会改革与发展的实施意见》已经自治区人民政府同意，现转发给你们，请认真贯彻执行。

2007年11月26日

关于加快我区行业协会商会改革与发展的实施意见

广西壮族自治区发展和改革委员会

为贯彻落实好《国务院办公厅关于加快推进行业协会商会改革和发展的若干意见》（国办发［2007］36号）精神，规范行业协会、商会（以下统称行业协会）管理，充分发挥行业协会在我区经济社会发展中的积极作用，结合我区实际，依据党的十七大精神和有关法律法规，提出本实施意见。

本意见所指行业协会是指经依法批准成立登记，由同业企业（包括个体工商户）及其他经济组织或从业人员自愿组成，实行行业服务和自律管理的非营利社会团体。同业公会、商会、区外投资企业在我区行政区域内组建的异地商会和主要以企业为会员的联合会、促进会，以及由具有执业资格的专业人员组成的社会团体列入行业协会管理范围。

一、行业协会改革发展的总体要求和基本原则

（一）总体要求

以邓小平理论和“三个代表”重要思想为指导，全面贯彻落实科学发展观，按照建设服务型政府和完善社会主义市场经济体制的总体要求，理顺关系、优化结构，改进监管、强化自律，完善政策、加强建设，加快推进行业协会的改革和发展，逐步建立体制完善、结构合理、行为规范、法制健全的行业协会体系，充分发挥行业协会在经济建设和社会发展中的重要作用。

（二）基本原则

一是坚持市场化方向。通过健全体制机制和完善政策，创造良好的发展环境，优化结构和布局，提高行业协会素质，增强服务能力。二是坚持政会分开。理顺政府与行业协会之间的关系，明确界定行业协会职能，改进和规范管理方式，坚持自主办会，实行自律性行业管理。三是坚持统筹协调。做到培育发展与规范管理并重，行业协会改革与政府职能转变相协调。四是坚持依法监管。加快行业协会立法步伐，健全规章制度，实现依法设立、民主管理、行为规范、自律发展。

二、进一步明确行业协会的各项职能

（三）桥梁和纽带作用

行业协会主要依据章程和设立的规定承担职能，不具有行政审批职能（国家法律法规另有规定的除外），不得以行政职能部门的名义开展社会活动和业务活动。行政职能部门应当根据转变政府职能的要求，结合脱钩工作，将应当或可由行业协会行使的职能依法移交给行业协会，将适宜行业协会和中介组织行使的行业管理职能依法委托给行业协会，充分发挥行业协会的积极作用。行政职能部门不得为行业协会招揽、指定业务或干预行业协会的工作，从中牟利。

行业协会在各级人民政府及其部门和企业之间，起着重要的桥梁和纽带作用。各级人民政府及其部门要进一步转变职能，把适宜于行业协会行使的职能委托或转移给行业协会。在出台涉及行业发展的重大政策措施

前，应主动听取和征求有关行业协会的意见和建议。行业协会要积极向政府及其部门反映行业、会员诉求，提出行业发展和立法等方面的意见和建议，积极参与相关法律法规、宏观调控和产业政策的研究、制定，参与制订修订行业标准和行业发展规划、行业准入条件，完善行业管理，促进行业发展。

（四）行业代表职能

代表本行业开展行业统计和调查，掌握国内外行业发展动态；在政府出台涉及行业发展的重大政策措施前，提出行业意见和建议；开展行业调查研究，积极向政府及其部门反映行业、会员诉求。

代表本行业会员开展行业性集体谈判，提出行业发展和立法等方面的意见和建议，积极参与涉及本行业利益的相关法律法规、宏观调控和产业政策的研究、制定。

代表本行业会员依法提起反倾销、反补贴、反垄断调查或者采取保障措施申请，协助政府及有关行政管理部门开展反倾销、反补贴、反垄断调查；参与反倾销应诉活动。

（五）行业自律职能

在本行业贯彻实施有关法律、法规、规章的规定以及政府相关政策。

围绕规范市场秩序的要求，建立健全各项自律性行业管理制度，制定并组织实施本行业的职业道德准则和行规行约，建立完善行业自律性管理约束机制，推动行业诚信建设，开展行业检查，推进实施国家标准、行业标准或者地方标准。维护公平竞争的市场环境。

（六）行业服务职能

依照有关规定创办行业报刊和网站，开展法律、政策、技术、管理、市场等咨询服务。

组织行业技术、管理、法规等培训，帮助会员单位提高素质、增强创新能力、改善经营管理。

参与行业资质认证、新技术和新产品鉴定及推广、事故认定等相关工作。

开展对外交流、会展招商、产品推介等活动，协助会员开拓市场，指导、规范和监督会员企业的对外交往活动。

建立行业公共服务平台，开展研究开发设计、质量检测、招商引资等服务。

（七）行业协调职能

协调会员之间、会员与非会员之间、会员与消费者之间在生产经营活动中产生的争议。协调本行业协会与其他行业协会或者经济组织的关系。沟通本行业与政府及有关行政职能部门之间的联系，协助政府及有关行政职能部门开展管理工作。

在价格行政职能部门的指导下，监督、指导行业内产品或者服务定价，协调会员之间的价格争议，维护公平竞争。

三、大力推进行业协会的体制机制改革

（八）实行政会分开

行业协会要严格依照法律法规和章程独立自主地开展活动，切实解决行政化倾向严重以及依赖政府等问题。

要从职能、机构、人员、财务等方面与政府职能部门、企事业单位彻底分开。

行政职能部门与行业协会之间是指导和被指导的关系，不存在上下级的隶属关系。

机构分设。行业协会不得与行政职能部门合署办公，即不得实行“一个机构，两块牌子”；合署办公的，要在自治区规定期限内进行分设。行业协会使用的国有资产，要明确产权归属，按照有关规定划归行业协会使用和管理。建立政府购买行业协会服务的制度，对行业协会受政府委托开展业务活动或提供的服务，政府应支付相应的费用，所需资金纳入预算管理。

人员分离。现职公务员不得在行业协会兼任职务。凡是已兼任职务的，必须辞去公职或辞去行业协会职务。具有管理职能的、性质特殊的行业协会，确需现职公务员兼任的，要严格按有关规定报同级政府审批。

财务分开。行业协会必须按规定单独建立账户，配备专职财会人员，实行财务独立。凡行业协会与政府部门实行会计合账或财务集中管理的，必须单独建账。

财产分清。要在依法审计的基础上明晰产权归属。行政职能部门不得占有、平调、借用行业协会的资产，行业协会使用国有资产的，要按规定履行审批手续，实行有偿或无偿使用。

（九）推进自主办会

行业协会实行入会自愿、退会自由、会务自理、人员自聘、经费自筹，民主办会，把行业协会培育成为自我管理、自我服务、自我协调、自谋发展的社会组织。行业协会及其工作人员不得以行政机关的名义开展业务活动。

行业协会要建立健全民主选举、民主决策、民主管理、民主监督制度，以协商、公平、公正的原则处理行业内部事务，重大事项的决策必须按照章程进行；行业协会负责人必须由会员选举产生，并尽量选择在业内有知名度和权威性的会员代表担任。

（十）调整结构优化布局

明确行业协会的设立原则。行业协会既可以按照国家现行行业分类或者产品分类标准设立，也可以根据社会经济发展的需要，按照经营方式、经营环节和服务功能设立。行业协会的设立原则是：以县（市、区）为基础，同一行政区域、同一行业内，只设立一个行业协会。对同业企业较集中、具有构成区域经济特色的行业或者产品，可以市县区域内企业为主体发起组建或重组跨本行政区域或全区性的行业协会。

加大行业协会的调整力度。行业协会应当具有区域内的行业代表性。对行业特点明显、符合市场经济要求的行业协会予以保留、充实和提高；对于行业范围宽泛、行业特征不明显的行业协会，由业务主管部门引导其进行分立分设；对于行业覆盖面小、业务拓展困难或业务范围相近、会员大量交叉的行业协会，由业务主管部门引导其合并重组，业务范围相似相近且由不同部门主管的，应重新明确其业务主管部门；会员覆盖面在规定期限内仍然达不到标准的，连续 2 年没有开展活动的，或者连续 2 年没有进行年检的，应由业务主管单位动员其申请注销或由登记管理机关依法予以撤销。

进一步增强行业协会的代表性。打破部门、所有制界限，大力吸收行业内私营企业、外资企业等各类经济组织加入行业协会，大力吸收与行业相关的本区高等院校、科研机构和符合条件的外地在桂同业经济组织加入行业协会，提高行业协会的科技含量，进一步提高行业协会的覆盖面，行业协会会员单位要达到本地区同业组织数量的 20％以上，或者会员单位营业额要占到同行业营业总额 40％以上。会员构成或者会员单位营业额的认定，由协会业务主管单位负责。

积极培育发展新型行业协会。重点在我区优势特色产业、高技术产业、现代物流业、环境保护和其他符合产业发展方向的新兴行业和领域培育和组建一批由龙头骨干企业牵头发起、同业经济组织和相关单位自愿组成、按照市场经济模式规范运作、功能较为健全的新型行业协会，形成有利于提升广西经济综合能力、符合国际惯例的行业协会体系。

鼓励引进和组建全国性的行业协会。各级政府及有关部门、授权的组织应积极创造条件吸引全国性行业协会在我区落户；同时鼓励我区具有产业、产品和市场优势的行业组织依法牵头组建全国性的行业协会。

（十一）改革和完善监管方式

规范行业协会的名称。行业协会名称应明确行政区划，反映业务范围，统一使用“行业协会”或者“同业公会”、“商会”为后缀名称。不得使用已被登记管理机关撤销或取缔的社会团体名称或与已登记的社会团体相同的名称。

健全行业协会的管理体制。对行业协会实行登记管理机关和业务主管单位“双重管理”体制。自治区、市、县（市、区）民政部门是行业协会的登记管理机关，自治区、市、县（市、区）政府有关部门或政府授权的组织是有关行业协会的业务主管单位。民政部门负责行业协会设立、变更、注销的登记和备案工作，对行业协会实施年检和监督检查；负责行业协会的总体规划、布局调整、政策制定、协调管理工作。业务主管单位负责行业协会所涉及的产业发展、行业规范等事务的业务指导和监督工作；负责对所主管的行业协会的组织设置、人事任免等进行监督；协调行业协会与政府有关部门的关系；负责落实行业协会的职能、行业协会工作人员的社会保障，支持行业协会依法开展工作；各有关部门要加强沟通，密切配合，履行职责，做好服务，积极引导行业协会健康发展。

完善行业协会的监管机制。对行业协会的监管包括对行业协会的评估、年度检查、执法检查、重大活动报告、财务管理等。行业协会的登记管理机关要建立健全行业协会监测评估办法，并向社会发布评估情况。对诚信守法、严格自律、作用突出的要予以表彰。授权或委托行业协会承担公共管理事务的政府有关部门或组织，要定期对所授权或委托事项的执行情况进行监督检查。行业协会应当定期向登记管理机关和业务主管单位或业务指导单位提供开展被授权、委托工作的书面报告。

四、加强行业协会的自身建设

（十二）加强行业自律

行业协会对会员的下列行为应当予以制止，并可以按照章程的规定采取通报批评、警告、经济制裁、除名等行业惩戒措施：违反法律、法规、规章、章程或者行规行约的；违反产品标准、服务标准或者行业技术规范的；损害消费者或者其他经济活动主体的合法权益，损害行业整体形象的。

对会员利用经营规模、市场份额等优势限制其他会员发挥作用的，行业协会应予以制止和依据协会章程处理；对行业内违法生产经营的会员，行业协会应当建议并协助有关行政管理部门依法处理。

（十三）健全法人治理结构

行业协会要建立和完善以协会章程为核心的内部管理制度。行业协会章程不得违反现行法律法规和国家、自治区政策规定。行业协会要按照有关规定，建立健全会员大会（会员代表大会）、理事会等有关工作机构。行业协会理事由会员大会（会员代表大会）选举产生，会长（理事长）、副会长（副理事长）、秘书长属于协会领导层和负责人，可由理事会选举产生，也可由会员大会（会员代表大会）直接选举产生。会长（理事长）必须是法定代表人，并不得兼任其他社会团体法定代表人；秘书长原则上要求专职，可由理事会向社会聘任。理事应全部来自会员和会员单位，专职工作人员由理事会聘用。行业协会负责人不得由公职人员兼任。法律法规另有规定的，从其规定。

被依法取缔的非法民间组织的发起人及其负责人5年内不得再发起设立行业协会或者在社会团体中担任领导职务。被撤销的行业协会的负责人，3年内不得再发起设立行业协会或担任行业协会的负责人。行业协会的法定代表人和秘书长一般不得从同一会员单位中产生。

严格执行换届选举制度，理事会成员要严格按照民主程序选举产生，会长（理事长）应由理事会提出人选，通过会员大会（会员代表大会）以无记名投票方式选举产生，并逐步实行差额选举。理事会一届任职不得超过5年，会长连续任期一般不得超过两届，其他成员可连选连任。

在行业协会内部建立健全党的基层组织，充分发挥党组织的监督保障作用。业务主管单位的党组织要负责对行业协会党组织进行指导和管理。

（十四）深化劳动人事制度改革

行业协会要全面实行劳动合同制度，保障工作人员合法权益。建立健全岗位管理制度，完善激励机制，吸引优秀人才，优化人员的年龄、知识结构。

行业协会要加强专业人才队伍建设。行业协会及其分支机构、代表机构要配备专职工作人员，并加强对专职工作人员的政治教育和职业技术培训，不断提高行业协会工作人员的综合素质和业务水平。

行业协会专职工作人员的档案、职称、工资等有关人事档案管理，参照国家对事业单位的有关规定执行，由各级人事部门、民政部门共同指定有人事代理权的机构代理，以确保行业协会专职队伍的稳定。

五、规范对行业协会的监督管理

（十五）规范收费行为

会费收取标准和办法，由行业协会自主确定，经会员大会（会员代表大会）半数以上代表同意后方能生效。

未按照规定履行批准程序，不得针对企业举办地区性或行业性的评比、达标、表彰、排序活动，经批准举办的评比活动不得收取费用。

行业协会举办展览会、交易会、研讨会、培训等活动可以实行有偿服务，收费应符合国家有关规定，并公开收费依据、标准和收支情况。不得强制服务收费或只收费不服务。

对依法或经授权强制实施具有垄断性质的仲裁、认证、检验、鉴定以及资格考试等活动的收费，应执行行政事业性收费的有关规定。

（十六）加强财务管理

行业协会要认真贯彻执行《民间非营利组织财务制度》，建立健全严格的财务管理、会计核算制度，配备专职的财会人员，并对所属分支机构、代表机构的财务实行统一管理。

建立行业协会资产管理制度，并按有关规定接受监督检查。

行业协会依法所得不得在会员中分配、不得投入会员企业进行营利。会费的使用情况要定期向会员代表大会报告，接受审查和监督，建立公开透明的信息披露制度。

（十七）加强行为监管

行业协会不得从事以营利为目的的经营活动。

行业协会不得通过制订行业规则或者其他的方式垄断市场，不得串通或纵容本行业哄抬物价，或者采取其他非法手段扰乱物价，妨碍市场公平竞争，损害消费者、非会员企业或其他经济组织的合法权益、社会公共利益。

行业协会不得滥用权力，限制会员开展正当的经营活动或者参与其他社会活动或实施歧视性待遇。

（十八）加强对外交流管理

行业协会要建立和完善各项对外交流管理制度，在对外交往中遵守国家的法律法规和纪律，维护国家利益。

（十九）强化违规处罚

行业协会违反有关社会团体财务管理的规定，违法使用社会团体会费收据、财务凭证，或者向登记管理机关提供虚假、隐瞒重要事实的财务报告的，由登记管理机关给予警告、责令改正，限期暂停活动整顿；情节严重的，予以撤销登记；构成犯罪的，依法追究刑事责任。

行业协会出租、出借登记证书、印章，或者侵占、私分、挪用行业协会资产，违反规定向会员收费的，由登记管理机关给予警告，责令改正，限期暂停活动整顿，并可以建议行业协会依据章程撤换直接负责的主管人员；情节严重的，予以撤销登记；构成犯罪的，依法追究刑事责任。

对行业协会违法经营额和违法所得，由政府有关职能部门依法予以没收，并处罚款。

六、积极扶持行业协会发展

（二十）建立政府购买行业协会服务的制度

对委托行业协会承担有关管理职责或经常性的业务，政府部门要给予必要的经费补助。

政府部门要求行业协会提供的服务，应通过有偿的方式，给予相应项目经费。

政府购买服务的项目经费列入年度部门预算。

（二十一）落实社会保障制度

各级劳动保障、人事部门要根据国家有关规定和按照属地管理的原则，认真落实好行业协会专职工作人员的各种社会保障。行业协会专职工作人员的养老、医疗、失业、工伤、生育和住房公积金等社会保险，参照国家机关或企、事业单位的缴费标准执行。

（二十二）落实行业协会税收、用地等优惠政策

财政、税务等部门要根据我区行业协会改革进展情况，适时研究制定税收优惠政策，鼓励、支持行业协会加快发展。

规划、建设、国土资源等部门对行业协会自建办公用房和创建产业化基地、专业市场应收取的有关费用应按收费标准的下限收取；行业协会兴建办公场所用地可以依法采取划拨方式提供土地使用权。

（二十三）设立行业协会发展专项资金

自治区、市、县（市、区）政府要在本级财政中安排一定的资金，对确实有利于协助政府完成公共管理、公共服务职能、推动经济发展的行业协会，为当地支柱产业服务的行业协会，政府鼓励发展的农业优势产业行业协会等行业协会予以扶持。

（二十四）建立健全法规体系

在全国未出台对行业协会统一的实体性单行法律法规的情况下，自治

区民政厅、法制办等有关部门要借鉴发达地区的有益做法，抓紧研究制定《广西壮族自治区行业协会管理办法》，将行业协会发展纳入法制化轨道，使其成为维护市场经济秩序的重要力量。

（二十五）切实落实行业协会各项委托和授权职能

各级行政职能部门要对自身职能进行认真梳理，逐步把一些应由或适宜行业协会行使的职能授权或委托给行业协会，使行业协会真正承担起参与社会建设和管理的职能，充分发挥行业协会桥梁和纽带的作用。授权或委托工作的具体办法和规定，由自治区人民政府另行制定。

（二十六）加强和改进工作指导

行业协会改革与发展涉及面广，情况复杂，各级人民政府都要加强领导，编委办、政府办、发改委、经委、民政、财政、人事、司法、建设、交通、劳动保障、法制办、工商局、国税局、地税局、作风效能办等有关部门要认真履行职责。积极配合，要把改革与发展行业协会作为转变政府职能、落实《行政许可法》的重要工作，统筹考虑，协调推进，确保各项工作任务落到实处并取得成效。

本意见自发布之日起实施。

本意见如与国家有关法律法规相抵触的，按国家有关法律法规的规定执行

2007 年 11 月 26 日

中共重庆市委办公厅、重庆市人民政府办公厅关于加强和改进社会团体管理工作的意见

（渝委办发［2007］14 号）

党的十六届六中全会就构建社会主义和谐社会作出了一系列重大决策部署。推进以社会团体（以下简称社团）为重点的社会组织建设，是加强社会建设和管理的重要举措，是构建和谐社会的必然要求。中央《关于构建社会主义和谐社会若干重大问题的决定》明确指出，“健全社会组织，增强服务社会功能”，“发挥各类社会组织提供服务、反映诉求、规范行为的作用。”近年来，我市社团发展迅速，在推动经济社会发展上发挥了积

极作用，成为加强社会建设和管理的一支重要力量。但是，目前我市社团管理工作还存在着一些亟待解决的问题，为进一步加强和改进社团管理，促进社团健康发展，改善投资服务环境，加快构建和谐重庆步伐，现提出如下意见：

一、加快推进党政机关与社团政社分离改革

按照“政社分开”原则，继续深化党政机关与行业协会在人员、资产、办公场所、利益、业务五个方面的脱钩改革，同时要在以下五个方面加快推进专业性、联合性、学术性社团的政社分离改革工作。

（一）推进党政机关领导干部与社团分离

严格执行《中共中央办公厅、国务院办公厅关于党政机关领导干部不兼任社会团体领导职务的通知》（中办发［1998］17号），党政机关县处级以上领导干部，不得兼任社会团体领导职务。因特殊情况确需兼任的，必须按照干部管理权限进行审批。未经批准已在社团中兼职的，必须在2007年10月底前辞去兼任社团的领导职务。

（二）推进党政机关业务处室与社团常设办事机构合署办公的分离

禁止社团常设办事机构与党政机关业务处室合署办公。已经合署的，应在2007年10月底前彻底分开。对新成立的社团，业务主管单位和登记管理机关必须严格审查把关。

（三）推进党政机关与社团利益分离

党政机关必须与社团在财务、利益上彻底脱钩。社团作为独立的法人社会组织，必须严格执行《民间非营利组织会计制度》，单独设立财务账户，不得与政府部门、挂靠单位合账或实行所谓财务集中管理。尚未单独建账或与党政机关合账管理的，应在2007年10月底前彻底分离。坚决纠正党政机关及其公务员以各种名目从社团中获取不当经济利益，对涉及违法违纪的要依法处理。

（四）推进党政机关与社团资产分离

社团与党政机关的资产应按照渝委办［2005］159号文件确定的原则进行界定。凡有社团占用国有资产或党政机关占用社团资产的，应在2007年10月底前清退。

（五）推进党政机关与社团业务职能分离

进一步理顺党政机关与社团的关系，明确界定行政管理职能与社团服务职能。党政机关要结合政府职能转变，把不宜由政府直接承担的服务性职能，通过依法委托的方式移交给社团。

推进党政机关与社团政社分离改革的具体工作方案，由市民政局牵头，会同市委组织部、市财政局、市监察局等相关部门制定并组织实施。此项工作于2007年底前基本完成。

二、加强社团监督管理

（一）依法严把社团登记审批关

社团业务主管单位和登记管理机关必须按照《社会团体登记管理条例》的规定和中办发［1999］34号文件的要求，认真履行职责。业务主管单位对拟成立的社团的宗旨、业务范围、会员组成、章程、发起人或发起单位、组织机构和拟任负责人等认真审查，严格把好初审关。登记管理机关必须坚持登记标准，严格审查，严格按登记程序，依法登记。要坚持归口登记的原则，除《社会团体登记管理条例》明确规定可以免于登记的社团外，所有社团都必须依法由民政部门统一登记，其他任何部门无权登记、颁发证书。各级党政领导干部要讲政治，不能徇私情，干预登记管理机关的审批工作。

（二）切实加强社团党建工作

积极探索社团党建工作新机制，逐步形成党委统一领导、组织部门综合协调、登记管理机关密切配合、业务主管单位具体落实的工作机制。按照《党章》要求，社团常设机构专职人员，凡有正式党员3人以上的，要及时组建党的基层组织。社团工作中的重大问题，必须听取党组织意见。充分发挥党组织和党员在社团中的积极作用，保证党和国家的各项方针政策在社团中得到有效贯彻执行，保证社团坚持正确的政治方向。

（三）进一步落实双重负责的社团管理体制

对社团实行双重负责的管理体制，是国家法规赋予登记管理机关和业务主管单位的一项重要行政管理职责。实施党政机关与社团政社分离改革工作，并不改变双重负责的管理体制，业务主管单位和登记管理机关要按照脱钩不脱管的要求，坚持和完善双重负责的管理体制。登记管理机关要依法开展社团的登记审批工作，加强年度检查、指导和监督社团的各项活动；要加强与政法、公安、国安、外事等相关部门的协作，建立预警应急机制，及时有效查处社团违法行为和非法社团。业务主管单位要对社团的申请登记、思想政治工作、党的建设、财务和人事管理、对外交流、接受境外捐赠资助、按章程开展活动等事项切实负起责任。要建立健全登记机关与业务主管单位联络员制度或联系会议制度，加强工作衔接沟通，形成职责到位、配合协调的管理机制。

（四）积极引导社团完善自律管理和运行机制

引导社团建立完善以章程为核心的内部管理制度，明确社团的宗旨、业务范围、组织机构、活动规则、经费管理和会员的权利义务等；健全会员大会或会员代表大会、理事会制度，认真执行换届选举制度、财务会计制度和重大活动报告制度，建立以诚信为重点的信息披露、社会评估和失信惩罚制度，形成自我发展、自我管理、自我约束的运行机制。

（五）加强对社团收费情况的监督检查

要积极引导社团严格执行国家的相关收费规定。特别是会费的收取要严格按照民政部、财政部《关于进一步明确社会团体会费政策的通知》（民发［2006］123号）规定，认真履行会费标准制定程序，遵守会费标准备案有关规定，完善会费管理制度。民政、财政部门要加强对社团收取会费行为的监督检查。业务主管单位要加强管理，对社团超出章程业务范围的乱收费、乱摊派的行为要及时予以纠正。登记管理机关要通过年检等方式，加强对社团收费情况的监督。物价、税务、财政等部门要按照国家的有关规定加强对社团收费行为的监督检查。

三、加大社团培育发展力度

（一）加强重点社团的培育发展

根据经济社会发展需求，坚持分类管理，加强宣传引导，加大重点社团组织培育力度。围绕完善社会主义市场经济体制，积极培育发展行业协会，充分发挥在协调市场主体利益、提高资源配置效率、加强行业自律、促进政府职能转变等方面的重要作用。围绕社会主义新农村建设，积极培育发展农村专业经济协会，加快农村生产经营的组织化、规模化、市场化建设。围绕深化城市社区建设，积极培育发展社区公益性民间组织，加快形成贴近居民需求、满足居民参与、服务门类齐全的社区民间组织体系。围绕社会保障体系建设，积极培育发展慈善类组织，促进社会公益事业发展。各级政府及有关部门要帮助社团完善内部运行机制、组织体制和工作制度，支持各类社团通过收取会费、接受捐赠、兴办实体、开展社会服务或政府购买服务等途径筹措活动经费，壮大实力，增强自身发展能力。

（二）依法保护社团的合法权益

支持社团按照章程规定，对违反章程或行规行约，损害社团形象的行为，采取相应的自律措施。禁止一切没有法律依据的收费和各种摊派行为。建立健全政务公开、服务承诺、首问负责、限时办理、绩效考评和效能监督等制度，努力营造公开、公平、透明、廉洁、高效的社团管理与服务环境。

（三）优化社团发展的政策环境

要围绕优化社团发展环境，有计划地研究制定社团管理的政策法规。民政、人事、劳动、财政和税务等部门，要研究财政补贴、税收优惠、从业人员社会保障以及政府购买服务等相关扶持政策。对社团尤其是公益性慈善组织在设立初期经费确有困难的，有条件的业务主管单位可以给予必要的资助和支持。各类新闻媒体要大力宣传培育发展与监督管理社团组织的方针政策和法律法规，对社团的违法行为和侵害社团合法权益的行为进行舆论监督，形成全社会关心、支持社团健康发展的良好氛围。

四、切实加强社团管理工作的领导

各级党委、政府及相关部门要从巩固党执政的社会基础，提高党的执政能力，完善社会主义市场经济体制，推进社会管理体制创新，构建和谐社会的高度，充分认识社团的地位和作用，切实加强对社团管理工作的领导。要把社团管理工作纳入重要议事日程，定期研究解决社团管理工作中的重大问题。要充实和加强社团行政管理力量，增加经费投入，确保民间组织管理机构、人员、经费三到位。要进一步完善管理制度，创新管理机制，规范管理工作，保证社团健康发展。要积极支持社团参与社会建设和管理，积极发挥社团提供服务、反映诉求、规范行为、自律自治的作用，充分发挥社团在构建和谐重庆中的积极作用。

2007年2月15日

西藏自治区人民政府办公厅关于加快推进行业协会商会改革和发展的实施意见

（藏政办发［2008］2号）

各行署、拉萨市政府，自治区各委、办、厅、局：

改革开放以来，特别是随着社会主义市场经济体制的建立和完善，政府职能的转变，我区各类社会团体、民办非企业单位和基金会等民间组织应运而生，社会团体中各类行业协会、商会（以下统称行业协会商会）的发展尤为快速。行业协会商会的发展已涉及到我区工商企业改革与发展的诸多领域，向各类企业及其他经济组织覆盖的发展势头方兴未艾。行业协会商会在提供政策咨询、加强行业自律、促进行业发展、维护企业合法权益、推动产业发展、维护市场秩序、推动政府职能转变等方面起到了积极的作用。但是，由于种种原因，我区行业协会商会的发展及其作用的发挥还存在不少困难和局限。为了加大对我区行业协会商会的培育发展力度，规范行业协会商会管理，促进行业协会商会健康发展，充分发挥行业协会商会在我区经济社会发展中的积极作用，根据《国务院办公厅关于加快推进行业协会商会改革和发展的若干意见》（国办发［2007］36号）的要求，结合我区实际，现提出如下实施意见：

一、指导思想、总体要求和主要目标

（一）指导思想。高举中国特色社会主义伟大旗帜，以邓小平理论和"三个代表"重要思想为指导，深入贯彻落实科学发展观，按照自治区党委、政府关于坚持"一个中心、两件大事、三个确保"，紧紧围绕推动科学发展、促进社会和谐稳定这个主题，着力转变经济发展方式，推动全区经济又好又快发展，努力走出一条有中国特色、西藏特点的发展路子的总体要求，采取理顺关系、优化结构，改进监管、强化自律，完善政策、加强建设等措施，加快推进行业协会商会的改革和发展，逐步建立体制完善、结构合理、行为规范、法制健全的行业协会商会体系，充分发挥行业协会商会在经济建设和社会发展中的重要作用。

（二）总体要求。一是坚持市场化方向。通过健全体制机制和完善政策，创造良好的发展环境，优化结构和布局，提高行业协会商会素质，增强服务能力。二是坚持政会分开。理顺政府与行业协会商会之间的关系，明确界定行业协会商会职能，改进和规范管理方式。三是坚持统筹协调。做到培育发展与规范管理并重，行业协会商会改革与政府职能转变相协调。四是坚持依法监管。加快行业协会商会立法步伐，健全规章制度，实现依法设立、民主管理、行为规范、自律发展。

（三）主要目标。积极推进行业协会商会的改革，推进政会分开。着力促进新型行业协会商会的组建，优化布局结构。理顺行业协会商会管理体制，完善运作机制。用3至5年的时间，基本建立起符合社会主义市场经济要求的行业协会商会管理体制和相应的运作机制。初步建立起与我区经济特征、产业结构相适应的分布合理、功能健全、关系协调、管理规范的行业协会商会体系。建立健全行业协会商会的地方法规、政策体系。

二、积极拓展行业协会商会的职能

（四）充分发挥桥梁和纽带作用。行业协会商会是由同一行业经济组织自愿组成，依法登记为行业性的非营利社团组织。全区各级政府、各业务主管单位要进一步转变职能，支持行业协会商会的发展，充分发挥行业协会商会在经济建设和社会发展中的作用，使行业协会商会成为企业与政府、企业与社会沟通的桥梁。把应当由行业协会商会承担的职能逐步转移给行业协会商会，把适合行业协会商会承担的工作委托给行业协会商会。在出台涉及行业发展的重大政策措施前，要主动听取和征求有关行业协会商会的意见和建议。行业协会商会要努力适应新形势、新任务的要求，改进工作方式，深入开展行业调查研究，积极向政府及业务主管单位反映行业、会员诉求，提出行业发展和立法等方面的意见和建议，积极参与相关法律法规、宏观调控和产业政策的研究、制定，参与制订修订行业标准和行业发展规划、行业准入条件，完善行业管理，促进行业发展。

（五）加强行业自律。行业协会商会担负着实施行业自律的重要职责，要围绕规范市场秩序，健全各项自律性管理制度。依据协会章程或行规行约，制定本行业质量规范、服务标准。参与本地本部门有关行业产品标准的制定，监督会员单位依法经营，对违反协会章程和行规行约的，达不到行业质量规范、服务标准、损害消费者合法权益、参与不正当竞争、从事商业贿赂、渎职侵权、影响行业形象、危害社会主义经济秩序的会员，采取警告、业内批评、通告、取消会员资格等惩戒措施，触犯国家法律的，将依法追究相关责任人的法律责任。对会员企业的产品和服务质量、竞争手段、经营作风进行行业评定，维护行业信誉、维持公平竞争秩序。

（六）切实履行好服务企业的宗旨。积极发挥行业协会商会自身的职能作用，加大为会员企业服务的深度和广度。根据授权进行行业统计，掌握区内外行业发展动态，收集、发布行业信息。依照有关规定创办报刊和网站，开展法律、政策、技术、管理、市场等咨询服务。指导、协助会员企业改善经营管理。通过开展行业培训、技术咨询、信息交流、会展招标、产品推介等活动，增强行业协会商会的凝聚力。参与行业资质认证、新技术和新产品鉴定及推广、事故认定等相关工作。受政府委托承办或根据市场和行业发展需要举办交易会、展览会等，为开拓市场创造条件。

（七）积极维护行业利益。行业协会商会要借鉴国内外先进做法，代表会员企业，维护会员正当的权益，向政府反映企业和行业的要求。代表会员企业或其他经济组织开展行业调查研究，掌握行业动态，提出有关经济社会发展政策和立法方面的意见和建议。加强对外交流，协调会员单位开展国内外经济技术交流与合作。

三、大力推进行业协会商会的体制机制改革

（八）实行政会分开。当前，各行业协会商会的业务主管单位要理顺政会关系，使现有行业协会商会在职能、机构、人员和财务等方面与政府主管部门脱钩，真正做到依法自主办会，依法接受监督管理。在职能方面，进一步转变政府职能，把属于行业协会商会的行业标准制定、技能资质的考核等社会职能和行业培训、行检行评、标识和资质证书的发放等行业性工作切实转移给行业协会商会。政府要支持行业协会商会依法履行好行业代表、行业自律、行业管理、行业协调和行业服务等各项职能。在机构分设方面，行业协会商会办事机构不得与国家机关合署办公，已合署办公的要进行机构分设。在人员分离方面，现职国家公务员不得兼任行业协会商会的会长、副会长、秘书长等领导职务，确有必要时，应按照《中共西藏自治区委员会办公厅、西藏自治区人民政府办公厅关于党政机关领导干部不兼任社会团体领导职务的规定》（藏委厅［1998］73号）要求，进行审批并办理相关手续。在财产分开方面，行业协会商会作为独立的社团法人，必须单独建账，实行财务独立，不得与政府部门、事业单位合账或进行财务集中管理。协会的合法收入，任何单位和个人不得调拨。要坚决纠正政府部门及其人员以各种名目从行业协会商会获取经济利益的行为，涉及违法违纪的要依照有关法律法规严肃处理。行业协会商会使用的国有资产，要明确产权归属，按照有关规定划归行业协会商会使用和管理。建立政府购买行业协会商会服务的制度，对行业协会商会受政府委托开展业务活动或提供的服务，政府应支付相应的费用，所需资金纳入预算管理。

（九）改革和完善监管方式。各级政府要进一步明确行业协会商会的工作职责，规范政府部门与行业协会商会之间的协调机制，进一步完善登记管理机关、业务主管单位为主，相关部门分工负责、共同监管的综合管理体制，支持和引导行业协会商会健康发展。

要加强登记管理机关、业务主管单位和相关职能部门之间的协调与配合，逐步建立健全科学、规范、有效的监管体制，为行业协会商会创造公平、公正的发展环境。民政部门作为登记管理机关，要依据“政会分开、分类管理、健全自律机制”的原则，按照《社会团体登记管理条例》规定的职能，加强行业协会商会的监管工作。业务主管单位负责本系统行业协

会商会的业务指导和监督，履行《社会团体登记管理条例》规定的相关监管职能。对根据法律法规授权履行特殊职能的行业协会商会，有关部门要依法加强监督和指导。

（十）调整、优化结构和布局。各级政府、各业务主管单位要制定本地区、本部门行业协会商会的发展规划，进一步优化行业协会商会的布局和结构。一要整顿规范现有行业协会商会，完善退出机制。行业协会商会登记管理机关和业务主管单位要严格制定一套科学规范的绩效考核评价体系。对业务开展不力、服务水平不高、会员满意度较差的协会要责令其限期整改，对整改后仍不见成效的，要按照国务院颁布的《社会团体登记管理条例》依法取缔。要打破部门界限，对名称相近、业务交叉重复以及分类过细的行业协会商会，要引导其通过公平、适度的竞争，归并重组。对行业特征不明显、业务宽泛的行业协会商会，要引导其依托主业分类组合。对无办公场所、无活动经费、无专职人员、长期不开展活动及违法、违规的行业协会商会要依法予以注销或撤销登记，对诚信守法、严格自律、作用突出的要予以表彰。二要发展壮大一批重点领域的行业协会商会。在国家现行行业分类标准基础上，根据我区产业结构的特点，可以按照服务功能、经营方式、经营环节和产品类型等标准，鼓励和支持在旅游业、农牧业特色产业、优势矿产业、藏医药业等重点领域和高新技术、现代服务业、现代物流业、环境保护等新领域中培育一批新型的行业协会商会，加快形成新型行业协会商会体系。三要优化行业协会商会区域布局。打破行政区域界线，支持企业集中、产品和市场优势明显的行业，组建区域性行业协会商会。积极创造条件，吸引全国性行业协会商会、国际性行业组织的总部或办事机构在我区落户。四要扩大行业协会商会的社会覆盖面。行业协会商会发展会员要打破部门、所有制、经济规模等界限，注重吸引民营、外资企业等各类经济组织入会，提高行业协会商会的代表性。要适当放宽条件，允许与行业相关的自治区科研院所和符合条件的外省市在本区的同业经济组织入会，进一步提高行业协会商会覆盖面。

四、加强行业协会商会的自身建设和规范管理

（十一）健全法人治理结构。行业协会商会的设立应由行业内企业或业主自主发起，经业务主管单位审查同意，依法向民政部门申请登记，取得法人资格。行业协会商会要建立和完善以章程为核心的内部管理制度，健全会员大会（会员代表大会）、理事会（常务理事会）制度，认真执行换届选举制度，实行民主管理，建立健全党的基层组织，充分发挥党组织

的监督保障作用。理事会成员要严格按照民主程序选举产生，会长（理事长）应由理事会提出人选，通过会员大会（会员代表大会）以无记名投票方式选举产生，并逐步实行差额选举。行业协会商会的法定代表人应由业内人士担当，鼓励选举企业家担任会长（理事长）。秘书长可通过选举、聘任或向社会公开招聘等方式产生。

（十二）深化劳动人事制度改革。行业协会商会要全面实行劳动合同制度，保障工作人员合法权益。建立健全岗位管理制度，完善激励机制，行业协会商会专职人员的档案、工资、社会保险、职称评定、住房公积金、出国政审等管理事项，应参照国家民政部、人事部《关于全国性社会团体专职工作人员人事管理问题的通知》（民发［2000］263号）的有关规定执行，确保行业协会商会专职队伍的稳定。

（十三）规范收费行为。会费收取标准和办法，根据《民政部、财政部关于进一步明确社会团体会费政策的通知》（民发［2006］123号），由行业协会商会自主确定，经会员大会（会员代表大会）半数以上代表同意后方能生效。行业协会商会不得从事以营利为目的的经营活动，依法所得不得在会员中分配、不得投入会员企业进行营利。未按照规定履行批准程序，不得针对企业举办全国性或行业性的评比活动，经批准举办的评比活动不得收取费用。行业协会商会举办展览会、交易会、研讨会、培训等活动可以实行有偿服务，但不能以营利为目的。要本着公开、公平、合理的原则，公开收费依据、标准和收支情况，自觉接受监督。对依法或经授权强制实施具有垄断性质的仲裁、认证、检验、鉴定以及资格考试等活动的收费，应执行行政事业性收费的有关规定。

（十四）加强财务管理。要建立健全财务管理、财务核算制度，重点落实会员或会员代表大会、监事会等机构对协会资产管理和资金使用的决定权和监督权。设立专门的财务人员，并对所属分支机构、代表机构的财务实行统一管理。会费的收支情况要定期向会员或会员代表大会报告并接受其审查。建立行业协会商会资产管理制度，并按有关规定接受监督检查。行业协会商会的资产属于财政拨款、政府资助或社会捐赠的，要接受审计部门的监督并向社会公开。

五、完善促进行业协会商会发展的法律法规和政策措施

（十五）落实社会保障制度。行业协会商会工作人员要按照国家和自治区有关规定和属地管理原则，参加当地养老、医疗、失业、工伤和生育等社会保险，履行缴费义务，享受相应的社会保障待遇。

（十六）完善税收政策。财政、税收等部门要从区情出发，完善税收政策，积极探索有利于行业协会商会发展的财政支持办法和会费改革办法，并根据税制和行业协会商会改革进展情况，适时研究制定税收优惠政策，鼓励、支持协会加快发展。

（十七）建立健全法律法规体系。要继续完善政策法规、建立健全管理体制。要借鉴内地发达地区和发达国家的有益做法，结合自身实际，做好立法调研和法律法规起草工作，将行业协会商会发展纳入法制化、规范化轨道。

（十八）加强和改进工作指导。各级政府部门要从完善市场经济体制，树立和落实科学发展观，构建和谐社会，加强社会建设和管理的高度，充分认识行业协会商会的地位和作用。把培育发展行业协会商会作为落实《行政许可法》、转变政府职能的重要内容，把行业协会商会的发展纳入经济和社会发展规划，全面规划，统筹安排，综合协调，整体推进。民政部门要简化和规范管理内容和方式，进一步加强对促进行业协会商会发展总体规划、布局调整、政策制定和协调等工作。业务主管单位负责本系统行业协会商会的业务指导、发展和规划。自治区发展和改革委员会、人事厅、劳动和社会保障厅、法制办等相关部门，要通力合作，会同登记管理机关及业务主管单位，共同负责行业协会商会的脱钩改革、布局调整、职能确认和发展规划等工作。要着力解决好行业协会商会改革和发展中的重大问题，特别是行业协会商会脱钩工作中人、财、物划转及其他相关问题，保持脱钩重组后行业协会商会工作的延续性，把各项任务落到实处，确保行业协会商会改革与发展工作顺利推进。

青海省人民政府办公厅转发省发展改革委、省民政厅关于加快推进行业协会商会改革和发展意见的通知

（青政办［2007］178号）

西宁市、各自治州人民政府，海东行署，省政府各委、办、厅、局：

省发展改革委、省民政厅关于《加快推进行业协会商会改革和发展的意见》已经省人民政府同意，现转发给你们，请认真组织实施。

2007 年 11 月 28 日

关于加快推进行业协会商会改革和发展的意见

青海省发展改革委　　省民政厅

为适应社会主义市场经济发展的需求，理顺行业协会商会（以下通称行业协会）的管理体制，加快推进我省行业协会的改革和发展，根据《国务院办公厅关于加快推进行业协会商会改革和发展的若干意见》（国办发［2007］36 号），现就推进我省行业协会的改革和发展提出以下意见。

一、行业协会改革与发展的指导思想、总体目标和基本原则

（一）指导思想

以党的十七大和十六届三中、六中全会精神为指导，全面落实科学发展观，按照完善社会主义市场经济体制的总体要求，以各主要产业发展需求为基点，调动各方面的积极性和创造性，把握社会主义市场经济的规律和特点，建设职责明晰、结构合理、机制健全、功能完善、运行有序的行业协会运行机制及管理体制，充分发挥行业协会在维护行业合法权益、行业自律、行业服务和行业监督等方面的积极作用，促进全省各类产业健康快速发展。

（二）总体目标

按照市场化原则推进行业协会改革与发展，争取用 5 年左右的时间初步形成适应我省各产业发展需要的、与各产业相互支持、协调互动的发展机制；初步形成布局合理、覆盖面广、功能完备的行业协会结构体系；初步形成符合社会主义市场经济规律和国际惯例的行业协会的组建、发展、运作和退化机制；初步形成保障行业协会健康有序发展的法律规范和管理体制。

（三）基本原则

——坚持市场化。改进政府管理方式，规范政府监管行为，推进政会分开，做到行业协会改革与政府职能转变相结合；确立行业协会的独立法人地位，实现行业协会依法设立、民主管理、行为规范、自律发展。

——坚持规范发展。以发展为主线，以规范为手段，通过法律规范、政府监管、政策引导和行业自律，促进行业协会提高服务水平，增强自律能力，推进行业协会规范有序健康发展。

——坚持统筹协调。做到改造老的行业协会与发展新的行业协会并重，优化行业协会结构；协调处理行业协会改革发展进程中的各种关系，实现行业协会内部机制转换与优化行业协会发展环境相结合，加强监管与政策引导相结合，推进行业协会统筹协调发展。

（四）改革的范围

凡在我省各级民政部门登记的各类行业性社会团体（包括生产、流通及其他服务行业的行业协会）存在以下情况之一的，要按照本意见进行改革：

1. 与行政机关合署办公的；

2. 与行政机关会计合账的；

3. 现职机关工作人员（含参照公务员管理的工作人员）兼任行业协会职务的。

二、改革与发展的主要任务

（一）推进政会分开

1. 机构分设。行业协会的办事机构不得与政府部门合署办公，已合署办公的要进行机构分设。

2. 人员分离。现职党政机关工作人员不得在行业协会兼任职务，已兼任职务的，必须辞去行业协会职务或辞去公职。

3. 职能分开。进一步转变政府职能，把应由行业协会履行的职能移交给行业协会，把适宜于行业协会行使的行业管理职能委托给行业协会。

4. 财产分开。行业协会与政府部门财产不清晰的，必须完成资产划分、明晰产权归属。

（二）落实行业协会职能

1. 行业自律职能。根据行业发展的要求制定行规行约并组织实施；依据有关法律法规和政策，按照协会章程制定相应质量规范、服务标准；组织实施有关地方或国家标准并进行监督，维护公平竞争的市场秩序。

2. 行业代表职能。代表行业企业或其他经济组织开展行业调查研究，掌握行业动态，提出有关经济社会发展政策和立法方面的意见和建议；代表会员企业进行反倾销、反补贴、保障措施等调查、应诉和诉讼；协助会员开拓国际市场，参与协调贸易争议；联系相关国际组织，协调会员单位开展国内外经济技术交流与合作；向政府部门反映行业、会员诉求，维护会员合法权益。

3. 行业服务职能。收集、分析、发布国内外行业经济信息；开展咨询服务；建设行业公共服务平台，开展产品展示、研发设计、质量检测、招商等服务；组织展销会、展览会，举办报告会、研讨会；组织人才、技术、职业、管理、法规等培训；指导、协助会员企业改善经营管理。

4. 行业协调职能。协调会员之间、会员与其他社会经济组织或个人之间的事宜；协调本行业协会与其他社会组织和个人之间的事宜。

5. 授权委托的其他职能。根据法律法规规章的规定和政府部门的委托，开展行业标准起草、行业信息披露、行业纠纷裁决、资质资格认定、检验检测以及行业规划、行业统计、行业调查、公信证明等工作。

（三）优化行业协会结构布局

1. 整顿规范现有行业协会。对行业范围过大且特征不明显的行业协会，要引导其进行分立分设；对名称相近相似、业务交叉重叠的行业协会，引导其合并重组。

2. 大力发展新的行业协会。坚持从省情出发，不断适应形势的发展，开拓新的领域，重点在环境保护、高新技术、文化旅游、现代农业牧业、现代物流和其他符合产业发展方向的领域培育和发展一批新的具有示范作用的行业协会。

3. 优化行业协会区域布局。行业协会应坚持“一业一会”，同一行业全省性协会只能设一个。支持西宁市、海西州、海东地区、格尔木市等同业企业集中、产品和服务比较优势的行业组建地区性行业协会。我省优势特别明显的行业要争取组建全国性行业协会。要积极创造条件，吸引全国性行业协会、国际性行业组织的总部或办事机构在我省落户。

4. 着力扩大行业协会覆盖面。行业协会发展会员要打破部门、所有制、经济规模等界限，注重吸收民营、外资企业等各类经济组织入会，提高行业协会的代表性。吸收与行业相关的省内科研院所和符合条件的外省市在本省的同业经济组织入会，增强行业协会的功能。行业协会会员数量要基本达到该行业单位总数的20%以上，或会员企业的销售额达到该行业销售额的50%以上。

（四）完善行业协会运行机制

1. 健全设立机制。行业协会的设立应由行业内企业或业主自主发起，经业务主管部门审查同意后依法向民政部门申请登记，取得法人资格。行业协会的章程、自律职能、运行机制、会费标准、行规行约等均由会员或会员代表大会讨论制定。

2. 健全财务制度。行业协会要根据《民间非营利组织会计制度》建立健全财务管理和会计核算制度，设立专门的财务人员。会费的收支情况要定期向会员或会员代表大会报告并接受其审查。行业协会的资产属于财政拨款、政府资助或社会捐赠的，要接受审计部门的监督并向社会公开。

3. 规范收费行为。行业协会举办展览会、展销会、研讨会、培训等活动，允许有偿服务，但不能以营利为目的，应本着公开、公平、合理的原则，公开收费依据和收支情况，自觉接受监督。

4. 健全劳动人事制度。行业协会要全面实行劳动合同制度，保障工作人员的合法权益。要深化人事制度改革，工作人员要实行全员聘用制，面向社会公开招聘，优化人员年龄、专业结构，实现行业协会工作人员的职业化。

行业协会的基层党组织建设，按照《中国共产党章程》等有关规定执行。

三、改革与发展工作的组织领导

（一）加强组织领导。各地区、各部门要把加快推进行业协会改革和发展作为转变政府职能的重要内容，全面规划，统筹协调，切实抓紧抓好。省政府成立由省发改委、民政等部门组成的改革工作领导机构，总体指导和综合协调全省行业协会的改革和发展。各有关部门和行业协会较多的地区应成立相应的工作协调机构，负责组织实施和协调落实具体改革方案和工作任务。

（二）落实工作责任。省发展改革委、省民政厅要会同省级有关部门负责做好全省行业协会改革与发展的综合协调管理，组织开展改革试点工作，制定行业协会发展总体规划以及促进行业协会发展的具体政策措施。各地区、各部门要紧密结合实际，抓紧制定本地区本部门行业协会的改革发展实施方案，报经省行业协会改革发展领导机构审核后，负责组织实施各项改革工作，协调解决推进改革中出现的政策性问题。

（三）加大政策扶持。要逐步完善促进行业协会发展的政策措施，落实各项扶持政策。经国家社团主管部门批准的非营利性的协会、商会、学会等社会团体按财政部门和民政部门有关规定标准收取的会费，不征收营业税；行业协会的财政拨款收入、依法收取并纳入财政管理的行政事业性收费、政府性基金等收入为不征税收入，免征企业所得税。政府委托行业协会提供的服务，通过市场购买的方式或者法律法规允许的方式进行。行业协会承担政府部门授权或委托的职能，授权或委托的政府部门应当提供行业协会履行职能所需要的资金等物质保障。行业协会组织重大公益性活动，各级政府可给予适当的资金支持。

（四）做好督促检查工作。为扎实有效地做好我省行业协会的改革发展工作，使各项工作落到实处。省发展改革委、省民政厅要会同有关部门加强对此项工作的指导、检查，及时掌握工作动态。

·第二编·

重要讲话和论述

用十七大精神统一思想
充分发挥社会组织在现代化建设中的重要作用

民政部部长 李学举

同志们：

这次全国社会组织建设与管理工作经验交流会，是在党的十七大之后我们召开的一次重要会议，目的是总结经验，把握形势，统一认识，理清思路，主动适应新时期社会主义现代化建设的需要，进一步开创社会组织建设与管理工作新局面，大力推进我国社会组织健康发展。两天来，姜力同志作了讲话，江苏等17个单位介绍了典型经验，代表们还分组进行了讨论。总的看，近几年来，在党中央、国务院的正确领导下，在各部门的相互支持和密切配合下，社会组织的发展保持良好态势，改革探索的实践取得显著成果，各项管理工作扎实推进，有力地促进了经济社会协调发展，为构建和谐社会作出了积极贡献。

新时期的社会组织建设与管理，意义深远，任务艰巨。我们一定要进一步认清形势、抓住机遇、乘势而上，认真做好这项工作，不辜负中央的重托和人民群众的期望。下面，我讲四点意见：

一、用党的十七大精神统一思想，深刻领会中央关于社会组织建设与管理的新要求

刚刚闭幕的党的十七大，是我们党在我国改革发展关键阶段召开的一次十分重要的大会。胡锦涛总书记所作的十七大报告，全面描绘了在新的时代条件下继续全面建设小康社会、加快推进社会主义现代化的宏伟蓝图，是在新的历史起点上继续发展中国特色社会主义的政治宣言和行动纲领。十七大报告把社会组织摆到了更加突出的位置，进行了多方面的论述。在这样一个马克思主义纲领性文献中，如此全面地论述社会组织，在我们党的历史上还是第一次。在这份凝聚全党全国各族人民智慧的政治文件中，对于社会组织的一些重大理论和实践问题，有着一系列新概念、新

认识、新要求、新发展：

——新的概念，主要体现在报告进一步确认了“社会组织”这一科学定义。这个定义，是对传统的非政府组织、非营利组织、第三部门或者民间组织等称谓的改造，是用中国特色社会主义理论深刻认识这类组织的基本属性、主要特征而形成的科学概括。这个曾在十六届六中全会决定中首次使用的定义，在十七大报告中得到进一步确认，有利于纠正社会上对这类组织存在的片面认识，有利于进一步形成各方面重视和支持这类组织的共识，有利于这类组织在经济社会发展中更好地发挥积极作用。

——新的认识，主要体现在报告首次将社会组织作为“发展基层民主，保障人民享有更多更切实的民主权利”的重要内容，提出“发挥社会组织在扩大群众参与、反映群众诉求方面的积极作用，增强社会自治功能”。这意味着我们党充分认识到社会组织在保证人民当家作主、扩大公民有序政治参与方面的重要地位，把它作为发展社会主义民主政治的可靠力量。

——新的要求，主要体现在报告首次提出了社会组织“建设”这一新任务。这充分体现了我们党以科学发展观对社会组织发展规律的自觉把握，集中反映了我们党在探索和回答社会组织实现什么样的发展、怎样发展等问题上的新成果。

——新的发展，体现在报告首次把社会组织放到全面推进社会主义经济建设、政治建设、文化建设、社会建设“四位一体”的高度进行全面而系统地论述：围绕“促进国民经济又好又快发展”，明确“规范发展行业协会和市场中介组织，健全社会信用体系”；围绕“坚定不移发展社会主义民主政治”，不仅要求增强社会自治功能，还要求“加快推进……政府与市场中介组织分开”；围绕“推动社会主义文化大发展大繁荣”，提出“完善社会志愿服务体系”，“深化文化体制改革，完善扶持公益性文化事业……的政策”，“坚持把发展公益性文化事业作为保障人民基本文化权益的主要途径”；围绕“加快推进以改善民生为重点的社会建设”，明确“鼓励和规范社会力量兴办教育”，要求“以慈善事业……为补充，加快完善社会保障体系”，提出“要坚持公共医疗卫生的公益性质，……实行政事分开、管办分开、……营利性和非营利性分开”，“鼓励社会参与”公共卫生服务体系、医疗服务体系等建设，强调“健全党委领导、政府负责、社会协同、公众参与的社会管理格局”，“重视社会组织建设和管理”；围绕“始终不渝走和平发展道路”，提出“加强……民间团体对外交往，增进中国人民和各国人民的相互了解和友谊”。可以说，十七大报告对社会组织既有具体而明确性要求，又有间接而方向性论述，在全局部署中立意更高更远。

应该指出，十七大关于社会组织的重要论述，既与时俱进，又与十六大以来中央精神一脉相承。十六届三中全会着眼完善社会主义市场经济体制，提出“按照市场化原则规范和发展各类行业协会、商会等自律性组织”。四中全会立足加强党执政能力建设，要求“发挥社团、行业组织和社会中介组织提供服务、反映诉求、规范行为的作用，形成社会管理和社会服务的合力”。五中全会围绕国家“十一五”规划纲要，明确“规范引导民间组织有序发展”，“完善民间组织自律机制，加强和改进对民间组织的监管”。六中全会谋划社会主义和谐社会，提出“健全社会组织，增强服务社会功能。坚持培育发展和管理监督并重，完善培育扶持和依法管理社会组织的政策”，“鼓励社会力量在教育、科技、文化、卫生、体育、社会福利等领域兴办民办非企业单位。发挥行业协会、学会、商会等社会团体的社会功能，为经济社会发展服务。发展和规范各类基金会，促进公益事业发展”，“发挥……社区民间组织……在社区建设中的积极作用”，“推进政事分开，支持社会组织参与社会管理和公共服务”，“引导各类社会组织加强自身建设，提高自律性和诚信度”等。

总之，在新的历史时期，中央关于社会组织的指导思想更加清晰，关于社会组织的方针、政策更为全面，对各项工作的要求更加具体。概括起来就是：发展是前提，建设是核心，培育与监管是基本手段，发挥社会组织的积极作用是根本目的。

——发展是前提，就是说发展社会组织是硬道理，是整个社会组织建设与管理工作的基础。没有社会组织的发展，其他一切工作都是无本之木、无源之水。必须坚持把发展作为第一要务，主动顺应时代潮流，积极适应形势变化，把握发展规律、创新发展理念、破解发展难题，实现社会组织的总量、规模、结构、布局与我国社会主义经济、政治、文化、社会各项建设保持同步。

——建设是核心，就是说要以社会组织为本，始终把社会组织建设作为中心任务来抓。必须贯彻落实科学发展观，将社会组织从被监管的对象转变成发展建设的主体，进一步增强社会组织服务社会功能，明确政府的职责和任务，完善社会组织政策体系，科学规划、正确引导、积极扶持，使社会组织全面协调可持续发展，与构建社会主义和谐社会的内在要求相适应，与建设中国特色社会主义的正确方向相统一。

——培育与监管是基本手段，就是要一手抓培育，一手抓监管。这是社会组织建设内在统一、缺一不可的两个方面。既要充分认识新时期社会组织的地位、作用，改革创新、积极扶持，解决社会组织发展遇到的困难和问题，努力创造良好的发展环境和条件；又要科学分析我国社会组织发展的初级阶段性，积极引导、兴利除弊、依法管理，引导各类社会组织提高自律性和诚信度，实现社会组织更好更快发展。

——发挥社会组织的积极作用是根本目的，就是要把社会组织发挥作用的状况作为衡量工作成效的基本标准。要服从、服务于全面建设小康社会、加快推进社会主义现代化建设的客观需要，重视社会组织，团结社会组织，凝聚社会组织，善用社会组织，使其成为科学发展、社会和谐的积极力量，成为中华民族复兴的可靠力量，成为党长期执政的重要基础。

中央已经为新时期社会组织建设与管理指明了方向，也提出了更新、更高的要求。我们一定要以高度的历史责任感和使命感，用十七大精神武装头脑、指导实践、推动工作，把思想统一到中央的要求上来，把力量集中到落实中央提出的各项任务中来。

二、深刻把握社会发展规律，全面认识社会组织在经济、政治、文化、社会生活中的作用

当前，我国已经进入社会主义现代化建设的关键时期。经济体制深刻变革，社会结构深刻变动，利益格局深刻调整，思想观念深刻变化，已经和正在改变社会组织发展的条件和环境。全面推进社会主义经济建设、政治建设、文化建设、社会建设，对社会组织的功能和作用也提出了更高、更新、更全面的要求。

（一）完善市场经济体制，实现经济又好又快发展，客观需要更大程度地发挥社会组织的作用

在加快转变经济发展方式、完善社会主义市场经济体制方面取得重大进展，是抓住和利用当前这个重要的战略机遇期，实现国民经济又好又快发展的关键。发展社会组织，是增强发展协调性的必然选择，是完善市场经济的客观需要。首先，社会组织对国民经济的直接贡献逐渐显现。到2006年底，我国各类社会组织的总量已经达到35.4万个，据不完全统计，吸纳工作人员425万，固定资产总规模约669.5亿元，总收入约635亿元，总支出约450亿元。从国际上看，非营利部门的经济活动规模一般占到本国GDP的5%－10%，吸纳就业约占服务业人口的10%。但我国这两项比例分别约占0.3%和1.2%，发展潜力还很大。其次，社会组织是市场经济

条件下宏观调控体系的重要组成部分。发达市场经济的经验表明，企业自我管理、行业中观调节、政府宏观调控，三位一体、共同作用，是更好地发挥市场在资源配置中基础性作用的重要保证，是形成有利于科学发展的宏观调控体系的内在要求。改革开放以来，我国经济领域活跃着5.9万个行业协会，积极提供政策咨询，反映合理诉求，平衡各方利益，调解贸易纠纷，加强市场交流，促进产业升级，已经成为加快转变经济发展方式、促进行业可持续发展的“催化剂”和“助推器”。第三，社会组织是强化市场监管的重要力量。通过行业协会来规范市场秩序，是市场经济的有效途径。行业协会把企业组织起来，订立行规行约，规范同业竞争，促进行业信用建设和行业守信自律，防范和打击假冒伪劣、坑蒙拐骗等各种不正当行为，遏制和消除市场的无序和混乱，对于形成公平合法、竞争有序的市场环境，起到了积极和重要的促进作用。行业协会的发展和规范水平是市场体系发育成熟程度的标志。随着我国市场经济不断完善，市场监管也将更多地向以行业自律为主转变，行业协会在维护市场秩序、健全社会信用体系方面的地位和作用将更加突出。

（二）扩大公民有序参与，发展社会主义民主政治，内在要求社会组织承担更多的功能

扩大公民有序政治参与，加快行政管理体制改革，提升党的执政能力，是不断推进社会主义政治制度自我完善和发展的基本要求。社会组织是党领导下发展社会主义民主政治的可靠力量。首先，社会组织是反映群众诉求、扩大群众有序参与的基本组织形式。随着我国经济社会不断发展，人民群众的利益诉求日益多样化，权利意识、民主意识、法律意识普遍提高，参与经济、政治、文化、社会事务管理的愿望日趋强烈。社会组织生长于公众，是不同群体实现自己意愿、维护自身权益的利益共同体，为人民群众理性表达利益诉求、合理维护自身权益、有序扩大政治参与，提供了重要的组织渠道。其次，社会组织是承接政府职能、增强社会自治的重要载体。今后一个时期，行政管理体制改革进一步加快，政府将不再包揽一切事务，政企、政事、政社不断分开，众多群众性、社会性、公益性、服务性的社会职能将向社会分离和转移，“小政府，大社会”格局日益明显。社会组织植根于公众，是人民群众实行自我管理、自我服务、自我教育、自我监督的重要形式，为人民群众开展社会自治和互助服务，实现政府行政管理与基层群众自治有效衔接和良性互动，提供了有效的组织平台。第三，社会组织还是新时期加强党的执政能力建设的重要领域。在新世纪新阶段，巩固和扩大党的执政基础，是加强党的执政能力建设的一

个重要方面。社会组织贴近于公众，是党和政府联系不同方面、不同利益的人民群众的纽带与桥梁，为党更加紧密地联系群众，更广泛地团结和凝聚各方面积极力量，巩固和扩大执政基础，增强自身活力，提供了新的途径和方式。

（三）发展和繁荣中华文化，提高国家文化软实力，客观需要进一步激发社会组织的活力

文化是一个民族生生不息、团结奋进的不竭动力，是国家软实力的重要因素。社会组织是推动中华文化大发展大繁荣的一支生力军。首先，社会组织是中华民族传统美德的积极践行者。社会组织秉承自律和诚信，组织志愿服务活动、推动社会公共事业，不仅是满足社会需求的一种工具性手段，更体现一种伦理和文明。长期以来，广大社会组织积极从事减贫济困、救灾防害、安老抚幼、扶弱助孤、助学助医等公益活动，以实际的行为，传承了中华民族互助互爱、扶弱济困的优良传统，倡导了担当社会责任并自助、互助和助他的公民精神，弘扬了尊老爱幼、互爱互助、见义勇为、奉献社会的良好社会风尚，为中华民族精神注入了新的活力。其次，社会组织也是和谐文化建设的重要社会力量。在我国文化领域活跃着5万多个学术团体和民办文化服务机构，是公益性文化建设的重要主体。多年来，它们贴近实际、贴近生活、贴近群众，把社会效益摆在首位，广泛开展群众乐于参与、便于参与的文化活动，为基层群众、为农村和偏远地区提供了丰富多样、生动活泼、健康向上的文化产品和文化服务，在弘扬主旋律，宣扬社会主义核心价值体系，满足人民群众日益增长的精神文化需要方面，发挥着不可忽视的积极作用。第三，社会组织还是社会主义文化发展、创新的有力推动者。社会组织具有专业人才富集、贴近实践、开展合作与交流便利等多方面优势。它们积极适应人们思想活动的独立性、选择性、多变性、差异性，通过开展各种形式的交流、研讨活动，挖掘和弘扬传统文化有益价值，吸收借鉴各国优秀文明成果，总结提炼实践中的新鲜养分，倡导生态文明观念和健康文明风尚，推动了社会主义文化理论创新、机制创新、方式创新，是党和人民事业重要的思想库。

（四）保障和改善民生，加快推进社会建设和管理，迫切期待社会组织提供更多的服务

加快建设社会主义和谐社会，关键在于注重社会建设，保障和改善民生，扩大公共服务，完善社会管理，促进社会公平正义。扩大社会组织的参与，是加快推进社会体制改革的重要方面。首先，保障人民基本生活，需要社会组织更大程度的参与。当前，我国每年需要救济的灾民近7000万

人次，有2200多万城市低保对象，有6000多万农村贫困和绝对贫困人口，还有8000多万残疾人，1.4亿多老年人。对总量庞大的困难群体、弱势群体及时给予救助和帮助，内在要求进一步强化民间慈善事业对于社会保障体系的补充效应。其次，发展社会事业、扩大公共服务，需要加快建立健全社会参与机制。我国社会与经济、城市与农村、不同地区之间发展仍不平衡，社会事业发展相对不足，公共服务的数量和质量，与人民群众多样化、多层次、不断变化的需求还很不适应，就业难、看病难、上学难、住房难等问题仍比较突出。在市场经济条件下，解决这些关系群众切身利益的问题，不仅需要强化政府责任和财政投入，也迫切要求整合社会资源，鼓励社会力量参与、兴办教育、科技、文化、卫生、体育、社会福利等社会事业，有效扩大公共服务的供给，大力推进公共服务均等化。第三，创新和完善社会管理体制，不能忽视社会组织这个重要方面。社会组织来自人民、贴近人民，当社会矛盾起于青萍之末时，社会组织往往最先觉察，在社会冲突发生以后，社会组织又可以充当调整利益、化解矛盾的润滑剂、稀释剂，减少不和谐因素，维护社会稳定。在党委领导、政府负责、社会协同、公众参与的社会管理新格局中，客观要求加强政府与社会组织之间的协作，形成行政管理与社会自治互联、政府工作与社会工作互补、政府力量与社会资源互动的良性机制。

（五）扩大对外开放，拓展国际交流合作，现实需要社会组织扮演更重要的角色

二战以后，特别是20世纪六七十年代以来，随着大量非政府组织的迅速兴起，以及各种新社会运动的蓬勃发展，国际民间交流与合作活动迅速增多，扮演着引人注目的角色。首先，是在国际贸易领域，非政府间的市场标准制定、知识产权保护、产品技术交流、交易规则协商、纠纷争端处理等活动日益增多。我国企业近年来遭遇的贸易纠纷，有不少是借助社会组织途径斡旋、谈判、诉讼，才得到合理解决。在经济全球化条件下，要形成参与国际经济合作与竞争的新优势，就必须在国际经济活动中，让更多的社会组织代表我国企业发出声音，保护国内市场和我国企业的利益。其次，是在全球治理领域，非政府组织也日益成为国际组织、各国政府之外重要的第三极力量。近年来，重要国际组织都开始在保护环境、消除贫困、维护人权、倡导和平、促进发展等重大国际事务和国际规则制定上，重视与非政府组织开展合作。比如，被经社理事会授予咨商地位的非政府组织，在联合国一些重要会议、政策、文件等方面享有很大话语权。然而，截至2007年7月，在3000多个咨商组织中，我国内地仅有24个。这

与我国树立负责任大国形象、营造和谐国际环境、实现和平崛起的目标很不匹配。第三，是在国家外交全局中，社会组织的交流也是重要渠道。实践证明，外交、经济贸易和社会文化交流有机协同，才能更好地增进我国人民与各国特别是第三世界国家人民的了解和友谊，增强我国亲和力，传播中国求和平、谋发展、促合作的理念。此外，在加强两岸同胞的交往和交流，增进彼此感情，促进和平统一方面，社会组织也是不可忽视的重要力量。

总之，在我国社会主义现代化建设新的发展阶段，社会组织的地位进一步凸显。重视社会组织，发挥其在经济、政治、文化、社会生活各方面的积极作用，对于最大限度激发全社会创造活力、最大限度增加和谐因素，对于夺取全面建设小康社会新胜利、加快推进社会主义和谐社会建设，具有十分重要的意义。

三、牢牢把握着力点，明确当前和今后社会组织建设与管理的基本思路

经过多年的努力，我国社会组织的建设和管理取得了很大进展，社会组织的大环境也正在发生重大变化。但必须清醒地看到，我国社会组织总体上仍处在发展的初级阶段，服务社会功能和自律性、诚信度还不足，外部思想观念、体制机制方面的障碍还比较突出，发展空间和环境还不够宽松，作用发挥与我国经济社会发展形势的要求还有很大差距。

当前和今后一个时期，社会组织建设与管理，要以邓小平理论和“三个代表”重要思想为指导，深入贯彻落实科学发展观，继续解放思想、实事求是，按照健全组织、提升能力、培育扶持、规范管理、发挥作用的基本思路，争取在建立与我国经济社会发展需要相适应、布局合理、结构优化、功能到位、作用明显的社会组织发展体系方面取得新进展，在构建充满活力、富有效率、有利于社会组织健康发展的体制机制方面取得新突破，在形成党委领导下的政府管理、社会监督和社会组织自律相结合的社会组织管理格局方面迈出新步伐，充分发挥社会组织在经济社会发展中的积极作用。

（一）健全组织

健全各类社会组织，是社会组织建设与管理的基础。只有不断发展各类社会组织，才能满足人民群众日益增长的物质文化需求。健全组织，要讲全面发展。在依法登记的基础上，丰富种类，壮大实力，鼓励有序竞

争，推动我国各类社会组织全面协调发展，形成门类齐全、覆盖城乡、涉及社会生活各个领域的社会组织体系。健全组织，要讲分类指导。根据社会组织的不同种类、不同特点和不同作用，围绕人民群众的迫切需要，突出重点、分类发展。要着力按市场化原则改革和发展行业协会商会，积极培育农村专业经济协会，加大扶持公益慈善类社会组织，鼓励社会力量兴办民办非企业单位，支持发展城乡社区社会组织，引导和规范科、教、文、卫、体等社会组织，以及随着人民生活水平提高而逐渐涌现的新型组织。健全组织，要讲有序增长。要遵循社会组织发展的客观规律，科学调控，合理布局，优化结构，既不宜滞后于经济社会发展的需要，也不能超出经济社会发展的实际水平，保持社会组织平稳有序地发展。必须坚持实事求是、因地制宜，经济社会发达地区要多在发展质量上下工夫，改善环境，调整布局，优化结构，实现速度和结构质量效益相统一；经济社会欠发达地区要注重鼓励发展，大力发展公益类、扶贫类、经济类社会组织，服务于当地经济社会发展的需要。

（二）提升能力

提升社会组织的能力，是社会组织建设与管理的关键环节。如果说健全组织偏重量的增长，那么，提升能力就是追求质的提高，培育大量综合能力强、全面素质高的社会组织。提升能力，就是要增强服务社会功能。服务是社会组织的立命之本、发展之基。要引导社会组织按照宗旨和业务范围积极开展活动，着力提高筹措资金、项目运作、技术交流等方面的能力，加强与政府、企业、事业单位和其他组织的合作，面向会员、面向行业、面向社会提供更多、更新的公共服务和公益支持。提升能力，就是要提高自律性和诚信度。自律和诚信，关系到社会组织在人们心中的形象和地位。要强化社会组织的独立法人意识，着力推进政会分开，社会组织与政府有关部门办公分开，人、财、物脱钩，减少社会组织的行政化色彩和倾向，实现自主发展、自主运行、自我管理、自我约束。要推动社会组织完善以章程为核心的法人治理结构和治理机制，引导社会组织建立民主选举、民主决策、民主管理、民主监督的运行机制。要健全信息披露制度和诚信奖罚机制，引导社会组织增强社会责任和公益意识，不断提高社会公信力。提升能力，就是要加强社会组织队伍建设。组织的发展，关键在于人才。要着力培养、吸引、用好社会组织人才。加大社会组织培训力度，不断提高人才队伍素质；规范用人制度，逐步推行秘书长聘任制和培训合格上岗制度，积极动员和利用志愿人才，推动人才队伍专业化、职业化、年轻化；完善保障和激励机制，调动从业人员的工作积极性和创造性。

（三）培育扶持

社会组织健康发展、发挥作用，需要良好的空间和有利的条件。必须把完善培育扶持政策，作为当前和今后社会组织建设与管理的重点工作，主动研究、多方呼吁，积极协调、大力推进。培育扶持，就是要提升社会组织的地位。加强社会组织法制建设，抓紧修订出台社会团体、民办非企业单位两个条例，推动行业协会等单项立法，开展社会组织立法研究，不断提升社会组织的法律地位。加大社会组织的宣传和研究力度，对诚信守法、自律严格、作用突出、社会认可的社会组织给予褒扬和奖励，树立一批优秀典型，不断提升社会组织的社会地位。培育扶持，就是要拓展社会组织的空间。重点解决影响或制约社会组织发展及其发挥作用的一些体制机制障碍，营造社会组织发展的良好环境。抓住和利用当前加快政府职能转变和事业单位分类改革的有利时机，深入研究关于政府向社会组织转移职能和购买服务的政策体系，着力解决社会组织承接政府职能、承担政府委托任务有关问题，推动各部门、各级政府在公开公平公正的基础上，在更广泛领域与社会组织开展更高层次合作。培育扶持，就是要加大对社会组织的支持。要多在扶持政策上下工夫，多为社会组织办实事、解难事。推动和落实非营利组织尤其是公益慈善类组织的税收优惠政策，增加税种，扩大范围；探索设立社会组织发展基金，推动建立公共财政对社会组织的资助和奖励机制；解决困扰社会组织发展的突出问题，在专职工作人员社会保障、职称评定、职业建设等方面取得重大进展，为社会组织的发展提供良好的政策保障。

（四）规范管理

规范管理是社会组织建设与管理的重要方面。我国社会组织发展还处于初级阶段，仍存在着这样那样的问题，加强规范管理也就显得更为迫切。规范管理，就是要健全监管机制。切实改变“重登记、轻管理”的倾向，逐步由重入口登记向兼重准入和日常管理转变，改进和加强以年检为主要内容的依法管理，针对群众反映强烈的部分组织乱评比、乱授牌、乱收费等问题，健全以规范行为为重心的相关管理制度，提高处置突发事件的能力。规范管理，就是要改进监管方式。在依法监管的基础上，引入社会监督，充分发挥新闻媒体的舆论监督作用，注重舆论监督的社会效果；拓展政府监管方式，健全社会组织评估体系，加快推进社会组织评估，鼓励先进，鞭策后进，促进社会组织能力建设和诚信建设。规范管理，就是要坚持依法行政。切实规范社会组织行政执法，完善执法程序，按照公开、公平、公正的原则，对社会组织违法违规活动和非法组织坚决予以查处，体现有法必依、违法必究、执法必严，树立法律权威。依法维护社会组织合法权益，不断提高行政效率和依法行政水平。

（五）发挥作用

充分发挥社会组织在经济社会发展中的作用，是社会组织建设与管理的出发点和落脚点。有为才能有位，才能真正为社会所接受、为人民所认可、为政府所支持。要把社会组织是否真正有效地发挥作用，以及在多大程度上发挥作用，作为新时期社会组织建设与管理成效的实践检验标准。发挥作用，就是要发挥社会组织的优势和长处。社会组织作为有别于政府、企业的“第三部门”，联系众多群众、企业和组织，跨越不同部门、不同所有制形式，汇聚各类优秀人才，拥有资源、技术、信息、项目等多方面优势，在科技教育、文化体育、卫生保健、扶贫开发、环境保护、法律援助、社会福利、行业管理、社区建设、农村经济等诸多领域具有很强的能量储备。要引导和支持社会组织结合自身业务特点，找准方位，扬长避短，把社会效益摆在首位，开展多种形式的会员服务、行业服务、社会服务活动。发挥作用，就是要全面发挥社会组织的作用。既要关注某个组织、某类组织在经济社会中的作用，更要重视社会组织总体发挥作用的情况。既要重视社会组织在特定领域发挥的作用，更要强调社会组织在经济、政治、文化、社会发展各个方面的作用。既要支持社会组织在一时、一地、一事上发挥作用，更要建立社会组织参与发展、发挥作用的长效机制。发挥作用，就是要调动社会组织服务的主动性。要引导社会组织围绕党和国家工作大局，自觉承担社会责任，以人民利益为重，以服务社会为己任，主动参与解决人民群众最关心、最直接、最现实的利益问题，用实际行动积极投入到全面建设小康社会、加快推进社会主义现代化建设的各项任务中去。

新时期社会组织建设与管理的上述五个方面，是相互联系、相互促进的有机整体。只有全面部署、整体推进，才能使工作体现时代性、把握规律性、富于创造性，推动社会组织健康、有序、可持续地发展。

四、切实加强领导，保证新时期社会组织建设与管理各项工作落到实处

新的历史时期，社会组织建设与管理有着更新、更高的要求。我们不仅要认识到位、政策到位，更要工作到位。必须进一步解放思想、转变观念，与时俱进、开拓创新，把各项工作落到实处。

（一）要高度重视

社会组织建设与管理，是一项政治性、政策性很强的工作。党和政府把这项牵动全局的重要职能赋予民政部门，既是重托，更是信任。各级民政部门特别是主要领导同志，要高度重视这项工作。要切实增强政治责任感和历史使命感，从民政工作服从、服务大局，为社会和谐提供基础保证的高度，认识社会组织管理工作，摆到突出位置，真正把它抓实、抓好。要加强组织领导，主动研究社会组织管理工作，及时地了解、掌握工作中的新情况、新动向，定期研究新问题、新思路，着力解决当前社会组织管理工作遇到的各种实际困难。要在自身重视的基础上，主要领导要亲自汇报，积极争取当地党委和政府领导的理解、重视和支持，将社会组织纳入经济和社会发展总体规划。

（二）要整合力量

社会组织工作，涉及方方面面，是一项复杂的社会系统工程。各级民政部门一定要转变工作作风，在协调上多下工夫，整合各方面的力量和资源，形成促进社会组织发展和加强社会组织管理的整体合力。首先，要整合登记管理机关和业务主管单位的力量。尊重和发挥业务主管单位在社会组织建设与管理中的重要作用，密切配合，各司其职，共同做好工作。其次，要整合相关职能部门的力量。争取相关部门完善社会组织发展的扶持政策，并努力在经济、教育、科学、卫生、文化、体育、环境、人口等事业规划中突出社会组织的内容；积极探索建立多部门参加的长效协调机制，协调发改、财政、税务、外事、审计、监察、公安等部门以及其他行业部门，形成多层次、多方位的综合支持体系和综合管理体系。第三，要整合民政内部的力量。既要加强各级民政部门之间在分级管理前提下的协调配合，实现上下联动、相互支持，又要加强不同民政职能之间的协作，特别是在编制少、人员缺、经费紧的基层民政部门，更要实现人力、物力、财力的合理调配、有机整合。第四，要整合社会资源。制订政策法规以及做出重大决策时，充分听取社会意见，扩大社会参与，发挥专家学者以及社会组织中能人的作用，对一些重大问题组织联合攻关，在推进工作过程中充分整合好、利用好社会资源。

（三）要改革创新

实践永无止境，创新永无止境。只有坚持改革创新，才能不断地解决前进中遇到的新情况、新问题。一是要观念更新。认真分析新形势，主动顺应新形势，解放思想、转变观念，正确认识和接受新的事物、新的实践，多谋新思路、多想新办法、多出新举措，积极完善扶持社会组织发展的政策措施。二是要方式创新。从本地区经济社会发展状况和社会组织发展实际出发，实事求是，因地制宜，从单纯执行转到主动探索上来，将中央要求和本地实际有机结合起来，找到最有针对性、最富创造性的解决方案，并敢于实践。三是要机制创新。主动研究当前社会组织建设与管理中遇到的各种问题，把握规律，找到症结，积极推动管理体制、运行机制的创新，不断开创社会组织发展和管理工作的新局面。

（四）要强化自身

当前，登记管理力量薄弱，监管乏力，仍是制约社会组织建设与管理的一个突出问题。切实加强登记管理自身建设，是社会组织建设与管理新的历史征程必须重视的一项基础性工作。要着力解决登记管理机构问题。省级重点解决机构升格和编制少问题，社会组织较多、又有条件的地方都要争取升为副局级单位，地（市）、县（市）级重点解决无机构和无专职人员问题。各级民政部门特别是基层民政部门要充分利用当前的有利时机，主要领导亲自挂帅，向当地党委、政府特别是主要领导反映登记管理力量不足的问题，争取有关部门支持，有效解决登记管理机构设置、人员编制、专职干部、工作经费、执法装备等问题。要切实加强登记管理工作队伍建设。针对社会组织管理工作涉及面广，知识面宽，理论性、政策性强的特点，将其作为高素质人才的培育基地，选派政治强、素质高、作风正的同志充实岗位。要不断加强登记管理基础建设。千方百计地筹措资金，搞好服务窗口建设，完善软硬件设施，推进政务公开，提高服务水平。把信息化建设作为改进社会组织管理工作的重要手段，扩大电子政务的覆盖范围，积极探索建立全国统一的社会组织登记管理信息系统，提升办公自动化水平和信息处理能力。

同志们，站在新的历史起点，我们肩负的任务光荣而艰巨。盛会绘就新蓝图，风好正是扬帆时！让我们紧密团结在以胡锦涛同志为总书记的党中央周围，以邓小平理论和“三个代表”重要思想为指导，深入贯彻落实科学发展观，开拓进取，扎实工作，推动我国社会组织健康有序发展，促进社会组织在社会主义经济建设、政治建设、文化建设、社会建设中充分发挥积极作用，为夺取全面建设小康社会新胜利、加快构建和谐社会，作出新的更大贡献！

2007 年 11 月 21 日

姜力副部长在全国民间组织管理工作视频会上的讲话

在春节前夕召开全国民间组织管理工作视频会议，对2006年民间组织管理工作进行总结，对2007年工作进行部署，对全国民间组织登记管理工作先进单位和先进个人进行了表彰。首先，我代表民政部向受表彰的先进单位和先进个人表示热烈的祝贺！向辛勤工作在民间组织登记管理工作战线上的同志们表示亲切的问候！希望受表彰的单位和个人，再接再厉，再创新业绩，继续发挥先进示范作用。希望全国民间组织广大干部以他们为榜样，扎实工作，锐意进取，不断开创民间组织管理工作新局面。

关于2006年的工作，刚才民间组织管理局局长孙伟林同志进行了全面的总结。总的看，2006年是民间组织工作扎实工作，开拓创新，取得新的进展的一年。各级登记管理机关在推进法制、完善制度上有了新的成效，对加强分类指导、突出重点、培育发展方面进行了新探索，在规范管理、加强监管、完善自律方面推出了新举措。民间组织数量进一步增长，质量进一步提高，到去年底登记的数量已达到34.6万多个。

回顾近几年民间组织工作的实践，有不少经验值得认真总结。一是必须从服从、服务于党和国家发展大局出发，发挥民间组织的积极作用。这是做好民间组织管理工作的关键。只有以发挥民间组织在经济社会中的作用为根本出发点，把新时期民间组织工作放到我国经济体制、社会结构、利益格局、思想观念深刻变化的大背景下来思考，放到全面建设小康社会、加快推进社会主义现代化的历史进程中来筹划，从巩固党执政的社会基础、提高党的执政能力、落实科学发展观、构建和谐社会历史任务的高度认识民间组织的地位作用，才能使民间组织在服从大局、服务大局的过程中推进自身的发展、规范和完善，民间组织管理工作才能在经济社会发展的全局中找准位置、得到推动、获得动力。二是必须坚持分类指导，根据不同特点做好发展管理工作。民间组织类型与性质不一，功能与作用不同，规模和活动能力差异较大，发展规范不能采取“一刀切”的办法。必须坚持实事求是，根据不同类型不同特点民间组织的具体情况，因地制宜、因症施策，合理制定政策、拟定标准，该支持的切实支持好，该监管的切实监管住，增强政策的针对性和有效性，管理工作才能有效开展，民间组织才能焕发活力。三是必须把制度建设放在基础性位置，以制度提升民间组织建设水平。制度是规范，也是保障，具有根本性、全局性和稳定性，决定着工作的长效。只有深化对制度功能的认识，并根据社会形势的发展变化和民间组织的需求，不断创新完善制度，提高制度建设的质量，不断解决落实措施，并通过法规固定下来，切实发挥制度的约束和激励作用，使制度成为开展工作的依据和保证，才能从根本上促进民间组织规范化建设，保障民间组织有序发展。四是必须坚持培育发展与监督管理并重，培育发展落实，监督管理有效。发展是目的，监管是手段，二者内在辩证统一，不可偏废。只有坚持培育发展，在推动民间组织发展的过程中解决各种问题和矛盾，培育发展要以逐步丰富的措施和完善的法规政策作保障，管理工作才能不断增新内容；只有不断加强和改进监管，奖罚分明，惩防并举，标本兼治，民间组织发展才能健康有序。

当前民间组织发展正面临难得机遇，党的十六届六中全会通过的《关于构建社会主义和谐社会若干重大问题的决定》，确定了今后一个时期指导民间组织发展与管理工作的根本方针政策；全国人大通过的国家第十一个五年规划，对“十一五”时期民间组织工作发展的指导原则、发展规划和政策措施提出了明确的要求；不久前闭幕的第十二次全国民政会议对民间组织工作进行了动员、安排和部署。这些都为推进民间组织发展与管理工作奠定了良好的基础。同时，我国现代化建设和社会利益格局的变化愈加凸显民间组织的作用，无论是促进经济发展和改革开放，还是推进社会进步、构建和谐社会和促进人的全面发展，都对民间组织改革发展提出了现实而又迫切的要求。随着我国改革进入攻坚阶段，政府职能进一步转变，人民群众对公共服务的需求增大，以及社会管理体制改革的推动，民间组织在经济社会中将扮演更加重要的角色，发挥更大的作用。我们要积极顺应和适应经济社会发展的客观要求，审时度势，有所作为，把握主动性，发挥创造性，把工作做实做好。

今年，民间组织发展管理工作要重点做好以下工作。

一、加强学习研究，理清思路

党中央、国务院对民间组织及其管理的一系列重要决定和指示，党的十六届六中全会和国家十一五规划对民间组织的地位作用、指导思想、发展重点和监督管理的阐述，是民间组织发展管理工作的指导原则，各级民政部门和登记管理机关要认真学习、深刻领会其精神实质和丰富内含，把思想和认识统一到中央要求上来，增强做好民间组织管理工作的使命感和紧迫感。要深入到各级政府主管部门中，深入到民间组织和民间组织专职人员中，听取意见，了解情况，不断研究民政工作发展的新形势、新情况、新问题，进一步把握新的历史阶段民间组织工作的特征和发展规律，在此基础上理清本地民间组织发展和管理工作的思路、目标和任务，明确措施，使管理工作领会中央要求，体现时代性和规律性，为民间组织健康发展创造好的环境和条件。

二、坚持分类指导，促进有序发展

要适应公共服务需求的变化，突出重点，着力培育新型民间组织。一是按市场化原则改革和发展行业协会。按照“政企分开、政事分开”的原则推进行业协会改革与发展，赋予行业协会相应职能，消除不利于行业协会发展的体制性障碍，完善内部运行机制，优化结构布局，发挥行业协会在经济领域实行行业服务、指导协调和自律管理等作用，为经济社会发展服务。二是积极培育农村专业经济协会。坚持登记和备案相结合，制定和落实扶持政策，使农村专业经济协会有能力进行资金、技术、劳动力等生产要素的优化配置，发挥它们在提高农民的组织化程度、维护和协调农民利益、加快新农村建设、促进城乡和谐发展中的积极作用。三是鼓励社会力量在教育、科技、文化、卫生、体育、社会福利等领域兴办民办非企业单位。通过政府购买服务、税收减免等措施，广泛吸纳、利用民间资金、人才和技术，大力发展民办非企业单位，形成公办社会事业与民办社会事业共同发展的格局。四是积极鼓励社区民间组织发展。适当放宽对社区民间组织的准入条件，制定鼓励社区民间组织发展的公共政策，尤其是鼓励社区志愿者组成各种各样的公益组织，利用社区民间组织植根于民间的优势，整合社会资源，满足社区居民和驻区单位日益增长的物质文化需求和各类服务需求。五是加大公益慈善类民间组织扶持力度。激活公民及社会组织参与社会建设和管理的动力和责任感，鼓励和扶持企业、个人创办各类公益性、慈善性民间组织，充分发挥公益性民间组织在反映弱势群体利益诉求、帮助困难群体消除贫困、改善困境等方面的作用。部里将在今年召开全国民间组织经验交流会，对发展管理以及发挥作用情况进行总结和交流，希望各地进行新探索，提供新经验。

三、注重制度建设，完善法规政策体系

加快民间组织法制建设。要发挥中央和地方两个积极性，明确职责，

切实加强立法调研、起草和修订工作。有些立法要先制定全国性的法律法规，地方再出台法规和实施细则；有些立法可以先在有条件的地方进行实验取得经验后，出台地方性法规，进而推进全国性法律法规的制定。部里要商有关部门抓紧修订出台《社团登记管理条例》和《民办非企业单位登记管理条例》，充实实体性规定，增强可操作性，适应变化发展的形势。地方可对发展迅速、亟待规范的行业协会、商会、农村专业经济协会、社区民间组织等先制定地方法规和规范性文件，使之健康发展。

建立健全财政支持制度，落实税收减免政策。在调整优化公共财政支出结构、提高公共服务支出比重的同时，通过政府委托管理、奖励资助、购买服务等方式，建立对民间组织的资助机制；有条件的地方应设立政府向民间组织购买服务专项资金，分类制定民间组织财政补贴政策，或者建立民间组织发展基金，用于扶持公益性、服务性民间组织发展。完善民间组织税收优惠制度，不久前，在我们的共同努力下，财政部、国家税务总局下发了《关于公益救济性捐赠税前扣除政策及相关管理问题的通知》，对经民政部门批准登记的非营利的公益性社会团体和基金会，其公益救济性捐赠税前扣除政策及相关管理问题作出了明确规定，这是促进公益性社会团体和基金会发展的重大政策利好，对发展社会公益事业具有重要意义。各级民政部门要抓住有利时机，加强沟通、协调和配合，制定相应具体办法，把这个政策贯彻好、落实好。还要协调相关部门尽快健全民间组织的财务制度、票据管理、人事管理、社会保险、职业资格评定等政策。

四、做好监督管理工作，加强依法行政

改进和完善管理体制，建立民间组织综合监管体制，登记管理机关、业务主管部门及有关职能部门应密切配合，形成各司其责，齐抓共管的工作格局。各级登记管理机关要克服重登记、轻管理的倾向，确实把加强监督管理摆到重要地位，加强行政执法，通过公正、及时、有效执法，树立法律法规权威性，建立健全民间组织有进有退的常态机制，对民间组织的违法活动和非法组织，该处罚的要予以处罚，情节严重的典型案例可向社会曝光，对于触犯刑法的，要移送司法机关追究其刑事责任。完善行政执法配套制度建设，部里要重点研究制定《民间组织行政处罚实施办法》，使监督管理工作有法可依。

要把监督管理工作与日常登记管理、年度检查等工作有效结合起来，提高监督管理效率。今年要按照国务院的有关部署，认真清理和规范社会团体评比达标表彰活动，规范收费行为，出台相关规定，重点查处在举办

评比达标表彰活动中的乱收费、乱摊派、乱拉赞助以及弄虚作假、形式主义、敛财腐败等行为，进一步推进诚信体系建设。

推进民间组织评估工作，探索建立民间组织的综合评估体系，定期跟踪考评，建立评级奖惩机制，鼓励先进，鞭策后进，对诚信守法、自律严格、作用突出、社会公允的民间组织，给予评级和奖励。部里今年要抓紧对评估标准和评估办法的研究，各地要开展试点和探索。要加强信息披露工作，凡规定应当披露的信息，应要求民间组织真实、及时、完整地披露，以接受社会的监督，提高公信力。

五、改善法人治理，提高自律性和诚信度

指导民间组织按照章程要求，改善内部法人治理结构，发挥权力机构、执行机构和监督机构各自职能作用，建立科学民主的决策机制，选举产生社会团体、基金会主要负责人，合理设置负责人职数和理事人数，形成民主选举、民主管理、规范有序的运作机制。加强财务管理，依法遵章理财，接受会员、监事、捐赠人、资助人对财务状况的查询。民间组织要搞好服务，规范行为，深入开展“民间组织服务社会主义新农村建设”和“民间组织自律与诚信建设”活动。

加强领导班子建设，建设一支懂专业、高素质的职业管理队伍。优化人员年龄、专业结构，加强专业培训，提高其理论政策水平和业务能力，建立秘书长持证上岗制度，提高素质，逐步实现专职工作人员的职业化、专业化。各民间组织要按照国家法律法规规定，为专职工作人员办理养老、医疗、失业和工伤等社会保险。加强和改进民间组织党建工作，发挥党组织在民间组织中的应有作用，做好在民间组织中发展党员的工作。

六、加强登记管理机关自身建设，提高监管效能

要抓住时机，下大力气，争取加强登记管理力量，改变各级登记管理机关力量不足、监管不力的局面，省级以及涉外民间组织任务较重的地市要参照部里的做法建立专门的登记管理机构。各级民政部门要逐步建立起执法监管队伍，配备交通、监控等执法装备，健全监控预警体系，形成有效、有力的监督管理体制，提高处置突发事件的能力。提高登记管理机关公务员素质和服务监管能力。增强法制观念、依法行政和依法办事能力，增强全局观念和综合协调能力，增强服务意识，推进政务公开和信息化应用，提高行政监管水平。

同志们，2007 年是党和国家具有非常重要意义的一年。做好民间组织

工作，对于贯彻党的六中全会和第十二次全国民政会议精神，意义重大。我们一定要抓住机遇、积极有为，以更饱满的精神，更扎实的工作，迎接党的十七大胜利召开，在社会建设和管理中发挥职能作用，为构建和谐社会作出贡献。

2007年1月31日

认清形势，明确任务，开创社会组织建设与管理新局面

民政部副部长　姜力

同志们：

今天，我们在江苏省南京市召开全国社会组织建设与管理工作经验交流会，会议的任务是，以党的十七大精神为指针，认真总结近年来社会组织建设和管理工作，交流经验，分析形势，明确思路，部署任务，进一步统一思想，加强领导，推动社会组织持续健康发展，为构建和谐社会、发展中国特色社会主义做出新的贡献。会议内容很丰富，江苏等17个单位将作典型发言，书面印发了部分单位的经验材料，民政部部长李学举还要作重要讲话，就学习贯彻十七大精神，进一步做好社会组织工作提出要求，我们要认真领会，全面把握，切实落实。下面，我先讲三个问题：

一、完善政策，加强指导，社会组织建设与管理工作取得新的进展

十六大以来，在党中央、国务院正确领导下，在各级党委政府重视和支持下，各级民政部门、各业务主管单位和各类社会组织，以邓小平理论和“三个代表”重要思想为指导，深入贯彻落实科学发展观，坚持与时俱进，积极改革创新，加强分类指导，注重整体推进，社会组织各项工作都取得了新的进展。

（一）政策法规逐步健全，社会组织发展环境得到很大改善

党中央、国务院十分重视社会组织建设与管理工作。党的十六届三

中、四中、五中、六中全会和十七大，都对社会组织发展、建设与管理提出明确要求。胡锦涛、温家宝、周永康、罗干、回良玉、唐家璇、华建敏等中央领导同志多次对社会组织工作做出重要批示，社会组织建设与管理的方向进一步明确。

社会组织政策体系进一步完善。今年3月，全国人大通过的《企业所得税法》，对公益性捐赠税前扣除比例，由年度应纳税所得额的3%调整为年度利润总额的12%，并规定符合条件的非营利组织的收入为免税收入。财政部、国家税务总局专门出台了公益救济性捐赠税前扣除政策。这些法律政策的贯彻实施，为社会组织提供了有利的税收支持，对公益性社会组织快速发展将产生积极影响。2006年4月，国务院出台的《关于加强和改进社区服务工作的意见》，提出要大力培育社区生活服务类、慈善类、文体类社会组织，充分发挥其在整合社区资源，健全服务网络，创新服务方式，拓宽服务领域，强化服务功能的作用，为社区社会组织发展明确了新的要求。今年5月，国务院办公厅下发了《关于加快推进行业协会商会改革和发展的若干意见》，肯定了行业协会商会在经济建设和社会发展中的地位作用，明确了指导思想和基本原则，提出了具体措施，对加快推进行业协会商会改革和发展具有十分重要的意义。财政部颁布和实施《民间非营利组织会计制度》，民政部、财政部调整社会团体会费政策，劳动保障部、民政部明确民间非营利组织工作人员工伤保险政策，民政部、中国科协出台科技类团体创新发展试点政策等，为社会组织健康发展提供了有力保障。

法制建设迈出新步伐。继2004年国务院颁布《基金会管理条例》之后，国务院又将《社会团体登记管理条例》修订工作纳入计划，经过多次讨论和征求意见，目前已基本成熟。《民办非企业单位登记管理条例》的修订也纳入国务院立法计划。民政部《基金会年度检查办法》、《基金会信息公布办法》、《民办非企业单位年度检查办法》等一批新规章的颁布，为不断推进社会组织建设与管理工作提供了法制手段。

各地、各业务主管单位加强了对社会组织的领导。按照中央部署和国家“十一五”规划要求，将社会组织发展纳入了经济和社会发展规划，摆上议事日程。各业务主管单位加强领导，制定政策，转移职能，进一步理顺管理体制，解决发展中遇到的困难和问题。许多地方成立了党委政府领导牵头、相关部门参与的领导小组或协调机构。涉外社会组织协调机制或联席会议制度普遍建立。大多数省、自治区、直辖市结合本地实际，分别出台了行业协会、民办非企业单位、农村专业经济协会、社区社会组织等方面的地方性法规、政府规章或规范性文件。江苏省委省政府从“全面达小康、建设新江苏”出发，多次专题研究社会组织建设管理工作，先后出台多个文件，引导全省社会组织健康发展。江苏省民政厅以做优做强为目标，深化培育发展，强化管理服务，切实加大行政推力，促进全省社会组织与经济社会发展良性互动。

（二）结构不断优化，质量稳步提高，社会组织进一步发展

社会组织保持较快发展态势。登记数量从2002年底的24.4万个，增加到2006年底的35.4万个，其中社会团体19.2万个，民办非企业单位16.1万个，基金会1144个。全国各类社会组织去年总收入达到636亿元，支出450亿元，提供就业岗位425万个，社会组织发展体系初步形成。

重点领域社会组织快速发展。全国目前有行业协会5.9万个，基本涵盖了国民经济各个门类，在规划行业发展、反映行业诉求、提供行业服务、促进行业自律方面发挥着越来越重要的作用。民办非企业单位从2002年底复查结束时的11.1万个增长到去年底的16.1万个，扩大了教育培训、卫生医疗、劳动就业、社会福利、文化体育等公共服务，促进了社会事业的发展。基金会稳步增长，特别是非公募基金会从无到有，已设立349个。各类基金会年筹集资金近200亿元，仅江苏募集的慈善基金总量就突破60亿元，有力地支持了公益慈善事业的发展。活跃在教育科技文化等领域的近4万个学术团体，聚集了我国上百万专家学者，广泛开展学术交流和理论研究，促进了科技创新和文化繁荣。基层服务性、群众性社会组织快速发展，经民政部门登记或备案的农村专业经济协会有4万多个，城市社区社会组织有10多万个，适应了建设新农村和城市工作重心下移、基层服务不断增长的新要求。

社会组织综合实力不断增强。更多的社会组织逐步实现与政府机关、企事业单位分开，建立了以章程为核心的组织制度，领导班子建设有了加强，人员年龄知识结构得到优化，财务资产管理逐渐规范，诚信自律意识稳步提高。一些社会组织还通过了方圆标志和国际认证联盟ISO9000、ISO9001质量管理体系认证，服务社会功能日益提升，初步形成了自我发展、自我管理、自我约束的运行机制。2006年，民政部组织开展的“民间组织服务社会主义新农村建设”活动，得到了广大社会组织的积极响应，仅147个倡议组织的195个服务项目，投入资金总额就超过55亿元，展现出了社会组织参加经济社会建设的巨大潜力。此外，一批社会组织已经走出国门，积极参加国际交流与合作，参与全球重大决策和国际事务，解决贸易纠纷，开展民间外交，促进祖国统一，发挥着政府、企业不可替代的

作用，进一步提升了社会组织的影响力。

（三）解放思想，开拓创新，社会组织管理体制改革迈出可喜步伐

行业协会改革发展取得新突破。根据中央关于按照市场化原则发展行业协会的精神，国务院对行业协会管理体制提出了改革试点的要求，各地积极进行了探索。广东省委省政府出台了《关于发挥行业协会商会作用的决定》，省人大常委会颁布了《广东省行业协会条例》，按照“自愿发起、自选会长、自筹经费、自聘人员、自主会务”和“无行政级别、无行政事业编制、无行政业务主管部门”的原则对行业协会进行改革。全省行业协会业务主管单位统一改为业务指导单位，1543 名兼职的国家机关工作人员 95％已从行业协会退出，90％的行业协会按照“五自”“三无”要求完成整改任务，200 多家过去因找不到业务主管单位而无法登记的行业协会得以成立。全国供销总社对所属的农产品行业协会从充实领导班子、改进用人机制、出台扶持政策入手，激发了协会创造活力。重庆、黑龙江、大连、宁波等省市也在培育扶持、明确职能、政会分开、改进监管方式等多方面采取措施，积极实践，取得明显成效。

新型政社关系实践取得新进展。近些年来，一些地方积极协同有关部门，因势利导，大力推进政府购买服务，通过政府承担、定向委托、合同管理、评估兑现的运作机制，将一大批事务性、服务性工作交由社会组织承担，政府购买服务已初具规模。上海市在推进行政管理体制综合改革实验中，探索建立机制、搭建平台，通过设立专项业务基金、投入预算外基金、列入财政预算等方式筹措资金，以费随事转、项目发包、公开招标等方式购买社会组织服务，有的区县政府和市级部门每年用于购买社会组织的服务资金已达数亿元。河北省出台新政策，向主导产业行业协会和重点行业协会，长期购买固定性服务，按照成本支付相关费用，所需资金纳入财政预算管理。中国科协建立对学会的项目资助制度，2007 年项目经费达到 5000 万元，提高了学会承接政府转移职能、参与管理社会事务的能力。北京、天津、浙江等地也在社会建设和社会服务领域加大了政府购买服务的力度，为社会组织开辟了重要的资金来源渠道。这些为社会组织参与社会管理提供了有效途径，推动了互动合作新型政社关系的建立。

转制民办非企业单位登记管理工作有了新探索。为了配合事业单位分类改革，一些地方采取得力措施，积极做好转制民办非企业单位登记管理工作。湖北省从推进乡镇综合配套改革入手，改“以钱养人”的旧机制为“以钱养事”的新机制，对乡镇事业单位进行了分类改革。省民政厅把握时机，积极应对，通过调查研究、制订政策、加强培训，顺利完成 5590 个

乡镇事业单位由国有事业单位转制为民办非企业单位的登记工作，初步形成了民办公助的基层公共服务新主体，创新了农村公益服务新机制，拓展了社会组织工作新领域。

城乡基层社会组织培育发展推出新举措。顺应城乡社区建设深入开展的新形势，各地通过降低门槛、简化手续，登记或备案方式，明确法律地位，积极培育扶持社区社会组织。湖南省政府出台了全国第一个农村专业经济协会促进办法，从制度层面对农村专业经济协会予以扶持和规范。山东省从2002年起每年从财政拨出1000万元专款扶持发展农村专业经济协会。辽宁省民政厅与财政厅建立福彩扶贫专项资金，积极引导农村专业经济协会扶贫帮困。深圳从彩票公益金划出2000万元资助社区社会组织。江苏省南京市、山东省济南市实行“五个放宽”、“三个简化”、“六个允许”，落实多项扶持资助政策，创造了“两级管理、两级备案”和“一级登记，三级管理”的管理体制，两市社区社会组织分别发展到7156个和2239个。广西、湖南积极开展农村社区社会组织培育发展新探索，已取得初步成效。福建、贵州、内蒙古、河南、江西等地也大胆实践，出台了一系列改革政策措施，促进了基层社会组织的稳步发展。

（四）积极引导，强化监督，社会组织依法管理有新提高

清理规范社会团体评比达标表彰活动取得进展。针对社会反映强烈的部分社团行为不规范，过多过滥组织评比达标表彰活动等问题，各级民政部门认真落实国务院有关要求，会同有关部门，深入开展了清理和规范评比达标表彰活动。通过登记管理、年度检查、信息公布、社会评估和执法监察等手段，清理规范活动取得良好成效，社团行为不规范现象明显好转。

自律诚信建设活动效果明显。贯彻中央关于引导各类社会组织加强自身建设，提高自律性和诚信度的精神，民政部自2005年始，组织开展了民办非企业单位自律与诚信建设活动。各级登记管理机关广泛宣传，积极推进。新疆召开动员大会，党政四大班子的有关领导亲自到会。浙江省组织开展“133工程”建设，采取多种形式开展自律诚信活动，并探索建立民办非企业单位自律与诚信长效机制。江西等地有针对性地引导和规范民办教育机构，加强扶持和管理，促进了民办教育事业的发展。吉林、山西、青海、厦门、新疆生产建设兵团等地制订具体的诚信方案和自律举措，将活动落到实处。据统计，在全国民办非企业单位中，已健全理事会会议、财务管理、劳动用工等规章制度的占88%，建立信息披露制度的70%，建立承诺服务制度的占82%，公益活动服务面4900万余人次，直接效益达

17.2亿元。活动的广泛开展，还增强了社会组织诚信自律意识，扩大了社会公信力。

社会组织评估体系建设进展顺利。为加强社会组织能力建设，改进和完善管理方式，部里于2005年开始立项研究社会组织评估体系。经过两年的深入调查、理论研究和试点实践，形成了分类组织评估标准体系，出台了《关于推进全国民间组织评估工作的指导意见》，颁布了《全国性民间组织评估实施办法》。按照政府指导、社会参与、独立运作的原则，部里以及湖北、山东、广东、浙江、安徽等地结合自身实际，开展了社会组织评估工作，取得积极效果。评估机制的引入，有助于完善社会组织自律机制和外部监督机制，将对推动社会组织自身建设，促进管理工作科学化和规范化产生重要影响。

依法监管工作得到加强和改进。为提高社会组织统计工作的科学性，促进分类指导工作，经过认真研究并经国家统计局同意，民政部出台了社会组织新的分类标准，将我国社会组织分为经济、科学研究、社会事业、慈善、综合等5大类，工商服务业、农业及农村发展、科学研究、教育、卫生、文化、体育、生态环境、社会服务、法律、宗教、职业及从业者组织、国际及涉外组织和其他等14个小类，实现了与国民经济行业分类标准以及联合国推荐的非营利组织分类标准的衔接。以基金会为重点的信息公开制度全面建立，各地按照部里统一部署，将基金会年度工作报告、募捐活动、公益资助项目等信息在社会公开披露，保护了捐赠人和相关当事人的合法权益，提高了基金会运作的透明度，实现了行政监督与社会监督有机结合。执法监察工作继续深入，部里新设了执法监察机构，各地强化了监察力量，认真查处了一批社会组织违法违规案件。北京市建立了覆盖全市的查非信息渠道和举报网络。上海市建立了市—区（县）—街道（乡镇）—居（村）委社会组织四级预警机制。青岛提出“积极执法”、“规范执法”、“和谐执法”，推行行政告诫与行政约谈制度。江苏强化监管措施，去年单省厅就对160多个省级社会组织发出限期整改通知书或予以注销、撤销，进一步树立了法律法规的权威性，规范了社会组织行为，维护了社会安定团结。

（五）强化服务，改进作风，登记管理机关自身建设迈上新台阶

管理力量有所改善。民政部在解决登记管理机关的机构、编制和经费上取得较大进展。按照中央批示，中编办为部民间组织管理局新增30个公务员编制和4个司局级领导职数，加挂“国家民间组织管理局”和“民间组织执法监察局”的牌子，有关部门增加了工作经费，配备了执法设备。

各地积极向党委政府汇报，争取重视和支持，管理力量和工作经费都有所加强。广东、重庆、深圳等地的机构编制取得较大突破，还有一些地方正积极争取，机构人员有望得到一定程度加强。海南、四川、宁夏、陕西、西藏等地广泛开展业务培训，改进工作，努力打造一支思想作风正、业务知识精、职业操守高的干部队伍。

窗口建设着力加强。部里设立了社会组织登记服务大厅，登记服务工作实现了窗口办公。湖北省推行“限时审批”、“首问负责制”。厦门市努力做好一条龙服务，打造服务型“文明窗口单位”。北京、上海、广东等地启用社会组织网上申报平台。窗口建设的不断加强，改进了登记管理机关服务水平，提高了工作效率，促进了政风行风建设，树立了服务型政府形象。

理论宣传工作扎实推进。部里完成的《健全组织体系，增强服务功能，发挥社会组织在经济社会发展中积极作用》的重点课题研究报告，为中央制定社会建设的方针提供了参考。云南省民政厅的《涉外民间组织调研报告》引起了中央领导的重视。各级登记管理机关围绕社会组织重大理论与实践问题，深入调研，加强与科研院所合作，形成了一批有创新、有分量的调研和理论成果，指导了工作实践。与此同时，各地加强与新闻媒体的沟通和联系，抓住重点，突出亮点，宣传工作力度进一步加大。经新闻出版总署批准，民政部主管的《社团管理研究》获准公开发行，与《中国社会报·民间组织周刊》、中国民间组织网构成一报、一刊、一网的宣传主阵地。云南省厅与省电视台、云南日报联合开辟专栏报道社会组织开展的活动，并把今年11月定为社会组织宣传月。深圳市与深圳商报联合创办《民间组织视窗》栏目。绝大多数省市建立了社会组织网站。理论研究和宣传工作的加强，为社会组织发展提供了智力支持和良好的舆论氛围。

二、认清形势，明确任务，进一步增强做好社会组织工作的责任感

党的十七大，描绘了在新的时代条件下继续全面建设小康社会、加快推进社会主义现代化的宏伟蓝图，为我们坚定不移走中国特色社会主义道路，在新的历史起点上继续前进指明了方向。社会组织工作面临着新的形势，处于改革、建设与发展的关键时期。

一是人民群众有了新期待。随着我国人民生活水平提高，家庭财产普遍增加，人们公民意识、民主意识、法律意识日益增强，利益诉求日益多

样化和多层次，不仅关心经济生活，而且关心政治生活、精神生活和社会生活；不仅关注收入、就业、教育、医疗等切身利益、现实利益，而且关注生态保护、社会公益、公平正义等群体利益、长远利益；不仅要求提高社会管理水平、扩大公共服务供给，而且开始要求在各个层次、各个领域直接参与公共事务和公益事业。发展社会组织，发挥其积极作用，是人民群众实现小康生活、追求经济、政治、文化和社会更大利益的新期待。

二是科学发展提出了新要求。实现经济又好又快发展，客观需要规范发展行业协会，发挥其提供服务、反映诉求、规范行为的功能，促进市场经济的完善；发展社会主义民主政治，内在要求发挥社会组织扩大群众参与、反映群众诉求方面的积极作用，增强社会自治功能；推动中华文化大发展大繁荣，必须重视社会组织在传承传统文化、建设和谐文化、弘扬先进文化中的生力军作用；加快推进以改善民生为重点的社会建设，需要更大程度地依托社会组织，广泛动员社会力量，整合社会资源，扩大公共服务。这些都将使社会组织获得更重要的地位和更广阔的发展空间，也对社会组织建设与管理提出了更高更新的要求。

三是国力增强提供了新动力。随着工业化、信息化、城镇化、市场化、国际化深入发展，我国综合国力再上新台阶。国民经济发展进入新一轮上升期，国内生产总值增长连续5年超过10%，2006年经济总量达到21万亿元，跃升至世界第四位，全国财政收入已接近4万亿元。国家综合实力显著增强，为社会组织发展提供了坚实的物质保障。

四是社会和谐提出了新课题。随着市场经济的发展和改革的深入，在我国单一的社会结构向复杂的社会结构转型的过程中，出现了社会差别拉大，就业压力增大，社会保障体系建设滞后等问题，大量新型的人民内部矛盾不断出现，社会建设和管理面临复杂局面。社会组织如何在社会管理中发挥更大的协同功能，增加和谐因素，减少不和谐因素，维护安定团结，是社会转型背景下构建和谐社会提出的新课题。

五是扩大开放提出了新任务。2006年，我国成为世界第三大贸易国，世界第一大外汇储备国，国际地位日益提高，已经从国际经济、政治秩序被动适应者逐步转变为世界重大事务的主要参与者。顺应社会组织在国际交流和国际事务中扮演重要角色的国际潮流，需要我国社会组织在国际舞台上展现形象，承担更重要的任务

面对新的形势和要求，社会组织建设与管理工作还存在不少困难和问题，突出的是：一是对社会组织的认识与形势发展的要求不相适应。一些地方和部门对社会组织的发展规律认识不足，对社会组织在经济社会发展

中的地位与作用重视不够，还没有把社会组织真正纳入经济社会发展总体布局。二是社会组织的发展状况与现代化建设的需要不相适应。社会组织的数量、质量、功能、作用，总体上还不能满足人民群众日益增加的物质文化需求，与我国四位一体的建设要求还有相当差距。三是法制建设与依法治国、依法行政的要求不相适应。社会组织法规体系尚不健全，立法层次较低，社会组织的法律地位不高，政策环境还不完备。四是体制机制与社会组织发展的需要不相适应。大量社会组织难以纳入依法登记、依法管理的轨道，相当部分社会组织行政色彩严重，政社不分，参与社会建设和管理的能力不足。五是登记管理力量与日益繁重的工作任务不相适应。全国各级登记管理机关，尤其在市县一级，人员普遍不足，工作经费和设备严重缺乏，重登记、轻管理，无力监管或监管不到位的局面还没有得到根本扭转。我们必须高度重视这些问题，在发展中不断加以解决。

当前社会组织建设与管理的总体要求是：高举中国特色社会主义伟大旗帜，以邓小平理论和“三个代表”重要思想为指导，深入贯彻落实科学发展观，坚持培育发展与管理监督并重，健全组织，完善政策，分类指导，提升能力，着力推进体制机制创新，充分发挥社会组织在推进现代化建设、构建和谐社会中的重要作用。

新时期社会组织建设与管理的主要任务是：

——形成发展有序、门类齐全、层次不同、覆盖广泛的社会组织格局，实现社会组织与经济社会协调发展。争取到2010年，社会组织经济活动规模1000亿元，提供就业岗位600多万个。

——建立现代社会组织制度。以法人地位明确、治理结构完善、筹资渠道稳定、制约机制健全、管理运行科学为主要内容，建设功能到位、作用明显、充满生机活力的现代社会组织制度。

——社会组织法规政策体系和管理机制进一步健全。法制建设继续推进，财政、税收、社会保障等相关政策进一步完善，政府监管、社会监督和社会组织自律相结合的管理机制进一步完备。

当前社会组织建设与管理的基本原则是：

（一）必须进一步解放思想，与时俱进。要研究社会组织发展的新形势、新情况、新问题，充分认识全面建设小康社会，开创中国特色社会主义事业新局面的历史阶段中，社会组织的发展规律，加大改革力度，创新发展模式，健全管理体制，完善运行机制。这是社会组织建设和管理工作的客观要求。

（二）必须适应现代化建设的需要，服务大局。要服从和服务于党和国家全面建设小康社会、加快推进社会主义现代化的历史任务，不断增强服务功能，加强自身建设，发挥服务群众、服务社会，推动政治、经济、社会、文化发展的积极作用。这是社会组织建设与管理工作的根本目的。

（三）必须尊重人民群众的首创精神，大胆实践。要深入总结源于人民群众和基层的新事物、新做法、新经验，注重体制机制创新。这是社会组织建设与管理工作的不竭动力。

（四）必须坚持统筹兼顾，分类指导。根据各类社会组织的功能和特点，有针对性地制定政策，既统筹兼顾，全面协调，又突出重点，分类推进，形成科学、合理、优化的发展体系。这是社会组织建设与管理工作的重要手段。

（五）必须坚持依法行政，规范管理。要依据中央精神和实践发展，及时修订法规，制定政策，严格依法行政，依法查处，把社会组织工作全面纳入法制化、规范化轨道。这是社会组织建设与管理工作的基本保障。

三、振奋精神，扎实工作，开创社会组织建设与管理新局面

根据当前社会组织工作的总体要求、主要目标和基本原则，今后一个时期，各级民政部门要在党委政府的领导下，集中力量，大力推进各项重点工作，切实抓好规范管理，使社会组织建设管理工作再上新水平。

（一）推进重点业务工作

1. 加快推进行业协会改革与发展步伐

《国务院办公厅关于加快推进行业协会商会改革和发展的若干意见》，是当前和今后一个时期行业协会改革发展的纲领性文件。各级民政部门要结合自身职能，把贯彻意见作为一项重要工作抓紧抓实。

一要优化行业协会的布局和结构。根据经济和社会发展的需要，会同有关部门，积极推进行业协会的重组与改造，建立优胜劣汰机制。重点培育和发展按市场化原则规范运作，在行业中具有广泛代表性，与国际接轨的行业协会，对不符合产业升级和行业日趋萎缩的协会要归并重组，对长期不开展活动，或者违法违纪的协会，要依法查处乃至注销和撤销。

二要切实推进政会分开。引导和规范行业协会从职能、机构、人员、财务等方面与政府部门、企业事业单位彻底分开，促进行业协会依法独立运作。指导行业协会建立和完善以章程为核心的管理制度，推行民主管理、民主决策、民主监督，严格按照民主程序和无记名投票方式选举产生理事会成员，鼓励选举企业家担任会长，可通过选举、聘任等方式产生秘书长。

三要抓好改革试点。与有关部门配合，选择若干城市和全国性的行业协会，开展行业协会管理体制改革试点，简化和规范管理内容和方式，逐步建立健全科学、规范、有效的监管体制。条件成熟时，可以调整和改革行业协会间的代管关系，可以将地方性的行业协会依法重组或改造为区域性的行业协会，全国性的行业协会可将总部设在产业集中、便于开展服务的地区和城市。有条件的地方，省级登记管理机关结合实际，统筹安排，可以探索市县登记管理异地商会试点工作。

2. 加大公益慈善类社会组织扶持力度

解决人民最关心、最直接、最现实的利益问题，使经济发展成果更多体现到改善民生上，需要进一步培育发展公益慈善组织。

一是切实解决登记管理障碍。要以群众需求为导向，结合实际，制定发展公益慈善类组织的规划，探索开通登记绿色通道。对于涉及民政业务的非公募基金会，民政部门可以承担业务主管单位的职能。

二是着力落实税收优惠政策。要抓住有利时机，加强沟通、协调，配合财政、税务部门制定《企业所得税法实施条例》及其操作性办法，把这项政策贯彻好、落实好。

三是积极探索培育扶持措施。支持和引导公益慈善组织在社区建设、安老扶弱、助残养孤、扶危济困、救助赈灾等领域实施项目，提供服务。民政部门要转变职能，支持和帮助社会组织进入社会救助、社会福利、社会慈善和社会事务管理领域，提高民政工作社会化水平，发挥社会组织服务、管理功能。

3. 推进民办非企业单位快速发展

鼓励社会力量兴办民办非企业单位，是十六届六中全会提出的要求，也是当前完善公共服务体系，建设服务型政府的重要环节。

一是重点发展人民群众急切需要的民办非企业单位。要会同有关部门，深入调研，着眼于人民群众反映强烈的“教育难、医疗难、文化活动难、娱乐健身难”等问题，重点做好教育科技、文化体育、医疗卫生、福利事业、生态环保、服务社区和服务“三农”的民办非企业单位的规划、发展和培育，逐步建立起布局合理、层次不同、自律规范的民办非企业单位体系，形成民办社会事业和公办社会事业相互促进、共同发展的格局。

二是加强政策保障。各地要会同有关部门在财税、信贷、土地供应、收费标准和项目、职工社会保险等方面加大对民办非企业单位的支持力度。要维护民办非企业单位和职工的合法权益，任何单位和个人不得侵犯民办非企业单位的合法财产，不得非法改变财产的权属关系。

三是深入开展自律与诚信建设。以信息公开和承诺服务为抓手，引导民办非企业单位规范行为，增强社会责任和社会公益意识，提高服务质量，增强社会公信度，逐步建立自律和诚信长效机制。

四是做好转制民办非企业单位的登记服务工作。适应我国事业单位分类改革的要求，对于转制为民办非企业单位的事业单位，要按照党委、政府的要求，针对转制单位特点，积极制定实施方案，有计划、有步骤做好登记管理。

4. 积极发展城乡基层社会组织

培育发展城乡基层社会组织是加强社会建设、构建和谐社区的重要内容，也是社会组织建设与管理新的生长点。当前，无论是农村专业经济协会，还是社区社会组织，都存在起点低，底子薄，培育政策不健全，内在机制不完善等问题。各地民政部门要高度重视。

一是继续培育发展农村专业经济协会。按照《农民专业合作社法》，农村专业经济协会是与农民专业合作社性质、功能、作用不同但又互补的一类农民专业合作组织，要妥善处理两者之间的关系，尊重农民的选择。引导农村专业经济协会广泛吸纳农民、经纪人、企业、农业服务单位、农民专业合作社为会员，增强代表性，扩大影响力。通过交流培训、典型示范，提高农村专业经济协会服务能力和管理水平。各地要加强调研，总结经验，创新发展手段，加大政策扶持力度，有条件的地方，可探索建立政府资金支持机制，推动地方立法，解决农村专业经济协会发展中的瓶颈问题。

二是大力推动社区社会组织建设。正确认识社区社会组织的内涵、地位及功能，把握其产生、发展与活动规律。适当降低登记门槛，简化程序，业务主管单位可由街道办事处担任，对不具备法人条件的组织，可以实行备案制。结合社区建设，大力培育社区生活服务类社会组织，支持和鼓励社区居民成立形式多样的慈善组织、群众性文体组织、科普组织和为老年人、残疾人、困难群众提供生活服务的组织。鼓励地方帮助落实社区社会组织开展公共服务的资金、场所和人员，对社区社会组织开展的互助性服务、志愿服务和非营利性服务给予政策和资金扶持。要大胆探索农村社区社会组织发展、管理的有效方式，充分发挥社区社会组织在拓展社区服务，推进社区自治，共建和谐社区中的积极作用。明年适当时候，部里将召开全国社区社会组织经验交流会议。

（二）抓好组织建设

建立现代社会组织制度，是加强社会管理、构建和谐社会的客观要求，是社会组织改革发展的必然选择。要从我国国情出发，大胆创新和积极实践，探索建立充满生机活力的现代社会组织制度。

1. 强化责任意识，明确组织使命

社会组织的责任就是追求社会公平、社会和谐和社会进步，就是在国家建设发展大局中，协助政府、帮助群众发现、认识和解决不断涌现的社会问题。这是社会组织区别于其他组织，能够长期存在和持续发展的根本。对每个社会组织而言，强化责任意识，就是要明确组织的宗旨，使之成为所有成员的共同意愿和行为准则，成为所有行动的出发点和落脚点。强化责任意识，就是要明确组织的任务，界定组织要干什么和为什么人服务，划定为实现宗旨要采取的业务范围。强化责任意识，就是要明确组织的使命，要根据环境的变化，确定组织长期、中期、短期目标，并把目标转化为具体的操作和考核标准，在行动中加以落实。

2. 完善运作机制，提高组织效率

要健全权责明确、协调运转、有效制衡的法人治理结构，明确会员大会、理事会、监事会和管理层的职责，推行理事长兼法定代表人制度，适度控制理事会规模，强化章程的核心地位，健全议事、选举、机构、财务、人事等各项制度。要改变把社会组织作为行政机关附属机构的观念，尊重社会组织独立自主的法人地位，不能随意调拨、合并社会组织的资产，不能随意任命、撤换社会组织负责人。要加快推进社会组织在机构、人事、资产、财务等方面与政府脱钩，逐步消除国家机关现职工作人员在社会组织中兼职的现象，减少社会组织行政化色彩。

3. 增强自身实力，努力做优做强

在内部管理、成本控制、资金运作和项目实施等工作中，社会组织要借鉴、吸收国际社会组织管理和运作经验，提高获取社会资源的能力，通过主动承接政府委托的职能和项目，争取财政资金的支持，通过积极深入开展社会服务，获取服务收入，通过募集社会资金，获取社会捐赠，通过提高对会员的吸引力，获取会费收入。要提高财务管理能力，严格遵守国家有关财政、财务的法规政策，建立和完善财务机构和财务决策、执行、监督机制，建立有效的财务风险管理系统，保证财务活动规范、高效，实现资金效益最大化的目标。

4. 加强队伍建设，强化人才保障

要加强领导班子建设，提高理事会的领导能力和决策水平，推行管理层职业化和专业化。要加强人才队伍建设，规范用人制度，完善社会保障，健全激励机制，强化人员培训，充分调动积极性和主动性，建立一支爱岗敬业的专职工作人员队伍。要善于吸引和团结广大志愿工作者，形成一支乐于奉献的志愿者队伍。要加强党组织建设，贯彻党的路线方针政策，发挥党组织的战斗堡垒作用和党员先锋模范作用。

（三）切实加强规范管理

1. 健全信息公开制度

公开透明，是公众对社会组织尤其是公益慈善组织的基本要求，也是社会组织必须履行的义务。目前，信息公开的制度已基本建立，关键要抓好落实。一是要有重点有步骤地推行信息公开。继续抓好基金会信息公开制度的落实，督促基金会严格按规定向社会公开公益活动和募集资金的详细使用计划，公益资助项目的申请、评审程序，以及年度工作报告和财务审计报告，自觉接受社会的监督。积极探索公益慈善类社团、民办非企业单位等其他组织信息公开的机制和方式。二是要建立有效、广泛的信息公开渠道。充分利用“一报、一刊、一网”做好做实信息公开，形成信息公开的主阵地。三是要重视社会监督。信息公开后，对社会公众反映的问题、新闻媒体关注的热点，要及时跟进，该处理的要予以处理，该回应的要予以回应，该解释的要予以解释，把社会舆论当成监督管理的一大助力。

2. 加快推进评估工作

社会组织评估是一件开拓性工作，做好这项工作有利于提高社会组织的诚信度和社会公信力，有利于优化政府部门的监督管理。各级民政部门要高度重视，周密部署，扎实推进。一是要按照部里的指导意见，结合实际，尽快出台当地实施方案，成立评估机构，细化评估指标，培训评估人员，形成操作规范、运转协调的评估工作机制。二是要掌握好评估的标准与尺度。评估的组织实施虽然总体上是分级负责，但评估的内容、标志、程序、等级要做到全国统一，各地 4A 级以上的社会组织要控制在一定比例，并及时报部备案。三是要先易后难，逐步推进。可先在基金会中推行评估，再逐步推广到行业协会、其他社会团体和民办非企业单位。四是要广泛宣传和充分利用评估结果，与其他管理措施相结合，发挥评估的导向、激励和约束作用。

3. 加强年度检查工作

年度检查是社会组织监督管理的基础环节，是依法加强和改进社会组织发展与管理的重要内容。做好年度检查工作，是法规赋予登记管理机关和业务主管单位的共同职责。一是要强化年检工作的严肃性，解决信息报送中的虚假失真问题，提高参检率，防止走过场和形式主义，改变过去“重准入、轻监管”的现象，将工作的重点放在管理工作上来。二是要加强年检规范化和制度化建设。进一步完善年检的相关政策，明确审查标准，大力推进网上年检，改进年检方式，提高年检效率。三是年检工作要与日常监督、绩效评估、信用建设、执法查处结合起来，形成管理合力。同时加强年检信息的开发和利用。

4. 加强行政执法工作

行政执法是保持社会组织健康发展、打击违法违规行为、维护安定团结的重要手段。各级登记管理机关要认识到加强执法工作的重要性，予以重点推进：一是要加强制度建设。健全执法查处的主体、程序、监督、处罚等有关规定和法律文书，防止因程序不完善、执法不规范而导致工作被动。二是要加强执法力量。各级都要配备执法人员，增加执法设备和执法经费，健全监控预警体系。三是要加大执法力度。结合国家工作重点和人民群众关心的问题，对违法违规行为加大查处力度，做到违法必究，执法必严。对证据确凿、影响恶劣的要敢于碰硬，严格执法。对少数典型案件，要在媒体曝光，形成威慑力。

（四）着力夯实工作基础

1. 加快社会组织法制建设

完善法制建设，提升社会组织法律地位仍然是当前的一项重要任务。部里要集中力量做好《社会团体登记管理条例》和《民办非企业单位登记管理暂行条例》的修订、出台工作。同时，积极推进行业协会条例等单项立法工作。各地要加快建立地方规章制度，及时出台相关实施办法或细则，有条件的地方，对农村专业经济协会、社区社会组织予以规范，营造良好的法制环境。

2. 加强窗口服务建设

建设服务型政府，完善公共服务，对登记管理工作提出了更高的要求。各地要把窗口建设作为推行依法行政、改进行政许可、实行政务公开的重要内容和有效途径，列入议事日程。要搞好软硬件建设，配备工作人员，完善服务设施，健全工作制度，衔接好窗口内外的工作，规范服务流程。今后一个时期，部里将定期汇总、检查、通报各地窗口建设的情况。

3. 加大理论宣传力度

推进新时期社会组织建设与管理工作，迫切需要我们把政策理论研究摆到更加重要的地位。要从经济、政治、社会、文化等诸多方面对社会组织进行综合分析，找准问题的切入点，增强工作的针对性、有效性和预见性。要开阔视野，认真研究国外有益经验和做法，结合我国国情加以借鉴。要充分发挥专家学者的作用，坚持正确的指导思想和科学的方法，以高质量的研究成果为工作提供理论依据和智力支持。部里以后每年将公布社会组织政策理论研究课题指南，定期举办“社会组织发展论坛”，打造社会组织政策理论研究平台。希望各地也要重视这项工作，上下联动，形成全国社会组织理论研究体系。

要重视宣传工作，扩大社会影响。要大力宣传各级登记管理机关贯彻执行国家法律、法规、政策的进展情况和取得的成果；大力宣传各级党委、政府加强和改进社会组织工作的意见和措施；大力宣传社会组织在构建和谐社会中的积极作用和贡献。要发挥好“一报、一刊、一网”主渠道作用，营造良好舆论氛围。

4. 强化机构队伍建设

各级登记管理机关要积极向当地党委和政府汇报社会组织管理现状，争取在机构、编制、经费等方面取得进展。省级登记管理机关要健全机构，加强力量。市、县社会组织登记管理工作要确保有专门的机构、人员和经费。要深入调查研究，摸清实情，认真听取基层和社会组织的意见、建议，改进管理工作。要加强政策法规、业务知识、文化素养培训，不断提高干部职工的政治和业务素质，确保中央的方针政策和工作部署落到实处。要重视信息化建设，加快建立全国联网的登记管理信息系统，着手准备法人数据库建设工程，提高工作效率和改进管理方式。

同志们，社会组织建设与管理工作在构建社会主义和谐社会和建设小康社会的伟大实践中，担负着重要职责和艰巨任务。希望大家通过这次会议，进一步提高认识，统一思想，以更加振奋的精神，更加扎实的工作，促进社会组织健康发展，开创我国社会组织工作新局面，为建设中国特色社会主义作出更大的贡献。

2007 年 11 月 20 日

北京市委书记刘淇在社会建设与管理工作调研座谈会上的讲话

今天专门来调研社会建设和管理工作，看了市民政局社团管理办公室、海淀区中关村国际孵化软件协会、西城区医学会，另外赵义同志和两位教授作了发言，感觉收获很大。

由于时间有限，我只讲主要几点：

第一，北京市提出构建社会主义和谐社会首善之区，要求必须对社会建设、社会管理有所了解，并结合北京实际情况加以发展，使社会建设和管理工作走在全国前列。在党的十六届六中全会上，中央提出经济、政治、文化、社会“四位一体”建设，把社会建设摆到了一个非常重要的位置，摆到了与经济、政治、文化建设同等高度。我们研究这个问题，并采取措施加强社会管理就十分必要。

同时，我们也有紧迫感。第一个是我们要办奥运会。第二个是我们面临着“四个深刻”（经济体制深刻变革、社会结构深刻变动、利益格局深刻调整、思想观念深刻变化）的发展背景。如果这个机会不抓住，我们就将处于一种被动局面。第三个是5月份开市党代会，需要市委在现有认识的基础上，提出一个什么样的目标。因此，研究社会建设和管理既有必要性，又有紧迫感。

第二，加强社会建设和管理工作，必须坚持党的领导、人民当家作主和依法治国有机统一的原则。

还是三句话：党的领导、民主和法制。一是党的领导，中国的社会建设离不开党的领导，党必须充分发挥作用。二是民主，要发扬民主，通过民主管理，落实人民群众当家作主的权利，维护各种团体、协会和人民群众的利益。三是依法，所有的事情必须有一个法的观念，依法来教育管理。

第三，对于下一步的工作。

目前，我们已经发展了一些很好的民间组织，朝外等一些地区在管理方面也作了很好的探索。我们要认真总结自己的实践，从实际出发，提出一些在首都当前形势下能够进一步做的事情。

二是要敢于创新，以转变政府职能为落脚点。社会管理的发育，一种是从政府职能中剥离出来的，另一种是从社会的需求中派生出来的。我觉得，当前最主要的是政府职能的剥离，有序地推进社会建设和管理，促进政府职能的转变，促进政府效率的提高。只要政府的职能转变了，就会有大量的社会组织有序诞生。

所以，我们应该积极探索形成“党委领导、政府负责、社会协同、公众参与”的社会管理机制。

现在，还有一些大的问题，比如双重管理的“婆婆”问题等，这也不是我们北京一家能够解决的。但是，只要不涉及基本法律问题，我们可以先在街道、社区试点，为以后怎么解决此类问题探索机制。刚才，我们看到中关村国际软件孵化协会采取挂靠中关村管委会的办法，解决“婆婆”问题。西城区把医疗事故鉴定授予医学会，可以缓和平时的医患关系。袁教授提到的社会组织资源薄弱的问题，可以通过增加公共投入、政府采购、职权授予、信息提供等方式加以解决。包括赵义提到的问题，要加以研究，形成市委总的意见。其实，政府职能越不交给社会组织，矛盾就可能越集中在政府身上，政府就成为矛盾的一方。政府应该是宏观管理机构，具体的矛盾可以由中介来负担。

总之，我们要在现有的基础上，通过积极试点，探索切实可行的措施，争取北京的社会建设和管理工作有较快的发展，最终为我们明年举办一届“有特色、高水平”的奥运会服务，为我们构建社会主义和谐社会首善之区服务。当前，特别要发挥社会组织的作用，动员各个团体和社会各界力量，参与到奥运会主题活动中去，实现“我参与、我奉献、我快乐”，为奥运筹办年营造良好的社会氛围，为奥运创造好的软环境。

2007 年 3 月 24 日

天津市委副书记、常务副市长黄兴国同志在全市行业协会与行政机关脱钩工作动员大会上的讲话

同志们：

今天这个会议很重要，主要任务是部署行业协会与行政机关脱钩工作，促进行业协会更快更好的发展。随着我国社会主义市场经济的深入发展，行业协会的地位和作用越来越得到社会的普遍关注。党的十六届三中全会明确指出，要按市场化原则规范和发展各类行业协会。市委八届七次全会和今年的市十四届人大三次会议也对加快发展行业协会提出了具体要求，去年以来，市政协把加快中介机构和行业协会发展作为重点督办提案，常务副主席亲自挂帅，组织各发面力量进行了深入研究。市政府把这项工作作为今年的一项重点任务，政府常务会议进行了多次研究，并组织市发改委、市法制办等有关部门，对我市行业协会情况进行了调研，围绕

促进我市行业协会发展，制定了《行业协会管理办法》、《中介机构管理办法》和《行业协会与行政机关脱钩的实施意见》。这三个文件广泛征求了各方面的意见，并经市政府常务会议讨论通过，已经正式颁布实施，各部门一定要认真贯彻落实。刚才，市民政局和市发改委的负责同志分别对《行业协会管理办法》和《行业协会与行政机关脱钩的实施意见》做了解释说明，讲得很好，我完全同意。下面，我就做好行业协会与行政机关脱钩工作讲几点意见。

一、充分认识行业协会与行政机关脱钩的重大意义

近年来，随着经济体制改革的不断深入，我市行业协会有了长足发展。到目前为止，在市社团管理局注册登记的市级行业协会已达137家。同时，在市工商联的支持下，一批商会也应运而生。这些行业协会在服务企业、开拓市场、行业自律、协调政策等方面做了大量工作，为全市经济发展作出了重要贡献，赢得了企业的信任和拥护。但从总体上讲，我市行业协会无论是数量、结构，还是体制、机制等方面都存在一些问题，政企、政事、政社不分的现象依然存在，这在一定程度上严重阻碍了行业协会的健康发展，也不利于政府进行宏观调控和管理。对此，我们必须从完善市场经济体制，推进市场化进程的高度，加快政府职能转变，充分认识行业协会与行政机关脱钩的重大意义。

第一，行业协会与行政机关脱钩，是社会主义市场经济发展的必然要求。行业协会是市场经济自我完善与发展的必然产物，是在同行业企业自愿基础上结成的维护自身利益的联合体。因此，它既不是政府机构，也不是企业，而是处于政府与企业之间、企业与企业之间的市场中介机构。由于历史的原因，我市行业协会大多是在政府部门的组织下，自上而下成立的，所以行业协会与行政机关有着千丝万缕的联系，带有强烈的官方、半官方色彩。比如，我市有近40家行业协会与政府部门合署办公，有的行业协会就是行政部门的一个处室；现职行政人员兼任行业协会领导职务的有近百名，离退休干部担任行业协会领导职务的比例更大。这种状况的长期存在，造成行业协会缺乏独立的运作能力和自治能力，难以真正发挥行业协会自律、协调、服务的作用。现在，我们讲行业协会与行政机关脱钩，就是要使行业协会真正成为自发组织、服务企业、按市场经济规则运作的市场主体，成为政府的参谋、企业的代言人，成为行业信息的集散地和行业技术标准、游戏规则的制定者，成为国家制定产业政策的参谋和助手。

第二，行业协会与行政机关脱钩，是转变政府职能的客观需要。当

前，政府机构改革已经到了关键阶段。今年是改革年，这就要求我们在转变政府职能，提高行政效率上迈出较大步伐。我们所讲的政府职能转变，决不能简单理解为撤销合并机构、精简富余人员，而是通过政企、政事、政社分开，将政府职能真正转移到宏观调节、市场监管、社会管理、公共服务上来，逐步形成政府、企业和其他社会组织之间的“自主与互信的关系”。政府和政府部门要努力改变管理方式、方法，将那些管不了也管不好的事项交由行业协会或中介机构用行业自律的方式管理，充分发挥行业协会在社会管理中的重要作用，为企业发展创造最佳的外部环境。这次，我们下决心将行业协会与行政机关彻底脱钩，就是要在转变政府职能上迈出实质性步伐，把那些应该管的事管好。政府不再充当企业管理者的角色，而是由行业协会在政府与企业之间搭起一座桥梁，这样也有利于降低政府管理社会的成本，能够把主要精力转到制定规划、完善法治，搞好公共服务上来。

第三，行业协会与行政机关脱钩，是行业协会谋求自身发展的重要基础。我们强调行业协会与行政机关脱钩，目的就是让行业协会能够在市场经济中尽快发育和成长起来，促进行业协会实行内部自律管理，直接联系和服务企业，独立发挥作用，成为代表不同利益主体的民间组织。这样也有利于缓解政府宏观控制与企业微观运行之间的矛盾，维护企业的合法权益。通过行业协会，使企业真正做到自我发展、自我约束、自我管理、自我规范，使会员之间团结协作、有序竞争，实现市场资源的合理配置和优化，承担起行业服务、行业协调、行业自律的基本职能，维护会员及行业合法权益，进行行业监督。

二、充分发挥行业协会和中介机构的作用

行业协会是市场经济自我完善与发展的产物，行业协会的发展程度反映出一个地区市场经济的发展水平。在推进我市行业协会与行政机关脱钩重组的过程中，特别是脱钩以后，尤其要注意发挥行业协会和中介机构的作用。

（一）严格按照市场规律的原则运作

行业协会是企业的自治组织，必须坚持自主办会、自愿入会的原则，实行民主管理和监督，做到自理会务、自筹经费、自主动作，走市场化的道路。在这次脱钩重组的过程中，要严格按照市场规律的原则运作，不能带有任何的强制性。过去行政部门要求企业必须参加的协会，有关部门要撤销相关规定，让企业自主决定去留，自主选择自己信任的协会。行业协

会的机构、人事、财务应当与国家机关、人民团体、事业单位和其他社会团体相分离，具有独立法人地位。行业协会的领导人员必须由民主选举产生。国家机关工作人员不得兼任行业协会工作。凡是由原来上级部门委派的人员一律退出或辞去公职。原在行业协会兼职的离退休人员要辞去公职。

行业协会要面向全社会的同行业企业，注意吸收民营企业、外资企业等各类经济组织入会，扩大行业协会的覆盖面。行业协会的入会标准，应当对不同区域、不同部门、不同所有制形式、不同经营规模的企业或其他经济组织实行平等待遇。

（二）严格履行行业协会的基本职能

行业协会应当维护行业整体利益，发挥行业自律、行业代表、行业服务和行业协调的基本职能。一是行业自律职能。行业协会应制订并组织实施本行业的行规行约，并以此来规范业内企业的行为，树立良好的形象，建立正常的秩序。行业协会应制订本行业的质量规范和服务标准，监督会员依法经营。对违反协会章程和行规行约、达不到质量规范和服务标准、损害消费者合法权益或参与不正当竞争的会员，依据协会规则予以惩戒。二是行业代表职能。行业协会作为广大会员企业的代表，要维护行业的整体利益，促进行业的发展。行业协会应当建立同政府有关部门联系的渠道，代表本行业向有关部门反映涉及本行业利益的事项，提出有关经济政策和立法的建议，参与有关行业发展规划和技术标准的制订。可依据国家法律，代表本行业向政府有关部门提出反倾销、反垄断、反补贴调查或者采取保障措施的申请，参与反倾销的应诉活动。三是行业服务职能。为企业服务是行业协会最重要的职能。只要企业有需求，行业协会都应该努力去做。包括组织市场调研、发布市场信息、推介行业产品、开展行业统计、培训和咨询、促进国内外的交流和合作、提高行业的整体素质和竞争能力。四是行业协调职能。行业协会应当对会员之间、会员和非会员之间、会员与消费者之间涉及经营活动的争议，以及对本行业协会与其他社会团体的相关事宜进行协调，维护好企业利益。

（三）搞好新老协会的衔接

在这次行业协会与行政机关脱钩工作中，重点是对原有的行业协会进行改革和规范，这其中也包含设立新的行业协会。按照市政府颁布的《行业协会管理办法》，对行业协会的设立作出了明确的规定，就是具有 6 个以上已在本市取得经营执照并连续经营 2 年以上的企业，发起人已达到或者承诺在 6 个月内达到拟吸收入会会员占全市同行业经济总数的 20% 以上，或者营业额占同行业营业额50%以上。凡是符合这个要求的，就可以设立新的行业协会。另外，这次对“一业一会”概念也有所调整，既可以按照行业设立，也可以按照产品、经营方式、经营环节及服务功能设立。可以预见，《行业协会管理办法》的实施，必将会催生出一批新的行业协会。但从另一个角度讲，也会对传统行业协会带来冲击。因为按照行业协会民主性的要求，新组建的行业协会的会员可以退出原来的协会，协会的会员退出多了，原协会就可能因达不到组建行业协会的标准，被撤销或注销。因此，现有的行业协会要在这次脱钩和规范的过程中，认真学习这次颁发的《行业协会管理办法》和《行业协会与行政机关脱钩的实施意见》等有关文件精神，积极主动地进行整合和重组。特别要注意吸收行业内民营企业、外资企业等各类经济组织入会，按照社会主义市场经济的要求，建立起新型政会关系，将行业协会真正建设成为能够代表行业利益、发挥行业自律作用的、完全按照市场化运作的新型协会。

三、积极稳妥地推进行业协会与行政机关脱钩

（一）切实转变政府职能，全力推进政会分开

行业协会的改革与发展，在很大程度上取决于政府职能的转变。各政府部门都要把转变职能作为工作重点，从根本上改变政府对行业协会的管理办法，真正做到政会分开，为行业协会的发展创造一个宽松的环境。一是要对现有的职能进行认真梳理。据统计，在我市保留的737项行政许可事项中，属于资格资质、行业准入及生产许可的事项有200多项，约占总数的30%。这说明，政府管理的微观事务还很多，投入的精力还很大，直接影响到宏观管理职能的发挥，从而导致政府管理成本过高，与社会、与企业之间的管理不顺。应当指出，政府部门把那些属于行业协会和中介机构的管理职能转移出去，是这次脱钩工作的一项重要内容。各部门都应当结合实际，认真研究分析哪些职能应当转移，哪些应当委托，哪些决策应当听取协会的意见等等。尽快拿出切实可行的方案，加快职能转变的步伐。二是搞好职能的移交。凡是行政机关转移或委托给行业协会的职能，都要采取制定规范性文件或签署协议的方式予以明确，并对现有规章制度、工作流程进行相应的修改。行业协会一律不具有任何行政职能，行政机关不得擅自设置区域性、行业性或部门间的执业限制，对依法设立的各行业协会要同等对待。三是做好人、财、物的分离。行业协会中现有的机关工作人员，脱钩后自愿留在协会工作的，要与原行政机关脱离关系；从行业协会转出的人员，由原行政机关给予妥善安置，实现人员的平稳过

渡。原属事业编制的行业协会要退出事业编制，按社会团体统一管理。行业协会的财务必须独立核算，不得与行政机关实行财务集中管理。

（二）采取有效措施，加大对行业协会的扶持力度

行业协会与行政机关的脱钩以后，并不等于政府部门可以撒手不管，而是要采取引导、协调、支持、服务的方式，与行业协会之间建立起协作配合、相互促进、相互监督的新型政会关系。要继续支持行业协会的发展，鼓励行业协会走市场化道路，促使行业协会寻求广泛的会员基础。帮助行业协会健全内部选举制度和组织制度，完善民主管理和监督机制。帮助行业协会制定科学可行的管理办法，对行业协会进行合理的规范和引导，凡是符合标准的，就要及时赋予其相应的管理职能；凡不符合标准的，就暂不赋予相关的管理职能；不能进行规范运作的，可取消其管理职能。要加强对行业协会的监督，推进行业协会在规范中发展。

在脱钩工作中，各部门特别要注意防止这样两种倾向。一是撒手不管。片面地认为行政机关管理行业协会的职能没有了，就可以撒手不管了，而不是从建立新型政会关系的角度来认识和搞好这次脱钩工作。二是藕断丝连。对那些与行政机关关系密切、作用发挥较好的协会舍不得脱钩，形成一种明脱暗不脱的状况。严格地说，这是不允许的。当然，我们也能够理解，有些行业协会跟了行政机关这么多年，在协会建设上给予了很大的支持，在工作上建立了密切的关系，感情上很难割舍，即便是发挥作用不好的协会，也曾经注入过很多心血，我们希望，各部门要从加快我市济发展的全局出发，从完善市场经济体制的大局出发，积极帮助行业协会做好脱钩改制工作。

（三）各部门相互配合，确保脱钩工作取得实效

行业协会与行政机关脱钩是一项全新的工作。在脱钩和重组的过程中，各相关部门要各司其职，密切配合，通力合作，确保这项工作的顺利进行。

原行业协会的主管部门要承担起脱钩工作的主要责任。脱钩办公室要承担起协调沟通的责任。其他相关部门也要从行业协会改革的全局出发做好支持配合工作。市社团局作为社团登记管理机关，负责全市行业协会的设立、变更、终止登记管理和年检工作。民政部门要放宽注册登记条件限制，扩大行业协会注册范围。工商管理部门要进一步降低门槛，放宽市场准入，鼓励更多行业尽快成立各自的行业协会。人事部门要帮助行业协会加快培养和引进专业人才，建立健全人才信息库和人才服务机构，提高行业协会的素质，促进行业协会的发展。市里将专门成立专职管理机构，作

为行业协会的指导、协调和服务部门，负责全市行业协会的发展规划、布局调整和政策制定，管理人事和党团工作，依法履行《社会团体登记管理条例》赋予业务主管部门的六项监督管理职责。脱钩工作领导小组将组织各成员单位搞好督促检查，确保脱钩规范工作按预期要求落实到位。

同志们，做好行业协会与行政机关脱钩工作，是市政府作出的一项重大战略部署。要在年底前完成这项工作，时间很紧，任务很重。各相关部门要以高度的责任感和使命感，确保把这项工作做实做好。

2005 年 7 月 14 日

天津市委副书记、常务副市长黄兴国同志在行业协会发展座谈会上的讲话

今天召开这次座谈会，主要任务是总结前一阶段行业协会与行政机关脱钩工作，紧紧抓住滨海新区开发开放的历史性机遇，推动我市行业协会健康发展。市委、市政府非常重视行业协会与行政机关脱钩工作，相龙同志在市发改委《行业协会与行政机关脱钩工作总结》上批示，“收效明显，坚持推进，要专门召开会议，再次学习中央文件，并限期完成”。有关部门要认真落实相龙同志批示要求，脱钩工作办公室要加强督察。

2005 年 7 月 14 日全市行业协会与行政机关脱钩工作动员会以来，各有关部门按照《天津市行业协会管理办法》、《天津市市场中介机构管理办法》和市政府《关于行业协会与行政机关脱钩的实施意见》，扎实推进脱钩的各项工作，截至目前，实际脱钩比例达到 84%，88 名在协会兼职的行政人员辞去协会职务，协会新任领导顺利产生，协会与原主管部门在人、财、物方面基本脱钩，实现了以社团法人方式独立运作，行业协会正向着规范有序的方向健康快速发展。在脱钩工作中，各协会原主管部门认真落实市委、市政府决策，主要领导同志亲自动员部署，主持研究脱钩方案，积极向协会移交相关职能，许多在协会兼职的领导同志以大局为重，在主动辞去协会领导职务后，仍然积极协调、出谋划策，配合协会新的领导成员打开工作局面，表现出了较高的政治觉悟；广大会员企业高度关注、积

极支持行业协会脱钩工作，一批骨干企业经过民主程序被推选为协会会长，主动挑起了大梁，脱钩规范后的行业协会焕发了新的活力；市有关部门大力支持脱钩工作，比如，市质监局积极支持行业协会参与行业标准制定，在行业协会秘书长培训班上，对协会如何制定行业标准进行了专门培训。市人事局提出把职称评定的政策信息通知到行业协会，委托行业协会帮助中小企业申报职称。市劳动和社会保障局提出发挥协会的行业培训职能，委托行业协会开展职业培训；行业协会脱钩工作办公室以高度负责的态度，精心组织，会同市社团管理局，做了大量艰苦细致的协调推动工作，确保了脱钩工作顺利推进。对各部门工作应给予充分肯定，

下面，我就推进全市行业协会加快发展讲三点意见。

一、要抓住机遇，促进行业协会加快发展

党中央、国务院把天津滨海新区开发开放纳入国家发展战略布局，把滨海新区的功能定位为：依托京津冀、服务环渤海、辐射“三北”、面向东北亚，努力建设成为我国北方对外开放的门户，高水平的现代制造和研发转化基地、国际航运中心和国际物流中心，逐步成为经济繁荣、社会和谐、环境优美的宜居生态型新城区。这为天津提供了一个千载难逢的发展机遇。目前，推进滨海新区开发开放的各项工作都在蓬勃开展。滨海新区“十一五”发展规划基本确定，政府常务会审议后组织实施；滨海新区综合配套改革试验方案基本成熟，即将上报到国家有关部门审批，7 个功能区正在抓紧细化规划方案，陆续开始建设。与此同时，大乙烯、大炼油天津搬迁、30 万吨原油码头、25 万吨铁矿石码头、北港池三期集装箱码头、北疆电厂循环经济项目、东疆港区、滨海国际机场改扩建、京津城际铁路、京津塘高速公路二通道等一批重大项目开工建设，进展顺利。滨海新区开发开放开局良好，未来的天津充满希望。这为我们各个行业的发展，为行业协会加快发展提供了难得的机遇。

推进滨海新区综合配套改革，是中央给予滨海新区开发开放的最大政策，是交给我们的艰巨任务，是一项宏伟的系统工程，其中一项重要内容就是推动行政管理体制改革，实现政企、政资、政事、政府与中介组织分开，建立完善的社会主义市场经济体制。行业协会的发展是市场经济成熟的一个重要标志，是政府职能转变的一个重要指标。实行行业协会与政府机关脱钩，形成一个布局合理、结构优化、作用明显、诚信公正的行业协会组织体系，可以增强行业自律能力，有效降低政府行政成本。因此，我们要紧紧抓住滨海新区综合配套改革先行先试的难得机遇，统一思想认

识，坚定发展信心，坚持培育发展与规范管理相结合，以完善社会主义市场经济体制为目标，以服务经济社会和谐发展为核心，推进行业协会加快发展，为全国行业协会发展提供有益经验。

二、采取措施，发挥行业协会在经济社会发展中的职能作用

行业协会脱钩规范工作基本完成，为行业协会加快发展奠定了一个好的基础。但应当看到，天津市行业协会仍处于发展的初级阶段，还存在着政策不配套、职能不到位、发展不平衡、生存能力弱等问题，还不能完全适应滨海新区开发开放和全市经济社会加快发展的需要。各行业协会要正确分析现状，正确认识差距，正确对待问题，切实增强紧迫感，采取有效措施，提高自身实力，实现加快发展。

要选准发展方向。行业协会是由相同、相关行业的经济组织或经济活动主体为主，依法自愿组成的非营利型经济类社团法人，是介于政府与企业之间的重要中介组织。行业协会与行政机关脱钩后，一下子没有了主管部门，开始可能会感到有些失落。不过，大家很快就会发现，在市场化的条件下，在新的管理框架中，行业协会脱离政府管理部门，符合经济社会发展方向，符合经济体制改革要求。脱钩后，行业协会有更广阔的发展空间，有更多的发展自主权，更有利于协会的长远发展和作用的充分发挥。因此，各行业协会一定要找准民间性社团组织的定位，坚定市场化的发展方向，扎根于企业、立足于服务，创造性的开展工作。

要突出发展特色。每个行业协会都联系着特定的企业群，都要围绕本行业的实际和特点开展工作。刚才几个协会的发言都有自己的特点，自行车行业发展很快，在全国占有一定的位置，协会确定的工作目标是帮助企业提高技术水平，创造自己的品牌。保险业协会根据消费者的需求和保险业的特点，在创新保险产品和加强行业自律方面做了很多工作。汽车维修和用品协会针对行业企业数量多、规模小的特点，开展服务达标活动，提高行业服务水平。特色就是发展优势、发展活力。这些行业之所以作用明显、地位重要，根本原因是找准了行业的特色，发挥了协会的优势。各行业协会要借鉴他们的经验做法，研究本行业的实际，发掘本行业的特色，明确工作重点，延伸工作路子，拓宽服务领域，使协会工作轰轰烈烈地开展起来。

要积极主动服务。行业协会的生命力就在于服务企业。在发达国家，行业协会为本行业提供的信息、法律、专业、技术等服务十分到位，企业对行业协会既非常依赖，又自觉给予经费支持。因此，各行业协会一定要

把主动服务作为立身的根本、发展的基石。一是要作“传导器”，发挥政府与企业间的桥梁纽带作用，对上反映企业和行业的发展信息与需求，对下传导政策导向，引导和促进产业结构的调整优化。二是要作“助推器”，提升会员单位获取资源、拓展市场、维护权益的能力，组织会员单位建设专业技术公共平台，联合进行关键技术攻关，节约会员企业创新成本，促进技术进步。三是要作“稳定器”，积极协调行业内部企业间的利益关系，规范企业行为，避免无序、过度竞争，促进本行业稳定发展；协调本行业与上、下游行业及区域外相同、相关行业间的利益关系，巩固产业链和供应链，维持市场整体繁荣和稳定；协调行业协会群体间的竞争和合作关系，充分发挥市场机制的作用，促进资源高效流转。总之，行业协会要通过全方位、宽领域、高效快捷的服务，赢得企业的信任，凝聚会员的力量。

会长要发挥作用。“协会强不强，关键看会长；协会响不响，关键秘书长”。各行业协会的会长是由会员企业自主选举产生，在行业内有较高的凝聚力和声望。从这一段的情况看，绝大多数会长都非常关心协会的发展，经常组织研究协会的工作，得到了会员单位的认可。“有为才能有位”，希望各位会长不辜负会员单位的信任，拿出足够的精力，研究协会的发展，支持秘书长的工作，在搞好自己企业发展同时，更加关注行业协会的发展，更加关注整个行业的发展，更加关注会员单位反映问题的解决，用实际行动赢得会员单位的尊重，争取会员单位的支持。

要提高人员素质。行业协会工作人员，尤其是秘书长是行业协会正常运作的骨干，必须要有较高的政治素质，能自觉把国家方针政策传达到企业；要有较强的事业心，把加快行业发展作为自己的使命；要有高度的热情，乐于为企业服务、为协会服务。每个协会都要重视专业人才的培养，多聘任行业内具有较高素质的人才，为协会发展注入活力。要加强业务技能的培训，重视执业资格考试及职称认定工作。对于高素质人才，支持他们的工作，关心他们的生活，发挥他们的作用。脱钩工作办公室要加强对行业协会秘书长和工作人员的培训，提高他们的综合能力，努力建设一支高素质行业协会工作队伍。

三、要大力支持，为行业协会加快发展创造良好的外部环境

行业协会在建立和完善社会主义市场经济体制中具有重要作用，各有关部门要高度重视、大力支持，坚持在发展中规范，以规范促发展，努力形成培育发展和规范管理良性互动的机制，创造行业协会加快发展的良好环境。

要进一步巩固脱钩工作成果。目前，天津市行业协会脱钩工作已基本完成。脱钩办公室要深入到各行业协会，跟踪服务，调查了解脱钩后行业协会的发展状况和存在的问题，研究制定有针对性的措施，促进行业协会健康发展。个别还没有完成脱钩的协会，要按照市长的要求，加快脱钩工作步伐，尽快完成脱钩任务，保证全市行业协会与行政机关脱钩工作目标的顺利实现。

要加大对行业协会的支持力度。行业协会脱钩以后，政府对行业协会由管理转为培育、服务。各有关部门要保护行业协会的自主权，不得干预行业协会依法履行职责。要积极扶持和促进行业协会发展，按照法律法规和政策规定，逐步向行业协会转移相关职能，保障其依法独立开展活动。原主管部门对行业协会的支持力度只能加大，不能减少，市政府《关于行业协会与行政机关脱钩的实施意见》规定的扶持政策必须不折不扣地落到实处，确保脱钩后行业协会能够健康发展。对正常开展活动、工作有活力、目前经费有困难的行业协会，要给予适当补助。要开展行业协会评比，工作开展好、有一定创造力的行业协会，要给予物质奖励。

要帮助协会加快内部制度建设。制度是行业协会健康发展的根本保障。目前，各行业协会按照脱钩工作办公室的要求，正在制定协会的规章制度，研究行业的发展规划。脱钩工作办公室要帮助协会加快建立以行业协会章程为核心的自我管理制度体系，明确行业协会的宗旨、活动准则和治理结构，促进行业协会依法依章运行。要引导行业协会依法制定行业守则和公约，协调维护行业共同利益。要建立行业协会重大决策专家咨询制度和社会化评价体系，促进行业协会公平竞争和优胜劣汰，提升公信力。要建设好行业协会网，搭建协会与政府、协会与协会间信息沟通交流的平台。

实行行业协会与行政机关脱钩，促进行业协会健康发展，是市委、市政府的一项重要决策，是完善社会主义市场经济体制的一项重要内容。希望各行业协会进一步统一思想，提高认识，增强实力，加快发展，为滨海新区开发开放和经济社会全面发展做出新的贡献。

2006 年 8 月 17 日

大力支持社会组织开展工作

安徽省委常委、副省长　赵树丛

社会组织可以联系众多群众、企业和组织，跨越不同部门、不同所有制，汇聚各类优秀人才，拥有资源、技术、信息、项目等多方面优势。重视社会组织，发挥好社会组织的积极作用，对于最大限度激发全社会创造活力、最大限度增加和谐因素，对于加快推进社会主义和谐社会建设，具有十分重要的意义。党的十七大报告明确要求："发挥社会组织在扩大群众参与、反映群众诉求方面的积极作用，增强社会自治功能。"我们要认真贯彻十七大精神，高度重视大力支持各类社会组织开展工作，努力创造良好的发展环境和外部条件。

当前，我省经济和社会发展正处于关键时期，改革和发展的任务非常繁重。全省各类社会组织要紧紧围绕经济建设这个中心，坚持以人为本，始终把实现好、维护好、发展好全省广大人民群众的根本利益，作为社会组织一切工作的出发点和落脚点。要坚持全面协调可持续发展的基本要求，促进社会组织成为发展建设的主体，进一步增强社会组织服务社会的功能，使之与构建社会主义和谐社会相适应。要坚持统筹兼顾的基本方法，妥善处理好社会组织与各方面的关系，努力消除不和谐因素，化解各类矛盾，形成兼顾各方、多方共赢的良好局面。要进一步加大培育力度，依法管理，引导各类社会组织自觉承担社会责任，以服务社会为己任，提高自律性和诚信度。要努力帮助解决发展过程中遇到的困难和问题，实现社会组织更好更快发展。

（摘自赵树丛副省长在安徽省法人权益保护协会成立大会上的讲话材料）

贵州省领导关于社会组织的论述

一、贵州省委书记石宗源同志关于对社会组织的论述

要重点培育经济社会发展需要的行业协会、农村专业经济协会、公益慈善类和基层服务类民间组织，支持引导各类基金会和社会事业类民间组织发展，建立与经济社会发展水平相适应、布局合理、结构优化、功能到位、作用明显的民间组织体系和法制健全、分类管理、分级负责的民间组织管理体制，切实发挥各类民间组织提供服务、反映诉求、规范行为的作用。

（摘自贵州省委书记石宗源在第十二次全省民政会议上的讲话，2007年5月17日）

二、贵州省人民政府省长林树森同志关于对社会组织的论述

民政工作中的城乡社区建设、民间组织管理、区划管理等工作是搞好社会管理的重要基础性工作，做好这些工作，对于协调社会利益、化解社会矛盾、解决社会问题、维护社会稳定具有十分重要的意义。

（摘自贵州省人民政府省长林树森在第十二次全省民政会议上的讲话，2007年5月17日）

三、分管民政工作的贵州省人民政府副省长肖永安同志关于对社会组织的论述

民间组织建设全面加强，培育发展与监督管理并重的方针得到较好坚持和落实。通过重点培育发展一批行业协会、农村专业经济协会以及公益类民间组织，规范基金会管理，指导健全完善内部章程和财务管理制度，开展形式多样的培训和诚信自律建设活动，引导民间组织面向社会提供服务，通过及时查处打击非法民间组织和民间组织违法活动，促进了全省民

间组织健康有序的发展和积极作用的发挥。全省现有的5000多个民间组织，广泛覆盖行业中介、教育、科技、文化、卫生、劳动、民政、体育、环保、社区、农村专业经济等领域，初步形成门类较为齐全、覆盖较为广泛的民间组织体系，成为我省经济社会建设中一支作用积极、富有活力的生力军。

加强和改进对民间组织的引导和管理，健全民间组织服务社会功能。努力建设与全省经济社会发展和公共服务要求相适应，布局更为合理、结构更为优化、功能更为到位、作用发挥更为明显的民间组织服务网络。要继续坚持培育发展与监督管理并重的方针，完善和落实归口管理、双重负责、分级管理的体制，继续加大对行业协会、农村专业经济协会、公益慈善类、基层服务类民间组织的重点培育，支持引导基金会和社会事业类民间组织的发展；继续深入推动民间组织自律与诚信建设，增强民间组织自我发展、自我管理、自我约束的能力，逐步实现政社分开。要支持和加强民间组织执法管理机构的建设，完善监督管理的法规制度和政策措施，建立快速反应机制和信息化管理系统，加强行政执法，及时查处打击非法民间组织和民间组织的违法活动，确保民间组织沿着正确的方向健康有序发展。

（贵州省人民政府副省长肖永安在第十二次全省民政会议上的讲话，2007年5月17日）

云南省党政领导关于社会组织建设管理工作讲话

一、云南省省委副书记、省长秦光荣在全省第十八次民政会议上的讲话摘要

在新的形势和任务下，民政工作的地位更加重要，职责更加重大，任务更加艰巨，作用更加突出，与和谐社会的关系更加密切。特别是，随着社会的分化，以及政府职能的转变和服务型政府建设的推进，社会组织的活动范围越来越广泛，对经济社会发展的影响也越来越大，做好民政部门所承担的社会组织发展和管理工作，也就为社会的和谐问题提供了坚实的

基础，提供了充分的保障。

另一方面，在社会主义新农村等工作中，民政部门直接担负着重要的职责和任务。例如，在培育和发展农村专业经济协会，带动农业产业结构调整，提高农业的市场化程度和参与市场的竞争能力方面，都是民政部门的独有优势，是民政工作的职责所在。

民间组织是继党政机关、事业单位和企业单位之后发展起来的第四种社会组织形态。党的十六届六中全会，对民间组织发展的方针政策、功能定位、发展重点、自身建设等作出了全面地阐述，对民间组织的作用给予了肯定。近年来，我省民间组织发展迅速，已经成为遍布城乡、涉及社会生活各个领域、覆盖广泛的组织系统。但与实际需要看，全省民间组织特别是民办非企业单位发育不够、管理薄弱等问题依然突出。可以说，民间组织的发展是一种总体趋势，我们要高度重视，尤其要提高对民间组织重要性和积极作用的认识，积极加强正面引导和规范管理，充分发挥民间组织在联系人民群众方面的桥梁和纽带作用，使之在加强社会建设和管理方面发挥更重要的作用。特别要按照培育发展和管理监督并重的原则，正确引导和充分发挥各类社会组织提供服务、反映诉求、化解矛盾、规范行为的作用，优化政府与社会组织的分工协作，探索政府调控机制同社会协调机制互联、政府行政功能同社会自治功能互补、政府管理力量同社会调节力量互动的新型社会管理机构，形成对全社会有效覆盖和全面管理的体系，保障公民的有序参与、激发全社会的创造力，进而促进社会和谐。要进一步强化监管，加强对少数非政府组织超出业务范围开展不正常活动的情况进行监控，完善定期谈话、检查、教育和掌握情况“三定一掌握”机制，引导这些组织合法开展活动。

二、云南省人民政府副省长孔垂柱同志在全省第十八次民政工作会议上的讲话摘要

近年来，民间组织建设全面加强，党的执政基础和社会和谐基础得到巩固和发展。坚持培育发展和监督管理并重的方针，重点培育发展行业协会、农村专业经济协会和公益慈善类民间组织，依法规范基金会发展，发展壮大民间组织，全省已登记的民间组织由2000年的不足4000个增加到目前的8000多个，平均年增长率达20.5%；民间组织内部制度建设逐步完善，布局结构不断优化，服务功能进一步增强。

总体来看，“十五”以来全省民政工作全面推进、重点突破，基本实

现了第十七次全省民政会议确定的任务目标，民间组织发展更加有序，在巩固基层政权、调节社会利益、化解社会矛盾、促进社会公平、维护社会稳定方面发挥出更加重要的作用，为促进全省经济社会又好又快发展做出了突出贡献。目前迫切需要发挥民间组织服务社会的功能，承接政府转移的社会事务，推动社会事业健康发展。

下一步，需要大力培育发展民间组织，增强服务社会功能。坚持培育发展与监督管理并重和归口登记、双重负责、分级管理的原则，完善政策措施，重点培育行业协会、农村专业经济协会、慈善公益性民间组织和社区民间组织。鼓励社会力量在教育、科技、文化、卫生、体育、社会福利等领域兴办民办非企业组织，规范发展各类基金会，保持民间组织平稳增长。指导民间组织切实加强行业自律、提高社会公信力，加大对境外非政府组织的管理力度，及时查处民间组织违法行为和取缔非法民间组织，建立与我省经济社会发展水平相适应、布局合理、结构优化、功能到位、作用明显的民间组织体系和法制健全、行为规范、分类管理、分级负责的民间组织管理体系，实现民间组织健康有序发展。

·第三编·

工作综述

全国社会组织建设与管理工作综述

民政部民间组织管理局

一、社会组织建设与管理工作概况

2007年，民政部认真贯彻贯彻党的十七大精神，主动适应新时期社会主义现代化建设的需要，进一步开创社会组织建设与管理工作新局面，大力推进我国社会组织健康发展。截至2007年年底，全国各类社会组织共有38.7万个，比上年增长9.3%；其中社会团体21.2万个，比上年增长10.4%；民办非企业单位17.4万个，比上年增长8.1%；基金会1340个，比上年增长17.1%。各类社会组织收入合计1343.6亿元、支出合计900.2亿元，提供就业岗位456.9万个；全国各类基金会组织共接收捐赠40.5亿元，接收捐赠实物折价10.2亿元，公益组织实力明显增强。

（一）建设和管理有了新起点

在新的历史时期，中央关于社会组织的指导思想更加清晰，方针、政策更加全面，工作要求更加具体。2007年11月下旬，民政部召开了全国社会组织建设与管理工作经验交流会。会议深入贯彻党的十七大精神，首次正式使用了“社会组织”这一全新的概念代替了“民间组织”等称谓。李学举部长作重要讲话。姜力副部长总结了十六大以来社会组织工作情况，明确了今后一个时期社会组织建设与管理的总体要求、主要任务和基本原则。这次会议将对社会组织建设、管理、改革、发展等产生重大而深远的影响。

（二）培育扶持出了新政策

民政部将2007年作为社会组织发展的“政策出台年”，全力做好政策法规的制修订工作。一是国务院出台了行业协会商会改革和发展的意见。5月，民政部联合国家发改委、商务部等8部委，以国务院办公厅名义下发了《关于加快推进行业协会商会改革和发展的若干意见》（国办发［2007］36号），明确了行业协会商会改革发展的指导思想、总体要求、职能定位、培育措施，对当前和今后一个时期行业协会的改革发展具有重要的指导意义。二是与有关部门紧密配合，出台了社会组织税收优惠的相关法律和政策。三是继续修订完善有关法规和政策。继续修订完善了《社会团体登记管理条例》；启动了《民办非企业单位登记管理暂行条例》修订工作；研究制定《基金会管理条例实施办法》和《民间组织登记管理机关实施行政处罚程序规定（草案）》。这些法规和政策将在培育发展和监督管理的多个方面有一些新措施。四是探索促进社会组织培育和发展的新举措。为了鼓励社会力量兴办民办非企业单位，起草了《关于促进民办社会事业健康发展的若干意见》，争取由国务院办公厅予以发布。联合中国科协印发了《关于推进科技类学术团体创新发展试点工作的通知》（民发［2007］68号），探索了学术性社团发展和改革的有效途径。为进一步扶持发展农村专业经济协会，研究提出了《关于进一步促进农村专业经济协会发展的若干意见》。

（三）规范管理有新举措

为改变长期以来社会组织管理工作中存在的重登记、轻管理的情况，2007年，民政部采取了一系列措施狠抓社会组织管理，引导社会组织健康发展。一是执法监察工作开始发挥威力。民间组织管理局成立了执法监察办公室，专门负责对社会组织违纪违法的查处。二是规范行为工作有针对性地开展。按照国务院的有关部署，下发了《民政部关于做好社团组织评比达标表彰活动清理工作的通知》（民函［2007］1号），发布了《民政部关于福建省商业联合会借评比之名乱收费有关情况的通报》（民函［2007］2号），规范了社团组织的活动。为了规范社会组织收费行为，与国家发展改革委、监察部、财政部、国家税务总局、国务院纠风办联合下发了《关于规范社会团体收费行为有关问题的通知》（民发［2007］167号），规定社会团体的收费主要包括：社会团体会费、行政事业性收费、经营服务性收费、捐赠收入等。为改进和加强社会团体登记管理有关工作，下发了《民政部关于社会团体登记管理有关问题的通知》（民函［2007］263号），要求规范社会团体章程的修订及核准、加强社会团体民主程序的监督、健全社会团体负责人备案制度、认真审核社会团体负责人任职资格和条件、规范社会团体法定代表人任职、加强社会团体会费标准的备案管理。为了深入贯彻《国务院办公厅关于加强民办高校规范管理引导民办高等教育健康发展的通知》（国办发［2007］101号）精神，加强民办高校的登记管理工作，下发了《民政部关于进一步做好民办高校登记管理工作的通知》（民函［2007］328号），从依法登记、日常管理、年度检查、加大监督查处力度、加强工作协调和指导五个方面提出了要求。为了推进社会组织公信力建设，下发了《民政部关于深入开展民办非企业单位信息公开和承诺服务活动工作的指导意见》（民发［2007］145号），明确了信息公开与承诺服务的内容和方式，引导民办非企业单位通过建立和完善制度，建立长效机制，促进信息公开和承诺服务活动的规范化。三是年度检查工作日益完善。年度检查是社会组织管理的法定内容。2007年，民政部进一步规范年检内容，扩大网上年检范围，加快年检工作进度。特别是对年检中发现问题的处理更加及时，更加讲究方法，更加人性化执法。对存在一般性问题的社团，采取谈话、下发整改通知书的方式，给一段时间进行整改。而对少数问题突出、屡教不改的，给予年检结论不合格并处以行政处罚。对年检数据进行综合分析，形成了10余万字的年检分析报告。四是社会组织评估工作正式实施。开展社会组织评估，是完善其自律机制和外部监督机制的重要手段。完成了社会组织评估的理论研究和标准制定，下发了《民政部关于推进民间组织评估工作的指导意见》（民发［2007］127号），颁布了《全国性民间组织评估实施办法》（民函［2007］232号），开展了对基金会的评估工作。五是出台了境外非政府组织管理工作的新措施。

（四）登记服务工作有新内容

一是登记服务窗口建成并投入使用。二是涉外基金会的登记注册正式开始。三是公益慈善组织得到较快发展。对基金会，特别是用个人和企业自有财产从事公益事业的非公募基金会进行了积极的扶持，开辟了绿色登记通道，简化登记程序，缩短验资时间，帮助联系落实主管单位，对找不到业务主管单位的，只要与民政业务有一定关系，就由民政部主动承担业务主管单位。民政部办公厅印发了《民政部主管非公募基金会管理规定》（民办发［2007］4号）。民政部已承担了9家基金会的业务主管单位，注册资金达7个亿，与民政部相关业务领域的合作资金近千万。在民政部的推动下，公益慈善组织特别是非公募基金会发展迅速，成为增长速度最快的一类社会组织。

（五）基础建设有新加强

一是机构建设得到加强。2006年，中编办为民政部民间组织管理局新增30个公务员编制和4个司局级领导职数，民间组织管理局由4个处25人发展为9个处55人。9个处分别为：民间组织管理局办公室、政策法规处、登记处、社团管理一处、社团管理二处、基金会管理处、民办非企业管理处、涉外民间组织管理办公室、执法监察办公室。2007年，新机构开始运行，人员陆续到位，有力推动了工作。同时，在地方党委和政府支持下，一些省市登记管理机关机构编制也得到了加强，广东、重庆、深圳等省（市）机构升了格，山西、辽宁、云南、广西等省（区）增加了编制，其他省份也在积极进行争取。二是社会组织分类实现了与国际接轨。为了更好地与国民经济行业分类标准及联合国推荐的非营利组织分类标准衔接，民政部对多年来实行的分类标准进行了修订，将我国社会组织分为经济、科学研究、社会事业、慈善、综合等5大类，工商服务业、农业及农村发展、科学研究、教育、卫生、文化、体育、生态环境、社会服务、法律、宗教、职业及从业者组织、国际及涉外组织和其他等14个小类，新的分类标准符合我国实际并与国际标准实现了对接。三是信息化建设和宣传工作迈出新步伐。进一步完善了涉外民间组织管理数据库。启动了社会组织法人库建设项目。经新闻出版总署批准，民政部主管、中国民间组织促进会主办的《社团管理研究》杂志公开出版发行，这也是社会组织宣传工作的一大突破。主流媒体报道社会组织的新闻越来越多。通过与中央电视台《共同关注》、《新闻会客厅》等栏目合作，对一批从事公益和志愿服务活动的社会组织进行了系列宣传报道，收到了良好的社会效果。四是积极开展社会组织建设与管理有关问题的研究。围绕社会组织建设与管理的重大课题，集中人力，开展了“湖北乡镇事业单位改革”、“境外非政府组织在华活动”、“网络社团的兴起与对策”、“政府购买社会组织服务”、“基金会能力建设”、“社会组织社工人才建设”等专项调研，形成了一批有分量的研究报告。社会组织建设与管理也成为理论和实务界关注的热点，中央政策研究室、中央党校、国务院政策研究室等“智囊”机构多次到民政部调研。协同中央党校省部级干部调研组进行了“社会组织健康发展的政府支持政策研究”和“社会组织管理体制研究”两项课题的调研，对下一阶段社会组织建设与管理的相关问题提出了政策性建议。

二、社会组织建设与管理专项工作进展

（一）社会组织

党的十七大报告把社会组织摆到了更加突出的位置，进行了多方面的论述，提出了一系列新概念、新认识、新要求、新发展。

一是进一步确认了“社会组织”这一科学定义。这个定义，是对传统的非政府组织、非营利组织、第三部门或者民间组织等称谓的改造，是用中国特色社会主义理论深刻认识这类组织的基本属性、主要特征而形成的科学概括。这个曾在十六届六中全会决定中首次使用的定义，在十七大报

告中得到进一步确认，有利于纠正社会上对这类组织存在的片面认识，有利于进一步形成各方面重视和支持这类组织的共识，有利于这类组织在经济社会发展中更好地发挥积极作用。

二是首次将社会组织作为“发展基层民主，保障人民享有更多更切实的民主权利”的重要内容，提出“发挥社会组织在扩大群众参与、反映群众诉求方面的积极作用，增强社会自治功能”。这意味着社会组织成为保证人民当家作主、扩大公民有序政治参与、发展社会主义民主政治的可靠力量。

三是首次提出了社会组织“建设”这一新任务。这是在探索和回答社会组织实现什么样的发展、怎样发展等问题上的新成果。

四是首次把社会组织放到全面推进社会主义经济建设、政治建设、文化建设、社会建设“四位一体”的高度进行全面而系统地论述：围绕“促进国民经济又好又快发展”，明确“规范发展行业协会和市场中介组织，健全社会信用体系”；围绕“坚定不移发展社会主义民主政治”，不仅要求增强社会自治功能，还要求“加快推进……政府与市场中介组织分开”；围绕“推动社会主义文化大发展大繁荣”，提出“完善社会志愿服务体系”，“深化文化体制改革，完善扶持公益性文化事业……的政策”，“坚持把发展公益性文化事业作为保障人民基本文化权益的主要途径”；围绕“加快推进以改善民生为重点的社会建设”，明确“鼓励和规范社会力量兴办教育”，要求“以慈善事业……为补充，加快完善社会保障体系”，提出“要坚持公共医疗卫生的公益性质，……实行政事分开、管办分开、……营利性和非营利性分开”，“鼓励社会参与”公共卫生服务体系、医疗服务体系等建设，强调“健全党委领导、政府负责、社会协同、公众参与的社会管理格局”，“重视社会组织建设和管理”；围绕“始终不渝走和平发展道路”，提出“加强……民间团体对外交往，增进中国人民和各国人民的相互了解和友谊”。可以说，十七大报告对社会组织既有具体而明确性要求，又有间接而方向性论述，在全局部署中立意更高更远。

总之，在新的历史时期，中央关于社会组织的指导思想更加清晰，关于社会组织的方针、政策更为全面，对各项工作的要求更加具体。

（二）关于加快推进行业协会商会改革和发展的若干意见

2007 年 5 月 13 日，国务院办公厅下发《关于加快推进行业协会商会改革和发展的若干意见》（国办发［2007］36 号）（以下简称《意见》）。《意见》是当前和今后一个时期行业协会、商会（以下统称行业协会）改革发展的纲领性文件。

《意见》明确，行业协会改革发展要以邓小平理论和“三个代表”重要思想为指导，全面贯彻落实科学发展观，按照完善社会主义市场经济体制的总体要求，采取理顺关系、优化结构，改进监管、强化自律，完善政策、加强建设等措施，加快推进行业协会的改革和发展，逐步建立体制完善、结构合理、行为规范、法制健全的行业协会体系，充分发挥行业协会在经济建设和社会发展中的重要作用。总体要求是：坚持市场化方向，坚持政会分开，坚持统筹协调，坚持依法监管。

《意见》提出要积极拓展行业协会的职能。要充分发挥其桥梁和纽带作用。各级人民政府及其部门要进一步转变职能，把适宜于行业协会行使的职能委托或转移给行业协会。在出台涉及行业发展的重大政策措施前，应主动听取和征求有关行业协会的意见和建议。行业协会要努力适应新形势的要求，改进工作方式，深入开展行业调查研究，积极向政府及其部门反映行业、会员诉求，提出行业发展和立法等方面的意见和建议，积极参与相关法律法规、宏观调控和产业政策的研究、制定，参与制订修订行业标准和行业发展规划、行业准入条件，完善行业管理，促进行业发展。要加强行业自律，切实履行服务企业的宗旨，积极帮助企业开拓国际市场。

《意见》强调大力推进行业协会体制机制改革。要实行政会分开。行业协会要严格依照法律法规和章程独立自主地开展活动，切实解决好行政化倾向严重以及依赖政府等问题。要从职能、机构、人员、财务等方面与政府及其部门彻底分开。合署办公的要限期分开。现职公务员不得在行业协会兼任领导职务，确需兼任的要严格按有关规定审批。行业协会使用的国有资产，要明确产权归属，按照有关规定划归行业协会使用和管理。建立政府购买行业协会服务的制度。要改革和完善监管方式。按照政会分开、分类管理、健全自律机制的原则，加强和改进行业协会登记管理工作。选择若干城市和全国性行业协会，开展行业协会管理体制改革试点。条件成熟时，调整和改革行业协会间的代管关系。要调整、优化结构和布局。积极推进行业协会的重组和改造，建立行业协会综合评价体系，定期跟踪评估。行业协会之间可通过适度竞争提高服务质量。在具有产业、产品和市场优势的经济发达地区和城市，可以将地方性的行业协会依法重组或改造为区域性行业协会。全国性行业协会可将总部设在产业集中、便于开展服务的地区和城市。积极创造条件，培育一批按市场化原则规范运作，在行业中具有广泛代表性，与国际接轨的行业协会。

《意见》提出，加强行业协会的自身建设和规范管理。要健全法人治理结构。鼓励选举企业家担任行业协会的会长（理事长）。秘书长可通过选举、聘任或向社会公开招聘等方式产生。要深化劳动人事制度改革，全面实行劳动合同制度，保障工作人员合法权益。建立健全岗位管理制度，完善激励机制，吸引优秀人才，优化人员的年龄、知识结构。加强专业人才队伍建设，行业协会及其分支机构、代表机构要配备专职工作人员。要规范收费行为。未按照规定履行批准程序，不得针对企业举办全国性或行业性的评比活动，经批准举办的评比活动不得收取费用。行业协会举办展览会、交易会、研讨会、培训等活动，可以实行有偿服务，收费应符合国家有关规定，并公开收费依据、标准和收支情况；对依法或经授权强制实施具有垄断性质的仲裁、认证、检验、鉴定以及资格考试等活动的收费，应执行行政事业性收费的有关规定。要加强财务管理。要加强对外交流管理。

《意见》最后提出了完善促进行业协会发展的政策措施。一是落实社会保障制度。行业协会工作人员应按照国家有关规定和属地管理原则，参加当地养老、医疗、失业、工伤和生育等社会保险，履行缴费义务，享受相应的社会保障待遇。二是完善税收政策。财政等部门要根据税制和行业协会改革进展情况，适时提出完善行业协会的税收政策，鼓励、支持协会加快发展。三是建立健全法律法规体系，将行业协会发展纳入法制化进程。四是加强和改进工作指导。各地区、各有关部门要积极采取措施，指导行业协会做好行业服务、自律、协调等工作。发展改革委要会同民政部等部门，抓紧制订配套措施。地方人民政府要结合实际制订具体的实施办法。

为了贯彻落实《意见》，民政部起草了《民政部关于加强行业协会登记管理工作有关问题的通知》，并征求了国家发改委、国资委、供销总社等部门，部分省、区、市登记管理机关和部分全国性行业协会的意见，进行了多次修改。地方各级民政部门也在加紧推进相关工作，落实《意见》要求。

（三）民政部社会组织登记服务窗口

民间组织管理局和民间组织服务中心是民政部对外服务的重要窗口。3月，在部财务司等有关部门的支持下，民间组织登记服务厅建成并正式投入使用，结束了在办公室里办理登记的历史。为树立窗口服务形象，民间局和服务中心进一步规范了登记办理程序和接待方式，实行了工作人员挂牌上岗，局、处长轮流值班，提供一站式服务。年内，共办理各项成立、变更、注销、备案登记1288件，制发证书2481套，录入、移交档案1626件，制作、收缴印章770枚，办理公告112件。接待电话咨询3.1万余人次，接待来访9000余人次，受理网上咨询1200余件，邮件答复咨询约1050件。登记服务厅投入使用以来，为广大社会组织提供了规范、高效、热情、周到的服务，简化了工作流程，方便了工作对象，工作效率明显提高。

（四）执法监察工作

行政执法是保持社会组织健康发展、打击违法违规行为、维护安定团结的重要手段。2007年，民政部民间组织管理局成立了执法监察办公室，专门负责对社会组织违纪违法的查处，起草了《民间组织登记管理机关行政处罚程序规定》，制作了30余种法律文书，针对该规定分别召开了专家研讨会和地方民政部门座谈会，广泛征求了意见，对该规定作进一步的修订。

在执法工作规范化基础上，加大执法查处力度，加强执法宣传。全年共接受举报90余起，受理50余起，下达责令改正通知和制止违法行为的近20起，参加听证会6次，重点查处违法案件4起，其中，责令停止活动3起，撤销登记1起。查处中国食品科技协会串通方便面企业涨价被停止活动一案在全国引起强烈反响，中央电视台、新华社、人民日报、光明日报等全国各大媒体、网站都进行了广泛的宣传报道。这也是近年来民间组织查处工作首次在全国受到广泛关注。案件处理查证事实清楚，适用法律恰当，无一行政复议和诉讼。

（五）全国性民间组织年检工作会议

2007年3月9日，国家民间组织管理局在京召开全国性民间组织业务主管单位工作会议暨年检工作会议。会议通报了2006年民间组织发展与管理工作情况、今后我国民间组织管理工作思路和2007年工作安排，并对全国性民间组织2006年度检查工作进行了部署。全国性社会团体、基金会和民办非企业单位业务主管单位负责民间组织工作的同志出席了会议。

会议认为全国性民间组织主动接受年检的意识进一步增强，参检率逐年上升，违规数量逐年减少，年检合格率逐年提高。同时也存在着民主制度不健全、党政机关领导干部兼职和负责人超龄任职、财务工作不规范等问题。会议就做好2006年度年检工作提出了要求。一是要进一步提高对做好民间组织年检工作的认识。二是要周密部署，精心实施。业务主管单位争取专人负责，并落实工作责任制，不耽误年检时限。督促民间组织真实、完整填写年检报告书，对不符合要求的报告书要责令更正。三是要加强整改力度，发挥年检工作的督促效应。四是要不断推进年检制度的改革。注意加强年检信息的开发利用，研究民间组织发展趋势和政策建议。注意加强动态监管，把登记、日常管理、诚信建设、评估工作与年检工作有机结合起来。注意加快民间组织登记管理数据库建设，提高信息处理能力，实现数据资源共享。注意加快制定民间组织年检配套的政策法规，针对薄弱环节加以改进，使年检工作在民间组织发展与管理工作中发挥更大的作用。

会议明确了2007年民间组织发展与管理的七个工作要点：加快民间组织法制建设；推进民间组织培育扶持政策；深化民间组织分类指导、分类管理；加强民间组织行为规范化管理；加大民间组织发挥作用的宣传力度；依法加强民间组织执法监察工作；改进登记管理服务窗口建设。

（六）社会组织评估工作

近年来，随着我国经济发展和社会进步，社会组织得到稳步发展，在提供公共服务、促进公益事业、繁荣文化艺术、发展市场经济等方面发挥了重要作用。但是，一些社会组织在发展中还存在着组织机构不健全、内部治理不完善、组织行为不规范、社会公信力不高等问题。解决这些问题的重要手段是建立民间组织评估机制。做好社会组织评估工作，有利于加强社会组织的自身建设，促进社会组织的自我管理和自我完善；有利于优化政府对社会组织的监督管理，促进监管方式的科学化和规范化；有利于增加社会组织的透明度，强化社会监督，提高社会组织的社会公信力。

开展社会组织评估，是完善其自律机制和外部监督机制的重要手段。民政部在完成“中国民间组织评估体系项目”研究的基础上，总结该项目成果，对一些评估试点省、市进行调研，通过座谈、研讨等形式多方征求意见，历经十余次修改，形成了社会组织评估理论体系，并制定了评估标准。2007年8月16日，下发了《民政部关于推进民间组织评估工作的指导意见》（民发［2007］127号），明确开展民间组织评估工作要按照政府指导、社会参与、独立运作的总体要求，建立科学合理的评估指标体系，制定公开、公平、公正的评估制度，形成组织健全、程序完备、操作规范、运转协调的评估工作机制，发挥评估的导向、激励和约束作用，促进民间组织健康有序发展；社会团体、基金会开展综合评估，民办非企业单位开展诚信评估；评估内容包括基础条件、组织建设、工作绩效（自律与诚信建设）、社会评价等方面；评估程序要遵循被评估单位自我评估、评估机构评估、评估委员会审核、评估委员会公示评估结论、民政部门确认评估结果并颁发证书和牌匾的基本程序；评估结果等级从高到低依次为5A（AAAAA）、4A（AAAA）、3A（AAA）、2A（AA）、1A（A），各地

4A 以上等级（含 4A 级）的民间组织评估结论需要报民政部备案。同时颁布了《全国性民间组织评估实施办法》（民函［2007］232 号）。

评估工作率先从基金会评估开始。2007 年 10 月 12 日，印发了《关于开展基金会评估工作的通知》（民函［2007］288 号）。2007 年 10 月正式启动了在民政部登记注册的基金会的评估工作。由政府有关部门、研究机构、律师事务所、会计师事务所和基金会负责人组成的基金会评估专家小组和评估委员会，依照基金会评估指标和评估工作程序，对基金会的基础条件、内部治理、工作绩效、社会评价四个方面进行了综合评判。

（七）涉外基金会登记注册工作

2007 年民政部协调有关部门出台了一系列管理的具体办法，完善了涉外基金会的审批工作机制，制定了《民政部主管境外基金会代表机构管理规定》（民办函［2007］239 号）。会同外交部、公安部、劳动和社会保障部制定了《关于基金会、境外基金会代表机构办理外国人就业和居留有关问题的通知》（民发［2007］169 号）。涉外基金会登记工作的顺利启动，2007 年，已有克林顿基金会、盖茨基金会、李嘉诚基金会等 11 家境外基金会代表机构在民政部登记注册。

（八）社会组织税收优惠政策

税收政策对社会组织特别是公益性社会组织的发展有关键性的作用。2007 年，有关社会组织的税收优惠政策有了实质性的突破。3 月，全国人大通过了《中华人民共和国企业所得税法》，对公益性捐赠税前扣除比例由 3％调整到的 12％，同时规定符合条件的非营利组织的收入为免税收入。民政部就享受税前扣除政策的公益性社会团体和基金会的认定标准、申报程序和监管措施等问题，与财政部、国家税务总局多次研究。12 月，国务院颁布了《企业所得税法实施条例》，明确了民政部在公益组织认定中的职责。这些法律法规的贯彻实施，将为社会组织发展提供更为有利的税收支持。

北京市社会组织建设与管理工作综述

北京市民政局

2007年，北京市社会组织管理工作全面贯彻十七大和十六届六中全会精神，落实科学发展观，以构建社会主义和谐社会为目标，通过不断加强和完善管理体制，坚持培育和管理两手抓，提高社会组织整体素质，规范社会组织行为，促使社会组织发挥积极作用，各项工作取得了新的进展。

一、依法开展三类社会组织登记审批工作

市和区县社会组织登记管理机关严格按照条例规定标准对三类社会组织依法予以审批，截至目前，共批准登记社会组织394个，其中市级63个，区县及以下级331个。2007年全市社会团体、民办非企业单位和基金会三类组织登记数量分别为185个、199个和10个。全市社会组织办理注销撤销登记92个，办理变更事项585项。目前全市共登记社会组织6087个，其中社会团体2976个，民办非企业单位3026个，基金会85个。

二、完成行政服务大厅行政审批相关工作

认真做好北京市民政局行政服务中心接待、咨询、受理、送达工作。2007年在市局行政服务中心共接待来人咨询6081次，电话咨询15969次。截至目前，共受理社会组织行政许可事项506项，完成行政许可事项500项。其中社会团体受理433项，许可427项；民办非企业单位受理55项，许可55项；基金会受理18项，许可18项。

三、加强对社会组织的监督管理工作

按时开展对社会团体、民办非企业单位和基金会的年检工作，年检采取了网上和人工报送材料两种方式，方便了社会组织。全市应参加年检的社会组织共有5147个，实际参加年检4253个，年检合格3796个，基本合格421个，不合格36个。分类统计：

——市级社会团体。应参加年检915个，实际有831个参检，占应年

检数的91%；年检合格631个，基本合格187个，不合格13个，未参检的84个。

——市级民办非企业单位。应参加年检的183个，已完成年检的145个，年检合格102个，基本合格41个，年检不合格2个，未参加年检38个。

——基金会。应参加年检的基金会62个，实际参检基金会61个，年检合格43个，基本合格18个，未参检的1个。

——区县社会组织。应参加年检3987个，实际有3216个参加年检，合格的3020个，基本合格的175个，不合格的21个，待注销和拟撤销的271个，未年检的500个。

四、完成了市领导和有关社会组织发展工作的调研

3月24日，刘淇书记、王岐山市长、杜德印主任、吕锡文同志、丁向阳副市长等市委、市政府领导对北京市社会建设与管理工作开展了调研活动，在市民政局领导下，认真地做好了汇报、调研场地布置、社会组织筛选等工作，市委、市政府领导了解了北京社会组织的情况，提出了加强管理工作的指示。

针对中关村园区协会的发展情况，按照朱善璐常委的指示，牵头与市发改委和中关村管委会联合就中关村社会组织的发展情况进行了专题调研。

为了贯彻党的十六届六中全会关于加强社会组织建设，建设和谐社会的精神，分别草拟了《贯彻党的十六届六中全会精神，健全规范社会组织，发挥社会组织在构建社会主义和谐社会首善之区作用的工作意见》和《北京市关于加强社区民间组织建设的意见》，社区建设意见已通过市局征求了多个部门的意见。

五、积极培育社会组织健康有序发展

——办理市政府折子工程相关工作。2007年，市政府将培育发展农村专业经济协会和积极培育社区服务组织列入折子工程之中。在这两项工作中我们的工作是协助办理单位。我们专门召开了区县工作会议，把折子工程的工作进行了部署，各区县也分别制定了《折子工程落实预案》，工作也在主办单位的统一协调下按时完成。

——培育社区民间组织。分别召开区县会议和部分专家座谈会，广泛征求各方面以及相关委办局和区县政府的意见，修改、上报《关于加强社区民间组织建设的意见》，督促、指导区县培育发展具有筹资功能、服务

功能、监督功能的社区民间组织。目前全市已有社区民间组织9337个，已在民政部门注册登记具有法人资格的社区民间组织155个，其中社团102个（包括志愿者类34个、文体卫教类17个、社区建设服务类23个、老年类8个、义工类9个、其他11个），民非53个（包括社区矫正25个、社区服务3个、社区教育4个、社区医院12个、社区养老8个，其他1个）；不具有法人资格的基层社区民间组织9182个。

——发展农村专业经济协会。积极响应民政部开展的“民间组织服务社会主义新农村建设”活动，引导社会组织积极参与新农村建设。为提高农村专业经济协会负责人的素质，免费为海淀、房山等10个区县的110名农村专业经济协会负责人进行了培训。培训科目包括：农民合作组织有关问题研究、行业协会发展动力学、市场营销学概论、农产品出口贸易中的几个问题、合同法的实际应用等5门专业课程。组织部分远郊区县农经协会负责人赴山东等地考察农经协会在新农村建设中发挥作用，开拓国内外市场，扩大农产品销售，促进农民增收，带领农民致富。通过考察，协会与当地的农经协会建立了联系，达成了部分合作意向，拓宽了市场。截至目前，全市共成立农村专业经济协会655家，其中2007年新成立71家，注销7家，同比增长10.8%。按层级划分，区县级160家，乡镇级415家，村级80家，占总数的12.2%。

——扩大民非登记领域，研讨基金会优惠政策。为了促进民非在更大的领域内成立发展，2007年与市工业促进局和市总工会进行沟通协调，启动了工业促进和工会口的民办非企业的登记管理工作。

为落实落实《财政部国家税务总局关于公益救济性捐赠税前扣除政策及相关管理问题的通知》精神，从年初开始，就与市财税部门开始联系协调有关基金会申请减税资格认定的程序和方法，目前就此工作已形成初步意见，一旦有关政策出台，将有利于我市基金会募集、接受社会资金，进一步促进北京市公益事业的发展。

六、加强社会组织的规范性建设

——制定社会团体规范性建设指导意见。根据年初计划，开始“北京市社会团体规范化建设的指导意见”的编制工作。首先，对全市社团的规范建设情况进行了摸底调查，共设立数据调查项33个，最终收集数据30127个。之后，我们召集了123家业务主管单位及相关社团，分组就指导意见进行研讨和座谈，收集各类意见700余条，经认真修改后，报上级机关进行核审，并4次与市法制办等业务单位进行沟通，现已发至各业务主管单位和社团。该意见贯彻了“十七大”关于规范发展社会组织的精神，为下一时期的社团工作提供了行为指南。

——抓好基金会信息公布。认真按照《条例》及《基金会信息公布办法》的规定组织了信息公布工作，指定媒体搞好基金会年度工作报告的公布。为了做好这项工作，我们在资金上对基金会都给予了补贴和支持，目前为止，我市基金会年度工作报告的公布率为100%。对于基金会年检结论、行政许可决定等我们也在报纸上进行了统一公布。既增加了登记管理机关行政许可过程的透明度，也增加了基金会的公信力。

——注重培训，加强社会组织队伍建设。分别组织了社团、民非和基金会负责人的培训，共培训300多人次，提高了社会组织负责人的领导能力和水平。

七、积极探索开展社会组织评估工作

一是配合民政部进行了联合性社团的评估指标体系的制定。为切实做好这项工作，向业务主管单位、相关社团、专家学者发放调查问卷千余份，定指标94项，进行了4次试评估，并召开了两次座谈会，经过一系列的调研后，对回应数据进行核对和调整，高质量地完成了此项工作。

二是结合年检，和市科委合作，在科技类民办非企业单位开展了评估试点工作。两部门密切配合，历时半年，完成了此次科技类民办非企业单位评估机制探索试点。从评估标准的制定、评估机构的组成、评估的形式、评估的程序安排等各方面都形成了一些经验。同时也参与《北京市民办高等教育机构评估体系》的修改，并在年检中配合市教委完成对民办高校的评估工作。

天津市社会组织建设与管理工作综述

天津市民政局

2007年，天津市各级社团管理机关坚持以发展为主题，以提高社会组织服务社会功能为重点，实施分类指导，注重整体推进，不断完善培育发展和监督管理机制，社会组织管理各项工作取得新的进展。

一、坚持培养发展、实施重点推进，发挥社会组织服务社会功能

天津市截至2007年年底，各类登记注册（或备案）的社会组织12292个，比2006年增加15%。其中，社会团体1920个，民办非企业单位1840个，基金会32个，社区社会组织8500个。

——培育发展取得新进展。天津市社团局通过开展行业协会布局的重组整合，巩固行业协会与政府部门脱钩工作成果，培育了一批按市场化原则规范运作，具有广泛代表性和权威性的行业协会。各区县社团管理机关也结合实际出台培育发展新措施，如红桥区草拟完成了《关于支持我区行业协会商会加快改革和发展的实施办法》。

城市社区社会组织在规范管理，完善管理体系方面迈出新步伐。各区县相继建立了层次分明、职责明确、工作规范的管理体系。农村社区社会组织在试点总结的基础上，全面启动了备案工作。和平区、河东区通过积极与区政府及有关部门协调，拿出了政府出资培育社区社会组织的新措施。

——功能作用得到新提升。截至2007年年底，天津市登记注册的农村专业经济协会已达129家，备案的114家，比去年增加35%，辐射带动农民11.5万人，年增收3000多万元。在开展社会组织服务"新农村"建设活动中，天津市社团局联合组织市级科技类社会团体与农村专业经济组织开展"结对子"活动。在宝坻、塘沽、汉沽、蓟县等地组织农村专业经济协会与市农业技术部门建立联系渠道，引进新品种、新技术，技术跟踪指导，深入田间地头给农民讲解相关预防知识和补救措施，涌现了一批特色农产品品牌，如静海县抬头西瓜协会注册的"弘历福"牌西瓜、宁河县七里海河蟹养殖协会的七里海河蟹。

2007年上半年，天津市各级社团管理机关开展了以"建设和谐天津，营造祥和社区"为主题的社区社会组织活动成果展，全市9个区800多个社区的3700多个社区社会组织，共20余万人次参加了展示活动，展示各种作品近3．2万个（件），参观观众达80万人次。

——自律诚信建设取得新成效。天津市各级登记管理机关探索建立民办非企业单位自律与诚信长效机制。东丽区爱车联盟俱乐部开展了"爱心扶助西藏行"活动，筹集了3万余元捐款和各类文具、教具，送到西藏地区。民办非企业单位通过积极融入社区建设，完善各项制度建设和服务承诺、建立信息披露制度、广泛开展公益性服务等活动。

天津市社团局召开了全市基金会制度建设专题工作会议，推动各基金

会逐步完善信息公布制度、理事会会议及回避制度、财产管理使用制度、资助使用监督制度、财务会计报告编制审定制度、档案管理制度等内部管理制度。并组织各基金会就公益救济捐赠税前扣除政策相关问题进行了学习和交流。

二、坚持分类指导，推进规范管理，全面提高社会组织自身建设水平

（一）积极探索滨海新区社会组织管理模式。为适应新形势新要求，天津市社团局主动协调滨海新区管委会，探讨滨海新区社会组织建立与管理问题，并初步形成适应当前需要的管理方式。同时，通过建立沟通渠道和规范行业协会、商会发展，推动全市社会组织融入滨海新区开发开放的发展大势，初步建立了社会组织服务滨海新区的渠道。

（二）进一步完善异地商会登记管理方式。天津市社团局在总结几年管理经验的基础上，与市政府经济协作办公室联合制定下发了《异地在津社会团体登记管理办法》，形成了切合天津实际，由社团局、市政府经协办、原籍政府部门共同组成的、全方位管理与服务体制。

（三）进一步规范社会组织各项活动。天津市各级登记管理机关按照国务院、民政部文件要求，认真清理规范社会团体评比达标表彰活动。清理后，撤销评比达标项目10个，保留项目32个，在拟保留的项目中不收费的有18个，收费的有14个。

结合2006年检工作，推动《民间非营利组织会计制度》全面实施。塘沽、河北等区县还针对执行新会计制度过程中存在的问题，聘请专业人员培训讲解、走访检查实施情况、树立典型推广经验、协调税务部门方便社会组织网上报税等措施。

三、坚持依法行政，强化管理手段，不断提高执法水平

坚持登记管理与执法监察并重原则，突出抓好社会组织执法工作。一是认真搞好2006年检工作。天津市各级登记管理机关按照《条例》的规定，在坚持原有“一站式”年检、联合年检等做法的同时，对基金会试行采取网上年检，静海县还探索性的实施了年检保证金措施。在年检期间，各级社团管理机关对部分问题单位采取上门服务的形式，指出社会组织目前存在的问题，并结合实际情况讲解办理变更、换届、注销等各种手续。2007年，全市应参加年检社会组织3657个，年检合格3476个，合格率为

95%。二是加大对非法、违法社会组织的查处力度。全年共查处非法、违法社会组织46个。在年检中执法部门提前介入，采取电话、信函、刊登公告和召集业务主管单位联席会等形式及时查找部分拖延年检或查找不到的社会组织，对于故意拖延年检时间的，果断给予处罚。对于在执法过程中发生的应急事件，坚持灵活处置，依法办案。各区县也通过不同形式，加大了监察处罚力度，河北区下发《关于禁止刊登宣传虚假内容广告的通知》，查处7家违法民办非企业单位，河东区社团办与政建科、福利办、消防局联合检查养老机构，下发7份整改通知，南开区重点走访检查，对存在问题的单位提出限期整改意见等。三是加强对区县执法监察工作指导。河东、和平、河北等区县根据天津市社团局的指导，依法处理了多年累积的执法疑难问题，对部分连续多年不开展活动的社会组织予以撤销。市、区县两级管理机关还联合开展了对部分社会组织走访检查工作，走访率占社会组织总数的60%以上。

四、改进作风，强化服务，积极推进登记管理机关自身建设

一是不断加强窗口建设。天津市社团局对驻行政许可窗口工作人员实行了轮岗交流。截至2007年年底，天津市社团局驻市行政许可服务中心工作人员共办理社会组织成立登记42件，变更登记与章程核准185件，注销登记9件，补发登记证书4件，分支机构设立42件，接待来人咨询1200余人次。此外，河东、塘沽等入驻窗口审批的区县，努力克服人手少、审批时间紧等困难，圆满完成了全年的行政许可任务，办结率和满意率均为100%。

二是做好管理工作人员队伍建设。天津市社团局采取任职培训与集中培训相结合的方式，上半年，对河西、西青、大港、和平等区新任的社团科长进行了速成培训。下半年，对19个区县分管局长、业务科长进行了集中培训，并对日常登记管理工作中出现各种问题进行了解答。天津市社团局在多数干部进行轮岗后，各处室、大队分别组织数次专项业务培训，使新到岗人员尽快适应社会组织管理工作需要。

河北省社会组织建设与管理工作综述

河北省民间组织管理局

2007年河北省社会组织建设与管理工作，认真学习贯彻党的十六届六中全会和十七大精神，突出重点，狠抓落实，开拓创新，团结奋斗，圆满完成了年度工作各项任务。

1. 面对面解疑释难、手把手帮助辅导，扎实抓了民间组织登记管理工作人员业务培训。为进一步提高全省社会组织登记管理工作人员业务素质，严格依法规范社会组织登记管理的行政许可程序，河北省民间组织管理局于3月份用20天时间对全省各市、县（市、区）426名主管社会组织登记管理工作的领导和登记管理工作人员进行了系统的业务培训。培训开始前，我局针对全系统机构改革后主管领导和工作人员换岗较多、业务知识参差不齐，办理注册登记、实施行政处罚等行政许可程序不够规范、不够统一的实际，依据行政许可法、行政处罚法和社团、民非条例的相关规定，结合工作实践，认真编写讲课辅导教案，并组织全局同志集体研究审定，反复修改定稿，编印成册。为确保培训质量和效果，我们采取以11个设区市为单位分别集中授课的方式，由局长崔均良同志带领4名同志赴全省各市讲课辅导。在讲课辅导中，授课人员一方面认真讲解办理注册、变更、年检、注销、处罚等法定程序，以及各环节应注意把握的问题，手把手教方法；另一方面耐心细致地解答大家在实际工作中遇到的各种疑难问题。通过学习培训，使参训人员既强化了严格依法办事的意识，又提高了实际操作和处理棘手问题的能力，同时还统一规范了全省各级民政部门办理社会组织登记管理的行政许可程序。

2. 认真贯彻国家民管局和省纠风办指示精神，扎实抓了民间组织评比达标表彰活动清理规范工作。按照国家民管局和省纠风办的要求，我局将清理和规范评比达标表彰活动作为一项重要工作来抓。我们在部署要求各设区市和扩权县（市）抓好这项工作的同时，重点对704个全省性社团组织开展的评比达标表彰活动，进行了彻底清理和审查。我们在组织各业务主管单位和民间组织进行自查自纠的基础上，结合年检工作对全省性社团组织开展的

300多项评比达标表彰活动，按照有关政策规定逐项提出撤销、合并和保留的意见，原则同意保留的185项报省清理评比达标表彰活动厅际联系会议办公室审定。我局拟在总结清理工作成功经验基础上，会同有关部门研究制定相应的管理办法，加强对社团组织开展评比达标表彰活动的监督检查，并建立规范评比达标表彰活动的长效机制，巩固清理工作成果。

3. 严格年检制度，加强了对社会组织的规范化管理。为了保证年检工作保质保量，如期完成。我们采取了以下保障措施。一是制定年检计划。在征询有关单位和社会组织意见的基础上，我们制定了切实可行的年检计划，并采用寄发文件和网上通知的方式，将年检时间、受检方式、提交材料要求等及时公布。二是对省科协、社科联等管理社团比较多的业务主管单位，坚持上门年检，为社团组织提供了方便，节省了时间，也提高了年检效率。三是加强规范化管理，保证了《民间非营利组织会计制度》的实行。2007年年检，我们除要求申报年度检查报告书外，还要求填报民间非营利组织会计报表。我们专门聘请了会计师事务所的两名注册会计师现场办公，当场讲解，指导民间组织财会人员合理设置和调整账目，受到广大民间组织的一致好评。应参检的832个全省性民间组织，年检合格785个，不合格23个，注销4个，撤销20个。

4. 严格依法行政，按照行政权力公开透明的要求做好日常登记管理工作。我们按照省纪检委和厅公开办要求，对涉及我局的12项行政许可和行政处罚权力运行程序，依照行政许可法、行政处罚法和社会团体登记管理条例进行了严格规范，明确了从受理、审核到审批各个环节的责任、标准、时限和要求，依法完善和健全工作程序和工作制度，使所有日常登记管理工作在阳光下运行。与此同时，我们注重提高工作效率和服务质量，对每位上门办事的同志都笑脸相迎，热情解答询问，按规定时限办理完审批手续，受到社会组织战线同志们的一致好评。到2007年年底，全省各级民政部门注册登记社会组织16123个，其中社会团体8619个，民办非企业单位7488个，基金会16个。全年全省共新注册民间组织718个，其中社会团体440个，民办非企业单位274个，基金会4个。省厅直接登记社团42个、民办非企业单位17个，基金会4个；还成立社团分支机构36个，为129个社团、15个民办非企业单位办理了变更登记手续。

5. 认真贯彻"培育发展和管理监督并重"的方针，加强了管理监督力度。2007年以来，我们认真贯彻党中央国务院关于"培育发展和管理监督并重"的方针，针对社会组织面广、情况复杂的实际，在人手、器材、经费都十分紧张的情况下，抽出力量对举报的"河北省预防媒体欺诈联盟"、

“河北省晋察冀抗日斗争史研究会”等非法、违法的民间组织，依照法律法规做出了严肃处理。同时，督促各设区市、扩权县（市）加大对社会组织监管力度，坚决查处违法、非法社会组织。据不完全统计，全省共处罚非法、违法社会组织47家，对89家不按时年检、常年不开展活动的社会组织进行撤销登记处理，纯洁了全省社会组织队伍，树立了社会组织登记管理机关的威信。

6. 民间组织的宣传信息工作有了明显改善。2007年以来我们高度重视社会组织信息宣传工作，充分利用中国民间组织周刊、中国社会组织网和河北民间组织网等信息宣传平台，加大了对社会组织信息宣传的力度。我们在全省各级登记管理机关和社会组织中建立了信息宣传联络员队伍；动员各级社会组织和各级主管领导亲自抓社会组织重大活动的宣传报道，带头写稿投稿；不少单位在人员、经费、办公设施等方面给予了有力支持。石家庄、张家口等市投入经费建起了社会组织信息网（页），有了独立的宣传阵地；各级在社会组织新闻宣传中，注重围绕中心工作，搞好宣传报道。沧州、唐山等市主动与当地新闻媒体联系，在本地报纸上开辟专栏，宣传社会组织在构建和谐社会中的作用和民间组织有关法规政策；各地还都重点抓了一批自律与诚信建设、热心公益慈善事业、加强自身建设做出突出成绩的先进典型，提升了民间组织的社会形象，产生了良好反响。全省在省以上报刊、政府网站发表新闻稿件300多篇。

山西省社会组织建设与管理工作综述

山西省民政厅

2007年，我省社会组织建设与管理按照全国和全省民政工作会议的部署，坚持培育发展和监督管理并重的方针，突出重点，狠抓落实，从规范管理、优化结构、发挥作用上下工夫、求实效，在社会组织培育发展、监督管理和自身建设等方面取得了较好的成效。

一、社会组织的培育发展取得了新进展

一是积极贯彻落实《国务院办公厅关于加快推进行业协会商会改革和

发展的若干意见》（国办发〔2007〕36号）和《山西省促进行业协会发展规定》，加快行业协会和商会的发展。《山西省促进行业协会发展规定》自2006年10月15日起施行以来，我们通过多种渠道督促行业协会、商会实现自主管理、民主监督，建立公信机制，加快其民间化进程，行业性社团的职能得到了拓展，社会影响力明显提高，目前全省已发展到1000多家。行业协会和商会在维护我省市场秩序、保障行业公平竞争等方面发挥的作用日益明显。对其中活动规范、作用显著的协会，我们在有关会议上进行了表彰，对作用不明显的协会，在年检中进行了督促整改。

二是发展农村专业经济协会，服务新农村建设。2007年，深入部分市县对农村专业经济协会的发展工作作了督导。通过各种行之有效的形式，大力宣传农村专业经济协会的作用，全省农村专业经济协会已发展到2000余个。在2007年10月召开的全国社会组织发展和管理经验交流会上，我省发展农村专业经济协会的经验材料被大会印发、交流。

三是重点培育和发展社区民间组织，服务和谐社区建设。一年来，我们深入到太原、长治、晋城、晋中等地进行调研、指导，加快了公益类、服务类、文化健身类社区民间组织的培育发展，如社区文娱体育团体、社区服务组织、公益互助组织及社区医疗卫生服务站等非营利性便民服务机构。这些民间组织在社区中开展丰富多样的活动，在活跃社区文化生活，提高社区居民的公益意识，缓解政府公共服务功能不足等方面，发挥了积极作用。

二、民间组织自律与诚信建设取得了新成效

2007年3月中旬，在全省民间组织管理工作会议和省直民办非企业单位业务主管单位座谈会上，就深入开展民间组织自律与诚信建设活动作了部署。要求各级民间组织建立信息公开披露制度，完善内部管理制度，树立诚信品牌和“倡导诚信，服务社会”的理念，建立健全自律机制，建立诚实守信的行规行约，形成诚信奖罚机制，恪守非营利性原则。2007年6月，我们对68个在自律与诚信建设活动中涌现出的省直先进民间组织进行了表彰。通过此项活动，民间组织的社会公信力、认知度和社会形象得到了提升。

三、各类社会组织的监管得到进一步强化

一是认真做好民间组织年检工作。2007年2月，下发了年检通知，将年检时间、年检程序、年检内容、年检时所需材料、年检标准等情况全部告知，并将年检通知发布到省民政信息网上，方便参加年检的民间组织及时查询并主动按时参加年检。年检中，我们本着公开透明、方便群众和集

中办理的原则，严格把握时间、认真审核年检材料，面对面地指出民间组织存在的问题，提出整改意见，边查边改，把年检的过程变成整改提高的过程，使民间组织的内部自律机制更加完善，民间组织的管理更加规范。

二是开展了“评比、达标、表彰活动”的清理工作。根据国务院办公厅《转发监察部等部门关于清理评比达标表彰活动意见的通知》（国办发〔2006〕102号）和民政部的要求，我们认真开展了整顿清理达标表彰工作，要求各民间组织要如实填写《评比达标表彰活动自查登记表》，上报各种评比、达标、表彰活动的有关情况，重点查处在举办评比、达标、表彰活动中的乱收费、乱摊派、乱拉赞助及弄虚作假、铺张浪费、形式主义等行为，引导广大民间组织更好地健康发展。

三是开展了基金会信息公布工作，向社会公布基金会的基本情况和应当公布的其他信息。

四、行政效能得到明显提高

一是公开办事流程。为方便行政审批申请人及早了解民间组织业务受理程序，2007年，我们逐项梳理和优化各项审批流程，制定出14项行政许可的流程图，以方便群众办事。流程图的制作均按照有关规定，力求细致、实际、准确、完善。办事流程图全部在“山西民政网”上予以公布，并提供相关审批事项表格下载，方便群众办事。

二是制定具体措施，严格按照《首办负责制》、《限时办结制》等制度和措施狠抓行风建设，在日常的登记管理中，做到坚守岗位，耐心接待，热情服务，履行一次性告知义务。对于办理时限，均承诺较民间组织三个条例的法定办理时间提前一半，受到了广大民间组织以及社会各界的广泛赞誉。有的民间组织直接给省长孟学农同志写信，对我们的办事效率和服务态度提出表扬。

三是完成了网上审批系统的开发。为提升社会组织管理的信息化水平，提高办事效率，规范社会组织审批，增加服务透明度，科学、准确、高效地做好社会组织管理和服务工作，我们组织开发了“民间组织网上审批系统”。该项目实施后，各类社会组织通过互联网提交业务申请材料，预审通过的只需携带相应的纸质材料，到民间组织管理局即可一次办理完成全部手续，这将大大减少群众办理民间组织登记、变更等业务的时间。目前已有100多个社会组织在省数字认证中心办理了网上审批认证。

通过上述努力，民间组织管理局的行政效能得到了明显提高。2007年新登记社会组织90个。其中社团38个，民非48个，基金会4个。

五、自身建设得到进一步加强

一是加强学习。认真组织学习了十七大精神、行政许可法，组织学习了全国社会组织建设管理工作经验交流会精神，强化了改革创新的意识，加强了行风、政风建设。

二是加强了民间组织管理工作力量，组建“山西省民间组织管理服务中心”。在申请组建的过程中，我们做了一定的工作。该中心的组建，使民间组织管理工作增添了新的力量。

三是举办全省民间组织管理工作培训班。鉴于近年来我省民间组织管理工作人员队伍变化较大，为加强民间组织管理干部队伍建设，提高民间组织管理干部素质，2007 年 9 月，举办了全省民间组织管理工作培训班，全省各市、县民政局民管科长、股长共 130 余人参加了此次培训，收到了很好的效果。此外，还组织有关市、县民间组织管理干部到上海、贵州等地学习、交流，使大家学到了不少好的经验，提高了我省民间组织管理工作水平。

六、民间组织宣传力度有所加大

2007 年，我们将宣传工作列入社会组织管理工作目标责任制考核范围。年内，向省直各民间组织、各市民政局发出做好 2008 年社会组织宣传工作的通知，要求充分利用有关渠道宣传自己，反映诉求，扩大影响，提高能力。省和各市的对社会组织的宣传意识在 2007 年明显提高，力度逐渐加大。

内蒙古自治区社会组织建设与管理工作综述

内蒙古自治区民政厅

一、社会组织登记管理

截至 2007 年年底，内蒙古自治区共有社会团体 4321 家，比上年底纯增 956 家；民办非企业单位 1958 家，比上年纯增 193 家；基金会 34 家。

其中，自治区直属社团536家，2007年新注册50家，办理变更登记53家；民办非企业单位240家，2007年新注册47家，变更登记15家；全年新登记基金会7家。全区社会组织数量不断增加，对国民经济的直接贡献逐渐显现。

（一）社会组织年度检查情况。全区认真贯彻民政部《社会团体年度检查暂行办法》、《基金会年度检查办法》、《民办非企业单位年度检查办法》，对社会组织日常活动的监管加大了力度。全区应参加年度检查的：社会团体3365家，实际参加的有3314家。其中合格的3268家，整改的46家，撤销登记51家。

基金会34家，其中合格的24家，整改的9家，撤销登记的1家。

民办非企业单位1765家，实际参加1748家，其中合格1721家，整改27家，撤销登记17家。并将年度检查情况在内蒙古日报上进行了公告。

（二）社会组织党建工作情况。截至2007年年底，全区社会团体的党建工作覆盖率达89%；基金会覆盖率已达88%；民办非企业单位覆盖率已86%。

（三）社会组织执法检查情况。按照中共十七届二中全会关于转变政府职能、更好地发挥公民和社会组织在社会公共事务管理中作用的要求，本年度进一步加强对政府职能转变和社会组织建设、管理的研究，积极探索社会组织承接政府职能、承担政府委托事务的范围、方式和途径。工作中本着在服务中实施管理、在管理中体现服务的原则，加强对社会组织的培育建设和监督管理，发挥社会组织在扩大群众参与、反映群众诉求、服务社会、增强社会自治等方面的功能，发挥社会组织联系政府和人民群众的桥梁与纽带作用。加强社会组织的监督管理，推动社会组织的诚信和能力建设。

一是对区属部分基金会、商会进行了检查。加强了依法监管力度，规范了社会组织办会行为。二是按照自治区纪检委、纠风办的要求，对全区社会团体开展评比表彰活动进行了专项调查，从调查的情况看，没有发现乱评比乱表彰的。此外还对社会团体使用票据情况进行抽查，严肃了社会组织财务管理制度。

在行政检查中，做到了“三个结合”，即专项检查和全面检查相结合、书面检查和实地检查相结合、单独检查和联合检查相结合。通过行政检查，促进了民间组织规范运作。

二、社会组织培育发展

（一）加大社会团体培育发展力度。坚持以发展为主线，立足于优化结构，调整布局，突出重点，按需发展，全方位、多层次、高质量地推进社会团体的培育发展工作。一是围绕健全区市场体系和规范市场秩序，批准成立了内蒙古经纪人协会、内蒙古汽车流通协会、内蒙古民族餐饮行业协会、内蒙古农业生产资料流通协会、内蒙古成品油行业协会、内蒙古上市公司协会。二是围绕促进政府职能转变，批准成立了内蒙古荞麦产业协会、内蒙古蜂业协会、内蒙古橱柜行业商会、内蒙古眼镜行业协会、内蒙古通信行业协会、内蒙古农畜产品批发市场行业协会。三是围绕发展支柱产业和新兴产业，批准成立了内蒙古公共安全技术行业协会、内蒙古会展经济科学发展促进协会，积极扶持并培育发展了内蒙古马铃薯产学研创新促进会。四是围绕维护社会稳定，批准成立了内蒙古反邪教协会、内蒙古社会治安综合治理理论研究会。

根据自治区政府的要求会同自治区工商联对自治区培育发展行业协会、商会情况进行了调研，在鄂尔多斯市、包头市召开了座谈会，形成了《非公有制经济情况的调查报告》上报自治区政府。

（二）规范发展基金会。认真贯彻实施《基金会管理条例》，按照条例规定和民政部要求，结合年度检查，对原有基金会进行规范，同时引导培育非公募基金会。围绕科技、教育、文化、卫生、体育、社会福利、环境保护等方面，以培育非公募基金会为重点，对有成立基金会意向的个人和组织加强引导，对符合条件的依法登记。

（三）有序发展民办非企业单位。大力培育公益性、服务性民办非企业单位，尤其是重点培育民办院校、科研院所，充分等方面的民办非企业单位。2007年共培育发展56家民办非企业单位。

（四）探索涉外社会组织登记管理。根据中央有关部署，加强了涉外社会组织登记管理工作，配合自治区外办对全区社会组织涉外活动情况进行了摸底调查。对自治区社会组织下发了统计报表，初步掌握了社会组织涉外活动情况。为今后扩大对类似组织的注册登记积累了经验。

（五）认真贯彻行政许可法。认真贯彻落实行政许可法，进一步强化依法行政理念，提高依法执政能力。二是规范工作程序。按照行政许可法的规定，结合《社会团体登记管理条例》、《民办非企业单位登记管理暂行条例》、《基金会管理条例》以及相关登记办法，对照和完善了登记管理中的各项程序。三是推进信息公开。自治区社团局政务网站公布了民间组织的登记条件、手续、程序，提供资料下载，并对民间组织成立登记、变更登记和注销登记情况及时公告。

辽宁省社会组织建设与管理工作综述

辽宁省民间组织管理局

辽宁省民间组织管理局是辽宁省省本级社会组织的登记管理机构。2007年，增加了3个行政编制，1个副局长指数，现有行政编制9人，3个领导指数。辽宁省民间组织管理局下设辽宁省民间组织服务中心，定事业编16人，负责培训、档案整理等服务性工作。辽宁省下辖14个地级市，100个县区。全省目前已经有4个市（沈阳市、本溪市、丹东市、朝阳市）的社会组织登记管理机构更名为民间组织管理局。近年来，辽宁省社会组织发展呈稳步上升趋势，截至2007年年末，辽宁省社会组织数量为17886个，其中社会团体9041个，民办非企业单位8826个，基金会19个。辽宁全省社会组织登记管理机构共有114名专职工作人员，其中62名行政编制，52名借调人员，平均每个工作人员管理着156.89个社会组织。辽宁省各级社会组织登记管理部门，克服人员少，任务重的矛盾，始终坚持培育发展和监督管理方针，积极探索、勇于创新、扎实工作，抓住机遇，趁势而上，努力开创全省社会组织建设与管理工作的新局面。

（一）围绕大局、抓住重点，大力开展农经协扶贫工作。辽宁省社会组织登记管理和培育发展工作始终围绕党和国家工作的中心，始终坚持民政工作“为民解困”的主题。2007年，我们继续在全省深入开展农经协扶贫帮困工作，一是坚持政府引导，指标考核，增强农经协扶贫工作的自觉性。二是订单服务，明确责任，确保扶贫帮困工作不留死角。通过建立扶贫合同，确定扶贫责任人等方式量力而行，重视脱贫率。三是广开渠道，多方筹资，挖掘社会可利用资源。采取协会筹资、政府扶持资金、民政等有关部门投入、担保小额贷款等多种方式拓宽农经协扶贫经费来源。辽宁省民政厅与省财政厅联合制定了《支持农村专业经济协会扶贫实施方案》，争取了200万彩票公益金，无息借款给农经协开展扶贫帮困活动，突破了农经协扶贫的资金瓶颈问题。2007年年初，辽宁省主管农业的副省长批示农经协扶贫帮困要“推进广泛深入开展”。2007年4月3日，辽宁省人民政府召开了“辽宁省农村专业经济协会扶贫成果新闻发布会”，人民日报、香港大公报和香港文汇报等新闻媒体记者参加了此次会议。中宣部将辽宁农经协扶贫活动选为典型，通知人民日报、光明日报、农民日报、中央电视台等七家主要中央媒体全面报道。2007年11月，在南京召开的全国社会组织建设与管理工作经验交流会上，辽宁省农经协扶贫帮困工作作为典型经验在会上发言介绍。经过多年的培育发展，辽宁省农经协扶贫帮困活动已在全省普遍展开，并逐步走上一条产业化、规模化、系统化的可持续发展之路，并在全国率先建立了具有地方特色的“民政牵头，政府支持，部门协作，社会参与”的农经协扶贫新模式。截至2007年年末，辽宁全省1910个农经协共筹集了4920.09万元资金，扶持贫困户2.07万户，4.67万人，其中有8439户，2.58万人当年脱贫。

（二）发挥功能、突破难点，积极推进行业协会改革与发展。总体上，辽宁省经济社会发展水平与发达地区尚有一定的差距，省内行业协会还不能够完全适应市场经济发展的要求，其功能作用的发挥还不够。但我们结合东北老工业基地的特色，不回避矛盾，迎难而上，逐步推进了辽宁省行业协会的改革与发展。2007年年初，辽宁省人大常委会组织了社会团体专题调研组，对行业协会的建设与管理情况行了调研，并提出了建设性的意见与建议。我们根据《辽宁省人民政府关于促进行业协会发展的若干意见》和《国务院办公厅关于加快推进行业协会商会改革和发展的若干意见》的精神，结合省人大常委会调研组的要求，着力推进政会分开，支持行业协会自主办会；通过扩大行业协会覆盖面增强其代表性，将业务范围交叉的行业协会进行重组合并等方式，优化行业协会的结构和布局；通过政策引导，典型示范，营造行业协会有序发展的环境，带动行业协会充分发挥积极作用。目前，辽宁省共有行业协会2400多个，占全省社团总数的27%左右，在经济社会发展中发挥着重要的作用。

（三）强化管理，规范发展，开展全省社会团体的清理整顿工作。辽宁省社会团体整体上处在初级阶段，虽然在促进经济社会发展等方面发挥着积极的作用，但也存在着不少困难和问题。为推进政府职能和管理方式的转变，促进社会团体又好又快发展，2007年，辽宁省民政厅与辽宁省监察厅联合下发了《关于开展全省社会团体清理整顿工作的通知》，坚持统一领导、协同配合，有错必纠、举一反三，依法清理、严格整顿的原则，以整治企业和社会反映强烈的乱收费问题为重点对全省社会团体开展了一次清理整顿。一是大力推进政会分开，要求社会团体与政府有关部门要实现机构分设、人员分离、职能分开、资产分开；二是严格规范财务管理，要求社会团体必须单独设立账户、健全财务制度、规范会费收取制度；三是健全换届选举制度。清理整顿工作分为部署准备、社会团体自查、业务主管单位审查、登记管理机关审核、检查验收五个步骤，并明确了具体的时间表，落实责任。这次社会团体清理整顿工作是贯彻十七大精神的新举措，是落实辽宁省委、省政府加强软环境建设的新要求，是促进社会团体健康有序发展的新任务，更是部门联合，上下联动的社会团体建设与管理长效机制的一次演习。社会团体清理整顿工作主动适应了新时期社会主义现代化建设的需要，将进一步推动社会团体的健康发展。

（四）完善政策，健全制度，夯实社会组织发展的基础。近年以来，我们充分发挥地方积极性，适应变化发展的形式，切实加强立法调研、起草和修订工作。2007 年，我们制定了《辽宁省民间组织管理联络员制度》、《辽宁省农村专业经济协会扶贫实施方案》、《关于开展全省社会团体清理整顿工作的通知》，鞍山市和铁岭市分别下发了《关于对社区民间组织进行备案的通知》、《铁岭市关于加强社区民间组织培育发展与登记管理工作的意见》，朝阳市编写了《社会团体工作指南》等诸多规范性文件、材料等。从颁布实施主体来看，这些文件既有以省委、省政府名义出台的，也有部门联合或以各级登记管理机关文件发布的；从内容看，既有对社会组织整体发展的要求，也有对某项具体工作的详细规定。这些文件不拘一格，适应了变化发展的形势，充实了实体性规定，增强了可操作性，为我省社会组织健康有序的发展奠定了坚实的制度基础。

（五）分类指导、统筹规划，努力实现我省社会组织健康、有序发展。一是鼓励社会力量在教育、科技、文化、卫生、体育、社会福利等领域兴办民办非企业单位。广泛吸纳、利用民间资金、人才和技术，大力发展民办非企业单位，努力形成公办社会事业与民办社会事业共同发展的格局。二是加大对基金会的扶持力度，充分发挥基金会在反映弱势群体利益诉求、帮助困难群体消除贫困、改善困境等方面的作用。

（六）建立网站，加强宣传，建立健全社会信用评估体系。2007 年，辽宁民间组织信息网正式运行，网站与国家和其他省市社会组织网站链接，实现了一网多用，不仅涵盖了全省 14 个地级市和 100 个县区，而且征集了辽宁省所有社会组织的基本信息，这些基本信息通过省政府的征信网络平台向社会公示，即满足了各级登记管理机关对社会组织培育发展和监督管理的需要，也为其他部门和人民群众提供了便利，实现了辽宁全省信用数据的交换共享，建立健全社会信用体系。同时，我们利用民间组织网络对各类民间组织进行评估，借助社会各方力量，采取多种方法扩大评估面，做出公开、公正评价，为实施有效管理提供依据。努力建立健全政府指导、社会参与、独立运作的民间组织综合评估机制。

大连市社会组织建设与管理工作综述

大连市民政局

2007年，大连市社会组织建设与管理工作在国家民政部的正确领导下，以十七大精神为统领，贯彻落实全国社会组织建设与管理工作经验交流会要求，按照"适应需要、合理布局、有序推进、分类管理、规范发展"的原则，努力提升行政服务效能，狠抓行业协会、农经协、社区和慈善类社会组织发展，探索民非单位自律诚信建设，各项工作取得新的进展。

（一）加强登记管理工作，社会组织稳步发展。2007年，大连市社会组织登记管理工作进入了规范发展期，全年为460家社会组织办理了变更登记手续，其中社团330家，民非单位130家；共撤注销社会组织24家，其中社团18家，民非单位6家。社会组织年检工作顺利进行，为395个市级社团、390个市级民非单位办理了年检手续，社团年检参检率85%、合格率100%，民非单位年检参检率90%、合格率100%。年检结束后，对未参加年检的社会组织进行了公告。新生社会组织保持平稳增长，全年新登记社会组织306个，其中社团129个，民非单位177个，截至目前，大连市社会组织总量发展到4953个，其中社团1430个，民非单位3523个。为贯彻落实大连市政府行政效能年要求，进一步提高工作效率，我们积极改革社团年检的工作方式，与业务主管单位联合开展集中年检。通过实行联合年检，年检效率和社团年检率大大提高，改变了以前等待社团报检的被动工作方式，以前需要6个月时间才能完成的年检工作，现在仅用2个多月就全部结束，工作效率提高了3倍。

（二）实施分类发展，社会组织作用突显。为适应形势发展需要，我市正确贯彻"分类培育、分类发展、分类管理"的三项原则，实现了行业协会、农经协、社区和慈善类社会组织的不断发展，社会服务作用日益突显。一是出台了《关于农村专业经济协会培育发展指导意见》，推进农经协培育发展和规范管理工作，全市农经协快速发展，总量达到了490家，覆盖了全市85%以上的乡镇，带动农民约35万余人，约占农业人口总数的12%，累计带领农民增收约11亿元，农民会员人均年增收2000余元。农经协扶贫帮困工作得到进一步强化，10月份，争取辽宁省民政厅20万元福彩公益金，与我市2家农经协签订扶贫帮困协议，计划到2008年年底前完成67户扶贫任务，现已完成27户。目前，全市农经协共扶持2000多户贫困农民脱贫致富。二是贯彻落实《国务院关于加强和改进社区服务工作的意见》，提出了我市培育发展社区社会组织试点工作意见，推进社区社会组织持续发展，总量达到1700个，基本遍布每个社区，社区公共服务社、文体娱乐团体等社会组织已经成为丰富居民生活不可缺少的重要社会组织形式。三是慈善类社会组织参与社会公益事业能力不断增强，组织500余万人次参与公益慈善活动，20余万群众受益。

（三）加强规范化建设，促进社会组织健康发展。加大社会组织规范化建设工作力度，将政策制定和有效监管结合起来，以规范促发展。一是修改《大连市社区社会组织发展指导意见（草稿）》，报送市政府，现已进入补充完善阶段。二是开展立法回头看工作。对已经实行了3年的《大连市行业协会管理办法》（以下简称《办法》）进行评估，就合法性、合理性、可行性和可操作性等进行全面梳理，重新审视《办法》的设计和运行，向市政府法制办提出上升为地方法规的立法意见。三是加大了监管执法工作力度，依法取缔了“大连连菜协会”，对内部管理存在问题的大连市宠物协会和大连市冬泳协会进行了严肃查处，并与大连市残疾人联合会联合行动，完成了对我市狮子会的清理工作。四是引入听证制度，推进行业协会规范发展。为从起步阶段就做好行业协会的规范发展，我们全面建立了“行业协会成立听证制度”，制定了听证组织程序、出席人员构成及产生办法、听证结论的形式、期限及告知方式等，对拟成立行业协会的企业意愿、办会方针、会费收取及使用等进行听证，打破传统的单向申报审批式的登记管理模式，行政机关提前介入行业协会成立论证，行业协会能否成立企业有了真正的发言权。2007年共举行了大连市金属贸易行业协会、大连市半导体行业协会等多个行业协会听证会，得到了企业和国内同行的认可。

（四）开展业务培训，提高社会组织工作水平。2007年我市广泛开展了社会组织业务培训工作，从登记管理机关和社会组织自身双方面提高全市社会组织工作的整体水平。一是召开各区（市）县分管局长、科长和专职工作人员参加的全市社会组织管理工作会议，传达国家、部、省、市出台的社会组织工作新规定、新政策，进行社会组织管理业务培训。二是组织各区（市）县专职工作人员，参加辽宁省民政厅组织的社会组织网站建设和信息宣传培训班，提高工作信息宣传意识和运用现代化办公手段开展社会组织管理工作的能力。三是组织全市社团负责人培训班，邀请国家工商行政管理总局市场规范管理司原司长、中国经济体制改革研究会特邀研究员张经授课，分两期对350多位社会团体负责人进行了社团发展理论与实践的培训。

（五）制定长远规划，推进社会组织工作可持续发展。在新形势下要做好社会组织工作，必须从战略的高度和全局、长远视角去规划，因此，我们加大了社会组织发展计划制定工作。首先，针对目前社会组织发展趋势和存在的问题，制定了“十一五”期间我市社会组织发展规划，提出了未来工作的指导思想、工作目标、培育措施。其次，在对社会组织进行整体规划的同时，为了使各项工作更加有的放矢，我市还开展了具体工作的分类规划：一是配合市新农村建设领导小组办公室，对近年来农经协在新农村建设中的投入及成效情况进行总结，并对2008—2013年农经协如何发展制定了规划。二是配合市纪委制定了我市加强社会组织反腐败、反商业贿赂5年规划。三是根据和谐社会建设要求，注重发挥社会组织在维护社会稳定中的积极作用，配合市政法委制定社会组织实施反邪教工作规划。

（六）创新管理方式，开展民非单位诚信评估工作试点。按照十六届六中全会提出的“引导各类社会组织加强自身建设，提高自律性和诚信度”要求，我市为全国制定了民办非企业单位诚信评估指标体系，目前该研究成果已被《中国民间组织评估》一书收录，在此基础上，在全国率先开展民非单位自律与诚信评估工作试点。制定了《大连市民办非企业单位自律与诚信评估工作实施方案》，出台了《大连市民办非企业单位自律与诚信评估暂行办法》，制作了《大连市民办非企业单位自律与诚信评估申报表》，明确了工作目标、实施范围、工作步骤，提出了具体的工作要求，准备利用2年的时间，探索建立科学、高效的民非单位诚信评估机制，加大对民非单位的监管力度，提高社会公信力，为民非单位承担更多社会管理和公共服务职能创造良好条件。目前，此项工作进展顺利，自评阶段已经结束，已进入“业务主管单位评估初审阶段”，信息披露、财务公开等制度已经在市级民非单位中普遍建立，服务质量明显提升，受到社会的广泛认可。

（七）创新发展模式，助推社会组织国际化发展。2007年我市积极转变工作思路，将工作范围由登记管理拓展到重点提升社会组织的协调服务能力，助推我市企业国际化发展。联合40多家行业协会，开展“评选连企行业状元，打造城市记忆工程”活动，发动各个行业领域评选本行业的状元企业，颁发荣誉证书，并将状元企业的发展信息送交大连市档案馆，纳入大连市城市记忆工程信息库，上网向世界发布，并作为我市优秀企业的代表，向各国家、地区的领使馆和商务代表机构推荐。组织16家社团共同编制了《大连行业状元》一书，被指定作为世界经济论坛——夏季达沃斯会议唯一推介材料，向200多个国际机构推广，为我市优秀企业与国际接轨创造便捷的条件。同时，连续第5年支持22家行业协会与国外社团联手帮助大连企业拓展国际市场，相继与48个国家和地区的驻华商务机构和跨国公司代表处及国际商会建立起协作伙伴关系。

吉林省社会组织建设与管理工作综述

吉林省民政厅

2008年，吉林省民间组织管理工作坚持“培育发展与监督管理并重”的方针，在开展常规性工作的同时，立足发展，分类指导，大力发展行业性和公益类社会团体，积极培育农村专业经济协会城市社区社团，深入开展基金会和民办非企业单位规范化建设，取得显著成绩。截至2007年年底，全省民间组织已发展到20124个，其中：社会团体4661个、民办非企业单位2883个、基金会21个、农村专业经济协会5756个、社区社团6803个。民间组织工作人员总数达到54260人。

社会团体按活动地域划分，省级社团有540个，市级社团有1622个，县级社团有2499个；按行业类别划分，科技研究类221个、生态环境类222个、教育类272个、卫生类215个、社会服务类741个、文化类447个、体育类197个、法律类200个、工商业服务类246个、宗教类68个、农村及农业发展类855个、职业及从业者组织311个、国际及涉外组织17个、其他649个。

民办非企业单位按性质划分，法人形式的有1041个，合伙形式的有82个，个体形式的有1760个；按行业类别划分，科技研究类146个、教育类1545个、卫生类109个、社会服务类677个、文化类142个、体育类100个、法律类24个、工商业服务类37个、职业及从业者组织47个、其他56个。这些民间组织遍布城乡，涉及社会生活的各个领域，初步形成了门类齐全、层次不同、覆盖广泛的民间组织体系，成为推动经济发展、促进社会和谐的一支重要力量。

一、大力培育发展，促进民间组织社会作用的发挥

（一）开展好省本级民间组织登记工作，大力发展行业类和社会服务类民间组织。2007年省本级新审批成立民间组织50个，其中社会团体28个、民办非企业单位30个、基金会2个、基金会分支机构3个。在新审批的民间组织中，行业协会为17个，占新审批社团总数的61%；职业技能培训学校17个，占新审批民办非企业单位总数的57%，民办医院数量较上年增加了100%。此外，结合我省实际，进行了异地商会登记试点，成立了3个异地商会。对50个社会团体进行了变更登记。

（二）加大行业协会的改革发展力度。认真贯彻《吉林省培育发展行业协会的指导意见》，深入开展行业协会示范单位创建活动。认真落实国办发《关于加快推进行业协会商会改革和发展的若干意见》，开展了行业协会改革前期调研工作，召开了省本级部分行业协会座谈会，认真听取了行业协会的意见，研究我省行业协会改革发展的具体操作办法，代省政府起草了《关于加快推进行业协会改革发展的实施意见》。

（三）大力培育发展农村专业经济协会，服务新农村建设。各级民政部门本着“先发展、后规范”、“边发展、边规范”的原则，简化登记手续，降低登记门槛，大力培育发展农村专业经济协会。在全省范围内推广了榆树市培育发展农村专业经济协会的经验，按照“村村发展，普惠农民”的工作思路，放宽条件，简化手续，大力扶持。目前，全省共有农村专业经济协会5860个，其中注册登记1410个，备案登记4450个，会员总数近60万人，带动农户达120万人。全省各县（市）平均拥有“名牌”协会5个以上，各乡镇培育发展骨干协会超过6个，“草根协会”覆盖了40%以上的村屯。这些农村专业经济协会连接市场、服务农户，促进了区域经济的发展和广大农民的增收致富，有效地服务了社会主义新农村建设。

（四）培育发展社区社团，增强社区活力。一方面初步构建起了类型齐全、结构合理的网络体系，另一方面健全和完善了以章程为核心的各项管理制度，社区社团自我管理、自我发展的自治能力得到了强化。区、街道和社区居委会对社区社团的指导分工有序、职责明确，管理体制日渐完善。社区社团呈现出数量多、覆盖广、领域全的发展局面。全省城市社区社团在市辖区社区的覆盖率达到100%，县级市社区覆盖率达到了80%，

正逐步成为社区群众丰富生活，参与社区建设的主体力量。

二、加强监督管理，规范民间组织发展

（一）加大行政执法监督力度。制定了《吉林省民间组织违法行为及非法民间组织处罚暂行办法》，确定了民间组织管理局的行政执法岗位、执法责任内容、执法工作要求和责任人。依法对全省性 650 个民间组织进行了年检，对存在问题的民间组织做出了相应处罚，撤销 15 个，限期整改 13 个，取缔 4 个非法分支机构。6 月份召开了全省基金会工作会议，针对基金会管理存在的问题，提出了加强和改进的意见，保证了基金会的健康发展。

（二）推进民间组织诚信建设。为创造公平竞争的市场价格环境，维护消费者和其他经营者的合法权益，发挥民间组织在建设和谐社会中的积极作用，我们组织吉林省食品行业协会等 10 个行业协会联合发出了维护价格稳定，规范价格行为的倡议，深入开展了诚信建设活动，有力提升了民间组织的公信力。

（三）对社会团体开展评比达标表彰活动进行了清理。对省本级社会团体上报的 122 项评比达标项目进行了认真审核，建议撤销 28 项，保留 16 项评比表彰内容。下发了《关于严格控制社会团体开展评比达标表彰活动的通知》，规范社会团体开展评比达标表彰活动的内容和范围，要求社会团体不得超越所在行业范围，不得在会员范围以外举办评比表彰活动。严禁社会团体借评比表彰之机乱收费。

三、改进办事程序，增强服务功能

（一）认真贯彻行政许可法。对行政审批项目和程序进行了简化，取消了省级社会团体、民办非企业单位及社会团体分支机构成立和变更的收费，审批登记工作实行了政务大厅即办和先审后批相结合的审批制度，民间组织变更登记和注销登记实现了在政务大厅即办。对民间组织成立登记的条件、时限、材料、收费等相关内容进行了公开，对申请成立民间组织所需要的章程、申请书、业务主管单位批准文件等制定了示范格式文本。

（二）加强对民间组织人员培训。9 月 4 日在吉林省太阳山部落举办了三期社团秘书长培训班，9 月 12 日在吉林市举办了民办非企业单位业务培训班，对省本级 360 个社会团体秘书长和民办非企业单位的 100 多位负责人进行了培训，12 月份组织部分市州相关人员参加了国家民间组织管理局举办的培训班，有效提高了民间组织管理人员和负责人的政策业务水平。

（三）加强信息化建设。2007 年 5 月份开通了“吉林省民间组织信息网”，设置了“政策法规、管理工作、通知公告、民间组织活动、民间组织信息公开、经验交流、办事指南、表格下载”等栏目，为登记管理机关及时发布政策法规和重要信息、民间组织网上办公，民间组织展示自身风采和加强互相交流交流，社会公众了解民间组织，提供了网络平台。网站的开通，促进了登记管理机关提高工作效率，改进了为民间组织服务的质量。

黑龙江省社会组织建设与管理工作综述

黑龙江省民间组织管理局

2007 年，黑龙江省民间组织管理局以科学发展观为指导，坚持发展和管理并重的方针，积极培育发展民间组织，不断规范其行为。截至 2007 年年底，全省共有民间组织 11057 个，其中社会团体 4987 个，民办非企业单位 6044 个，基金会 26 个。

一、积极引导民间组织真情回报社会

（一）民办非企业单位为民解难。2007 年，在我局的组织下，全省民办非企业单位共开展“提供优质服务，真情回报社会”等主题公益活动 116 次，参加活动的省级民办非企业达 1427 个，接受各类服务 22.7 万人次，为社会免费或低于成本服务费用达 479 万元。民办非企业单位，推动了教育、科技、卫生、文化、扶贫等社会事业和公益事业的协调发展。

（二）农村专业经济协会帮农解困。我省各类农村专业经济协会遵照“民办、民管、民受益”的原则，帮农解困、助农致富。协会提高农民科学养殖、种植的科技含量；提高会员的生产技术水平；推动了会员订单农业的发展和市场化销售进程；帮助农民转移劳动力；维护合法权益上，为农民代言，真正的成了农民奔小康的桥梁与纽带。

（三）公益基金会为民圆梦。以省青少年发展基金会为例，多年来累计接受海内外捐款 1.47 亿元人民币，资助农村贫困大、中、小学生 14.24 万名，援建希望小学 547 所，匹配希望书库 443 套，组织培训希望小学教师 2500 余名。

2007年，青少年发展基金会与全省各级团组织的联动开展“希望工程圆梦行动”筹资375.9万元人民币，帮助1389名贫困大学生圆上大学之梦。在希望小学的建设上，从单一基础建设转为全面能力提升，通过社会动员为希望小学配备各种器材及设施，2007年共建设快乐体育园地27个、希望图书室16个、电脑教室8个；倡导城市中小学与农村希望小学进行校际结对；招募应往届大学本科毕业生赴希望学校义务支教。第二批“希望义工”已于2007年9月赴绥化地区的10所希望小学进行了新一轮的支教活动。提升希望小学的“软实力”，增强希望小学教师队伍的活力，帮助希望小学获得更多的发展能力，满足希望小学多样化的公共服务新需求。

同时在2007年我省希望工程实施十五周年之际，还特别援建了5所抗联希望小学，丰富了希望小学新的内涵，将爱国主义教育融入希望小学的发展建设之中。

二、围绕中心，做好民间组织发展的相关工作

（一）依照《关于做好农村综合改革工作的贯彻意见》（民发［2007］26号），起草了我省推进农村综合改革中农村专业经济协会培育发展方面的贯彻意见。提出了农村专业经济协会发展的中长期目标；确立了“打破常规、简化程序、实行优惠、允许突破”的宽松扶持政策。

（二）按照《关于加快推进行业协会改革和发展的若干意见》（国办发［2007］36号）的要求，经调查研究，广泛征求意见，起草并上报了我省的贯彻落实意见，分析了全省行业协会的状况和发展趋势，指出了当前存在的突出问题，明确提出了我省具体的实施办法。

（三）结合《关于清理评比达标表彰活动工作方案》（国办发［2006］102号）和黑纠办［2007］2号文件规定，起草下发了省级社团贯彻落实的通知。规定了社会团体不得举办以基层政府部门为对象的、无政策依据的、未经有关部门审批开展的专项表彰活动，对向评比对象收取费用和程序不合规定的一律撤销。经过认真统计和研究后，对22家44项评比表彰活动提出了保留意见，对13家21项不符合规定的表彰项目提出了撤销建议。

（四）按照《关于公益救济性捐赠税前扣除政策及相关管理问题的通知》（财税［2007］6号）文件要求，及时与省财政厅进行了沟通，制定了公益性民间组织的鉴定标准，在全省范围内进行了统计，帮助符合条件的公益性民间组织完善了申报手续，最后为省慈善总会等15家公益性民间组织上报了审批手续。

三、强化宣传，扩大民间组织的影响力

（一）充分发挥黑龙江省民间组织发展促进会会刊《民间组织之家》的作用。2007年，我们充实扩展了栏目，成立了《民间组织之家》指导委员会，更好地发挥刊物的宣传作用，为全省民间组织展示风采提供舞台。

（二）组建了民间组织信息宣传队伍。面向省属民间组织、地市登记管理机关下发了《关于进一步做好民间组织信息宣传工作的通知》，确定专职宣传员，着力组建一支专门的民间组织信息宣传队伍。全年各媒体共刊发民间组织信息宣传稿件26篇和两个专版。

（三）充实更新民间组织信息网。为了方便社会公众和服务对象，在省民政信息中心的支持下，组织了专门人力就民间组织的政策法规、疑难解答、民间组织名录、登记流程、岗位职责、经验交流、信息通报以及表格下载等内容全部网上公开发布。

四、严格质量，高标准推动常规工作顺利进展

（一）强化管理，认真年检。及时对参检单位发放了年检报告书和年检通知，审核过程中做到从严把握，从年检情况看，多数民间组织运转是健康、正常的。2007年加大了管理力度，对条件不完善的18家做出了限期整改的决定；对8家基金会下发了整改通知书，并对条件完善的基金会在中国社会报进行了年度工作报告信息公布；对不具备保留条件的30家技能培训类民办非企业单位做出了撤销决定，并在黑龙江日报进行公告。另外，2007年，及时处理了违规和非法民间组织的活动6起，通过加强监督查处工作，既达到了查处非法行为，加强民间组织建设，同时又宣传了国家法规，增强法律意识，产生较好的社会效果。

（二）坚持依法审批，强化优质服务。日常审批工作中既注意把握政策，又注意灵活性和讲究方法与策略。全年共接待、咨询、受理达500多项次，全年登记审批民间组织57家（其中社会团体24家、民办非企业单位31家、基金会2家），完成各类变更登记119项，注销登记8项，均按规范程序，严格政策规定，严格审核把关，确保民间组织发展登记合格率达100%。都做到了保质保量。全省今年审批各类民间组织1216家。

（三）完成了省属民间组织档案移交。对省属1316个民间组织档案进行了分类装订，并与省地名档案馆移交完毕，建立了档案查阅制度，实行了规范化的管理。

五、认真调研，夯实基础

（一）2007 年，我局分两个组分别深入全省的 11 个地市 15 个县（区）和上海、北京、青岛等地进行了实地考察与调研，分析研究。同时分片、分部门召开了四次座谈会，听取建议，征求意见，开阔了视野，丰富了工作经验。并分别完成了《黑龙江省农村专业经济协会的调查与思考》和《关于建立政府与民间组织分工协作的社会管理机制的调查研究报告》。

（二）2007 年 10 月份，我局在牡丹江举办了全省县以上各级登记管理人员的培训。对社团的登记管理程序，民办非企业单位的登记管理程序，基金会的相关知识，进行了系统的讲解，统一规范了全省登记管理的行为。

上海市社会组织建设与管理工作综述

上海市社会团体管理局

2007 年，上海社会组织工作以促进社会组织有序发展为主线、以加强对社会组织的管理为重点、以社会组织规范化建设为抓手，解放思想，务实创新，开拓进取，强化管理，完善服务，较圆满地完成了各项工作任务。

一、政策措施逐步健全，社会组织发展环境得到改善

上海市委、市政府十分重视社会组织建设与管理工作，对社会组织发展、建设与管理都提出了明确要求。上海市第九次党代表大会要求“重视发挥社会组织在参与社会管理中的重要作用，善于运用社会资源改进社会管理。坚持培育发展与监督管理并重，制定实施有利于社会组织发展的财政支持、人员待遇等扶持政策，促进社会组织健康发展。加强对社会人、社会组织和虚拟社会的管理”。上海市政府出台的《关于完善社区服务促进社区建设的实施意见》提出，要大力培育发展社区民间公益性组织。上海市人民政府印发关于进一步加强国内合作交流工作若干政策意见的通知要求，积极推动在高新技术领域和现代服务业领域建立一批区域性行业协会和中介机构，鼓励国内企业、社会团体、其他社会资本以及个人投资上

海社会事业与公益事业。这些政策措施的出台，进一步明确了上海市社会组织的发展方向。

社会组织发展的扶持政策进一步完善。各业务主管单位和政府专管部门，将社会组织发展纳入了经济和社会发展规划，摆上议事日程，制定政策，转移职能，解决发展中遇到的困难和问题。上海市财税部门出台了《关于做好本市公益救济性捐赠机构管理工作的通知》，首次明确了上海市公益救济性捐赠税前扣除程序，统一了上海市接受公益性救济性捐赠专用票据，为公益救济类社会团体、基金会吸纳更多的社会资金提供了有效的政策支持；上海市民政局、上海市农委、上海市社团局联合下发了《关于大力培育和规范发展涉农民间组织的意见》，加强涉农民间组织建设。上海市民政局决定从2007年开始，每年从上年度本级福利彩票公益金中支出总额约7000万元的资金，对上海市慈善基金会等7家社会组织实施福利彩票公益金项目资助。沪苏浙三地发改委签订“长三角现代服务业合作协议”，明确要建立健全区域内各行业协会之间的交流合作平台，不定期互访，促进行业与行业、协会与协会的沟通和交流，谋求共赢。

二、发展水平不断提升，社会组织作用日渐显现

社会组织保持较快发展态势。一是社会组织的数量稳步增长。全年新增社会组织615家，其中社会团体193家，民办非企业单位414家，基金会8家。截至2007年年底，全市共有社会组织8366家，其中社会团体3234家，民办非企业单位5049家，基金会83家。浦东、金山、松江、青浦、崇明等区县全年社会组织增幅均超过了10%。二是社会组织综合实力不断增强。2006年度社会组织年检数据显示，社会团体会员达473.52万，工作人员1.8万，净资产23.88亿元，年度收入合计29.83亿元。民办非企业单位从业人员10.87万，净资产72.05亿元，年度收入合计111.2亿元。基金会工作人员428人，志愿者1.59万人；接受捐赠7.5亿元，其中来自境内的捐赠6.8亿元，境外捐赠0.7亿元。

社会组织影响日益扩大。一是社会公信力稳步提高。清理规范社会团体评比达标表彰活动成效显著，社团行为不规范现象明显好转。共审核社团评比达标表彰项目268项，其中列入清理范围的有182项，拟保留102项、撤销80项。民办非企业单位自律性和诚信度进一步增强，2007年全市民办非企业单位中已建立理事会会议制度、财务、劳动用工、印章管理等制度的单位占95%；已披露年度工作报告的单位占95.7%；已披露财务状况的单位占94.9%；已披露筹资或接受捐赠情况的单位占70.3%；已建

立服务承诺制的单位占94%。二是作用日益显著。广大社会组织积极承担社会服务功能，弥补了社会公共服务的不足。在2007年民办非企业单位自律与诚信建设中，全市有4691家民办非企业单位开展了1050次多种形式的主题公益活动，提供社会公益服务达202.58万人次，其中免费服务126.68万人次，低于成本价服务74.90万人次，这些公益服务折合经济效益达2.2亿元。基金会全年公益支出达4.86亿元，年度资助人数已由2002年度的不足10万人提高到73.83余万人，有力地支持了公益慈善事业的发展。

三、开拓创新，社会组织管理体制改革迈出新步伐

社会组织管理体制改革试点取得新进展。浦东新区开展行业协会无业务主管登记改革试点，直接成立登记了浦东新区光电子行业协会等四家行业协会。普陀区顺利完成了社会组织枢纽式管理试点工作，根据社会组织住所属地原则归口，将全区300余家经过登记的社会组织归入街道、镇，46家社会团体由区民间组织服务中心直接管理；普陀区长寿路街道“社区民间组织管理体制改革”项目荣获第四届“中国地方政府创新奖”优胜奖，为社会组织提供了扶持培育的发展平台、惠及百姓的服务平台、整合资源的合作平台和购买服务的承载平台。静安区健全民间组织管理机制，组建社会组织联合会，加强对基层民间组织的发展引导。

新型政社关系实践有了新探索。浦东新区出台《关于着力转变政府职能建立新型政社合作关系的指导意见》和《浦东新区关于政府购买公共服务的实施意见（试行）》，在推进政府与社会组织“六分开”的同时，大力推进政府购买服务，通过政府承担、定向委托、合同管理、评估兑现的运作机制，将一大批事务性、服务性工作交由社会组织承担，推动了互动合作新型政社关系的建立。

社会组织改革发展取得新突破。闵行区针对本区社会团体政社不分，行政依附性强，官办色彩浓等问题，对社会团体提出了与党政机关分离改革的要求，并将其纳入2007年区政府重点工作之一，区委办、区府办印发了《关于闵行区社会团体与党政机关分离的实施意见》，成立了分离改革工作领导小组，按照“政府主导，民政牵头，试点先行，分类推进”的工作思路，稳步有序推进分离改革工作。2007年有78家社会团体按照机构分设、人员分离、财务分开的改革要求完成了改革任务，19名正处级、48名副处级领导干部退出了社会团体领导职务，69家社会团体委托了中介机构代记账。

四、强化监督，社会组织依法管理有新提高

登记管理工作有新内容。探索涉外社会组织扩大试点登记，与上海市教委协商解决上海市国际学校和中外合作办学机构注册问题，正式开展上海市国际学校登记试点工作。基本完成上海市民办学校民事主体资格变更登记工作，91 家应办理民事主体资格变更登记的民办学校中，已完成 82 家。

日常管理推出新举措。一是社会组织工资基金管理全面推广。上海市民政局、上海市社团局和中国人民银行上海分行联合下发了关于在上海市社会组织中实施工资基金管理工作的通知；制定了《关于民间组织工资基金管理核准工作的操作办法》和《民间组织工资基金管理手册》，并与上海市地方税务局、中国人民银行上海分行、上海市劳动和社会保障局就新老工资基金管理手册的衔接替换工作协商了具体处理办法。目前已有 14 个区县圆满完成了年度社会组织工资基金管理任务，5512 家社会组织完成了工资手册申领工作。二是社会组织规范化建设评估试点顺利推进。作为全国社会组织评估体系试点城市，按照国家民间组织管理局要求，在上海市的行业协会，社会福利和教育领域基金会，部分民办非企业单位中开展规范化建设评估试点。下发了规范化建设评估试点工作通知，出台了《上海市民间组织规范化建设评估办法（试行）》和社会团体（行业性）、民办非企业单位、基金会规范化建设评估标准（试行），召开了上海市社会组织规范化建设评估试点工作动员会，各项试点工作按照计划要求稳步开展。三是社区群众活动团队备案管理试点工作有序推进，研究起草了《上海市社区群众活动团队备案办法》（草案），闵行、虹口、金山等区试点工作进展顺利，成效显著。四是年度检查扎实有效。完善全市社会组织网上年检程序，新增业务主管单位网上审批流程，市、区两级业务主管单位中有 482 家参与年检报告书网上审批，全市有 98.8%的社会组织进行了网上年检信息填报；注重年检效果，坚持材料审查、实地检查、当面谈话相结合，年检参检率、合格率和工作实效等较往年有较大提高。社会组织年检合格率达到 98.3%，其中社会团体 99.3%、民办非企业单位 97.7%、基金会 97.1%。强化年检工作的严肃性，对年检不合格及不参加年检的 39 家市级社会组织及时予以公告。

执法监察工作继续深入。一是夯实预警网络，以街镇预警网络建设检查考核为抓手，进一步延伸预警触角，推动预警网络向纵深发展，静安、杨浦、松江等预警网络建设进步明显；网络综合功能日益凸显，经预警网

络上报的预警信息281条，较2006年增长了130%。二是提高执法监察水平。加强执法宣传，针对上海福岛自然灾害减灾基金会的违法行为，在对其进行行政处罚的同时在多家媒体上进行了曝光，起到了处罚一个教育一批的警示效果；对执法顽症主动攻坚克难，对连续两年以上不参加年检及年检不合格的325家社会组织的情况梳理和分析，主动邀请上海市府法制办、民政局法制部门专家，召开法律适用问题专题研讨会，研究解决办法。加大对涉外社会组织非法活动和国内社会组织非法涉外活动的查处力度。各级登记管理机关全年共计承办案件117起，办结104起，在查13起，结案率为88.9%。

五、加强宣传和研究，登记管理机关自身建设有新突破

宣传工作扎实推进。加强宣传阵地建设，完成了上海市社团局新版政务网站“上海民间组织网”的建设工作，推出了社会组织一门式网上办事大厅，新设了社会团体、民办非企业单位、基金会三个业务专栏，为19个区县建设了子网站，丰富了网上互动及便民服务的功能。创新新闻宣传工作方式，开发“上海市社团局信息采集发布管理平台”，为全市市、区两级登记管理机关、业务主管单位和全市8000多家社会组织开启了一个方便快捷的网上信息收集和报送窗口，进一步拓宽和丰富政务网站的信息资源。加强信息员队伍建设，召开了2007年信息宣传工作培训会，邀请新闻媒体的领导及专家就如何做好信息宣传工作，作了专题讲座。认真做好《上海民间组织》的编辑和发行工作，全年发行6期共24000本，期刊质量明显提高。宣传工作成效显著，2007年上海市社团局投稿的数量和质量在全国各省（市）民管局中名列前茅，并且有的被中央政府门户网站刊载，有的被中国社会报头版头条刊载；全年全市共有83条信息和文章被中国社会报民间组织周刊登载；在上海市政府办公厅公布的2007年度“中国上海”门户网站信息报送年度排名中，上海市社团局被“中国上海”门户网站录用的各类信息656条，在全市50个委办局中名列第五。

学习培训进一步加强。编辑了《民间组织政策法规汇编》及《民间组织专职管理人员岗位培训试用教材》，完成了《上海各区县培育发展民间组织相关政策》和《上海市政府购买民间组织服务工作材料汇编》的收集整理和编印下发工作。组织了“民间非营利组织会计制度”、“民间组织工资基金管理申报”和“民间组织专职管理人员岗位培训”等社会组织专业培训，开展了登记管理机关工作人员信息宣传和执法业务等培训，全年培训人员1799人，提高了登记管理机关和社会组织各类人员的专业素质和业

务水平。

调研工作不断深入。围绕社会组织重大理论与实践问题，深入调研，形成了一批有创新、有分量的调研和理论成果，指导了工作实践。完成了上海市民间组织管理和发展经费保障情况、上海民间组织财税票据使用情况以及上海市民间组织国际交流与合作情况等专题调研。各区县也根据社会组织发展与管理中遇到的各种问题，有针对性地开展了系列调研，促进了社会组织的健康发展。

江苏省社会组织建设与管理工作综述

江苏省民政厅

江苏省是经济文化大省，也是民间组织大省。到2007年年底，全省已登记各类民间组织29256个，其中社会团体17224个，民办非企业单位11888个，基金会144个。截至年末，全省农村专业经济协会新发展864个，总数已达4014个；全省社区民间组织新发展795个，总数已达2295。初步形成了多门类、多层次、广覆盖的民间组织体系。

近年来，在民政部和江苏省委省政府的正确领导下，经过各级民政部门和相关部门的共同努力，民间组织管理和发展工作都取得了很大成绩。在宏观把握民间组织发展趋势的基础上，江苏省民政厅本着边研究、边探索、边总结、边创新的原则，不断凝练新的发展理念，开拓新的发展领域。江苏省民政厅把2007年定为“民间组织建设年”，按照打造强势民政理念，以做优做强民间组织为目标，以深化培育发展为主线，以强化管理服务为措施，抢抓机遇、乘势而上，切实加大行政推力，广泛激发社会活力，积极注入发展动力，促进了全省各级各类民间组织的快速健康发展。省厅先后召开了全省民办非企业单位和慈善类基金会等专题性培育发展工作推进会。11月，全国社会组织建设与管理工作经验交流会在江苏南京胜利召开，江苏省民政厅作了《加大培育力度，创新管理措施，促进民间组织又好又快发展》的典型发言。

一、创新发展政策，消除发展障碍

积极制定相关政策，加强政策规范和引导作用。江苏省政府办公厅转发了江苏省民政厅《关于加强民间组织培育发展和监督管理的意见》和《关于非公募基金会业务主管单位职能委托的意见》，有效地强化了登记管理机关的手段。江苏省民政厅与省财政厅、国税局和地税局联合制定了《江苏省非营利公益性社会团体和基金会捐赠税前扣除资格认定管理办法》，明确了省财政、民政、国税、地税等四部门的相关管理职责，规范了公益性捐赠税前扣除资格认定的审批和管理措施。江苏省民政厅还专门制定了《关于加强民办非企业单位培育发展和登记管理工作的意见》和《关于加快培育发展慈善类基金会的意见》，有效地规范了民间组织的行为。这些政策措施的制定，有效地拓展和完善了政策制度体系，既进一步规范了监督管理工作，又消除了许多政策障碍，使民间组织在税收优惠、职能转移、购买服务等方面享受了更多的扶持政策。

二、强化行政管理，确保监管到位

江苏省各级民政部门依照相关法规，对活动不正常、未及时参加年检、不按期换届的民间组织视情节轻重给予处罚。2007 年以来，我们对省属各类民间组织进行排查，对长期不组织活动或者长期不参加年检的进行了查处，注销了省级民间组织 8 个，撤销了省级民间组织 7 个，对 143 个省级民间组织发出限期整改通知书，强化监管的措施，得到了各业务主管单位的认同和社会各界的支持，增强了各类民间组织对登记管理机关的行政地位和行政作用的认识。加强行业协会管理，调整了 79 个行业协会的业务主管单位，强化了对行业协会评比表彰和经费管理的监督。制定了《江苏省基金会监督管理办法》，规定基金会凡进行大规模募捐资金和投资、资助项目金额超过 50 万元或投资、资助项目金额超过原始资本 1/4 以上的，都要向业务主管单位和民政部门备案，对项目进行跟踪监督。同时，将设在市、县（市、区）基金会日常管理职能委托给当地民政部门承担，切实加强日常监管。将慈善会纳入基金会管理序列，要求各市县在慈善会基础上筹建慈善基金会，过渡时期实行两块牌子、一套班子管理。目前，南通市和泰州市的慈善会已基本完成纳入基金会的任务，无锡市、苏州市已开始启动。建立了民间组织公益性考核和财务检查制度，将民间组织公益服务、遵纪守法情况纳入社会诚信管理体系。

三、加强研究宣传，营造良好氛围

江苏省民政厅建立了民间组织管理工作专家决策咨询机制，重大决策出台之前注重听取和吸收专家的意见。加强信息宣传考核工作，积极推动课题研究、对策研究和信息交流。征订《民间周刊》1200份，2006年全年在省以上媒体发表民间组织管理工作方面文章或信息共计368篇。省厅和部分市局开通了民间组织网站，广泛宣传民间组织发展和管理的先进经验和典型做法，南京等地试行网上登记和网上年检。

加大了评比表彰力度，对全省32个县区级民间组织登记管理工作先进单位进行了表彰，并轰轰烈烈开展了"江苏省百强行业协会"、"江苏省百强民办非企业单位"、"江苏省百强农村专业经济协会"、"江苏省百强社区民间组织"、"江苏省先进社会团体"、"江苏省优秀基金会"、"江苏省十佳行业协会"、"江苏省十佳民办非企业单位"、"江苏省十佳农村专业经济协会"、"江苏省十佳社区民间组织"的评比表彰活动，在社会各界引起了积极反响。

基金会的发展取得了明显的成效。我们注重对公益性组织特别的基金会的宣传，使社会对这类组织的认同度得到不断增强，调动了社会机构和企业成立基金会的积极性。2007年我省新设立基金会62家，总数达144家。新设立数是上年的1.58倍，占全国当年新设立总数的23.05%。全省各类基金会注册资金规模达5亿多元，通过多种渠道募集、运作资金后，目前全省所有基金会的资金余额已超过12亿元。同时，召集了财税部门召开了专门会议，分两批研究认定了我省公益性社会团体和基金会捐赠税前扣除资格，并下发文件供各地税务部门执行。

四、鼓励基层创新，发展步伐加快

江苏省民政厅及时将工作重心下移，鼓励基层民政部门因地制宜、因事制宜，推动基层民间组织创新发展。我们采取多种方式培育工作典型，充分发挥典型的示范推动作用，多元化、多层次、多角度地推动了培育发展工作。在地区发展上，允许各市结合当地实际，适应进行差别发展。苏南侧重树立行业协会改革和社区民间组织培育发展典型，苏北、苏中侧重树立农村专业经济协会培育发展典型，客观上造成梯度差别，再利用典型推动和梯度传递作用，促进面上的全面发展。

各地民政部门切实抢抓机遇、主动作为，创新特色和亮点层出不穷。盐城市作为经济欠发达地区，重点扶持农村专业经济协会的发展，从原来的75个迅速发展为目前的1132个，全市现有省级以上规模示范协会92个，其中产值过亿元、会员过千人、农民增收过千元的协会达到60个。射阳县棉花协会每年带动农民增收300多元，两次受到温家宝总理的批示赞扬。南京市社区民间组织实行双轨制管理成效显著，农村专业经济协会的“侯冲村”发展模式受到中宣部的肯定与宣传。无锡市在全国第一家建立文化遗产保护基金会，得到国务院有关领导的肯定和表扬，其滨湖区创造了“权随责走、费随事转”的社区工作站的新模式，得到了民政部有关领导的肯定和推广。张家港杨舍镇城西街道成立的社区公共服务协会，坚持了党对社区民间组织的领导，按照社区自治、自理的要求构建了社区民间组织的发展构架和模式，有力地调动和引导了社区机构单位和社区居民参与社区建设和管理的积极性，为维护社区的稳定，促进社区的和谐发展发挥了重要作用。

提出以群众需求为导向，实行政府引导、社会参与、民间自愿、科学运作的方针，充分调动各方积极因素，大力发展慈善类民间组织，特别是优先发展和重点扶持符合经济社会发展需要的慈善类民间组织。全省已初步构筑了多类型、多层次、广覆盖的慈善组织网络，截至2007年年底，全省13个省辖市和86个县（市、区）都建立了慈善会。各类慈善超市、爱心超市485个，捐助站点985个。慈善超市、爱心超市在苏南、苏中、苏北的县（市、区）普及率今年内将分别达100%、90%和80%。目前全省慈善基金认捐总量突破70亿元，社会慈善资金拥有量占全国第一位。

浙江省社会组织建设与管理工作综述

浙江省民政厅

浙江历来高度重视社会组织建设与管理工作。在全省各级党委、政府的正确领导下，各级登记管理机关全面深入贯彻落实有关法律法规和方针政策，依法行政，开拓创新，有力地推动了各项工作不断进步，推动了社会组织快速发展。截至2007年年底，全省经各级民政部门核准登记的社会组织共计24345个，其中社会团体12915个、民办非企业单位11290个、基金会140个，数量位居全国前列。2007年，全省社会组织建设与管理主要工作如下：

一、改革发展取得新突破

（一）行业协会与行政机关脱钩工作圆满完成。截至 2007 年 6 月底，全省有行业协会 2548 个。按照《国务院办公厅关于加快推进行业协会商会改革与发展的若干意见》和《浙江省人民政府关于推进行业协会改革与发展的若干意见》的要求，全省各地、各部门深入学习，狠抓贯彻落实。政会脱钩工作列入 2007 年度省政府考核民政部门的二类目标。省发改委、省民政厅联合印发了《关于浙江省行业协会与行政机关脱钩的实施意见》，对脱钩工作作出全面部署。在脱钩工作中，各级登记管理机关切实加大力度，认真、及时研究工作中遇到的热点、难点问题，深入基层，深入社团，随时跟踪了解脱钩进展和完成情况，及时给予面对面的指导和帮助。省民政厅组织编印了《行业协会改革与发展政策文件汇编》、《行业协会改革与发展工作问答》等工作资料。省发改委、省民政厅等组成联合督查组对各市的脱钩工作进行抽查，查漏补缺，有力地促进了脱钩工作的顺利开展。截至 2007 年 10 月底，全省应予脱钩的 1346 个行业协会全部实现与行政机关分离，其中在 1213 个行业协会中兼职的公务员实现了人员分开（涉及人员 2703 名），743 个与行政机关合署办公的行业协会实现了机构分设，203 个与行政机关会计合账的行业协会实现了财务独立，注销行业协会 110 个。

（二）民办非企业单位自律诚信建设不断深化。积极推动民办非企业单位自律诚信建设向纵深发展，重点是完善承诺服务制度、信息公开制度，建立健全长效机制。在各级登记管理机关的指导和组织下，广大民办非企业单位持续开展了大量的公益活动，无偿或低偿为社会服务，巩固了公益服务品牌，取得了良好的社会效益。杭州、衢州、台州路桥等地加强长效机制探索和创新，在全省范围内率先开展了民办非企业单位评估工作。申请参加这次诚信评估的民办非企业单位共 17 家，其中获得 5A 级的 4 家，4A 级的 5 家，3A 级的 5 家，2A 级的 3 家，由当地民政部门颁发了证书和牌匾。省民政厅对 2004 年以来全省民办非企业单位自律诚信活动进行了系统、全面的回顾，总结提炼工作成果，广泛征集资料编印了《民办非企业单位自律诚信建设成果汇编材料》，展示和推广了成功的做法和有益的经验。

（三）非公募基金会队伍不断壮大。大力支持非公募基金会的发展，积极鼓励企业家及企业发起设立教育、慈善、卫生等各类非公募基金会。省民政厅多次派民管工作人员去萧山、慈溪等地的企业做动员工作，并对基金会成立筹备事务进行指导，取得了一定的成效。2007 年新设立的非公募基金会达 15 个，占全年成立的基金会总数的 83.3%。目前，非公募基金会总资产已达 1.1 亿元，整体实力和公益能力都得到了较大的提升。

（四）首批社会组织获得公益救济性捐赠税前扣除资格。积极贯彻财政部、国家税务总局有关文件精神，推动社会组织税收优惠政策落到实处。及时转发了财政部、国家税务总局有关文件后，省财政厅、省民政厅、省国税局、省地税局等部门联合印发了《关于申请公益救济性捐赠税前扣除资格的通知》，组织开展税前扣除资格申请、审查工作。经其业务主管单位审查同意，并经四部门的联合审查，首批提出申请的浙江省青少年发展基金会等 72 个基金会和浙江省救灾救济协会等 42 个社会团体业已获准。社会组织公益捐赠税前扣除资格贯彻取得阶段性成果。

二、监督管理取得新成效

（一）深入开展社会组织年度检查。全省各级登记管理机关依法履行职责，深入开展社会组织年检工作。各地切实加大力度，督促社会组织按时参检，认真审查年度报告，对部分社会组织提出整改和处罚，极少数社会组织予以撤销登记。各地在年检中不断改进工作作风，优化工作流程，推行上门年检、当场办结，人性化服务的做法受到了业务主管单位和社会组织的广泛好评。社会组织年检结果汇总后在《浙江日报》和浙江民政网、浙江省民间组织信息网上予以公告，其中基金会的年度工作报告还在浙江省民间组织信息网等载体上全文公布，接受社会监督。为了进一步摸清家底，加强年检总结和数据信息的利用，省本级首次汇总撰写了《社会团体年检情况分析报告》、《基金会年检情况分析报告》、《民办非企业单位年检情况分析报告》。省本级还就厅属社会组织基本情况会同人教处、计财处向厅领导作了专题汇报，加大对厅属社会组织的监管力度，严于律己，做出表率。

（二）及时查处社会组织违法违规行为。各级登记管理机关结合年度检查等日常工作，严肃、认真处理举报和投诉，加大对社会组织违法、违规行为的查处力度，决不姑息，发现一起及时纠正、查处一起。同时，进一步规范执法程序和文书，充分听取查处对象的申辩，吸收其合理意见，提高办案水平。省本级 2007 年全年共处罚社会组织 18 个，其中警告处罚 14 个，撤销登记 4 个，未发生一起行政复议和诉讼。

三、政策调研取得新成果

（一）调查研究成果明显。2007 年，各级登记管理机关联系实际加强理论建设，大兴调研之风，其中全省性的重点课题 4 项。一是完成了社会组织党建工作调研。按照省委主要领导重点调研课题的安排，结合省第十二次党代会提出“积极探索在社会组织中建立党组织的有效途径，不断扩大党的组织覆盖面，充分发挥党组织的作用”的要求，深入开展了全省社会组织党建工作调研，完成了《浙江省社会组织党建工作调研报告》。二是完成了基金会发展情况调研，汇总分析了我省基金会的发展现状，并提出了相应的监管对策和工作思路。三是完成了农村社会组织在社会主义新农村建设中的作用专题调研，理清了农村社会组织培育发展的基本思路。四是委托浙江工业大学完成了社会组织分类原则与方法专题调研报告，夯实了分类指导的理论依据。调研课题的开展，进一步夯实了工作基础，理清了工作思路，也为领导决策、出台政策提供了坚实的理论基础。

（二）建章立制取得实效。为进一步规范行政行为，改善社会组织发展环境，在深入调研和广泛征求意见的基础上，出台了一批政策性文件。会同省档案局出台了《浙江省民间组织档案管理办法（试行）》；制定出台了《浙江省民政厅民间组织许可事项办理工作规则（试行）》。

四、规范服务出现新气象

（一）自身建设更加强化。制定和实施了《服务窗口工作制度》、《公章使用管理制度》、《文件档案管理制度》等，进一步明确了各岗位人员的工作职责，规范了机关内部的行政事务。积极参与《浙江民政志》的编写，编纂涉及社会组织的文字材料近 6 万字。在原《社团工作文件汇编》、《民办非企业单位管理文件汇编》的基础上，按照法规政策的废止、出台情况予以增删，编印了《社会组织工作文件汇编》。信息化建设稳步推进，调研拟制了《浙江省民间组织管理系统设计方案》。加强信息采集和编发，省民间组织信息网不断调整更新，日益成为政务公开和信息交流的基本平台。

（二）审批登记更加高效。贯彻落实《浙江省民政厅行政执法责任制实施方案》，全面清理社会组织许可事项，制定出台了《民间组织许可事项办理规则（试行）》，优化办事流程，明晰各项流程的工作内容和办理时限，实际办结所需时间可比法定要求时限大幅缩短。加强服务大厅建设与管理，文明服务，高效办事。省本级 2007 年全年共计接待来电来访等逾万人（批/次）；全年共准予筹备成立社会团体21个，核准登记社会团体24个、基金会13个、民办非企业单位14个，办理变更、备案、注销等其他事项共计300余件。

（三）作风建设更加扎实。按照省委“作风建设年”活动的总体要求，贯彻落实厅党组在全省民政系统开展“走千村、访万户，知民情、解民困，创业绩、树新风”为主要内容的“创为民解困新业绩，树为民服务新形象”主题实践活动的决定，结合社会组织管理工作实际，全员参与，多途径多形式地开展走访活动，深入社会组织调研情况、解决问题。省本级全年共计走访、约谈各级各类社会组织及其相关人员共144个（名），征集了大量有益的工作意见和建议。高度重视提案、议案、建议的办复工作，全年高质量地完成了议案、提案、建议4件，其中主办2件，会办2件。提案人对答复的满意和基本满意率为100%。

（四）业务培训更加实用。各级登记管理机关积极组织业务培训，以进一步提高社会组织从业人员和机关管理干部的业务知识和能力。省本级举办培训班4期，对全省社会组织管理干部、省级业务主管单位联络员和省级社会组织的负责人、财务人员进行培训，全年培训人员共计800余人（次）。培训中还组织了社会组织相关知识的竞赛，优胜者给予奖励，激发了参训学员的学习兴趣与热情。培训工作组织严密，师资力量较强，教材贴近实际，学员反映受益较多，业务知识和能力有了新的提高。

宁波市社会组织建设与管理工作综述

宁波市民政局

2007年，宁波市社会组织建设与管理工作坚持以邓小平理论和“三个代表”重要思想为指导，深入贯彻十六届六中全会精神，深刻领会十七大对民管工作提出的新思路和新要求，坚持围绕中心、服务大局，紧紧抓住发展和管理两条主线，积极研究探索新形势下社会组织管理工作的有效途径，充分发挥社会组织在提供服务、反映诉求、规范行为等方面的积极作用。

一、2007 年社会组织工作主要情况

2007 年全市社会组织继续保持健康、有序的良好发展势头，数量稳定增长、结构不断优化、质量明显提高，已基本形成门类齐全、层次有别、覆盖广泛的社会组织体系。全年新增社会组织 2124 个。截至 2007 年 12 月底，全市经各级民政部门登记备案的社会组织共 8556 个，其中社会团体 1656 个，分支（代表）机构 598 个，民办非企业单位 2245 个，社区社会组织 4057 个。这些组织服务于宁波市经济社会发展大局，广泛开展学术研讨交流、技术攻关、教育培训、经贸洽谈和外事交往等活动；积极参与慈善帮困、拥军优属、再就业和义务咨询服务等重大社会行动，为宁波市的三个文明建设作出了积极贡献。目前，全市 80％左右的社会组织制度健全、管理规范、组织作用良好。各类社会组织整体质量不断提高，一批先进典型逐步显现，起到了示范带动作用。2007 年年初，市委办公厅、市政府办公厅表彰了 58 个先进社会组织、11 个社会组织管理工作先进单位和 48 名先进个人；市民政局也同时表彰了一批包括社区社会组织在内的先进单位和个人。

（一）党委、政府高度重视，社会组织培育发展工作纳入全市经济社会发展规划

宁波市各级党委、政府高度重视社会组织工作，正确把握社会发展新走向，以科学发展观为指导，着眼于发挥社会组织构建和谐社会的积极作用，把改革发展行业协会、培育农村专业经济协会、社区社会组织建设等工作纳入我市经济社会发展“十一五”规划，并落实措施积极推进社会组织工作。

（二）加强组织领导，创新完善管理工作机制

在“党委主导、政府负责、部门协同、社会组织自我管理”的民间组织管理工作机制基础上，市、县两级进一步健全了民间组织管理工作领导小组，及时调整成员，充实力量，更好地发挥了组织领导、沟通协调等作用。各级民间组织管理工作领导小组运转有效，逐步形成了社会组织工作重大事项议事制度，把握社会组织工作方向，发挥了坚强的组织领导作用。

（三）加强调查研究，积极探索分类指导，培育和规范各类民间组织

针对民间组织覆盖广，种类多，各类社会组织发展各有特点，工作内容各有侧重的特点，积极探索分类指导的有效途径。一是 2007 年宁波市第十三届人大常委会将《宁波市促进行业协会发展条例》列入五年立法规划

项目库，预示着我市行业协会立法工作正式启动，根据立法需要，配合人大组织开展了行业协会立法调研。二是积极培育发展农村专业经济协会，通过农村现代远程教育网络举办“直播课堂”农经协会负责人培训。三是与有关业务主管单位召开座谈会，探索民办非企业单位分类评估制度。四是以创建“十好百佳”社区社会组织活动为契机，进一步推进典型培育和示范效果。五是作为对县市区的一项工作考核，积极探索慈善公益性社会组织扶持发展政策，鼓励支持民生类民间组织和融合服务外来人员的农村社区民间组织发展。

（四）扎实推进行业协会改革与发展，全面完成行业协会与行政机关脱钩工作

根据《浙江省人民政府关于推进行业协会改革与发展的若干意见》（浙政发［2007］57号）的要求和我市产业发展情况，积极制定行业协会发展规划和评估考核体系，指导行业协会进行调整、重组，进一步优化行业协会的结构布局。按照浙江省发改委、省民政厅《关于浙江省行业协会与行政机关脱钩的实施意见》（浙发改开放［2007］92号）的要求，做好行业协会与行政机关脱钩工作，具体包括机构分设、人员分离、财务分开和职能分开。宁波市及时转发文件，进一步明确目标要求。召开了由各行业协会业务主管单位参加的脱钩工作动员会，部署脱钩任务。据统计，宁波市应脱钩行业协会147家，截至10月底，已全面完成脱钩工作。共有206名公务员退出行业协会的兼职工作，财务、账户均实现了独立和分离。

（五）以实际需求为导向，积极创建社区民间组织工作平台

坚持以群众需求为前提，以完善自治、提升服务为目标，把培育发展社区社会组织纳入社区建设和社会组织管理双重工作体系。大力发展服务型、公益志愿型社区民间组织；表彰了一批先进社区民间组织，指导社区民间组织增强能力、健全制度、规范运行。按照党委领导、依法管理、共建共享、促进融合的原则，依托村、社区组织优势，认真总结，积极培育，大力推进本地居民与外来务工人员共同参与、服务、融合的社区民间组织建设。指导慈溪村级和谐促进会建设，与市委政法委联合出台村级和谐促进会推广实施意见，积极开展农村社区民间组织建设工作，重点推进融合服务外来人员的社区民间组织，发挥其在构建和谐农村社区中的积极作用。12月初举办全市推进“和谐促进会”暨农村社区民间组织建设工作会议。

（六）深入开展民间组织服务社会主义新农村建设活动

按照民政部“民间组织服务新农村建设”的号召，宁波市深入开展民间组织服务新农村建设活动。2月份，市民政局联合7家民间组织倡议全

市民间组织积极参与服务新农村建设活动，围绕新农村建设目标，充分发挥自身专业优势，创新服务形式，丰富服务内容，不断提高服务新农村建设的能力和水平。我市各级民间组织积极响应号召，投入服务新农村建设行列，开展了形式多样的帮扶活动。民间组织充分发挥自身优势，帮助农村科学、卫生、教育、文化、体育、金融、民主法治等领域的全面进步。

（七）深入推进民办非企业单位自律诚信建设

按照民政部《关于进一步深入开展民办非企业单位自律与诚信建设活动的通知》和《关于深入开展民办非企业单位信息公开和承诺服务活动工作的意见》要求，在原有工作基础上，积极探索，大胆创新，从实践和理论层面，将民办非企业单位自律和诚信建设活动推向深入。一是着力提升民办非企业单位规范化建设水平，完善了包括员工管理、收退费、奖惩、非营利组织财务会计等一系列制度。二是完善自律和诚信机制，84%的单位实行了服务承诺制，所有民非单位均实行信息公开制度，一些单位建立了专门的自律诚信制度，不少单位积极利用自身资源，组织开展了各种形式的真情回报社会活动。

（八）依法开展民间组织日常登记和监督管理

认真贯彻党和国家有关民间组织政策文件，严格执行行政许可法和民间组织有关法律法规，坚持依法登记，不断提高登记效率。注重窗口指导服务，积极创建文明办事窗口。截至10月底，市本级共受理并办结民间组织登记事项157件，各类登记件提前办结率均保持100%。加强民间组织日常监管与年度检查。全市民政部门积极探索构建民间组织监督管理体系，初步形成了政府监督、民间组织自我监督和社会监督良性互动，民间组织重大活动管理、年检规范、名称管理、宣传活动管理、先进表彰管理等监督措施逐步制度化。民间组织年检工作扎实有效，2007年采取了与业务主管单位联合“一站式”年检和上门年审的方法，极大地方便了服务对象，全市民间组织年检参检率达95%，合格率为91%。依法打击、妥善处理特殊类民间组织。2007年市民政局下发了《关于做好“校友会”等类似社团组织登记管理工作的意见》，进一步明确了校友会等特殊类社团组织登记管理工作。针对社会上不少未经任何部门审批、擅自开展业务活动的非法民办单位（主要是非法民办教育机构），鄞州、江北等地积极探索，采取民政、教育和有关乡镇联合执法的方法，成功地取缔无证民办幼儿园、民工子弟学校，有效地促进了当地教育事业健康发展。

安徽省社会组织建设与管理工作综述

安徽省民间组织管理局

2007年，安徽省各级社会组织登记管理机关坚持科学发展观，解放思想，加快发展社会组织，积极推进管理创新，充分发挥社会组织服务社会的功能作用。

一、社会组织不断发展壮大

一是社会组织继续保持较快的增长态势。当年新登记社会组织1607年，截至2007年年底，全省已登记社会组织共11938个，其中社会团体7762个，民办非企业单位4157个，基金会19个，较2006年增长了15.6%。全省城乡基层社会组织已备案的共5187个。

二是社会组织的布局、结构不断改善。已登记的社会组织中，省本级882个、市级4074个、县级6982个，布局趋于合理。在社会团体中，行业性、专业性的占63%，学术性的占23%，其他占14%；在10类民办非企业单位中，教育、卫生、劳动、科技4类单位占总数的85%；已登记发证的19个基金会均为慈善救助性组织。结构趋向服务于经济建设和社会公益事业。

三是社会组织的实力不断增强。仅省本级民办非企业单位拥有总资产22.6亿元，服务社会开办资金5.5亿元；社会团体全年筹集资金1.3亿多元，服务社会支出费用1.2亿元；基金会接受募捐总额为2600.7万元，公益支出总额为2509.4万元。

二、社会组织管理创新逐步展开

（一）积极推进行业协会改革和发展。安徽省在调研论证的基础上，研究制定了《关于推进安徽省行业协会商会改革和发展的意见》，拟以省政府规范性文件印发。《合肥市行业协会管理办法》（以下简称《办法》）经市政府常务会议审议通过，已于11月1日起正式施行。该《办法》明确规定了行业协会职能、扶持发展政策和政社分离、公务员不兼任行业协会领导职务等民办、民管、民受益等原则，成为我省第一部地方行政法规。蚌埠市委、市政府出台了《关于加快工业发展的若干意见》，制定实施了振兴新型工业，发展新型行业协会的优惠政策，政府对新组建的行业协会给予10万元的资助，且每年根据协会提供服务情况，给予一定的补助。目前已有8个行业协会得到了政府资助，为探索政府购买服务，推进行业协会发展，建立互动合作的新型政社关系，开创了良好的先例。同时，为引导行业协会规范管理，发挥作用，省政府积极推动示范行业协会创建活动。依据《安徽省促进行业协会发展指导意见》，在确定《安徽省示范行业协会标准》的基础上，制定了《安徽省示范行业协会标准实施细则》和《安徽省示范行业协会考评办法》。省登记管理机关对自评申报评估的23个行业协会，组织有关业务主管单位、社会组织、会计师事务所等方面专家，组成考评小组，对照考评细刚，进行实地考评，对考评组初步评定的17个省级示范行业协会，在安徽日报上进行了公示宣传，作出了表彰决定，召开大会颁发“安徽省示范行业协会”铜牌并予以了一定的奖励，激发了行业协会争创示范协会的积极性。马鞍山、池州、淮北、黄山、宣城等市也相继启动了示范行业协会创建活动，在促进行业协会发展、规范行业协会行为、提升行业协会能力等方面发挥了积极的影响。

（二）基层社会组织建设有新举措。一是紧密结合新农村建设，发展农村专业经济协会。各地着力抓好“一镇（乡）一会、一会一品”的示范工作，侧重加快发展。以实施农业发展、涉农项目等形式扶持农村专业经济协会等合作组织发展，还开展了全省农村专业合作组织示范单位创建活动，目前已连续三年评选201个组织为省级示范单位，其中农村专业经济协会有125个。岳西县把扶持农村专业经济协会发展列为县委、县政府发展经济、建设新农村的一项重点工作，制定了一系列优惠政策，先后实施了农村专业经济协会活力工程、规范发展促进行动、示范行动，每年安排奖励资金8万元，在全县一年一度的“三干”会上，表彰先进，全县175个协会有108个先后受到表彰奖励，有力推动了农村专业经济协会快速发展，增强了协会服务新农村建设的作用，中央和省电视台等新闻媒体专此进行宣传报道。霍山县对已登记的44个农村专业经济协会负责人进行了培训，组织发挥作用好的协会介绍经验。巢湖市还组织农村专业经济协会负责人考察学习先进协会的办会经验。淮北市在农村专业经济协会中开展了争做新农村建设“领跑人”活动，为全市新农村建设发挥了积极作用。至2007年年底，全省已登记农村专业经济协会2165个、备案1859个，比上年增长18.6%，共拥有会员65.7万，覆盖全省十大主导产业，21个农产品优势产业。据农业部门统计，加入协会等合作组织的农户人均收入比非会员收入高25%以上。二是结合和谐社区建设，积极推进社区社会组织发展。各地根据省关于发展社会组织的文件精神，普遍制定了社区准社会组织备案管理办法。采取备案与登记并举，积极发展社区公益服务性社会组织。蚌埠市五河县还结合社区建设，把发展社区社会组织与社区志愿者队伍、社会工作者队伍建设相结合，全年发展社区服务志愿者人数达600余人，开展各类服务活动816次，帮助200多名下岗职工实现了再就业，使90%以上社区的卫生面貌得到改观。截至2007年年底，全省依法登记的社区社会组织有1021个，备案3328个，比上年增长24.3%。

（三）社会组织自律与诚信建设取得新进展。省和各地在民办非企业单位中基本建立了内部管理制度、重要信息披露制度、服务承诺制度，经常开展服务社会的主题公益活动，并逐步扩大到整个社会组织。合肥市民政局联合市教育局在全市民办学校中开展了以“守法、诚信、自律”为主题的“诚信建设年”活动，采取学校申报参与，市民监督反馈、考核委员会综合考评的方式，对“三大制度一个活动”（内部管理制度、信息披露制度、服务承诺制度和主题公益活动）进行实地考评，考评为先进的予以宣传表彰，对存在自律诚信的问题在新闻媒体上公开曝光。淮北市民办非企业单位在主题活动中组织了上百个公益活动项目，受益群众近万人次。淮南市还组织本级20家民办非企业单位深入农村集镇开展“优质诚信服务，真情回报社会”的主题公益活动。同时，为充分展示社会组织服务社会的诚信形象，组织广大社会组织开展公益活动。全年以基金会为代表的公益救助性社会组织共援建“希望小学”、“春蕾小学”等54所，捐助贫困大学生、入学儿童7190名，资助残疾人就业197户。池州等市在社会组织中开展了向灾区献爱心活动，仅池州市社会组织向灾区捐款就达230万元、大米2.5万公斤、衣被近2万件。六安市还组织了社会组织活动成果展，60家社会组织制作近200块展板，向全市市民宣传展示社会组织服务社会的成果，市民耳目一新，反映较好。宿州市组织11家有影响的社会组织，发起自律诚信的倡议，同时联合工商、物价等部门，对违反自律诚信要求的市餐饮业协会予以行政处罚，并公开曝光。

三、社会组织监察工作不断加强

积极探索年检新办法。严格按照年检内容和标准加强年检审核工作，对基本合格和不合格的单位及时提出整改意见，并采取不同形式，披露年检情况，积极探索创新年检工作。省对基金会实行网上年检，年检报告在中国社会组织网上全文发布，年度报告摘要于2007年8月在中国社会报上予以披露，提高了基金会运作的透明度，实现了行政监督和社会监督的有机结合，对推进安徽省社会公益性社会组织的健康发展意义重大。合肥市由过去单纯审查材料转为在部分社会组织中实行审查材料与实地检查相结合，增强了年检效果。淮北市还制定了年检考评细则，实施年检百分制，达60分为基本合格，80分以上为合格，促进了年检公正、规范性。

强化执法督察。省及各地继续加大执法监察力度，及时查处社会组织的违法违规行为，坚决取缔非法社会组织，对拒不接受监督管理的社会组织予以行政处罚。2007年全省各级登记机关，依法撤销社会组织登记的有58个，取缔擅自设立的非法社会组织3个，及时消除隐患，维护了社会的安定团结。

四、社会组织基础性工作取得新进展

（一）完善双重管理体制。为加强社会组织双重负责的管理体制，发挥业务主管单位和登记管理机关的协调互动作用，省和各地坚持落实《安徽省社会组织管理联络员制度》，省本级先后两次开展了登记管理机关与业务主管单位的联系活动，通报社会组织管理动态，分析管理工作形势，研究商讨工作中的问题，先后宣扬了35个履行职责、管理工作较好的业务主管单位的事迹。省登记管理机关还分组走访了主管社会组织较多的省直单位，指导省社科联制定了《民办社科研究机构登记管理的暂行规定》；协调省教育厅，联合制发了《关于进一步加强“校友会”登记管理工作的意见》。此外，还先后与省外办、公安、安全、农委、财政、人事等10多个部门就社会组织管理工作出现的新问题、新情况，进行了交流与协调，加强了登记管理机关与业务主管单位联系，逐步形成了双重负责，合作互动的良好局面。安庆市民政局协调市教育局，联合制定了加强民办学校登记工作的政策规定，加强了对民办学校的双重管理。淮北市民政局与农委密切合作，共同牵头建立了淮北市农村专业经济协会服务新农村建设工作联席会议制度，这在我省农村专业经济协会建设和管理方面，具有积极的创新和示范意义。

（二）加强理论研究工作。为推进管理创新，我们组织全省各级登记管理机关、业务主管单位和社会组织，加强社会组织发展的理论研究。以文件通知、网上公告等形式，向社会征集论文，由省内社会学界知名学者和有关专家组成的论文评选委员会，评出一等奖2篇，二等奖4篇，三等奖8篇，优秀奖30篇，特殊贡献奖6篇。其内容涉及社会组织发展环境、社会组织管理创新、社会组织自身建设、基层社会组织地位和作用等方面。2007 年 11 月成功举办了“首届安徽社会组织发展论坛”，山东大学、省科协等部分获奖作者在论坛上进行了演讲交流，省暨合肥市新闻媒体到场采访宣传。为凝聚社会各界才智，促进社会组织发展与管理，提升社会组织社会影响力，起到了积极的作用。

（三）积极开展社会组织管理岗位培训。省先后三次对社会组织管理人员进行了岗位培训。3 月举办了基金会网上年检培训，邀请国家局有关负责人及有关专家对基金会网上年检进行了现场指导、演示，确保了基金会网上年检的顺利完成。10 月，与民政部社会组织服务中心联合举办了一期社会组织管理工作培训班。全省各级登记管理机关和部分省直业务主管单位共 120 余人参加了培训，国家局负责人和清华大学等 5 名专家学者，从不同侧面进行有针对性的授课培训，使参训同志学有所获，对推进我省社会组织登记管理规范化建设，具有十分重要的指导意义。12 月，参与举办了涉外社会组织管理培训班，宣讲了涉外社会组织概论和现行法规政策及管理措施，省直有关单位工作骨干 60 多人参加了培训。各市普遍采取了以会代训等形式，培训了管理干部和社会组织负责人。还有很多市、县表彰了先进，加大了对社会组织的宣传，加强了档案管理。

在过去的一年中，安徽省社会组织管理工作虽然取得一些新进展，但与经济社会发展的新形势要求还有差距。在新的一年中，安徽各级登记管理机关决心以党的十七大精神为指导，在继续解放思想，推进改革创新中，克服困难，扎实工作，努力开创社会组织建设和管理新局面，为安徽加快发展，构建和谐社会作出贡献。

福建省社会组织建设与管理工作综述

福建省民政厅民间组织管理局

地处我国东南沿海的福建，伴随着改革开放和公民社会的发展，社会组织异军突起，活跃在社会经济政治文化的各个领域，成为构建海峡西岸经济区的重要力量。据统计，至 2007 年年底，全省共有社会组织 11905 个，其中社会团体 8609 个，基金会 69 个，民办非企业单位 3227 个。社会组织已达到每万人 2.9 个。

一、社会团体

福建省社会团体登记管理工作以培育发展行业协会、公益性民间组织、农村专业经济协会、社区民间组织为重点，引导和推动民间组织在建设海峡西岸经济区中发挥积极作用。全年新增加社会团体 1604 个。按活动区域分，省级社团 800 个，地级市社团 2396 个；县级社团 5413 个。各地将发展农村专业经济协会作为新农村建设的重要方面，坚持登记和备案相结合，发挥农村专业经济协会在提高农民的组织化程度、维护和协调农民利益、加快新农村建设、促进城乡和谐发展中的积极作用。目前，全省村级农民用水户协会已达 300 多家。厦门、泉州等地把培育社区社会组织作为建设和谐社区的切入点，适当放宽准入条件，积极鼓励社区社会组织发展。加强社团组织自律和诚信建设，行业协会特别是经济鉴证类行业协会在会员中开展中介机构信用体系建设，全省经济鉴证中介机构已全部建立会员信用档案，部分会员信用档案已向社会公开，失信惩罚制度趋于完善。

二、民办非企业单位

全年增加登记民办非企业单位 487 个。民非单位按行业分类：科技与研究类 169 个；生态环境类 19；教育类 2116 个；卫生类 132 个；文化类 121 个；体育类 136 个；工商业服务 28 个；其他 193 个。民办非企业单位数量增长最快的主要有民办幼儿园、民办劳动培训机构和民办社会福利机构。倡导在民办非企业单位开展诚信自律和各类回报社会的公益活动，诚信自律主要包括民办非企业单位内部管理规范化，建立服务承诺和信息披露制度，自觉接受社会监督；全省有 800 多个民办非企业单位开展各类公益活动，主要是结合自身业务，为群众提供各类无偿服务，全省接受此类服务的近 20 万人次，有效扩大民办非企业单位的社会影响。

三、基金会

2007 年全年新登记基金会 12 个。截至 2007 年底，已有公募基金会 18 个、非公募基金会 51 个。全省基金会运作资金总额约 8 亿元。这些基金会在教育、文化、科学技术、卫生、扶贫济困等社会公益事业中发挥着越来越重要的作用。目前，海外华侨、港澳台同胞及有成就的企业家捐资办基金会的热情很高，预计今后非公募基金会在我省将有较大的发展。

四、监督管理

福建省政府把社会组织培育发展与监督管理并重的方针作为一项重要工作来抓。针对部分社会团体管理制度不够完善，组织行为不够规范，甚至营私逐利等问题，为促进社会团体健康有序发展，经省政府同意，省政府办公厅下发了《关于进一步加强社会团体监督管理工作的意见》，对社会团体的培育发展和监督管理问题做出明确规定，有效地促进了社团组织的健康发展。根据省政府的工作部署，结合我省社团实际，组织对社团组织评比达标表彰活动进行清理。全省性社团共填报评比达标表彰项目394项。经审核汇总，最后确定撤销331项；保留46项；合并15项。保留和合并后总的项目61项，为清理前项目总数的15.48%。

五、对外对台交流

福建省是著名的侨乡，海外华侨有800多万人，同时又邻近台、港、澳，因此涉外涉台社会组织发展迅速，在促进对外对台交流方面发挥了积极的作用。福建省海外交流协会、海外联谊会、海外妇女联谊会、台湾同胞联谊会、金门同胞联谊会等社会团体紧紧围绕建设海峡西岸经济区的战略目标，以“围绕大局做贡献”为主线，工作力度不断加大，为增进海外乡亲和台湾同胞对家乡的感情，加强与海外华侨华人新生代和新华侨华人的联系，促成投资合作项目，利用海外乡亲的市场网络和信息等方面的渠道，起到了桥梁和纽带作用。

社会组织积极响应福建省委关于把海峡西岸经济区建设成为科学发展的先行区、两岸人民交流合作的先行区的号召，为促进祖国和平统一大业建功立业。以联谊性社团为主体，通过亲情、乡情等纽带，对台湾人士开展联谊活动，宣传党和政府的方针、政策及大陆建设成就，交流感情，广交朋友，增进了解和互信；以学术性、行业性社团为主体，利用其人才密集，具有学术或行业权威性和代表性的优势与台湾对口的学术性、行业性社团进行学术、业务交流，并为企业合作和引进台资项目牵线搭桥，以达到闽台科技、经贸优势互补，互相促进，共同进步；以对台工作为主要任务的专业性社团为主体，利用其联系面广、凝聚力强的优势，牵头组织社会各界，各部门有关人员对台湾进行综合性的交流与合作。

厦门市社会组织建设与管理工作综述

厦门市民政局社团办

2007年，厦门市民政局社团办以邓小平理论和“三个代表”重要思想为指导，贯彻落实科学发展观，根据民政部和福建省民政厅的部署，结合厦门实际，遵循“培育发展与监督管理并重”的工作方针，扎实做好社会组织登记管理工作，有力地推进了全市社会组织的发展。截至2007年12月，厦门市已登记的社会组织（含备案）共有1804个，其中：社会团体765个（市级464个，区级301个）；市级社会团体分支机构258个；民办非企业单位有534个（市级110个，区级424个）；备案的社区民间组织220个；基金会18个及民办大学9所（均在省级登记）。

一、社会组织培育发展工作取得突破

随着厦门市市场经济的发展和完善，政策宣传深入，培育发展措施到位，社会组织逐步进入了良性发展的快车道。全年，民政局同意筹备成立社团21个，批准成立登记社团25个，批准设立社团分支机构24个；办理民办非企业单位名称核准38件，批准成立登记民办非企业单位25个。特别是行业协会和民办非企业单位等对社会经济发展起促进作用的组织发展迅猛，厦门市行业协会从2004年年初的64家发展到现在的144家，增长125%；民办非企业单位从2004年初的91家发展到现在的534家，增长487%。2007年我局还启动了社区社会组织的登记（备案）工作，在社区社会组织的登记数量上取得零的突破。

二、日常登记管理工作进展顺利

社团办认真履行登记机关管理职责，一年来共受理接待咨询件147件，办理社团变更登记88件、民非单位变更登记6件；注销社团3个、社团分支机构10个；指导32个社团完成换届工作；参加163个社团的理事会、年会等重大活动。由此确保了日常登记管理工作的顺利进展。

三、较好地完成社会组织年度检查工作

社团办采取了有力措施，保质保量地完成2006年度检查工作。一是在厦门日报、市民政局网站、厦门市网上审批服务系统发布厦门市社会组织年度检查公告，全面部署年检工作；二是采取分时分批年检、与业务主管单位集中年检等方法，提高年检工作效率；三是继续开展社会组织年度检查网上预审，提高了年检质量和效率。2007年应参加年检的市级社会组织482家，已参加年检474家，年检率为98.3%。实行网上年检率为33%。

四、加强对社会组织的执法监督

社团办依法加强对社会组织的检查监督。一是对年检基本合格、不合格及未按时参加年检的社会组织下发年检意见单，限期整改，并组织对2007年度民间组织（含社团分支）成立、变更、注销、年检等情况进行登报公告。二是认真调查处理了擅自筹备成立非法社会组织事件，并依法予以取缔。

五、全面开展社团组织清理评比达标表彰活动

根据《厦门市人民政府办公厅转发市监察局等部门关于清理和规范评比达标表彰活动工作实施方案的通知》（厦府办〔2007〕37号）要求，社团办在全市社团组织中全面地开展了清理规范评比达标表彰活动。全市性社团组织的业务主管单位有80家，共涉及市级社团组织429个，全部上报了清理自查情况。其中有34家业务主管单位报送了75个市级社团组织开展的项目有151个。按照清理意见，对清理评比达标表彰活动资料进行整理、分类汇总，提出了详细的清理建议（即：拟撤销项目3个，拟保留项目52个，拟合并项目72个；属于国家省级项目19个；不属于清理范围5个）。确保了在规定的时间内完成相关资料的上报，为全市清理规范工作提供了决策依据。

六、启动社区（基层）社会组织登记和备案管理工作

为更好地规范社区社会组织行为，促进社区社会组织健康发展，社团办以厦门市民政局的名义下发了《厦门市民政局关于开展社区社会组织登记管理工作的通知》，在各区启动社区社会组织登记管理工作。与市社区办就社区社会组织的登记和备案管理工作进行探讨、研究，同时借鉴兄弟地市的做法，出台了《社区社会团体章程》、《基层社会团体备案管理办

法》等示范文本，为各区顺利开展登记和备案管理工作提供指导。为了便于社区社会组织登记工作的日常管理，社团办在活动资金和会员人数上放宽登记条件，对社区社会组织登记和备案工作实行分类管理，要求在社会团体法人登记表上加冠“社区”二字，并统一以“5”字头进行编号。目前，全市社区社会组织有 1074 家，已正式登记的有 66 个，备案登记的有 220 个，其他的正在受理审核之中。

七、开展“海峡两岸民间社团（厦门）交流合作论坛”的筹备工作

为了办好 2008 年拟举办的第一届“海峡两岸民间社团（厦门）交流合作论坛”，社团办组织人员对厦门市社会组织对台交流合作情况进行调研，初步形成了论坛的计划方案，之后召开了“海峡两岸民间社团交流合作”座谈会，征求来自厦门和台湾近 30 家社团负责人的意见。在综合各方意见，对计划方案进行修改和完善后，社团办将方案上报市社会组织管理工作领导小组。目前已按市委领导的批示，报送市台办申请立项。这些前期准备工作为 2008 年论坛的顺利举办打下了基础。

八、配合有关部门做好维护社会稳定工作

一年来，社团办积极配合全市各有关部门做好社会组织工作，有力地维护了社会稳定，推进了社会发展。一是贯彻《福建省人民政府办公厅关于进一步加强社会团体监督管理工作的意见》（闽政办［2007］37 号），按照市政府办的要求，结合厦门的具体情况，提出了实施意见上报转发。二是根据市委、市府两办《关于开展维护稳定工作调研活动的通知》（厦委办［2007］52 号），对当前社团管理中存在的影响社会稳定的热点、难点问题进行一次全面调研分析，提出对策和措施。三是协助市安全部门开展市区两级有关特定群体咨询、筹备、成立相关社会组织情况的调查。四是针对社会组织反映的问题（如换届、人选推荐、事项变更、办事程序、依法办会、重大活动等），与业务主管单位交换意见，走访相关社团组织并对他们提出的问题酌情予以处理。五是参与市清理整顿中介组织（机构）反商业贿赂工作。六是协助省民政厅、省教育厅对在厦 5 家民办高校进行现状调研。七是对社会组织党建工作情况进行调查摸底，协助市组织部研究室完成中组部关于《加强社会中介组织党建工作调研》的课题。八是开展行业协会自律情况调研，完成厦门市监察局交办的《加强行业自律、完

善行业协会监督管理》课题研究报告。九是按照民政部的工作部署，完成《厦门市民间组织管理和发展经费长效保障机制研究》课题。十是召开民间组织对台交流工作座谈会，开展对台交流情况调研，提出民政局关于《把厦门作为对台特殊区域实施综合配套改革的方案》的修改意见，上报市委政研室等等。这一系列调研工作所取得的研究成果，为解决社会组织工作中的热点、难点问题提供了对策和办法，为今后工作的顺利开展指明了方向。

九、做好社会组织宣传报道工作

一年来，社团办共编辑社会组织工作内刊《厦门民间组织》6 期，为政务公开、宣传政策法规、加强调研、弘扬先进、促进社会组织的沟通交流等提供了平台。有关社会组织工作的信息报道和调研论文，被《中国社会报》、《社会组织周刊》、中国民间组织网、《福建民政》、《厦门民政》等各级报纸、刊物、网站采用 73 篇次，有效地指导、推动了社会组织工作。社团办还积极做好《社会组织周刊》的征订工作，加强了社会组织刊物的宣传作用。

江西省社会组织建设与管理工作综述

江西省民政厅

2007 年在各级党委和政府的正确领导下，全省社会组织登记管理机关按照年初确定的工作目标，突出重点，狠抓落实，积极引导全省社会组织健康快速发展，努力规范社会组织的各项行为，不断改进社会组织的监督管理。目前，全省社会组织数量不断壮大，领域不断拓展，能力不断提高，作用不断增强，已经初步形成了门类齐全、层次有序、覆盖广泛、作用明显的社会组织体系。截至 2007 年年底，全省各级民政部门共登记社会组织 8902 个，比上年增长 9.3%，其中社会团体 5167 个，民办非企业单位 3723 个，基金会 12 个。备案农村专业经济协会 6725 个，比上年增长 13.8%。这些社会组织分布在教育、科技、文化、卫生、劳动、民政、体育、社区、环保、公益、慈善等社会生活的各个领域，成为党和政府联系人民群众的重要桥梁和纽带。目前，全省的 5167 个社会团体中，全省性社团有596个，比上年增加21个，增长5.9%；设区市级社团1711个，比上年增加103个，增长6.4%；县级社团2860个，比上年增加319个，增长12.6%。全省共有民办非企业单位3705个，其中，省属的民办非企业单位有175个，比上年增加13个，增长10.3%；设区市民办非企业单位681个，比上年增加124个，增长22.3%；县级民办非企业单位2867个，比上年增加367个，增长14.7%。

一、全省社会组织健康、快速、协调发展，为构建社会主义和谐社会贡献力量

（一）行业性、经济类社会团体迅速发展，成为经济快速增长的重要力量

2007年，江西省政府办公厅下发了《关于进一步加快江西省行业协会商会改革发展的意见》（以下简称《意见》）。《意见》对行业协会发展的指导思想、性质作用、自身建设、扶持政策、监督管理、党建工作、法律责任等方面提出了基本要求。《意见》的实施，极大地促进了全省行业协会的发展。到2007年年底，全省共有行业性经济类社团2352个，比上年增加321个，增长率为15.8%。其中，省级行业性经济类社团318个，比上年增加14个，增长率为8.9%；设区市级行业性经济类社团769个，比上年增加87个，增长率为12.8%；县级行业性经济类社团1265个，比上年增加208个，增长19.7%。行业性经济类社会团体已经成为全省数量增幅最大、速度增长最快的一类社会组织。

行业性经济类社团已经在行业规划、行业协调、行业管理、行业自律、提高行业素质、维护行业利益、从业人员培训等方面发挥了积极的作用，有效地推动全省经济社会的发展。据不完全统计，2007年江西省各类行业协会、经济类社会团体向政府有关部门提出行业发展规划等政策建议4600余条，被政府采纳的政策建议有1100余条，对行业从业人员进行职业培训和相关法律法规培训2800余次，培训人员达116000人次，解决行业纠纷1000余起，避免经济损失达10多亿元。

（二）农村专业协会生机勃勃，成为建设社会主义新农村建设的生力军

2007年，全省各级民政部门把发展农村专业协会，作为创新农村社会组织形式，解决“三农”问题和建设社会主义新农村的切入点和着力点，创新思路，投注精力，大力推进。省民政厅确定了“先发展，后规范”的

突破性措施，并在全省范围培育好100个农村专业经济协会示范点的基础上，有计划有步骤地推广了农村专业经济协会的培育工作。到2007年年底，全省登记或备案的农村专业协会已达6700多个，会员总数近百万人。农村专业经济协会的兴起为沟通农民与政府架起了桥梁，为农产品快速走向市场提供了渠道，为农村科技普及提供了有效载体，为增加农民收入，促进城乡统筹发展发挥了积极作用。

（三）社区社会组织方兴未艾，成为建设社会主义和谐社区的有效载体

积极培育城市社区群众性、服务性社会团体，是江西各级社会组织登记管理机关为建设社会主义和谐社区服务的重要举措。近年来，全省社区社会组织已初步向构建类型齐全、结构合理的网络体系发展。社区社会组织自我管理、自我发展的自治能力得到一定程度加强。到2007年年底，全省社区社会组织已发展到2万余个。社区志愿者协会、文化娱乐协会、健身体育协会、居民互助协会、环保卫生协会、慈善募捐协会、青少年教育协会和老年人体育协会等这些社区社会团体为社区居民提供了便捷、有效的服务。根据这一新形势的发展，2007年，江西省登记管理机关开始对社区社会组织的登记和备案管理进行了有益尝试。

（四）民办非企业单位和基金会投身公益，成为社会公益事业的重要组成部分

2007年年底，全省已登记各类民办非企业单位3723个，其中省级175个、设区市681个、县区市2867个，按所属行业划分，教育类2190个，卫生类834个、文化类69个、科技类71个、体育类123个、劳动类286个、民政类117个，其他33个。2005年以来，通过开展民办非企业单位诚信与自律建设活动，全省95％以上的民办非企业单位规范了章程，87％以上的建立健全了财务制度，75％以上的实行了服务承诺制，55％以上民办非企业单位初步推行了信息披露制度。全省民办非企业单位共为社区、部队、学校、企事业单位及社会弱势群体提供无偿或低偿服务近59500余人次，直接社会效益6840余万元。同时，全省民办非企业单位还创造了近6万个就业岗位。这些单位在为许多下岗职工和新增劳动力提供就业机会的同时，也为许多离退休人员提供了发挥余热，利用自身文化知识和丰富经验继续为社会服务的空间。

国务院《基金会管理条例》正式实施以来，全省基金会发展和管理逐步走向正轨，基金会的作用日趋显现，社会各界对基金会认识进一步加深。2007年，上海同济大学附属医院梅运清医生为关爱老区人民身心健

康，倡议成立江西省革命老区爱心基金会。8 月 1 日，江西省革命老区爱心基金会于在南昌召开了成立大会。江西铜业公司、江西移动公司等 10 余家企业慷慨解囊进行捐助，江西电视台、江西日报等媒体对基金会进行了广泛报道。2007 年，全省共有基金会 12 家，其中新成立 4 家。这些基金会在扶贫、教育、慈善等领域发挥着其他社会组织不可替代的重要作用。据统计，仅 2007 年全年，全省各基金会共向社会捐助各项资金 8000 余万元，资助贫困学生 1.1 万人、救助贫困家庭 1600 多个，使一大批失学儿童重返校园，一大批贫困家庭重焕生机。

二、以科学发展观为指导，各级民政部门积极做好社会组织培育发展和登记管理工作

（一）严格程序，注重服务，认真做好社会组织的日常登记管理工作

2007 年，全省各级社会组织登记管理机关完成了省属社会组织的设立、变更、注销登记事项等 3800 多件。其中省级办理设立、变更、注销登记事项等 260 多件，新注册登记社会团体 21 个，民办非企业单位 13 个，基金会 4 个。积极改进社会组织的年检方式，提高年检效果。全省各级民政部门都利用各种形式举办了年检培训，提高了广大社会组织的年检认识。全省范围内统一了年检标准和材料格式。根据国务院《社会团体登记管理条例》的有关规定，结合以往的工作经验，江西省全面改版了原有的年度检查报告书，重新制定了年度检查的标准。统一将年检的结论定为合格、基本合格和不合格三种，方便了社会团体进行对照检查，自我评定。进一步强化了财务监督，统一提供了财务审计报告。各类社会组织进行年检时，必须提供会计事务所出具的审计报告，有效地规范了社团的财务收支行为。在民间组织年检和日常登记管理中，各级登记管理机关以全省民政系统民主评议政风行风活动为契机，进一步建立和完善了服务承诺制度，制定和修改了办事指南，公开了办事程序，强化了群众监督，得到了广大社会组织的充分认可和一致好评。

（二）依法监督，强化管理，进一步规范社会组织社会行为

针对近年来个别基层社会团体违规收取会费的问题，2007 年江西省登记管理机关对有关协会进行了调查。调查结束后，省民政厅对有关单位乱收费的情况在全省范围内进行了通报。同时为吸取教训江西省民政厅下发了《关于进一步加强社会组织监督管理工作的通知》，强调要着重规范社团会费的收取，各社会团体要切实建立健全财务管理、财务预算制度，配

备专门的财会人员，接受审计部门的监督审计。

积极抓好社团组织开展评比达标表彰活动的清理工作。江西省民政厅结合全省的实际及时转发了民政部《关于做好社团组织评比达标表彰活动清理工作的通知》，明确了清理的主要内容，制定了相关表格，召开了24个社团组织关于做好清理工作的座谈会，就清理的基本原则和要求进行说明。积极配合有关部门召开了全省清理评比达标表彰活动工作电视电话会议。进一步制定和完善了省属社团重大事项报告制度。明确要求社团组织开展评比达标表彰活动必须先行向登记管理机关报告。初步统计，2007年仅全省性社会团体就清理社团评比达标表彰活动1108项，合并352项，保留73项。清理后全省性社会团体开展的评比达标表彰活动不到清理前的1/10，清理取得了十分显著的效果。

2007年，全省各级民政部门加大了对社会团体违法行为的打击力度。各级登记管理机关依照《社会团体登记管理体条例》和《民办非企业登记管理暂行条例》的有关规定和程序，依法对260多个社会组织的违法行为进行了处罚，对近200个两年以上未参加年检和年检不合格的社会组织进行了撤销登记，其中仅省民政厅就依法撤销了28个全省性社会团体的法人登记。

（三）表彰先进，树立典型，积极开展全省先进社会组织的评比表彰活动

为培育一批具有模范带头作用和典型意义的社会组织，以点带面，全面推动全省社会组织的快速健康发展，2007年2月，江西省民政厅下发了《关于开展先进民间组织评选活动的通知》（以下简称《通知》），决定在全省开展一次先进社会组织评比活动。并以此为契机，进一步规范社会组织的社会行为，提升社会组织的自身能力。《通知》就活动的指导思想、基本原则、评选范围和评选条件以及申报程序等都提出了明确要求。《通知》下发后，各级各类社会组织特别是省属社会组织积极行动、踊跃参与，有的还召开专门会议，安排专人负责逐条对照先进社会组织的条件和标准撰写总结和先进事迹材料。通过自我申报，业务主管单位审核，登记管理机关核实，网上公示等程序，2007年年底，省民政厅对全省150个先进社会组织进行了表彰。

（四）加强培训，夯实基础，社会组织信息化工作有条不紊

2007年江西省民政厅开展了全省社会组织统计和信息工作培训，各设区市和部分县、区社会组织管理干部参加了培训。培训后，全省各级社会组织登记管理部门重新对所属社会组织的名录进行逐个录入，初步建立了覆盖全省的社会组织基本数据库。同时，2007年省民政厅第一次在全省范

围内组织了社会组织档案及信息化建设大检查。检查采取全省11个设区市交叉评比，逐项打分的方式进行。通过培训和检查，全省社会组织管理工作人员的业务素质得到了极大提高，社会组织信息化的软硬件建设得到了有力加强。

山东省社会组织建设与管理工作综述

山东省民政厅

2007年度，山东省各级社会组织登记管理机关认真贯彻落实党的十六届五中、六中全会精神，坚持以科学发展观为指导，坚持培育发展与监督管理并重的方针，深化改革，锐意创新，形成了民间组织管理工作的新局面，促进了全省民间组织健康持续发展。目前，全省各类民间组织已登记4.8万多个，其中社会团体1.5万个，民办非企业单位3.3万个，基金会36个。

一、加大培育力度，积极开展发展行业协会工作

认真贯彻落实国务院《关于加快推进行业协会商会改革和发展的若干意见》（以下简称《意见》），坚持把培育发展行业协会作为推进政府机构改革、加快政府职能转变的重要内容来抓。积极推进政社分开，充分发挥行业协会的行业管理服务功能。主动协调省发改委、人事厅等部门开展行业协会调研，完成了《山东省行业协会条例（草案）》的起草工作。各地重视抓好国务院《意见》的贯彻落实，组织开展了行业协会普查，着力推进行业协会商会的改革和发展。

二、全面展开普查登记，发展社区社会组织取得新突破

认真贯彻落实党的十七大关于加强社会组织管理的精神，大力抓好社区社会组织的培育发展工作。上半年，山东省民政厅在2006年工作的基础上，重点抓了济南、青岛、潍坊等市的试点工作，各市也着重抓了一批试点单位，为培育发展工作探索路子，取得经验。9月下旬，省民政厅在济南市召开了全省发展社区社会组织现场会议，总结交流了近年来全省开展这项工作的经验，研究提出了进一步培育发展社区社会组织的任务和措施。以省民政

厅的名义出台了《关于加强社区民间组织发展管理工作的通知》，适当降低了登记条件，放宽社区社会组织在注册资金、会员数量、办公场所、业务主管单位等方面的标准要求，为社区社会组织的合法设立提供便利条件。指导全省普遍开展社区社会组织调查摸底和登记备案工作，推行“一级登记（备案），三级管理”的社区社会组织管理模式。全省会议之后，全省共有12市、39个县（市、区）召开了发展社区社会组织会议，贯彻落实全省会议精神，组织开展社区社会组织普查登记工作，目前，全省共登记和备案社区社会组织10446个，其中登记社区社会组织3583个，备案6863个。

三、加强规范管理，进一步做好农村经济协会的培育发展工作

坚持把发展农村经济协会作为服务大局、推进新农村建设的重要任务来抓。深入贯彻2006年山东省发展农村经济协会暨先进民间组织表彰大会精神，全省共有9个市、55个县（市、区）召开了发展农村经济协会会议，有10个市、76个县（市、区）出台了培育发展农村经济协会的文件。各地重点培育和发展了一批适应市场经济需要、深受农民欢迎、对当地经济发展有影响的农村经济协会，并注重发挥其辐射和示范作用。目前，全省共登记和备案农村经济协会10109个，比去年增长了38%。其中，登记农村经济协会5989个；备案农村经济协会4120个。农村经济协会为农民增收3.5亿元。加强对农村经济协会负责人的培训，抓好规范管理，提高整体水平。加强对社团规范管理和建设发展的理论研讨，完成了《社团内部治理结构》、《合作社法对培育发展农村专业经济协会的影响和对策》等课题研究，在民政部召开的全国性会议上进行了典型交流。

四、开展自律诚信活动，进一步抓好民办非企业单位建设

深入开展民办非企业单位诚信建设活动，进一步完善服务承诺制，指导各地和省管单位开展有规模有影响的服务活动，进一步促进对民办非企业单位的规范管理，树立了民办非企业单位的良好形象。积极支持社会力量在教育、科技、文化、卫生等领域举办民办非企业单位。2007年以来，先后到青岛、东营、泰安、日照等8市进行调研，抓好试点，总结经验，加强民办非企业单位规范化建设和建设管理力度，推动了民办非企业单位自律与诚信建设的深入发展。

五、建立健全机制，着力推进社会组织社会评估

认真贯彻民政部《关于推进民间组织评估工作的指导意见》，把开展

社会评估作为创新社会组织管理工作的一项重要措施来抓，在全省基金会中全面开展社会评估工作。下发了《关于做好2006年度基金会评估年检工作的通知》，对做好基金会社会评估工作进行了部署。修改社会评估评定标准，调整社会评估办法，进一步健全完善评估机制，有效地推进了社会评估工作。在2007年4月份召开的全国部分省市社会组织评估工作座谈会上，我省介绍了开展社会组织社会评估的经验做法。

六、突出监管重点，切实搞好社会组织年度检查

坚持把年检作为加强社会组织监管的重点工作着力抓好落实。下发了《关于做好2006年度民间组织年检工作的通知》，制定了搞好年检的一系列措施。突出重点，把制度建设、结构调整、执行《民间非营利组织会计制度》等情况作为年检的主要内容，改进年检方式，提高年检质量。坚持标准，严格执法，对存在的问题限期整改，对问题严重的，年检确定为不合格，对有连续两年年检不合格等严重问题的撤销登记。目前，共完成社团年检821个，占总数96.1%；民办非企业单位年检327个，占总数90%；基金会年检24个，占总数100%。通过年检，进一步提高了民间组织的整体质量。

七、规范登记审批，认真做好社会组织日常登记管理

继续贯彻落实2006年全省社会组织登记审批工作会议精神，坚持“承办人、复核人、核准人”三审一会制度，做到严格审批，规范发展。针对新形势下出现的新情况，制定完善了《山东省基金会分支（代表）机构登记暂行办法》、《申请办理基金会的补充条件》等规范性文件，严把社会组织的注册审批关，进一步提高了登记审批质量。2007年，共新批省管社团及分支（代表）机构68个，注销社团10个；新批省管民办非企业单位73个，办理变更登记39件，注销登记18个；新批基金会10个，办理变更登记等28件。

八、抓典型树样板，广泛开展先进社会组织表彰活动

注重开展争先创优活动，发挥典型的示范和带动作用。春节前夕，民政部对全国社会组织登记管理工作先进单位和先进个人进行了表彰，山东省有9个单位、15名个人被评为全国社会组织登记管理工作先进单位和个人，数量居全国首位。2007年2月份，省民政厅组织召开了省管优秀社会组织座谈会，通报表彰了2005年度省管社会组织年检优秀单位，对95个省管优秀社团、25个省管优秀民办非企业单位、4个优秀基金会进行了表彰，总结交流了经验，进一步调动了广大社会组织争先创优的积极性。

山东省各级各类社会组织认真履行社会管理与公共服务的职能，在我国四个建设中发挥了积极作用。如：在经济建设中，全省农村经济协会的注册资金达7039万元，固定资产达1.85亿元，协会自身年收入达31.3亿元，入会农户的年收入平均增长30%以上；在政治建设中，2006年山东省民间组织完成决策咨询3171项，提出政策建议9054项，在促进各级党委政府决策科学化和民主化方面发挥了重要作用；在文化建设中，民间组织积极弘扬先进文化，巩固了社会和谐的思想道德基础。科技类民间组织通过广泛开展科普活动，提高了公民科学知识。2006年省管学术性社团举办科技讲座642次，专题科普展览357次，摄制科普专题片48部；在社会建设中，民间组织充分发挥提供服务，反映诉求，规范行为的作用，通过统筹协调利益群体关系，缓解社会矛盾，促进了和谐社会建设。民间组织不断扩大社会服务领域，拓展就业和再就业渠道，全省民间组织共吸纳从业人员36万人，缓解了就业压力。

青岛市社会组织建设与管理工作综述

青岛市民政局

2007年，青岛社会组织管理工作在民政部、山东省民政厅的指导下，认真贯彻党的十六届六中全会、十七大精神，紧紧围绕构建社会主义和谐社会的战略目标，服务大局，开拓创新，坚持"培育发展和监督管理并举"的方针，努力践行"亲民躬政"服务理念，各项工作任务取得了明显进展。目前，全市登记社会组织5310家，其中社会团体1950家，新登记135家，增长率为7.4%；民办非企业单位3360家，新登记511家，增长率为17.9%。

一、着眼新农村和和谐社区建设，积极做好社会组织的培育发展工作

（一）积极发挥农村经济协会和农村科技类民办非企业单位在新农村建设中的积极作用

农村经济协会培育发展工作稳步推进。召开了全市"农村专业经济协会工作经验交流暨'金桥工程'现场观摩会"，现场观摩了莱西实施

"金桥工程"在社会主义新农村建设中发挥的作用，认真总结了青岛市农村专业经济协会培育发展工作的成就。民政部、山东省民政厅领导对我市农村经济协会培育发展工作和莱西市实施"金桥工程"取得的成绩给予了充分肯定。农村科技类民办非企业单位，按《促进涉农民办科研机构开展科技助农活动指导意见》要求，注重优化涉农科技类民办非企业单位的发展环境。督促各区市积极组织开展科技助农活动，继续抓好典型引路。

（二）深入推动社区社会组织融入和谐社区建设工作

指导各区市采取分类指导的方法，结合本地实际，抓好社区社会组织典型培育工作，全市遴选了43个典型，以点带面，推动了全市工作的发展。与市南区委、区政府联合，举办了"2007青岛（市南）社区社会组织融入和谐社区建设观摩交流会"，展示社区社会组织在和谐社区建设中发挥的作用，民政部民间组织管理局、山东省民政厅领导认为市南区社区社会组织融入社区建设的经验做法，具有全国推广意义。

二、着眼规范化建设，积极完善社会组织管理工作

（一）行业协会整顿规范工作成效显著

为保证《青岛市行业协会管理暂行办法》的贯彻落实，青岛市民政局与市发改委、市监察局、市人事局四部门下发实施意见、召开市政府会议进行部署、召开业务主管单位、行业协会调度会、举办2007青岛行业协会能力建设高层论坛等多种措施，齐抓共管，克难攻坚，行业协会整顿规范工作取得重大成效。行业协会的管理体制进一步理顺，自身建设和服务能力得到加强。在青岛市198家行业协会中兼职的247名公务员，目前已有240名退出了行业协会，占总数的97%。

（二）年检工作有新变化

按照"尽早动手、尽量联检、提供方便、不拖时间"的原则，提前制定了年检工作计划。工作中，改变过去只在网上和青岛日报发通知的方式，分别在青岛晚报、半岛都市报、青岛早报等发行量大的报刊上进行了通报，使年检率过低和年检时间过长的问题得到了有效解决。

（三）日常管理进一步规范化

一是建立健全日常登记管理制度框架。按照"体系完善、程序规范"的原则，梳理社会组织管理制度框架，编印了《青岛市社会组织管理工作文件汇编》，为全面提高管理工作的制度化、规范化打下了良好的基础。二是加大对社会组织负责人的培训力度。举办了全市社会组织秘书长和民

非单位法人培训班。三是健全政策。会同市财政局出台了《关于加强社会团体财政收费票据管理的意见》，使社团管理的法规政策不断完善，管理更加科学、规范和有效。

三、着眼提高依法行政水平，加大监督执法工作力度，完善监督管理网络

（一）完善制度，规范执法程序

为不断提高依法行政的水平，我们以完善制度，规范执法为重点，加强了三个方面的工作。一是加强执法制度建设。推出了《青岛市社会组织行政告诫管理办法》，通过行政告诫的方式，弥补了执法过程中一些薄弱环节，实现了日常管理和监督执法的有机结合。先后会同青岛市法制办健全完善了原有的《社会组织执法文书》、《社会组织行政处罚程序规范》、《社会组织行政处罚听证程序规范》等十几个执法工作文件。二是加强执法程序的规范化。我们坚持“组织严密、程序规范、处罚准确”的原则，2007 年先后对 100 多家社会组织做出了撤销登记的行政处罚，首次公开组织行政处罚“听证会”。在所做出的撤销登记和其他行政处罚中，没有出现一起行政诉讼和行政复议事件。三是加强部门协作。我们邀请法院、法制办等部门相关人员建立了社会组织执法案件会商制度，不定期地研究执法工作中遇到的重点难点问题。

（二）建立完善联合执法工作机制，组织专项检查

联合执法、专项检查是我们加强对社会组织监管的有效机制和方式。各区市分别联合工商、公安、物价、教育、体育等部门依法查处取缔非法和违法社会组织，并对部分社会组织进行了专项检查，对查出的问题提出整改意见和要求，规范了社会组织行为，净化了社会组织的发展环境。2007 年，全市两级社会组织登记管理机关共查处非法社会组织案件 86 起，查处违法社会组织案件 315 起，有效地维护了社会稳定。

（三）推进社会组织监督管理网络体系的建设

对全市社会组织四级监督管理网络进行了全面升级和改造，实现了社会组织监督管理的社会化、法制化和网络化的目标。目前，各区（市）逐级签订监督网络责任书，网络体系已经覆盖全市所有的行政村和居委会，网络覆盖率达到 95%以上。

（四）加强执法培训，提高执法水平和能力

为进一步提高登记管理机关依法行政水平，提高监管能力，增进行政

执法的科学性和执法行为的规范化，组织全市社会组织行政执法培训会议，邀请青岛市法制办、法院、工商等部门的专家授课，培训内容丰富，方式灵活，解决了一些长期困扰社会组织行政执法工作的问题，深化了对一些重要问题的认识理解。

青岛市的社会组织执法工作得到了民政部领导的充分肯定，在11月召开的全国社会组织建设与管理工作经验交流会议上，青岛市在大会上作了《健全体系创新机制全面推进社会组织行政执法工作》典型发言。

四、着眼前瞻性，加大重点工作的创新研究

（一）制定鼓励社会力量兴办民办非企业单位的相关政策

我们会同教育、劳动、体育、文化、科技等17个部门，采取召开座谈会、现场调研、征集建议等措施，以市政府名义出台了《青岛市关于鼓励社会力量兴办民办非企业单位的若干意见》，民政部副部长姜力批示，向全国转发青岛市的文件。

（二）做好监管评估工作的试点

按照十二次全国民政会议提出的“推进政府指导、社会参与的社会组织综合评估工作”的要求，2007年在黄岛区进行社会组织评估试点工作。进一步修订完善了《青岛市黄岛区社会组织监管评估办法（试行）》，制定了社会组织监管评估实施方案。评估试点工作得到了民政部民间组织管理局领导的指导，得到了清华大学等国内著名研究机构专家的大力支持。

（三）加强民非单位自律与诚信建设，组织开展“爱心在民非中飞扬”活动

为建立民非单位诚信与自律建设长效机制，打造民政“爱心飞扬”品牌，制定了《关于开展“让爱心在民非中飞扬”活动的通知》，督促民非单位做好重大信息披露，开展好公开承诺服务，以实际行动广泛开展以回报社会、奉献爱心为主题的“双百爱心助学接力”活动。

五、着眼优化舆论环境，切实加强社会组织宣传和信息化建设工作

一是充分利用山东社会组织信息网和青岛社会组织网，宣传社会组织管理工作，继续保持青岛市社会组织信息网页的信息录入量和访问量居全省第一。二是充分发挥各地电视台、广播电台等新闻媒体作用，进行社会组织系列专题宣传报道。三是做好《中国社会报社会组织周刊》通联工

作，发动民管干部利用报纸、杂志、网站等媒体及时宣传民管工作和社会组织在构建和谐社会中的作用，青岛市民政局被中国社会报评为全国社会组织信息宣传工作先进单位。四是建立社会组织管理信息数据库。

河南省社会组织建设与管理工作综述

河南省民政厅

2007年，河南省各级民间组织登记管理机关以邓小平理论和“三个代表”重要思想为指导，深入贯彻落实科学发展观，坚持培育发展与管理监督并重的方针，通过完善政策，重点培育，依法监管，促进了民间组织健康发展，为全面建设小康社会、构建和谐中原、实现中原崛起发挥了积极作用。

一、认真抓好民间组织登记管理工作

依据《社会团体登记管理条例》、《民办非企业单位登记管理暂行条例》、《基金会管理条例》规定，通过规范省管民间组织登记审查制度，简化民间组织登记申报材料，完善《河南民间组织信息网》服务功能，为民间组织提供方便快捷的优质服务，共办理民间组织各种登记手续742件，其中办理社会团体筹备68个、社会团体成立登记84个、社团分支（代表）机构登记109个，民办非企业单位成立登记166个，基金会设立登记3个、基金会分支（代表）机构登记6个，社会团体及其分支（代表）机构变更登记210个，民办非企业单位变更登记96个。

二、切实抓好民间组织监督管理工作

一是依据民政部有关社会团体、民办非企业单位、基金会年度检查办法，强化监督、注重服务，完善了有关年检报告材料，对无明显问题的民间组织当场予以年检，提高了办事效率。全省共年检各类民间组织10738个，其中社会团体5797个、民办非企业单位4935个、基金会6个。对河南省市场发展协会等330个连续三年未年检的社会团体予以撤销登记。二是会同公安等部门，依法查处了10个非法、违法民间组织，维护了全省社会政治稳定。

三、进一步加强民间组织规范化建设工作

一是根据省政府有关部署，下发了《关于做好社团组织评比达标表彰活动清理工作的通知》，对全省社团组织开展的各种评比达标表彰活动进行了一次全面清理和规范，建立了社团组织评比达标表彰活动监管机制。全省开展有评比达标表彰活动的社团组织57家，评比达标表彰活动项目84项，其中涉及企业的有35家，评比达标表彰活动项目41项，但多数不收费，没有发现假借评比达标表彰活动名义乱收费现象。二是与省发改委、省优化办联合下发了《河南省开展涉企经营服务性收费专项清理工作实施意见》，重点对社团组织涉企收费情况进行了专项清理，依法查处了个别社团组织涉企乱收费问题，进一步规范了社团组织的收费行为。三是根据省政府《关于认真贯彻国发［2006］15号文件切实加强消防工作的意见》要求，结合年检工作，对往年注册登记但不具备消防安全条件的民办学校、医院、养老院及文化、体育场馆等民办非企业单位，督促其完善消防安全设施，加强消防安全管理，预防和消除火灾隐患，确保正常工作开展。

四、积极推进农村专业经济协会培育发展工作

河南省民政厅先后下发了《关于进一步做好农村专业经济协会规范发展工作的通知》和《关于加快农村专业经济协会发展的意见》，在督促指导全省100个具有典型示范意义的农村专业经济协会培育扶持工作的基础上，完成了年底前全省登记或备案的农村专业经济协会达到3000个、指导规范的农村专业经济协会达到1000个的工作目标，促进了河南省农村专业经济协会快速发展。经组织专项检查组检查，截至11月底，全省登记或备案的农村专业经济协会已达到3009个，指导规范的已达到1140个。

五、认真开展民间组织有关调研活动

一是结合学习贯彻《国务院办公厅关于加快推进行业协会商会改革和发展的若干意见》精神，在2006年对行业协会调研的基础上，起草了河南省《关于加快行业协会商会改革和发展的实施意见》（征求意见稿），完善了《河南省行业协会管理办法》（草案），并征求了省直有关部门和省辖市民政部门的意见。《河南省行业协会管理办法》（草案）拟报省政府列入2008年立法调研计划。二是根据省委办公厅、省政府办公厅《关于印发

〈文化强省建设大型调研活动方案〉的通知》要求，省民政厅会同省直有关部门，对全省文化类民间组织发展现状、资源底数进行了普查和调研，撰写了《河南省文化类民间组织文化资源普查调研报告》，提出了培育发展文化类民间组织，促进河南省文化强省建设的建议。三是按照省委组织部的要求，省民政厅会同郑州大学应用社会学研究所，对全省民办社会服务组织发展情况进行了调查和研究，撰写了《关于促进民办社会服务组织发展问题的研究报告》，提出了发展和规范民办社会服务组织，促进河南省社会工作人才队伍建设的建议。四是对全省民间组织发展现状、所起作用、存在问题等情况进行了认真调研，撰写了《河南省民间组织发展变化与管理体制创新研究报告》，提出了创新民间组织管理体制，加强和改进民间组织工作，推进河南省社会建设和管理的一些对策和措施。五是对社区民间组织进行了专题，初步了解掌握了全省社区民间组织的发展情况、存在问题，为下一步研究制定促进河南省社区民间组织发展的政策措施，奠定了基础。

湖北省社会组织建设与管理工作综述

湖北省民政厅

2007 年，湖北省民政厅以科学发展观为指导，认真落实党中央国务院省委省政府有关做好社会组织管理工作的要求，立足服务，依法行政，勇于创新，扎实工作，在提高湖北社会组织能力建设方面取得了显著成绩，为促进湖北经济社会的协调发展作出了一定贡献，得到民政部及省委省政府的肯定。省民间组织管理局被全国妇联、中宣部、民政部等 27 部委授予“全国巾帼文明岗”荣誉称号，被《中国社会报》社评为“全国民间组织管理信息宣传先进单位”称号，在民政部召开的全国社会组织建设与管理工作经验交流会上，湖北省民政厅作了典型发言。

一、大力培育社会组织，服务经济社会建设

（一）服务经济建设，大力发展行业协会。行业协会是规范市场秩序、促进经济发展的重要载体，是社会组织管理工作的重中之重。湖北省民政

厅大力推进行业协会改革，以狠抓政会分离、优化整合行业协会布局以及规范行业协会管理等多种手段促进行业协会的健康快速发展。全省2006年新登记的社团中，行业协会占到60%。

（二）服务新农村建设，大力发展农村专业经济协会。2007年初，由于受农民专业合作社法出台的影响，湖北省农村专业经济协会的发展势头有所减弱。针对这种情况，省民政厅深入各地进行调查研究，寻求解决问题的措施和办法，要求各级民政部门积极争取党委、政府对农村专业经济协会培育发展工作的重视和支持，保证农村专业经济协会健康发展。经过各级民间组织登记管理机关的不懈努力，2006年全省农村专业经济协会登记数量较上年新增199个。

（三）培育发展慈善公益性社团、基金会和民办非企业单位，壮大社会公益服务基本队伍。社会组织开展的各类慈善公益活动是对社会福利和社会保障工作的有益补充，有利于缓解社会矛盾，为此，湖北省民政厅将慈善公益类社会组织培育发展工作作为一项重点工作切实抓好。为了贯彻落实财政部、国家税务总局《关于公益救济性捐赠税前扣除政策及相关管理问题的通知》，省民政厅主动与省财政厅等单位联系，积极争取将16个基金会和23个参加了公益性社团评估的单位确定为享有税收优惠政策资格的单位。同时，积极为那些找不到业务主管单位的非公募基金会担当业务主管单位，扩大了全省公益性组织特别是基金会阵容。全年湖北省新登记基金会5个、基金会分支机构16个，新登记民办非企业单位1530个。

（四）加强社会组织自律与诚信建设，为构建和谐社会打牢基础。采取多种措施引导社会组织树立良好的社会形象，如：要求基金会进行信息公开，进一步深化民办非企业单位创建诚信自律单位活动，要求行业协会制订行规行约，并将其作为年检的一项重要内容等等。

（五）开展评比表彰活动，树立先进典型。2007年8月，湖北省民政厅会同省人事厅向全省社会组织及社会组织登记管理机关下发了关于开展民间组织和民间组织登记管理工作先进单位与先进个人评比表彰活动的通知，要求相关单位对照文件进行自评，推选先进个人和单位；12月在各地上报先进材料的基础上，省民政厅组成四个检查组对上报的先进单位进行检查，确定了一批社会组织及登记管理工作先进单位和先进个人。

（六）开展社会组织评估活动，创新社会组织管理机制。在2006年全省成功开展公益性社团评估试点工作的基础上，2007年又进行全省性行业协会评估。经过深入调研和广泛座谈，省民政厅制定了《全省性行业性社团评估办法（试行）》和《行业性社团评估标准（试行）》，下发了《关于开展全省性行业性社团评估工作的通知》。召开了全省性公益性社团评估总结暨行业性社团评估部署动员大会，会上为参加公益性社团评估的单位颁发了等级牌匾，对行业性社团评估工作进行了动员和部署，并就各协会如何搞好自评进行了培训。通过评估，探索社会组织分类管理、分类指导的新路子。

二、加强社会组织监督管理，促进经济社会稳定发展

（一）开展清理社团评比表彰工作。根据湖北省委、省政府的要求和有关部门的统一部署，省民政厅及各地民政部门对社团开展评比表彰情况进行了全面清理，规范了社团评比表彰的工作，还“评比表彰”在人民群众心目中的正面形象。省民政厅共清理全省性社团评比表彰项目162项，仅保留50项，保留的比率为35％。

（二）加强对社团活动的规范力度。根据社团开展活动日益频繁的实际，省民政厅制订了《关于规范社团重大活动事项报告有关问题的通知》和《社团换届及召开会员大会或会员代表大会须知》等规范性文件，坚持派员参加社会组织开展的重大活动，行使指导和监督职能。加强日常监管工作，省民政厅全年修改社团《章程》183份，核准《章程》127份，督促社团换届86起。

（三）加强对社团收费和财务的监管。要求各地各社团严格执行会费标准备案制度，坚持会费标准不备案的不得购买会费收据。认真做好全省性社团会费备案工作，全年共备案会费标准75份。与省财政厅、省会计学会联合组织了《民间非营利组织会计制度》培训班。配合省减负办，对4个面向企业收费的全省性行业协会的财务情况进行了检查。

（四）认真做好年检工作。按照民政部要求和国务院有关条例规定，及时开展社团、民办非企业单位和基金会年检工作。为提高年检效率和服务水平。省民政厅率先对全省性社团实行网上年检，全省性社团、民办非企业单位和基金会年检率分别为98％、95％和100％。

（五）及时查处民间组织违法活动。根据群众举报和日常管理中发现的问题，省民政厅共对19个社会组织进行了执法检查，对5个非法社会组织进行了依法查处。对社团和民办非企业单位年检中发现有问题的115个单位下达了整改通知书；对连续两年不参加年检、连续两年年检不合格或已被业务主管单位撤销许可的12家民办非企业单位启动了行政处罚程序，下达了民办非企业单位行政处罚事先告知书；撤销了11个拒不接受监督管理的社团。

三、强化登记管理机关自身建设，提高管理和服务能力

（一）开展文明窗口创建活动。积极参加全省“创文明行业、促荆楚和谐”文明行业主题竞赛活动，采取了相应的行动和措施。一是全面制订（修订）社会组织登记管理工作流程，规范服务程序，对登记、换届、年检、章程核准、会费备案、重大活动报告、核销会费收据等各项工作都制定出“流程图”或“须知”。将“流程图”和“须知”制成宣传牌上墙、上民间组织信息网；与此同时，制作出填写规范的申请书及相关表格的书写样本供当事人参看。二是设立意见簿，虚心听取服务对象意见。在社团登记管理岗、基金会登记管理岗、民办非企业单位登记管理岗和民间组织服务中心分别设立意见簿，每月底将社会组织所提意见、建议集中处理，涉及工作人员服务质量问题的，令当事人限期改正；涉及服务程序问题的，视情况依法修改完善相关制度规定。三是美化服务环境，完善服务设施，为服务对象提供舒适、优美的服务环境。要求工作人员着装得体，仪表大方，并调整了办公布局，添置了必要设施，做到登记服务场所美化、绿化、净化，为服务对象提供赏心悦目的服务环境。

（二）加强档案、信息化建设。湖北省民政厅狠抓社会组织档案规范化建设工作，严格按照有关规定规范整理档案，省本级民间组织登记档案管理达到了“特级”标准。2007 年 7 月，省民间组织管理局又下发《关于加强民间组织管理信息化建设有关问题的通知》，向基层登记管理机关提出了做好社会组织管理信息化建设的目标和具体要求。各地迅速采取措施开展了争创全省民间组织档案管理和信息化建设先进单位相关活动，共涌现出档案管理先进单位 31 个、信息化建设先进单位 11 个，民间组织管理信息宣传先进个人 20 名，有效地推进了社会组织管理工作规范化、信息化和宣传工作常态化。

（三）深入开展理论调查研究工作。省民政厅结合当前社会组织发展速度很快、作用日益增强以及社会组织发展过程中遇到一系列困难问题等实际情况，认真开展调查研究工作，不断探索解决问题的新方法、新思路。一年来，全省各级社会组织管理机关积极开展调研活动，取得了一批优秀成果。其中省民政厅登记管理工作人员共撰写《湖北省行业协会参与社会管理和社会服务调查与思考》、《湖北省民间组织发展与管理现状调查与研究》等调研文章 10 余篇，为做好全省社会组织发展和管理工作提供了理论指导。

（四）积极开展民间组织业务知识培训。2007 年 4 月中、下旬，省民政厅分两批开展了社会组织登记管理工作业务培训会议。全省 17 个市、州

和102个县市区民政局分管局长、社会组织管理科（处、股）长共238人参加了培训，提高了全省民管干部依法行政的能力。11月7日至9日，组织了省管社会组织的财务人员进行《民间非营利组织会计制度》培训，500多人参训，对于规范社会组织的财务管理起到了很好的作用。

湖南省社会组织建设与管理工作综述

湖南省民间组织管理局

2007年，湖南省的社会组织管理工作在省委省政府的正确领导下，在民政部的精心指导下，认真贯彻第十六次全省民政会议精神，围绕构建和谐社会、建设社会主义新农村建设和加快实现富民强省，努力做好社会组织的登记管理和培育发展，各项工作都取得了新的成绩：

一、2007年，是在社会组织的登记工作上取得新进展的一年

全省各级登记管理机关把认真抓好日常登记工作作为工作重点。一方面，做到把好政策关、材料关、程序关和审批关。另一方面，注意明确重点，积极培育发展农村专业经济协会、行业协会、公益慈善类社会组织和民办非企业单位。2007年省本级新登记社会组织61家，其中社团24个，民办非企业单位31个，基金会6个；市县新登记社团807个（市级223个，县级584个），新登记民办非企业单位640家（市级135个，县级505个）。目前全省共有各级各类社会组织13285个（其中社团9039个，民非4174家，基金会72个），在2006年年底11973个的基础上增加了1286个，增长率为10.7%。基本实现了湖南省社会组织“十一五”规划年度发展的目标，达到了全国社会组织平均发展的速度和增长比例。

二、2007年，是在社会组织的培育发展上取得新突破的一年

在做好日常登记工作的同时，积极推进重点业务工作的开展。一是推进农村专业经济协会发展。争取省政府以省政府令形式发布了《湖南省农村专业经济协会促进办法》（以下简称《促进办法》）。该办法是全国第一个农村专业经济协会立法，得到了社会各界的充分肯定。为贯彻落实《促进办法》，我们在各市州考察筛选的基础上，整理推介了湖南省30余个农

村专业经济协会的经验做法。在湘西州民政局和永顺县民政局的配合支持下，免费举办了全省农村专业经济协会业务培训班。11 月份，我们又下发了《湖南省民政厅关于进一步加大力度培育发展农村专业经济协会的通知》。各地认真贯彻落实，郴州为此召开了全市民间组织管理工作会议暨《湖南省农村专业经济协会促进办法》学习培训会议，张家界市将《促进办法》复印发放到各乡镇和协会，永州市采取了改被动登记为主动上门登记的服务方式，邵阳市和湘西州重点培育起带动作用的龙头协会。通过以上措施，2007 年全省农村专业经济协会有了较快的发展，新登记备案农村专业经济协会 942 个。2007 年 11 月 20 日在南京召开的全国社会组织建设与管理工作经验交流会上，湖南省就农村专业经济协会工作作了典型发言。二是推进社区社会组织登记管理和培育发展工作。推介了天心区社区社会组织登记管理的经验，对社区社会组织管理工作进行了部署，下发了《湖南省民政厅关于做好社区民间组织登记管理和培育发展工作的通知》。各地按通知一起推动试点，湘潭为此召开了县市区专题工作会议探讨发展思路，衡阳狠抓了石鼓区的试点。全省新登记的社区社会组织 73 个，备案 84 个，使这项工作有了新的起色。在推进这项工作的同时，省民政厅和常德市民政局、石门县民政局共同配合，总结推广了石门县寨垭村利用农村社区社会组织开展村民自治、构建和谐社区、促进农村建设的成功做法，得到了国家民间组织管理局的肯定，在全国社会组织建设与管理工作经验交流会上推广了石门县发展农村社区社会组织的做法和经验。三是推进行业协会商会改革。为贯彻好《湖南省行业协会管理办法》和《国务院办公厅关于加快推进行业协会商会改革和发展的若干意见》，与省发改委进行了多次协商，省民政厅与省发改委联合发文对省本级行业协会的调查工作进行了部署。长沙、株洲、衡阳市民政局争取党政领导重视支持行业协会的改革，市政府常务会议听取了行业协会的改革汇报，起草制定了行业协会改革的政策性文件和实施方案，行业协会改革工作正有条不紊地在推进实施。四是推进公益慈善类社会组织发展。根据民政部精神，下发了《湖南省民政厅关于全省慈善协会管理工作有关问题的通知》，要求将湖南省各级具有社会募捐功能的慈善协会纳入基金会管理序列。举办了基金会业务培训班，进一步提高了基金会工作人员的素质。

三、2007 年，是在社会组织的监督管理上开创新局面的一年

一是加强了管理机构建设。张家界市积极加强基层社会组织登记管理机构建设，取得重大进展，桑植县、武陵源区和永定区分别成立了民

间组织管理局和增加了工作人员。邵阳市不断加强信息化建设，各县市区都配备了电脑等设施。娄底市、岳阳市等组织了对人员的培训。益阳市开展了“五个一”的学习活动并组织赴西藏和青海进行了考察学习。二是规范了管理内容。张家界市制定了《“十一五”民间组织登记管理工作规划》上报市委、市政府并以文件形式下发各区县。岳阳市民政局加强协调，联合市委组织部、市财政局、审计局、监察局等单位下发了《关于进一步加强市直社会团体管理的通知》，促进了社会团体的规范管理。常德市组织召开了民间组织工作联席会议就管理的有关问题达成了共识，并组织市县区民间组织管理局负责人进行了交叉检查，促进了工作的落实。三是扎实做好年检工作。在年检中，我们主要加强了对社会组织实施《民间非营利组织会计制度》的监管，重点检查了社会团体开展评比达标、举办培训班、领导干部和公务员兼职任职以及分支（代表）机构管理情况，基金会公益资金支出比例是否达标，民办非企业单位是否按章程的规定开展业务活动等项内容。全省社会组织年检工作至8月底全部结束，省本级社会组织参检773家，合格率92.8%；撤销登记社会组织26家。通过年检，基本了解了社会组织开展活动的情况。四是及时开展打非和社团清理工作。全年全省各级打击非法社会组织和查处社会组织违法行为206起，其中省厅直接受理的有40起，长沙、湘潭、株洲、邵阳、怀化、湘西自治州等市州也查处了一批案件。根据民政部统一部署，省市县三级都开展了对社会团体举办评比达标表彰活动的治理整顿工作，省厅清理出68个社团举办各种评比达标表彰活动95项。长沙市还制定下发了《关于清理整顿非法民间组织及民间组织非法行为的实施方案》，全市清理非法社会组织401家，其中引导办证125家、自动关停45家、强制取缔28家，待处里207家。岳阳市还下发了《关于清理整顿挂靠党政机关的协会、学会及中介机构的通知》。五是认真应诉。成功应对处理了省公共关系协会二审，市中级人民法院的判决，维持了民政厅作出的撤销登记省公共关系协会的处罚决定。

四、2007年，是在社会组织的调研宣传法规工作上取得新成绩的一年

结合工作实际，开展了大中型企业加入社会团体情况调查，进一步摸清了企业加入社会团体的有关情况，并向省政府、省纪委写出了调查报告。联合省财政厅开展了对省级社团票据使用情况的调查。根据中联部和省外办的要求，组织对我省社会团体和基金会参与国际合作项目、国际会议、参加国际非政府组织和组织出（国）境访问的情况进行了全面的调查。加强宣传工作，省本级在湖南日报、中国社会报刊发稿件10余篇。在省委宣传部主编的《构建和谐社会18题》一书中，撰写了1万余字的关于湖南省社会组织的发展情况报告。完成了省工商联《2006年湖南非公有制经济发展报告》一书中有关社会组织的内容。编印了《湖南省民间组织业务政策汇编（第二册）》一书，收集了2002年以来国家和湖南省有关社会组织的政策法规，为今后业务工作开展提供了较全面的政策依据。全省各市州不仅配合完成了省里的调研，长沙市、岳阳市、常德市等地还自主组织了调研。

但工作中也还存在一些问题，其中突出的是：一是培育发展农村专业经济协会、社区社会组织和公益慈善类社会团体的进度缓慢；二是《湖南省行业协会管理办法》和《湖南省农村专业经济协会促进办法》没有较好地落实到位；三是监督管理、查非打非工作不及时，不到位。究其原因，客观上是由于全省社会组织登记管理人员少和经费严重不足，制约了工作的开展，主观上与社会组织登记管理人员的工作态度、工作方法存在问题也有一定的联系。这些都需要在以后的工作中加以改进和解决，以开创全省社会组织建设与管理工作的新局面。

广东省社会组织建设与管理工作综述

广东省民政厅

2007年，广东省各级社会组织管理部门坚持以邓小平理论和“三个代表”重要思想为指导，紧紧围绕落实科学发展观的要求，立足构建和谐社会的大局，坚持培育发展和规范管理并重的方针，采取有力措施，促进了社会组织建设与管理工作健康有序地发展。截至2007年年底，全省各级民政部门登记的社会组织共有22997个，其中社会团体10818个（含行业协会1410个）、基金会152个、民办非企业单位12027个，社会组织从业人员266802人。

一、进一步开展行业协会整改工作，基本实现了行业协会民间化

广东省各级登记管理机关和行业协会认真贯彻国务院办公厅《关于加快推进行业协会商会改革和发展的若干意见》，深入贯彻落实《中共广东省委广东省人民政府关于发挥行业协会商会作用的决定》（以下简称《决定》）和《广东省行业协会条例》（以下简称《条例》），进一步开展行业协会整改工作。截至2007年年底，全省需整改的行业协会共计1382个（其中省级147个），已完成整改1246个（其中省级137个），占应整改的90%，同时注销63个；100%的行业协会业务主管单位改为业务指导单位，改善了双重管理体制；全省需退出行业协会的现职国家机关工作人员共计1547名，目前已有1501名退出行业协会职务，占应退出的97%，基本实现民间化；240个行业协会（其中省级33个）顺利成立，解决了因找不到业务主管单位而无法登记的问题；100%的行业协会自选会长，自主运作能力明显增强；90%的行业协会制定了行约行规，并建立了规范运作、信息公开、奖励惩戒等机制，有的还尝试对会员、业内企业实行等级评定，行业协会积极性、自主性、自律性明显增强，作用发挥更加突出。据统计，2007年全省行业协会举办培训班12258期；提供咨询服务16163次；举办研讨座谈会1604场；组团考察1029次；举办评比表彰活动249项；举办或组织参展1429次；招商引资341次；为政府提供决策依据1730条；协调会员与消费者纠纷1902起，应对国际贸易纠纷129起；用于慈善公益事业支出达176亿元。

二、重点培育发展四类社会组织，社会组织结构日趋优化

2007年，广东省重点培育发展的以支柱产业为重点的行业协会、以基金会为重点的公益性社会组织、以农村特色产业为重点的农村专业经济协会、以服务社区为重点的社区社会组织等四类社会组织持续增长。省民政厅对业务范围涉及扶贫济困、社会福利等社会慈善公益事业，又找不到业务主管单位的非公募基金会，明确担当业务主管单位的职责；各地采取政府扶持、降低门槛、简化手续、促进发展的办法扶持上述社会组织发展。如肇庆市根据农村专业经济协会的规模、发挥作用情况，共资助46个农村专业经济协会35.5万元；中山市民政局为新成立的老年人协会每个提供3万元开办资金，大力发展服务社区老年人的社会组织。至2007年年底，全省行业协会达1410个，其中省级行业协会181个、地市级770家、县区级

459 家；农村专业经济协会 600 多个；社区社会组织 3000 多个；基金会 152 个（其中非公募基金会 37 个），比上年增加 11 个。

三、深入开展社会组织自律与诚信建设活动，社团组织行业协会自律工作成为我省纠风工作的品牌项目

广东省民政厅联合省监察厅、省政府纠风办和省治贿办出台了《2007 年广东省社团组织行业协会深入开展行业自律和治理商业贿赂工作的实施意见》，提出建立健全行业自律的规范运作机制、诚信执业机制、公平竞争机制、信息公开机制、奖励惩戒机制、自律保障机制等“六个机制”，并于 2007 年 7 月 18 日召开广东省社团组织行业协会自律和治理商业贿赂工作会议，省直部门、省级社团组织行业协会负责人共 200 多人参加了会议。扩大社团组织自律建设试点范围，在与群众生活密切相关、群众比较关注的食品安全、住房、看病、教育、通信等行业中选取了 36 个全省性社会组织进行自律试点。各地自律工作也得到较好推进，大部分市召开了专题会议进行部署，成立了协调机构，并分别制定了实施意见。广东省社会组织自律工作成绩突出，得到中央有关部门和省纪委的充分肯定，成为广东纠风工作的品牌。

四、加强规范管理日常登记管理工作，水平不断提升

一是加强制度建设，建立日常登记管理工作长效机制。广东省民政厅先后制定出台了社会组织涉外活动报告制度、社会组织违法违规行为和非法社会组织查处情况报告制度、行业协会内部管理制度范本、民办非企业单位信息公开和承诺服务实施办法等一系列制度措施，以规范社会组织的行为，指导社会组织健全内部管理制度，切实纠正社会组织建设中存在的问题。二是依法严把登记关。在日常登记管理中，对申请登记的社会组织名称、拟办社会组织及其负责人的政治背景、章程及业务范围的合法性等进行严格审查或审核，确保依法行政。省本级 2007 年共办理全省性社会组织成立登记 72 个，变更登记 321 个，注销、撤销登记 29 个。三是切实加强年度检查工作。在 2006 年度年检中，全省性社会团体应检 804 个，参检 753 个，参检率 93.66%，合格率为 97.61%；基金会应检 78 个，参检 62 个，参检率为 79.49%，合格率为 77.42%；全省性民办非企业单位应检 196 个，参检 155 个，参检率为 79.08%，合格率和基本合格率分别为 94.84%和 5.16%。全省性社会组织的参检率、合格率均比上年有一定提高。

五、加大执法力度，维护了社会稳定

一是对社会组织进行了财务审计。为了解和掌握社会组织财务状况，2007年年初广东省民政厅委托会计师事务所对广东省保健食品协会、广东省信用研究会、广东省城镇化发展研究会、广东省粤港经贸信息交流促进会四家社会团体进行了财务审计，并责成有问题的社团深刻检查，认真整改。二是认真查处社会组织违法违规行为。省民政厅和有关市民政局组织力量先后对广东省乡镇长科学决策促进会多次违规组织出国考察，广东省粤港经贸信息交流促进会未经批准擅自设立广东省粤港经贸信息交流促进会湛江办事处和"乾坤烛·金汇"俱乐部进行违规经营，广东省汉达康福协会、广东狮子会、深圳狮子会严重违反《社会团体登记管理条例》和章程开展活动进行查处，限期整改。三是依法坚决取缔非法社会组织及其活动。如省民政厅指导佛山市南海区民政局会有关部门依法取缔了香港华藏艺术协会在广东非法设立的办事机构及其非法活动，维护了当地社会稳定。四是认真履行省网吧管理工作联席会议成员单位的职责。省民政厅与成员单位联合下发通知，要求各地对依法办理民办非企业单位的电脑培训机构加强监管，有力地配合网吧及网络游戏管理工作的顺利进行。

六、开展多项专题调研工作，为制定政策措施提供了可靠依据

2007年，广东省民政厅单独或与其他部门联合开展了多项调研工作。一是开展贯彻落实《决定》和《条例》调研。2007年3月下旬至4月上旬，由省民政厅叶秀仁副厅长及民间组织管理局领导带队，组成4个调研组分赴广州、珠海、佛山等12个地市进行督查，重点调研贯彻落实《决定》和《条例》的做法和具体措施以及行业协会整改、重新登记情况；农村专业经济协会、社区社会组织的培育措施及登记情况；公益性慈善类社会组织的分类和登记情况以及2006年社会组织管理工作的主要成绩、经验及存在问题，促进了行业协会的改革和发展。二是对贯彻落实《基金会管理条例》情况进行调研。2007年12月由省民政厅叶秀仁副厅长及民间组织管理局领导带队，就基金会建设发展情况、面临的新情况、新问题，与有关市民政局、基金会负责人进行了深入细致的探讨和座谈，进一步完善了今后广东省基金会的发展思路。三是联合开展农民工维权组织的专题调研。根据省领导的批示，5月份由广东省民政厅牵头，省民政厅、省劳动

和社会保障厅、省总工会三家联合组织3个工作组，由厅领导带队，到广州、深圳、佛山、惠州、东莞、中山等农民工较为集中的市进行调研，深入研究将农民工维权组织依法纳入管理的政策措施，并向省委和省领导递交了专题报告。四是开展社会服务组织课题研究，为社工人才队伍建设服务。2007年4月，根据广东省委组织部的部署和省民政厅的安排，省民间组织管理局承担了有关广东社会服务组织现状和问题的重点课题的研究工作。在较短时间内完成了《广东社会服务组织发展现状、问题和对策研究》专题报告，得到省委组织部的好评。五是开展社会组织党建工作调研。根据省委组织部的部署，省民间组织管理局领导带头开展社会组织党建管理体制调研，其论文《创新民间组织党建管理体制的探索》获一等奖。

七、完善便民利民服务措施，积极打造阳光行政

广东省民间组织管理局继续完善社会组织服务大厅建设，根据政策法规的变动及时更新各种办事指南；全面启用省行政审批电子监察系统，按照省监察厅的要求，服务大厅与省电子监察系统实现联网，接受省电子监察系统的实时监督，服务大厅在省直40多个部门中，综合评价名列第四，并被省直机关工委评为“优质服务窗口排头兵”。加强信息化建设，调整了广东省社会组织信息网站的网页，丰富其内容，增加表格下载等项目；全部业务使用民政业务统一软件，行政审批事项和日常办件全部上网，接受省监察厅的实时监督；启用社会组织网上申报平台，实现社会组织行政审批事项网上办理。加强社会组织服务平台建设，将广东省民间组织发展促进会更名为广东省民间组织总会，并成立了两个分支机构，拓宽了服务项目和内容，每月编发一期广东社会组织信息交流无偿供广大会员和社会组织阅读。

八、加强登记管理机关自身建设，为社会组织建设和管理提供组织保证

各级登记管理机关积极争取党政领导重视和支持，在加强机构编制建设方面取得新突破。2007年3月，广东省编办发文批准省民间组织管理局为省民政厅的直属行政机构，下设综合处（加挂执法处牌子）、登记管理一处和登记管理二处；核定省民间组织管理局行政编制35名，其中局长1名（可由副厅级干部担任）、副局长（兼任处长）3名、副处长6名。2007年6月，深圳市将行业协会服务署与市民政局民间组织管理办公室合并，

组建成立深圳市民间组织管理局。该局为副局级，内设综合信息处、社会团体管理服务处、民办非企业单位管理服务处、执法监督处等四个处，核定行政编制5名。东莞市民间组织管理中心更名为东莞市民间组织管理局，由事业单位改为行政直属机构。至2007年年底，全省市、县社会组织管理机构人员编制共262人，其中市级109人，县（市、区）153人。

深圳市社会组织建设与管理工作综述

深圳市民政局

一、基本情况

截至2007年年底，深圳市依法登记的社会组织3034家，其中社会团体1235家（行业协会商会205家），民办非企业单位1799家。2007年实际增加社会组织591家，增长速度达到24.3%，实现了近五年来的最大增幅。深圳市的社会组织活跃在经济、科技、教育、文化、劳动、卫生、体育、社会福利等各个领域，涵盖了一、二、三产业的各行各业，从业人员近5万人，形成了一个门类齐全、覆盖广泛的社会组织体系，成为推动深圳市经济和社会发展的一支重要力量。

二、工作回顾

（一）突出重点，切实抓好牵动全局性的工作

深圳是改革开放的前沿，经济社会发展迅猛，在推动政府行政体制改革和建立社会主义市场经济体制的过程中，历届市委市政府对社会组织发展高度重视，认识日益深化。特别是党中央、国务院提出以人为本，科学发展，构建和谐社会等一系列重大方针政策后，市委市政府与时俱进，将社会组织建设和管理作为推动经济、政治、文化、社会四位一体建设的重要组成部分。从2007年下半年开始，在分管副市长李铭同志的率领下，会同市委市政府相关部门，就发挥社会组织作用的问题进行了一次大规模的调查研究，并被市委列入2008年重大调研课题。

（二）深化改革，创新和完善社会组织管理体制

2004年深圳市委市政府设立行业协会服务署，对行业协会实行集中业务主管单位的全面改革，由“老二元”向“新二元”管理体制过渡。2004年12月，按照市委市政府文件和相关通知的要求，大力推动行业协会民间化改革，使党政机关、事业单位公职人员辞去了协会的职务，行业协会、

商会实现了与政府在人、财、物方面的全面脱钩。2006 年年底按照广东省委、省政府的决定和《广东省行业协会条例》的要求，根据已推行行业协会无行政业务主管体制的实际，将原市行业协会服务署与原民政局民间组织管理办公室合并，组建市民间组织管理局，增加职能、编制，从体制上理顺和解决了行业协会实行无行政业务主管的管理问题。

（三）大力营造有利于社会组织发展的氛围和环境

一是积极配合做好市委市政府关于社会工作发展的“1＋7”文件的调研工作，并牵头起草了《关于发挥民间组织在社会工作中作用的实施意见》，指导成立了“深圳市鹏星社会工作服务社”等 12 家社工类社会组织。

二是编制了《深圳市行业协会商会发展“十一五”规划》和《深圳市民间组织发展“十一五”规划》；牵头起草了《深圳市行业协会商会条例》，推动行业协会商会的立法工作。

三是建设了深圳民间组织信息网，并推动深圳市民间组织法人基础数据库建设，构建社会组织的公共信息化平台；将原深圳市行业协会服务中心调整为社会组织孵化基地。

四是推动了深圳市行业协会发展专项经费的设立，草拟《深圳市行业协会发展专项经费管理使用办法》。

五是与人民日报《大地》杂志社联合编印《深圳行业状况及行业协会》年度报告，并与深圳商报联合创办《民间组织视窗》。

六是加强对社会组织专职人员的培训工作，与清华大学公共管理学院联合举办行业协会商会管理人才高级研讨班。

七是会同有关部门制定和完善支持社会组织发展的政策，协调和反映他们在发展过程中遇到的各种具体困难。配合市外办，审核协会人员因公出国出境申请，仅 2007 年审核有关社会组织人员因公出国出境申请 230 多人次。

八是协调政府与社会组织的关系，畅通与政府沟通渠道，及时反映意见和建议。

（四）推动社会组织在各个领域发挥积极作用

一是社会组织作为政府和企业之间的桥梁和纽带，不断促进了市场经济体制的完善。二是社会组织积极参政议政、建言献策，扩大群众有序参与民主的途径。三是社会组织推动精神文明建设，成为和谐社会建设的重要社会力量。四是社会组织秉承自律和诚信的原则，组织志愿服务活动、推动社会公共事业发展。五是社会组织正日益成为国际交流合作的重要载体。

（五）社会组织管理规范化水平进一步提高

一是出台规范社会组织管理的政策法规。制定出台了《深圳市行业协会暂行办法》和《深圳市行业协会设立指引》，完成了《深圳市推进行业协会改革发展的实施意见》（征求意见稿）等文件的起草工作。

二是严厉打击非法社会组织和社会组织的违法违规行为。规范了对深圳狮子会的管理，积极参与市政府处置深圳振西科技商贸专修学院等民办学校行动；2007 年依法对深圳市宏大培训中心等 23 家违规社会组织给予撤销登记。

三是规范执法流程，加强执法培训。编制了《执法程序流程图》，规范了执法程序；举办了全市社会组织执法人员法律知识培训班。

（六）大力加强社会组织的党建工作

党组织不断壮大，党员人数不断增加，截至 2007 年年底，行业协会联合党委所属党总支部 1 个，党支部 20 个，管理的党员 144 名。

三、工作展望

（一）以“社会组织建设年”为工作主线，力争我市社会组织的建设和管理工作实现四个目标

2008 年深圳市民间组织管理局将认真贯彻落实党的十七大精神、全国社会组织建设与管理工作经验交流会精神，围绕市委市政府和民政局的重点工作，进一步解放思想，继续大胆改革，以“社会组织建设年”作为工作主线，以发展为落脚点，力争 2008 年深圳市社会组织的建设和管理工作实现扩大总量、优化结构、提升质量、增强能力等四个目标。

同时，结合民政部将深圳市定为社会组织改革创新“综合观察点”的要求，将 2008 年的重点工作，与“综合观察点”内容相衔接，把年度重点工作作为观察内容，使二者相互促进，争取得到国家层面上的指导和监督。

（二）进一步解放思想，以“五个突破”推动社会组织跨越式发展

结合市委提出的思想大解放推动大发展的要求，确定了以下“五个突破”的工作思路：

1. 目标定位要突破。社会组织的发展要着眼于学习赶超世界先进城市；要着眼于深圳未来的产业发展；要着眼于进一步对外开放和推进深港合作。要争取把万人拥有社会组织数量列入深圳赶超世界先进城市的指标体系，争取 2020 年深圳市万人拥有社会组织数量达到 10 个。

2. 管理体制要突破。在改革行业协会商会现行管理体制的同时，选择

政治风险较小、关于社会、民生、福利的社会福利类、公益慈善类、社区服务类的社会团体和部分领域的民办非企业单位进行管理体制改革的试验。要制定社会组织设立指引，降低登记门槛，简化审批手续，积极推行社会组织的登记和备案双轨制。

3. 运行机制要突破。积极鼓励和引导各类社会组织与国际管理和国际通行规则接轨，特别是行业协会商会坚持"民间化设立，社会化运作，规范化管理，国际化标准"的原则。力争打造一批门类齐全，有社会公信力、作用发挥良好，在国内领先、在国际具有较高知名度的社会组织。

4. 法规政策体系要突破。结合事业单位分类改革，为社会组织发展拓展空间，要制定有利于社会组织依法开展活动，发挥社会组织作用的资助政策和人事、社保、税收保障措施。学习借鉴先进国家和世界先进城市的成功经验，为社会组织提供孵化、合作交流的公共服务平台。

5. 管理方式要突破。克服对社会组织"三不"状态，克服"叶公好龙"的思维定势。改变传统的重登记、轻管理、轻服务的倾向，营造有利于社会组织健康发展的良好氛围和环境。同时坚持培育发展和管理监督并重方针，加强社会组织的党建工作，并依法查处非法社会组织和社会组织的违法违规行为。

（三）为社会组织提供支持性政策和发展空间

要抓住当前社会组织发展的大好机遇，通过课题调研，充分依靠领导和各部门的力量，争取"出台一个意见"，"推进两个立法"，"制定四个配套政策"。

"出台一个若干意见"。即市委市政府关于《促进社会组织发展发挥社会组织作用的若干意见》。

"推进两个立法"。即充分利用特区立法权，调研起草制定《深圳经济特区社会组织条例》。尽快修订出台比较成熟的《深圳经济特区行业协会商会条例》，并选择重要的社会组织实行法定化。

"制定四个配套政策"。一是要建立购买服务政策，明确政府实现社会管理和公共服务的方式，主要是制定规划、制定标准、引导发展、购买服务和监管。二是制定完善孵化资助和鼓励捐赠的财税政策。三是制定鼓励深港社会组织加强合作的政策，发挥社会组织推动深港两地社会经济融合的作用。四是参照鼓励高端服务业发展的政策，制定扶持社会组织发展的配套保障措施。

广西壮族自治区社会组织建设与管理工作综述

广西壮族自治区民政厅

2007年，在广西壮族自治区党委、自治区人民政府的领导和民政部的指导下，广西民政工作深入贯彻落实第十二次全国民政会议和第十二次广西民政会议精神，整体工作呈现良好的发展态势，在调节社会利益、化解社会矛盾、促进社会公平、维护社会稳定方面发挥了重要作用。截至2007年12月31日，广西经合法登记的社会组织12454个，比2006年增长7%。其中：社会团体8743个，民办非企业单位3697个，基金会14个。全年新登记的社会组织1370个，其中：社会团体1007个，民办非企业单位362个，基金会1个。一是突出培育发展重点。重点培育发展各类新兴产业行业协会、涉农行业协会、电子商务行业协会、异地商会等，截至2007年年底，广西共有行业协会1193家，在推动政府职能转变、协助政府加强产业宏观调控等发挥了积极作用；重点培育发展各类农村专业经济协会，截至2007年年底，广西共有农村专业经济协会4798个，其中农民用水户协会1400多个、会员约70多万人（户），会员年人均增收500多元，辐射带动的农户年人均增收200多元；重点培育发展公益性社会组织，登记了首家地级市非公募基金会，这对于发展基层基金会具有重要的示范意义；重点培育发展服务性民办非企业单位。截至2007年年底，广西共有民办非企业单位3697家，从业人员7.8万多人；开展农村社区社会组织培育发展试点工作，选取玉林市兴业县作为农村社区社会组织试点，兴业县的5个试点社区登记社团18个、民办非企业单位6个，备案社团10个、民办非企业单位5个。这些农村社区社会组织，广泛发动社区成员利用自身资源和能力，通过自觉、自助、自治的社会活动，协调解决村民面临的困难和问题，带动农民发展生产，增加收入，推进了社会主义新农村建设，为全面推进广西农村社区社会组织工作积累了一定的经验。二是登记管理工作进一步规范。进一步改善政务环境，完善各项政务公开制度，强化服务措施，建立了社会组织登记管理接待服务室，并把各种登记流程以及登记须知公布上墙。据统计，2007年，各项登记事项办结时间比往年缩短了30%，群众满意率达到98%。开展自律与诚信建设活动，各级社会组织登记管理机关积极组织社会组织开展以“规范行为、公开透明、优质服务、回报社会”为内容的自律与诚信建设活动。各地先后举办30多次以“真情回报社会”的大型主题公益活动，共有10万多人次接受服务。改进年检工作的方式方法，2007年，广西应参加年检的社会组织8097个，实际参检7164个，参检率88%，年检合格6787个，合格率95%。加强制度建设，制定和修改完善了《关于进一步规范社会组织票据管理工作的通知》、《民间组织档案管理办法》等社会组织登记管理有关制度、工作流程30多个。为社会间组织发展创造良好的政策环境。加大执法力度，各级社会组织登记管理机关坚持依法行政，严格执法，加大对违法社会组织的处罚和对非法组织的打击力度，全年各级民政部门共注销社会团体506个、民办非企业单位302个，撤销社会团体54个，民办非企业单位80个，基金会1个。三是积极推进行业协会改革。2007年3月，自治区党委、政府把行业协会和中介组织与政府职能部门脱钩工作作为转变干部作风加强机关行政效能建设活动的一个重要内容，自治区作风效能办成立了脱钩工作领导小组，并在自治区民政厅设立了自治区行业协会和中介组织与行政职能部门脱钩办第一工作组。自治区民政厅协助自治区人民政府办公厅草拟了《行业协会和中介组织与行政职能部门脱钩工作方案》，全面开展了自治区本级行业协会的摸底调查，并指导全区开展行业协会脱钩工作。为贯彻落实《国务院办公厅关于加快推进行业协会商会改革和发展的若干意见》，自治区民政厅协同有关部门研究制定了《关于加快我区行业协会改革发展的实施意见》，为全区行业协会脱钩工作顺利开展打下了良好的基础。据统计，截至2007年年底，广西共有近1000家行业协会完全与政府职能部门脱钩，共有1806名公职人员从行业协会脱离出来，其中自治区本级共有137家行业协会脱钩，共有404名公职人员从行业协会脱离出来，含省级干部2名、厅级干部42名、处级以下干部360名。

海南省社会组织建设与管理工作综述

海南省民政厅

随着改革开放的不断深入和市场经济体制的不断完善，海南省各类社会组织发展迅速。据统计，截至2007年年底，全省登记的社会组织已经达到2059个，比上一年度增加了181个，增长9.5%。其中社会团体1196个，占58%；民办非企业单位849个，占41.2%；基金会14个，占0.8%。这些组织涉及政治、经济、文化、教育、体育、卫生、科技、环保、金融、信息、工业、农业、旅游、贸易等各个领域，初步形成了门类齐全、层次多样、覆盖广泛的社会组织体系。

海南省社会组织的作用日益凸现，不但在改革开放、经济成长、教育发展、文化繁荣、科技创新、精神文明建设和社会文明进步等方面起到了积极的作用；同时，在激发社会活力、促进社会公平、倡导互助友爱、缓解就业压力、推进公益事业、反映公众诉求、解决贸易纠纷、化解社会矛盾等方面也起到了不可替代的作用，已成为海南和谐社会建设、社会主义新农村建设和经济、文化可持续发展的一支重要力量。

一、积极进言献策提供科学决策依据

2007年，海南省社会组织根据海南省委省政府的发展规划，紧紧围绕海南改革开放的主题，结合海南经济体制改革、社会科学发展、教育事业推进、人才强省建设、生态环境建设、旅游产业发展、高科技农业发展、海洋资源开发、石油化工新兴工业项目建设等课题，进行积极探索、深入研究。并先后向海南省各级政府及相关职能部门提交有一定影响力的调研报告和建议，为省委省政府科学决策提供了依据。

二、化解社会矛盾促进社会稳定

改革开放的不断深化，加快了海南省经济、文化与社会各项事业的发展。但是，随着经济体制深化改革后各种利益关系的重新调整，许多社会矛盾也凸显出来，如海南省旅游汽车行业车主“闹事”事件等，引起了社会公众的强烈反响。在应对这些理性的和非理性的公众与个人行为时，社会组织发挥了独特作用。海南省道路客运班车协会、海南省旅游汽车协会等社会组织，站在理性、公正的角度，运用理性、合法的手段，协助各方顺利达成了解决问题的协议，从而使社会怨气得到排解，社会压力得到释放，不同的社会利益群体和利益个体也因此能够更好地依法共存和相容，促进了社会的稳定。

三、推进公益事业促进社会和谐进步

助人为乐是中华民族的传统美德，2007 年来，海南省社会组织在这方面作出了新的贡献。

海南省教育基金会筹集资金 87 万元，奖励优秀中小学教师 50 人次，慰问贫困教师 30 人次，资助贫困大学生 300 人，资助孤寡儿童 600 名；

海南省青少年希望基金会统筹资金 1075.5 万元，援建海南 4 所希望小学，资助 1200 多名中小学生上学，资助贫困大学生 1283 人。此外，还为 110 名孤儿提供生活和小学至大学的全部费用，为贫困地区学校提供 9 万多套希望书库和三晨影库及教学设备 365 万元；

海南省见义勇为基金会募集资金 15 万元，表彰了见义勇为英雄 3 人。

四、发挥协会优势帮助农民优化产业结构

自产自销与种植单一、分散、量小是海南省农村经济的传统模式和现实特点。在市场经济加快发展的今天，这种传统模式不仅遇到了严峻挑战，而且处于极其不利的境地。2007 年，海南省农村专业经济协会的发展，有效地解决了农民在产业结构调整中遇到的“信息难寻、门路难找、技术难求、产品难销”等问题，呈现了“建一个组织、兴一个产业、活一方经济、富一批群众”的可喜局面。如海南省西瓜专业技术协会成立后，协会运用其组织形式和运作机制优势，采取“资金＋技术＋土地”和“技术＋专业户＋土地”两种模式，把西瓜种植技术、社会闲散资金、瓜农资金和土地结合起来，组织会员在全省 10 多个市县创建生产基地。西瓜种植面积迅速发展到 13 万亩，从而在全省形成了一个优势产业，并将产供销统一起来，让农民实实在在尝到了甜头，也成为地方财政收入的一大支柱。

五、兴办教育为政府和社会排忧解难

由于历史的原因，海南省教育事业的发展相对滞后，而特区的快速发展，特别是省内各城镇人口的快速增长，给海南省教育带来了极大压力，

海南省单一而又总量不足的公办教育已经无法满足社会公众的需求。于是，民办教育机构迅速兴起，不但填补了海南省教育资源的不足，解决了政府对教育的投入不足和解决公众子女就学难的问题，同时也为海南省实施人才强省战略作出了积极的贡献。如海口市截至2007年年底，已有中小学485所，在读学生298740人，其中民办中小学119所，在读学生62825人，分别占了全市学校的24.5%，学生的21%，海口市370家幼儿园，在园儿童45817人，民办幼儿园337家，占91%；民办幼儿园儿童38317人，占83.6%。

六、扎根社区满足公众健康需求

海南省建省20年来，医疗卫生事业快速发展，但随着城乡居民收入的大幅度提高，人们的健康观念产生了新变化，即从过去的“有病治病”发展到了现在的“无病防病”。社会公众这种健康的新观念、新需求，使我们还不完善的医疗卫生保障服务体系遇到了前所未有的挑战。正是在这样的背景下，社区民间医疗服务机构及时弥补了政府公众医疗机构改革的不足。据有关部门统计，2007年全省目前共有民办医疗卫生机构1800个，从业人员9918人。他们立足街道、乡村，扎根城乡社区，服务民众。如海口市社区卫生服务管理协会通过对全市43个社区卫生服务站进行了规范管理，各卫生服务站以优质、便捷的服务和合理的价格赢得了社区居民的好评。目前，在海口市123个居委会和17个街道办事处中，社区医疗卫生服务覆盖面为65%。居民基本上做到了小病不出社区，从而大大缓解了市内公办医院的压力。

七、促进文化发展推动社会精神文明建设

海南省目前登记从事文化艺术业务活动的社会组织有118个。这些组织坚持“双百”方针和“二为”方向，通过组织文化艺术展览、编辑出版文化艺术书刊、开展文化艺术汇演、比赛，组织文化艺术下乡等活动，宣传党的方针政策、邓小平理论和“三个代表”重要思想，讴歌时代英雄，倡导先进文化，提倡社会文明。如海南省楹联协会、儋州市楹联学会组织楹联爱好者通过楹联创作的形式宣传党的丰功伟绩、改革开放的丰硕成果、时代的新思想、新风貌；海南省南国京戏社组织京戏爱好者自娱自乐；海南省书法家协会组织会员在春节期间下乡为群众免费写春联等，不但促进了海南省文化的繁荣，同时也丰富了海南省人民群众的文化娱乐生活，推动了海南省的精神文明建设。

八、倡导社会和谐促进基层政权建设

海南省社会组织在倡导社会和谐中，起到了十分独特的作用，特别是在农村，这种作用尤为显著。如乐东县九所镇中灶村的一些离退休老干部和村里的老党员，为了协调解决村里的各种矛盾和纠纷，合理调整各方的利益，成立了中灶老人友爱会。该会充分利用其影响，通过组织村民学习时事政治、农业科技知识和卫生健康常识；组织村民开展写对联、唱琼剧和其他文娱活动；组织村民看望患病老人、慰问孤寡人员，帮助他们的亲人解决实际困难；组织老人调解土地纠纷和宗族矛盾等活动，不但大大减少了用地纠纷、宗族矛盾，加强了邻里和睦，互爱互助和农村文化生活，同时也增强了农村党支部的凝聚力和战斗力。

2007 年，海南省社会组织在省委、省政府的正确领导下，得到了快速的发展，并在经济社会发展中发挥了不可替代的作用，成为海南省经济和社会建设中不可或缺的力量。但也存在不少问题，主要是由于海南省的社会组织起步较晚，加上政策法规不健全，扶持政策不落实，管理手段跟不上等原因，社会组织在发展过程中还存在发展不平衡，结构不合理，总量少，规模小，实力弱，职能不明，管理不顺，资金不足，人才奇缺，公信度不高，发展后劲不足等问题，这些问题都有待于今后加以解决。为了加强对社会组织的管理，海南省编委于 2007 年 7 月批准“海南省民政厅民间组织管理处”更名为“海南省民间组织管理局”，这一举措将有利于我们解决社会组织法规不健全，管理不到位等问题，我们坚信在党的“十七”大精神指引下，在海南省委、省政府的正确领导下，海南省社会组织将得到更加快速的发展，为社会主义建设作出较大的贡献。

重庆市社会组织建设与管理工作综述

重庆市民政局

一、认清形势增强责任

党的十七大提出了实现全面建设小康社会奋斗目标的新要求，对新形势下继续全面建设小康社会、加快推进社会主义现代化作了全面部署，社会组织建设和管理放在了更加突出和重要的地位。重庆在全面推进经济、政治、文化和社会四位一体的社会主义现代化建设中，按照落实“314”总体部署和民政部“南京会议”精神，结合统筹城乡改革发展和构建和谐重庆的要求，充分认识到加强社会组织建设管理对重庆经济社会发展具有重要意义，一是完善市场经济体制，实现经济又好又快发展，客观需要发挥社会组织积极作用；二是扩大公民有序参与，发展社会主义民主政治，内在要求社会组织承担更多功能；三是发展和繁荣文化，提高软实力，需要激发社会组织的活力；四是加快推进社会建设和管理，保障和改善民生，迫切需要社会组织提供更多的服务；五是扩大对外开放，拓展国际交流合作，需要社会组织扮演重要角色。因此，从贯彻落实党的十七大精神和科学发展观，全面落实“314”总体部署，保障和促进经济、政治、文化和社会四位一体社会主义现代化建设的高度，深刻认识到重庆市社会组织建设管理工作面临的新形势、新任务，切实增强工作紧迫感和责任感，扎实做好社会组织建设管理的各项工作。

二、把握要求明确目标

要加强社会组织建设与管理，突出发挥社会组织在重庆市经济建设和社会发展中的积极作用，一是适应重庆市经济建设和社会发展的需要，服务大局。加强重庆市社会组织建设管理，必须坚持“314”总体部署，自觉服从和服务于全市经济社会发展大局，围绕统筹城乡协调发展，有效解决民生问题，不断增强服务功能，发挥推动重庆市政治、经济、社会、文化发展的积极作用。二是进一步解放思想，与时俱进。加强社会组织建设管理，必须全面贯彻科学发展观，认真研究重庆市社会组织发展的新形势、新情况、新问题，充分认识在全面建设小康社会的历史阶段中，社会组织的发展规律，加大改革力度，创新发展模式，健全管理体制，完善运行机制。三是改革创新，大胆实践。加强社会组织建设管理，必须转变观念，锐意进取，积极探索总结重庆市社会组织发展中的新情况、新做法、新经验，改革创新，特别注重体制机制的创新。四是坚持统筹兼顾，分类指导。加强社会组织建设管理，必须根据重庆市各类社会组织的功能和特点，有针对性地制定政策，既统筹兼顾，全面协调，又突出重点，分类推进，形成科学、合理、优化的发展体系。五是坚持依法行政，规范管理。加强社会组织建设管理，要严格按照公开、公平、公正的原则，依法行政，依法查处，把重庆市社会组织工作全面纳入法制化、规范化轨道。

三、真抓实干成效明显

（一）社会组织培育发展有新成绩

2007年全市各级登记管理机关按照胡锦涛总书记“314”总体部署和李学举部长“引领西部，示范全国”的工作要求，突出重点，切实加大工作力度，社会组织培育发展取得新进展。一是依法开展登记工作。各级登记管理机关严格执行行政许可法和民间组织登记管理法规、程序，切实依法行政，2007年全市新登记成立民间组织1177个，比上年增长17.3%。其中社会团体340个，民办非企业单位830个，基金会7个，登记合格率达100%。二是坚持分类指导，突出重点。各地根据不同类型不同特点民间组织的具体情况，因地制宜，分类指导。在统筹推进社会组织发展中，重点培育发展农村专业经济协会、行业协会、公益慈善类组织和社区民间组织。2007年全市新登记农村专业经济协会150个，累计达646个，在原有基础上增长30%；新备案社区民间组织740个，累计达1067个，在原有基础上增长了274%；围绕构建全市慈善组织网络，着力培育基层公益慈善组织，全市共新登记乡镇（街道）稻草援助中心305个，2006年共募集资金2465万元。

（二）监督管理工作有新进展

一是强化年检工作。依法年检是加强民间组织监管的重要手段，2006年我们把民间组织开展评比达标表彰活动和会费标准制定程序、诚信建设等纳入了年检内容，对年检中发现的问题与业务主管单位密切配合及时予以纠正，对未参加年检的民间组织进行了通报。二是按照民政部和市委的要求，在全市开展了清理和规范社团评比达标表彰活动。据统计，全市共清理社团评比达标表彰项目172个，其中市级项目34个，区县项目138个。通过清理撤销项目147个，保留项目25个。继续推进民办非企业单位诚信自律建设，规范了民间组织行为。三是依法查处非法组织或行为。积极配合公安等部门对巴南区企业复退军人学习会、巴渝民间文化艺术协会、重庆辣椒协会等非法组织进行调查处理。四是积极开展涉外调研。重庆市各地登记管理机关积极参与本级涉外组织管理协调机构工作，按要求开展了重庆市民间组织涉外活动情况的调研，及时报送相关材料。五是强化日常监管。主动参与民间组织重大活动，加强指导监督，引导民间组织健全以章程为核心的自律机制，督促民间组织自觉执行相关的法律、法规。

（三）政策法规建设有新成绩

一是为进一步加强社团管理，我们在深入调研的基础上，结合实际，代拟了《关于加强和改进社会团体管理工作的意见》（以下简称《意见》），市委市政府办公厅以渝委办发［2007］14号文件，下发了《意见》。《意见》进一步明确新时期推进社团改革、发展和监管的各项政策措施。二是为扶持公益慈善组织的发展，重庆市民政局与市财政局、税务局联合制定了《关于公益救济性捐赠税前扣除政策及相关管理问题的通知》、《关于加强公益救济性捐赠接收管理有关问题的通知》，对公益慈善组织资格确认、票据领购和捐赠款物管理使用作了明确规定。三是为加强基层公益慈善组织建设，先后制定了《关于印发重庆市乡镇（街道）稻草援助中心建设工作指南的通知》、《关于做好全市乡镇稻草援助中心登记工作有关问题的通知》。四是为做好科技类民办非企业单位的登记管理，重庆市民政局与市科委联合制发了《关于做好科技类民办非企业单位登记管理的通知》。

（四）社会组织体制改革有新突破

为切实克服社团行政化倾向，转变政府职能，加强党风廉政建设，充分发挥社团在社会建设与管理中的积极作用，按照渝委办［2007］14号文件要求，在重庆市开展了党政机关与社团在人员、资产、办公场地、利益和职能五个方面的政社分离改革，社会组织体制改革取得新突破。一是会同市委组织部、市监察局、市财政局，及时研究制定了《党政机关与社团分离改革工作的实施方案》（渝民发［2007］72号），明确了工作的内容、方法、步骤和要求。二是及时开展了业务培训。这次政社分离改革涉及全市除行业协会外的2655个社团，业务面广、时间紧迫、政策性强，为切实做好工作，通过召开会议等形式对区县工作人员和市级业务主管单位人员进行了培训。三是及时研究解决问题。推进社团与党政机关政社分离改革，是克服社会组织行政化倾向，转变政府职能的改革，工作阻力大、问题多，因此对工作中出现的问题，及时会同相关部门统一认识，研究解决办法。四是加强督促检查。在日常督促检查的同时，与组织、监察、财政等部门联合组成两个检查组，分别对部分市级社团业务主管单位、区县民政局政社分离改革工作进行了督察。五是区县民政部门共同努力。各区县民政局认真贯彻渝委办发［2007］14号文件精神，按照市里的统一部署，积极会同相关部门，结合本地实际，制定工作方案并组织实施，确保了任务的全面完成。

四、下一步工作任务

（一）积极推进重点业务工作发展

一是加快推进行业协会改革与发展步伐；二是积极培育发展城乡基层

社会组织；三是加大公益慈善类社会组织扶持力度；四是加快推进民办非企业单位的发展。

（二）切实强化社会组织规范化管理

一是建立完善信息公开制度；二是进一步巩固社团政社分离改革成果，切实克服社团行政化倾向，加强党风廉政建设；三是积极探索社会组织评估办法；四是加强年检和日常监管；五是加强行政执法工作。

（三）加强和夯实工作基础

一是加强领导，争取党委政府的重视和支持；二是加强机构队伍建设；三是加强业务培训；四是加强业务统计；五是抓好信息宣传工作。

四川省社会组织建设与管理工作综述

四川省民政厅

一、依法登记，严格把关

根据行政许可法和省本级集中行政审批制度的要求，对所有社会组织的成立、变更、注销、备案、年检等行政审批项目，做到在省政府和各级政府政务服务中心窗口统一受理，依照条例和程序在规定时间内办理审批手续。全年共审批登记新成立社会团体 1224 个，办理社会团体变更登记 1292 项次，办理社会团体注销登记 305 个，撤销 161 个，取缔了 3 个非法社会组织；审批登记新成立的民办非企业单位 1016 个，办理民办非企业单位变更登记 848 项次，注销 736 个，撤销 741 个，取缔了 11 个民办非企业；审批登记新成立的基金会 5 个，基金会分支（代表）机构 6 个。没有出现任何差错，办结率 100%。同时根据国家法律、法规和政策规定，对于业务宽泛、不易界定的社会组织做到从严控制，杜绝了设立气功功法类、宗族类、不利于民族团结以及和国家法律法规相悖的社会组织，保持了社会组织工作的高度的政治敏锐性。

二、以年检为突破口，加大社会组织监督管理工作力度

2007 年，四川省各地把社会组织的年检作为加强社会组织管理的切入

点和突破口，加大了管理力度。全省社团年检率达到97.5%；民办非企业单位年检率达到98%。对“年检不合格”的社会组织，责令停止活动并限期进行整改。对连续两年不参加年检的902家社会组织给予了撤销登记的处分，对未及时参加年检的社会组织责令停止活动并限期整改、通报批评或通知补办年检手续，查处率达100%。在打击非法社会组织的活动和及时查处社会组织的违法违纪行为工作中，严格按照党中央、国务院的要求和法律法规的规定，与有关部门积极配合，建立综合治理和快速反应机制，努力消除不安定因素和隐患。

三、民办非企业单位及基金会管理工作

（一）继续深入开展民办非企业自律与诚信活动，做好总结表彰。先后下发了《四川省民政厅关于进一步开展民办非企业单位自律与诚信建设活动的通知》、《四川省民政厅关于评选全省民办非企业单位自律与诚信建设先进单位及全省民办非企业单位自律与诚信建设活动组织先进单位的通知》，督促各地将活动继续推向深入。组织省级民非单位开展了两次大型主题公益活动，收到良好的社会效益。各市州根据省民政厅要求，认真贯彻落实民政部、省民政厅通知精神，积极争取当地党委、政府重视和支持，加强与相关部门协作，周密制定工作方案，建立组织领导机构，深入开展宣传动员工作，狠抓活动任务落实。省民政厅于2007年11月30日召开了全省民办非企业单位自律与诚信建设活动总结表彰会，对三年来民非自律与诚信建设活动的开展情况进行了总结，表彰了先进，交流了经验，树立了典型。通过总结表彰，进一步鼓舞了各级民政部门与民非单位的士气，为将活动持续深入推进，形成长效机制奠定了基础。

（二）努力完成民办学校民事主体变更工作。2007年，四川省积极做好民办学校民事主体变更工作，省本级年初共有两家民办学校需变更，至年中已主动注销一家，下放市级登记管理一家，完成率100%。指导各地在工作中积极与业务主管单位协同配合，加大宣传力度，结合民办非企业自律与诚信活动抓好此项工作，多数市州的工作进展良好，不少市州已完成民事主体的变更。

（三）加强对基金会的监督指导，通过规范行为扶持发展。2007年，四川省组织非公募基金会管理人员学习《基金会信息公布办法》、《基金会年度检查办法》与《基金会管理条例》，增强法规意识，保证依法依章程办事。组织基金会财务人员讨论《基金会财务管理制度草案》，收集意见，及时向民政部民间组织管理局反馈了相关信息。

四、努力推进行业协会商会改革和发展工作

行业协会商会改革和发展涉及面广，牵涉不同部门、行业利益，市场化程度要求高，创新难度大，四川省此项工作近年推进十分艰难。《国务院办公厅关于加快推进行业协会商会改革和发展的若干意见》出台后，我们积极主动与省发改委联系，在理顺工作关系，明确工作思路和发展方向的基础上，经过多次磋商协调，《四川省关于行业协会商会改革和发展的指导意见》初稿的征求意见工作已经完成，待省发改委进一步修改完善后上报省政府省长办公会议研究通过。

五、以规范行为为重点，强化日常监管

2007年，四川省根据国务院关于清理和规范社会组织评比达标表彰活动部际联席会议有关精神，认真做好四川省社会组织评比达标表彰活动的清理和规范工作。我们先后下发了《关于清理和规范社会组织评比达标表彰活动的通知》、《关于清理和规范社会组织评比达标表彰活动的补充通知》，要求各市州认真贯彻落实，务求实效。我们在清理过程中，克服时间紧，任务重，头绪多的困难，抽调专人到省纪委纠风办负责此项工作的具体承办事宜。通过全省上下的共同努力，我们按时按要求完成了清理任务。省本级共收到不同社会组织上报评比达标表彰项目133项，经严格审查，与业务主管单位协调、与社会组织沟通，合并撤销了94项不符合要求的项目，有24项属于内部表彰不在清理之列，最终保留15项并上报省纠风办。通过清理和规范社会组织评比达标表彰活动的深入开展，下一步将加强对各种评比、达标、表彰活动的监督检查，重点查处在举办评比、达标、表彰活动中的乱收费、乱摊派、乱拉赞助及弄虚作假、铺张浪费、形式主义等行为。

六、开展建立《四川省社会组织行为失信惩戒制度》试点工作

2007年，四川省根据中纪委关于预防腐败试点工作的要求，按照省纪委的统一部署，在厅党组领导下及时成立了试点工作领导小组，与厅办公室、监察室共同开展了建立《四川省社会组织行为失信惩戒制度》试点工作。在认真学习省纪委关于开展预防腐败试点工作的文件精神，深入领会建立社会组织行为失信惩戒制度的重要意义与现实作用的基础上，下发了四川省民政厅关于《建立“四川省社会组织行为失信惩戒制度”试点工作

的通知》，先后 3 次由省厅领导带队到绵阳市、自贡市调研，指导自贡、绵阳两市开展社会组织失信惩戒制度试点工作，审查通过了试点市的试点工作方案。

七、企业减负相关工作

2007 年，四川省结合行业协会改革，从规范社会组织行为方面配合省减负办搞好减轻企业负担工作。抽调专职人员承办此项工作，并多次配合相关部门深入各地，参与对全省减负工作情况进行检查督促，圆满完成了承担的任务。在 5 月召开的四川省企业治乱减负工作暨先进表彰会议上，四川省民政厅作为省减负领导小组成员单位，作了“加强领导，规范社会组织行为，切实做好企业减负工作”的发言，在总结四川省民政厅开展企业治乱减负工作做法和成绩的基础上，提出了下一步工作的思路。四川省民政厅民间组织管理处和处内两位同志分别被评为 2005 年—2006 年度四川省企业治乱减负工作先进集体和先进个人。

八、加强宣传工作，做好调查研究

2007 年，四川省从增进社会关注，促进全局工作的高度认识宣传工作，加强对社会组织管理工作及社会组织相关活动的宣传力度。全年省本级共撰写各类新闻信息 25 篇，在《中国社会报》社会组织周刊登载 3 篇，省政府《川政晨讯》采用 1 篇，实现了省政府信息中社会组织工作零的突破，四川民政专刊采用 1 篇，四川民政网采用 20 篇。通过宣传报道，使更多人了解四川省社会组织和社会组织管理工作，树立了社会组织与社会组织管理工作者的良好形象。

针对社会转型时期出现的新局面、新问题，积极开展调查研究。全年省本级撰写出了《2006 年四川省行业协会（商会）发展报告》、《加强非政府组织的管理推动社区非政府组织和脆弱人群参与艾滋病防治活动》、《探索行业协会体制创新问题》和《培育发展农村专业经济协会专题政策研究》等调研报告。同时，按照省委省政府的统一部署，我们抽调工作人员与省外办、公安、国安、民委等相关部门的同志共同参加了对甘孜、阿坝两州境外非政府组织活动情况的调查，先后两次派人深入高原地区十余个县，初步摸清了境外非政府组织在我省少数民族地区活动的基本情况，掌握了大量第一手资料，写出了调查报告，为领导决策提供了可靠依据。

贵州省社会组织建设与管理工作综述

贵州省民政厅

在中共贵州省委、贵州省人民政府和省民政厅的领导下，在民政部民间组织管理局的具体指导下，在各社会组织业务主管部门的配合下，贵州省在2007年社会组织建设与管理工作中，抓住难点热点问题，积极进取，真抓实干，狠抓落实，成效显著。

一、积极强化登记管理，不断规范社会组织行为

为更好地发挥社会组织为经济社会发展服务的作用，在业务受理过程中，各级登记管理机关坚持登记标准，严格按登记程序办理登记审批手续。一是制定严格审批程序，坚持通过局务会集体研究讨论，经厅长办公会议审议批准才办理相关登记手续。二是逐步完善和规范审批制度，贵州省根据行政许可法和《社会团体登记管理条例》（以下简称《条例》）的规定，制定贵州省审批工作各项规章制度，向前来办事人员公开审批流程和审批时限，确保审批工作规范性。三是加强与业务主管单位联系。在初审中如发现问题，主动与业务主管单位和相关部门沟通协调，对所有申请成立的社会组织严格履行实地检查的工作流程，通过现场对办公地址等条件的审查，有效规范了民间组织的行为。

二、加强日常管理，继续完善监管工作

（一）社会组织年检工作

每年例行的年检是对社会组织进行日常监管的重要手段，也是社会组织管理重要的常规工作之一。通过年检对社会组织上一年度的财务状况、组织机构设置、活动开展情况、工作计划安排进行检查。从而了解社会组织动态，掌握情况，要求社会组织在《条例》及章程允许的范围内活动。

2007年2月15日，贵州省民间组织管理局向各市、州、地民政局和各省级民间组织业务主管单位、各省级社会组织发出《关于做好2006年度民间组织年度检查的通知》（黔民函［2007］21号），并于2007年3月1日在

网站发布开展年检的通知公告，对年检对象、内容、时间及评定标准作了详尽说明，要求各地确保年检工作的顺利进行。年检的主要目标一是提高参检率，二是提升年检效率，三是注重年检质量。贵阳市注重把优化年检工作方案设计放在首位，重点确定了方案设计、前期宣传、发布公告、多管齐下、突出重点的工作流程。为增强年检工作方案设计的科学性、有效性，积极听取并吸纳了第三方审计机构的意见，合理设计年检相关表格和内容。认真做足检前准备工作，采取公告发布、网站宣传、电话催办、责任追究等多种方式，强化了直接和间接、纵向和横向年检信息资源的合理利用，第一时间将年检信息和要求传达到受检单位，切实转变了年检工作靠“等”的状况。

（二）清理社团评比表彰达标活动

根据国务院、省政府关于清理评比达标表彰活动的有关通知精神，四川省民政局积极协调组织对社团组织评比达标表彰活动进行清理。进一步规范社团组织行为，提高社团组织为会员和社会服务的水平，促进社团组织建立健全相关制度和健康有序发展。一是快速响应，周密部署。省民政厅于 2007 年 2 月中旬及时向各市州地民政局、省级社团组织及其业务主管单位转发了民政部《关于做好社团组织评比达标表彰活动清理工作的通知》（民函［2007］1 号）和《关于福建省商业联合会借评比之名乱收费有关情况的通报》（民函［2007］2 号）两个文件，并提出具体要求。印发文件 600 多份送达各市（州、地）、各省级民间组织及其业务主管单位。二是突出重点，全面清理。作为省清理评比达标表彰活动厅际联席会议成员单位，省厅负责牵头清理省级社团组织开展的评比达标表彰活动。此次清理涉及 88 家业务主管单位，社团填报清理项目 74 个。其中，全国对口表彰 23 个，省级自设保留 27 个，省级自设撤销合并 24 个。省级社团从业务主管单位入手进行归口清理，对省科协、省社科联、省经委、省建设厅、省体育局等辖社团较多的业务主管单位采取电话联系、上门拜访、文件寄达三种方式齐头并进，确保清理工作及时全面完成。对主管社会团体数量较少、规模较小的单位，直接通知其所辖社团，要求将清理结果及时准确报送民间组织管理局。经过全局干部职工加班加点，对省级社团拉网式清查，做到了全面清理。目前，全省清理工作还在进行中，各地清理结果正在上报中，等待省政府和国务院最后审核批复。三是着眼长效，综合治理。民间组织管理局以清理社团评比表彰达标为契机，逐步建立健全业务主管部门与登记机关之间、主管部门与行业协会之间、登记机关与行业协会之间工作协调机制，建立起标本兼治，综合治理的长效机制。在监管的同时，注重引导；在引导的过程中，实施监管，真正实现培育和监管的双重职能，为民间组织开展正常的活动提供优质、高效的服务。不仅有利于规范社团组织的行为，有利于改进社团组织的工作作风，有利于提高社团为会员服务的水平，更有利于促进社团健康有序的发展。

（三）强化社会组织的管理

社会组织的松散性决定了登记管理机关对其管理的灵活性与多样性，除把好社会组织成立登记的准入关，活动过程的年检关，社会组织注销的财务清算关，组织重大活动报告制度作为补充管理，发挥不可或缺的重大作用。省民政厅下发的《关于进一步加强民间组织重大活动报告制度的通知》（黔民发［2006］14号），要求各级社会组织开展重大活动，需预先向登记管理机关报告，并对报告制度的内容、程序、要求予以明确，以利于对社会组织的适时监管。接到社会组织开展重大活动的通知，在不影响全局工作进程的前提下，民间组织管理局尽量派员参加，对活动形式，活动程序、活动内容予以监督。

此外，我们还注重加强对非法社会组织及社会组织违法活动的查处，做到发现一个查处一个，不给非法民间组织留任何出路。2007年，贵州省安顺市西秀区民政局配合区政法委、公安局查处了一个宗亲类非法组织，并对其进行了取缔。

三、明确社会责任，努力塑造良好形象

公益性是社会组织重要的社会特性，社会组织是社会公益事业的重要补充力量。在构建和谐社会进程中，社会组织的公益力量不容忽视。发动社会组织力量参与社会公益事业，培养社会组织热心公益、回馈社会的责任感，树立社会组织公益、公信、亲善的正面形象，是社会组织登记管理机关义不容辞的职责。民间组织管理局将这项工作作为当年的重点目标工作来开展，旨在发动尽可能多的社会组织了解自己的社会职责，贡献自己的社会力量，树立良好的正面形象，通过这项工作的长期开展，培养壮大民间组织的公益力量。在民间组织管理局的发起和推动下，许多社会组织开展了不同形式的公益活动，投身公益由自愿行动变为自觉行动。儿童福利院、敬老院、“四在农家”建设、扶贫济困项目，都有社会组织的支援和捐赠以及志愿者的参与。许多社会团体向贫困地区、弱势群体伸出援手，各类民办非企业单位积极开展自律与诚信建设活动，如贵州泰尔医药研究所利用周末上街开展义诊活动，贵州黔之驴户外运动俱乐部组织会员开展捐资助学活动、贵州夕阳红摩托车运动俱乐部走乡串寨义务宣传党和国家方针政策，控制禁毒宣传、宣扬我国举办奥运等重大活动等。贵州省四川商会向遵义县龙坪镇兴隆村捐款

9万元，用于兴隆村新农村建设。在2007年11月，民政厅组织近30家社会组织赴黔东南州麻江县龙山中学和贵阳市息烽县特殊学校开展“关注民生·奉献爱心”社会公益活动，据不完全统计，一年来，各类社会组织开展慈善公益活动百余次，累计捐献款物100多万元。

云南省社会组织建设与管理工作综述

云南省民政厅

云南省位于祖国西南边陲，边境线长、民族众多、经济社会欠发达，群众结社和参与社会组织活动的意识不强。为此，我们适应经济社会发展需要，不断探索和创新管理体制，坚持培育发展和监督管理并重的方针，立足云南实际，着眼长远可持续发展，不断加大研究制定鼓励、扶持政策的工作力度，为全省社会组织的发展和发挥作用创造了有利条件，各类社会组织初步显示出良好的规范运作和可持续发展的前景。截至2007年年底，全省共有社会组织9932个，其中社会团体7547个，民办非企业单位2362个，基金会23个。

2007年几项主要工作：

一、着力培育发展几类重点组织

以经济社会发展需要为牵引，充分考虑前瞻性，不断完善支持政策和措施：

一是围绕省委、省政府确立的重点产业、推动泛珠三角地区经济合作和东中部省份与云南经济社会的互补性发展，支持成立了一批云南省经济社会发展急需和空白的行业协会与异地商会。2007年全省共登记成立行业协会155个、异地商会3个，他们在加强政府与企业之间的联系、促进行业发展、规范市场秩序，推动云南省经济社会和谐发展中发挥了积极作用。

二是加强对农村专业经济协会的培育发展工作，积极培育农村专业经济协会。以发展农村经济为中心，农民增收为核心，产业结构调整为主线，坚持登记和备案相结合，继续采取优惠政策，落实扶持措施。2007年全省共成立登记农村专业经济协会646个，他们在深入推进农村综合改革、促进农村资金、技术、劳动力等生产要素的优化配置和新农村建设以及城乡协调发展等方面发挥了积极的作用。

三是针对云南省民办非企业单位整体上数量少，发展缓慢，行业分布不够合理的情况，积极支持和鼓励社会力量兴办民办非企业单位，加快推进云南省民办非企业单位的改革与发展，发挥民办非企业单位在构建和谐社会中的积极作用。2007 年全省新登记成立民办非企业单位 261 个。

四是针对云南省基金会数量少、规模小、筹资能力差、慈善救助水平低的问题，我们积极开展工作，支持和引导大型企业或企业集团发起成立公益慈善类基金会。2007 年新登记成立基金会 4 个，其中公募 1 个，非公募 3 个，使云南省非公募基金会有了零的突破。

二、不断加强能力建设

一方面，云南省针对管理任务日益繁重迫切，各级登记管理机关人员编制少，现有人员素质有待提高等实际情况，大力加强登记管理机关能力建设。积极争取了云南省民间组织管理局的设立和增加了人员编制，也为各地争取机构和编制创造条件。我们还通过举办执法培训班，着力提高全省民管干部的素质，缓解登记管理力量严重不足的矛盾。另一方面，我们不断加强民间组织自身能力建设，通过年检、参会、培训和调研等形式，引导和规范民间组织健全内部治理结构，建立以章程为核心的民主选举、民主议事、民主决策、财务管理、重大事项报告、重要信息披露等内部管理制度。通过不断加大日常监管力度，既保证了民间组织的规范运作，又促进了民间组织的自我完善与发展。

2007 年全省共注销社会团体 112 个，基金会 1 个，民办非企业单位 39 个；撤销社会团体 2 个，民办非企业单位 9 个。

三、积极做好境外非政府组织管理准备工作

境外非政府组织在滇活动数量大、涉及地域广，云南省在支持境外非政府组织在云南省开展救灾、扶贫、艾滋病防治、环境保护等公益活动的同时，注重加大对境外非政府组织管理工作的探索力度。作为成员单位，我们在省级两个机制的协调领导下参与了工作情况交流、研判妥善处理个案，还代拟了省内政府规章报批稿；目前正在和相关部门一起积极探索实施以基层报告、责任追究和项目管理为主要内容的管理办法。

四、积极做好调研工作

一是社会组织建设与管理调研。在云南省政府研究室的支持下，省民

政厅成立调研课题组，全面调研云南民间组织现状、问题及发展趋势，形成了6万多字的调研课题《云南民间组织发展及管理研究》，并由省政府研究室在省《发展内参》第34期上摘要刊登了《关于进一步做好云南省民间组织培育发展及管理工作的建议》，报省委、省政府领导阅，引起省领导的高度关注。针对云南省社会组织发展较快，但相关法律法规不健全，政策措施不配套，管理体制不完善，发展不平衡，结构不合理，规模小，实力弱，资金短缺，人才匮乏的实际，我们形成了《云南省社会组织培育发展和管理工作报告》，向省委、省政府提出了具体的意见、建议。另外，在调研基础上还起草了《关于进一步加强社会组织培育发展和管理工作的意见（讨论稿）》，并征求了民政部民间组织管理局、部分省级业务主管单位、州市民政局、部分省属社会组织和专家的意见建议，待成熟后将整理上报省委、省政府。

二是行业协会培育发展情况调研。为了解各州市贯彻落实省政府办公厅下发的《关于培育发展行业协会的指导意见》情况及贯彻实施中存在的新情况、新问题，我们经过深入调研，形成了《云南省行业协会培育发展情况调研报告》，对云南省今后加快推动行业协会培育发展、解决政府职能转变不到位、推行政府购买服务等方面提出了切实可行的意见建议，为进一步促进云南省行业协会健康、规范发展奠定基础。

三是民办非企业单位调研。针对云南省的民办非企业单位规模小、实力弱、资金短缺、人才匮乏等问题，我们组织人员通过走访州市登记管理机关、所属民办非企业单位和相关业务主管单位，对全省民办非企业单位基本情况、在社会经济发展中发挥的积极作用、自身发展中存在问题以及需要政府予以帮助解决的问题等情况进行了调研和召开民办非企业单位发展研讨会，广泛听取了相关部门、基层登记管理机关和民办非企业单位代表的意见、建议，并形成了《云南省民办非企业单位发展情况汇报》的调研报告，对云南省今后进一步加大民办非企业单位扶持力度和制定培育发展的政策措施提出了可行性的意见及建议。

四是基层社区类社会组织情况初步调研。针对云南省近年来社区社会组织不断发展，但尚未开展备案工作的实际，为全面掌握云南省基层社会组织发展现状，分析、判断基层社会组织培育发展工作中存在的困难和问题，在全省范围内展开了基层社会组织调研工作，在调研基础上着手研究制定云南省社会组织登记（备案）规范性文件。

五是与相关部门一起深入基层对境外非政府组织开展的活动进行了实地考察调研，了解和掌握了境外非政府组织在云南省基层开展活动的一些情况，为云南省有关部门制定相关规定和政策提出切实可行的意见、建议。

五、大力宣传民间组织

针对云南省民间组织总体上发展历史短、实力弱、发挥作用相对有限，社会公众对民间组织的认可和支持度较低的实际以及其负面效应反倒更易引起重视、更易广泛传播的不正常情况，我们注重搭建平台，积极利用各种传媒，宣传培育发展民间组织的政策法规以及民间组织在促进经济社会发展中的正面作用，帮助民间组织提升公信力，营造全社会客观看待民间组织，关心和支持民间组织发展、吸引更多的组织和个人兴办民间组织的良好氛围。一是积极向《中国社会报·民间组织周刊》、《云南民政工作》、《民政信息》投稿。二是继续支持云南省民间组织促进会办好《云南民间组织通讯》。三是与省电视台、云南日报联合开辟专栏报道民间组织开展的公益活动；把11月定为民间组织宣传月，全省各大媒体将开辟专栏集中报道民间组织开展工作情况。四是我们创设展示民间组织服务功能的活动载体，组织开展了全省民间组织服务新农村建设、参与构建社会主义和谐社会活动，全省各大新闻媒体进行了报道，并将对整个活动过程进行追踪报道。

一年来，我们以十七大精神为指导，按照民政部的要求和部署，立足云南省实际，坚持培育发展与监督管理并重的方针，为社会组织发展创造一个更加宽松的社会氛围和良好的政策环境，有效地促进了云南省社会组织的又好又快发展。

西藏自治区社会组织
建设与管理工作综述

西藏自治区民政厅

西藏自治区社会组织的发展是伴随着西藏经济和社会的发展而发展的。改革开放以来，特别是随着社会主义市场经济体制的建立和完善，政府职能的转变，西藏社会组织从无到有，从少到多，从单一的社会团体发展到遍布城乡各行各业的社会组织，呈现出蓬勃发展、蒸蒸日上的局面。截至2007年年底，全区在各级民政部门登记的各类社会组织共有297家。其中：社会团体285家（含农村专业经济协会12家）、民办非企业单位3

家、基金会9家。涉及社会生活的各个方面，在西藏的政治、经济、科技、教育、体育、卫生、国际交往等诸多领域发挥着越来越大的作用。

当前，西藏自治区的社会组织总体上仍处于发展的初级阶段，社会组织的发展还存在着结构不合理、作用不突出、行为不规范、职能不明确、职责不清晰、作用难发挥、自我发展困难等问题，这些问题在一定程度上严重制约了西藏自治区社会组织的发展。

针对以上问题，为促进社会组织的健康有序发展，2007年，西藏自治区按照全面贯彻落实科学发展观，坚持培育发展和管理监督并重的方针，以严格审查，加强管理，健全机制，完善政策，充分发挥社会组织在维护稳定，实现经济社会又好又快发展和构建和谐社会中的作用为着力点，以确保社会组织管理工作稳步开展为目标，进一步加强了社会组织的管理工作，促进了社会组织健康有序发展。

一是加强制度和法规建设。根据《国务院办公厅关于加快推进行业协会商会改革和发展的若干意见》（国办发［2007］36号）精神，在充分借鉴内地省区经验的基础上，结合西藏自治区实际，向自治区人民政府呈报了《西藏自治区人民政府办公厅关于积极推进行业协会商会改革和发展的实施意见》。2007年12月20日，经自治区人民政府第21次常务会议审议通过，并于2008年1月5日以《西藏自治区人民政府办公厅关于加快推进行业协会商会改革和发展的实施意见》（藏政办发［2008］2号）下发各行署、拉萨市政府，自治区各委、办、厅、局执行。

二是严格管理。除了加强年检和日常管理监督外，西藏自治区还重点抓了以下四个方面的工作。一是重点对个别协会乱摊派、乱收费问题进行了认真查处，共警告7家，责令检查3家，暂停活动1家。二是全面进行了清理整顿，撤销了政治上有问题、干扰社会主义经济秩序的社团，取缔了非法社团，注销、整改了内部管理混乱、不能正常发挥作用的社团，共依法注销违法社会组织2家。三是全面开展了清理整顿社会团体评比达标表彰活动，查处了一批乱评比、乱表彰、骗取企业和群众钱财的社会团体，规范了社会组织评比达标表彰活动。四是针对西藏自治区实际，积极协助有关部门，对区内社会组织参与国际非政府组织涉外活动、接受捐赠以及境外非政府组织在区内活动的情况进行调查，随时掌握活动动态，做到心中有数。通过清理整顿和严格执法，使社会组织走上了依法登记、规范管理的轨道，也使全区社会组织的结构更加合理，整体质量明显提高，确保了社会组织健康发展，维护了社会稳定。

三是规范工作。为适应新时期，新阶段社会组织登记管理工作的要求，进一步规范了社会组织登记管理的各项程序和登记、年检工作流程，对社团法人单位数据库进行了认真录入，并设置了社会组织申请登记流程图，建立了全区社会组织统计台账。同时，西藏自治区还十分重视信息化建设工作。将信息化建设作为创新管理方式，依法行政的重要方面来抓，有效提高了工作效率和质量。为了给社会组织和社会公众提供更加便捷优良的服务，促进社会组织发展，按照“以民为本”的理念，在不违背国家法律、法规和工作原则的基础上，根据西藏自治区实际，对部分登记管理程序进行了简化，对部分申请条件予以了适当放宽，为社会组织在西藏自治区的发展创造了一个良好氛围。

四是积极开展民办非企业单位自律与诚信建设活动。自律和诚信建设，是对民办非企业单位进行长效管理的有效途径。为此，西藏自治区高度重视民办非企业单位的自律与诚信建设活动。进一步建立健全了民办非企业单位的内部规章制度（如理事会会议制度、财务制度、劳动用工制度、印章管理制度等），完善了机制。将民办非企业单位建立健全各种内部规章制度的情况，作为民办非企业单位年度检查的一项重要内容，认真检查督促，使民办非企业单位的内部规章制度进一步健全，民主决策机制进一步完善，提高了民办非企业单位的自身素质以及自我约束、自我管理、自我教育、自我服务的能力。

五是增强社会组织活力。针对社会组织活动开展不积极，质量不高，活力不强的问题，进一步加大了对社会组织的教育和引导工作。首先是对各社会组织进行了积极的宣传和教育。凡是在年检中发现未开展活动的社会组织，都对其进行了严肃批评教育，并严正申明如长期不开展活动，将给予撤销登记的行政处罚；其次是将社会组织活动开展情况作为先进评选的一项重要内容和指标进行认真考核，凡在组织活动方面不达标的，均不列入评选范围；第三是对于各社会组织开展的活动，都在第一时间将活动情况采编成图片文字信息，印发各地（市）民政局和各社会组织，同时在《中国社会报》和“中国民间组织网”上刊发，这也在一定程度上调动了各社会组织开展活动的积极性。

经过努力，以上措施取得了明显成效。西藏自治区各类社会组织开展的提供优质服务、真情回报社会等多种形式的主题公益活动达30多次。其中：西藏自治区民族团结发展促进协会开展的“西藏民族团结助学行动”，共捐助资金50万元，对500名贫困学生进行了资助；西藏自治区银行业协会开展的全区银行业文明规范服务示范“服务明星”表彰暨经验交流活动，共对16名在金融服务领域涌现出来的先进个人进行了表彰；援助西藏发展基金会开展的捐赠太阳能设备和“爱我西藏、支援西藏”阳光计划捐赠活动，分别为昌都地区的8个县捐赠了太阳能设备1085台（套），总价值60多万元；为全区七地（市）的25个县、35个乡的5664户农牧民家庭，42所乡村小学和17所乡卫生院捐款319万多元，受益人数达2.8万余人。这些活动的开展，不仅展示了社会组织支持经济发展，服务社会的良好形象，极大地提升了社会组织的社会形象，树立了诚信品牌，同时也提高了社会组织的凝聚力，增强了社会组织活力。

一分耕耘，一分收获。经过不懈努力，西藏自治区的社会组织登记管理工作，在自治区党委、政府的正确领导下，在民政部的关心、指导和兄弟省市的大力支援下，管理进一步规范，制度不断健全，体制不断完善，组织活力进一步增强，社会组织得到健康快速发展。同时也得到了民政部、各社会组织以及社会各界的广泛认可和一致好评。

2007年召开的党的十七大，将社会组织管理工作摆到发展社会主义民主政治，保障人民享有更多更切实的民主权利的重要位置，放在全面推进社会主义经济建设、政治建设、文化建设、社会建设“四位一体”的全局工作中，充分表明了党中央对社会组织在构建社会主义和谐社会中越来越积极的作用和越来越重要的地位的肯定，也充分体现了党中央对社会组织管理工作的高度重视，我们在备受鼓舞的同时又深感责任重大。

中共中央总书记胡锦涛在党的十七大报告中确定的“规范发展行业协会和市场中介组织”，“重视社会组织建设和管理”等一系列关于社会组织建设和管理的目标任务，既是对社会组织建设和管理工作的新思路，又是对社会组织建设和管理工作的新要求。我们认为，要做好新时期西藏社会组织的建设和管理工作，就必须认真学习好、领会好、贯彻好、落实好党的十七大精神，以十七大精神作为社会组织管理工作指针，按照科学发展观的要求，坚持培育发展和管理监督并重，进一步理顺政府与社会组织之间的关系，明确界定职能，规范和改进管理方式，从健全机制、完善政策、创造环境、优化结构、提高素质、强化服务等方面入手，充分发挥社会组织在提供服务、反映诉求、规范行为等方面的作用，逐步建立体制完善、结构合理、行为规范、法制健全的社会组织管理体系，确保社会组织健康有序发展。同时，我们将在自治区党委、政府的正确领导下，在民政部的关心、指导和兄弟省市的大力支援下，团结一心，锐意进取，扎实工作，努力开创西藏社会组织建设管理工作的新局面。

陕西省社会组织建设与管理工作综述

陕西省民政厅

2007年，陕西省民间组织管理工作用十七大精神统一思想，以落实十六届六中全会对社会组织管理工作的新要求为着力点，坚持培育发展与监督管理并重，深入调查，积极作为，扎实工作，较好地保证了全年各项工作的顺利完成。全省民间组织登记数量9807个，为社会提供就业岗位可达5万多个，基金会基金规模已达1.32亿元，发展有序、门类齐全的社会组织体系建设不断推进。

一、加大调研与指导力度，推动民间组织快速发展

（一）先后召开“全省民间组织管理工作座谈会”、“全省基金会工作座谈暨培训会”，以“统一思想、提高认识、解决问题、推动工作”为主题，总结了工作，交流了经验，安排了任务，明确了要求；结合办理“省政协九届五次会议提案”、报送“全国社会组织建设与管理座谈会”有关材料，对全省民间组织民间组织发展与管理工作及经费问题进行调研，总结典型经验，梳理工作思路，进一步明确了工作重点和方向。

（二）深入到宝鸡、咸阳、安康、西安等地的民间组织登记管理机关和民间组织，对农村专业经济协会培育发展进行了实地考察和工作指导；对行业协会规范管理、工商联作民间组织业务主管单位、异地商会登记管理等问题进行了调研，重申了政策界限、明确了原则措施。各地高度重视农村专业经济协会培育发展工作，2007年全省新登记733家，总量已发展到2715家，形势喜人；安康市成效更为显著，共登记1130个，占全省的42%。安康市农村专业经济协会在做大农村产业、激活农产品市场、搞活农村经济、增加农民收入、维护农村稳定、促进城乡统筹发展等方面，发挥着越来越重要的作用，其经验作法在“全国社会组织建设与管理工作经验交流会”上作了书面发言。西安市充分发挥科技、人才的资源优势，坚持调研指导，注重总结交流，农村专业经济协会的科技含量较高。

（三）重视公益救济性捐赠税前扣除资格审查和申报工作，下发了

《关于申报公益救济性捐赠税前扣除资格的通知》（陕民办发［2007］55号），明确了申报范围和条件、申报材料、申报程序。全年共审查和报送社团、基金会33个，批准12个。

二、完善制度和措施，提升对民间组织的监督管理能力

（一）贯彻“全省民间组织管理工作座谈会”的讲话精神，登记管理工作注重对发起人的政策指导，严格章程核准，突出会员代表大会制度、换届制度要素，落实“会长和法人不得分离”措施，从源头上严把民间组织质量关。省本级全年共受理各类民间组织及分支机构293家，批准筹备33家，成立登记90家，变更、注销、撤销登记143家，移交西安市民政局5家。年度检查以省市两级为重点，坚持标准、严格程序，加大了惩处力度。2006年度省本级应检社团687个、实检607个，参检率达88%，对不参加年检和年检不合格的所有单位，区别不同情况，区分不同性质，进行了批评教育、警告、限期整改、注销、撤销等不同层次的处罚，较好地解决了有些社团不参加年检、游离于监管之外的问题，摸清了全省性社团质量底数；民非检查突出“信用等级综合评估”手段的推进，330个参检单位中，评为“优秀”的90个、“一般”的146个、“较差”的21个、“差”的73个，激励作用十分明显；基金会检查，突出了财务审计和信息公布，加强了基金会自身能力建设，推进了民间组织自律与诚信建设活动的深入开展。市县的年检工作也有了新的突破，咸阳、榆林、汉中更为扎实。

（二）根据“省级单位清理评比达标表彰活动工作会议”精神，采取下发《陕西省民政厅关于做好社团组织评比达标表彰活动清理工作的通知》、请厅领导讲话动员、实地考察等方法，配合有关部门顺利完成了全省社团组织举办评比达标表彰活动的清理和规范工作。

三、学习与总结相结合，加强登记管理机关自身建设

（一）省民间组织管理局认真学习“全省民政工作会议”精神，深刻领会《中共中央关于构建社会主义和谐社会若干重大问题的决定》对民间组织管理工作的新提法、新要求、新提升，全面分析陕西省民间组织培养发展和监督管理形势，理清了工作思路、明确了工作重点、制定了“突出调查研究，注重沟通协调，坚持依法行政，加强自身建设”四项工作措施。

（二）组织各类稿件15篇，在《中国民政》、《陕西民政》、《民间组织周刊》等媒体上刊用14篇，民间组织管理宣传、交流工作进步明显。

（三）依据省厅《关于贯彻落实省委、省政府〈关于各市（区）和省

直部门年度目标责任考核试行办法〉的意见》，配合厅人事处制定了“厅机关和设区市民间组织管理工作目标任务细化分解及量化评分标准”，强化了全省民间组织登记管理机关的目标责任意识。

（四）结合学习理解十七大精神，认真落实《陕西省民政厅关于加强领导干部作风建设的意见》，按照民政厅机关党风廉政建设和反腐败工作目标管理责任，把党风廉政建设贯穿于业务工作和管理教育的全过程，登记管理机关自身建设得到了进一步加强。

甘肃省社会组织建设与管理工作综述

甘肃省民政厅

甘肃省社会组织培育发展和管理工作本着积极发展、强化管理、有序推进、利国利民、优先发展的原则，加强和改进监督管理力度，努力把发展行业协会、农村专业经济协会和公益性、慈善类的社会组织作为突破口，优化结构，完善社会组织政策体系，依法规范社会组织的行为，不断加强社会组织的监督管理，各项工作都取得新的进展。

一、突出重点，有效推动社会组织的培育发展工作

甘肃省在全面推进社会组织发展的基础上，把重点放在了行业协会、农村专业经济协会和社区公益性、慈善类的社会组织的培育发展工作上。一是加大了行业协会的培育力度。重点培育和发展按市场化原则规范运作、在行业中具有广泛的代表性、权威性的行业协会，指导行业协会从行业规范、行业协调、行业管理、行业自律入手，在提高行业素质、维护行业利益等方面下工夫，不断强化行业协会的自身建设。为了不断增强社会组织的综合实力，根据甘肃省社会组织与经济发展的实际需要，各级登记管理机关会同有关部门，积极推进行业协会的重组与改造，从优化结构着手，提高整体素质，为行业协会今后承接政府职能创造条件。对活动不正常，分类过细，起不到代表性或行业代表不强的协会归并重组乃至注销，如对供水协会、公共交通、水泥协会等予以注销，成立代表性强、行业作用大的石油化工、城市建设等协会，有力地提升了行业协会的影响。在深

入调查研究的基础上，通过召开座谈会等形式，制定了《关于加快推进行业协会商会培育发展与规范管理的指导意见》，已上报省政府待批转下发执行。二是大力推进农村专业经济协会的发展工作。以建设社会主义新农村为目标，培育发展了一批特色农村专业经济协会，推动农村产业和新农村建设。2007 年 9 月 18 日，甘肃省民政厅在酒泉市召开了全省农村专业经济协会服务新农村建设现场经验交流会议，回顾总结了甘肃省农村专业经济协会近年来的发展情况，交流推广了兰州、酒泉、定西、天水、平凉五市的典型经验，安排部署了下一阶段甘肃省农村专业经济协会的培育发展和登记管理工作，进一步推动了全省农村专业经济协会的健康发展。三是扶持发展了社区慈善类、公益性社会组织。鼓励和扶持企业、个人创办各类公益性、慈善类社会组织，充分发挥公益性社会组织在反映弱势群体利益和诉求，帮助困难群体消除贫困、实施最低生活保障等方面的作用，起草制定了《关于加强社区社会组织登记管理备案工作的指导意见》和《关于进一步加快慈善类社会组织发展的指导意见》，现正在讨论修改中。目前，全省各类民间组织累计已发展到 8266 个，其中：行业协会 1053 个，农村专业经济协会 2241 个，社区慈善类 274 个，公益性社会组织 564 个，分别比上年增长 8.63％、13.56％、11.24％和 11.03％。

二、转变作风，依法管理，正确引导社会组织规范管理和有序发展

甘肃省各级登记管理机关牢固树立“依法行政”“管理就是服务”的意识，将管理寓于服务之中，创新服务手段，优化服务方式，提高服务水平。一是努力提高社会组织登记管理工作服务质量。工作中，我们严格按照社会组织登记管理的规定程序和时限审批成立社会组织，在受理、审查、批复、办证、公告等过程中，始终树立以服务为理念，以管理促规范、规范促发展为目的，改进工作方式，简化工作程序，缩短了审批的时限。在加强自身建设，不断提高管理服务能力的同时，我们把提升社会组织的能力建设提上议事日程。通过下发文件，参加社会组织的会议、信息发布等多种方式，及时传达上级精神，推广先进经验，努力使社会组织在国家建设和社会发展中发挥应有的积极作用。2007 年内，我们对全省性社会组织的工作人员进行了《民间组织非营利会计制度》六期培训，培训人员达 300 多人次，提升了社会组织的管理能力。二是有效开展社会组织监督管理。坚持把重点工作、日常管理和年度检查作为加强对社会组织管理的有效手段，采取集中时间，集

中人员，协调有关业务主管单位主动上门的方式进行联合年检。重点对民间组织遵守法规、建章立制、换届选举、重大活动、自律与诚信建设、贯彻落实民政部《关于做好社团组织评比达标表彰活动清理工作的通知》和执行《民间非营利组织会计制度》等情况作为重点内容，全面进行了检查。取得了以检促建、以检促管的效果，年检率都在90%以上，合格率达到95%。对未按照三个条例规定或因其他原因不换届、不办理变更登记手续、内部管理不规范、不按时参加年检的社会组织进行通报批评、限期整改，对违规违纪问题及时给予处理。同时，我们加强与业务主管单位之间的联系，建立了联络员制度，定期通报情况、研究解决民间组织管理中存在的问题，有效地解决了部分业务主管单位不愿管、不会管的问题。通过设立联络员，相互交流社会组织登记、变更、注销、撤销和组织机构代码证实现信息的交换，资源共享，进一步加强了全省社会组织的监督管理。年初我们还会同省减负办、省纠风办联合下发了《关于进一步规范社会团体活动的意见》，对社会团体的运行进行了规范，有效促进了我省社团组织健康、文明、有序地发展。三是积极倡导社会组织诚信建设，和谐管理。在全面贯彻落实民政部下发的民办非企业单位自律诚信建设活动的通知精神的基础上，我们结合本省民办非企业单位的实际，注重发挥骨干民办非企业单位的模范带头作用，全面推行服务承诺制，重点抓了民办非企业单位的诚实守信、遵纪守法、爱岗敬业和以真情回报社会为主题的公益活动，为社会特别是弱势群体提供形式多样、内容丰富的服务活动。通过开展这些活动，使全省的民办非企业单位在自律机制、诚信服务和能力建设等方面有了普遍提高，社会公信力和影响力有了较大幅度的提升。据不完全统计，2006年甘肃省民办非企业单位开展各类主题公益活动1200多场（次），免费为社会提供服务和咨询3万多人（次），新增就业岗位1600多个，提高了民办非企业单位的公信力和社会影响力。

三、严格执法，有效打击非法社会组织和违法活动

为了进一步建立社会组织的监管体系，各级登记管理机关与社会组织的业务主管单位会同公安、税务、工商、卫生、教育、文化等有关部门建立联合执法检查，充分运用政策法规手段，加大执法力度，重点查处社会组织的违法违纪行为。对于未经登记擅自以社会组织名义开展活动的非法组织，给予坚决的打击和取缔。在此基础上，各地区组织业务主管单位进行专项检查和抽查，对群众举报和临时发现的非法组织，进行突击执法检查，并通过新闻媒体进行曝光，有力打击了非法社会组织和社会组织的违法活动，2006年一年纠正违法行为16例，取缔非法组织12个，得到了社

会各界和群众的认可和支持。

2007 年甘肃省社会组织管理工作按照民政部的要求，坚持培育发展与监督管理并重的方针，调整思路，明晰重点，依法管理，社会组织发展取得了一定的成效。但由于观念、体制、政策环境等多方面因素，甘肃省社会组织管理还有一些亟待解决的问题，制约着甘肃省社会组织的健康发展。一是政策法规不健全、不配套、不完善；二是登记管理机关在依法行政、依法管理的发展方向和日常管理缺乏有力指导，对其人、财、物的管理还不规范；三是社会组织的发展缺乏实际有效的扶持政策和优惠措施；四是登记管理机关对社会组织制度方面不完善、不配套，增大了社会组织监督管理的难度。这些问题急需在我们今后的工作中认真研究解决。

下一步我们要认真贯彻落实党的十七大精神，深入贯彻科学发展观，以民政部部长李学举的讲话要求，充分认识社会组织在社会主义市场经济建设中的重要作用，认清形势，明确任务，从提高社会组织能力建设入手，实行民主监督、民主监管、民主决策、培育扶持、规范管理方面下工夫，发挥社会组织在构建和谐社会中不可替代的作用和独立优势，抓住机遇，以更饱满的精神，更扎实的工作，在社会建设和管理中发挥职能作用，对构建和谐社会作出贡献。

青海省社会组织建设与管理工作综述

青海省民间组织管理局

2007 年青海省民间组织管理局在省民政厅的领导下，以党的十六大精神和“三个代表”重要思想为指导，认真贯彻落实全国和全省民政会议精神，坚持“培育发展与监督管理并重”的原则，突出重点，勤奋工作，迎难而上，较好地完成了全年目标责任书确定的各项工作任务。

一、依法开展社会组织年度检查和专项检查

2006 年 2 月份，青海省民间组织管理局下发了《关于开展 2006 年度社会组织年度检查实施意见》，对应列入年检范围的 418 个社团、130 个民办非

企业单位和5个基金会实施2006年度检查。着重抓了年度工作报告的重要信息披露，规范了社会组织的年检，基本完成了年检工作任务。其中：社会团体应参加年检418个，实际参加年检342个，年检合格321个，年检率为82%，合格率为94%，民办非企业单位应参加年检130个，实际参加年检96个，年检合格92个，年检率为74%，合格率为96%。基金会应参加年检5个，实际参加年检5个，年检合格5个，合格率为100%。通过对社会组织的检查，对社会组织综合情况进行分析，找出社会组织存在的共性问题，指导解决问题的方法。在检查中我们深入社会组织办公现场，对照社会组织在执行法律、法规和政策中的不规范行为进行分析，让社会组织负责人认识到2006年活动中存在哪些问题，发生问题的原因，如何去纠正。通过年检，提高了社会组织负责人的法治意识，为下一步社会组织规范化建设创造条件。结合社会组织的年度检查工作，民间组织管理局依据相关条例对不开展活动也不接受监督的21个社会团体作出撤销登记的行政处罚，对不按时参加年检的54个社会团体和44个民办非企业单位作出警告的行政处罚并登报公示，从而进一步规范了社会组织管理工作。

二、完成清理社团评比表彰活动

根据青海省监察厅、纠风办等部门《青海省关于清理评比达标表彰活动的实施意见的通知》要求，对少数部门和社团评比达标表彰过多过滥以及以评比表彰的名义向基层、企业变相摊派的危害性进行了宣传，并要求登记的94家社团按照清理表格的内容进行自查。经过自查，有5家社团要进行9个项目评比表彰，我们根据省监察厅、纠风办等部门文件的要求对社团组织举办的评比达标表彰活动进行梳理，撤销8个项目，拟保留了1个项目。

三、依法开展社会组织登记工作

按照《社会团体登记管理条例》以及有关政策，严格办事程序，按照“政务公开、优质服务”和文明行业要求，依法受理筹备成立社团13个；变更登记16个，注销登记3个，换届16个；批准设立民办非企业单位21个，变更登记6个。

四、总结经验，进一步深入开展民办非企业单位自律与诚信建设活动

2007年1月4日，民政部下发了《关于进一步深入开展民办非企业单

位自律与诚信建设活动的通知》，2月9日，民政部又专门召开会议，副部长姜力作了重要讲话，要求各地在2006年的基础上进一步深入开展此项工作，取得更好的实效。青海省按照民政部的部署和要求，认真总结2006年好的做法和经验，针对存在问题和薄弱环节，采取有效措施，切实组织开展好此项活动。青海省主要从以下几方面抓落实：扩大活动的覆盖面，使所有的民办非企业单位都参与到活动中来；建立健全民办非企业单位的内部规章制度，使之有章可循，照章活动；进一步开展优质服务、真情回报社会等多种形式的主题公益活动，为社会做好事、办实事；完善服务承诺制和信息披露制度，提高民办非企业单位的公信力；认真做好宣传工作，提高民办非企业单位的社会影响力。

五、继续深入贯彻省政府《关于加强农村牧区专业经济协会登记管理和培育发展工作的指导意见》

9月份，按照年初的工作安排，在省民政厅副厅长的带领下，对大通县和海东地区的农村专业经济协会进行了调研，并对下一步该项工作的发展提出了建议和意见。同时对当地民管工作进行了检查和指导，要求各地要继续推动农村专业经济协会的全面发展，力争每个乡镇有1个以上具有本地特色的农村专业经济协会。另外要积极探索登记管理尤其是备案管理的长效机制，逐步建立以县（市、区）为主、乡镇为基础的政府推动、有关部门联动、协会主动的工作机制，使农村专业经济协会的数量和质量都有明显提高，覆盖面进一步扩大，作用更加明显。

六、进一步规范基层社会组织管理工作

为提高全省民管干部业务知识水平和依法行政能力，规范基层社会组织管理工作，全面实施社会组织管理工作“三规范”即规范登记、规范管理、规范建档。民间组织管理局于9月底组织了一期社会组织登记管理工作业务培训，全省共有23名社会组织登记管理工作人员参加了培训。参加培训人员一致认为，此次培训非常必要，提高了全省社会组织管理干部依法行政水平。培训内容丰富、实用，对于基层社会组织登记管理工作规范化起到了很好的促进作用。

七、积极开展社区社会组织的调查摸底工作

为贯彻落实2007年年初提出积极推进社区公益性社会组织发展的实施

意见，引导和促进社区社会组织的健康发展，充分发挥社区社会组织在推进城市化进程，深化社区建设中的积极作用。民间组织管理局积极协助西宁市民管局组织完成了全市社区社会组织的调查摸底工作。据统计，全市共有社区社会组织 971 个，其中社团性质的占调查总数的 52%，如社区老年协会、社区残疾人协会和社区志愿者协会等，这些组织一般都在各自社区备案，未经民政部门登记；民办非企业单位性质的占调查总数的 48%，如社区服务中心（站）、社区幼儿园和社区医疗站等，这些社区社会组织除部分社区幼儿园在民政部门登记外，其余均未登记。通过调研，摸清了全市的社区社会组织情况，为下一步制定切实可行的备案与登记并举的管理制度打下了良好基础。

八、继续抓好宣传工作

完善“青海社会组织信息网”，根据民政部的要求，对青海社会组织信息网站进行改善，投入 20 万元购买了设备，并请民政部信息中心负责人及专家进行了验收。继续办好《青海社会组织》季刊，同时完成了《发展中的青海社会组织》专题资料片的摄制及光盘制作，4 月 30 日至 5 月 1 日青海卫视、青海经济频道和青海二套连续播放，收到了较好的宣传效果。并且利用民政部“一报一网一刊”和省内外新闻媒体，积极宣传青海社会组织。

九、加大对违法违规和非法社会组织的查处力度

对严重违法违规、拒不接受监督管理的社会组织，依法给予行政处罚，并在省社会组织信息网站和有关刊物上公开。以强烈的政治责任感，严密防范和及时取缔非法社会组织，维护社会政治稳定。2007 年重点查处了非法社会组织“青海省中老龄保障协会”和“青海省社会组织资源中心”，同时对“民和县三川发展促进会”的违规行为进行了认真处理。

宁夏回族自治区社会组织建设与管理工作综述

宁夏回族自治区民政厅

2007年在宁夏回族自治区民政厅党组的正确领导下，在分管领导的正确指导下，以促进和谐社会建设为主题，以民间组织健康有序发展为主线，以提升民间组织管理效能为重点，紧紧围绕全年工作目标，努力完成了各项任务。

一、2007年工作情况

（一）积极协调，努力落实双重管理体制。一是建立宁夏民间组织联席会议制度。在征得业务主管单位的意见后下发了《宁夏民间组织管理工作联系会议制度》，组织召开了有50多个业务主管厅、局领导参加的宁夏民间组织管理工作首次联席会议，进一步促进了双重管理体制的落实。二是组织召开了全区业务主管单位和民间组织负责人共同参加的民间组织迎春联谊会，为落实双重管理体制，加强民间组织间的交往起到了积极的推动作用。三是主动上门和有关业务主管单位联系沟通，协调解决有关民间组织违法违规问题，促进双重管理体制的落实。四是编发了8期《宁夏民间组织简报》，沟通登记管理机关、业务主管单位和民间组织之间的联系。

（二）加大调研力度，制定培育政策，引导民间组织为经济社会发展服务。一是先后对农村专业经济协会、城乡社区民间组织和行业协会培育发展和监督管理进行了调研。二是制定下发了《关于加强社区民间组织培育发展和登记管理工作的意见》，降低门槛，大力培育发展社区民间组织。三是草拟了《关于加快推进行业协会商会改革和发展的实施意见》，正在征求有关部门和商协会意见，争取以自治区政府名义出台。

（三）严把审批关，及时清理整顿，保证民间组织的质量。一是严把审批关，规范民间组织登记审批程序。二是针对长期不开展活动、财务管理混乱、不接受年检（3年以上）等监督管理的78个民间组织进行重点治理，采取了责令整改提高、引导注销、依法撤销等措施。目前民间组织自己申请注销的7个，已依法注销5个，进入注销程序的2个，依法对31个民间组织进入撤销程序。

（四）加大年检力度，促进民间组织健康发展。对民间组织进行上门年检抽查，提高了登记管理机关监督管理的权威，促进了民间组织的健康发展，民间组织参检率有所提高。

（五）开展对民间组织的执法检查，加强监督管理。一是联合业务主管单位，依法查处纠正了民间组织的违规问题，协调解决了个别民间组织的内部纠纷。二是2007年首次开展对民间组织的执法检查工作，检查了其按照章程开展活动、制度建设、财务、乱收费、乱表彰等情况，对检查不合格的，责令其整改，提升了登记管理机关的权威，取得了比较好的效果。

（六）召开基金会管理工作会议，加大对基金会的监管力度。编发了《基金会指南》，对基金会全部上门检查，了解掌握基金会存在的问题，及时召开了全区基金会管理工作会议，通报问题和检查结果，提出规范管理要求，同时按照民政部的要求，对基金会年度工作报告摘要在新闻媒体进行了公布，促进了基金会的规范管理和健康发展。

（七）完成清理规范全区社团评比达标表彰项目。按照民政部和自治区政府关于清理社团评比达标表彰项目的要求，配合自治区纠风办完成了对全区社团评比达标表彰项目的清理工作和有关规范性文件的制定工作。

（八）加强制度建设，提升宁夏民间组织管理水平。一是在原有登记管理制度的基础上，又建立健全包括初审服务、注册登记、注销变更、召开会员大会或会员代表大会及社团换届制度等更为完整的管理制度体系，以此来规范民间组织的登记和成立程序；二是制定了《宁夏民间组织重大活动报告制度》并已实施。

（九）加强对民间组织的培训，提高其自身素质和内部管理水平。一是举办了2期400余人参加的全区民间组织财务人员培训班，主要培训了民间非营利组织会计制度。二是配合水利厅对全区农民用水者协会上千负责人分四期进行了培训；配合教育厅对教育学会的会员进行了培训。三是两次组织部分宁夏民间组织负责人参加民政部的培训。

（十）积极指导民间组织换届选举、章程修改和会员大会（会员代表大会）、理事会、会长办公会、财务管理、会费收缴制度的建立。

另外，按照自治区党委、政府领导的要求，及时完成了报自治区党委、政府《关于全区基金会管理情况的报告》、《关于全区民间组织管理工作的报告》和《关于进一步加强社会组织管理工作的意见》（代拟稿）。

二、2008 年工作思路

按照民间组织建设与管理要深入贯彻落实科学发展观，健全组织、提升能力、培育扶持、规范管理、发挥作用的基本思路，在认真做好民间组织常规登记审批、年检等管理工作的同时，要抓好以下工作：

（一）贯彻落实全国社会组织建设与管理工作经验交流会议精神。首先，要把会议精神向厅党组汇报好，同时请民政厅主要领导将会议精神向自治区党委、政府领导汇报。其次，争取召开全区民间组织建设与管理工作会议，传达全国会议精神，进一步统一思想，提高认识，理清思路，明确任务。第三，根据自治区党委、政府领导关于进一步加强民间组织管理工作的要求，提请自治区出台《关于进一步加强社会组织（民间组织）建设与管理工作的意见》。第四，年初组织召开宁夏民间组织管理工作第二次联席会议，传达全国会议精神，通报2007年民间组织登记管理情况，明确今后工作重点和任务。

（二）争取解决当前民间组织建设与管理工作中存在的实际问题。积极争取民政厅领导、有关部门和自治区领导的支持，努力解决专门执法机构、工作经费等问题。

（三）加快推进行业协会改革与发展步伐。一是力争《关于我区加快推进行业协会商会改革发展的实施意见》早日出台。二是抓好行业协会商会民间性改革的试点工作，引导和规范行业协会从职能、机构、人员、财务等方面与政府部门、企业事业单位彻底分开，促进行业协会依法独立运作和民间化。

（四）大力发展城乡基层民间组织。一要继续培育发展农村专业经济协会。适时召开全区农村专业经济协会经验交流会，进一步推动农村专业经济协会的快速发展。二要大力推进城乡社区民间组织建设。按照民政厅出台的《关于加强社区民间组织培育发展和登记管理工作的意见》，选择条件适当的区，先行试点，总结经验，指导推进面上的工作。

（五）推进民办非企业单位快速发展。一是代政府草拟《关于加强民办非企业单位培育发展和监督管理的意见》，提出发展目标和培育措施，提请自治区政府尽快下发；二是继续深入开展自律与诚信建设。制定下发我区《关于深入开展民办非企业单位信息公开和承诺服务活动工作的意见》，引导民办非企业单位规范行为，逐步建立自律和诚信长效机制。

（六）贯彻自治区经济工作会议精神，加大公益慈善类民间组织扶持力度。一是切实解决登记管理障碍。制定发展公益慈善类组织的规划，探索开通登记绿色通道。对于涉及民政业务的非公募基金会，民政部门可以承担业务主管单位的职能。二是积极探索培育扶持措施。支持和引导公益慈善组织在社区建设、安老扶弱、助残养孤、扶危济困、救助赈灾等领域实施项目，提供服务。三是会同有关部门在民间组织公益性认定、财税、职工社会保险等方面加大对民间组织的支持力度。

（七）加强行政执法工作。一要健全执法查处的主体、程序、监督、处罚等有关规定和法律文书，防止因程序不完善、执法不规范而导致工作被动。二要加大执法力度。对违法违规行为加大查处力度。

（八）逐步推进民间组织评估工作。一是根据民政部指导意见，结合实际，尽快出台宁夏实施方案，成立评估机构，细化评估指标，培训评估人员，形成操作规范、运转协调的评估工作机制。二是按照先易后难，逐步推进的方式，2008 年先在基金会中试点、评估。

（九）加大培训力度。一是加强对全区登记管理机关工作人员的培训，提高业务工作水平和能力，拟与全区社会组织建设与管理工作会议结合起来，以会代训。二是加大对社会组织负责人（会长和秘书长）的培训，进一步提高其内部管理工作水平，确保民间组织健康发展。

（十）加强民间组织的党建工作。协同自治区组织部调研、试点，形成相关意见，规范全区民间组织党建工作，充分发挥其党组织的战斗堡垒作用和党员先锋模范作用。已拿出了调研提纲和方案。

（十一）庆祝自治区成立 50 周年大庆活动。一是编审出版《宁夏民间组织风采》；二是组织全区民间组织大型庆祝活动（全区民间书画展；全区民间组织文艺汇演；全区民间组织运动会待定）。

新疆维吾尔自治区社会组织建设与管理工作综述

新疆维吾尔自治区民政厅

2007 年是新疆社会组织管理工作成果丰硕的一年。在自治区各级党委、政府的领导下，在民政部的指导下，各级登记管理机关认真贯彻十六届四中、五中、六中全会精神，特别是党的十七大精神，依法行政，扎实工作，锐意进取，各项业务有了新发展，有利促进了新疆各类社会组织规范有序的发展。

一、认真贯彻十七大精神，深刻领会中央和自治区关于社会组织建设与管理的新要求

十七大报告，把社会组织放到全面推进社会主义经济建设、政治建设、文化建设、社会建设“四位一体”的高度，进行全面而系统地论述，自治区民政厅把学习传达贯彻十七大精神作为一项重要工作，于 2007 年 12 月分别召开了全区性社会团体、民办非企业单位、基金会工作会议，深入贯彻党的十七大精神，认清形势，明确思路，部署任务，要求各级管理机关和社会组织要认真学习、深刻领会其精神实质和丰富内含，进一步调整工作思路，把思想和认识统一到中央和自治区党委要求上来，开创新疆社会组织建设与管理工作新局面。

二、社会组织正在成为社会主义建设事业中一支重要力量

至 2007 年年底，全区在各级民政部门登记的民间组织有 6606 个，分别为：社团 4468 个，民办非企业单位 2117 个，基金会 21 个。

为深入贯彻国务院办公厅《关于加快推进行业协会商会改革和发展的若干意见》（国办发［2007］36 号文件）精神，进一步推进行业协会的改革与发展，我们 2007 年对行业协会进行了重点调研。自治区经贸委通过对 40 多家行业协会深入的调研，形成了有深度的调研报告。新疆钢铁行业协会积极组织行业运行分析，提供了多方面有价值的调研报告。新疆机械电子工业协会、新疆纺织行业协会、新疆轻工业联合会等积极配合政府有关部门做好“内联外引”和招商引资工作。新疆建材工业协会，引导水泥企业开展行业自律活动，避免了恶意竞争，有效地改善了市场环境，维护了企业的共同利益。新疆拍卖行业协会制定了《新疆拍卖行业公约》，疆内所有拍卖企业全部签约。新疆美发美容行业协会、五交化机电行业协会、物资再生协会、新疆塑料协会等多家协会，都相继制定了诚信公约，为提高行业整体形象奠定了良好的基础。新疆汽车工商联合会向政府有关部门提出了《自治区支持汽车工业发展相关政策建议》，新疆轻工行业联合会组织业内行业协会积极参与《新疆轻工业“十一五”发展规划》，新疆建材行业协会起草的《把新疆建设成为中国三大石材生产基地之一的政策建议》，得到了自治区人民政府的充分肯定。行业协会积极开展行业培训，提高业内人员素质。新疆饭店协会、烹饪协会、拍卖行业协会开展了经营

师、高级经营师、营销员、高级营销员、营销经理、配餐营养师、美发美容技师、名师大师、制冷高级工程师，为行业发展提供了有生力量。新登记的行业协会，已逐渐摆脱了行政化倾向。

基层直接为社会为生产为群众服务的社团进一步发展。各级管理机关认真贯彻国家自治区《关于加强农村专业经济协会培育管理的意见》和《关于做好农民用水户协会登记管理工作的通知》精神，提出了培育发展和规范管理农村专业经济协会的具体意见和措施，确定了从实际出发、不走形式、抓好典型，带动全面的登记管理工作思路，推动了农村专业经济协会的发展。积极推进以广大农牧民直接参与管理为主的灌区基层水管理体制改革。据统计，全区共有各种类型的农民专业经济组织1123个，会员人数达41.07万人。登记的农民用水户协会816个，由协会管理灌溉面积674万亩，人口147万人。这类社团组织已成为，社会主义新农村建设中，直接为农民生产服务的一支重要力量。

三、社会组织管理工作在创新中发展

2007年5月份，国务院办公厅下发了《关于加快推进行业协会商会改革和发展的若干意见》，我们结合新疆实际提出了《稳步推进我区行业协会发展和改革》的初步思路，得到了相关单位和行业协会的肯定。制定《新疆维吾尔自治区行业协会管理办法》，得到了自治区政府法制办的支持，纳入了政府立法调研项目。为了促进新疆公益慈善社会组织的发展，自治区民政厅下发了《关于促进公益慈善类社会组织发展的意见》，提出了明确的工作方针和政策要求。针对新疆异地商会发展中存在的政策问题，在充分调研的基础上，制定了切合新疆实际、规范发展、加强管理的政策性规定。

近几年，新疆培育社团组织和管理措施进一步加大，社会组织保持了稳步发展的态势。全区社团登记数量从2006年年底的3501个，发展到3960个，依法注销撤销社团101个，充分体现了民政部门依法行政的严肃性。执行《社会团体开展重大活动报告的规定》效果明显，2007年社团报备报批事项明显增多；社团积极参与国际交流和合作，能力得到了进一步提高。从整体情况看，新疆的社会组织处于稳定发展状态，对新疆的改革开放、经济发晨、繁荣人民群众的精神和文化生活以及增进党和政府与人民群众的联系等方面发挥着积极的作用。

2007年是新疆社会组织管理大调研的一年，全年按照民政厅调研工作的总体规划和要求，年初民政厅即抽调人员，分三个调研组，把发展农村专业经济组织和公益慈善类民间组织现状的调研作为主要内容，进行了深入调研；开展了社团评比达标表彰活动情况的调查摸底；开展了行业协会发展情况的调研；异地商会规范管理等多方面的调研活动，产生了调研工作的各类报告，为加强社会组织发展和管理提供了思路。

2007年对全区性社团实行了网上年检，提高了年检工作进度，促进了社团规范化建设。为搞好这项工作，自治区民政厅于2007年初举办了全区性社团网上年检演示培训班，邀请民政部专家讲课和指导工作，首次网上年检，社团参检率达到89%，合格率为78%，达到了预期的工作目标。

清理规范社团评比达标表彰活动取得进展。按照“民政部关于做好社团组织评比达标表彰活动清理工作的通知”的要求，新疆认真落实通知精神，深入开展了清理和规范评比达标表彰活动。通过登记管理、年度检查、信息公布、重点抽查等手段，清理规范活动取得良好成效。

把促进社区社会组织发展，作为社团发展和规范管理的新的切入点。积极探索社区民间组织发展和规范办法，先后两次到克拉玛依、昌吉和乌鲁木齐市考察，从而确定了新疆发展社区社团组织的思路。

四、振奋精神，扎实工作，开创社会组织建设与管理新局面

社会组织建设与管理工作，要深入贯彻落实科学发展观，坚持培育发展与管理监督并重，健全组织，完善政策，分类指导，提升能力，着力推进体制机制创新，实现社会组织与经济社会协调发展。

一是加快推进行业协会改革与发展步伐。重点培育和发展按市场化原则规范运作，在行业中具有广泛代表性的行业协会。继续选择行业协会较为集中的系统，开展行业协会管理体制改革试点。二是加大公益慈善类社会组织扶持力度。制定发展公益慈善类组织的规划，支持和帮助社会组织进入社会救助、社会福利、社会慈善和社会事务管理领域。三是大力发展民办非企业单位发展。鼓励社会团体举办与本团体宗旨相符的民办非企业单位或创办经营性实体。四是通过交流培训、典型示范，推广先进经验。要推动社区社会组织建设，适当降低登记门槛，简化程序，不具备法人条件的基层社区公益社团组织，实行备案制管理。

要探索建立充满生机活力的现代社会组织制度，强化章程的核心地位，健全议事、选举、机构、财务、人事等各项制度。督促基金会严格按规定向社会公开公益活动和募集资金的详细信息。全面提高社会组织整体素质，增强自我发展能力，用典型鼓励和引导社会组织自觉地服从和服务于经济建设和社会进步。

要加强行政执法工作，健全执法查处的主体、程序、监督、处罚等有关规定和法律文书；要加大执法力度。结合国家工作重点和人民群众关心的问题，对社会组织违法违规行为加大查处力度，做到违法必究，执法必严。

要重视理论研究和宣传工作。大力宣传各级登记管理机关贯彻执行国家法律、法规、政策的进展情况和取得的成果。

我们要进一步提高认识，统一思想，以更加振奋的精神，更加扎实的工作，促进各类社会组织的健康发展，开创新疆社会组织工作新局面，为建设中国特色社会主义作出新的更大贡献。

·第四编·

理论研究

当前农村专业经济协会发展的形势和对策分析

李 勇 文国锋 李 伟

通过民政部门调整登记管理政策，这些年各地农村专业经济协会已经得到长足发展。当前农村专业经济协会的培育发展，还面临哪些问题？客观需要给予哪些方面的政策扶持措施？特别是农民专业合作社法 2007 年 7 月 1 日实施后，农村专业经济协会的发展将面临怎样的形势？可以采取何种对策？结合前段时间调查研究、参加有关研讨会和各地反映的情况，我们作一初步分析。

一、当前农村专业经济协会发展的基本认识

近年来，顺应广大农户开展联合与合作的愿望，适应扩大农业社会化服务体系的需要，农村地区的农村专业经济协会发展势头良好，在全国各地已经形成一定数量规模。据估计，已经在民政部门登记或备案的农村专业经济协会约有 4 万。可以说，以社团性质出现的农民专业合作经济组织，是目前我国农民合作组织的主体。

各地农村专业经济协会的发展，对于发展现代农业和建设新农村，发挥着积极作用：连接小生产与大市场，提高农民组织化程度；结合分散经营与统一服务，提升农业社会化服务水平；结合传统农业和现代科技，加速农业的科技进步；结合专业生产和结构调整。促进农村优势产业发展；促进农民增收，促进民主管理和乡风文明建设等等。随着农村专业经济协会经济社会效应的日益显现，在大力扶持发展农民合作组织的背景下，农村专业经济协会的培育发展，开始得到地方党委和政府的重视和支持。许多地方出台了专门针对农村专业经济协会的扶持政策，湖南省政府还专门出台《湖南省农村专业经济协会促进办法》。

但从调研和各地反映的情况看，农村专业经济协会目前仍存在着组织规模小、覆盖面窄、服务功能弱、市场竞争能力不足、抵御风险能力差等问题。人才和资金缺乏的问题已经成为严重制约农村专业经济协会发展的瓶颈。而在外部环境上，农村专业经济协会发展与管理涉及科协、农业、水利、供销、林业、水产、畜牧等多个部门，由于部门壁垒的事实存在，

扶持政策难以形成合力。由于各部门之间认识不一，既有政策措施往往会因为个别主管部门的不积极而停留于文件层面。所以说，农村专业经济协会的发展环境还不够宽松、扶持政策还没有切实到位。在农民专业合作社法颁布实施后，这种局面可能更加窘迫。

二、农民专业合作社法颁布实施对农村专业经济协会发展的影响

农民专业合作社法的即将实施，将会对我国农民合作组织的发展格局形成深远的影响，是当前农村专业经济协会发展面临的最严峻的挑战。这种挑战，最主要的是政策、制度等外部环境的变化。

（一）各级政府的重视程度将可能下降。长期以来，农村专业经济协会是作为农民合作组织的形式之一，而得到各级政府的重视和支持。农民专业合作社法颁布后，由于宣传重点的偏移，容易给一些地方政府、领导造成认识上的偏差，在合作组织发展方向上引起错觉，减弱对培育发展农村专业经济协会的热情。

（二）农村专业经济协会扶持措施更加有限。当前许多农村专业经济协会作为农民的法人组织，获得了有关部门在合作组织方面的支持资金。而这种支持随着合作社形式的明确而将难以得到。同时，农民专业合作社法还从法律上明确规定了对依该法登记的合作社法人的一系列政策扶持，如农业建设项目委托、专项资金支持、税收优惠等，从而使得合作社与农村专业经济协会之间在优惠政策上进一步厚此薄彼。

（三）部门支持的积极性也在一定程度上削弱。由于社团性质的这类合作组织形式未能纳入国家法律层面的扶持，对于长期关注、支持这类组织发展的一些部门而言有些失落，面对困难加大的前景，积极性受到挫伤。而一些地方和部门在宣传、贯彻农民专业合作社法过程中一些简单化的做法，已经引起其他部门和一些农村专业经济协会对这类组织发展方向的彷徨。有些地方及个别部门强制性要求农村专业经济协会变更登记为合作社后才给予资金扶持。

（四）农村专业经济协会的吸引力、凝聚力将减弱。由于农民专业合作社法宣传的广泛开展，农民专业合作社会被大力追捧，而且举办农民合作社容易得到政府扶持。而且，合作社允许盈余返还，农民入社后经济效益要优于农村专业经济协会。受利益、实惠驱动，合作社形式将对农户更有吸引力，农村专业经济协会将受到冷落，对农户的吸引力和凝聚力会下降。

由于上述影响，地方同志普遍担心，农民专业合作社法实施后，多年努力争取到的对于农村专业经济协会的有限的政策支持，将付诸东流。农村专业经济协会的发展环境面临艰难，甚至出现自生自灭的局面。有专家提出，在优惠政策的牵动下，预见目前的农村专业经济协会，将有80%的向农民专业合作社方向发展。根据地方民政部门反映，农民专业合作社法颁布后，有很多农村专业经济协会已经提出转向合作社登记。浙江省村级农村专业经济协会比2004年减少60个，乡镇农村专业经济协会减少了40个。安徽、北京等地也已经出现大量转社的现象。四川预计将有半数农村专业经济协会登记为合作社。湖北省调研后认为，由于政策导向的负面影响，农村专业经济协会发展将进入历史低潮期。

三、下一步农村专业经济协会发展的空间

虽然农村专业经济协会近期发展将面临严峻形势，但专家学者、不少地方同志认为，无论从我国农村现实环境还是从农村经济社会发展的需要，农村专业经济协会有其发展空间和独特优势。

（一）合作社与农村专业经济协会存在本质区别。虽然长期起来农村专业经济协会被视为农民合作组织的重要形式，但并不能仅从其联系会员的紧密程度，判定农村专业经济协会是农民合作社的初级形式，错误地推动所谓低级向高级过渡。协会与合作社有共同点，但二者存在最为根本的差异：二者性质不同，农村专业经济协会是会员组织，属特殊社团法人，农民合作社为经济实体，属特殊企业法人；二者宗旨不同，农村专业经济协会主要以提供服务为导向，不以营利为目的，农民合作社从事农业生产经营活动，追求利润；二者财产性质不同，农村专业经济协会资产属社会公共资产，收益不能分配，农民合作社资产属社员共有的私有财产，盈余分红。当前在实践中，农民专业合作社与农村专业经济协会混淆不分、不伦不类的局面，影响着两者的共同发展。为此，有专家提出，明确合作经济组织与社会团体的概念与关系，进行适当分流、分类。农村专业经济协会的发展模式，要根据实际情况，可以多样化，宜经济实体则经济实体（合作社），宜协会则协会，原则是不能不伦不类，避免“四不像”而各方面得不到好处。山东省民间组织管理局吴运亮建议，当前思考农村专业经济协会发展政策时需要准确定位、廓清队伍。

（二）合作社难以代替农村专业经济协会。农民合作社首要发展的还是其经济功能，不要指望“一切权利归合作社”，或者合作社解决农村经济社会发展的所有问题。农民专业合作社法本身存在诸多缺陷，如对于解

决贷款难、融资难等问题缺乏创新性突破，配套政策制度也不健全，完善制度还需要很长时间。目前许多农民对于合作社持观望态度，一方面按照合作社规则，盈余40%返还，影响合作社的资本积累，而完全一人一票，操作性、经营效率和效果都受到影响，可能出现的亏损、破产也是农民必须面对的风险；另一方面，受历史政策因素影响，多数农民不愿意资产入股，担心像搞成过去的人民公社、乡镇企业、农民养老保险。因此，协会和合作社不矛盾，不冲突，合作社并不能替代协会，合作社的发展不会挤压协会的空间。有专家预计，下一步将会出现合作社与农村专业经济协会你中有我，我中有你的融合发展局面。为了一方面保持协会形式对农户的吸引力，另一方面获得国家对于合作社的优惠政策，许多农村专业经济协会可能会脚踏两只船，一套人马，社团法人和工商登记两块牌子各摆一边，用足政策。这种融合发展，还可能是由协会出面领办合作社，或者协会加入到合作社中去。

（三）农村专业经济协会可以扬长避短谋发展。农民经济组织多样化发展是基本趋势，也是农业经营的客观需要。农业经营的特点是家庭经营与社会化服务相结合，然而我国农业社会化服务组织缺乏，提高服务不足。这是农村专业经济协会存在发展的根本理由。一方面，现实条件下，农村专业经济协会还显现出更为明显的优势。社团性质的农村专业经济协会，不以营利为目的，侧重互助、服务，对入会农民没有财产要求，服务多，限制少，但可以组织成员开展经营活动，促进他们增加收入。对于当前我国大部分普通农户而言，在资金和产量有限的情况下，相当于资本联合、风险共担的合作社，更乐于选择协会，获取技术、信息服务，零风险加入，零成本退出。湖北调研发现，目前协会形式在中西部地区占主流。另一方面，理论上讲，合作社是个体，行业代表性、沟通谈判、价格、自律、游说政府等方面弱，而协会在行业自律、维权和行业代表性等方面可以发挥比合作社更为重大的作用。农村专业经济协会仍有很强的生命力，但应多考虑自身优势所在。农村专业经济协会的优势不在于生产经营，而在于提供服务。发挥自身服务优势，完善服务措施，提高服务能力，是农村专业经济协会下一步发展应该主要考虑的问题。中国科协关于新农村建设的研究报告提出，新时期农技协应该着眼于发挥聚积社会资本、引领农民创业、发挥培植催生和保驾护航等作用，在发展方向上注意：紧密与农民创业连在一起，形成利益共同体；组织创新和能力提升，满足功能需求；关注创意与品牌，提高附加值。还有专家建议，农村专业经济协会向农产品行业协会发展实际而可行，当前面临的任务是功能要扩展，健全组织，增强行业代表性。

四、新形势下培育发展农村专业经济协会的对策思考。

培育发展农村专业经济协会是民政部这些年来服务新农村建设的一项重点工作。农民专业合作社法的实施，不可避免地会在短期内对农村专业经济协会的培育发展造成影响，需要我们充分估计可能出现的困难，针对新情况新问题研究对策。

（一）加强农村专业经济协会的宣传力度。从各方面反映的情况，农村专业经济协会在我国农村地区仍有很大发展空间，其组织形式和功能作用契合当前农村实际，深受农民欢迎，不应也不可为合作社所取代。当前特别要注意将农村专业经济协会与农业专业合作社放在同等的地位予以宣传、培育，认识到协会和合作社作为提高农民组织化的两种方式，各有独特的优势，应该并行发展。建议争取在今后中央有关文件的表述中明确提出农村专业经济协会的概念，与合作社并列为合作组织的不同形式，提升其地位。可以考虑，适时专门组织农村专业经济协会成果展，凸显农村专业经济协会的性质、地位、作用，对运作规范、机构健全、作用明显的组织加大宣传，扩大影响。还可以考虑，利用相关合作项目，引导地方民政部门加大宣传、培训力度，使广大协会工作人员、农户充分了解合作社和农村专业经济协会的差异和各自优势。

（二）完善农村专业经济协会登记管理政策。根据中国农村专业技术协会提供的数据，目前全国共有各级农村专业技术协会组织超过 11 万个。我们估计的登记、备案数据与之相差较大，这说明相当数量的农村专业经济协会尚未难以取得法律地位。可以研究，在农村专业经济协会的登记管理政策上，在已有降低门槛、减免费用、试行备案等政策基础上，进一步明确全面免除农村专业经济协会登记、备案费用，探索试行无业务主管单位的试点。鼓励各地在立法权限内探索农村专业经济协会的专门立法，并适时研究全国性相关立法过程中，明确农村专业经济协会的法律地位、管理职责等。

（三）加强部门间协调配合，形成扶持、培育、发展农村专业经济协会的合力。从辽宁省民政部门委托农村专业经济协会承担扶贫任务的经验来看，民政部门可以设立专项扶持奖励基金，通过“以奖代补”的方式给予农村专业经济协会一定的资金扶持。但民政部门的主要承担登记管理机关职责，在农村专业经济协会的具体扶持，不应也不可能成为第二个“农业部”。因此我们主要着力点应该放在协调有关部门，促成合力，营造公平、良好的发展空间。从了解的情况，目前各有关部门都在所在领域安排了对于农村专业经济协会的扶持资金，如水利部门对于农村用水户协会有专项支持，再如2006年中国科协在“科技惠农”资金中拿出5000万元用于向农村专业技术协会购买服务。因此，建议可以考虑在部委层面建立农村专业经济协会培育发展的协调机制，民政、发改、财政、农业、林业、水利、科协、供销等部门加强联系沟通，改变各自为战、势单力薄的状况，整合资源，共同提出对策，争取扶持政策。当前需要做的，是在有关部门制定合作社法配套扶持政策过程中，在财政支持、税收优惠、信贷支持和行政规费减免等方面，为农村专业经济协会争取与合作社同等的优惠政策。

（四）应当加强对农村专业经济协会的引导和规范。研讨会上有专家指出，当前农村专业经济协会中约有1/3实质上是经济实体，以营利为目的，盈余分红，按照合作社的方式运作。因此，民政部门应正确认识可能出现的由社团登记转为工商部门的合作社登记的情况。诚如当初我们从农民意愿出发调整农村专业经济协会登记管理政策一样，只要农民自愿，对农业和农村发展有好处的，应予以支持。在下一步的登记管理工作，应注意加强指导和规范，尊重农民意愿，重市场的，引导、支持其到工商部门注册，侧重于登记重技术、重民主、重公益的服务性会员制组织。加强对农村专业经济协会发展方向的引导，条件成熟的地方，可以在县一级成立农村专业经济协会的联合会，对于一些运作规范、影响力大、代表性强的农村专业经济协会可以引导其发展成为县一级的农产品行业协会。考虑到农村专业经济协会的现实发展环境，从可持续发展角度，允许农村专业经济协会组织会员开展经营活动，领办或参与合作社，但应注意二者在财务、产权、分配等方面有所区分。

关于我国社会组织发展与管理的若干思考

周太彤

社会组织是现代社会的重要基础。当前，无论是从经济全球化国际背景，还是从我国现代化建设总体格局来看，培育发展和有效管理社会组织都被提到了战略的高度，对于构建社会主义和谐社会、巩固党执政的社会基础具有十分现实的意义。本文从社会组织发展和管理的阶段、规律、方向、方式、保障等方面对我国社会组织发展问题作若干思考。

一、认识社会组织发展与管理的“三个阶段”

我国社会组织的存在由来已久，大量出现则在改革开放以后。实践中对社会组织发展的认识不同，相应的工作策略也不同。有的过度夸大社会组织的负面影响，采取严加防范；有的过高估计社会组织的正面作用，强调一味发展；有的认为社会组织起不了大作用，也不会造成大危害，便主张任其自然。认识上的不统一导致政策在“管”与“放”之间摇摆不定。

最初，我们对社会组织普遍采取怀疑和排斥的态度，对其发展严加控制、限制防范；近年来，面对经济快速发展中催生出来的大量的社会组织，囿于传统的思想观念和滞后的体制机制，基本上是就事论事、被动应对；当前，在构建和谐社会的新形势下，党和国家对社会组织的重视达到前所未有的程度，我们的认识进一步深化，今后对社会组织也将逐步做到自觉引导、主动应对。

从“严控严管”到“被动应对”再到“主动应对”，要求我们对社会组织的认识和实践从不自觉走向自觉，加大力度主动培育社会组织。

二、把握社会组织发展与管理的“三个规律”

社会组织的产生和发展是历史的必然，是社会发展规律性的体现。它是世界范围内市场经济国家的普遍选择，是中国特色社会主义实践的必然结果，也是我国现代化建设总体格局从“三位一体”向“四位一体”转变的内在要求。

1. 从历史看，社会组织发展体现了市场经济发展的共同规律。现代社会组织是在现代市场经济的发展与危机中成长起来的。在自由放任的市场经济阶段，各种行业协会等社会团体为维护自身利益而大量产生。随着竞争进入垄断发展阶段，为追求利润最大化，调节市场需求和缓和社会矛盾，各种协会等社会组织急剧增加。20 世纪初，是市场推动各种社团大量组建的时代。从 20 世纪 30 年代开始，市场经济较为发达的国家普遍采取政府对市场的积极干预，为弥补和纠正“市场失灵”，各种非营利性社会组织受到政府鼓励并成为社会发展主体。到了 70 年代以后，国家干预的经济政策和依靠政府满足公共需求的计划出现危机，为弥补“政府失灵”，市场经济体制较完善的国家普遍强调国家与社会的互动。如今，社会组织已成为一股全球性社会治理的重要载体。

2. 从现实看，社会组织发展体现了我国改革开放进程的客观规律。改革开放前，我国政社、政企关系高度合一，行政领域无所不包，政府是唯一主体，社会组织和企业完全附属和受控于行政组织。改革开放后，在计划经济向市场经济转型的过程中逐步出现了市场领域。1987 年，党的"十三大"设计了"国家调节市场，市场引导企业"的体制改革模式，政府通过逐步"放权让利"，使市场得到发育，政企逐渐分开，形成了政府与企业的二元主体结构。1992 年，党的"十四大"提出建立和完善社会主义市场经济体制，2001 年，我国加入 WTO，在国内和国际"两个市场"的双重推力下，政府逐步"放权让事"，社会组织得到蓬勃发展。2004 年，以党的十六届四中全会提出构建社会主义和谐的战略任务为标志，我国现代化建设总体格局从"三位一体"向"四位一体"转变，社会领域及社会组织的主体地位逐步凸现。在此基础上，以行政—政府为主体、市场—企业为主体和社会—社会组织为主体的三元社会结构逐步形成。

3. 从趋向看，社会组织发展体现了构建和谐社会的内在规律。落实科学发展观、构建社会主义和谐社会要求全面推进社会主义经济、政治、文化和社会建设。历史经验表明，社会主义经济建设仅仅靠市场和政府是不够的，必须有大量服务性社会组织相生相伴；社会主义政治建设如果仅仅只有政治选举和协商民主也是不够的，必须通过社会组织畅通民意渠道，协调多方利益，有效降低多元化社会主体表达政治诉求的成本；社会主义文化建设，仅仅靠市场和政府宣传部门也是难以完成的，必须通过社会组织广泛动员民众，通过组织化的人际网络和社会管道，达到润物无声、滋养心灵的效果；特别是在社会建设中，面对经济体制、社会结构、利益格局、思想观念的深刻变化以及大量的社会矛盾和问题，必须充分发挥社会组织"提供服务、反映诉求和规范行为"的积极作用，动员社会资源，缓解供需矛盾，化解社会冲突，激发社会活力，促进人的自由而全面的发展。

三、明确社会组织发展与管理的"三个方向"

从世情、国情和党情出发，发展社会组织要处理好党与社会组织关系、政府与社会组织关系、社会组织之间的关系，自觉坚持社会组织发展的"政治"、"共治"、"自治"三个方向。

（一）完善党对社会组织的领导，实现有效的"政治"。政党治理是现代社会的基本政治制度，在我国，党的领导是核心和保证，是社会组织发展的前提。坚持党的领导，当前要切实提高基层党组织的质量和能力，在组织上和工作上实现全覆盖。但是，在多元化的社会中，党不可能在每一个社会组织中建立直接的关系，不能再像过去那样以单一力量和直接方式整合社会，为此，要善于借助一批整合型的中间组织，形成以党的基本组织为核心，党联系社会、整合社会、服务社会的“同心圆”结构的社会工作体系。

（二）加强政府与社会组织之间的良性互动，实现有效的“共治”。政府一营利部门一社会组织三方合作是发达国家通行的治理模式，政社之间的合作、伙伴关系是大势所趋，是社会组织发展的条件。必须进一步厘清政府、市场、社会的边界，转变政府职能，主动为社会组织的发展让渡空间。当然，我国社会组织发展是一个自发性和选择性交互作用的过程，不仅来自市场和社会需求的拉动，也源于政府的强大推力，这种特殊性增加了政社合作的难度。为此，要尊重社会组织的主体地位，在政府与社会之间建立制度化的沟通、服务和互动机制，促进形成政社“共治”的局面。

（三）增强社会组织自身的独立性，实现有效的“自治”。依法照章自主开展活动，是社会组织的基本特性。确认社会组织的独立主体地位，是社会组织发展的基础。坚持“自主活动、自办会务、自律行为、自我服务”的原则，要加强社会组织的自律与诚信建设，增强社会组织的自治性，形成合理的利益协调机制、诉求表达机制、矛盾调处机制、权益保障机制。现阶段要注重培育和引导具有非行政性的基层民间社会组织，引导其依法开展社区居民自治和自我管理，促进和谐社区建设。

四、创新社会组织发展和管理的“三个方式”

社会组织发展是满足人的内在需求的实现形式，从某种意义上说，人类社会发展的历史过程就是一个不断被重新组织的过程。个人发展需要组织，社会发展需要组织，社会组织的发展同样需要组织。可以根据不同组织的功能，实行不同的管理方式。

（一）“属人”的管理方式。工青妇等人民团体和群众团体具有广泛的社会性，联系着具有共同理想、信念、目标的同类的社会个体。这类组织既能向党表达社会心声，也为维权去协调各种利益关系。可充分发挥其桥梁与纽带作用，以“人缘”为基础，通过“属人”的方式吸纳整合社会组织。

（二）“属业”的管理方式。可以根据社会组织大的行业和专业分类，成立若干个以联合性社团为主要形式的管理枢纽。通过政府授权或委托，将“同业”社会组织梳理归并到相关的枢纽进行管理，从而以“业缘”为基础，通过“属业”的方式吸纳整合社会组织。

（三）“属地”的管理方式。对于上述方式都无法吸纳的社会组织，以“地缘”为基础，按照“属地”的方式纳入所在社区党组织或专门的社会组织，对其提供服务和管理。

五、落实社会组织发展与管理的“三个保障”

建立健全社会组织发展与管理的保障体系，为社会组织健康、有序、持续的发展提供长久的动力支撑。

（一）完善相关的体制、机制、法制，提供制度保障。建立一个专门的统筹、协调社会建设的领导机构，或者扩大一个部门的职能，具体负责、统筹、规划社会建设与管理，制定政策，把握方向，整合力量。完善双重管理体制的相关运行机制。适时制定我国“民间组织促进法”或非营利组织促进法，抓紧修订并出台《社会团体登记管理条例》和《民办非企业单位登记管理条例》等。

（二）依托或新建一批具有枢纽功能的社会组织，提供组织保障。进一步发挥工青妇等人民团体和群众团体的独特优势，凝聚和开发党的外围组织；按照“以民管民”和“以非对非”的思路，组建以相近相关社会组织为基础的联合会，逐步承担管理和服务一个系统、一个领域民间组织的职责，成为加强党建工作的支撑、完善双重管理的依托、凝聚团体会员的载体和实现合作共治的平台。对其他大量分散的社会组织，可以成立专门的民间组织，进行备案登记等松散式管理。

（三）健全人、财、物等配套措施，提供资源保障。建立一支宏大的社会工作队伍，加紧培养社会工作急需的专业社工和职业社会管理人才，以专业社工组织带动社会义工和志愿者队伍建设。建立公共财政预算制度和政府购买社会组织服务机制，加大对社会建设投入；修改、完善社会组织有关的税收优惠和社会捐赠政策；明确社会组织资产性质和管理办法，建立社会组织财税体系、社会公益资产监管体系。

综上所述，我国社会组织已经进入快速成长期，必须从推进中国特色社会主义事业和党的建设新的伟大工程的高度，将社会组织发展与管理纳入“四位一体”的建设中。要凸现以社会和谐为“主题”，在构建“多元共存、和而不同”的和谐社会过程中，引导社会组织增强时代使命感，在实现其自身价值的同时为构建和谐社会作出积极贡献。要凸现以社会组织的发展为“主线”，在战略上，明确以发展为导向，确立把社会组织的管理寓于社会组织的发展之中，在发展中予以规范；在战术上，从我国的国情和实际出发，要管理置先，提升管理能力，确保社会的管理控制能力与社会组织发展的量势相适应。要凸现以社会组织为“主角”，大量规范的社会组织将成为我国社会建设的主体力量和社会治理的基本依靠，成为我国社会发展的重要标志。在社会建设的“舞台”上，社会组织将成为更加活跃的“主角”，为社会和谐唱响美妙的新“旋律”。

南非社会组织考察报告

孙伟林　臧宝瑞

2007 年 9 月，民政部社会组织管理局组团赴南非考察社会组织[①]的发展和管理情况。考察团走访了相关政府机构和部分社会组织，侧重了解了南非的社会组织法律制度和税收制度。

一、南非社会组织概况

近半个世纪的种族隔离制度在南非社会生活的各个方面打下了深深的烙印。南非的社会组织也深受其影响。1994 年种族隔离制度被废除以前，南非的社会组织（或曰公民社会）分裂成泾渭分明的两部分：一部分是正规的、大型的、得到政府政策和财政支持的、主要为白人提供服务的社会福利服务型非营利组织，另一部分是非正式的、多数规模较小的、受到白人政府限制的、既为有色人群提供福利服务、又倡导反对种族隔离制度政治理念的非政府组织。在那个特殊时期，“非营利组织”和“非政府组织”这两个国际上基本同义的词汇在南非却有着不同含义。当然，随着新南非公民社会的发展，主要提供社会福利服务的 NPO 和主要从事维权和政治倡导的 NGO 都注重发挥在社会改革和家园重建过程中的作用，NPO 和 NGO 之间的界限越来越模糊了。

1994 年以后，随着种族隔离制度的废除，南非新政府奉行和解、稳定、发展的政策，妥善处理种族关系，全面推行社会改革，实施重建与发展计划，在基础教育、国民健康、社会福利、扶贫助弱和住房提供等领域

① 社会组织，也可称为民间组织、非营利组织、非政府组织、公民社会或第三部门。

积极与社会组织合作，支持其参与公共政策，加大对其的财政资助力度，力图扭转种族隔离制度带给公民社会的割裂局面。

经过十多年发展，南非各类社会组织总量接近15万个，其中，经过登记而成为非营利组织（NPO）的约有4.7万个。平均每万人拥有社会组织的数量约为31.6个（南非总人口约为4740万）。在各类社会组织中就业的人员总量超过70万人，约占人口总量的1.47%，或公共部门就业人口的1/3，超过在南非的支柱产业——采矿业中就业的人数（约60万）。为社会组织提供志愿服务的人数超过300万人，约占南非3000万成年人口的1/10。社会组织的经济活动规模约为30亿美元，约占南非国内生产总值（2006年南非GDP为2551亿美元）的1.2%。社会组织的收入主要来源于政府支持和慈善捐赠，超过40%的收入来自政府支持，近1/4的收入来自捐赠，不足1/3来自提供服务收入和会费收入。

与世界平均水平比较：根据萨拉蒙教授组织的36国非营利部门国际统计[①]，包含发展中国家和发达国家在内的36国非营利部门吸纳就业人口4550万，约占这些国家经济活跃人口的4.4%，经济活动规模约为1.3万亿美元，约占36国国内生产总值的5.4%，1.32亿人从事志愿活动，平均每千人中就有98个志愿者。南非的社会组织经济支出规模和就业人数比国际平均水平要低，但志愿者比例、政府资助收入和捐赠收入比例比国际水平要高，总体上，南非的社会组织情况在发展中国家中是比较好的，但与发达国家相比还有差距。

二、南非社会组织法律制度和税收制度

南非的社会组织发展历史较长，1994年以前，白人举办的社会福利机构发展较为成熟，黑人成立的维权类非政府组织是受到法律限制的。新的《南非共和国宪法》废除了种族歧视的内容，充分保障全体公民的结社自由，这是南非社会组织发展的基础。

为了创造有利于非营利组织发展的环境，建立使非营利组织得以自治的行政管理体制，鼓励非营利组织透明运作，改进问责机制，保障公众对非营利组织的知情权，并促进政府部门、捐赠者和其他利害关系人在非营利组织事务方面开展合作，南非于1997年出台了《非营利组织法》（Non-profit Organization Act71 of 1997），并于2000年进行了修订。该法案鼓励

---

① 部分统计数字引自北京大学出版社出版的《全球公民社会 非营利部门国际指数》，莱斯特·M. 萨拉蒙等著，陈一梅等译。

（并非强制）各类社会组织登记为非营利组织，以享受税收优惠并获得政府财政支持。

2000 年，南非议会通过了《社会福利发展管理法》，强调政府与社会组织在社会福利方面的合作，保障社会组织参与相关政策制定和具体项目实施的权利，并成立了社会福利发展理事会，以推动政府与社会组织就社会福利事务开展对话和合作。近年来，南非政府在扶贫助困、妇女儿童保护、残疾人福利、艾滋病人群关怀、社区发展等领域，都积极拓展与社会组织的合作，并成立了隶属于社会发展部的国家发展署，通过项目委托的方式向社会组织购买服务，建立了类似于英国 COMPACT（政府与志愿及社区组织合作框架协议）的政府与社会组织合作伙伴关系框架体系。

除了新宪法和上述两部重要法律外，与社会组织有关的其他法律还有 1973 年的《公司法》（Companies Act 61 of 1973）、1988 年的《信托财产管理法》（Trust Property Control Act 57 of 1988）、1996 年的《所得税法》（Income Tax Act 36 of 1996）等等。

南非的社会组织种类繁多，涵盖了从宗教组织，到工会、民间互助会等互益性组织，到各类志愿协会、非营利公司等非政府组织，到依据《非营利组织法》登记的非营利组织，到享受各类政策优惠的公益组织等不同类型。下面，我们将结合南非的法律制度和税收制度，分类介绍南非的社会组织：

第一类是宗教组织和各类互益组织。互益组织主要是为会员提供服务、维护会员利益的组织，包括工会（employers' organizations）、民间互助会（Friendly Societies established for the benefit of their members）等。工会的政治色彩较浓，民间互助会多为种族隔离时期有色人种相互帮助的草根组织，宗教组织在中国一般不作为社会组织，这里不作深入讨论。

第二类是税收优惠比较少的三种非政府组织："志愿协会"（Voluntary associations）、"慈善信托"（Charitable Trusts）和"满足公司法 21 条的非营利公司"（Section 21 Companies limited by guarantee）。

志愿协会是南非最常见的社会组织。三人以上为满足除营利以外的共同目的就可成立志愿协会。由于法律上不存在强制登记的规定，志愿协会是不需要登记的。除非违法或试图营利，南非政府对志愿协会的活动不予干涉。由于志愿协会比较松散，法院一般通过其章程和实际活动来判断一个志愿协会是否具备法律意义上的"人格"。志愿协会满足以下三个基本条件，即可被视为具有法律人格：（1）具有相对稳定的组织架构，不因会员变动而终止；（2）组织的财产必须区分于会员的财产；（3）会员不因其会员身份而对协会财产拥有权利。

信托是依据 1988 年《信托财产管理法》，以信托协议为基础，将财产托付给受托人（trustee），以达到特定目的的法律形式。信托需要到高等法院注册，法官有权监督信托的落实。只要不违反信托协议，信托人可以从事法律允许的任何活动，并代表信托承担责任。信托可以是促进私人利益的，也可以是促进慈善公益的，只有慈善信托才属于社会组织。慈善信托不得从事非慈善目的的活动。

满足公司法 21 条的非营利公司是依据 1973 年《公司法》，向贸工部公司注册处提出申请，而获得登记的非营利有限责任公司。这类组织解散时剩余财产必须转移到目的相似的机构。《公司法》要求非营利公司至少要由 7 名以上成员发起，为推进宗教、艺术、科学、教育、慈善、娱乐等文化事业，或促进社区利益而成立。除了非营利公司，营利性公司也依据《公司法》到贸工部公司注册处登记，不论营利还是非营利，注册公司都需要通过专业的律师或注册会计师来办理手续，理论上，注册过程需要 1 个月，但实际一般只需 1 周时间。

第三类是“非营利组织”（Non-Profit Organization）。国家机关以外的各类社会组织可依据 1997 年《非营利组织法》，向南非社会发展部申请登记非营利组织。非营利组织是为公共目的设立的，收入和财产不得分配给成员或雇员（合理的雇员工资薪酬不算作分配）。只有经过登记的非营利组织才有资格依据税法享受税收优惠。

登记非营利组织必须满足如下条件：（1）申请方是政府机构以外的社区组织、宗教团体、满足《公司法》21 条的非营利公司、信托以及其他自愿成立的非政府组织之一；（2）提交符合条件的表格和章程。《非营利组织法》第十二条详细而具体的要求，重点在于规范非营利组织的内部运作，保障组织的非营利性，相当于国内的社会团体章程示范文本。南非社会发展部下属的非营利组织委员会（Directorate for Nonprofit Organizations）负责受理非营利组织登记申请，对于符合条件的组织，将通过签发登记证书、赋予登记证号的方式予以登记。非营利组织变更登记事项或修改章程需要向委员会提交申请，每年还需提交年度工作报告、财务报告和独立的会计主管报告。如非营利组织违法，委员会可书面通知其限期改正，对拒不改正的组织委员会可依法予以注销。

第四类是“公益组织”（Public Benefit Organization）。已登记的非营利组织可依据《所得税法》第 30 条向南非税务局免税处（Tax Exemption Unit of the South African Revenue Services）申请登记公益组织。公益组

织终止时，剩余财产必须转移到宗旨类似的公益组织或上缴国库。

成为公益组织要满足如下条件：

1. 申请的组织必须为“满足公司法 21 条的非营利公司”、慈善信托、志愿协会之一，且必须已获得非营利组织登记；

2. 宗旨必须是公益的，不得追求其他目标；

3. 必须从事非营利活动，成员、雇员或受托人不能从事满足自身经济利益的活动；

4. 无论从时间角度还是从费用角度衡量，公益组织 85%以上的活动的受益人必须为南非公民；境外活动可以由境外捐赠抵消，换言之，在衡量一个跨国活动的组织境内活动是否低于 85%的标准时，可以从该组织的境外活动费用中减去外国人的捐赠；

5. 不得接受附加条件的捐赠，不得为捐赠者（donor）或其他与捐赠者有关的人谋求便利；

6. 不得直接或间接地支持、倡导或者反对、抵制政党，但没有明文禁止议会游说活动；

7. 投资活动必须通过特定金融机构，投资特定范围的证券和股票；

8. 必须在由没有利害关系的三人以上组成的理事会的管理下运行，其中任何一人不得单独决定重要事项；

9. 必须满足如下三个条件之一：A. 组织的每项活动都属于法律规定的公益范围[①]，B. 组织的每项活动都是为了服务于穷人，C. 组织的收入中 85%以上来自国内捐赠、境外捐赠或政府部门财政支持。

满足这些条件的被登记为公益组织，一旦被发现不符合条件，就会被剥夺免税资格。权利和义务是对等的，法律对公益组织的限制最为苛刻，其享受的税收优惠也最为广泛，主要的减免税种包括：所得税（income tax）、捐赠所得税（donations tax）、资本收益税（capital gains tax）、房产税（estate duty）、印花税（stamp duty），用于公益事业的转让税（transfer duty）。

2007 年 4 月新修订的税法减少了对公益组织的部分优惠。公益组织的收入被分成两部分，收入中用于为公共利益服务的部分继续免税。收入中

① 目前有 9 类 67 项活动属于公益范围：福利和人权、卫生保健、土地和房屋提供、教育和发展、宗教信仰和哲学、文化、环保和动物保护、研究和消费者权利、体育运动、为其他公益组织提供资金、设施支持、为其他公益组织提供服务支持，以及举办特定的国际活动。社会发展部部长可以调整公益活动的具体范围。

用于投资、交易等经营的部分需要单独作会计报表，投资收入减去5万兰特或投资收入的5%中较大的一个，剩下部分要缴纳29%的税。

公益组织在满足一定条件的情况下可以申请成为享受捐赠方优惠的公益组织（Public Benefit Organizations with Donor－Deductible Status）。这里需要解释一下，捐赠涉及两方，一方是接受者，这里是公益组织；一方是捐赠给予者，一般是企业或个人。税收优惠也分为针对接受方的减免税和针对给予者的减免税。享受捐赠方优惠的公益组织除了可获得普通公益组织的税收优惠外，向其捐赠的企业和个人也可减免部分捐赠税。当然，企业和个人要获得这部分免税必须有公益组织开具的收据，且减免的税款不得超过其应纳税额的5%。

第五类是在南非活动的为数众多的外国非政府组织。1994年以前，许多南非国内反对种族隔离制度的社会组织接受过境外援助，国际支持对南非废除种族隔离制度起到了积极作用。目前，南非国内的种族和解问题、贫富分化问题、艾滋病问题等社会问题仍然比较突出，继续吸引着大量国外NGO到南非开展活动。南非政府对外国NGO采取了较为开放宽松的政策。外国NGO在南非的分支或代表机构可以依据1973年《公司法》登记为满足公司法21条的非营利公司，前提是外国NGO必须在母国经过登记。南非法律不限制外国人或外国机构作为南非国内社会组织的会员（members）、赞助者（promoters）、理事（directors）或受托人（trustees）。目前，外国资金仍然是许多南非社会组织的重要收入来源。

三、南非社会组织的作用

南非的社会组织发展时间较长，社会福利服务型社会组织实力雄厚，在公共服务领域具有不可替代的作用；大量非政府组织在废除种族隔离制度方面发挥了积极作用。1994年以来，新南非宽松的法律环境和优惠的扶持政策为社会组织创造了良好的发展环境。多数社会组织从事社区发展、社会福利、扶贫济困、权益维护、住房提供、环境保护、艾滋病人群关怀等公益事业。不少社会组织实力雄厚，在各自的专业领域很有发言权，甚至可以影响政府决策。如“治疗艾滋病行动”（TAC），通过调查研究、网络宣传、游行示威、国际声援，甚至诉诸法律等手段，迫使政府在艾滋病问题上接受其主张。整体而言，南非的社会组织数量较多，影响力强，在经济、政治、文化、社会等领域发挥着重要作用。

从南非政府角度看，社会组织既是参与社会改革与重建，推进经济社会发展不可或缺的合作伙伴，又是监督政府行政行为，影响政府公共政策的有影响力的批评者。南非政府认识到社会组织的巨大潜力，积极建立与社会组织合作共赢的伙伴框架体系。从实践效果看，南非政府在引导社会组织推动社会改革和经济发展方面，取得了较好的效果。

四、对中国的启示

下面我们先用统计数据，对南非和中国的社会组织发展情况作简单比较，情况如下：2006 年中国登记的社会组织为 35.4 万个，平均每万人拥有社会组织 2.7 个（南非为 31.6 个）。社会组织就业人口 425 万[①]，约占人口总量的 0.3%（南非为 1.47%），约占城镇人口的 0.76%。社会组织年度支出约 450 亿元[②]，约占国内生产总值的 0.243%（南非为 1.2%）。从上面所列的数据看，中国的社会组织的发展还处于初级阶段。可以从两方面认识这一差距，一方面，南非的人均 GDP（约 5380 美元）远远高于中国（约 2010 美元），两国处于社会发展的不同阶段，且中国的社会组织刚刚开始发育，故各项指标与南非相比较低。另一方面，也说明我国的社会组织还有广阔的成长空间，培育社会组织任重道远。

考察南非的社会组织情况，可以得到一些启示：

启示一：要重视社会组织的培育和发展。发达国家的社会组织普遍实力雄厚，与政府部门和营利部门鼎足而立，形成稳定的三元社会结构，是这些国家经济发展、社会稳定、人民安居乐业的重要基础。要推进经济社会发展，建设和谐社会，必须注重发展社会组织。

启示二：要正确引导社会组织。南非政府通过吸收社会组织参与公共政策制定，依靠社会组织动员民众参与社会改革，取得了良好成效。在我国发展的战略机遇期，社会问题比较突出，利益群体开始浮现。社会团体作为人的集合，代表着不同群体的利益，既可以作为党领导下公民有序政治参与的重要渠道，又可能过分利益群体化。要充分认识社会组织的特点，趋利避害，发挥其矛盾缓冲器、利益调节器、社会稳定器的作用，引导其成为党和政府与人民群众之间的桥梁和纽带。

启示三：要给予社会组织一定的优惠政策，发挥社会组织提供公共服务的积极作用。南非政府通过税收减免、政府购买服务等方式，委托社会

① 425 万为民政统计年鉴 2006 年度统计数据，但许多省市未能完全统计填报该项目，故实际在社会组织就业的人数应高出许多。

② 450 亿元为民政统计年鉴 2006 年度统计数据，但由于很多省市未统计该项目，估计中国社会组织年度支出规模应高出许多。

组织提供各项公共服务，取得了良好成效。当前，我国经济社会发展不平衡，社会服务需求与供给矛盾较突出，可以借鉴南非的经验，通过税收优惠、政府购买服务等方式，培育公共服务类社会组织，发挥其在公共服务供给方面的积极作用。

美国非营利组织考察报告

李　勇

一、美国非营利组织基本状况

（一）概念及类别

在美国，通常把社会上所有的单位、部门划分为三类：一是政府或政府系统的部门，二是如公司、企业等的营利部门，三是非营利部门。非营利组织（Non－Profitable Organization，缩写为 NPO），概括地说，就是指那些不以营利为目的的社会组织。

事实上，非营利组织的同类名称多种多样，人们也常常使用另外一些称谓，如非政府组织（Non-governmental Organization，缩写为 NGO）、公民社会组织（Civil Society Organization，缩写为 CSO）、第三部门（the Third Sector）、志愿组织（Voluntary Organization）和公益组织（Public Service Organization）等等。

这类组织之所以有这么多不同的名称，是因为强调的重点的不一样，归纳起来，主要有四个方面，一是提供公共财富/服务；二是非营利或非牟利；三是志愿；四是价值观或理想驱动。所以很难有通用的定义。

目前，非营利组织和非政府组织的名称被大量使用。如果从大处看，这二者名称没有太大的区别。

联合国关于非政府组织的定义：非政府组织是在地方、国家或国际级别上组织起来的非营利性的、自愿公民组织。非政府组织面向任务、由兴趣相同人们推动，它们提供各种各样的服务和发挥人道主义作用，向政府反映公民关心的问题、监督政策和鼓励在社区水平上的政治参与。它们提供分析和专门知识，充当早期预警机制，帮助监督和执行国际协议。有些非政府组织是围绕诸如人权、环境或健康等具体问题，组织起来的。它们与联合国系统各办事处和机构的关系会因其目标、地点和任务不同而有所差异。1949 年将 NGO 写进联合国宪章。

世界银行关于非营利组织的定义：包括非营利性组织和正式或非正式的特殊利益团体，旨在改善其所代表群体的生活状况。世界银行认为政策设计机构，工会，媒体，非政府组织，基层协会，社区组织，宗教团体以及其他各种类型具有积极影响力的参与者均构成公民社会。目前世界银行正在推动非营利组织的国家统计，我有幸正在参与这项工作。

可见称非政府组织，更多情况下是强调与政府的关系。在联合国，在美国、德国、日本等国，人们一般习惯于把从事全球活动的组织称为非政府组织。世界银行较多使用非营利组织概念，大体定义在家庭市场和国家之间的一个空间，特别是在经济社会发展层面上，大多使用非营利组织概念。

人们之所以使用多种不同的称谓，一方面是这类组织作用不同，而人们的出发点也不同，强调的是不同的侧重点；另一方面也反映出这类组织的复杂形态。或许在今后很长的时间里，定义统一的名称非常困难，可能也无需统一。

在美国很难查找到关于非营利组织一致的定义。美国霍普金斯大学非营利组织比较研究中心主任萨拉门（Salamon）教授从理论上阐述了非营利组织的特性，比较被业界承认。他认为，非营利组织应当具备以下几个基本特性，即：组织性、自愿性、自治性、非政府、非营利、非政治。但在实际操作中，非营利组织是指根据美国税法 501（C）（3）规定的条件建立和运营的法人社团和基金会等组织。必须满足六个方面的要求：以非营利为目的，具有 501（C）（3）项下列举的一项或多项目的；成立完全出于非营利目的；经营主要为达到规定的非营利目的；不得为个人谋取利益；不得参与竞选，即不支持或反对任何公共职位候选人；不得参与实质性游说活动，即不对立法进行实质性的支持或反对。非营利组织，它们不能从事任何政治活动，而且净收益不能分配给股东或个人。当社会公众向这类组织捐赠时，其捐赠物是可以减税的。因此在美国，法律对非营利组织的认可远比理论对组织的定义更为重要。

美国的非营利组织主要包括各类学术研究机构、教育培训机构、医疗保健机构、专业协会、教会、工会、商会、体育组织、文化娱乐组织、青年组织、老年公民组织、志愿组织、民间基金会、公益性团体、慈善机构等。哈佛大学、普林斯顿大学、美国红十字会、洛克菲勒基金会、大都会艺术博物馆、纽约交响乐团、全球救助合作社、环境保护基金、美国商会等，都是比较典型的非营利组积。

依据不同的服务对象，美国的非营利组织大体地分为两大类：公益性组织和互益性（会员性）组织。

公益性组织主要是提供公共服务，对象是社会公众。其又可分为专门以资金支持服务组织的资金组织和直接从事公共福利工作的服务组织两类。资金组织的功能是筹措、管理或向其他非营利组织提供资金。通常有基金会（founda-tions）、联合筹款组织（federated founders）和专业筹款人或机构（professional fundraisers）三种形式。服务组织是直接提供社会服务，包括提供医疗、教育、托儿、领养、社区、文化、音乐、戏剧、就业培训、个人和家庭危机咨询等服务的组织，还包括研究机构、推动某项事业的推促组织、以社区为依托的组织以及以海外救援和促进第三世界发展为宗旨的组织。

互益性（会员性）组织主要指人们维护共同利益或追求共同兴趣，为其成员提供服务的组织，主要包括以下四类：（1）互助合作组织，如法律援助团体、教师退休基金、互助保险公司、信用合作社等；（2）社交联谊组织，如房主协会、俱乐部、退伍军人协会等；（3）业主及专业组织，如律师协会、贸易协会、商会、工会、美国银行家协会等；（4）其他类组织，如政党、所有权凭证管理公司等。通常情况下，美国人并没有把会员性组织算在非营利组织的范围内，但会员性组织对于促进互助关系的发展有着重要意义。

在结构方式上，美国非营利组织大体可分为两个层次：直接从事公共福利工作的服务机构和专门以资金支持服务机构的赠款机构。赠款机构提供服务机构所需要的资金，服务机构实现赠款机构所要求的目标。两大类组织互为市场，相辅相成，相互推动，共同发展。

（二）数量和规模

美国的非营利机构，数量庞大，从业人员众多，涵盖了社会生活的各个方面。据锡拉丘兹大学马克斯维尔公民与公共事务学院官员培训部助理主任力士先生（Steve Lux）介绍，美国拥有世界上规模最大的非营利组织。目前美国的非营利组织达 120 多万个，其中教会组织 35 万个，合乎联邦税法 501（C）（3）条款的慈善机构 70 万个，在 501（C）的其他条款下的非营利机构 54 万个。加上不需要登记注册的各类组织，如宗教团体等，美国非营利组织可能超过 200 万个。美国非营利组织的活动经费每年大约为 6000 亿美元，占全世界所有非营利活动经费的 1/2（1.3 万亿美元/年），而机构开支不到 1/4＞＄25000，大部分经费用于社会福利和事业发展。

美国非营利组织覆盖面非常广泛：文化、艺术、娱乐、教育、研究、卫生、医院、托老院、托儿所以及其他卫生机构；社会服务，残疾人救济、难民救济、环境保护和动物保护；经济、社会和社区发展；住宅、就业和就业培训；公民倡导组织；法律服务、慈善、宗教组织、专业或行业组织，等等。另外美国还有84800个行业协会。美国非营利组织大部分规模很小，数量最多的是教育，规模最大、雇员最多的是医院等健康类组织，很多人依赖这个行业生存。据统计，美国非营利组织机构中有1100万个有偿专职工作人员、5700万个志愿者。平时参与服务与奉献的志愿者超过8000万人。号称拥有全世界非营利组织参加者人数的45%。

美国非营利组织在文化教育、医疗卫生、妇女与儿童权益保护、老年人服务、消除贫困、就业、移民、环保、预防犯罪、社区改造、帮助少数族裔等许多方面，发挥着十分重要的作用，是政府机构和其他组织无法替代的。非营利机构已是美国社会经济结构中不可缺少的一个重要组成部分，每个人的日常生活几乎处处离不开非营利组织。

1946年美国有20万个非营利组织。1974年，已经达到110万个。从1974年到1984年10年间，美国非营利组织的总增长率为4.5%，而从1985年到1990年，6年内总增长率高达16.6%。1994年年底，全美非营利组织机构年收入总额达6950亿美元（不包括宗教组织），占国民收入总额的11%左右，总资产高达1.9万亿美元。值得注意的是，美国传统非营利机构是教会组织，但30多年来，美国非营利组织的结构发生了很大的变化，即非教会的非营利组织迅速增加，从事公共服务的非营利组织在增加，为美国人民提供社会福利服务。美国著名管理学专家彼得·德鲁克（Peter F. Drucker）统计（1994），20世纪90年代中期，美国非营利组织绝大多数是社区服务性组织，这些组织大约70%是最近30年成立的。他还指出："根据最可靠的统计数字，现在有9000万美国人——每两个成人中就有一个——是在非营利组织工作的'志愿者'，他们平均每周工作3个小时；非营利组织已成为美国的最大'雇主'。"于是，彼得·德鲁克认为，美国的非营利组织从其功能和贡献来看已经发展成为社会的"第三部门"，是一种将要占主导地位的社会形式。前美国总统布什也曾说过，非营利组织的重要性宛如"点亮了千盏灯光"。

正因为美国非营利组织的迅速发展，萨拉门（Salamon）教授在其《外交事务》一书中称："非营利部门的出现——或在世界范围内发生的组成协会的革命——对于20世纪后期的意义可能与19世纪后期单一民族国家的出现同等重要。"这一观点引起了世界很多学者的思考。

美国非营利组织的数量

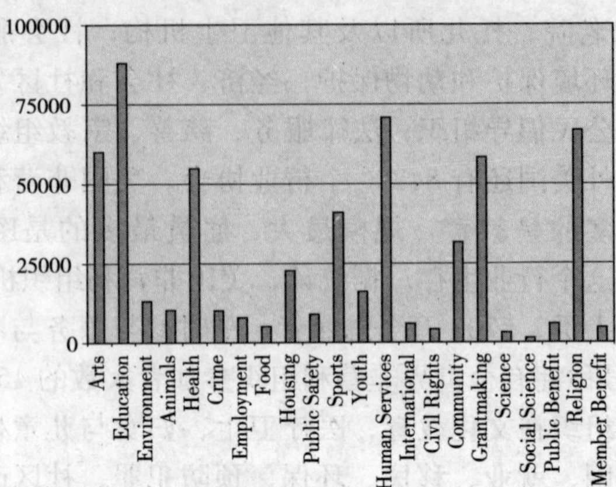

Source: IRS 990 data, 2003

NGO Employment in Comparison
(NGO雇员比较)

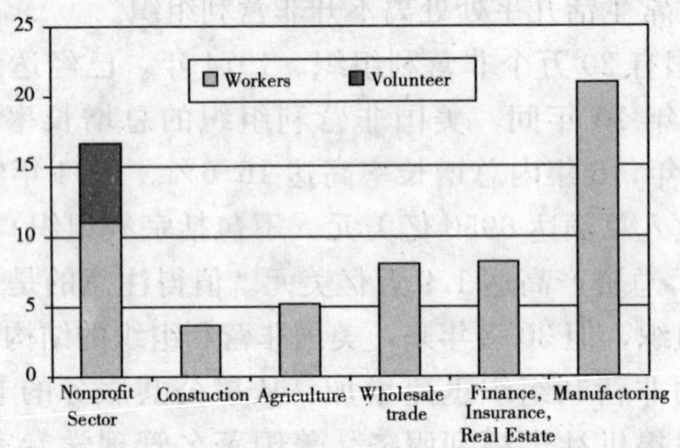

Size of the Nonprofit Workforce
非营利组织人员的规模

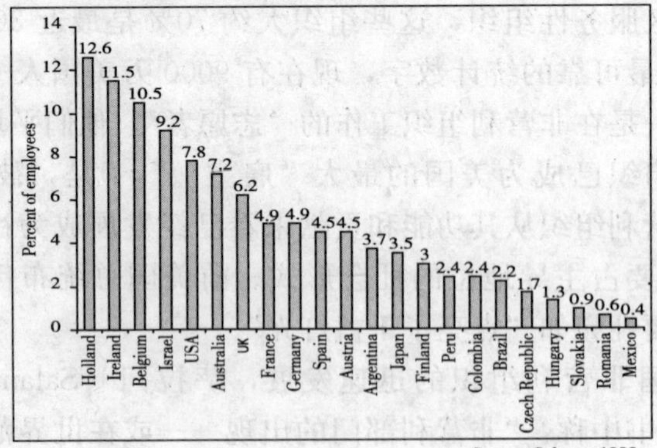

Source: Salamon1999

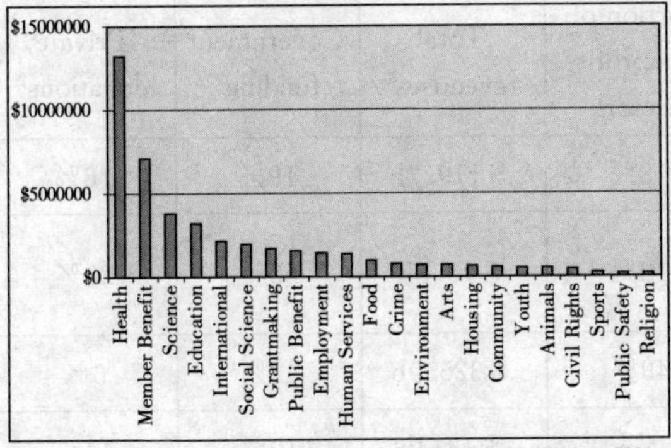
Size of Organizations组织规模
Average revenues
$15000000
$10000000
$5000000
$0
Health
Member Benefit
Science
Education
International
Social Science
Grantmaking
Public Benefit
Employment
Human Services
Food
Crime
Environment
Arts
Housing
Community
Youth
Animals
Civil Rights
Sports
Public Safety
Religion
Source: IRS 990 data, 2003

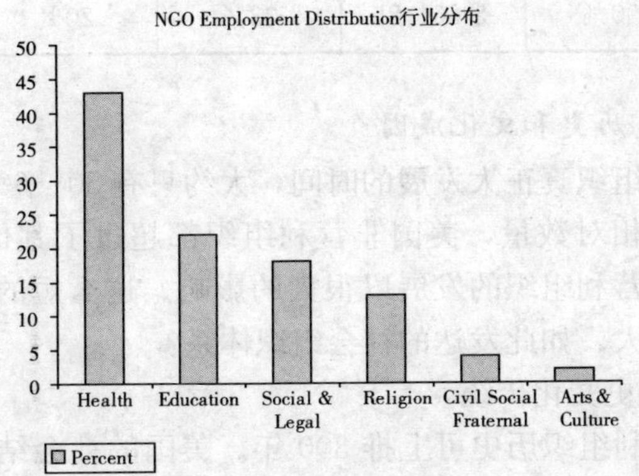
NGO Employment Distribution行业分布
50
45
40
35
30
25
20
15
10
5
0
Health
Education
Social & Legal
Religion
Civil Social Fraternal
Arts & Culture
Percent

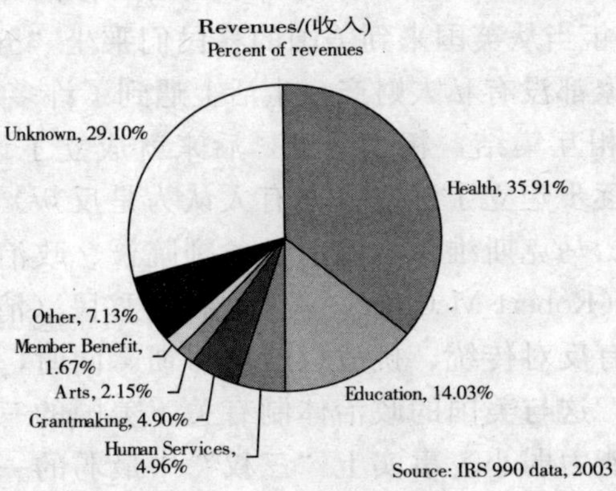
Revenues/(收入)
Percent of revenues
Unknown, 29.10%
Health, 35.91%
Other, 7.13%
Member Benefit, 1.67%
Arts, 2.15%
Grantmaking, 4.90%
Human Services, 4.96%
Education, 14.03%
Source: IRS 990 data, 2003

Sources of Revenues 收入来源

Subsector	Portion of nonprofit sector[1]	Total revenuses[1]	Government funding[2]	Private donations[2]	Earned income[2]
Education	18%	$ 119.7b	19%	16%	65%
Social welfare	12%	$ 79.8b	52%	20%	28%
Health	49%	$ 325.9b	42%	6%	52%
Arts	2%	$ 13.3b	10%	44%	46%
Religion[3]	12%	$ 79.8b	0%	84%	16%
Total	100%	$ 664.8b	33%	20%	47%

（三）社会、历史和文化成因

美国非营利组织真正大发展的时间，大约只有50—60年。如今，不管是绝对数量还是相对数量，美国非营利组织都超过了其他任何一个国家，并且给全世界非营利组织的发展以很大的影响。这么短的时间里，为什么会产生出如此庞大、如此发达的社会组织体系？

1. 独特的历史文化传统

美国的非营利组织历史可上推300年。美国的社会结构中从来就有非营利组织的地位，只是各个时期发展快慢不同而已。

美国是一个移民国家。有学者指出，美国的移民史就是非营利组织的发展史。1620年当从英国来到美国的移民们乘坐“五月花”号船来到北美大陆时，大家都没有私人财产，生活上遇到了许多难以想象的困难。于是大家自发地相互集结，相互帮助，后来就成立了许多非营利组织。长此以往，市民逐步建立了独立（亦有人认为是反叛）的性格，对政府的依赖程度较小。马克斯维尔学院前常务副院长、政治学及公共事务教授麦克鲁尔博士（Robert McClure）认为，由于移民（清教徒）等的历史因素，美国人素有反对传统、挑战权威的习惯。同时，马克斯维尔学院的许多学者认为，这与美国的政治体制有关。美国的三权分立，必然导致政府的规模与能力弱小。事实上“三权”中最弱的一极是政府。政府根本没有能力亲历提供公共服务，这就给非营利组织的发展提供了广阔的空间。又由于美国人常常认为政府“靠不住”，所以大家喜欢结社，自我管理，自由行事。

美国的前期可称“政府前组织”，也就是政府成立前的组织。早期的非营利组织主要由传统的慈善组织所构成，在后来的发展进程中，它的结构、形态越来越复杂，经费来源日益多样化。

20世纪60年代末，美国非营利组织表现出对公共政策的影响日益明显。20世纪80年代以来，非营利组织更致力于各种社会问题的解决，它们积极参加社区建设、地方自治、公共政策的制定和执行等公共管理过程。这样，非营利组织就逐渐具有了积极参与政策过程的基本功能。

虽然美国非营利组织与政府的关系有多种多样，有的是和政府密切合作，有的则是为了反抗政府而成立，但绝大部分的非营利组织都是为了要提升社会服务的品质，同时提升政府的能力，希望政府更接近人民、提供更好的生活。

2. 宗教道德精神的广泛认同

多数学者认为，非营利组织的起源之一是宗教。美国是世界上最信仰宗教的国家，有着一个共同宗教背景和价值观的文化大熔炉，不管你来自什么样的文化背景，都会融入这个以基督教为主流价值的社会。如今95%以上的美国人相信上帝，83%以上的美国人自称是基督徒。麦克鲁尔博士介绍说，谁也不知道美国究竟有多少教堂，数也数不清。一项调查表明，54%的人表示信仰基督教应当被认为是美国人的标志之一。美国非营利组织的盛行与发达，与公众对宗教道德精神的广泛认同有很大关系。宗教道德精神是一种经过历史积淀的行为规范，具有很强的导向性和约束力。基督教的爱心与献身精神是维系美国社会道德传统，保证社会稳定的重要基石。基督教经典强调奉献的精神和谦卑的态度。许多人美国人遵从基督教的道德原则，把从事公益事业看做是对基督教道德原则的实践，是一种极大的精神满足和快乐。美国的许多私立学校和医院是由教会创办的。一方面，教徒受宗教信仰的影响，捐款资助非营利组织，而另一方面，宗教团体也通过非营利活动吸引更多教徒，不仅扩大教会影响，也聚集更多资金。在美国的非营利组织中，宗教性的慈善服务组织、社区互助和公益服务组织、各种慈善救济基金会、联合劝募组织等，是影响大且很有特色的非营利组织。据统计，有75%的家庭有个人捐款，捐款额是收入的2%。每个家庭平均每年捐献1000美元。近几年全美慈善捐款中，有90%多的份额都来自个人而不是企业或基金会的捐款。如印尼海啸，美国公民个人的捐款超10亿美元，政府才捐赠3亿美元。与此同时，参加志愿者行动的人数也在增加，将近50%的美国成年人志愿捐献他们的业余时间。素不相识的志愿者为了同一个目标走到一起，他们奉献的的确不只是时间，而是共同的价值观。

3. 志愿者的广泛投入

美国非营利组织在很大程度上是在志愿者的推动下进行运作的。根据美国独立部门2001年的一项研究，年收入超过75000美元的受访者中担任志愿者的比例为61%。美国1994年的盖洛普民意调查中包括了有关志愿者的调查，该报告反映1993年美国志愿者情况如下：全国共有志愿者8920万人，占成年人（18岁以上）总数的48%。其中各年龄段中志愿者占同龄人口的比例为：男性志愿者占男性人口的44%，女性志愿者占女性人口的51%；志愿者人均每周工作4.2小时，每年218.4小时，全年志愿者服务时间相当于88.39亿个工作日；志愿服务一年产生劳动价值1832亿美元。调查还发现，在此前的10年中，以上数据没有大的起落，表明志愿者参与是美国文化的一个重要而稳定的部分。

有学者指出，美国就是一个志愿者的国度。看上去似乎很松散的美国社会，正是靠着志愿者们的奉献体现出了巨大的凝聚力。志愿者精神是美国文化的重要组成部分。美国社会当然有人情冷漠的一面，但许多志愿者超越了资本主义赤裸裸的金钱关系，塑造了一种新型的文化和生活模式。美国社会活动家约翰·加德纳说：美国社会几乎所有的重大突破都根植于志愿事业。如果志愿者和志愿组织从国民生活中消失，美国人的特征就不那么明显了。这一事业增强美国人的创造力，激活社区，培养个人责任感，激励社会基层的生活。志愿事业的活力源自良好的土壤——公民的自豪感、同情心、慈善传统、强烈的解决问题的欲望、个人责任感，以及对齐心协力改进生活——这一伟大的共同任务无法抑制的责任。

4. 较为宽松的发展环境

美国政府对非营利组织的管理较为宽松，少有成文法律对其成立、组织形态、功能、运行等进行明确而具体的规范。根据联邦税法501（C）3，在宗教、慈善、教育、科学、公共安全实验、文学、促进业余体育竞争或防止虐待儿童或动物等七个方面，从事非营利性、非政治性活动的组织可以申请成为慈善组织，获得税收优惠。除此以外，并没有一部专门的法律来统一规定非营利组织的活动，多种多样的志愿活动已经渗透在整个社会的运作机制之中。

政府日常管理主要有两方面：一是税务部门的常规性财务审计；二是对参与政治（主要指影响议会立法和政治选举）的经费的监管。

美国在税收方面对民间捐赠和建立慈善基金的激励和支持较高。在美国，民间慈善捐赠可通过比较简便的个人申报确认手续，来获得个人所得税的减免，而且几乎没有什么限制。

美国非营利组织资金的来源主要得益于政府的免税政策，捐赠者和受赠者都可享受免税政策，非营利组织除每年向政府递交一份免税申请表外，不用交任何税费。

值得关注的是，美国政府在2002年启动了“发展社会企业”的国家战略，探索通过发展行业协会、基金组织、慈善组织、自愿组织、社会发展公司等多种模式的社会企业，创造更加宽松的社会环境，吸引更多国际智力和资本，进而实现发展目标。这项战略的提出，是美国在经济社会高度发展阶段的又一轮创新。

5. 政府有力的支持和推动

(1) 免税。美国税法第501款概括了符合免税条件的组织类型，其中列出属于免税范围的非营利组织的类别有25种以上。几乎所有的非营利组织都免收国家和地方的财产税、营业税。同时，对于向非营利组织捐助的公司，如其捐助款不超过总收入的3%，亦免除各项税收。

(2) 资金支持。从全世界非营利组织发展的历史看，政府资金支持是支撑非营利组织发展最为关键的环节。如果没有政府资金的支持，世界上许多非营利组织将破产。美国20世纪60年代以前，绝大多数非营利组织依赖服务收费、捐赠，有时依赖政府提供的公共服务基金。那个时期美国政府基金占非营利机构总收入的比重相对较小，并且政府没有提供特定单项服务的功能。

美国政府对非营利服务组织的支持在过去的20年中发生了根本性的变化，这也是导致非营利组织迅猛发展的重要原因。如今联邦政府社会服务方面的经费，50%以上投向非营利组织。全美非营利组织的全年总收入约占30%的款项属政府择优资助的拨款。投放的主要进行方式是购买服务，非营利组织通过投标，与政府签订合同，从政府那里得到公共服务项目，种类包括日托、抚养、对儿童的保护性服务，针对精神病患者、日益丧失生活能力者的社区服务，庇护、咨询、就业培训、保护受虐待妇女及受歧视儿童等社会服务项目。

实际上在美国，政府购买服务是势在必行。马克斯维尔学院公共行政管理系教授施罗德博士（ Larry Shroeder）为我们提供了一组如下数字：

美国地方政府在服务中的角色

服务项目	政府经费支出比例	服务项目	政府经费支出比例
1. 消防	100%	2. 小学和中学	99.11%
3. 图书馆	95.33%	4. 其他交通	87.8%
5. 警察	84.89%	6. 医院	57.13%
7. 道路与高速公路	54.8%	8. 卫生	46.71%
9. 高等教育	16.14%	10. 公共福利	14.86%

2001－2002 年度，美国州和市县镇政府总支出为 17352 亿美元。2004 年美国联邦政府公共服务总支出为 22922 亿美元。按照美国联邦及地方政府的机构设置，政府拿钱自己举办如此繁重的社会服务项目，是根本完成不了的。比如，在小学和中学教育中，政府要承担 99.11%的经费，国家要亲自举办小学和中学，其情形是不能想象的。施罗德博士同时还指出，政府包办得越多负担就越重，吃力不讨好，“聪明”的政府应当交给民间，政府起督导的作用。同时，我们还可以从这个图表中看出，在医院、卫生、公共福利、高等教育的领域，美国地方政府大约只出了一半的经费，有的还不到 20%，剩下的那部分经费，就靠非营利组织充分发挥自身的能动作用了，比如可以优质服务收费、经营、收取会费等等。非营利组织减轻政府负担、服务社会，可见一斑。

（3）交给职能。美国的非营利组织经常受邀参加政府的工作。我们到美国联邦政府问责办公室（GAO）访问，该机构国际事务与贸易部助理主任考尔斯先生（MAdam Cowles）向我们介绍，他们经常与中介机构（行业协会、律师协会）等职业化非营利组织合作，请他们参与政府有关工作，一起来监督政府部门。这里再举一个例子。美国 GDP 的一半由小企业创造，一半的工人也在小企业工作。美国的小企业平均寿命 4 年，每年有 50 万个破产。为了保护小企业的利益，美国联邦成立了联邦小企业署倡导办公室。鉴于银行不愿意给小企业贷款，于是联邦小企业署倡导办公室负责给小企业提供贷款并且提供担保。方法是联邦小企业署倡导办公室选择有 2 年小额贷款经验的行业协会、商会等非营利组织作为合作伙伴，然后由这些被选中的非营利组织向小企业贷款，同时还要求这些非营利组织给小企业进行技术培训，使贷款者逐步成为有能力的企业。通过贷款项目，许多行业协会、商会等非营利组织有了工作的舞台，发挥了应有的作用，自身也得到发展。

6. 高素质的非营利组织管理者

没有高素质的管理者，就没有高素质的非营利组织。美国非营利组织的管理者具有较高的素质。美国有很多大学开设非营利组织的课程，也有很多培训机构对非营利组织的领导者进行业务培训。各类咨询机构、评估机构、行业组织遍布各地，对非营利组织的能力建设水平的提高起到很好的作用。美国非营利组织之所以这样发达，很重要一点是拥有一支庞大的职业群体。很多组织的创始人、董事、管理人员和委员会成员，大多数是前参议院议员、前众议院议员、退休的联邦政府官员、大学教授、公司经理、社会活动家、律师及其他方面的专家。一般来说，他们知识层次高，社会阅历广，有丰富的经验，具有为社会奉献的精神，故其能对组织进行合法、高效的管理，使非营利组织能够以最少的成本提供最多的服务。难能可贵的是，非营利组织的 CEO 大部分年收入只有 5 万—10 万美元，有的比营利组织的 CEO 收入少 20 倍，但很多人坚持以服务社会为使命，不为金钱所动。在考察中我还了解到，在经历了半个世纪的大发展后，最近几年美国非营利组织的数量不再大幅度增加，人们更加看中非营利组织的发展品质，更加重视非营利组织的能力建设。许多美国人不再自己盲目举办非营利组织，而是将自己的钱捐赠给专业化程度高的非营利组织，因为这些机构有高素质的管理人才。股神巴菲特将自己的全部资产捐给比尔·盖茨基金会，就是一例。很重要一点，巴菲特看中了比尔·盖茨基金会卓越的团队。

（四）主要的核心价值理念

在美国非营利组织发展过程中，人们的价值观念也起到重要的作用。这是深入了解美国非营利组织生存与发展的一面镜子。

1. 慈善意识和志愿精神

西方文化中的志愿道德，主要是与己无直接关联的他人的利他贡献，是普世主义和抽象的博爱原则。是在“众生平等”的底线原则上给人的生命的一种关怀，它超越了由血缘形成的亲属关系和由实质价值形成的善恶分际，其核心理念是普遍的人文关怀和人道主义，而寻求和实现生命意义的内在必然性，则是点燃志愿精神的不竭的能源。志愿行为的维系和坚持，在于在志愿工作中人的生命价值得到充分肯定：帮助别人，被人尊重、相互激励、愉悦生命。

非营利组织，特别是其中从事慈善事业的基金会这种公益组织形式，源于西方，它们同基督教的“感恩”、“回馈”社会的观念有密切关系。美国人从小受的教育，就有这种感恩的观念和回馈社会的思想。因此，差不多全体美国人都会主动拿出一部分时间来做义工、做志愿者。20世纪美国工业巨头安德鲁·卡内基在1889年发表的《财富的福音》一书中说，“拥巨富而死者以耻辱终”，只有将自己的剩余财富用于造福社会公众的事业，才是最为明智的安排。在美国，个人捐赠几乎已经深入每个家庭。比尔·盖茨的慈善巨献，据他自己说是来自父亲的感恩教育。所以，现代慈善意识深入人心，是促进美国非营利组织持续稳定发展的重要原因。

2. 伙伴关系理念

总体上看，近十几年来美国政府与非营利组织的关系更为密切，表现出理性互动的趋向。一般而言，国家、政府与非营利组织（或公民社会）的关系大致有三种类型：自由主义主张公民社会制约国家与政府；激进主义主张公民社会对抗国家与政府；而晚近较为理性的观点则主张公民社会与国家、政府合作互补、共生共强，成为政府处理社会问题的伙伴。这种互动主要表现为政府对非营利组织资金的支持，而非营利组织则在开展发展、救济等活动时，自觉不自觉地体现、贯彻本国的观念、价值，从而客观上扩大着本国的影响。美国使非营利组织成为其处理社会问题的伙伴，或者至少使之向这方面发展。非营利组织可以去填补由市场与政府遗留下来的空白地带，使整个社会的多样化需求得到有效的满足，多元性的文化得到保留和发展。

1989年世界银行的研究报告中出现了“治理”一词。罗茨认为，“治理”意味着“统治的含义有了变化，意味着一种新的统治过程，意味着有序统治的条件已经不同于以前，或是以新的方法来统治社会。”在此基础上，“善治”（good governance）理论悄然兴起。“善治”指的是“使公共利益最大化的社会公共管理过程。‘善治’的本质就在于它是政府与公民对公共生活的合作管理，是政治国家与公民社会的一种新颖关系，是两者的最佳状态”。（俞可平）其实，“善治”理论就是强调政府与公民社会的合作伙伴关系。如今在美国，“善治”理论和实践已成为政府善治体系中极为重要的内容，已成功地在教育、减少和制止犯罪、医疗保健等非营利组织领域发挥作用。

3.“第三次分配”理念

第三次分配，即通过社会按照志愿性原则进行公益捐赠。通常认为，在实行市场经济的社会里，分配社会财富的层次是：第一次分配讲效率，它是通过市场，按照竞争性原则来进行的，结果就会出现贫富差距，乃至贫富差距的不断拉大。于是，就得进行寻求公平的第二次分配，它通过政府，按强制性原则，以税收和社会政策调节来缩小贫富差距。但在事实上，为了使社会资源分配趋于公平，仅有这两次分配还是不够的，还得进行第三次分配，即通过社会按照志愿性原则进行公益捐赠，实行“富帮穷”。美国慈善事业起步较早，并且发展迅速，虽然贫富差距也相当大，但富裕阶层每年通过各类基金会作出的慈善捐助就高达6000多亿美元，占到了美国GDP的10%左右。美国的慈善捐助大多集中在三个方面：教育、政治和扶贫济困。到过美国的人不难发现，美国的许多大学都是慈善家捐建的，校内的许多建筑物上，标示着捐赠者的名字。美国的大、中学生从学生时代就享用着捐助的校舍、课堂，从小耳濡目染慈善家们的善行、善举，慈善的种子深深植根于他们的脑海，良性循环下，涌现出越来越多的慈善家。为了实施第三次分配，制度设计也非常重要，从税收的角度来看，慈善捐赠可以免税。此外遗产税高达50%，所以很多富豪宁愿把财产捐献给公益事业，不仅体现了爱心，同时，也是合理避税的一个途径。

4.公民民主参与理念

马克斯维尔学院的力士先生指出，非营利组织奠定了美国民主的基础。由于非营利组织积极的社会参与，使人们在社会生活方面更加积极。行业协会、商会制定生产和流通标准，就是一个例子。非营利组织参加政策的制定，可以提高社会应对多样性声音的质量，还可以使政府利用非营利组织的特殊见识和能力。因为，政府的能力是有限的，不可能百分之百的正确，并且满足市民的社会需要，更加无法在社会的所有领域都施加绝对的权力。同时，非营利组织深入在社会生活之中，对社会问题感受深切，并且可以通过非营利组织保持与不同的社会集团（其中包括可能被排除在公共事物之外的许多集团）保持着广泛联系。从政治学的角度看，非营利组织通过游说可以促进经济发展。长期以来，非营利组织被认为是对美国民主作出最大贡献之一的社会组织。

5.自我存在理念

美国的自由理念是美国价值观及政治观的核心部分。美国独立战争使美国制定了第一套根基于自由政府概念上的宪法，尤其规定了政府应该在人民的支持下进行管理。在社会许多领域都漫溢着自由派的理论，如自由言论、自由结社等，主张以法律保护个人的尊严和自治权，也都主张个人的自由行动能够达成最完美的社会。有人认为，包括自愿者和社团协会等形式，使得美国社会生活充满活力，也使得美国的民族主义充满生命力和诱惑力。自由已经成为美国的主要意识形态。法国哲学家亚历克西斯·德托奎威尔（Alexis de Tocqueville）在19世纪早期就对美国人"爱结社"的行为表现感到惊异，称"美国人更愿意依靠他们自己，而不是政府，来解决社会的问题"。

二、美国非营利组织的作用

非营利组织在美国已经与政府、企业渐成三足鼎立之势。非营利组织遍布美国的东西南北，渗入社会生活的方方面面。不管是在家庭生活中，还是在工作中，没有可以完全不与非营利组织打交道的。力士先生给我们介绍美国非营利组织的作用时，曾从在哪里？（Where do we find NGOs?）——有什么类型？（What types of things are they doing?）——如何运作？（How do they operate?）——运作到什么程度？（On what Scale?）四个方面来描述。归纳起来，主要有以下几个方面：

（一）提供了广泛的社会服务

美国的非营利组织极大地缓解政府的服务压力。私立学校、托儿所、无家可归者的收容所以及其他一些服务是政府必须提供的。如果光靠政府开办这类服务机构和设施，是很难满足居民大量需求的。美国政府通过免税、与非营利组织签订合同购买服务以及向非营利组织开办社区服务项目提供资金支持，可以在不增加人力物力的情况下，更好、更快地满足人们日益增长的需求。

相比其他西方发达国家，美国政府在为其国民提供福利方面发挥的作用十分有限，不少在别国由政府提供的福利在美国这里是由私营的、非营利性的组织提供的。这些非营利组织不是政府的一部分，却提供着公益性的服务。如果说美国现代社会福利制度有什么特点的话，那就是非营利组织在其中起着不同寻常的作用。在美国，医疗行业中50%以上的病床设在非营利医院，50%左右的高等学校、95%的交响乐团以及60%的社会福利机构都是非营利组织。1998年，美国非营利组织创造的经济效益占全国总收入的6%以上。这样一来，美国政府就可以把主要精力放在制定法律法规、推广外交等等。

非营利组织提供社会服务的好处，一是降低服务成本，提高服务质量。为争取政府购买服务，各非营利组织之间会展开竞争。由于非营利组织付薪较低，且又能使用较多志愿者，因而可以与政府以低价签合同。其结果是政府节约了购买服务的费用，并使服务机构精简、务实。同时，服务机构的竞争，也提高了服务效率，保持了公共服务的高质量。二是在组织体制和运行方式上具有很大的弹性和适应性，某些非营利机构专攻有术，能够对所涉足的领域进行长远规划、深入研究，及时发现新的社会问题，提出具体的、切合实际的解决办法，直接影响到政府政策的制定和执行。三是具有与基层联系密切、适应基层实际情况的优势。善于创新、运作灵活。

（二）成为重要的经济力量

作为一支重要的经济力量，美国的非营利组织已成为美国市场经济中一个不可缺少的组成部分。非营利组织在很大程度上填补政府社会发展资金的不足，创造了相当比例的国民生产总值。1990 年美国的非营利组织的资产为 9960 亿美元，2000 年达到 19000 亿美元，2002 年达到 24000 亿美元。年收入为 1 万亿美元以上，年总支出 6700 亿美元，占 GDP 的 9%。美国非营利部门构成 6500 亿美元的产业。纽约市一地就有 8000 多个非营利机构，资产超过 2780 亿美元，年支出 990 亿美元。2002 年，美国 133 家最大的基金会资产总额为 14980 亿美元。有“地方捐助的基石”之称的美国社区基金会总资产超过 300 亿。据《非营利时代》2000 年 11 月 1 日对 100 家美国最重要的非营利组织的分析，仅前四名机构 2004 年的总收入就达 141.8 亿美元，总费用达 113 亿美元。

（三）培育了志愿精神和慈善传统

非营利组织培育了志愿精神和慈善传统。1999 年，56%的 18 岁以上美国成年人参加过志愿工作。2000 年，44%的 26 岁以上美国成年人参加过志愿工作，工作量超过 900 万全日制雇员，工值 2390 亿美元。2000 年，9/10 的美国家庭向国内外慈善活动捐款。2003 年，美国人民捐赠了 2410 亿美元给慈善组织或公益组织，其中 83%由个人捐赠（包括遗产捐赠），11%来自基金会，6%来自法人机构。2004 财年，美国人对 10 家最大的慈善组织的资助达到 497 亿美元，比上年同比增长了 9.8%。

（四）成为吸纳就业的重要渠道

美国非营利组织为社会提供大量的就业机会。据 1996—1997 年美国《非营利组织年鉴》的统计，1994 年大约 140 万个非营利组织中，有 1000 万以上的带薪雇员在这些组织工作，约占全美劳动力总数的 9%。据估计，1994 年志愿者对非营利组织所做的劳动贡献相当于 600 万个全日制工人，为非营利组织的运营提供了约37%的劳力投人。这些志愿者和带薪雇员数量之和相当于1600万人在为非营利组织工作。

（五）迂回为政府做事

非营利组织所从事的是政府“不愿做、做不好或不常做”的事。许多非营利组织都以社会弱势群体或边缘性群体为服务对象，擅长从事小型发展项目，对社会基层事务尤为敏感。所以，非营利组织的介入，可以帮助政府维护特定群体或地区的利益。非营利组织能够减少政府的政治和经济风险。政府通过购买服务，至少将提供社会服务的一部分政治风险和金融风险转移到非营利组织。非营利组织由于政治性不强，官僚化程度低，便于去做政府不便做的事情。以美国的宗教事务为例，尽管宗教的影响无所不在．但宪法禁止政府介入宗教事务。在这种情况下，为教会筹款、开展宗教活动等重任就要由非营利机构来承担。根据宪法第一修正案，政府也不能干涉新闻自由。1973年，私人非营利机构国家新闻委员会（National NewsCouncil）成立，监督新闻媒体，做了政府所不能做的事情。由于非营利组织是民间机构，不代表政府，因此它能在国家政治上敏感的时期，向敌对方提供人道主义援助。近几年有越来越多的美国非政府组织活动在世界各地，输出美国的政治体制和价值观。

非营利组织在美国经营了大部分的社会部门，其服务几乎占所有社会服务的一半，甚至更高。非营利组织公众形象好，公众满意度高。非营利组织的公信度一直名列前茅，有一半的美国人相信“在使用公众捐款方面，慈善机构是诚实可靠、有责任的”。美国总统助理兼信仰为基础组织和社区办公室主任 JmiTowey 说：“政府可以提供资金、调动军队救援、提供必要的物资，但是它不能提供更具体的服务，诸如遭受灾害的人群的心理康复、社会关系重建等，而非营利组织能够做到。非营利组织可以通过各种服务，包括志愿服务在人们之间建立起来相互信任和网络，形成社区组织和社会关系”。“9·11”事件后，美国政府投入了几十亿的资金主要用于基础设施重建和基本服务的提供，而美国1339个基金会和法人社团截至2004年9月共提供了超过11亿美元的资金，主要用于食品和住宿等急需服务。纽约的社会服务人道援助机构除提供食宿和咨询外，还组织了成千上万的志愿者。文化艺术机构（几乎都属于非营利部门）为缓解人们的惊恐做了大量工作。慈善机构为纽约人和纽约社区募集大量资金，支持灾后各种工作。

（六）满足社会利益多元化的需求

在利益多元化的现代社会，只有非营利组织的介入和参与，才能满足人们多元化的社会需求。非营利组织鼓励和帮助市民广泛参与服务活动，向社会传递公共政策信息，支持经济发展，还提供了许许多多其他的服务，丰富了社会生活。由于非营利组织既不寻求商业利益、也没有官方地位，特别适合于做政府与商业部门的中间人，发挥了中介组织的作用。美国的自然保护协会（the Nature Conservancy），以商业部门的低息贷款购买土地，用于保护自然资源和可持续性发展，土地最终归政府所有，激发人们的公共意识。

（七）实现对政府与市场的监督

虽然政府有内部的制约与平衡，但在许多美国人看来，这还远远不够，还需要来自政府外部的监督。尽管营利性组织在某种程度上也能够监督政府权力的行使，但它们影响政府决策的目的，是使少数人受益。非营利组织以服务于公共利益、至少是部分公共利益为目标，唤起民众的公共意识，影响政府的决策，满足社会需求。由于它的非营利性，远离了强大的商业利益集团，能够相对冷静、客观地注意市场的变化，公平、公正，为经济发展出谋划策，这些对政府内部机构的决策机制是非常需要的。所以，非营利组织对政府与市场的监督，起到了很重要的重要。对市场经济国家来说，这是不可或缺的。

三、美国政府处理与非营利组织关系的主要方式

面对百万非营利组织的庞然大物，美国政府可能是“小”了一点。我与力士先生讨论“美国政府管理非营利组织最大的挑战是什么?”他谈了个人的观点，他认为美国政府感到最难的是如何处理好与非营利组织的相互关系。具体一点说，美国政府如何做到既给非政府组织经费，又限制它的负面作用?

毫无疑问，非营利组织有正面的，也有负面的。这是一个有争议的组织群体。事实上，美国政府与非政府组织总体关系不错，但也有关系很紧张的时候，有担心的方面。一是根据法律，非营利组织应当是非政治性、非政党性的组织，但在现实中，许多从事国际活动的非营利组织都具有一定的政治倾向性，而且情况相当复杂。二是非营利组织受其价值观或理想的驱动。一些大的非政府组织都有宗教背景。而宗教组织会影响政府决策，对社会的稳定会造成很大影响。三是非营利组织并非个个自律，公益腐败的现象时有发生，影响社会形象。

学界注意到，任何事物有两面性。如果限制太紧了，会把非营利组织管死了。半个世纪以来，美国政府与非营利组织总体上是合作的，结果是

非营利组织帮了政府许多忙。那么，美国政府是如何处理与非营利组织的关系、如何引导非营利组织的呢？

（一）通过制定政策和项目，重点引导、扶植某些非营利组织

美国政府以“花钱买公共服务”等政策，采取规划项目和制定项目来实施计划、确立评估指标体系等方式，引导和扶植政府和社会所需要的非营利组织。例如，在规划项目方面，政府常与非营利组织共同商议选定项目，再通过招投标的竞争方式把项目落实到某个非营利组织。总部设在华盛顿的“联合规划组织”（ United Planning Orgaiuzation ）是一个非营利组织，主要为社区的就业、家政、青少年教育，帮助老人、孤儿和残疾人提供服务。该组织每年 3600 万美元的经费中，至少有 40％的经费来自于政府的项目支持。在评估指标方面，美国政府制定了全国统一的指标，用于评估政府资助非营利组织项目的实施质量。作为非营利组织中的资助项目获得者，首先要按照评估指标的各项要求实施项目；其次要在项目完成后的 4—5 个月内采用标准格式的文件提交结项报告，以供政府有关部门对项目进行评估验收。

美国各级政府主要通过向非营利组织购买服务的方式为居民提供各种各样的社区服务。20 世纪 60 年代，联邦政府开始强调政府以合同的形式向非营利组织购买社会服务以解决社区居民需求，结果带来了社会服务领域公共组织与私人组织之间关系的戏剧性变化。1988 年，马萨诸塞州 15 家政府机构向 1200 多个非营利组织购买酒精中毒康复治疗干预家庭危机，教外国移民的孩子学英语、日托等服务，约有 200 多种服务项目被政府纳入社会服务的购买体系中。最近，美国政府通过非营利组织扩展了社会安全服务的范围，囊括了针对儿童不良言行、家庭暴力到无家可归等服务项目。正如一些社会学家指出的，无家可归和饥饿问题一产生，政府的首要选择就是通过非营利组织提供相关服务以解决难题。

（二）大量使用外包手段

马克斯维尔学院公共管理系范斯莱克博士（ David Van Slyke）指出，在市场经济情况下，政府与非营利组织建立合同关系的管理非常重要。美国市场化的情况是，政府提供资金，由非营利组织来提供具体服务。美国很少有事情一定要由政府做。公共服务给了私营部门，提供商可以与市民更加接近。因为提供商更加了解市民的愿望。政府可以做一个聪明的购买者。政府可以有选择的权力。实现这种权力，就是采取外包的方式。

为什么非政府组织会扮演如此重要的角色？原因是，政府认为，私营部门以利润为导向，非政府组织以使命为导向。非政府组织提供公共服务

比起企业来有很大的优势，如非营利组织范围涉及教育、卫生、文化、环保等各个领域，代表利益群体；非营利组织享受税收减免待遇，可以收到社会捐赠，导致成本较低；非营利组织有专业技能，其资源是政府资源的有效补充；大多数非营利组织都有内部治理结构，值得信任等等。

外包的一个优点是竞争，如果没有竞争，就和政府垄断没有什么区别。竞争非常重要。外包的好处还在于可以降低成本，便于管理，提升质量，提高效率。

美国政府在项目外包中只注重两点，一是合同要基于绩效，二是问责。

从管理学和社会学的角度看，有的学者指出，政府外包的方式实际上是一种柔性管理手段。说得直白一些：非营利组织从政府那里获得了合同，使用了政府的扶持资金，哪个非营利组织还会去反对政府？当然，也有一些非营利组织反对政府购买非营利组织的服务，他们认为这样会导致非营利组织受制于政府，丧失了非营利组织的独立性。这种观点和心理，导致了“社会经济”学派的产生。

（三）成立政府协调管理机构

依照美国宪法的规定，美国总统除了可以使用“行政立法”权外，还可采用政策的方式贯彻其施政意图。布什总统提出了“以信仰和社区组织为基础的志愿者活动”的政策建议，并在2001年以行政指令的方式，组建了旨在保证这一政策实施的“基于信仰和社区行动的白宫办公室”，同时在联邦政府的5个部——司法部、教育部、劳工部、健康与人类服务部、住房与城市发展部分别设立了5个“基于信仰和社区行动”的执行部门中心。这一政策措施的出台，与布什的个人信仰有一关。布什认为宗教组织能够比政府机构更有效地服务社会。鉴于历史上通过教堂提供福利和社会服务的局限性，布什鼓励有信仰、有宗教背景的组织去申请政府资助，在政府的帮助和引导下更好地开展社会服务。布什任得克萨斯州州长时，曾经实践过上述主张，取得了成功。2000年美国总统大选时，上述主张构成了布什竞选纲领的重要组成部分。

美国联邦和州、城市成立了一些规划、协调、服务于非营利组织的机构。以“国家与社区服务公司”（Corporation for National and Commu-pity Service）为例，它是一个实行企业化管理的联邦机构，是一个联邦政府机构与私人基金会两种性质相混合的组织。它有600多名工作人员，其中，1/2的工作人员在华盛顿，1/2的工作人员分布在全国各地。该组织每年有10亿美元经费，大部分来自于国会拨款，少量来自于社会捐赠。其主要职责是代表联邦政府设计和实施各种需由非营利组织承担的项目。它选择非营利组织在项目方面的合作伙伴，保证非营利组织更好地执行项目计划和使用经费，评估非营利组织完成的项目成果，针对非营利组织实施项目的相关问题开展培训和研究等等。

在美国的地方层面上，一些州和城市也设立了类似的机构。以纽约市政府为例，在其市长办公室下就专门成立了“市长志愿者中心”。该中心是根据 20 世纪 60 年代纽约市政府的一个专门规定设立的，受市长委托开展工作。该中心每年预算 20 万美元，拥有包括市长助理在内的 3 名工作人员，一方面负责汇集纽约市大约 2 万个非营利组织组织提供服务的各种信息，另一方面及时了解社区与市民的需求信息。在这个基础上，该中心根据所掌握的非营利组织供给服务的信息和社区与市民的需求信息，联系社会资源，组织志愿者，协调有关的非营利组织及时合理地向社区和市民提供服务，使供求双方在中心的安排下各得其所。该中心开展的信息协调服务项目涉及老年人、教育、环境保护、居住、医疗、学校、社区、无家可归者、其他弱势群体等诸多方面。据介绍，该中心目前已成为纽约市市长与全市非营利组织、市长与市民间联系的枢纽。纽约市的这种模式已被其他许多州和城市效仿，还有一些国家也采用了纽约市的模式。

在管理方面，美国每个州都设有对于非营利组织进行管理的机构。例如在加利福尼亚州就设有慈善信托登记处和慈善信托法律和审计部。慈善信托登记处负责收取和处理所有公益性组织和慈善信托人提交的财务报告等，负责接待要求查看这类文件的市民，还要记录投诉并转交给有关机构处理。慈善信托法律和审计部是由律师和审计员组成的机构，负责对于非营利组织财政的滥用、欺诈行为以及错误管理进行调查和审计，调查结果转交给市法院，以防备某些人转移资产。

（四）制定非营利机构减税和激发市民捐赠的税制

税收是非营利组织生存的重要基础。为了减少非营利组织的税负，鼓励市民将向非营利组织进行慈善捐赠，美国政府制定了一系列的税收优惠制度，大体可以分为两部分；

一是非营利组织符合税法 501 有关条款，可以取得免税资格。美国税法第 501 款概括了 25 种符合免税条件的非营利组织类型。几乎所有的非营利组织都免收国家和地方的财产税、营业税。

二是社会机构和个人向非营利机构捐赠可以享受税收优惠。法律规定，个人捐赠可免除部分所得税。个人捐赠者最高可以要求对其调整后总收入的 50％进行税收减免。公司向非营利组织捐赠，不超过总收入的 3％

免除所得税。公司可以要求对其任意一年不超过10%的应缴税收入实行税收减征。此外，美国各州对非营利机构还自设了一些优惠税种。例如，加利福尼亚州税法规定，对于获得免税资格的非营利机构，还可免除消费税。如此算来，联邦政府对非营利组织所得税的豁免，对私人和企业非营利捐款的减税，以及州和州以下政府对非营利组织所得税、财产税和销售税的豁免，是一笔相当大的数目。

非营利组织通过这些减免税的政策，可以得到足够的非政府的资金来独立自主地开展工作。据美国国家税务局估计，目前联邦政府每年因为对非营利组织的“暗补”所造成的税收转移高达445亿美元。减免慈善捐赠税收比政府直接补贴更有效，它既避免了政府对第三部门过多的、不必要的介入，减轻了政府的负担，保证了非营利组织更有效和高质量地从事公益事业。而广大非营利组织对政府的税收政策的有效性，也是心知肚明的。

四、有效的行政管理和监督手段

美国政府有关部门经常在考虑，如何用最小的行政成本去促使非营利组织努力工作？非营利组织可以做什么、不可以做什么？于是，管理的问题就显得非常重要。

在美国访问，经常有人会说美国政府对非营利组织是不管理的，其实不然。虽然美国至今没有一部专司非营利组织登记管理的法律，但各种制度散见在相关的法律之中。它的管理，靠的是完善的法律制度，靠得是稳定的政策环境，手法隐蔽却无处不在。这里列举美国政府管理非营利组织的10种手法。

（一）合法注册

根据美国法律501C3条款的规定，成立非营利组织，只需要提交一份两页纸的机构章程，写明机构名称、目标，说明不为任何私人谋利益的宗旨，然后交由州内政司批准，这是希望获得税收优惠的非营利组织的必备程序。非营利组织将被告知，不得侵害公权力，不得为个人谋取利益，不得参与竞选，不得从事政治活动，不得参与实质性游说活动。采用这样的办法，可以使政府很坦然地接受几乎所有非营利组织的成立登记。

（二）认定免税资格

即使是公司也可以转变自己的身份，成为非营利组织。非营利组织可以享受税收减免优惠。凡是需要税收优惠的美国非营利组织，都需要向美国国税局申请免税资格。为取得这个资格，每个非营利组织都必须通过组织测试和运行测试。即拿税法5OlC3条款，对非营利组织的工作目标进行逐个审查，看是否符合免税的要求。同时对这个非营利组织的活动进行审查。如果发现这个非营利组织有为私人谋利的现象，或从事某种被禁止的政治性活动，则不能通过其免税资格。获得免税资格后，并非一劳永逸的。每年有关部门要进行抽查，如果有不良记录，将被取消免税资格。通常情况下，美国政府不关注非营利组织活动的细节，但只要发现违法，就予以处罚。处罚的主要方式是取消税收优惠。这一招很厉害。实际上一旦非营利组织无法享受税收优惠，也就差不多破产了，同时也丧失了社会声誉。所以有人指出，美国对非营利组织管理以税法为基础，主要调控手段是税收。

（三）问责与评估

美国非营利组织要向联邦政府和州政府汇报工作。每年要填写报表，进行年检。还有的非营利组织还被要求做得更多，如申报非营利组织职员收入时，要提供收入前5名职员的收入具体情况。为了达到问责的目的，就要进行评估。美国政府不直接参与非营利组织的评估。通常是大家志愿选择在一起评。最常见的是同类组织在一起评估。就是标杆管理方式。定期或者不定期地由外部专业人员对非营利组织内部工作进行评估。评估最主要内容是该组织的目的、目标是什么？离这个目标有多远？效益如何？今后要向什么方向努力？评估结果有的由专业评估机构发布，很多非营利组织自己也在网站上披露，接受社会的监督，而政府有关部门也会参考非营利组织的评估结果。

（四）监督公益资金的使用

美国法律对于基金会的管理相对严格。如果出现公益腐败，问题的性质是很严重的。通常政府会严格检查基金会的资金使用状况。规定如果每年基金会不将总资产的5％用于公益事业就扣税；如果基金会持有某一家公司股票超过其资产的35％，或者持有同一公司的和自己控制的股票超过51％就得卖掉。

对于受赠的非营利机构，美国法律有一套很具体的管理规范。例如，美国联邦法律规定，凡捐赠额在250美元及其以上者，受赠机构需开具收据，提供给捐赠者作为抵扣应缴税额的依据。如果捐赠者接受了受赠的慈善机构的回赠礼品，礼品的价值要从捐赠额中扣除，不得享有抵扣应缴税额的优惠，以防止利用捐赠进行欺诈。慈善机构提交的年度报告要包括所提供的礼品的价值。美国的非营利组织向公众募捐，除游行、集会要依据有关法律向有关部门提出申请之外，无需再向其他部门请示。有奖募捐如果频率低、数额小、地区窄也无须批准。根据美国联邦税法，任何机构或个人的捐赠行为是自由选择的。不过要想获得税收优惠的政策鼓励，就必须捐给具有免税资格的501C3条款中所列出的慈善机构。否则，一般不能获准得到税收优惠。

（五）区别经营活动

美国非营利组织可以经营。所以从税收角度看，区分与非营利性组织有关和无关的经营活动非常重要，但难度很大。美国国税局要审查非营利组织的经营活动是为了慈善目的还是市场的目的。为了慈善目的，可予免税；为了市场目的，就要纳税。如发现非营利组织违背其目标，从事营利活动，国税局可以吊销其免税身份，州内政司可以撤销其登记执照。在实践中，判定每一项经营活动与非营利组织自身工作是否有关联，是一件非常困难的事情。美国国税局的官员举例说，如果一个博物馆附设餐厅，餐厅的门面向大街，不是只能经过博物馆才能进入餐厅，这个餐厅的经营就视为与该机构无关的经营活动，其收入照章纳税。博物馆内设餐厅如果赚钱超过一定程度，国税局也要考虑让其缴税。在美国，区别非营利组织的经营活动的办法还有很多，目的是防止非营利组织滥用经营方式，钻国家免税的空子。

（六）州检察长的管理

州检察长的角色不同于国税局，他代表着所有慈善机构的公共利益，被赋予对非营利组织最具法律权威的监控职责。他的责任是调查和审计慈善机构，发觉存在的问题。如果由于非营利机构领导人的不当行为丢失了慈善财产，检察长可以控告他们，并且要求他们赔偿这笔资金。这笔钱将由检察长负责追回并还给慈善机构。美国每个州都有一个检察长，相当于州的首席律师。哪个非营利组织违法，检察长可以“带”它上法庭。但马克斯维尔学院的力士先生从学者的角度认为，美国政府没有足够的精力去管理非营利组织，通常很少的非营利组织会被检察长盯上。大多数情况下检察长只是吓唬一下非营利组织。美国非营利组织之所以发展到现在情况比较好，最重要的还是美国健全的社会信用体系起到了非常重要的作用，同时靠自律，靠捐赠者的盯梢，靠问责，靠社会监督。

此外，各州的监察审计部门（或称司法部门），也是监督非营利组织的权威机构，司法审计员负责日常监督非营利组织的工作。

（七）鼓励自我约束

美国政府推崇非营利组织自我管理、自我约束。在美国的非营利组织中，自我约束的力量当属来自理事会。理事会是最重要的治理机制，掌控着整个非营利组织的决策。理事会成员就是接受托管的人，他们主要职责是，确定和重新评定机构的宗旨和远景计划，审批年度计划，审批和确定年度财政预算，帮助得到各方面的资源或资源渠道，确保内部机构各方提供高效和公正的服务。实践中理事会成员有权利支持和投票反对，对非营利组织的内部治理有一定的约束力。但由于是利益的当事人，这种监督的权力是有限的。为了加强自律，美国许多非营利组织内部设立了另外一种机构来实现，即成立监事会，对理事会进行制衡。监事会相对独立，在不干涉内部正常工作的前提下，可以对理事会进行监督，也可以对工作人员进行监督；可以监督组织的财务状况，也可以监督组织的运作是否违反法律，法规和章程。实践表明，美国非营利组织的监事会就是自律机制的重要组成部分。

（八）推动行业自律

在美国，非营利组织行业自律组织种类很多，如行业协会、行业联合会、公益机关保护组织等等。著名的机构有：美国基金会联合会、美国全国非营利机构董事会中心、美国全国慈善信息局等。这些机构都是由非营利组织的负责人自发地联合组成的全国性机构，协调和规范会员组织的活动，保持行业发展同社会公众利益的协调，对非营利组织来说一种十分有效的监督。

行业自治组织主要功能是交流信息、组织会议、研究公共政策，制定并督促遵守本行业共同的职业道德、行为准则、资格标准等规范。实现形式有行业认可、行业赞许和行业规制等，以此提高非营利组织的透明度和社会公信度，淘汰不合格的组织，以相互制约的形式推动非营利组织的健康发展。

目前美国非营利组织行业自律的标准化工作已经完成，并且发挥很好的作用。例如，美国慈善信息局制定的 9 条评估准则已经成为慈善机构沿着正确的政策方向和运用科学管理方法的向导。马里兰州的非营利机构协会，用了两年时间制定出一份 8 个大类 55 个细目的非营利机构评估标准，还规定了通过评估的标志。美国全国非营利机构董事会中心也制定了一个供董事自查自评的标准，他们要求参与该中心的董事个人和董事会组织自行填写有关表格，然后由专门的机构对其进行评估，其评估报告将反馈给填报人，用于帮助董事会和董事做好工作。非营利组织行业自律表现出的自我管理、自我监督等优点，可以避免政府部门因为要面对众多非营利组织而管理乏力的局面，有利于降低管理成本，适当转移政府在管理方面的压力。

（九）重在监控公共慈善组织

美国税法把慈善性非营利组织分为公共慈善组织和私人基金会，后者比前者要受到更多的法律规制。公共慈善组织包括教会、学校、医院和医学研究组织等，它们主要受美国联邦税法第 501 条款和《国内税收条例》第 170 条款的调整；私人基金会除了受上述法律的规范，还要遵守《国内税收条例实施细则》中规定的 4940—4946 技术性条款。

依照法律规定，公共慈善组织要得到一定数量的公众支持，才能具有或保持“公共慈善组织”的法律地位。这是判断慈善组织的“公共性”的重要标准，是一个公共慈善组织是否会降格为“私人基金会”的主要条件，也是法律对公共慈善组织进行监督的重要途径。

美国联邦税法第 501 条款和《国内税收条例》第 170 条款规定，公众支持占总体支持的比重达到或超过 1/3，那么，这个组织就自动获得公共慈善组织的法律地位；如果小于 1/3，但大于 1/10，且该组织能够通过事实和状况检验，它在法律上仍可保留公共慈善组织的地位。但是，如果公众支持率低于总体支持的 1/10，则该组织降为私人基金会的法律地位。

美国税法明确规定，慈善组织的任何净收人不得用于支付私人股东或个人福利，否则就可能构成非法侵吞的违法犯罪。慈善组织也不得参与竞选活动，不得支持或者反对公职候选人，但可在某些法定条件下从事有限的包括直接立法游说和基层立法游说在内的立法游说活动。

（十）严格税收管理

美国国内税务局通过三种途径来监督非营利组织的活动：一是对非营利组织的年度报告进行监督。年收入超过 2.5 万美元的非营利组织（教会除外），每年必须填报国内税务局印制的 990 表，报告向公众和国内税务局公开，许多州还要向首席检察官提供报告副本。二是国内税务局的审计监督。主要是对非营利组织的账目和记录进行审计，以监督非营利组织的财务和经营中是否有违法乱纪的情况。三是通过评估给违规的非营利组织处罚或罚金。国内税务局审计人员通过多种途径和方式，对非营利组织的财务和活动状况进行评估，如发现有违反法律规定的情况，将视情节轻重对其进行惩处。对非营利组织最严厉的处罚是取消其慈善免税资格。政府主管部门一般多在非营利组织同意纠正错误的情况下，采用交纳罚金的方式加以处罚。

针对非营利组织，美国政府制定了一系列严格的税收管理制度：

1. 免税资格认定制度。非营利组织成立后并非自动获得免税资格（除教会组织和一些规模较小年收入不超过5000美元的组织），而必须向联邦政府的国家税务局（Internal Revenue Service 以下简称为IRS）提出申请，经审查认定后方能获取免税资格。首先，新建或现有的机构欲登记注册和被确认为免税时均须递交相关申请和资料。接着，IRS收到免税申请后，将对其资料进行严格审查，尤其是申请IRC501（C）3条款的组织，将被进行组织性测试，以审查其工作目标是否符合免税要求。此外，申请机构还要通过运行测试。最后，如果非营利组织在递交所有应递交文件，通过组织测试和运行测试，IRS将颁发与其组织类型相符的免税认定证明。反之，则不颁发免税认定证明。如果对IRS不予免税的认定持不同意见，申请的非营利组织可以向IRS申请行政复议即向法院提出诉讼。

2. 运行测试制度。所谓运行测试，是对这个机构的活动进行审查。如果发现这个机构存在为私人谋利的腐败现象，或从事某种被禁止的政治性活动，则不能通过其免税资格。此外，在每个纳税年度内，IRS都要对非营利组织的日常活动、业务记录、财务状况进行定期或不定期检测，以审查有关指标是否达到标准。如该组织未能通过运行性测试，将面临限期改正、罚款甚至取消免税资格等处罚。

3. 申报制度。除有关教会组织外，非营利组织必须在会计期间（期末）向IRS申报及提交其他资料。IRS对非营利组织按类型及规模进行分类申报管理。IRS通过计算机对申报表以及其他信息进行比对、分析、审核，并将可疑信息作为确定税务审计对象的依据。

4. 信息披露制度。非营利组织必须通过一定形式将其免税申请表、有关证明文件、免税资格证明及最近3年的申报表等资料和信息在上班时间向社会公开和披露，接受社会公众监督。非营利组织有义务满足社会公众监督需求，如不接受公众监督，拒绝提供资料的，将被IRS处以严厉惩罚。

五、初步思考

中国与美国在意识形态、社会结构、文化传统等方面有着诸多不同，毕竟非营利组织已经走过了50年的历史，前车之鉴，这些经验和教训如果与我国的实际相结合，是可以丰富我们的工作思路的。

刚刚闭幕的党的十七大，是我们党在我国改革发展关键阶段召开的一次十分重要的大会。胡锦涛总书记所作的十七大报告，全面描绘了在新的时代条件下继续全面建设小康社会、加快推进社会主义现代化的宏伟蓝图，是在新的历史起点上继续发展中国特色社会主义的政治宣言和行动纲领。十七大报告把社会组织摆到了更加突出的位置，进行了多方面的论述。在这样一个马克思主义纲领性文献中，如此全面地论述社会组织，在我们党的历史上还是第一次，为我们做好社会组织工作指明了方向。

纵观世界，非营利组织蓬勃发展已经持续了半个世纪。不论是发达国家，还是发展中国家，数量在增长，作用在加大。这是不争的事实。导致非营利组织的发展原因比较复杂，但有一个认识是共同的，那就是时代在进步，社会在发展，这是历史的趋势。我国也一样。1987 年时，我国社会团体只有 6000 多个，但如今已经发展到 35 .4 万个。特别进入新世纪，每年都保持 10%的发展速度。民间组织已经深入到社会生活的各个领域。在党中央、国务院的正确领导下，我国民间组织的发展保持良好态势，有力地促进了经济社会协调发展，为构建和谐社会作出了积极贡献。

当前，处理好民间组织发展与管理的关系非常重要。民政部李学举部长讲得好：发展是前提，就是说发展是硬道理，是整个民间组织建设与管理工作的基础。没有民间组织的发展，其他一切工作都是无本之木、无源之水。必须坚持把发展作为第一要务，主动顺应时代潮流，积极适应形势变化，把握发展规律、创新发展理念、破解发展难题，实现社会组织的总量、规模、结构、布局与我国社会主义经济、政治、文化、社会各项建设保持同步。

毫无疑问，对民间组织要一手抓发展，一手抓监管。这是社会组织建设内在统一、缺一不可的两个方面，是辩证法。应当看到，现阶段我国民间组织还处在起步阶段，发展远不成熟，呈现过渡性或转型期的特征，难免有这样和那样的问题，但这些问题都是发展中的问题，不要因噎废食。只有积极引导、兴利除弊、依法管理，才能实现民间组织更好更快发展。我以为在发展与管理二者之间，我们的出发点应当是：在积极的引导中去实现发展，在发展中去实现有效的管理。

但现行体制对民间组织管得过严，统得过死，使得非营利组织成了政府行政机构的附属物，其独立性和自主性受到严重限制，难以发挥自身应有的作用。同时这种体制还导致大量群众（民间）组织被排除在法律之外。社区民间组织、环保组织、互助组织、业主委员会、农村专业经济组织、学生组织、基层商会组织、老年人社团、宗亲组织、校友会、外国非营利组织及其代表机构、单位内部群众组织等等，散落在广大城乡，分布在社会生活的各个方面，数量巨大，如何让其中有益的组织进行法律登记，成了久议难决的问题。另外新型社会组织，如论坛、沙龙、网上社团群组等新型组织层出不穷。一方面是民间组织的客观存在，另一方面是法规将民间组织登记的门槛抬得很高。现行的管理体制实际上只关注登记的民间组织，对数以百万计的社会组织的客观存在仍然关注不够，办法不多。

需要指出，目前登记的民间组织不能满足我国经济和社会发展的需要。到2006年年底，我国各类民间组织的总量已经达到35.4万个，据不完全统计，吸纳工作人员425万，固定资产总规模约669.5亿元，总收入约635亿元，总支出约450亿元。从国际上看，非营利部门的经济活动规模一般占到本国GDP的5%－10%，吸纳就业约占服务业人口的10%。但我国这两项比例分别约占0.3%和1.2%，发展潜力还很大。在当前我国经济社会急速高效发展的大背景下，未来我国民间组织仍将会大量增加，活动的空间很大。可以预计，如果说过去是体制内的民间组织为发展主体，那么未来基层草根民间组织将会有很大的发展。这对我们政府的公共管理提出挑战。

我们要进一步认识民间组织的作用，把握趋势，因势利导，用科学发展观来认识和指导民间组织发展，提高、改善对民间组织的领导力。当前我们要将党的十七大精神落实到民间组织登记管理的法律中，落实到具体的工作步骤上。为此建议：

一是尽快修订民间组织登记管理法规，调整民间组织登记管理的范围。对公益性民间组织一定要降低登记的门槛。改变目前相对单一的管理手段，增加税收优惠、财政支持、购买服务等多样化方式，“权”与“利”相结合，做到可管理的发展，可持续的发展，有重点的发展。

二是在中央和地方经济社会发展规划中，注意开掘民间组织的力量。要进一步转移职能给民间组织，让更多的民间组织承担社会公共服务，为政府服务，发挥民间组织的作用，增加社会活力。在社会上培育非营利的精神。

三是在未来“大部制”的机构改革中，要注意加强民间组织登记管理的力量。一个强有力的政府领导机构，是保证民间组织健康发展的关键所在。通过机构改革，要彻底改变目前基层民政部门无力管理民间组织的现状，整合政府扶持资源和管理手段，更好地引导民间组织发挥积极的社会作用。

四是大力普及非营利组织的有关知识。通过有效的宣传，使领导和群众正确认识非营利组织的地位和作用，要加大非营利组织的研究。国家行政学院人才荟萃，资源深厚，可以扩大非营利组织的课程，多对前来进修的领导干部宣传介绍非营利组织，积极参与非营利组织的法律制定和政策研究，开展非营利组织发展的实践活动。

总之，发展是大势所趋，管理方式需要创新。我们要以发展为前提，建立完善的法律体制和监督机制，形成具有中国特色的法制化、规范化的民间组织发展道路，使民间组织真正成为构建社会主义和谐社会中的一支有生力量。

德国社会组织发展及其启示

廖鸿　井华　刘竞先
张铁军　钱立　李和生　马玲

一、德国社会组织发展管理情况

（一）发展现状、历史和作用

德国是一个法制非常健全的现代国家，有着健全完备的结社法制和社会组织发展的法律政策环境，也是当今世界上社会组织最为发达的国家之一。德国发达的社会组织已成为今天德国社会不可缺少的一个重要组成部分。据介绍，德国大约有100多万个社会组织，其中近60万家为登记注册的，还有约50万家为未注册登记组织。在德国，社会组织既可以办理登记，也可以不办理登记。这是德国社会组织管理的一种特殊性做法。德国的社会组织与人口比为1∶75，远远高于中国（1∶5400），也高于英国（1∶250）、日本（1∶260）等许多发达国家，堪称世界上社会组织数量最多的国家之一。德国社会组织的发展，不仅满足了人们的各方面需要，还形成了重要的经济力量，对于经济和社会发展做出了重大的贡献。我们现有能查到的资料表明，早在1995年，德国社会组织（不包括宗教团体）的经济规模就达到944亿美元，占国家GDP的3.9%，并且提供了相当于144万个全职工作岗位，占全国非农业就业的5%左右，服务行业就业的12%。

德国有着悠久的结社传统，早在12世纪，随着城市的兴起和市民阶层的诞生，第三等级登上了历史舞台。中下层市民为了捍卫自己的利益，逐渐创造出一种特殊的制度——行会，来进行自我管理并协调与其他社会阶层的关系，这对德国人结社精神的影响弥深。行会文化衍生出了一种新的公共道德：社会成员无论出身、地位、宗群和信仰如何不同，都应遵守共同的规则、纪律和职业道德。这打破了中世纪的封建等级制度，滋生出平等观念、公共伦理和团体意识，成为德意志文化中一种普遍的公共精神。到了19世纪，随着资本主义的发展，工人运动蓬勃兴起，各种形式的劳动结社迅速发展。特别是从事扶贫济困的社会组织迅速发展，目前全德有此类社区基层组织249个，其志愿者规模达110万人。20世纪50—60年代是德国各种结社组织普遍发展的时期，出现了一大批致力于反贫困、反饥饿、社会救助等公益活动的社会组织。70年代以后，关注和影响公共政策的倡导组织、各种环保组织发展起来，并积极影响人们的社会生活和公共政策。

德国的社会组织不仅历史悠久，而且范围广、类型多，可分为互益性和公益性两大类。公益性组织涵盖了医疗、环保、教育、体育、文化、慈善救助等领域，是德国公共服务和社会福利服务事业的重要支柱。互益性组织以行业协会和商会最为突出，这类组织在经济协调和宏观管理等方面发挥了不可代替的作用。

从考察交流的德国社会组织所发挥的作用来看，社会组织的发展对于公共管理和公共政策产生了深远的影响。同时，社会组织的发展也增大了公民对社会公共生活和政治生活的参与意识和参与能力，增强了公众的意识表达和维护权益的能力。众多的志愿者通过社会组织的平台直接参与各种社会活动，公民的环保意识、参与意识、慈善公益意识、互助意识、倡导意识等显著增强，从社区到整个社会呈现出和谐博爱的景象。如德国基金会联盟，旨在保护德国的基金会利益不受大众、政策及政府当局的侵犯，确保基金会有效开展工作，达成它们的目标。该联盟通过组织各种形式的活动来促进各个基金会之间的对话以及经验交流；汇集资料编辑整理出版、提供学者研究；保护基金会利益不受外部集团侵害；帮助独立的基金会解决特有的困难以及与其他国家基金会联盟以及欧洲基金会中心进行合作等。通过这些有效的工作，使得公众根据关注基金会的重要性，意识到基金会在当今社会中所起到的作用。甚至德国基金会的监管部门也成为了该基金会联盟的会员（基金会监管部门也可以成为联盟会员，是德国基金会管理体制中的一大特色，密切了基金会与政府的关系，也提高了基金会的参与意识）。又如德国地球之友，主要工作为环境和自然保护，该组织致力于各种环保的倡导活动，还致力于农业政策、土地使用的多样化、提倡健康食品和安全的畜牧业，并与各国地球之友之间加强合作，共同推进地球的环境保护工作。该组织不仅获得了国内公民和社会各界的支持，还获得了许多国家的相关组织的赞同。再如德国伯尔基金会，环保与和平活动是它的缘起，积极从事生态及可持续发展、妇女权利及性别民主、民主和人权、媒体多元化和舆论监督等业务。其在中国的环境领域也开展了一系列的活动，包括对 NGO 的能力建设、提高能源利用的无锡项目等，还与中国国际社会组织促进会建立了合作伙伴关系。伯尔基金会之所以要到中国开展工作，是因为它认为中国的环保工作在世界非常重要，而且认为环保问题不是中国一个国家的问题，而是世界各国的问题。现在国际上对中国环保有一种片面的不正确的看法，认为中国环保工作很差，伯尔基金会认为这是不对的，中国在环保工作方面做了许多工作。现在中国正面临一个转机，并且需要国际上的支持。总之，德国社会组织的作用，从国内到国外，呈多方位发展态势，这充分体现了德国社会组织更高层面的社会公共责任，并为之努力的一种做法。

（二）德国基金会的发展与特点

截至目前，德国有合法登记的基金会 1.5 万多个，其中 95%是公益性的，5%是非公益性的私人家族基金会。没有合法形式的基金会多达 2.5 万多个。所谓合法登记的基金会是按民法规定以私人名义成立，发起人注入基金（原始基金必须 5 万欧元以上），有权决定组织机构、理事会成员、活动范围和运作方式，但基金与发起人财产脱钩，为社会所有，政府派员参加监事会，并要求基金会提供年度报告，监督其是否按照宗旨、章程规定运作。没有合法形式的基金会，主要包括以信托方式成立的基金，以有限责任公司名义成立的，以及以社团名义成立的基金会（6 个政党基金会有 5 个是社团基金会）。根据 2007 年对 7963 个基金会的调查，有 50%以上是资助型的，20%以上是实施运作型的，18%是两种兼而有之的。同时，根据调查，德国基金会服务领域或资金投向情况是：社会服务方面占 31%，科学技术方面占 16.2%，教育方面占 14.2%，艺术文化占 13.8%，生态与环境保护占 5.1%，家庭和公司占 3.3%。2000 年来，为了满足德国社会经济发展的需求，德国政府颁布了有利于基金会发展的政策法律，通过减税等手段，鼓励人们捐赠公益事业，大力发展基金会。例如基金会的原始基金额度在 30.7（60 万马克折算）以内的部分，可以分摊到 10 年享受税前扣除待遇，目前这项规定又改为 100 万欧元以内部分也可照此办理。又如捐赠税前扣除比例，从原来规定的 10%一律提高到企业、个人应纳所得税额的 20%。基金会得到了快速的发展，每年新成立的基金会多达 1000

个左右，涉及社会问题、环境与自然、科学与教育、发展援助、生存环境、儿童、青年、父母、文化艺术、老年人、健康、社会运动等各个领域，它们在德国国内社会生活和对外关系中发挥着不可忽视的作用。德国基金会可以由私人创立，也可由政府创立，大致分为公立基金会和私立基金会两类。公立基金会的设立由当地议会批准，主要承担政府的赋予任务。如6个政党基金会。董事会里至少要有一名来自政府部门的代表。基金会的投资计划由州政府批准，财政部门对其进行日常监管。私立基金会设理事会和监事会，负责人由自己选出，政府不指派。一般情况下，私立基金会在进行项目筹资时，自己要承担1/3左右的资金，这将使私立基金会在项目实施时更具有公益性的特点。私立基金会在资金的使用上有比较大的自由度。德国基金会除了数量多，管理比较规范。一是组织机构健全。一般理事会和各专业职能部门组成。基金会的最高权力机构为理事会，理事会一般由理事会主席、副主席、财务主管、秘书长和若干理事会成员组成。秘书长都是专职的，为基金会的发展提供组织保障。二是自律意识强。章程是基金会开展工作的纲领性文件，一旦制定后，很难更改。德国基金会严格按照其章程履行自己的职责，执行设立人在设立基金会之时的宗旨。基金会工作内容是由自己决定，完全独立自主地开展活动，可以从事慈善事业之外的活动，只要这些活动不是纯粹的商业活动。政府只有权监督基金会是否遵守了法律及基金会章程列明的设立人意愿，而无权干涉基金会的具体活动，真正体现了自己管理自己的特点。三是基金会都建立健全了财务管理制度。每年定期向有关部门提交经过审计的财务报告，自觉接受政府和公众的监管，增强了基金会的透明度。四是实力雄厚。德国基金会是德国经济社会文化发展的一部分，得到了企业、政府和各种社会力量的支持。像政党基金会，它们资金90%以上来源于联邦和州的财政预算。如属于绿党的伯尔基金会，95%来自联邦和州的公共预算，只有5%来源于会费、捐款和其他收入，但它们资金使用要受议会和联邦审计署的监控。伯尔基金会尽管属于绿党基金会，但不能为其竞选服务，其主要任务是推进德国和其他国家的民主政治、公民社会建设和生态环境保护。有49名工作人员，由于基金会资金雄厚，从而为留住人才和吸引人才从事基金会工作提供保障。德国从事基金会工作的全职员工的工资接近于德国公务员的工资，一个大学毕业生的年薪大约5万欧元，秘书长年薪在6万欧元左右。五是社会公信力强。德国基金会普遍赢得公众的认可，人们通过各种方式向这些基金会进行捐赠。一些长期捐赠者，甚至把自己的账号给了自己信得过的基金会，允许基金会在需要的时候按一定比例随时从中提取捐赠款，其公信力可想而知。

德国基金会联盟（联合会）成立于1948年，其宗旨是确保基金会的全法权益，加强各基金会之间联合和有效开展工作，争取与基金会相关的法规和税法的完善，从而保证基金会良好发展环境。联盟现有3000多个会员，有30位工作人员，其中20位为专职人员，内设法律部、新闻部、成员服务部、财务部和会长秘书处等机构，全部经费来自会员交纳的会费。

（三）德国行业协会商会的发展

德国行业协会商会是各类社会组织中最为活跃一类，其组织和管理体制特点比较突出。德国是市场经济发达的国家之一，但政府没有专门从事工业管理的机构，经济运行和市场调节，主要由德国行业协会商会承担。各地区、各州分别建立商会，最后在联邦一级形成最高级组织，从而在全国范围内形成了纵横交错，既有分工又能相互协调的组织网络。德国协会商会是特殊社团，国家制定专门的法律，规定企业必须参加行业协会商会，因此其组织程度很高、代表性很强。其主要组织有德国工商联、德国手工业协会、德国企业驻外机构协会。其中德国工商联规模影响最大。据介绍，德国全国工商联总部设在柏林，有会员360万家，在国内81个地区设有分支机构，在国际80多个国家设有代表处。我们参观的柏林市工商联，办公设施豪华，有会员23万个，全职工作人员200个。每4年选举协会领导层，包括主席、理事会。他们不仅反映企业呼声、进行行业协调、向企业提供咨询交流服务、提出发展战略建议、敦促改善基础设施、监督政府财政资金使用，还承担一部分政府职能，如职业教育考试、技术培训等。政府正是通过这些组织与企业发生联系，实现那只“看不见的手”的作用。德国工商联经费全部来自会费（企业按营业额一定比例缴纳）、手续费、培训费和服务咨询费。柏林市工商联2006年的经费就有4000万欧元。行业协会商会已成为德国市场经济运行机制中不可缺少的组成部分，也是德国特色的政治制度。

德国行业协会商会的能力建设，经历了一个由弱到强的过程。早期的职能仅局限于为本会成员在市场上争夺最大的份额和最佳的利润，以后逐渐扩大，开始面向国家、公众和其他利益团体，在更大的范围内谋求其成员政治、经济和社会各方面的利益，进而成为国家发展机器的一个主要组成部分。

（四）法律框架

德国法律充分保障发展社会组织的权利。德国有关社会组织的法律制度框架非常完备，由宪法、即德国的基本法为基础，民法典总则中有关社团法人的规定为基本规则，联邦社团法的专门规定为补充的较完善、系统的框架结构。德国的社团在健全的法律体系中自由、规范、有序地运行，在德国民主法制社会中是不可或缺的法律主体。

德国宪法，全称为《德意志联邦共和国基本法》。德国宪法认为，国家和社会形成的基础是公民社会，国家是自下而上反映公民声音的大众团体的体系，国家应当与社会合作，保障公民的言论自由、游行自由和结社自由的基本人权。因此，宪法第九条规定："一、所有德国人均有结社之权利；二、结社之目的或其活动与刑法抵触或违反宪法秩序或国际谅解之思想者，应禁止之；三、保护并促进劳动与经济条件之结社权利，应保障任何人及任何职业均得享有。"德国宪法里的"结社"，是指有两个以上的法人或自然人依照同一宗旨组成的社团；一个社团要共同拥有并共同遵守同一的宗旨；任何公民都有权组织或参加社团；社团及其内部成员和领导机构的权利受法律的保护。当然，依照宪法，公民结社还有两个基本限制：一是不得触犯宪法；二是不得违反宪法秩序或国际团结友好的思想。除此之外，公民结社的权利应当得到保障。

在德国民法典中，区分了社团和财团，并对社团的基本分类、治理结构、基本权利、登记注册以及监管等问题作出了详细的规定。德国民法典规定：当社员人数在 7 人以下时不必登记，但不具有权利能力；只有社员人数最少为 7 人时才应该登记，并因登记而获得权利能力。德国民法典定义非营利社团的概念为："非以营利为目的的社团，因登记到有管辖权的区法院的社团登记簿中而取得权利能力。"德国民法典定义财团为营利社团，其中一部分财团采用基金会的名称，财团必须到所在地的州司法机关登记并取得承认才能获得权利能力。

除了宪法和民法典外，德国在结社方面的法律还有《联邦德国结社法》。德国结社法给出的社团定义为："本法所称社团是指多数的自然人或法人为共同的目的而在长时期内自愿地结合在一起，不问其法律形式如何，能够有组织地表达其意思的一切团体。"但结社法的社团定义不包括政党、议会党团、各种宗教组织和团体。重申了在基本法中规定的结社自由的基本原则，对社团的定义、管理机关、社团的行为、注册、解散、财产关系等内容进行了规定。

（五）登记制度

德国并未规定所有的社会团体都要进行登记，国家不禁止它的存在。如非公益性社会团体、民众团体、市民小协会和工会等都可以不进行法律登记。没有登记的社团也可以有章程，一旦建立就可以租房，自主开展活动，但没有权利向经济部门申请项目，承担的是无限责任。德国社团登记注册主要涉及是公益性认定问题。登记的社团直接与税收优惠挂钩。登记注册是国家关于社团提供的一种优惠条件，如果登记了就可以得到税收优惠的保障。但是法律同样保护那些未登记的社团，只是它们不能享受国家的税收优惠。一般来说，德国社团法律登记至少有两点好处：一是可以获得法人资格，社团如果破产了，成员和理事会不承担经济上的无限责任，反之要承担经济上的无限责任；二是可以享受到国家给予的税收优惠。

德国社团的登记管理机关主要为三个部门：一是德国联邦司法部。但司法部不负责具体登记注册事务，只负责研究制定各种法律草案，包括民法、结社法等，提交内阁讨论通过后实施。同时负责司法监控、财政监控。二是德国地方法院。地方法院负责社会团体的登记注册，主要是审查人数、章程、场所、内设机构等条件。社会团体登记后，包括地方法院在内的行政机构基本上没有更多的行政管理，也没有年检。地方法院一般都设有社团登记处，有专人具体负责社团的登记注册工作。社团在地方法院登记后，记录在登记册子里可供社会查询。另外，德国社团登记信息已在全国联网，所有法院登记的信息都在网上公布，可以随时查询。德国社团登记全在地方法院，也就是居住地所在的区法院，为最低的基层一级法院（这点与中国实行的分级登记，由中央、省、地市、区县分别登记不同）。区法院虽然是德国具有审理民事、刑事案件的普通管辖权的最低一级法院，但对适用德国民法典来说，却是最重要的法院。如果社团的所在地跨越两个以上区域，则由州的司法部门来决定在其中的一个所在地的区法院进行登记。三是德国内政部，所有基金会均由其所在地的州政府内政部进行注册登记。

德国成立社团的基本条件是：必须要有 7 个以上的人员。这 7 个可以是自然人，也可以是法人；必须要有自己的宗旨。宗旨要反映社团的方向，体现社团成立的目的；必须要有自己的章程。德国将章程看得非常重，认为这是社团得以存在的一种法律形式，并且章程要拿到公证处公证，主要证明财产和签字的真实性，确认社团的业务范围，然后才能拿到地方法院登记。社团的章程至少要包括：（1）社团的名称、地址及成立目的；（2）规定成员的加入或退出；（3）成员提供多少出资额；（4）关于董事会组成的规定；（5）召集会员大会的前提条件；（6）关于会员大会决议公证的规定；（7）关于登记；（8）关于章程生效日。社团的章程需经会员大会讨论并通过，必须经过至少 7 个自然人或法人签字，章程是社团的基本法，应尽可能简短、清楚、明白。经过登记后的章程一般不轻易进行修改，如要修改，哪怕是一个字，也要到所登记的地方法院去申报。从成立社团的基本条件和制定章程的条件来看，充分反映出了德国人办事严谨的工作作风。

（六）财政资助

德国政府认识到，社会组织与政府是相辅相成的关系，共同为社会做事，二者的目的是一样的。社会组织可以帮助政府减轻社会事务工作的负担，帮助联系企业与公民，进而培养公民社会责任感，激发公民的能动性，提高政府的工作效率。德国政府还发现，社会组织在运作社会福利服务事务方面比政府更具有效率，可充分利用社会上丰富的人力资源，组织和调动更多的志愿者参与项目建设，进而大大降低项目成本。德国各级政府每年都有许多资金用于社会福利项目，但这些项目不是政府亲自去做，而是采取招标的方式，让非营利社会组织去实施。社会组织要获得政府的项目资金，应向政府有关部门递交详细的项目申请书和实施计划。政府在审查时，主要评审社会组织的目的、能力以及项目设计实施的合理性，最后由市议会来决定。德国不同的社会组织，资金来源是不一样的。德国社会福利服务组织的主要资金来自政府拨款，其比例几乎占德国社会组织总收入的2/3。职业协会、工会等社会团体的收入，主要靠会员交费和房屋出租及各种售票构成。

为了支持社会组织的发展，1961年，联邦德国成立了经济合作部，现为德国联邦经济与合作发展部（BMZ），开始有计划地向社会组织提供资金，支持它们在发展中国家开展援助活动，从而构建起政府与社会组织之间合作的框架。进入21世纪后，德国的发展合作已经关注于一种全球性的结构与和平政策，旨在帮助减少贫困，建设和平，推进公平形式的全球化。

从我们了解的德国联邦经济与合作发展部工作的情况看，其就为社会组织提供资金。一是提供资金给教会（天主教、基督教）。德国的教会是非常强大的，许多社会的公益事业教会都在做。合作部先把一大笔钱发到教会，由教会去操作，而政府不做任何干预。二是提供资金给基金会，操作也是同样的。德国规定，社会组织如果去发展中国家做工作的话，都可以到合作部去申请经费。为了做好这项工作，合作部早在15年前就开设了一个咨询机构，咨询的内容就是解决社会组织如何去满足合作部的要求而申请到经费。另外，据了解，德国社会各界对社会组织从事公益事业也非常支持，慷慨解囊，资助公益组织开展活动比比皆是。比如，我们考察的一个社会救助组织“TAFEL”（中文名为“救济餐桌”），其主要工作是提供食品为贫困的人们以及无法依靠社会生活的人们。他们称之为“社会、经济地位上的弱者”。全国数千个公司企业都给予了“TAFEL”行动支持，给予了从经济上、物质上和人力上的各种形式的大力帮助。

（七）税收减免

德国是一个税收政策比较完备的国家，实行的是中央政府与地方政府（州）共享税与固定税相结合、以共享税为主的两大类税收制度。共享税为联邦、州、地方三级政府或两级政府共有，并按规定的比例在各级政府之间进行分成；固定收入税则分别划归联邦、州或地方政府所有，作为本级政府的固定收入。德国税收制度的突出特点是通过税收调节各州和地方经济的均衡发展，民主德国和联邦德国统一后实行的“团结税”就是主要的例证之一。德国的税务管理十分严格，从申报、评税、审计、法定时效期、支付、上诉、罚款及利息都有十分详细的具体规定，如果某个人或某个公司想偷税漏税几乎成为不可能的事情，或者要遭受到严厉的制裁。

德国公益性组织按照规定可以享受到税收方面的优惠待遇，前提条件是必须具有公益性，必须服从所有税法规定。德国财政税务部门负责社团的公益性的审批。公益性组织在章程中必须写明它全部和直接所追求的目的，并且符合税收条例对物质方面作出的要求。以实物、精神或道义致力于福利和慈善事业及宗教工作，比如帮助青少年、老年人、支持公共健康事业和福利事业等。如果一个机构的2/3的收入服务于需要帮助的社会弱者，这一机构也被看作社会福利机构。公益组织实际运作过程必须符合章程规定，对章程规定的目的及其实现形式的规定也必须便于审查。章程必须对在公益组织解散或失去公共福利特征性的情况下财产的使用目的作出规定。在方法上，公益组织成立以后，要将其章程寄给所在地的财政部门；财政部门帮助其修改章程，使之符合公益的原则并得到认可；认可后的章程要到公证处公证，然后到所在地法院登记注册成为公益性的社会组织，从而可获得税收方面的优惠待遇。在德国公益组织的免税管理是十分严格的。获得免税资格的公益性组织必须向当地税务局周期性地上交活动报告，通常以年度报告包括财务报告的形式归档。财政税务部门每三年进行一次财务检查，审查免税资格，以确保该组织遵守其章程所规定的非营利性原则。

具体来讲，德国公益性组织享受税收优惠主要有两类：一是对公益组织及其活动的税收优惠；二是对慈善捐助行为的税收优惠。

德国公益组织免税的内容主要包括：一是免征法人所得税；二是公益

组织在继承遗产后它们的免税身份还可以持续10年，还可以免除遗产税和捐赠税；三是一般没有增值税豁免权，因此它们要为大部分的市场交易如购买的商品或服务交税，但按照地方商业法第3（6）的规定，公益组织一般可免除商业税；四是按照净资产税法第3（1）条和规定，它们也可以免除净资产税。除了公益组织外，德国一般的社会组织会费、募捐收入、政府补贴以及来私人基金会的补贴收入，通常也享受免税待遇。长期以来，在税收减免方面有一些习惯性的做法，就是根据收入的多少和活动内容来确定是否纳税。如果社会组织在开展经营活动时，活动内容与本组织章程和业务范围有关，则可免除税收；如活动内容与组织章程无关就需要征税。如果一个社会组织每年运作经费不超过30678欧元，一般不需要纳税，超过后则一般需要纳税。为了防止漏税逃税现象发生，有的州规定社会组织开展营利性活动所得收入不应超过其开展公益活动所使用的经费总额，这样，不仅给予了社会组织在开展公益活动时的税收优惠，而且还对其开展非公益活动时取得的收入情况进行了税收监督。

德国对于慈善捐助行为的免税规定，采取的是税前扣除办法。一般不超过个人所得的5%，如果是用于教育、文化、科研和慈善活动，则增加5%，即不超过个人所得的10%可获得税前扣除。目前德国对公益慈善捐赠税前扣除比例，又有新的提高，一律按15%比例税前列支。对于基金会还有一个特殊的规定，如基金会的捐助每年在20450欧元以下内可获免税；对一个新成立的基金会（成立两年内）的捐助在300007欧元以内可获免税。此外，对外国的直接捐助行为不享受免税待遇。

（八）监督管理

在德国，结社自由享有崇高的地位，与言论、集会、罢工等自由一样属于基本人权。对社会组织的监管不能使用“管理”二字。德国政府认为，政府对社团就是负责登记，登记过后，其管理应当完全靠社团自己，政府不应过多干预。因此，“登管分离”是德国社会组织管理体制的一个重要做法。但政府也认为公民不得滥用结社自由，从而危害社会民主法制和国家安全。德国法律规定，社会组织有下列三种情形之一的可予以撤销或取缔：一是触犯刑法规定；二是违反宪法规定的原则；三是危害德国与其他国家间的正常关系。1964年颁布的《联邦德国结社法》，实际上是社团组织处罚法，对此有明确和详细的规定。当德国司法部门确认一个社团的活动与刑法相抵触、不利于宪法秩序、不利于国际团结友好思想时，经过相应的司法程序可以予以撤销或取缔。撤销或取缔禁令由德国内政部门负责依据宪法以命令形式发出，或由法院宣判，以书面形式送达有关组织及其分支机构，同时公布于联邦公报和政府通报中。全国性或跨州活动的社会组织由联邦内政部管辖，地域性的由其所在地的州（市）内政部门管辖。对被禁社团的财产可以查封和没收，必要时可采取直接强制手段。社团一旦被禁止后，不允许再进行任何活动，也不允许建立任何替代组织继续活动。对外国社会组织，如其活动危害了德国的国家安全、公共秩序或其他重大利益时，也可以予以管制。这里分两种情况：一是对成员和领导人大部分为外国人，但在德国注册的，可以予以撤销注册登记；二是对总部设在外国但在德成立分支机构或活动的，可以禁止其在德国的活动。近年来，被取缔或禁止的社会组织，主要是极右分子、极端分子和恐怖分子组织，如“三K党”、“光头党”等。过去12年柏林市范围内只取缔过两起，都是“光头党”组织。

德国的监管，还包括社会评估和公益认证。德国社会问题中央研究所(DZI)就是这样的一个机构。尽管它自称是一个独立的学术研究和公益认证机构，但实际上，它是一个半官半民机构，2006年经费支出100万欧元，其中50万来自联邦和柏林市政府有关部门的补贴，50万来自服务性收费（其中37万是收取的认证费，13万是发行出版刊物所得），其理事会的5个成员也来自政府有关部门和有关重要社团的领导人。据考察时波尔·米里克所长和海蒂副所长介绍，德国社会问题研究所，主要工作就是收集社会问题文献，提供咨询和募捐资格认定。德国募捐活动广泛，每年德国有61.5万个单位捐赠超过40亿欧元。从事募捐工作的社会组织如何取得广大捐赠人的认同，使捐赠者积极捐资从事公益事业，该所以独立者的身份严格把关，通过收集材料，审核收支状况，对社会组织募捐行为实施监督，对这些募捐机构进行审核认定，合格的吸纳为会员单位，颁发德国社会事务中央研究所公益徽章。目前德国家共有230家公益组织通过该所公益资格认证，被吸收为会员。这些组织虽然在数万个慈善机构中所占比例不高，但由于获得捐赠者的信任，每年募款资金超过10亿欧元，2007年募集资金达14亿欧元，占全国每年慈善募捐的30%以上。公益资格认证须每年审核一次，每次申请机构都需交纳审核费。

德国社会事务中央研究所的评估标准主要有12条：第一，所募资金是否按照捐赠者的要求进行支配，是否有挪用现象。第二，机构是否经济有效，慈善募款机构的行政成本是否低于35%。2006年各慈善机构实际平均成本在19%左右。行政成本包括运作经费和宣传成本。第三，预算与计划。慈善机构是否有详细的收入和支出预算计划，这是保证组织持续、健康发展的基础。第四，资金储备。是否明文规定了合理、合适的资金储备额度。由于资金储备而孳生的利息是否用于合适的用途，以间接满足捐赠者的意愿。第五，补偿。慈善机构的全职工作人员的工资应与公益服务组织平均工资水平相当。志愿者组织的志愿人员不得提供工资，但可以为其工作提供适当的补偿。第六，其他补偿。慈善机构禁止为了调解和协调捐赠以及其他捐赠过程中产生的回扣。劝募人员不得从募款中提成。第七，劝募信息的真实。慈善机构应客观、实事求是介绍组织的情况和受益人的情况。不得欺骗捐赠人的同情心。第八，财务管理。慈善机构应该根据会计法则，真实准确记录机构的收支信息。第九，内部控制。慈善机构应当进行财务审计，有年度财务报告。第十，治理结构。慈善机构的董事会符合相关要求。第十一，补齐申报文本的责任。在劝募机构申请德国社会事务中央研究所的徽章时，慈善机构将要承诺按照标准的要求补齐申请报表中所需的资料。第十二，利用募款徽章的批准程序。使用德国社会事务中央研究所募款徽章标志为机构宣传时，必须明确版权要求和在有效期间使用。

在实际评估操作过程中，德国社会事务中央研究所主要考查三方面情况：一是审查公益机构散发的宣传品是否符合要求。宣传资料要符合实际，不要调动太多的调动情感因素进行募捐，例如过分渲染贫困状况、残疾人的惨状，刺激人们的感官，虽然法律上没有明文禁止，但该所认为这些行为不很严肃，要控制这些不合适的行为。短期看来虽有效果，但长期对捐赠人有损害，这些个别行为很容易削弱人们对捐赠的热情。二是要求每年募捐超过 25 万元欧元的公益组织，要请社会中介机构审计其收支状况。三是审查社会组织内部结构是否健全，工作人员是否具备一定的能力，内部审核系统是否完善。在此基础上认定其资格，并且每年进行年检，收取相应的年检费用。

（九）自律机制

德国的社会组织经审查符合条件注册登记后，联邦政府及所属机关职能部一般不干预社会组织的行为，社会组织的一切活动原则上在国家法律框架内，按照会员大会通过的章程中所明晰的范围开展。德国社会组织的迅速发展和作用日益显现，除了德国的法制环境比较健全、财政税收支持外，一个很重要的因素是德国的社会组织非常注重自身的能力建设，通过自身所发挥的巨大作用，提高诚信度和公信力。

完善的内部治理结构是德国社会组织发展壮大的基础。德国的社会组织最高权力机构、监控机构是全体会员代表大会，决定社会团体的重大事项，如章程的制订和修改。社会团体成立后，民主选举产生执行机构理事会。德国社会组织理事会一般 3—5 人组成，包括主席、财务管理、秘书等，理事会的理事长、副理事长常常由社会名流担任。秘书长具体负责日常工作，在理事长和秘书长发生矛盾的时候，通常以评估秘书长执行理事会工作决议的情况为基础来决定秘书长的去留。社团的发起人为建会成员、原始成员，其他入会的成员为合同成员，以合同来约束。会员可要求理事会提供服务，也可依法寻求自我保护，如行使罢免权、选举权、上诉权等。理事会每年向全体会员报告工作开展情况，我们考察的德国联邦基金会、德国社会组织研究所、柏林工商会等社会组织均如上述有着健全的领导机构和执行机构。这些机构职能的充分发挥，使社会组织的决策能力、管理能力、融资能力和协调能力不断提高，社会组织的可持续发展能力明显增强，保证了社会组织治理结构完善，组织体系运转顺畅，制度健全。

加强行业自律，提高社会公信力。德国的行业协会和商会都有各自明确的利益目标，代表着不同组织的利益。为了维护自身利益和自身形象，每个行业协会如商会都特别注重自己的行为和专业操作的规范，依照章程行使权力，依靠各种制度规范行为。如有会员违背自律原则，要受到相应的处罚。自律机制的形成得益于以下因素：一是有法可依；二是社会监督；三是自身利益的驱动；四是大量的同业组织的竞争。

二、德国考察的体会与启示

经过多年的努力，我国社会组织的建设和管理取得了很大进展，社会组织的大环境也正在发生重大变化。但必须清醒地看到，我国社会组织总体上仍处在发展的初级阶段，服务社会功能和自律性、诚信度还不足，外部思想观念、体制机制方面的障碍还比较突出，发展空间和环境还不够宽松，作用发挥与我国经济社会发展形势的要求还有很大差距。我们必须虚心学习其他国家，特别是市场经验发达国家发展社会组织的做法和经验，取长补短，为我所用。

（一）考察体会

通过这次考察，所见所闻，我们对德国社会组织发展和监管工作有了比较清晰的认识，学到了许多经验，也开启了我们如何做好中国社会组织发展、建设和监管工作的思路。对德国社会组织大致有以下几点认识：

1. 德国政府对社会组织高度重视，给予了大力支持。德国政府不仅在法律政策方面为社会组织制定了相当完善的法规，而且提供了一定的财政经费和税收优惠，且又不干预社会组织的内部活动，为社会组织的活动营造了一个极为宽松的发展环境。

2. 德国政府对社会组织实行“登管分离”，登记依法、管理有序。德国社会组织的登记注册必须到地方法院进行，但在管理上又必须经过严格的司法程序，尤其是处罚取缔违法的社会组织时，其司法程序相当严密。这是德国社会组织管理体制上的一个重要特色。

3. 德国社会组织具有很高的敬业精神和责任感。从我们拜访的几个社会组织来看，尽管接待我们一个团队的往往就是1—2个人，而且很多还是女性，但他们介绍的情况条理清楚，内容翔实，接待工作细致周到，而且时间观念非常强。这充分体现了德国社会组织所具有的很高的敬业精神和责任感。

4. 无论政府部门还是社会组织，其对自己从事的工作均有比较高的认识。从我们拜访的政府部门官员和社会组织负责人来看，他们介绍自己工作的情况、思路和工作目标时，都非常清晰，且有一定的深度和广度，都是站在比较高的层面上来谈问题，并不仅仅局限于自己一个本单位。思路决定出路，有较好的思路，相信社会组织的工作也一定会搞好。

（二）若干启示

对照德国社会组织发展与监管状况，结合我国目前实际情况，给我们如何做好社会组织的培育发展工作，提供了有益启示：

1. 政府认识要进一步提高。

对待社会组织，应当充分认识其历史存在的必要性以及社会发展的必然性。我国要建设社会主义的市场经济体制，构建和谐社会，推进现代化建设必须充分发挥社会组织的积极作用，没有社会组织，就不能称其为完整的市场经济，就不可能建设和谐社会，也不可能实现国家的现代化。因此，对社会组织应给予充分的信任和支持。

一是要增强引导支持社会组织发展的主动性。政府管理体制从全能政府向“小政府、大社会”的管理格局转变，建立党委领导、政府负责、社会协同、公众参与的社会管理模式，政事、政社进一步分开，政府社会职能不可避免地需要逐渐分离，将不该管的事交由市场、社会组织等承担。这客观要求政府有意识地引导支持社会组织，进一步培育土壤、拓展空间，促进其健康成长。

二要改变思维方式。与西方国家社会发展情况不同，我国社会领域的改革与社会组织的发展，都是在党和政府的主持和推动下进行的，其目的是社会公益和互益。政府与社会组织之间的关系，不是彼此替代、互相冲突的关系，而是相互配合、相得益彰的关系。要改变“泛政治化”的习惯思维方式，重视社会组织的社会代表性，加大社会组织的政府引导和支持力度。

三要把培育发展社会组织作为第一要务。发展是硬道理。这是整个社会组织建设与管理的基础。没有社会组织的发展，其他一切工作都是无本之木、无源之水。各级政府要主动顺应时代潮流，积极适应形势变化，把握发展规律、创新发展理念、破解发展难题，实现社会组织的总量、规模、结构、布局与我国社会主义经济、政治、文化、社会各项建设保持同步。

2. 职能转移要大力推进。

按照建设服务型政府的要求，坚持社会公共事务管理实行政府主导与社会组织协同、公民参与相结合，鼓励社会组织依法参与社会建设和管理。

一是各级政府要逐步将微观层面的事务性服务职能、部分行业管理职能、城市社区的公共服务职能、农村生产技术服务职能、社会慈善和社会公益等职能转移给社会组织。职能转移并非政府职能的弱化。从微观领域撤退之后，政府要逐步增强宏观调控能力和监管能力。着手制定监督管理承担了政府职能的社会组织的具体规则，确保社会组织胜任职能并能够承担起其对于公众的问责。

二是注意分类进行，重点突破。目前政府职能首先考虑向在市场经济中发挥重要中介作用的行业协会转移，向有利于促进科学技术进步、繁荣科教文化事业的学术类社会团体转移，向规范职业资格、强化职业道德的职业及从业者组织转移，然后再逐步向其他类型的社会组织转移。

3. 政府购买服务要逐步推广。

政府资助是社会组织发展的重要源泉。政府购买社会组织的服务，是资助社会组织的重要方式，也是构建新型政社关系，引导社会组织按照政府意愿、社会需求开展活动的重要手段。

一是划定政府向社会组织购买服务的重点领域。应将人民群众需求较大的公共服务，包括教育、科技、文化、卫生、体育、社会福利、计划生育、社会保障、社区服务等，政府行政管理工作中一些事务性工作，包括政策论证、社会调查、听证、评估等，由“费随人转”向“费随事转”改革，由政府向社会组织购买。

二是政府购买服务应当主要采用公开招标的方式，购买服务包括立项、预算、招标、执行、监督、评估、支付等诸多环节，要建立规范的程序和制度，形成公开、公正、公平、操作性强的机制，确保公共服务的质量和数量，减少寻租和腐败现象。

4. 税收优惠要健全完善。

税收政策是促进社会组织发展的有效途径，也是政府引导、调节和规范社会组织的重要手段。

一是对公益慈善组织的捐赠税收优惠实行普惠制。对享受税前扣除优惠政策的社会组织，变目前的“审批制”为“审核制”。凡是经过民政部门批准设立的公益慈善类组织，财政、税务部门不再进行个案审批。同时简化税收减免程序，鼓励个人对公益慈善组织的捐赠。

二是扩大社会组织税收优惠种类和范围。在目前以所得税优惠为主的基础上，在财产税、商品税、房产税、车船使用税、城镇土地使用税等也应给予社会组织相应的税收优惠。税法中应明确体现出对社会组织的界定、对不同类型社会组织减免的税种、减免幅度等具体内容。

5. 法制和监管要切实加强。

完善法律法规，是党和政府对社会组织更高层面的支持和培育。只有把社会组织全面纳入法制化、制度化轨道，政府的支持政策才有法可依，加强监管才有章可循。

一是加快推进社会组织法制建设。目前社会组织只有行政法规层面的管理条例，有必要启动社会组织法的论证工作，规定社会组织的基本权利义务、财产问题、治理结构、政府与社会组织的关系等。要做好《社会团体登记管理条例》和《民办非企业单位登记管理暂行条例》的修订、出台工作。同时，推进行业协会条例等单项立法，健全社会组织税收、社会保险、劳动用工、人事工资等政策，为社会组织营造良好的法制环境。

二是提高监管效力。改革双重管理，降低准入门槛，把社会需要的、无法登记注册的社会组织纳入依法管理的轨道。要加强监管力量，增加各级登记管理部门机构编制和人员经费，配备执法设备，改变监管不到位的问题。条件成熟时，改变政出多门，多头管理的体制，建立统一行使登记、备案和监管的专门机构，同时对具有专业要求的社会组织辅之以资质认证和业务指导。

三是实行信息公开和评估制度。公益性社会组织以及承担了政府职能、接受政府采购和享受税收优惠的社会组织，应当向社会公开信息，包括年度工作报告、政府支持资金的使用情况、公益项目实施情况等。同时推行社会组织评估制度。通过评估甄别社会组织的优劣情况，作为公众捐赠和政府支持的重要参考依据。

6. 社会组织公信力要进一步提高。

自律、诚信是社会组织的生存基础。社会组织必须通过有效的服务争取政府的政策支持、企业的财力支持和社会的道义支持，以确保实现其组织的社会使命。

一是要以社会组织为本。要贯彻落实科学发展观，把社会组织建设作为中心任务来抓，将社会组织从被监管的对象转变成发展建设的主体，进一步增强社会组织服务社会功能，完善社会组织政策体系，科学规划、正确引导、积极扶持，使社会组织全面协调可持续发展，与构建社会主义和谐社会的内在要求相适应，与建设中国特色社会主义的正确方向相统一。

二是建立健全内部治理结构。建立和完善以章程为核心的内部管理制度，有效发挥权力机构、执行机构和监督机构的职能作用，健全民主选举、民主决策、民主管理、民主监督运行机制，增强独立性和自主性。

三是发展社会组织人才队伍。人才队伍是关系到社会组织长期稳定发展的重要基础。政府要进一步完善社会组织人事管理、社会保障、职称评定、职业建设等政策，健全社会组织工作人员保障和激励机制，推动社会组织人才队伍专业化、职业化、年轻化。加强领导班子建设，提高领导能力和决策水平。建立吸引社会工作人才和志愿者参与社会组织工作的政策和制度。

四是提高诚信度和公信力。社会组织作为市场经济主体之一，也必须遵守市场经济原则，加强自律与诚信建设，以自律为发展之道，以诚信为立身之本。

五是加大建立现代社会组织制度力度。这是加强社会管理、构建和谐社会的客观要求，是社会组织改革发展的必然选择。要从我国国情出发，以法人地位明确、治理结构严谨、责权关系对等、筹资渠道广泛、制约机制健全、管理运行科学为主要内容，大胆探索和积极实践，建设功能到位、作用明显、充满生机活力的现代社会组织制度。

7. 公益慈善类社会组织要加大扶持力度。

解决人民最关心、最直接、最现实的利益问题，使经济发展成果更多体现到改善民生上，需要进一步培育发展公益慈善组织。

一是切实解决登记管理障碍。以群众需求为导向，结合实际，制定发展公益慈善类组织的规划，探索开通登记绿色通道。对于涉及民政业务的非公募基金会，民政部门可以承担业务主管单位的职能。

二是着力落实税收优惠政策。新企业所得税法及其实施条例，对公益性捐赠的税前扣除比例，已由年度应纳税所得额的3%调整为年度利润总额的12%，建议有关部门抓住有利时机，加强沟通、协调，制定企业所得税法及其实施条例的操作性办法，把这项政策贯彻好、落实好，努力为广大社会组织营造更为宽松的税收环境。

三是积极探索培育扶持举措。积极支持和引导公益慈善组织在社区建设、安老扶弱、助残养孤、扶危济困、救助赈灾等领域实施项目，提供服务。政府有关部门要解放思想，转变既管又办、统包统管的观念，可以探索政府支持、社会组织运作的合作模式，提高救助慈善工作社会化水平，扶持社会组织参与公益慈善事业。

8. 城乡基层社会组织要积极培育发展。

培育发展城乡基层社会组织是加强社会建设、构建和谐社区的重要内容，也是社会组织建设与管理新的生长点。当前，无论是农村专业经济协会，还是城市社区社会组织，都存在起点低，底子薄，培育政策不健全，内在机制不完善等问题，要重心下移，加强这方面工作。

一是继续培育发展农村专业经济协会。按照农民专业合作社法，农村专业经济协会是与农民专业合作社性质、功能、作用不同但又互补的一类农民专业合作组织，要妥善处理两者之间的关系，尊重农民的选择。引导农村专业经济协会广泛吸纳农民、经纪人、企业、农业服务单位、农民专业合作社为会员，增强代表性，扩大影响力。通过交流培训、典型示范，提高农村专业经济协会服务能力和管理水平。各地要加强调研，总结经验，创新发展手段，加大政策扶持力度。建议有条件的地方，可探索建立政府资金、福利彩票专项资金支持机制，推动地方立法，从更高层次解决农村专业经济协会发展中的瓶颈问题。条件成熟的地方，可以探索农村社区社会组织发展、管理的有效方式。

二是大力推动城市社区社会组织建设。正确认识社区社会组织的内涵、地位及功能，把握其产生、发展与活动规律。建议适当登记降低门槛，简化程序，业务主管单位可由街道办事处担任，对不具备法人条件的组织，可以实行备案制。结合社区建设，鼓励地方在场所、经费等方面对社区社会组织予以支持，发挥社区社会组织在拓展社区服务，推进社区自治，共建和谐社区中的积极作用。

非营利组织创新的新形式——社会企业

刘振国

20世纪90年代以来，在非营利组织领域出现了一个新组织形式——社会企业。英国现任首相戈登·布朗称他们是“新的英国成功故事，创造了一个新的企业领域”。对中国而言，社会企业还是一个很新、很陌生的概念。但是，这一概念一经引入，就在理论界和事务界引起了广泛的关注。本文意在境外实地考察的基础上，结合对国内非营利组织发展现状的思考，提出对社会企业发展背景、概念特征、运营方式等的个人看法。

一、何谓社会企业

一般认为，社会企业的概念是20世纪90年代提出的，目前还没有一个在全球范围内被普遍接受的定义。在英国，社会企业还不是一个法律概念，而是各个社会企业自我的表述。

英国所谓的社会企业一般具有以下特征：首先，社会企业在形式上是一个企业，具有企业的一般特征。其次，社会企业在经营上采取商业经营的模式，自负盈亏。第三，具有明确的社会目标（如社会福利、社区发展、环境保护、社会救助等），其经营的目的是为了实现其社会目标。第四，社会企业的经营收益用于其社会目标或用于社会企业的发展，而不在出资人中进行分配。可见，社会企业既重视经济效益，更重视社会目标，它既不是纯粹的企业，也不是一般的社会服务，社会企业通过商业手法运作，赚取利润以贡献社会，它们对社会价值的重视多于追求最大的企业赢利。

关于社会企业的概念的适用问题，国内有许多不同的看法。不少人认为，社会企业是由英文“Social Enterprise”直译而来，英国、美国等国家（包括我国香港地区）对企业概念的理解和我们有一定的差异。一般认为，这可能和这些国家和地区的历史传统特别是组织登记注册体制有关。在英国，除政府部门和少数依据特定法律成立的组织外，绝大多数组织（包括非营利组织）都注册登记为公司（主要包括股份有限公司和担保有限公司），以获取法人资格。他们对企业范围的理解比我们要宽，我国的民间非营利机构如社会福利服务机构、培训机构、医疗机构、戒毒中心等在英国被认为是企业，我们一般对企业的理解相当于英国的工商企业。因此，一些学者建议使用社会经济组织或社会服务组织的概念，以避免引起歧义。鉴于当前尚没有一致的意见，因此本文中仍然使用社会企业的概念。

二、社会企业在英国的发展状况

社会企业作为一个新生的事务，在英国也处于发展的初期阶段。社会企业还不是一个法律的概念，也没有一部法律对其进行规制，英国对社会企业也没有特殊的优惠政策。但是，社会企业的发展在英国还是得到了广泛的重视，成为英国政府推广的社会福利模式之一。英国内阁第三部门办公室介绍，目前英国大约有55000家社会企业，占英国雇员总数的5%。每年贡献84亿英镑的价值，相对于英国国内生产总值的1%。苏格兰有3000家社会企业，年营业额20亿英镑。当然，社会企业的价值远远不只在经济方面。在英国，社会企业活动的领域非常广泛，主要包括社区建设、环境保护、社会福利、志愿服务、技能培训、社会救助等，它们在满足社会需求、改进公共服务、促进社会就业、促进社会公平和社会包容方面发挥了独特的作用。

三、社会企业在英国的发展的原因

英国社会企业的孕育和发展，是福利国家的转型，社会服务民营化、民间非营利组织的发展、政府政策推动、社会企业家创新等多方面因素共同作用的结果。

（一）福利国家的转型

第二次世界大战之后，英国作为欧洲国家的代表，在1948年率先宣布建立了以充分就业、消灭贫困、风险保护和机会平等为基本内容的福利国家，推行全面社会保障制度。福利国家体制对保障公众利益、解决社会问题产生了积极而深远的作用，使“福利欧洲”成为人人向往的人间福地。但是，长期的福利国家政策，也使得英国背上了沉重的经济和社会包袱。到20世纪70年代，英国经济滞胀、失业率居高不下、公共财政状况恶化、国民懒惰情绪普遍滋生、政府机构庞大、效率低下、国际竞争下降，被人讥讽为“欧洲病夫”。针对这种情况，英国政府在20世纪70年代开始进行福利制度改革，特别是撒切尔夫人任首相的80年代，强力推行自由主义的经济政策，用强硬的手段大刀阔斧地进行改革。在社会福利体制方面，撒切尔政府改革税制，降低税率，削减教育、医疗和社会福利等公共开支，推行私有化和非国有化。撒切尔政府确立了英国改革的理念和基调，后来的保守党梅杰政府延续了撒切尔政府的改革。1997 年上台的工党布莱尔政府虽然主张“第三条”道路，对撒切尔主义进行了修正，但在许多经济政策方面还是延续以往的做法，结束英国人所习以为常的社会福利制度，提出了“变福利为工作”。福利制度改革引起了深刻的社会变革，在国家削减福利支出的基础上保持福利项目的质量，需要民间非营利机构承担更多的社会责任，也为民间非营利机构发展和发挥作用提供了更为广阔的空间。

（二）公共服务民营化

福利国家转型的一个重要环节是通过民营化完善公共服务。英国是西方国家最早推进民营化的国家。1991 年梅杰政府公布了《为质量而竞争》的政府白皮书，宣称“公共服务逐步转化为合同制而非官僚制”，鼓励公共组织和公共机构制定、公布并实行一套明确的服务标准。推进扩大外部竞争，推行“市场测试”，只要可能，提供某一服务的政府部门就要与政府外的供应者按照市场规则竞争性投标。同时，通过立法扩大强制竞标的范围，英国也因此成为“合同国家”。根统计，通过强制性竞标，政府因此平均节约了 7%的成本。公共服务的民营化一方面导致了政府从服务提供者变为服务授权者，同时把市场或准市场的规则引入社会服务领域。公共服务的民营化特别是外部竞争的扩大，使得民间非营利机构和社会企业可能获得更多的资金和项目。据统计，英国非营利部门 36.4%的资金来源于政府。根据相关的法律和规定，政府的各个部门都面向社会发布公共服务项目，非营利机构、社会企业、私人企业等都可以参加服务项目的竞标。

（三）民间非营利持续发展的需要

英国的民间公益组织遍及社会生活的各个方面，在数百年来英国社会乃至人类社会的进步中扮演了重要的角色。在英国，官方和大众媒体较少使用“非营利组织”或“非政府组织”的术语，而更多的使用传统用语“慈善组织”（Charity Organization），近年来比较通用的是“志愿和社区组织”（Voluntary and Community Organization）一词。在英格兰和威尔士地区，截至 2002 年年底，有近 20 万家民间公益组织，其中在英国慈善委员会登记注册的慈善组织共 18.6 万家，它们的总资产额约达 700 亿英镑；专职人员的总就业规模达 50 万人，占全英就业人口总量的约 3%。虽然慈善组织的数量众多，但是大多数已注册慈善组织的规模都较小，小规模慈善组织的筹款能力相应也较低。2001 年，已注册慈善组织总收入 267.1 亿英镑，其中，1/3 以上的收入来自 372 家大型慈善组织。40012 家注册慈善机构的平均收入大约只有 1000 英镑，甚至更少，另有 59699 家的平均收入在 1001 英镑到 1 万英镑之间。大量的小规模慈善机构为了实现其宗旨，维持其发展，不再单纯地依靠社会捐赠，而是通过设立相关的社会企业，通过运营获取一定的收益，用于其宗旨相符的慈善事业。同时，通过社会企业的运作，拓展其社会服务的内容，扩大非营利机构的整体规模，增强其持续发展的能力。

（四）慈善机构的社会信任资本

英国的志愿慈善历史传统悠久，它们在社会服务、互助、倡导等诸多方面发展着积极的作用。在英国，几乎每个人都参加过慈善组织的志愿活动，很多人都得到过慈善组织的帮助。慈善组织积累了很多社会信任，研究发现，2/3 受调查人群对慈善组织的信任超过对其他组织甚至教会。我们这次访问的所有类型的社会企业，都是由慈善机构创立的，可以说，慈善机构是社会企业的母体。正是基于慈善机构长期积累的社会信任资本，使得慈善机构创立的社会企业能够很自然地得到政府和公众的支持。例如，在许多城市都有慈善机构设立的商店，即使这里的商品不比其他商店的便宜，很多当地的居民都愿意到这些商店来购物，因为他们感到支持这些商店就是支持他们信任的慈善机构。同样，慈善机构设立的社会企业或新的社会服务项目，也比较容易得到政府相关部门的支持，我们所考察的社会企业，很多项目的资金都来源于政府的支持。

四、启示及建议

虽然中英社会制度、文化传统和治理理念都不尽相同。但是，作为老牌资本主义国家和制度创新的代表，英国的许多理念和做法有可以借鉴之处。

一是完善政策环境，促进公益慈善等服务类非营利组织的发展。英国的民间非营利组织大都以民间慈善为宗旨、以公益服务为主业、以志愿参与为特征，形成了英国社会政府公共部门与民间公益慈善组织共同推进公共福利的繁荣景象。当前，我国民间组织虽有较大的发展，但是公益慈善类民间组织无论数量、质量、社会影响都明显不足。从国际经验看，公益慈善服务是民间非营利组织最重要的领域之一。虽然我国也出台了《基金会管理条例》、《中华人民共和国公益事业捐赠法》等一系列法规来鼓励公益慈善事业的发展，但是由于长期以来强政府、弱社会的格局没有根本改变，各级政府对民间公益组织的作用认识不清，相关配套政策不健全，扶持政策特别是财政支持和税收优惠政策不完善，公益慈善类民间组织的发展还面临许多困难和问题。公益慈善是社会接触面最广、社会动员能力最强、社会作用最明显、最能体现非营利组织特点的领域。民间公益慈善等服务类非营利组织的发展，需要民间组织本身以推进社会福利、公益服务为其宗旨与使命，不断完善服务内容，提升服务水平。同时，政府和社会的支持也是必不可少的。当前，需要进一步完善相关培育和扶持政策，特别是努力建立政府和公益慈善组织之间应良好的合作关系。

二是完善管理制度，增强公益慈善组织的社会信任资本。英国公益慈善组织之所以能得到社会的广泛信任，既有公益慈善组织自身坚持公益宗旨、长期服务社会的内因，更有英国政府长期以来对慈善组织严格管理的外因。特别是近年来，鉴于公益慈善组织的作用日益突出，政府也加强了对慈善组织的监管，并根据其年收入规模不同而相应受到不同程度的监管，重点监督年收入在 1000 万英镑以上的慈善组织。在实行监管的方法上，英国慈善法要求所有的民间公益组织在运作上要高度透明和公开，慈善委员会要求民间组织每年需提交年度报告。同时，慈善委员会定期对大型民间组织进行风险评估、资产评估和财务评估，并与其他相关的政府部门密切配合进行相关调查和联合执法。在 2003 — 2004 年间，慈善委员会共开展了 423 起调查，涉及金额达 2000 万英镑，行使监管权力 1021 次。对于违规操作或出现腐败行为的民间组织，将受到撤销其托管人理事会、取消其慈善组织资格等处罚。另外，在公益慈善机构的活动方面，也有诸多法规进行规制，如在慈善组织募捐方面有《入户募捐规定》、《慈善募捐规定（过渡性条款）》、《街头募捐规定（大城市警区）》、《彩券与娱乐法》、《慈善机构（募捐）规程》等进行规范。正是对慈善组织的严格管理，保证了慈善机构的健康发展。社会信任是公益慈善事业发展的动力，也是其生命线。当前，我国公益慈善组织虽然有了一定的发展，也采取了一系列的措施如信息公布、评估等规范其行为，但是总体而言，我国公益慈善组织的社会信任度还不够高，有些组织还不时爆出一些丑闻，极大影响了公益慈善事业的发展。因此，可以借鉴英国对慈善机构监管的做法，一是完善公益慈善组织的内部治理，建立科学的内部治理结构，避免公益慈善组织沦为个别人“自留地”。二是重点监督。对规模和影响较大的公益慈善组织加强重点监督，必要是可建立类似税收专管员的联系人制度。三是完善信息公布和年度检查制度，及时发现公益慈善组织存在的问题。四是完善政策法规，对公益慈善的各个环节进行必要的规制。五是强化调查和处理。对发现的问题应及时开展调查，并根据问题的严重程度依法进行处理。总之，通过完善管理，提高公益慈善组织的能力，增强公益慈善组织的功能，提高公益慈善组织的社会公信力。

三是探索创新之路，增强民间非营利机构自身发展能力。公益慈善民间组织的发展，政府和社会的支持固然重要，但是民间组织通过不断拓展业务领域、创新发展也是非常关键的因素。发达的英国尚且如此，作为发展中国家的民间组织，过多地依靠政府的财力支持很不现实。因此，民间公益慈善组织在积极争取政府和社会支持的前提下，也应像英国的社会企业家那样，不苦等政府的支持和社会的捐赠，而是用创新的理念、创新的精神做公益慈善，利用社会信任资本，通过拓展项目、开展经营增强发展能力。虽然我国公益慈善组织所积累的社会信任资本还非常有限，但是，这并不妨碍这些组织进行增强自身发展能力的探索。特别是在一些领域，已经形成了一些公益慈善的品牌，可以利用这些品牌进行一些尝试，在尝试中扩大公益品牌的影响。当然，公益慈善领域中的创新活动是以增加社会信任为前提的。同时，对公益慈善组织的创新尝试，还需要一定的政策扶持和引导。

借鉴美国非营利组织税收激励和监管制度加强我国社会组织建设和管理工作

安　宁

一、美国非营利组织的基本情况

非营利组织作为独立于政府和企业之外的第三部门，在美国社会享有巨大的影响力，在普通民众的日常生活中发挥着必不可少的作用。据统计，美国有 160 万个非营利组织，其收入占国内总收入的 6%，从业人员占全国雇员的 9%，全美 51%的医院、46%的大学、86%的博物馆、90%的音乐、舞蹈、艺术组织以及 58%的各类社会服务由非营利组织提供。

美国的非营利组织种类繁多，主要分为公益组织和互益组织。美国税法规定，捐赠人向公益组织的捐赠可以税前扣除，向互益组织的捐赠不能扣除。以税收杠杆引导捐赠流向的制度安排，有力地推动了公益慈善事业的发展。2006年，全美捐赠额达到2950亿美元，占GDP的2.5%，其中75.5%来自个人，12.4%来自基金会，7.8%来自遗赠，4.3%来自私人企业。从非营利组织的全部收入构成看，40%来自服务收费，35%来自政府资助，20%来自捐赠，5%为其他收入。此外，全美还有1亿多人作为志愿者参加公益活动，占全国总人口的1/3。

非营利组织及慈善事业在美国能够发挥重要作用，与美国的历史密切相关。美国早期艰苦环境中形成的互助行为、基督教文明的价值观、重教育的传统、对“大政府”根深蒂固的疑虑以及对私人力量的推崇[①]，不仅形成了其崇尚自治的传统，而且也使得美国的公益事业和慈善活动逐步成为植根于美国人心中的传统理念，影响着人们的社会习俗和行为规范，也蕴积而成后来各式各样的以公益、慈善和救助、援助等为宗旨的非营利组织产生和发展的主要历史文化根源之一。因此可以说，美国的私人慈善事业和非营利组织的发展“深深植根于其宗教信仰、互助历史、公民参与原则、多途径解决问题原则以及个人自主和有限政府观念的传统之中”[②]。

二、美国非营利组织管理的特点

1. 宽松的法人注册和管理制度

受历史传统影响以及联邦和州法律的保护，美国非营利组织的注册非常容易[③]。美国并没有统一的非营利组织注册管理法规，多数州规定，州务卿负责非营利组织的成立，州首席检察官负责保护非营利组织的资产。州一级的法律主要规范非营利组织的组建、管理、理事的权利和义务、利益冲突的解决程序以及公信力等问题，州检察官负责非营利组织的监管，主要是保证资金的使用符合宗旨，防止内部交易，监督理事履行义务。

在美国，是否取得法人资格，并不影响一个组织的活动。注册为法人，主要是为了获得免税资格，以形成稳定的资金来源，保证组织能够长期运作下去。因此，免税资格对非营利组织来说就成为生死攸关的问题，在实际应用中，非营利（nonprofit）与免税（tax-exempt）也就具有基本

---

① 资中筠，《20世纪的美国》，三联书店，2007年，第14页。

② Council on Foundations：An Abbreviated History of the Philanthropic Tradition in the United States，http：//www.cof.org/about/history

③ 实际上，在美国一个组织只有获得了免税资格才能称为非营利组织，法人注册时的组织并不是严格意义上的非营利组织。本部分采用非营利组织这一名称，是为了强调其为获得免税资格而进行注册。

相同的意义。也正是因为这一原因，美国尽管没有统一的非营利组织管理法规，但由于《国内税收法典》规定联邦税务局负责免税资格的确定，因此所有的非营利组织都接受美国联邦税务局（IRS）的监管。

2. 严密的税收激励和监管制度①（以慈善组织为例）

（1）慈善组织享受免税资格的条件

• 必须以非营利为目的，包括：从事慈善、宗教、科学、公共安全测试、文学、教育、培养业余爱好者进行体育竞技或预防虐待儿童、动物中的一项或多项活动，为非营利目的而成立且主要围绕非营利目的开展活动；

• 禁止利益分配，即任何能够控制该慈善组织或能对其产生实质性影响的人都不得从中受益；

• 不得参与竞选，即不支持或反对任何公职候选人；

• 不得进行实质性的游说活动，即不对立法进行实质性的支持或反对。

（2）慈善组织的类型划分

美国联邦税法将慈善组织分为公共慈善机构和私立基金会两类。由于私立基金会比公共慈善机构受到更多的法律制约，因此一个慈善组织如果不能证明自己是公共慈善机构，将自动被视为私立基金会。公共慈善机构包括：

• 法定的公共慈善机构：包括教会、学校、医院和医学研究组织。

• 依赖捐赠的公共慈善机构：一个慈善组织来自公众的捐赠如果超过捐赠总额的1/3，该组织就是公共慈善机构。如果该比例在1/10到1/3之间，还需要通过事实和具体情节检验后方可成为公共慈善机构。如果公众捐赠比例低于1/10，则该组织将被归为私立基金会。

• 有免税活动的公共慈善机构：对于收入主要来自于商品销售或提供服务的慈善组织来说，只有符合以下两个条件，才能称为公共慈善机构：一是其收入总额中的1/3以上来源不同，二是投资收入不超过收入总额的1/3。

此外还有类似于我国社会团体专项基金的捐赠人专项基金和支持型公共慈善机构。

（4）慈善组织的分类管理

美国税法对公共慈善机构和私立基金会在税收减免和行为监管方面实行完全不同的标准，体现了鲜明的分类管理思路。公共慈善机构由于其资

---

① 本部分主要参考了中国社会出版社《通行法则：美国慈善法指南》，金锦萍、朱卫国、周虹译，2007年。

金来源分散，理事构成广泛，因此管理较为宽松；私立基金会由于受制于企业和个人，因此有一系列严格的监管指标，以防止其成为个人或组织牟利的工具。

• 捐赠者税前扣除的分类管理。

美国税法规定，企业向慈善组织的捐赠在当年应税所得 10%以内的，个人在当年应税所得 50%以内的，可以在税前扣除。捐赠人的遗赠可以免征遗产税。

上述指标仅是一个一般性的规定，在实际操作时，美国税法又依据捐赠形式和接受捐赠机构的差别，制定了非常详细的税前扣除标准。概括来说，捐赠现金、资产收益，比捐赠实物享受的税前扣除比例较高；向公共慈善机构的捐赠，比向私立基金会的捐赠享受的优惠幅度高。此外，对于捐赠的股票、资本收益、不动产收益、存货等，税法也给出了明确的价格计算依据，具有很强的操作性。

• 法定支出的分类管理。

美国税法对于公共慈善机构每年的支出没有严格要求，但对私立基金会，却要求其每年必须将基金会中非慈善财产市场价值的 5%用于符合规定的支出，否则，将按应支出金额的一定比例征税。

• 行为的分类管理。

美国税法一个非常重要的安排就是明确利益冲突人，防止其利用自身的影响从慈善组织牟利。利益冲突人的范围非常广泛，包括了对慈善组织有重大影响的个人和组织。尽管在利益冲突人的范围上，公共慈善机构和私立基金会差别并不大，但在行为要求上，私立基金会的利益冲突人却受到了更加严格的限制。私立基金会与利益冲突人发生的买卖、交换及租赁关系，信贷，提供物品、服务和设施设备，支付的报酬与开支，转让或者使用收入、财产以及与政府官员的交易，都构成了自我交易。对于自我交易，税务局可立即课以处罚税。

3. 强大的支持体系

(1) 政府支持

美国民众互助、参与、自治的传统，使得他们对接受非营利组织的服务有一种天然的亲近。美国政府充分认识到民众的这一需求，通过提供大量直接和间接的支持，帮助非营利组织的发展。主要有：

• 宽松的法律框架；

• 鼓励私人捐赠的税收优惠政策；

• 通过政府赠款和项目直接给予非营利组织资金支持；

• 对接受非营利组织服务的个人给予税收优惠和补贴，以间接支持非营利组织。

（5）社会支持

1969年通过的《税制改革法》，对非营利组织特别是基金会造成很大冲击，在此背景下，成立了许多的支持组织，吸收基金会等非营利组织作为会员，联合起来反映非营利组织的需求，维护会员的权利。如CouncilonFoundation，有2100个会员，会员资金占全部基金会资金的2/3。该组织每年的预算约为1700万美元，60%—70%来自会费，其他经费来自服务和出版刊物的收入。该组织一方面为基金会的发展提供政策咨询，另一方面与政府特别是税务委员会保持密切联系，跟踪立法进程，为基金会争取利益。

美国70%的非营利组织年收入低于5万美元，政府部门、大基金会的项目和资金支持，是这些组织正常运作的主要保证。但这些项目和资金的申请程序往往比较复杂，材料要求严格，绝大多数非营利组织在提交申请时都面临着许多困难。针对这一情况，出现了许多专门的支持性组织，它们通过培训，提供信息服务，提高了非营利组织争取项目和资金的能力。旧金山的FoundationCenter就是很有代表性的一个支持性组织。该组织每年预算2000万美元，58%来自收费服务，其他来自于基金会的资助。该组织主要通过网络提供服务，其网站（http：//foundationcenter. org）既包含了大量的基金会信息，也提供公益项目信息，同时还举办培训，为非营利组织提供及时有效的服务。

此外，非营利组织研究在美国的大学也很普遍，学术界的支持，有力地保证非营利组织的规范发展。

三、政策建议

中美两国由于历史传统、政治制度存在巨大的差异，因此在非营利组织的管理方面，两国采取了迥然不同的方式。我国以法人的登记和管理为重点，美国则主要依靠经济手段。美国政府对非营利组织的税收优惠，有两方面的含义。一是体现政府的支持，减免即代表了政府的间接赠予。二是享受税收优惠的非营利组织要接受政府的监管，其行为要符合政府确定的规则，以防止税收优惠政策被滥用。我国税法给予社会组织的优惠较少，从所得税看，社会组织获得的政府拨款、捐赠收入可以免税，生产经营收入、投资收益不免税；在营业税、增值税方面都没有对社会组织的优惠规定。从捐赠者的角度看，只有向经过财政、税务部门批准的公益性社会团体和基金会的捐赠，才能享受税前扣除优惠，而获得批准的公益组织数量很少，这些都不利于社会组织的发展，也不利于调动社会捐赠的积极性。税收优惠政策的不足，还导致相应的监管规定较少，由于无章可循，社会组织的行为特别是经营行为也就难以得到有效的规范。

2008年，新修订的所得税法及其实施条例将颁布施行。新法第九条规定“企业发生的公益性捐赠支出，在年度利润总额12%以内的部分，准予在计算应纳税所得额时扣除”；第二十六条规定“符合条件的非营利组织的收入”为免税收入。上述规定在大的方面与美国基本一致，美国对非营利组织的税收激励和监管机制，对加强我国社会组织的建设和管理有积极的借鉴意义。

1. 明确非营利组织的免税收入，引导社会组织自觉规范行为

美国税法对非营利组织从事符合其宗旨活动取得的收入给予免税，对无关宗旨的活动不予免税。无关宗旨的活动包含三个必要条件：是贸易或商业活动；由非营利组织经常开展的；与非营利目的无直接关系。但是，对于红利、利息、租金、资本收入等被动收入，以及主要由志愿者开展的活动、主要为便利会员、学生或雇员从事的活动所取得的收入，可以免税。借鉴美国的技术性规定和理念，明确我国社会组织免税收入的条件，不仅可以避免国家税收的流失，还可以抑制社会组织的营利冲动，促使其围绕宗旨积极开展活动，进而达到规范行为的目的。

2. 规范捐赠税前扣除政策，切实发挥税收优惠的激励作用

（1）要明确公益性社会组织认定与享受捐赠税前扣除资格的公益性社会组织认定的区别。

社会组织的类型不同，其所提供的服务以及从事的活动与公众福祉的相关程度也不同。互益性社会组织的活动，主要是为会员服务，而公益性社会组织则是以公共利益为唯一目的，其活动的受益对象是社会公众或社会困难群体。社会组织是否具有公益性，由其章程、宗旨和实际行为决定。由于登记管理机关承担着社会组织章程的核准、业务范围的确定、年度工作的审查以及日常活动的监管等职责，因此社会组织的公益性应当由民政部门判定。而依据《基金会管理条例》的规定，基金会一旦成立，就应当自动享有公益性社会组织的地位。

成为公益性社会组织，并不代表其必然就享有捐赠税前扣除资格。要获得这一资格，必须经过更加严格的审查，以避免税收优惠政策被滥用。在捐赠税前扣除资格的认定上，财税部门作为主管机关，应当发挥主导作用，但民政部门也应参与其中，以便使认定工作与登记管理机关的监管有效地结合起来。

（2）要明确认定标准

•应有运营时限的要求，建议以 2 年为限。即一个公益性社会组织必须成立 2 年以上，并以最近 2 年的指标作为判断其是否享受捐赠税前扣除资格的依据。

•应有公益支出比例的要求。享受税前扣除资格的基金会，应按照《基金会管理条例》的规定完成公益支出比例。对社会团体，尽管法规没有公益支出比例的要求，但要享受捐赠税前扣除资格，原则上其每年用于公益事业的支出应当不少于总收入的 50%，同时需达到年度总支出的 50%以上。

•应控制工作人员工资福利和行政办公的支出比例。《基金会条例》规定，基金会工作人员工资福利和行政办公支出不得超过当年总支出的 10%，社会团体也可以参照这一比例执行。

•应控制收入来源。为防止公益性社会组织追求商业利益而大量从事经营活动，应该明确相关宗旨和无关宗旨经营活动的标准，并要求享受税前扣除资格的公益性社会组织无关宗旨经营活动的收入不得高于其总收入的 50%。

•应参考民政部门的年检结果。民政部门对社会组织的年度检查，是对社会组织组织机构、内部治理以及年度工作的全面检查，只有年度检查合格的公益性社会组织，才能享受捐赠税前扣除资格。

明确了认定标准后，对符合条件的公益性社会组织，实行普惠制，取消目前的全额扣除和个案审批等歧视性待遇。

（3）要明确监管标准

对享受捐赠税前扣除资格的公益性社会组织，应实行年度检查与日常监管相结合的监督管理制度，以便形成能上能下的动态激励机制。为此，可要求公益性社会组织对照认定标准，每年向财税部门提供经民政部门认可的工作报告，对不符合认定标准的社会组织，由财税部门取消其捐赠税前扣除资格。

（4）要细化捐赠税前扣除标准

企业所得税法只规定了捐赠税前扣除的比例，但由于捐赠形式的不同，捐赠的价值差别很大，这就带来了税前扣除的困难。《民间非营利组织会计制度》尽管提出了公允价值的概念，但在公允价值的计算上，即便是美国这样市场经济高度发达的国家，也面临着很多的困难①。为避免国

① 民政部法制办公室编：《中国慈善立法国际研讨会论文集》，2007 年，中国社会出版社第 356 页。

家税收流失，建议对现金、物资、不动产等规定不同的税前扣除比例，对无关宗旨和相关宗旨的捐赠也给予不同的税前扣除比例。此外，《财政部关于加强企业对外捐赠财务管理的通知》（财企〔2003〕95号）规定，企业持有的股份不得用于对外捐赠。但是随着我国经济和资本市场的发展，企业捐赠股份的意愿将更为强烈。从国际比较来看，采取禁止性的规定依据不足。因此，建议加强对企业捐赠股份税前扣除的研究，针对股份的流通性制定不同的优惠政策。同时，为鼓励非公募基金会的发展，对企业向基金会成立捐赠的原始基金，应给予税前扣除。

3. 加强对基金会的规范管理，保证基金会资产的公益性

基金会以社会捐赠资产为基础，其发展状况既是一个国家经济实力的体现，也是公众慈善意识的反映。《基金会管理条例》实施后，我国的基金会特别是非公募基金会发展迅速，已经成为公益事业的重要组成部分。但是，由于法规对基金会的行为规范较为粗放，个别基金会也出现了一些问题。美国的基金会历史悠久，经过多次博弈后，政府对基金会的管理已经形成了比较成熟的制度框架。借鉴美国的做法，我国的基金会管理工作，需要关注以下几方面的问题：

• 明确利益冲突人（或利益相关者）：包括基金会的发起人，主要捐赠者，（发起人和主要捐赠者如果为机构，应当还包括控制该机构的人），理事会成员，以及上述人员的家庭成员及其控制的机构。

• 制定自我交易（或关联交易）的限制性规定：原则上要求除非利益冲突人免费提供服务，否则基金会不得接受利益冲突人提供的购买、交换、租赁服务。而基金会向利益冲突人提供的服务，不得低于其向社会提供服务的价格。

• 加强对基金会治理结构的研究，明确理事的忠诚义务，细化理事的免责条款，对重大决策要求理事会咨询专家的意见。

党的十七大报告，提出要“重视社会组织建设和管理”，为社会组织的发展带来了新的机遇。建立税收优惠政策的激励、规范、引导机制，是加强社会组织的建设和管理的重要手段。为此，登记管理机关需要与有关部门密切配合，努力为社会组织的建设创造良好的制度环境，社会组织也要积极发挥作用，自觉规范行为，努力在我国社会、经济、文化建设中做出更大的贡献。

关于慈善性食品救济组织 Food For Lane County 的考察报告

陈鲁南

Food For Lane County 是美国俄勒冈州兰郡（Lane County）境内的一家慈善性民间组织，其主要工作是向兰郡境内所有买不起食物的人提供食品救济，援助对象包括贫困家庭、贫困学生、普通穷困老人、老年退伍军人、失业者、无家可归者及流浪到该地的外来人员。该组织拥有出色的资源筹集方法，透明的内部管理机制，完备高效的援助流程，覆盖广泛的服务网络，对于帮助政府化解因贫困而引起的潜在的社会风险贡献卓著，在当地享有很高的声誉。笔者对该组织进行了较为详细的考察，同普通工作人员及管理者都进行了多次交流，并在多个工作环节作为志愿者参与其中，获得了许多资料，现整理如下。

一、背景资料

（一）关于兰郡（Lane County）

按照美国的行政区划，州以下为郡，郡以下为市。兰郡直属俄勒冈州，下辖 12 个城市，经济中心位于 Eugene 和 Spingfield 两市。按照 2005 年美国国家统计局（US Census Bureau）统计数据显示，兰郡面积约 4554 平方英里，合 11797 平方公里，相当于北京市除去密云、延庆两县后的面积；总人口为 33 万人，与北京市崇文区人口持平；本地经济以高科技、旅游业、制造业、农业、林业为主；2005 年人均收入 3.6 万美元，与美国全国平均水平相等；人口构成中以白人为主，占 92.5%。

就以上数据而言，兰郡在地域面积、人口分布及经济发展方面具备美国社会的基本特征，可以作为一个较好的样本。

（二）关于美国政府的食品补贴项目（Food Stamp Program）

尽管美国总体可称富庶，贫困仍然是其主要社会问题之一。食品补贴项目是美国联邦政府专门针对解决低收入者的吃饭问题而出台的政策，于 1939 年大萧条时期出台，目前已成为其社会安全网中的重要一环，也是美国当前最大的国家补助项目。该项目向低收入者、农场主和食品工业提供电子借记卡，低收入者可凭此卡从指定的零售商处购买食物，而相关的商人、农场及工厂会得到国家补贴。2005 年，此项目供服务低收入者 2668 万人次，比 2004 年增长 4.7%；该年联邦政府用于此项目的总支出是 310 亿美元。布什政府的 2007 年财政预算中，此项目为 348 亿美元。

食品补贴有严格的申请程序和资格限制。也就是说，虽然美国政府以很高的成本来保障低收入者的基本生活，但仍会有大量不符合申领条件而确实有需要的人，得不到该体系的保障。同时，即使是持有食品券的人，食品券也不一定能够满足其全部需求。因此，政策在此出现了空白和失灵，同时也就为 Food For Lane County 这类慈善民间组织提供了活动空间。

以兰郡为例，该郡人口数量 33 万，2005 年接受政府食品补贴的人数为 20.9 万人次，而接受民间组织 Food For Lane County 救济的仍有 8 万人（非人次）。据组织负责人介绍，在有色人种比例较高的地区，由于失业、流浪等社会问题更加突出，此类民间组织发挥的作用也就更大。

二、组织概况

（一）简史

Food For Lane County 于 1984 年成立，其目标是通过提供食物来消除社区内的饥饿问题。成立之初，该组织只有 1 名工作人员、1 名志愿者及 5 名董事会成员，但此后发展得十分迅速，仅在成立当年就服务有需要的人群 4.8 万人次。目前，该组织共有 27 名全职工作人员和 14 名兼职工作人员，拥有 400 平方米的冷库、200 平方米的厨房、独立办公楼、3 块农田、两家救济餐厅及冷柜货运汽车等场所和设备。该组织共与 100 家不同的商家和社会团体合作，每年约分发 600 万磅食品（约 272 万公斤），并在其餐厅提供约 4.8 万顿免费餐，每年救济有需要的人群 8 万人（约 3 万人为儿童），接近当地总人口的 1/4，是俄勒冈州第二大的食品救济组织。

（二）理念

该组织共确立三条理念：（1）饥饿不是一种过错，而是一个可以解决的问题。（2）每一个服务对象都是拥有尊严的个体，要尊重他们的隐私，不带任何偏见的进行服务。（3）要通过我们的服务来帮助人们保持尊严。

在美国社会中，连食物都购买不起的人，往往是处于社会最底层的人。这部分群体，除包括因各种生活风险而陷入贫困的人群外，还有大量的非法移民、流浪汉、酗酒者甚至吸毒者。该组织所确立的理念，是要保证在其所作的服务工作中，给予每一个被服务者充分的尊重。

三、食品筹募

该组织每年提供的600万磅食物及4.8万顿免费餐全都不是购买所得，90%是通过各种途径募集而来，10%为自己的农田所生产。能够募集到数量如此庞大的食品，是这个组织成功的关键。

（一）从超级市场筹募食品

大型的超级市场，如沃尔玛，拥有丰富的物资，是筹集食品的最佳对象。如何说服沃尔玛的管理者来捐献食物呢？减税政策固然是重要的一环。按照美国的法律，无论个人或商家，只要进行慈善捐献都可得到减税。但仅仅依靠减税政策，得到的食品是有限的。沃尔玛作为商家，追求的是商业利润的最大化。如果捐献1000磅免费食品就可享受退税政策，那么很难让它捐献1100磅。为此，Food For Lane County另辟蹊径，创立了“食品节约速递项目”（Food Rescue Express Program）。

举例而言，9月1日生产的面包，保质期为1周，于9月1日当天在沃尔玛上架销售。因为消费者喜欢新鲜的面包，当天的销量会非常好，但一般情况下都不会销售完。到了第二天，消费者会首先选择9月2日生产的面包，其次才会选择9月1日的产品。而到了9月4日，9月1日的面包虽然没有变质，但已经被视为不新鲜而无人问津。由于面包这类产品本身就很便宜，因此即使降价也吸引不到有购买力的消费者。此时，沃尔玛必须把这批剩余的面包下架，或者扔掉，或者捐献。而Food For Lane County就会在此时赶到沃尔玛，用冷藏车把这批面包运走，然后赶在9月8日保质期到期前，把它们分发到有需要的人手中。

通过此过程，沃尔玛同样可以得到退税。即使没有退税，沃尔玛也会乐于这样做，因为它省掉了处理这批面包的人工费。而Food For Lane County从此获得了食品资源，有需要的人则获得了食物，从而形成了一个共赢的局面。

由于面包、牛奶、罐头这类商品是基本的生活物资，远远称不上“紧俏”，因此各大超市每天都会有剩余，这就为Food For Lane County提供了源源不断的供应。该组织每年通过“食品节约速递项目”获得的食品约为42.5万磅。

至于如何在剩余的短暂的保质期内把食物送到服务对象手中，后文将加以讨论。

（二）从餐厅筹募食品

与 Food For Lane County 合作的餐厅主要为本地一些规模较大的餐厅，大约有 8 家。这是由于一般的餐厅或饭馆每日剩下的食物十分有限，相比之下运送成本太高。只有像大学的学生餐厅、希尔顿酒店这样规模较大的地方，才会有数量较多、质量可靠的食物。每天，Food For Lane County 都会将一批密封桶送到这些地方。各餐厅的工作人员会将没有销售出去的食物装桶，送入冷库。第二天，Food For Lane County 的冷藏车会再次赶到餐厅，将密封桶运走。餐厅同样会因此得到退税。

（三）从社区居民处筹募食品

每周，Food For Lane County 都会将冷藏车开进社区，号召居民捐献食物帮助有困难的人。对于居民而言，只要把食物送到家门口的冷藏车前即可，十分方便，因此大家十分乐于捐献。有些时候，Food For Lane County 会给捐献者一些小面额的代币券，作为回馈和鼓励。这些代币券的面额基本都在 1 块钱以内，是由沃尔玛等超市和便利店提供的，可以在相应的商家内使用。实际上，居民们并不在意有无代币券可拿。换句话说，代币券的鼓励作用十分有限。对居民的募捐行为影响最大的还是这种近在咫尺的方便的募捐方式。很多人都愿意把家中剩余的食物拿出来帮助有需要的人，但如果要他们自己想办法把食品送到 Food For Lane County 的办公点，他们基本不会这样做，因为太麻烦。这种直接上门索取的方式，较好地解决了这个问题，从而获得了大量的资源。而代币券，很大程度上只是商家的广告。

（四）其他来源

Food For Lane County 也得到本地许多农场的支持，获得大量食品。但这些支持主要源自于减税政策，并无特别的募集方法在内。

此外，Food For Lane County 拥有 3 块农田，总面积约 8.5 英亩（约 344 公亩），主要用于种植蔬菜，每年总产量在 60 万磅左右。这些土地的所有权属于 3 家不同的教堂，由该组织免费使用。

三、食品供应

如何将筹募来的食品供应出去，该组织在这一环节面临两个问题。第一，服务对象十分分散。一些对象是本地居民，分布在全郡的各个角落。另一些对象是流浪者，流动性很大。第二，所有的食物都有保质期限。作为一家供应食品的慈善组织，它必须保证所供应的食品安全、卫生，对人体健康无害。为解决这两个问题，该组织采取了一系列措施。

（一）食品贮存

该组织拥有两间总面积为400平方米的冷库，分别用于保鲜和冷藏；3辆冷柜货运汽车，用于运送食物；5000个不同规格的保鲜餐盒（桶），每次使用后都要进行严格的消毒。组织内有专职的营养师和卫生督导，负责监督食品的安全卫生。同时，该组织拥有一间200平方米的厨房，所有的生食都在此进行烹制，然后进行冷藏和运送。

（二）食品供应网络

作为一个只拥有几十名员工的组织，显然，Food For Lane County不可能对一个面积接近北京的地域每天进行食物派送。在分发食物方面，该组织的做法是，与本地的其他社会团体合作，由这些团体对其所在社区的人群进行统计，按照需要，用本组织的车辆到Food For Lane County所在地获取食物，然后在社区内进行分发。目前，同Food For Lane County合作的组织共有94家，分布在兰郡的12个市。这些组织大致可以分成5类。

1. 与Food For Lane County性质相似的食品供应组织，共21家。这一类基本都是社区类的组织，规模较小，自身拥有的资源有限，主要依靠Food For Lane County这样的大组织来提供食品来源，而它们负责具体的递送服务，将食品送至社区内有需要的人家中。

2. 食品供应点，共12家。这些组织并不进行上门服务。它们拥有独立的餐厅或食堂，定期提供免费食物，人们可以到这里来领取或就在此进餐。

3. 庇护所，共10家。这是类似于国内救助站的组织，服务对象包括遭受家庭暴力的妇女、儿童，以及无家可归者，向他们提供食宿。

4. 教堂和学校，共30家。教堂主要是向其所在的社区提供支持。学校则是为贫困的学生提供免费的营养餐。

5. 其他各类组织，共21家。包括老年公寓、供低收入者居住的公寓、老年退伍军人俱乐部等。

（三）定点供应食品

Eugene和Springfield两市是兰郡的商业中心，人口较为密集，因此需要救济的人员也相对集中，特别是流浪者等特殊人群也较多，因此Food For Lane County在两市的市中心分别有两家餐厅，每周3次，供应免费晚餐。来到餐厅的人，只需作简单的姓名、年龄登记，即可用餐，走时还可领取某些袋装食品。一般来讲，每家餐厅每次都要接待150人左右。这两家餐厅距离 Food For Lane County 的总部（厨房所在地）约 15 分钟车程，所以它们所供应的食物都是厨房中刚刚烹制出的。两家餐厅均属该组织所有，是该组织依靠社会各界的捐款及政府相关项目资助购买而来。

（四）食物箱（Food Box）紧急援助

对于一些突然发生问题的居民，该组织还会进行食物箱紧急援助。只要拨打该组织的服务电话，报上姓名和地址，就可从该组织获得一只食物箱，箱内装有罐头、饼干等较耐储藏的食品，数量上一般为满足一个家庭 3—5 天的需要。据该项目的负责人介绍，同一个家庭一年内最多会提出三到四次紧急援助的要求，也就是说需要紧急援助的情况并不经常出现，因此食物箱一般由该组织自己派送，直接送到居民家中，不再经由其他组织。

（五）夏季儿童餐

这个项目主要是针对 18 岁以下需要食物的儿童和青少年。美国学生的暑假一般为三个月（6 月初—9 月初），在这段时间内，因为不上学，贫困的学生无法得到来自学校的食品救济，因此，该组织创立了夏季用餐项目。每年的 6 月到 8 月，该组织与其他社会团体合作，共开设 59 个用餐点，所有 18 岁以下的儿童和青少年都可以在此享用免费的午餐和早餐。

四、人力支持

前文提及，Food For Lane County 目前只有 27 名全职工作人员和 14 名兼职工作人员。那么，一个 40 人的组织是如何处理这样庞大的工作并维持高效运作的呢？这主要依赖于有效的社区动员和随之而来的志愿者服务。Food For Lane County 每年都有约 2000 名志愿者在组织内服务，工作时间累计达到 6 万小时。

志愿者在组织内服务的岗位包括：

厨房。Food For Lane County 的厨房只有 1 名正式工作人员，其余全为志愿者。厨房每周工作 3 次，每次都有 8—12 名志愿者在此服务。组织的工作人员负责人力的协调和组织，特别是卫生方面的监督和检查，同时也分担一部分具体工作。志愿者的工作除加工和烹制食品外，还包括打扫卫生、刷洗餐具等。

餐厅。两处餐厅各有两名正式工作人员，其余全为志愿者。餐厅每周开放 3 次，每次约有 8—20 名志愿者在此服务，负责分发食物、打扫卫生等。除自发来此的志愿者外，一些企业和中小学经常组织员工和学生加入厨房的工作。

仓库。仓库的工作人员较多，共有5名，主要负责清点和出纳货物(食品)，并保证食品的安全卫生。

农场。3处农场每处只有1名正式工作人员，其余全为志愿者。在以上这4个有志愿者服务的岗位上，农场的工作量最大，因此服务人员也最多。每处农场每次大约都有20名志愿者同工作人员一起劳动，在采摘季等特别繁忙的时候，农场会在学校、社区分发一些宣传单，发动人们前来服务，因此人手会更多。

志愿者的来源主要包括：

在校的学生。很多中学生在农场和厨房进行服务。其中一处农场还与周边的中学签订合同，成立了固定的服务项目。每个学期末，组织会向各个学生所在的学校发出鉴定书，说明该学期本学生累计服务的时间为多少。由于美国的中学即实行学分制，学生的志愿服务时间达到一定数目，即可换取相应的学分。这是学校鼓励学生服务社会的一种手段。因此学生们都比较积极。特别是寒暑假期间，会有大量的学生参加劳动。

社区内的退休人员。许多退休人员都热衷于参加志愿服务。Food For Lane County的厨房中，这些人是主要的工作力量，多数人甚至每次当厨房开放的时候都来工作，对该组织形成了稳定的支持。

没有工作的家庭主妇。按照美国社会的习惯，如果家庭中的男主人收入较高，女主人一般会放弃工作成为专职的家庭主妇。由于平时局限在家庭中很难与人交流，这些主妇十分喜欢参加志愿者服务。

企业、社会团体等组织。一些企业和社会团体会把进行志愿服务作为培育组织文化的一种方式，有些类似于国内近期流行的拓展训练。由于Food For Lane County在本地的声誉很好，往往成为它们的首选。

热衷于志愿服务的人。这些人基本都有正式的工作，会利用工作外的个人时间进行志愿服务。很多人每周都会服务一到两个小时。

此外，Food For Lane County的董事会也全部由志愿者组成，一共13人，其中既有政府的公务员，也有其他民间组织的工作人员，还有没有工作的家庭主妇。董事会每年召开1—2次会议，听取组织工作情况汇报，审计财务状况等。

在了解了志愿服务对该组织的支持状况后，我们可以看一下组织正式工作人员的业务分工。

该组织的41名工作人员共划分为5个部门，分别为

管理部。6人。包括1名CEO，2名财务人员，1名文书，1名网络管

理员，1 名志愿服务协调员。

常规业务部。12 人。包括 1 名部门经理，5 名仓库管理员，1 名食品安全顾问，5 名司机。

项目部。18 人。这 18 人中除包括厨房、农场、餐厅及夏季用餐等项目的负责人外，还有 1 名营养师。

发展部。3 人。即人力资源部。

公关部。2 人。负责与政府、社区、其他组织和捐助人的联系。

五、资金来源

作为一个非营利组织，Food For Lane County 所有的服务都是无偿进行的，因此在其工作中得不到任何收益。组织的运作成本，包括员工薪水、固定资产等，主要由社会捐款和政府补贴来支持。该组织每年的预算在 220 万美元左右。由于所有的食品都是募集来的，这些预算主要用于维持基本的行政运作和工作流程，比如支付员工工资、购买某些设备和添加工作设施等。

220 万美元中，有 80 万来自于政府的补贴，包括兰郡的郡政府、俄勒冈州的州政府及美国联邦政府。其余的 140 万均为社会各界的捐款。捐款者大约可以分为四部分：一是企业公司。这既包括开设在本地的连锁企业，如沃尔玛、美国银行，也包括地方的小公司甚至杂货店。二是捐款数目较大的捐款人，约有 3900 名。这部分群体一般是收入较高或者收入不高但热衷于慈善事业的人，会规律性的向该组织捐献比较多的钱。三是数目较小、在 100 元以下的捐款人。四是其他非营利组织。

需要加以说明的是第三和第四类。每年，该组织会得到大批的数目在 1 美元到 100 美元之间的捐款。捐献这种小款额的人，是真正的普通老百姓，因此该组织把这笔款项称作“草根捐款”（grass－root giving）。而这类全款的总额每年约为 40 万美元。相当可观。这类的捐款大多情况下没有退税，完全依赖于公民的慈善意识。第四类组织，则是一些全国性的、影响力更大的非营利组织。因为其声誉隆盛，其获得的捐助比起这些地方性组织来多出几十倍甚至百倍，因此它们也与许多地方性组织开展合作，将自身募集来的钱分散给这些小组织，支持它们开展工作。如美国的全国性非营利组织 United Way，每年都给 Food For Lane County20 万美元。

该组织的资金募集方法与其他组织大致相同，包括义卖、信函、杂志、晚宴以及类似“化缘”的上门入户。

六、相关启示

Food For Lane County属于非营利组织，其服务对象为社会中的各类困难群体，包括失业者、流浪者、老人、退伍军人及处于贫困状态的家庭和个人，与民政工作的许多领域有呼应，包括民间组织管理、退伍军人服务、最低生活保障、社会福利和社会救助等，是多项功能的整合。应当讲，这个组织是一个适合于在城市内发展、帮助解决贫困问题的模式，并且完全符合建设节约型社会和和谐社会的宗旨。这个判断，基于以下三点理由。

（一）城市内拥有发展此类组织所需的资源

这里所说的资源包括3项。

第一是食品资源。超级市场目前在国内已经相当普遍，其每天产生的剩余产品数目应当不小。目前虽然没有这方面的统计数据，但就兰郡的而言，一个33万人口的地区，每年就可产生43.5万磅的食品剩余，在国内人口众多的城市来讲，即使经济发展水平落后于美国，剩余食品的数目累积起来恐怕也相当惊人。此外，国内的餐饮业相当发达。如2005年各城市的餐饮业收入，北京达250亿元，上海达203亿元。这样庞大的数字背后，因为没有销售出去而浪费掉的食物有多少，并无统计，相信不在少数。因此，这个行业除了向当地政府提供大量的税收以外，在募集食品方面也会有很大贡献。这也是对资源的一种节约。

第二是人力资源。目前在城市中，有大批的离退休人员。随着中国进入老龄化社会，这个群体会越来越庞大。相信老人们不会满足于将生活简单化为打太极拳和接送孩子上学。许多城市的自发的志愿者活动已经相当普遍，特别是在网络社区中，存在大量希望为他人多做些事的网民。中国的中小学生课业压力很大，但志愿服务（或者说学雷锋）仍然是儿童成长过程中需要学习的一课，学习如何为他人服务而不求回报。即使国内的学校不采纳美国以志愿服务换分数的制度，但由学校出面组织的、偶一为之的志愿活动还是切实可行的。此外，如果把为贫困群体服务作为一种团队拓展方式在企业中加以推广，也会获得许多支持。因此，就老人、网民、学生和企业的情况而言，只要引导得力，能够唤起大家的主意，触发大家的热情，完全可以解决组织运作所需的人力。

第三是资金。成立这类组织并维持其运作，需要一定的资金投入。就我国民间组织的发展方向而言，这笔资金主要来自于社会的支持。城市内拥有大笔资产的商业组织和个人可以成为这笔资金的来源；广大市民也可称为草根募捐的参与者。

（二）城市内拥有需要此类服务的群体

目前，中国城市人口中有2200万低保人群；进城务工人员和在校的贫困学生没有准确的统计数据，但相信不在少数；此外，还有在低保线周遭浮动而并未得到保障的困难群众。在一些外来人口较多的城市，有需要的群体会更加庞大。在现行的各项社会福利和社会救济政策下，这部分人群的基本生活得到了有效保障，但如果有此类组织的存在，相信他们的生活能够得到进一步改善。而类似打工子弟小学学生这样的群体，将会受益最多。救助站、老人院、荣军医院等民政机构，也可以因此得到一定支持。

（三）城市内拥有发展此类组织的组织基础

Food For Lane County的食品供应网络是通过94个社区性组织组建而成。而我们的居委会恰恰就是这一类型的组织，甚至在功能和架构上更为完善。从“非典”时期的社会监控到日常的社区服务，居委会充分证明了其优秀的动员能力和广泛的覆盖网络。

更重要的是，城市内的民间组织发展较好。让一个已经享有一定社会声誉、拥有一定公信力的组织去开展这类业务，会比重新建立一个组织有效的多。

当然，开展这项工作也存在许多阻力，包括：

（一）“减税”瓶颈的制约

谈到民间组织的发展与慈善事业的推广，“减税”是无法回避的话题。在对这家组织的资金来源进行分析时，可以看出，获得“减税”是商家出资的主要动力。但我国目前相关政策的不完善、程序的不畅通，仍然制约着商家的积极性。

美国的个人所得税征收的额度很高，约为26%。加上社会保险等项目，一个员工每月的薪水要被扣掉40%。对于一些高收入者，如CEO、医生、律师，通常要交到50%。但同时又有法律规定，向非营利组织捐款可以获得退税。因此，人们捐款的积极性很高。政府在其中实际起到了转移支付的作用。

（二）慈善意识的缺乏

前文曾经提及，该组织有大规模的1元到99元之间的“草根捐赠”。这笔钱多数是不记名的捐赠，捐款人不可能得到退税，纯粹是出于个人的慈善仪式。而公民之所以有这样的慈善意识，固然与他们的提倡“奉献”

的宗教文化分不开，但在笔者看来，这更是减税制度造成的结果。在这种为了信仰而捐款的“义”与为了减税而捐款的“利”之间，个人主要是出于现实的“利”的考虑，但会假以“义”的名义。特别是在儿童教育中，他们会强调捐款是为了他人的利益或是为了上帝的旨意，而由此获得的减税只是副产品。因此，捐款逐渐摆脱了“利”的阴影，上升为一种“义”的社会价值观，从而产生积极的社会效果。

我们的社会中，目前缺乏这种慈善意识。有舆论认为这与我们的非宗教性的社会文化有关。但笔者以为，对人们的行为模式产生关键性影响的，仍是制度。如果有良好的制度设计，将“义”与“利”统一在一起，同样会使慈善成为一种普遍的价值观。

（三）救助对象的不合作

不同的救助对象可能会存在不同的心理状态。如在校的学生或许会因为自尊而拒绝接受食品救济；某些群体可能视免费食品为“便宜”，以不占白不占或者尽可能多占的态度来对待。找到恰当的方式援助方式，存在一定困难。

北京市海淀区社区民间组织发展状况及建议

北京市海淀区社团办

社区民间组织是社区治理和社区和谐领域内不可或缺的元素，社区民间组织产生于社区，在社区事务的参与和回应中有着其他组织无法替代的优势。经过多次改革，政府淡出社区层面，转而注重培育社区自治主体的发展。在此环境下，社区民间组织逐渐在社区活动和社区服务领域成长起来并发挥着有效地作用。社区民间组织作为社区居民和社区居委会之外的另一个重要的参与主体，它相对具有更为弹性的社区居民的自主参与和退出机制，并且组织活动大多以兴趣聚集、社区服务、志愿服务和居民互助等方面为主要内容，因此有利于联结社区居民之间的关系，改善社区公共服务状况，最终全面促进社区和谐的提升。

一、海淀区社区民间组织发展状况

（一）社区民间组织获得了长足的发展

由于海淀区在政策环境、人才资源上所具有的突出优势，同时政府通过政策鼓励、提供咨询建议、提供资源帮助等多元化途径进行培育和扶持，海淀区社区民间组织在组织特征、组织资源、组织活动方面在近年来获得了巨大的发展并不断趋向成熟。少数社区民间组织已经成熟化并在参与社区建设、促进社区和谐中发挥着不可替代的重要作用。整体看来，海淀区社区民间组织的发展呈现出以下特点：

1. 组织发展迅速，覆盖范围全面

目前海淀区社区民间组织共有 1600 多个，涉及社会生活的各个领域。从每万人拥有民间组织数量来计算，海淀区平均万人拥有民间组织数量为 8.1 个，远远超过了全国平均数 2.1 个。其中东升和田村街道的平均每万人拥有社区民间组织数量分别达到 20.4 个和 20.4 个，几乎达到了全国平均数的 10 倍之多。这足以看出海淀区社区民间组织在数量上获得了相对领先的发展。

2. 人才资源丰富，保护弱势群体

海淀区的丰富的人才资源在促进海淀区经济和社会发展中发挥了极为重要的作用，而在海淀区社区民间组织成员中，人才资源的优势十分明显，在社区民间组织发起人和现负责人中，具有大专以上学历的人分别占 48.72%和 46.38%，这在保证社区民间组织的进一步的成熟和规范发展中具有重要的积极作用。而不可忽视的是，这些具有高学历的社区民间组织负责人中，超过 78%的人员处于 50 岁至 70 岁年龄阶段内，良好的教育背景和丰富的阅历知识相结合，正是海淀区社区民间组织发展的精髓所在。同时，正是由于海淀区社区民间组织吸引了大部分的社区老年居民的参与，通过民间组织的活动进行成员之间兴趣的沟通和群体利益的保护，为老年人等弱势群体提供了有效的保护。

3. 发展环境宽松，政策资源丰富

海淀区社区民间组织获得的发展，与政府所创造的良好发展环境分不开。海淀区政府在近年来，将培育和扶持社区民间组织始终作为和谐社区发展工作的一项重要任务，通过区政府、民政局和各街道的配合，不断将培育和扶持社区民间组织的精神落实到各项实际工作中。一方面在政策文件中对社区民间组织的发展工作做明确的规定和落实，另一方面积极开拓创新，努力探索社区民间组织发展的新途径。通过各个层面的相关配套政策的制定和落实，社区民间组织获得了十分宽松的发展环境和丰富的政策资源。正是在此条件下，社区民间组织才能获得不断的完善和发展。

（二）社区民间组织的发展仍有待完善

由于社会整体环境以及经济因素的制约，社区民间组织在内部建设方面缺乏可借鉴的操作经验，同时在社区民间组织的管理模式上也需要政府相关部门的摸索和创新。因此，当前在海淀区社区民间组织的发展中仍然存在一些问题。

1. 组织内部运作尚欠规范

由于社区民间组织大多依托于居委会的帮助而成立和发展，在物质资源和人力资源上受到诸多限制。大部分的社区民间组织并未有明确的章程和制度，在活动方式上主要依靠自发产生。同时，由于社区民间组织很少能够获得稳定的资金支持，组织内部很少具有固定资产和流动资金，因此在资金的管理和监督上主要处于领导者负责状态。因此，由于环境的制约以及社区民间组织发展阶段的限制，大部分社区民间组织的内部运作处于欠规范的状态。同时，由于多数的社区民间组织领导人由居民委员会成员担任，一方面有利于借鉴居委会成员的社区工作经验，另一方面由于居民委员会成员在居委会工作中将占用大部分精力，兼任民间组织负责人则会使民间组织的发展和壮大受到一定的限制。

2. 组织类型分布不尽合理

在国际范围中，服务领域的民间组织占 64%的比例，而表达领域民间组织占 32%的比例。而在海淀区社区民间组织中，表达类民间组织占 80.3%，而服务领域社区民间组织仅占 19.7%，这与国际范围发展趋势具有很大的差异。在海淀区社区民间组织的类型构成中，兴趣类组织占社区民间组织总数的 79%，服务类组织占社区民间组织总数的 13.7%，而社区类和特定类社区民间组织仅仅分别占到 6.54%和 0.76%。文体、娱乐等兴趣类社区民间组织占了社区民间组织总数的绝大部分，而社区便民服务、权益保护、社区互助和志愿者组织的发展仍然十分缓慢。而后者正日益成为社区和谐中作为社区协作精神构建过程的重要载体。尤其是面临 2008 年奥运会来临之际，除了应当充分发挥兴趣类社区民间组织的作用之外，社区志愿者组织和社区权益保护组织也应当成为社区精神体现的一个重要方面。

3. 组织监管程序亟待完善

社区民间组织要获得长远发展，监督和管理必不可少。全区社区民间组织在区民政局完成登记的组织仅占 0.78%，而 62.88%的社区民间组织仅在社区居委会进行了备案。同时还有 36.34%的社区民间组织尚未进行备案。组织未能在相关机构中进行登记和备案，一方面将导致政府相关机构无法对组织进行监督和管理，组织的发展完全处于政府管理范围之外。另一方面，政府相关机构目前主要通过备案和登记的方式对社区民间组织进行监督和管理，管理方式过于单一，监督程序不能满足现实工作的需求。在民间组织的分类管理和监督体系中有待进一步完善。

4. 配套政策有待细化完善

完整的政策体系不能仅仅停留在宏观的指导思想和原则，必须包含足够的可操作性的配套政策。这对于实现对社区民间组织的有效扶植是非常重要的。同时，鼓励民间组织承担社会职能对于减轻政府的社会压力也是非常关键的。政府购买服务应该是扶持民间组织的最主要手段。从目前的情况来看，限于政策的限制，政府的扶持还主要停留在不断地开办和负担社会组织方面。

二、促进社区民间组织进一步发展的建议

针对于以上所出现的各种问题，在海淀区社区民间组织的管理、监督、培育和扶持工作中，可以着重考虑以下层面的完善和改进：

（一）明确组织类型，区别分类管理

社区民间组织由于各自具有不同的目标和活动方式，因此在对组织进行管理和扶持的过程中，应当首先明确社区民间组织的类型，同时掌握各组织特征和范围。在明确组织类型的基础上，对社区民间组织的管理和扶持才能真正落到实处并发挥效果。如果不能对社区民间组织进行明确分类，不但不利于政府机构对于组织和社区状况的了解和掌握，同时还极大地限制了政府在社区民间组织管理方式上的创新。社区民间组织的明确分类也是在其培育和发展过程中的重要因素，只有针对于不同组织类型采用不同的培育和扶持方式，政府资源才能发挥更大的效能。盲目采用一刀切的方式进行民间组织的管理，不但不利于社区民间组织的长远发展，也造成了政府资源和工作的浪费。

（二）重点培育扶持，多元因素激励

对于不同类型、处于不同发展阶段的社区民间组织，应当采用不同的方式进行培育和扶持。对于发展环境具有优势、发展阶段较为成熟的社区民间组织，应当进行重点的培育和扶持。在重点扶持的基础上吸引优势资源参与，不但有利于社区民间组织实现更快的发展，而且有利于充分利用

社区民间资源，实现更大的效率。而在社区民间组织的培育和激励方法层面，应当解放思想，大胆创新。一方面，应当在充分了解信息的基础上，对不同类型的民间组织进行资金的支持和帮助。另一方面，应当在民间组织发展的政策环境层面创造更为有利的环境，为民间组织的发展提供政策性的扶持和帮助。同时，政府还可考虑采用税收优惠政策、政府购买服务和组织成果奖励的方式对社区民间组织的发展提供多种方式的激励因素。

（三）全面了解信息，加强监督管理

社区民间组织是社区中最为基层的触角。相对于居民委员会而言，社区民间组织具有更强的专业分工性。社区民间组织不但能够吸引社区某一层面的大部分成员，而且能够通过活动的开展和成员的协作来反映社区某一特征群体的状况和诉求。因此，通过社区民间组织能够获得更为专业和直接的信息资料。所以，政府一方面应当通过对社区民间组织的调查，充分了解社区民间组织的各种生存状况，同时应当加强与社区民间组织的经常性沟通，通过经常性沟通获得社区民间组织的群体诉求信息。同时在沟通的过程中建立完善的管理和监督机制，以实现对社区民间组织有效而全面的监督管理。将对社区民间组织的监督管理和社区信息的了解和掌握统一至政府和社区之间的良性互动和沟通层面。

（四）完善政策导向，加大扶持力度

社区民间组织除了娱乐、诉求和自我表达之外，一个更加重要的类别就是社会服务类组织，它是发挥社会自我供应功能的一个前提，同时它可以有效地承担政府的公共服务让度，更好地满足不断发展的社会带来的越来越丰富的个性化人文需求，有效地减轻政府越来越沉重的社会压力。

一个成熟的民间组织架构，是构成成熟社会的一个重要组成部分，是构成小政府、大社会的重要条件，也是构建和谐社会的重要前提。从海淀区的情况来看，培育和扶持专业的社会服务类组织已经提上议事日程，区政府已经在海政发［2006］56号文件《海淀区培育和扶持社区民间组织发展的工作意见》中明确了培育和扶持这类民间组织的指导方针和主要任务。从实施一年来的情况来看，取得了很好的效果。

但是，我们也不难发现，由于缺乏足够的政策衔接，对于真正的民间组织扶持，还缺乏足够的政策依据。这一点，应该是下一阶段首先要解决的问题。扶植和培育民间组织的过程中，要避免政府来开办和负担民间组织，否则，非但不能有效发挥民间组织的功用，同时还可能增加了政府的负担。

（五）坚持和谐理念，促进社区治理

社会和谐的重要元素在于社区的和谐。社区民间组织工作的宗旨在于促进和发展社区的和谐。社区民间组织是和谐社区实现过程中的重要主体。社区民间组织的培育和扶持工作应当以社区和谐和社会和谐为最终目标。应当充分结合社区理论和实践领域的重要成果，完善制度规定，加强探索创新，将社区民间组织的发展和社区的和谐有效地结合起来，在社区和谐的实现过程中实现社区民间组织的健康持续发展，在社区民间组织的发展和成熟过程中将社区和谐上升到一个更加完善的层面。在促进和发展社区和谐的过程中，应当充分结合社区治理的理念，以社区民间组织为纽带，加强各层面、各类型的社区主体之间的沟通和协作，社区和谐才能更加持久，才能更加具有生命力。

建设科学信用体系
培育自律诚信协会

张发堂

由于我国行业协会的产生和发展时间不长，相关法律法规和政策不配套，行业协会自身的组织职能、组织程序不规范，特别是行业协会诚信建设的监督及自律机制不健全等，导致一些行业协会信用、信誉低下，降低了社会形象与公信力。本文仅对此现象进行一些探讨和研究。

一、行业协会公信力低下的成因分析

唯物辩证法认为："事物的变化发展是内因和外因共同作用的结果，内因是事物变化发展的根据，外因是事物变化发展的条件，外因通过内因起作用。"同理，行业协会公信力低下也是由其内部和外部原因所造成的。

（一）影响或导致行业协会公信力低下内因分析

第一，办会宗旨及动机的差异影响或制约着协会的诚信建设。从现有行业协会的类型来看大致有以下几种：

政会不分型。部分协会由一些政府部门为主发起组建，主要依托这些部门的某项资源或职能开展以协助部门处理工作事务。其诚信建设往往易偏离办会宗旨或原则，而进入政府部门诚信建设的范畴。

人际关系型。部分协会主要由政府离退休人员为主发起组建，依靠其在原部门或原管企业的人力资源优势，寻找一些边缘化、有收益的工作来做。其诚信建设则主要针对某项工作或利益有所加强，缺乏系统性。

企会合署型。部分协会由原政府部门的直属公司或某一企业为主发起组建，协会的主领导及工作人员基本由该企业领导和成员担任。其诚信建设多为关注会长单位的形象或利益，而往往忽视协会与行业的整体形象与信用。

资源垄断型。部分协会由一些掌握或能够争取到某种垄断性资源者发起组建，依托资源优势开展诸如资质认证、年检审查等工作。此类协会多以取得某项利益为目的，往往只注重诚信建设的短期成本，在可承受范围内开展相应的诚信活动。

独立自主型。由行业内大型企业或权威人士发起组建，因行业需求而产生，实行"企业办会"，坚持自立、自主、自律、自强，此类协会从主观上十分重视协会自身的信用建设。

第二，运行机制不规范影响和制约了行业协会的诚信建设。

组织职能和制度弱化。部分协会的会员（代表）大会、理事会、常务理事会、监视会等职能或决议难以落实，不能严格按组织程序实施民主决策；不能依法办会、依制度管会和各项工作纳入规范的运作机制框架内，易造成决策的随意性和盲目性。

缺乏有效的自律和监督机制。多数协会未建立监督机制，部分协会虽设立监事会也难以发挥作用，致使协会在运行过程和诚信建设中出现的问题与偏差，不能得以及时纠正或调整。

第三，能力低下与生存困难影响或制约了协会的诚信建设。

高素质人才匮乏影响和制约了行业协会的诚信建设。一些协会由于在选人用人上缺乏科学、规范的机制，难以建立高素质的职业化人才队伍；一些协会因领导素质低下，创新能力差，从决策到实施无法达到高标准、高质量、高效能的目标与结果，无法开展有效服务活动等，从而逐渐降低了行业协会的公信力。

生存困难影响和制约了行业协会的诚信建设。目前行业协会的生存方式大体分为，靠某种资源或职能的垄断养协会，靠会长单位养协会，靠政府补贴或接受政府的"购买服务"经费养协会，靠会费和有偿服务等收入养协会等几种。虽然后者符合市场经济原则并与国际接轨，但此类协会的合法收入却很难到位，经费保障困难，往往陷入"人少干不了事、服务不到位收入少、待遇低留不住人"的怪圈。可以说生存危机在一定程度上影响和制约了行业协会的诚信建设。

竞争的压力使行业协会难以将诚信建设摆在重要位置。行业协会在开展业务活动中经常面临到与同行竞争、与社会相关组织竞争，特别是与政府部门所属的一些事业单位、培训中心等单位竞争的压力。这样，就不得不将有限的资源用于保障开展基本的工作上，不得不集中力量来维持生存与发展，诚信建设只能处于次要的地位或难以顾及。

（二）影响和导致行业协会公信力低下的外部因素

第一，部分行业协会行政化色彩较浓。从现有的行业协会中，相当一部分由政府部门或原行政事业单位及部门直属公司主导设立，还有的是随着政府机构改革和专业部门的撤销而相对应设立的。这些协会多数与一些行政处室、事业单位或部门直属公司“一套人马两牌子”，对服务宗旨和使命没有根本的认同感，与企业、行业没有共同的理想和目标，工作多趋于权与利的结合，因而也就不能赢得企业或公众的信任。

第二，缺乏科学有效的诚信评价与奖惩机制。目前，从国家到各省市对行业协会还没有形成科学规范的评估或监督、奖惩体系，对行业协会的诚信评价无法可依，无标准可参照，无信息和数据可利用等，难以准确界定行业协会的诚信状况，不能使公信力高的协会享受到诚信成果，反之得到应有的惩罚。

第三，行业协会准入的非竞争原则造成了相应的垄断现象。目前各级基本上是按照“同一行政区域不得设立业务范围相同或类似的社会团体”，“一业一会”或“一名一会”的原则来调控行业协会的设立。这样，一些协会即便不作为，也排斥相应组织的进入或参与竞争，在一定程度上造成了行业协会的地位和优势泛滥，阻碍了公平竞争，从而导致其社会认可度降低。

二、加强外力推动，建立长效监督体系

（一）建立诚信评估机制，科学规范运作

业务主管单位和登记管理部门要加强对行业协会诚信建设的外力评估与监督。一是量化评估指标。要按照系统性、规范性、导向性和可操作性的原则，制定出明确可比、公开公平、便于操作的评估指标，使评估工作有章可循。二是要建立评估机构和制度。成立诸如评估中心或评审委员会等权威性强的评估机构，定期对协会诚信建设情况进行考评。同时，要指导行业协会依据评估指标开展自检和自评，不断自我纠偏、自我完善、自我发展。

（二）建立信息平台，加强社会监督

要充分发挥会员、社会公众，特别是新闻媒体信息来源广泛的优势，采取独立或联合建立常设机构、公布投诉电话或设立意见箱等形式，建立协会信用信息收集渠道与处理平台，采集行业协会开展社会活动的内容、方式、效果、责任及收费标准等相关信息；要充分利用网络、报刊、广播电视等现代传播方式，公开披露行业协会的重大活动事项和情况，接受社会的查询和监督。

（三）建立奖惩机制，优化诚信建设环境

要大力宣传行业协会信用建设先进单位和个人的经验与做法，并给予一定的精神和物质奖励，通过典型的榜样和示范带动作用，激励先进、鞭策后进，整体推进行业协会的诚信建设。要对信用低下行业协会进行批评教育，责令其限期整改，必要时对其失信活动、失信行为予以曝光，并限制其进入有关公共服务领域，对破坏市场秩序等违规违纪情节严重者依法予以取缔。以营造守信者光荣，失信者可耻的社会环境。

（四）优化行业协会组织结构，实行独立自主

一是采取强硬措施实现政会分开，切实使行业协会与政府部门在机构、职能、财务、人事等方面脱钩，真正保证协会充分享有决策、人事、分配等方面的自主权。二是实行“企会分开”。要实现以企业家为领导主体和决策主导，行业协会常设办事机构不得设在会长、常务副会长或驻会副会长单位，秘书长不得从会长、常务副会长或驻会副会长单位产生。三是坚决将原政府下属的事业单位、行政性公司等在机构、财务、人事等方面与行业协会进行分割。

三、完善自律机制，加强自身建设

（一）树立先进理念，强化公德教育

行业协会要牢固树立“诚信立会，服务社会”的理念，大力倡导以诚信为中心的协会文化，积极开展自律和诚信的宣传教育，努力培养协会及会员“诚信办会”、“诚信兴商”的理念与行动，以强化其自律与守信意识，逐步成为自觉行动。

（二）健全规章制度，强化自律规范

行业协会要依据相关政策法规定及章程，制定信用发展规划或以诚信守法为核心的行规行约和道德标准，以规范协会及会员的道德行为、守信行为、经营行为；要建立信用信息采集、评价、发布、举报或惩戒等制

度，将信用建设纳入制度化、规范化轨道；要建立健全各项规章制度，并适时地对已有的规章制度进行调整完善和创新，以强化协会的自律、约束和管理控制力。

（三）开展信用评价，公开实施奖惩

行业协会按照行业规约、相关诚信守则与标准，依据协会及会员的信用情况、执行规约情况等信用信息，对其进行评价。将长期诚实守信、信用等级高的会员给予相应的表彰奖励、政策支持和宣传推广，将信用低下和失信情节较重的会员，向其发出警示或限期整改，作为日常监督管理的重点。

（四）加强协会章程建设，维护章程权威

行业协会要根据行业需要和自身特点制定出科学规范的章程。使其既具备法定性、科学性、真实性和公开性，又充分体现会员意志，保证协会有章可循；要根据形势和自身发展的需要，适时对章程内容进行创新、充实和完善，以保证章程的适用性和有效性；要严格维护章程的权威性，采取多种形式对章程进行宣传，提高会员对章程认识和执行的自觉性，非经法定程序或满足法定条件不许变更。

（五）建立信息披露制度，自觉接受社会监督

行业协会要按照公开、透明的原则，定期向社会公开协会的办会宗旨、业务范围、重大活动，年检结果、信用等级、特别是开展有偿服务的项目与收费标准等重大信息，以接受会员、政府、社会的查询和监督；要建立投诉机制，及时、客观、准确、负责地接受会员和社会各界的投诉，并及时进行有效处置和反馈。

（六）加强信用风险知识教育，建立信用风险防范机制

行业协会要通过培训、举办研讨会或案例分析等形式，对工作人员和会员进行信用文化建设、建立信用管理制度、信用管理手段、信用评价等实际等方面的教育，增强其防范信用风险的能力；要指导会员建立适合自身特点的内部管理制度和科学规范的运行机制，以强化会员企业信用意识、促进诚信经营和防范经营风险，形成有效的信用风险防范机制。

综上所述，加强行业协会自律与诚信建设，提高行业协会的形象、地位和公信力，是贯彻党的十六大提出的"健全现代市场经济信用体系"伟大战略部署的重大举措，是解决行业协会存在问题的治本之策，是对行业协会进行长效管理的有效途径。

论农村专业经济协会的扶贫优势

尚秀春

农村专业经济协会（简称“农经协”）是以农民为主体，按照自愿、互利、民主等合作原则，以农村产业、专业特点划分，地域范围不同，规模大小不等的农村社会团体，是根据不同类别农产品生产及加工、销售等各环节需要组织起来的自我服务组织。农经协作为近年来在农村出现的新生事物，是社会主义市场经济发展到一定时期的必然产物。农经协开展农村扶贫工作是生产发展、生活宽裕、乡风文明、村容整洁、管理民主的具体体现，是新时期民政部门指导扶贫的工作创新，是发展壮大县域经济、建设社会主义新农村的有效途径。

一、农村专业经济协会的产生及特点

近年来，随着我国社会主义市场经济体制的不断完善和农村改革的逐步深入，农村现行的家庭联产承包责任制为基础的分散经营模式，难以形成区域化布局、专业化生产、科学化管理、规模化经营和农村社会化服务体系，农民自产自销的农副产品难以与统一开放的国际国内市场形成有效对接，难以成为市场竞争的主体。在这种形势下，一种农民自愿发起的新型互助合作组织——农村专业经济协会应运而生。

农经协主要有以下特点：

1. 发展势头迅猛。民政部下发《关于加强农村专业经济协会培育发展和登记管理工作的指导意见》（民发［2003］第148号）时，辽宁省仅有农经协几十个，为促进农经协的发展，省委、省政府办公厅专门制发了文件。两年多时间，农经协发展迅速，目前全省已登记农经协1086个，全省978个乡镇平均在1个以上。有会员59万多户，辐射几百万户，备案登记2408个，且仍有很大的发展潜力和空间。

2. 因地制宜办会。农经协的产生和发展充分体现了实事求是、因地制宜的特点，成熟一个，发展一个，“水到渠成”，避免了一阵风，一哄而起，片面追求数量，而不注重质量的形式主义；市、县、乡、村适合建在哪一级的就建在哪一级；规模不同，大小不等，在产业专业问题上适合当地的特点，有什么产业就做什么产业，不搞行政命令，不强行设置协会。

3. 优势群体组合。农经协的人员组成按其各自章程规定，多数为农村优势群体，他们具备一定劳动能力，有一定的经济基础和文化，懂技术，品行端正。例如，彰武县的哈尔套镇肉食鸡养殖协会的章程规定，入会会员应具备高中以上文化程度，有劳动能力，年龄在 35 岁到 55 岁之间，经历中没有劣迹，且具备修建至少一个养鸡舍（5 万元以上）的经济基础。

4. 组织形式多样。农经协的组织形式较多，根据当地农民产业发展的不同特点，或是龙头企业为主导，或是生产大户唱主角，或是生产基地为基础等等，依不同情况而组建各种形式的农经协，归纳起来主要有以下四种：一是企业牵头型。即由龙头企业（公司）牵头发起，建立“企业（公司）＋基地＋农户”的合作模式。二是政府倡导型。即由政府有关部门发起，组织有关企业、基地和农户，建立“部门＋基地＋农户”的合作模式。三是能人大户带动型。即由能人大户发起，建立“能人大户＋基地＋农户”的互助模式。四是农户自发组合型。即由若干志趣相投、爱好一致的农民，围绕某一产业或产品，自发建立“农户＋基地”的合作模式。

5. 作用发挥明显。农经协一出现就显示出了强大的生命力，它在服务“三农”、做大产业、激活市场、发展经济、增加农民收入、促进城乡统筹发展等诸多方面发挥了积极作用。一是促进了农业技术成果的转化，使新品种、新技术、新信息在农村迅速传播转变为生产力。二是提高了农民的组织化程度，依托一定的产业链条把农民组织起来，大大提高了农民群众的整体作用。三是加快了农村产业结构调整，农经协有很强的示范带动作用，促进了当地主要产业向商品化、产业化、区域化的更高层次发展。四是促进了当地龙头支柱产业的发展，通过广泛的发展会员，使当地的支柱产业迅速地扩大了生产规模，做大做强了产业，亦使当地的龙头企业从中受益。五是有利于政府职能转变和规范市场管理，使政府从农民具体生产活动中解脱出来，农经协运用市场经济手段协调、管理行业经济行为，规范会员经营活动，维护了正常的市场秩序。六是建立了互助机制增加了农民收入，有效解决了农民产业供销难问题，使农民大大增加了收入。七是完善了农民社会化服务体系，农经协发挥了桥梁和纽带作用，提高了党和政府的威信，密切了党群、干群关系。

二、农经协扶持贫困户的可行性

2005 年，我走访了辽宁省 14 个地级市，深入 30 多个类型、规模不同的农经协，并多次召开由市、县（区）、乡、村相关人员参加的座谈会后体会到：发挥农经协扶持农村弱势群体的作用是大有可为的，有的农经协已经发挥了扶贫的作用。农经协扶贫可以作为传统扶贫方法的一个补充，而且它还具备“造血”扶贫特点，形成长效机制，从根本上解决农民脱贫致富问题，农经协扶贫是切实可行的。

1. 党政有号召。中共中央总书记胡锦涛曾在许多会议上表示要关心弱势群体，并要研究如何增加农民收入，强调更多地关注农村，关心农民，支持农业，把农业、农村、农民问题作为全党工作的重中之重，放在更突出的位置。保障全体人民共享经济社会发展成果，就需要共同富裕，不能两极分化。多年来，各地各级政府拿出许多资金，采取各种措施和办法扶持农村弱势群体，使许多贫困户渡过了难关，有的走上了脱贫致富道路。但是，仍有部分弱势群体需要长期扶持，并且每年还有新的贫困户还在产生，这些农户需要党和政府以及社会各界的关心和帮助。农经协一产生就显示出强大的生命力，已经带领广大会员走上了致富道路，能否让农经协在帮扶弱势群体问题上发挥作用，是值得探讨的一个新问题。根据中共中央、国务院以及辽宁省委、省政府的有关要求，在大量调查研究基础上，辽宁省民政厅提出了“发挥农经协在扶贫中的作用，探索扶贫工作新路子”的设想，得到了省政府的高度重视。

2006 年初在辽宁省政府召开的全省民政工作会议上，闫丰副省长提出了农经协开展扶贫工作的明确要求，民政厅薛恒厅长作了工作部署。3 月在大连召开的全省民间组织工作会议上作了具体安排。全省各地党委、政府及民政部门积极地反映，鞍山等市在农经协登记时，建议将扶贫内容写进协会章程。农经协开展扶贫活动已普遍在辽宁省境内展开。

2. 农经协有潜能。已经登记的农经协都是“水到渠成”，非政府强制而成立。它所具备的特点，都是农经协实现扶贫的潜能。一是产业类型有多种。发挥当地优势，形成了各自不同产业特点的农经协，例如有养殖、种植、生产、加工、运输、营销等各类农经协。每一个农经协产业特点，都是农村弱势群体的致富的好项目，坐在家里就可以得到致富信息。二是生产服务一条龙。农经协都能够有效地为会员提供产前、产中、产后的一条龙服务，使会员在各生产销售的环节势单力薄中解脱出来。在扶贫过程中，它可以解决弱势群众不会管理，产品没有销路等问题，增强他们的信心，使愿望成为现实。三是科学技术跟始终。农经协普遍与农业科技部门、大学、老科技工作者协会等单位建立了长期合作关系，经常开展技术培训、技术推广工作，农经协本身也培养或聘请一些技术专家和骨干，指导会员生产的全过程。科学技术对文化基础比较薄弱的困难群众更加重要，是他们想都不敢想，而农经协已经做到的事实。四是同胞会员遍乡村。农村弱势群体与农经协会员之间，由于历史原因，许多都沾亲带故，有着千丝万缕的联系，许多农户之间有着血缘关系或为同胞。这就为扶持弱势群体奠定了感情基础，尤其家庭缺少劳动力的困难群众，就可以得到亲人会员们的帮助。五是基层会员知乡情。农经协会员与农村弱势群众同住在一个农村，彼此了解，互相熟知，致贫原因、家庭状况、问题症结都在邻里掌握中。农经协可以根据每个困难户的具体情况实施帮扶，有针对性地解决问题。

3. 农民有土地。土地是农民赖以生存和发展的第一生产资料。今天的土地价值含量已不同于计划经济时期，过去种玉米每亩年收入 200 元，种水稻每亩年收入 500 元，如今一亩地建一大棚种鲜花、水果、养鸡等正常收入在 5 万到 6 万元，好年景有的年收入超过 10 万元，大田作物亩产利润超万元的项目比比皆是，如今的农村已有“土地产黄金”比喻说法，这是农村弱势群体脱贫致富的一个主要基础条件。

三、农经协开展扶贫的具体方法

1. 用政府行为启动志愿服务。农经协是农民自愿组织的群众团体，为了发展某一项农业产业，发家致富，他们组织到了一起，入会自愿，退会自由。农经协没有扶贫义务，也没有扶贫的责任。发挥农经协在农村扶持弱势群体的优势，要靠政府的号召，农经协的自愿行动，既不能强迫命令，也不能下指标。政府为农经协的发展创造了许多优厚条件，降低登记门槛，提供服务，使其迅速得到发展壮大，农民会员得到实惠。因此，政府号召在农经协最有影响力，扶贫行动完全能够变成农经协的自觉行动。

2. 用合同形式确定扶贫对象。用合同形式就是用法律形式。这里有两层含义，一层含义是扶贫资金来自于协会以外，按照投资者的意愿，确定具体的扶贫对象，目的是所扶持的对象必须是弱势群体，农村低保户或边缘户，避免出现资金用于其他人员或挪作他用。同时将扶持的项目、方法、周期、资金再投入等通过合同形式明确下来。二层含义是农经协与具体贫困户要签订一份协议，将扶贫过程责权利等具体条款明确下来，避免日后出现争议问题。合同要明确贫困户可利用的土地等资源情况，农经协为其投入资金或物资价值，扶贫项目和方法等，但最主要的是收成后，在总收入中将投资本金收回，剩余部分交给农户，避免产生投资回收困难问题。

3. 用目标责任发挥农经协优势。扶贫对象一经确定，在其农经协内部，必须明确各扶贫环节的责任人，农经协领导层要明确具体负责人，谁负责全面，谁负责哪片，使整个扶贫过程有人抓，有人管。农经协会员要明确哪个或哪几个会员负责哪个贫困户，要考虑到地域上的优势，要明确本村、本屯组，贫困户身边的会员，这样帮扶起来方便、及时、效果好。要明确农经协的技术或服务人员重点帮扶的贫困户，多数农经协设有专职技术人员，农经协要求他们要定期指导扶贫户，发现问题及时处理，确保生产万无一失。要明确产品的销售人员，使扶贫的每一环节不遗漏都有人抓，有人管，真正使扶贫工作抓到位，抓出成效来。

4. 用多种渠道解决扶贫资金。农经协扶贫的优势显而易见，但单靠农经协投入资金是不够的，需要采取各种方法广泛融资，解决扶贫周转资金问题。一是政府投入。政府的扶贫资金、福利金、其他专项基金是否可以考虑一部分用于农经协扶贫。如辽宁省朝阳市每年使用一部分扶贫救济资金用于“滚动式扶贫”，今年初，按省里要求，朝阳市就拿出部分资金在所属县（市、区）各抓一个农经协扶贫的试点。二是社会捐资。各级党和政府的委办局或单位都与农村结了扶贫对子，每年各单位和部门投入的许多财力，通过引导，将对口帮扶的资金通过农经协搞开发式扶贫效果会更好。基金会等民间组织机构出资可用于农经协扶贫。三是农经协筹资。一部分农经协已具备了一定实力，尤其是龙头企业、企业大户牵头的农经协，具备一定的资金实力，它们可以出资用于扶贫。对投资少、周期短、效果好、稳定可靠的项目，也可以采取担保贷款方法筹资，但要由农经协具体操作，保证资金无风险。利用农经协“基地”的资源扶贫。农经协大都有自己的生产、加工、科研、繁育、物资等基地，可利用各自的优势实现具体扶贫目的。

5. 用资金流转进行滚动扶贫。滚动式扶贫就是将扶贫资金周转起来，反复使用，使其越滚越大，扶持的面越来越广，扶贫人数越来越多。具体讲，就是通过农经协投入给贫困户的钱是一种借款，待贫困户能够实现自己生产并有余时收回，用于其他农户的扶贫。这种扶贫方式将是一种全新的方式方法，朝阳市民政局局长孙鸿喜深有感触地说：“过去我们开展滚动式扶贫是靠行政手段，政府拿钱，购置一些种雏供困难户饲养，由于每乡镇一个民政助理负责200左右平方公里区域，几十户贫困户，又不懂技术，产前产中产后的服务跟不上，因此有时效果不好。农经协扶贫则解决了政府直接扶贫的一些弊端，调动了社会力量，发挥了农村整个优势群体积极性和作用，潜力是巨大的，这将是扶贫方法的一场革命。”

6. 用激励方法建立长效机制。农经协扶贫是为家乡的父老乡亲尽义务，是为党和政府工作，并不是农经协应有的职责。要建立农经协扶贫的长效机制，还应充分调动积极性，采取不同措施和方法，形成一种氛围，使扶贫成为农经协的一个自觉行动。一是精神奖励，各级政府、登记管理机关，定期对农经协进行表彰。大力宣传好的典型经验做法，农经协作用，扶贫效果等，给农经协以荣誉。二是物质奖励，可在各方投入的扶贫资金当中，按一定比例，在一个扶贫周期结束时予以协会物资上（如购置微机等）或资金上的奖励。

开展农经协扶贫活动，也应该注意一些问题。一是不能一哄而起，不管农经协是否具备扶贫的能力都去开展扶贫活动，要量力而行。二是不能强制命令。政府只能正确引导，不能强迫命令，要以农经协自愿为原则。三是回避贷款风险。为贫困户贷款农经协担保一定要有十分的把握，农经协的项目要投入少、见效快、无风险，切莫因为贫困户担保贷款而背上包袱。今后尚需通过实践进一步总结经验，使农经协开展扶贫活动得到进一步完善，为建设社会主义新农村作贡献。

关于黑龙江省农村专业经济协会的调查与思考

黑龙江省民政厅

为更好地了解、掌握和进一步扶持农村专业经济协会的发展，黑龙江省民政厅于2007年6月至10月，对哈尔滨、齐齐哈尔、牡丹江、佳木斯、鸡西、鹤岗、双鸭山、七台河8市及所属13县（市）的50余个农村专业经济协会进行了实地调研。

一、基本情况

从调研看，目前，全省共有各类农村专业经济协会3100多个，其中经民政部门登记的有1600个，主要有三种类型。第一类是“龙头企业＋协会＋农户”的龙头企业带动型；第二类是“政府＋协会＋农户”的政府扶持型；第三类是“能人＋协会＋农户”的能人带动型。上述三种类型的协会，分别占全省农村专业经济协会的5％、25％和70％。

二、不可替代的突出作用

（一）推进了农业产业结构和经济结构的调整。农村专业经济协会的活动，一方面立足服务于农产品的生产，通过协会的中介作用，满足了市场的需求，另一方面又不断地将市场信息反馈给农民，农民则根据这些不断更新的信息，灵活地调整产业和种植结构，从而形成良性循环的所谓订单农业。总之，农村专业经济协会多数是因为当地的主要产业而诞生、而发展，而又进一步促进当地产业链的形成与发展。

（二）提高了农民生产的科技含量和对先进生产技术的应用。农村专业经济协会在指导、服务农民生产过程中广泛地应用了科学知识，使农户科学种植、科学养殖的水平得到较大提高，从而增强了经营主体的品质和市场竞争力；农村专业经济协会还从自身服务职能出发，帮助农民应用先进的生产技术，发展新的产业，通过培训和现场指导，使栽培、施肥、植保、管理、灌溉等标准化生产手段及畜禽养殖、防疫等先进技术得到广泛推广与应用，使农民增收、农业增产、增效。

（三）引导了农村产业化发展和市场化销售进程。农村专业经济协会是农业社会化服务体系和农产品流通体系的重要组成部分，也是推进农业产业化经营的重要渠道。它解决了企业面对千家万户农民的难题，使企业和农户形成了利益共同体，而协会则是这个利益共同体——龙头企业与基地以及农户之间的媒介，这样，既降低了企业的交易成本，又保护了农民的利益。农村专业经济协会还按照国家有关产业政策，根据市场供求信息，有计划地安排生产品种和数量，有计划地组织产品收购和上市，有效地避免了生产经营的盲目性和随意性，降低了市场风险，使往日独家经营的农民，有组织地进入市场，参与竞争，引导了市场化销售进程。

（四）解决了农村剩余劳动力的转移。农村专业经济协会为剩余劳动力找到了出路，提高了农民致富的水平，稳定了农村的社会秩序。

（五）维护了农民的合法权益。农村专业经济协会作为农民利益的保护者，农民合法权益的代言人，在维护农民合法权益的是非面前据理力争，当仁不让。

（六）促进了农村经济社会的全面发展。农村专业经济协会在建设社会主义新农村中承担着义不容辞的责任，发挥着不可替代的作用。

三、发展中存在的问题

（一）对农村专业经济协会缺乏足够的认识。一是重视不够；二是社会认知度不高；三是农民对农村专业经济协会的认识参差不齐。

（二）农村专业经济协会自身存在诸多弱点。一是带头人素质参差不齐；二是组织比较松散；三是内部自律机制不完备；四是活动资金严重不足；五是协会作用发挥不到位。

（三）政府扶持不够，缺乏配套的外部环境。一是没有统一的法规和法律保护；二是没有建立发展基金，起步难度大；三是缺乏优惠政策，扶持力度小；四是缺少智力支撑，发展后劲不足。

四、建议与对策

（一）提高认识，强化对农村专业经济协会的培育引导。首先要提高政府职能部门的认识。其次要提高社会的认识。再次要提高农民自身的认识。

（二）要加快国家立法步伐，明确农村专业经济协会的法律地位。国家应该加快农村专业经济协会的立法，明确农村专业经济协会的法律地位，确立农村专业经济协会的性质、法人地位、职能责任、作用、服务对象、权益，以支持、引导农村专业经济协会的发展，规范其组织行为，保护农村专业经济协会及其会员的合法权益，进一步促进农业与农村经济的发展。

（三）地方制定配套规章，明确对农村专业经济协会的扶持政策。一是明确业务主管单位部门。农村专业经济协会的业务主管部门应确立为县级农业部门或供销社。二是明确登记管理部门。农村专业经济协会的登记管理部门是各级民政部门。三是建立扶持农村专业经济协会发展的专项基金。政府应设立农村专业经济协会发展基金并列入财政预算，使农村专业经济协会用于科研、创新、生产、培训、营销、周转、基础建设等项目的实施。同时允许条件完善的农村专业经济协会，采取“购买服务”的方式，加大运作资金的积累。四是国家金融机构应当扩大贷款主体。贷款主体应由目前的企业、公司、个人扩大并延伸到农村专业经济协会。五是相关部门要制定优惠政策，对农村专业经济协会的建设和发展给予指导、扶持和服务。交通部门应在农产品运输上、土地部门应在土地使用上、税务部门应在税收减免上、物价部门应在价格调整上，分别拿出相应的扶持措施，以推动农村专业经济协会这一新鲜事业畅通无阻地、健康有序地发展。

（四）完善制度，规范农村专业经济协会的运行机制。一是制度建设。要引导农村专业经济协会建立财务制度、民主决策制度、培训制度、例会制度、信息发布制度、重大事项通报制度等等。对财务人员的培训尤为重要，财务人员既要会管财也要会理财，绝不能“外面挣块板，家里丢扇门”。二是队伍建设。农村专业经济协会的业务主管部门和登记管理机关要共同筹划，打造一支高素质的德技双全的农村专业经济协会带头人队伍。对带头人要定期的、有计划的、有组织的，从思想、素质、技能、管理等多方面加强培训，使其成为好的扛旗人、带队人、领头人。三是基础建设。强化内部设施建设，健全办公场所，备齐硬件设置，科技化、自动化设备要日臻完善，对信息的发布和采集要准确及时。四是智力建设。要建立省、市、县三级专家库，实现网络化管理，根据农村专业经济协会的需求，随时调配专家和科技人员在第一时间、赶到第一地点进行现场指导，使新的科学知识和新的生产技术即时转化为生产力。

浙江省基金会发展调研报告

浙江省民间组织管理局

近些年来，浙江省经济迅速发展，民间又有着良好的慈善传统，社会公益意识比较浓厚，基金会得到了较快的发展。截至 2007 年 10 月底，浙江省基金会 135 个，其中公募基金会 99 个，非公募基金会 36 个；资产总量近 14 亿元。为了进一步推进浙江省基金会的又好又快发展，我们对基金会发展情况作了专题调研。本次调研在市、县召开座谈会 3 次，走访基金会、捐赠人、受助人 50 余个（人），发放调查问卷 124 份，回收有效问卷 72 份，并结合 2006 年度基金会年检资料，经过分析整理，为本调研报告提供了可靠依据。

一、基金会发展的主要特点

（一）近几年基金会发展迅速，数量增加较快。从 1990 年至 2004 年 5 月 31 日止，浙江省发展基金会 82 个，而在 2004 年 6 月 1 日至 2007 年 10 月 31 日期间，发展了 58 个，年增长率在 17%以上，占当前基金会总数的 42.96%；这期间公募基金会发展更快，共 35 个，占发展总数的 60.35%，非公募基金会 23 个，占发展总数的 39.65%。

（二）基金会资产总量扩大，总体实力不断提高。据 2006 年度基金会年检资料反映，参检的111个基金会总资产为13.32亿元，比2005年增加29.79%；净资产为12.65亿元，增加30.98%；总收入为12.87亿元，增加43.17%；总支出为9.88亿元，增加35.65%。同时，基金会个体实力也有很大提高。2006年度基金会总资产在1000万元以上39个，占基金会总数的35.14%。

（三）基金会收入增长明显，资金筹集形式多样。据年检资料反映，2006年有3个基金会开展服务收入，共计2210.88万元，比2005年增长401.48%；25个基金会获得政府补助，共计11055.32万元，增长121.26%；21个基金会得到投资回报，共计1191.94万元，增长了436.62%；89个基金会拥有其他收入，共计3966.56万元，增长了50.47%。同时，据问卷调查反映，基金会筹集资金方式主要集中在社会主动捐赠、银行利息、公开募捐、政府补助等；其中公开募捐形式多样，有广场募捐、义卖募捐、义演募捐和定点募捐等。

（四）双重体制作用发挥较好，政府扶持力度不断加大。据问卷调查反映，72.22%和81.94%的基金会认为业务主管单位和登记管理机关发挥了较高或者很好的作用。政府部门对基金会的扶持力度不断加大，除了资金补助外，在税收方面，一些地方政府为基金会创造了良好的条件。据问卷调查反映，77.78%的基金会对政府的扶持政策表示较为满意或满意。共有72个基金会拥有了捐赠税前扣除资格，占总数的51.80%。

（五）基金会管理逐步规范，信息公开透明度高。据年检资料和问卷调查反映，基金会能按照章程规定召开理事会，决定基金会重大事项，同时及时办理变更登记；基金会出纳、会计等财务人员都持有上岗证书。有87.27%的参检基金会和89.31%的问卷调查基金会，能通过报纸、网络、电台、电视等多种形式对基金会年度工作报告、募捐情况、公益活动开展情况等信息向社会公开。

（六）基金会公益支出比例较高，基金会社会作用凸显。根据年检资料反映，2006年基金会用于公益事业的支出达到了9.56亿元，比2005年增长了45.07%，其中，公募基金会公益支出占上年度总收入的比例和非公募基金会公益支出占上年度基金余额的比例不断扩大，分别到达了108.62%和35.09%，而工作人员工资福利和行政办公支出占总支出比例仅有3.16%和2.81%。据问卷调查反映，有88.89%的基金会认为其在社会公益建设中，发挥了较大或者很大的作用，有11.11%的基金会认为作用发挥一般。同时，有68.06%的基金会认为其社会影响力较好或者很好，有6.94%的基金会认为其社会影响力较弱。

二、基金会发展存在的主要问题

（一）基金会地区、类型、个体发展不平衡。

1. 地区发展不平衡。社会公益事业的发展和经济的发展水平密切相关。经济相对发达的杭州、宁波等地，基金会的数量较多，而舟山、衢州等经济相对落的地区，基金会的数量也较少。

2. 类型发展不平衡。截至 2007 年 10 月 31 日，全省教育类基金会达到 72 个，占基金会总数的 53.33%，但在文化、科技、卫生、环保类型的基金会相对较少。目前，卫生类基金会只有 2 个，占基金会总数的 1.48%，环保类基金会还是一个空白，只有在浙江省绿色教育共享基金会的业务范围中有所涉及环保公益事业。

3. 个体发展不平衡。2006 年，我省 40%的基金会总资产、总收入和总支出量占基金会总额 80%以上；而另一些基金会由于所处地域环境及运作不善，难以持续开展公益活动，甚至处于半停滞状态，反差较大。

（二）基金会增值能力不强。

目前，基金会的增值方式单一，效率较低，增值能力不强。据问卷调查反映，有 77.78%的基金会选择存放银行收取利息是第一增值方式，有 38.89%的基金会选择了投资股票、基金、债券、委托银行贷款等作为基金增值方式，但由于缺乏专业投资知识，使这种增值效果不理想，其中 80%以上的基金会表示这种投资没有得到较好的收益，也有 8%的基金会表示有较大收益。

（三）基金会动员社会资源能力不高。

公募基金会普遍缺少筹划组织公开募捐活动的专业人员，很少组织社会公开募捐活动或效果不理想。据问卷调查反映，有 49.12%的公募基金会在近三年来开展过募捐活动，其中 71.43%的基金会只开展过 1～3 次，并且只有 39%的募捐活动获得较好的效果。

（四）基金会的相关配套政策不完善。

基金会在社会保障上一般按照企业模式操作。据问卷调查反映，只有 8 个基金会的专职工作人员参加了事业性质的保障体系。人事档案也没有统一的管理办法，专职工作人员的档案分散在本单位、原单位、业务主管单位、人才交流中心、基金会所在街道等地，不利于提高基金会的凝聚力。在走访中发现，银行等金融机构一般不接受基金会的基金委托管理，很大程度上制约了基金会的增值能力。

（五）基金会工作人员专业化、职业化程度不高。

据年检资料和问卷调查反映，分别有49.55%、52.78%的基金会没有专职工作人员；平均每个基金会有专职工作人员1.29人和1.24人。同时，基金会绝大多数工作人员缺少专业培训，致使基金会工作人员对政策法规不熟悉，运作效率较低，加大了基金会运作的风险，影响了基金会的发展能力。

三、基金会发展的对策

（一）加大扶持力度，完善培育体系，进一步拓展基金会发展空间。

1. 不断扩大基金会发展领域。首先，继续培育发展教育、慈善等传统类型的基金会，加大规范管理的力度，探索基金会规模化、品牌化的发展道路，创建一批在全国范围具有较大影响的知名基金会。其次，促进卫生、环保、文化等类型的新兴基金会的发展，引导社会对这些领域的关注，推动更多资金流向这些领域，不断拓展基金会的公益范围，提高基金会整体的社会影响力。

2. 积极引导和支持非公募基金会发展。一要加大对非公募基金会的宣传，大力鼓励企业及个人发起设立各类非公募基金会，各业务主管单位和登记管理机关做好服务工作。二要加大对非公募基金会的政策支持，进一步放宽对非公募基金会的限制，如企业法定代表人可以兼任基金会法定代表人、秘书长可以不为专职人员；理事长和副理事长的年龄不设要求，并且主要捐赠人担任理事长、副理事长和秘书长可以不限连任届数。

（二）完善法规政策，增强操作性，进一步提高基金会生存能力。

首先，要对法规政策上的一些原本概念化、原则性的条款进行具体化，如对基金会行政处罚的相关条款作进一步的明确，对于警告、撤销等给予具体的相应标准；又如增加对基金保值、增值的鼓励措施。其次，增加对于规范基金会的弹性，对于公益支出比例的标准可以适当降低，扩大基金会活动的自由度；而对于工作人员工资福利和行政办公的支出比例可以适当增加，同时，可以缩小行政支出的内涵，将原本计入基金会行政支出的信息公布费用、审计费用等不计入行政支出，这样使基金会拥有更多的经费用于提高基金会工作人员的职业化和专业化。

（三）健全内部治理机制，提高工作人员素质，进一步增强自身发展能力。

1. 推进基金会内部治理机制建设。一要进一步健全理事会制度，优化理事组成结构。目前基金会都建立了理事会制度，但是理事会的执行能力和管理理念有所欠缺。因此，基金会要拓宽选择理事的范围，吸收各类专家进入理事会，增强决策能力，提高运作水平。二要完善自律机制，切实按照相关法规和基金会章程健全民主决策制度、财务管理制度、考核奖惩制度、捐赠公示制度等内部制度。三要建立完善的人事制度和社会保障制度，保证员工队伍的稳定性和积极性。

2. 提高基金会工作人员专业素质。首先，基金会要制订专职工作人员的职业培训计划，尤其要提高副秘书长以上的专职工作人员的专业水平，了解基金会的理念、宗旨以及运作的程序，增强资金的募集、使用、增值能力。其次，要在工作人员中加强利他主义等公益精神的宣传，提升工作人员的思想素质，形成良好的敬业奉献精神。

（四）建立评估体系，加大信息公开力度，加快形成全方位监督体系。

1. 建立评估体系。开展基金会评估，有利于进一步提高基金会的社会公信力，增强社会认同度，促进基金会健康持续地发展。构建评估体系首先要确立自愿、科学的评估原则和制定明确的评估指标与评分细则。其次要建立具有较强独立性的评估机构，充分发挥第三方评估和公证的作用。最后，要大力宣传评估工作，让社会充分了解评估的意义、指标、方式，扩大社会影响。同时要加强对基金会评估机构的监督，有利于评估工作顺利开展，规范运作，切实发挥评估体系的积极作用。

2. 加大基金会信息公开力度。要继续深入推行基金会信息公开制度，在公开年检报告书及摘要的基础上，扩大公布范围，加大公布力度，将基金会的重大活动、日常管理等通过各种媒体对社会发布，提高透明度。其次，业务主管单位和登记管理机关要建立举报、投诉制度，方便社会公众通过信函、上访、电话、电子邮件等形式反映基金会的违法违规行为，为社会公众开通监督渠道，严厉打击非法违法违规行为。

3. 探索基金会行业监督模式。行业组织能够利用对行业各种情况熟悉的特点以及在行业内的影响力，充分发挥行业的自律作用，加强对行业内单位的行为进行监督和引导。当前，应该创新基金会监督模式，积极探索基金会行业化管理，通过行业性组织来逐步完善全省性的基金会自律机制，不断规范基金会的行为，形成全方位的监督体系。

（执笔：李崇义 谭国庆）

社会组织建设与管理的几点思考

王泽华

一、社会组织建设和管理的内涵及意义

社会组织建设和管理的内涵有广义和狭义之分。这里所指的“社会组织”是指在以人的生活为中心的社会活动各个领域中，按照一定的宗旨和系统建立起来的集体。所谓“建设”，是指一个国家创立新事业，亦指国家在经济、政治等各方面的兴建工作。而“管理”，一般是指主体以法律或道德赋予的权威为后盾，对相关客体进行规范和制约的行为。党的十六届六中全会《关于构建社会主义和谐社会若干重大问题的决定》和十七大报告提出的社会组织，主要是指社会团体、民办非企业单位、基金会三类组织，把社会团体、民办非企业单位、基金会作为“健全社会组织”的主体部分。由此可见，所谓社会组织建设和管理，就是党和国家站在发展新的历史起点上，通过制定和实施社会政策和法律法规，创立兴建和规范发展社会团体、民办非企业单位、基金会等社会组织，组织培育合理的现代社会结构，调整社会利益关系，维护社会公平、正义和社会稳定，促进经济、政治、文化、社会建设全面持续发展。因此，社会组织建设和管理是现代社会建设和管理的重要组成部分。其意义：

（一）有利于促进社会管理体制创新，加强社会建设

我国计划经济下的政府，是“全能”治理政府。改革开放以来，我国社会组织结构发生了巨大变化，社会利益主体由单一化向多元化转变，社会成员的活动方式趋向多样化。面对多元化、多样化的社会服务和管理的需求，政府力不从心，市场难于满足。而社会组织源于群众和各层次社会利益主体，可以发挥其优势，拾遗补缺，及时有效地提供一些公共物品，缓解社会需求。如行业协会、商会、学会和城乡社区基层社会组织，能整合和有效利用社会各个领域的闲散资源，开展各种社会公共服务，协调和优化社会利益主体及人际关系，增进社会融合和谐，弥补政府和市场失灵，为政府腾出空间，从直接微观管理向间接宏观调控转变。同时，各类社会组织作为不同利益主体的代表，架起政府与社会直接沟通的桥梁，不

断推进社会管理和建设。

（二）有利于完善市场经济体制，实现经济又好又快发展

从社会发展看，现代社会主要由营利组织、政府组织和非政府、非营利性的社会组织构成，其运行机制分别为市场机构、国家机构、社会机制。三大组织及其运行机制的联动，才能保障经济社会的发展。在社会主义市场经济条件下，市场机制不是万能的，市场盲目无序的竞争会带来周期性的经济危机；政府干预也不是万能的，过多干预会影响经济发展的活力和效率。而社会组织，通过平等协商、非强制、非营利趋向的社会机制运作，动员和调配社会资源、力量，协调经济领域的各种关系，促进产业科技进步和自主创新，推进经济又好又快发展。尤其是当前处于市场经济弱势地位的农民，通过农村专业经济协会联结市场，开展各种农业技术、市场信息、农产品产供销服务，引领农民有效进入市场，促进农村经济良性发展。

（三）有利于加强党的执政能力建设，激活社会活力

党的社会性与社会组织有着天然联系，既有互通性，又存在互补性。在我国经济社会发展新的历史阶段，加强党的执政能力建设的一个重要方面，就是巩固和扩大党的执政基础。党可以通过社会组织来动员和整合社会，更紧密地联系群众，更广泛地团结、凝聚各方面积极力量，巩固和发展自身的阶级基础与社会基础，还可以通过社会组织服务社会功能，巩固和扩大执政基础，构建一个有效的治理体系，从而提高党的执政能力。同时，通过党对社会组织资源的有效利用和开发，增强了社会组织活力，促进了整个社会充满活力。

（四）有利于拓展国际交流，实现和平崛起

随着国际交流与合作活动的迅速增多，非政府组织日益成为国际组织、各国政府之外的重要的第三极力量。在国际经贸领域、全球治理领域，尤其在国家外交全局中，需要我国社会组织在国际事务和非政府组织活动中，拥有话语权，增强渗透力、融合力、亲和力，促进我国和平崛起。

二、安徽社会组织建设和管理现状及问题成因

（一）现状

安徽社会组织建设和管理总体上呈发展趋势，在具体实践中仍存在很多不适应的问题。

1. 社会组织发展呈加速态势，社会组织结构与经济社会发展需要仍不相适应。2001 年至 2007 年，安徽登记的社会组织 11398 个，年均增幅 16.5%；备案的基层社会组织 5187 个。年均增长率高于全国平均水平。但安徽登记的社会组织总量不足，仅占全国总量的 3%，低于全国平均水平。同时，社会力量参与社会公益事业，在社会公益性领域兴办民办非企业单位不足，尤其是以基金会为主的公益慈善类社会组织少，分别仅占全省总量的 35%和 0.2%，表明社会组织结构与当今经济社会发展需要不相适应。

2. 社会组织渐显服务社会功能，社会组织的作用与日益增长的社会公共服务需求仍不相适应。安徽坚持突出重点，分类指导，试点示范，引导全省加快发展行业协会、农村专业经济协会、城市社区社会组织。现有行业协会 2142 个，农村专业经济协会 4024 个，社区社会组织 4349 个，初步形成了服务于城乡企业经济组织及广大居民的社会组织发展格局。但安徽社会组织个体能力差距大，总体规模小，效率低，能力不足，其功能作用与日益增长的社会公共服务需求不相适应。

3. 社会组织管理逐步规范，社会组织管理方式与社会组织发展的需要仍不相适应。安徽在制定政策、制度，引导社会组织规范发展的同时，努力探索监督管理。一是坚持政府监督，严格年度检查，依法查处社会组织违规行为。近年来，每年均有 5%左右的社会组织受到行政处罚。仅 2007 年，全省依法撤销登记的社会组织就有 58 个。二是引导自我监督，努力推进自律与诚信机制建设。三是推动社会监督，探索创新社会组织规范化建设评估办法。2006 年，经有关专家评估，有 17 个全省性行业协会被评为“安徽省示范行业协会”。四是寓管理于服务中，设立法律咨询、登记许可、年检等服务“窗口”，实行“首问负责制”、“限期办结制”，树立服务型政府形象。但疏于日常管理，且依法管理不到位的问题突出，管理工作“盲点”较多，管理方式还不能适应和满足社会组织发展的需要。

（二）问题成因

安徽社会组织建设和管理的主要问题，表现为“三不”，即：发展严重不足，作用发挥不够，政府管理不力。其原因是多方面的。笔者试从内、外部因素作一简析。

1. 内部因素的制约。

（1）先天不足。非营利性质决定社会组织与生俱来三个“不足”。一是缺乏个人利益的追求，二是缺乏提高效率的竞争机制，三是缺乏显示绩效的判断标准。这些不足在安徽经济社会欠发达的现阶段，社会公益意识不强，志愿奉献精神不足，造成社会组织难以构成内部的责任机制，缺乏发展的危机感和原动力。

（2）依法治会的理念不牢固。安徽社会组织大多是政府选择的，很少是社会、市场选择的。因此，在相当一部分的社会组织中，“唯上”、“人治”、“少数人办会”的工作理念和模式根深蒂固，法人治理、依法治会难落实，以章程为核心的各项管理制度束之高阁，充当“二政府”，对社会、市场真正需求缺乏回应，直接影响自身的公信度和吸引力。

（3）人、财资源缺乏。社会组织的发展需要高素质的人才做保证。而安徽社会组织不仅普遍缺乏专业化人才，而且专职工作人员少。全省性社会团体中的专职工作人员，平均每个社团仅 1.6 个，且大多是从行政部门分流或退休下来的，年龄、知识结构不合理。同时缺乏筹资渠道，政府公共财政顾及不了，社会捐赠资助有限。706 个全省性社团，年均活动费用仅 16 万元。社会组织人、财资源缺乏，严重制约了自身能力的发挥和良性发展。

2. 外部因素的制约。

（1）政社不分，行政干预过多。安徽社会组织大多是政府有关部门，根据自身需要组织筹建，并从部门官员中推荐主要负责人和秘书长人选。有相当一部分社会组织与有关部门的内设机构合署办公。由于现有法律对社会组织的职能没有明确规定，政府职能转变又需要一个渐进的过程，“政务、事务、服务”还未从政府有关部门完全分离出来，很多社会组织只有依附政府有关部门，获取稳定的业务来源和权益，开展社会活动。在双重负责的管理体制下，业务主管部门习惯于对社会组织的直接行政干预。调查表明，安徽有很多社会组织选举负责人、聘用工作人员，取决于业务主管部门或部门行政领导人；少数政府部门侵犯社会组织的法人权利，代替法规、制度管理，收缴社会组织的财务账号，实行财务统管，甚至挪用或占用社会组织有限的财产，束缚了社会组织的正常发展，挫伤了社会组织发挥作用的积极性。

（2）培育扶持的政策不完善，责任不明确。一是政策难落实。安徽培育扶持社会组织发展的政策不全面不系统，可操作性不强，涉及财税、项目等优惠政策难落实，社会组织难以得到政府资金、项目的扶持。二是政府职能转变不到位。社会组织应干能干的事，被政府职能包揽了，社会组织的发展空间、环境受限。三是责任不明确。扶持发展社会组织，牵涉政府多部门、社会多方面，由于缺乏责任机制，造成无政策或制定政策难，有政策也难落实。四是政策的误区。政府资助、社会捐赠，往往只注重资助项目，习惯捐赠弱势群体，而忽视资助实施项目的社会组织自身建设。

（3）“双重负责”不到位，监管力量严重不足。国家对社会组织实行业务主管单位和登记管理机关“双重负责”的管理体制。由于安徽在政府“三定”方案中没有明确业务主管单位的管理职责，财政预算中没有专项管理经费，机构设置没有专门管理机构，业务主管单位不愿管和管不了，造成社会组织的自身建设和日常业务活动，很少得到指导和监督。登记管理机关监管力量严重不足。少数市、大多县级登记管理机关无专门工作机构编制、无专职工作人员、无工作经费。登记管理机关现有力量只能应付日常登记工作，很难抽出力量督察监管。

三、推进社会组织建设和管理的构想

安徽社会组织建设和管理的现状，在全国具有一定的代表性。这种现状与党和国家加强社会组织建设和管理的新要求新任务不相适应。改变这种状况，应围绕社会组织的“建设”和“管理”，坚持“改革”，推进“发展”。

（一）实行社会组织准入双轨制

我国现行的社会组织登记许可制度是计划经济体制下管理理念的延伸，重政府公共权力的高度集中运用，倾向限制社会组织发展，达到控制社会管理，保持社会稳定。这种制度在我国改革开放初期起到了积极作用。但适应新形势，就应以新的理念，研究改革现行的登记许可制度。

拓宽社会组织准入通道，建立备案注册、登记许可制度。所谓备案注册，是指对在经济社会发展中应运而生的具有社会团体、民办非企业单位基本特征的社会组织，进行基本信息的登记，认可其存在的合法形式，以利于跟踪培育和监管。这为服务于城乡社会的基层社会组织的发展开辟了广阔空间。同时也将避免一些游离于法律和管理之外的、实际存在的社会组织。所谓登记许可，是指对满足法定条件的社会组织，实行审查准入程序和强制性的准入登记，确认其社会组织法人地位。备案注册、登记许可制度并行，既可疏导公民合法结社，满足不同利益群体参与社会管理和公共服务，实现自身价值，获取合法利益的愿望，又可将社会组织置于国家法律监管之内，推进社会组织建设和管理。

（二）改革社会组织管理体制

随着市场经济的发展和改革的深入，跨部门、跨地区、跨行业、跨系统的社会组织已经涌现，社会组织的数量、规模和活动领域、方式等较之原来都发生了深刻变化。这对双重负责的管理体制提出了新课题。实践中，双重负责的管理体制，一方面阻碍了公民依法结社，另一方面为两个平行的管理部门依法行政带来了诸多矛盾和困难，程度不同地造成两个部门在登记和管理中，互相推诿和规避应当承担的责任，导致社会组织难登记疏管理。

如何改革双重负责的管理体制？现阶段应精简和淡化业务主管单位，加强管理力量，最终目标应为取消业务主管单位。所谓精简业务主管单位，就是将目前普遍性的业务主管单位最大限度地缩减为特殊性的业务主管单位，这种特殊性的业务主管单位应该是在推进经济、政治、文化、社会建设中，具有综合性、宏观调控性较强和必须专业资质认证的政府部门，按照社会组织分类，每个类别明确一个或几个部门作为业务主管单位，从法律制度上予以确定，并规定其职责。所谓淡化业务主管单位，就是要变“主管”为“指导”，直接行政管理为间接法律制度管理。对于法律制度上确定的业务主管单位，应规定必须有专门工作机构、人员、经费等必要的保障。与此同时，要在法律制度上界定确立社会组织登记管理机关的职责，加大其责任，加强其力量，规定登记管理机关设置相对独立的社会组织登记管理部门，按照社会组织分类，内设相应的工作机构，在编制、人员、经费和执法力量、手段、发展项目上，充分保障其能履行备案、登记和监管、执法等相关法定职责。

（三）完善法制

与时俱进，修订、完善现行的行政法规，制定颁布推进行业协会、农村专业经济协会、社区社会团体和民办非企业单位、志愿组织、公益慈善组织和机构及涉外社会团体等社会组织发展与管理的专项法规，加快形成分类发展和监管的行政法规体系。在此基础上，研究制定指导和协调各专项行政法规的“结社法”或“社会组织基本法”。一方面对社会组织的发展从总体上作出规范和协调，明确国家利益、国家原则及国家对社会组织的基本方针、政策；另一方面对社会组织特别界定和分类、备案和登记监管、社会功能、社会监督、税收减免、政府扶持等各方面作出原则的规定，以形成社会组织法律体系。

当前，应抓紧研究制定政府扶持社会组织发展的政策。一是要改善现行不稳定的资助形式，出台政府委托其服务制度。设计委托、评估、认证、问责等程序的相关规定，确立委托服务项目和标准、专业评估机构、公益认证部门、公示和公告媒体、问责与责任追究的执法机关，以引导和促进社会组织融入公共服务体系。二是要以扶持发展为前提，建立健全社会组织税收等相关法规政策。国家税法中应有社会组织的税收条款，对其资格确认标准和基本税收优惠待遇作出明确规定，凡以公共服务为宗旨，不以营利为目的，不分配利润，并具有自治自主的社会组织，都应认为具有免税资格；要完善社会组织税收征管制度和财务、票据管理使用制度，积极扶持社会组织，推进公共服务和公益慈善事业发展。三是要建立和完善社会组织人力资源管理和社会保障制度，促进社会组织健康、可持续发展。

（四）增强服务社会功能

随着相关制度和体制环境的改革和政府与社会组织合作的逐步开展，迫切需要社会组织加强自身能力建设，发挥服务社会的功能和作用。社会组织在国家建设发展大局中，首先要强化责任意识，完善责任机制。要明确组织宗旨、任务、使命，根据环境的变化，确定长期、中期、短期目标，并把目标转化为具体的操作和考核标准，真正落实到行动中。其次要改善治理结构，提高组织效率。社会组织要完善权责明确、协调运转、有效制衡的法人治理结构，明确会员大会、理事会、监事会和管理机构的职责，实行理事长兼法定代表人制度，适度控制理事会规模和副理事长职数，强化章程的核心地位，健全各项制度。要改变依附、依赖行政机关的观念，独立自主地履行法人职责，坚决抵制随意调拨、合并社会组织资产，随意任命、撤换社会组织负责人等违法行为。社会组织的有效服务是立命之本，发展之基，要通过有效的服务，自律诚信的形象，争取政府的政策支持、企业的财力支持和社会的道义支持，形成良性的发展动力，不断增强服务社会的功能。

社会组织建设和管理是一项长期的战略任务，任重而道远。相信通过党和政府、社会各界的研究开发，科学利用，努力实践，社会组织必将在我国全面建设小康社会、加快推进现代化中奋力崛起，崭露头角。

厦门国际商会服务跨越式发展的研究

刘长根

我国加入 WTO 后，厦门国际商会的各种服务功能更加明显，发展空间更加广阔，国际性、综合性等优势更为突出。目前，厦门国际商会已与世界 50 多个国家和地区的 600 多家经贸组织、商协会建立了友好联系。近年来，先后邀请160多个国外经贸团组来厦门参加各类经贸活动，组织230家企业前往国（境）外开拓市场。为了进一步推动经贸工作，厦门国际商会必须牢固树立和认真落实科学发展观，以科学发展观统领工作全局，主动融入和服务厦门新一轮跨越式发展大局，充分发挥国际商会的优势和作用，进一步拓宽思路，积极作为，为实施互利共赢的开放战略，促进厦门经济又好又快发展作出更大贡献。

一、积极发挥对外联络渠道多的优势，为招商引资和开拓市场提供全方位、全过程的服务

招商引资是外经贸工作的重中之重，也是国际商会义不容辞的中心任务。厦门新一轮跨越式发展需要优先发展工业，加大招商引资力度，加强厦门与台湾的产业对接，实现两岸经济技术交流合作向更大范围、更宽领域、更高水平发展。厦门国际商会必须把扩大对外交往与搞好招商引资联系起来思考，结合起来行动，上联政府，下联企业，外联国（境）外友好商协会，切实履行好“民间经贸大使”的职能，全面提升招商引资水平，促进产业升级和对接配套。要加强与世界各国、各地区商协会和经贸促进机构的交流，在稳固老朋友的同时，主动结交新朋友，努力建成一个能够满足本地区对外经贸交往所需的全球性联络网络。要充分发挥对外联络广泛的优势，积极开展全方位、多领域的经贸促进活动，扩大与日本、韩国、欧美以及俄罗斯等国家和地区的实质性合作，搞好“以商引商”，为每年在厦门举办的9月8日国际投洽会及厦门各类博览会邀请更多的高层次客商。要以本商会派出的两个海外中心为抓手，充分发挥美国商务部网络伙伴项目的实效作用，拓展对欧洲与东盟的引资，力求把更多的国外企业和销售、研发、结算、金融、中介机构引到厦门来投资发展。要积极主动地与厦门市政府有关部门和各区尤其是工业集中区搞好沟通与衔接，及时了解其产业定位和招商重点，配合有关部门根据本地区重点招商项目，积极开展有效投资商的寻找、联络工作，并组织厦门投资项目到国（境）外进行宣传、推介，从牵线搭桥到项目落地，全过程地去做工作，以提高招商引资的针对性和实效性。要加强与台湾商协会的联系，积极邀请有关专业人士来厦门考察并参加经贸活动，使厦台在更大空间实现更紧密的经贸融合。要积极引导企业主动站在对外开放第一线，成为招商引资和开拓市场的主体，做到既善于广交外商，又善于捕捉信息，既善于促成项目，又善于跟踪落实，既求数量更求质量，努力实现招商引资、开拓市场与对

台交流合作的良性循环。

二、积极发挥展会市场空间大的优势，为企业走向国际市场构筑专业化贸易合作平台

展会工作是厦门国际商会的核心工作之一，也是企业走进国际市场的理想平台。在经济全球化的背景下，厦门新一轮跨越式发展急需提高市场化办展水平，使其真正起到开拓市场、促进合作和引领企业对接境内外行业巨头的作用。厦门国际商会业务与世界接轨，联络渠道畅通，具有广阔的展会市场空间，必须充分利用这些资源，努力寻求展会工作的更好更快发展，通过在国内外举办各种展会和整合资源规模参展，构筑专业化贸易合作平台，促进厦门会展经济的可持续发展，促进厦门企业实施“走出去”战略。要根据厦门的特点，进一步加强展会理论研究和人才培养，通过不断创新，努力培育和打造展会品牌，使本地区的展会有灵魂，有内涵，不断提高国际化程度和核心竞争力。要紧紧围绕经济发展和行业重大动向办展览、开论坛，坚决克服“为办展而办展”和照搬照抄的做法，在更加宽广的领域把展会与贸易、展会与招商引资、展会与经济技术交流合作有机地统一起来，切实提升各类展会、论坛和经贸活动的实际效果。要积极宣传本地区的企业，扩大在展会上厦门产品的出口业绩，实现展前、展中、展后“一条龙”服务，不断丰富具体的洽谈项目与意向。要更多地组团参加中国贸促会和国家级中介服务机构组织的展览，积极发挥厦门前沿平台的作用，加强与两岸会展业界联系，争取在台湾地区先期举办厦门商品展销会，着力打造两岸会展、商贸互动平台。要通过各种渠道，积极引领、帮助企业到境外设立贸易网点以及参加各类商品展销会、交易会，促进厦门企业特别是中小企业、民营企业“走出去，站住脚，能发展”。

三、积极发挥信息资源范围广的优势，为企业开展国际化经营搞好信息保障和人才培训

人才与信息资源是最重要的战略资源，它是推动事业发展的关键因素。厦门新一轮跨越式发展客观要求厦门国际商会要积极发挥经贸信息来源广的优势，紧紧围绕政府和企业需求搭建好信息交流与人才培训平台，成为厦门企业开拓市场、实施国际化经营的有效服务者。为此，一方面要切实加大对经贸信息的收集、整理和传送力度。根据厦门市的引资需求和产业定位，紧跟高新技术和实施外经贸以质取胜的战略，广泛调查、研究

和收集经济贸易技术动态，并有针对性地实施筛选、追踪和更新。在建立经贸信息国别数据库和建设好厦门贸促网站的同时，充分利用厦门国际商会网络和会刊加强宣传工作，为政府和企业提供及时准确、实在管用的市场经贸信息和咨询服务，推动企业增强社会责任意识，帮助企业提高参与国际国内市场的竞争能力。另一方面，要分期分批组织一些富有特色的国际化人才培训。根据企业所面临的难点、热点问题，围绕经济全球化的新特点，大力推进专业体系建设，科学合理地设置培训内容。培训内容应重点突出国际经贸惯例、涉外知识产权、国际商务管理、外贸法律知识、国际贸易纠纷的调解与仲裁、原产地规则在反倾销制度中的运用、技术性贸易壁垒对出口影响以及国外关税政策等相关知识。通过培训，帮助企业转变经营理念，引导企业与国际经济接轨。对于企业所急需的、与国外市场结合紧密的培训课程，应积极争取中国贸促会在厦门设点，并探讨与国外联合办学的路子，对企业真正起到实质性的帮助。

厦门国际商会还要积极发挥法律服务功能全的优势，在应对国际贸易风险中努力推进投资环境的改善，并积极发挥沟通联系作用好的优势，为政企之间交流和业务拓展当好桥梁纽带角色，努力做好上情下达、下情上传工作，加强调研，传递信息，为政府决策当好参谋助手，更好地为外向型经济服务，成为帮助企业发展和促进本地区经贸发展的重要推进力量。

山东省发展农村经济协会的基本情况和对策

吴运亮　江　峰

一、山东省培育发展农村经济协会的基本情况

培育发展的主要措施和做法：

针对山东是农业大省的实际和农民的迫切要求，我省在发展行业社团工作中把农村经济协会的培育发展工作作为突出重点来抓。近年来，我省重点抓了以下工作：一是创新和调整政策，明确了农村经济协会的法律地位。针对农村经济协会规模小、实力弱、没有合法身份、结构不合理的等问题，省民政厅于 2003 年 3 月 17 日下发《关于加强全省农村经济协会登

记管理和培育发展工作的通知》(鲁民［2003］12号)，适度调整了登记管理政策，采取“五个放宽、三个减少、六个允许”的方法，确保农村经济协会登记管理工作的顺利进行。“五个放宽”，就是放宽注册资金、会员数量、办公场所、业务主管单位、专职工作人员等标准要求。全县（市、区）性农村经济协会的注册资金一般不低于1万元，全乡（镇）性的注册资金一般不低于5000元，村域内农村经济协会的注册资金一般不低于2000元。不具备上述条件的，可以暂时在民政部门备案。乡、村区域内农村经济协会的业务主管单位为相应的乡镇人民政府或县级有关主管部门。“三个减少”，即减少批准筹备环节、减少公告环节、减少或者免收登记费。“六个允许”，即允许农村经济协会设立地域性分支机构，允许在异地设立代表机构，允许跨区域发展会员，允许按单一品种设置协会，允许办企业或合作经济组织，允许其广泛开展经济活动。各地结合自身实际着重抓了一批示范单位，探索了路子，取得了经验，树立了一批先进典型。二是加强领导，全面部署。2003年11月，省政府在莱州市召开全省培育发展农村经济协会经验交流会，总结交流我省培育发展农村经济协会的经验，研究部署进一步做好这项工作的措施，推动农村经济协会发展进入一个新的阶段。三是突出重点，全面开展农村经济协会复查登记工作。2004年2月5日，省民政厅下发了《关于在全省开展农村经济协会复查登记工作的通知》(鲁民［2004］12号)，召开了全省农村经济协会复查登记工作会议，明确了开展这项工作的指导思想、范围、原则、方法步骤和措施。经过近一年的努力，圆满完成了农村经济协会复查登记工作。四是加强协作，制定规划，明确农村经济协会的发展方向。2004年8月25日，省政府在济南召开由省科协等13个省直部门负责同志参加的培育发展农村经济协会工作座谈会。分管副省长谢玉堂就开展培育发展农村经济协会有关情况调研，制定本部门、本系统规划等问题提出明确要求。目前，省海洋与渔业厅、对外贸易与经济合作厅、畜牧办、供销社已制定了本部门培育发展农村经济协会的规划，明确了指导思想和工作目标，落实了培育发展的措施。五是强化措施，加大扶持力度，优化农村经济协会发展环境。针对农村经济协会缺乏政策有力支持，自身发展活力不足，运作方式不规范等问题，省政府办公厅于2004年9月3日下发了《关于扶持农村经济协会，推动农村经济发展的意见》(鲁政办发［2004］76号)，明确了培育发展农村经济协会的指导思想、工作目标以及登记管理机关和业务主管单位的职责，制定了扶持农村经济协会发展的政策措施。省海洋与渔业厅等有关部门落实省政府的部署要求，制定了发展规划和具体的扶持措施，基本形成了登记管理政策为核心的扶持政策体系。青岛、烟台、济宁、临沂、东营等市以及寿光、莱州等50多个县（市、区）也根据当地实际制定发展目标，加大扶持力度，有力地推动了农村经济协会的发展。六是加强规范管理，农村经济协会的质量明显提高。各级民政部门把规范发展作为管理重心，强化指导和服务，全面加强农村经济协会的基本建设、业务建设、制度建设、组织建设和党的建设，加大执法监督力度，农村经济协会呈现出规范发展的良好态势。七是积极培育典型，带动农村经济协会整体发展。2006年9月26日，省民政厅在寿光市召开全省培育发展农村经济协会暨先进民间组织表彰大会。会议对全省发展农村经济协会的工作进行了总结，表彰了青岛市民政局等118个全省民间组织管理工作先进单位、荣成市渔业协会等“全省十佳百强农村经济协会”和山东省拍卖行业协会等342个全省先进民间组织，研究部署了今后发展农村经济协会、加强民间组织管理的任务和措施。各级注重发现、培育典型，全省涌现出一批有实力、有活力、有影响力的示范农村经济协会，省重点培育的300家示范协会以及各市培育的典型协会，特别是受到省里表彰的“十佳百强”农村经济协会，组织健全、运作规范，活力充沛，发挥了很好的示范带动作用。八是认真落实双重负责的管理体制，发展农村经济协会的整体合力初步形成。省政府专题研究发展农村经济协会问题，相关部门制定了发展规划。各级民政部门与有关部门加强沟通、密切配合，全省初步形成了党委政府领导、民政部门牵头、业务主管单位配合、农户和企业及合作经济组织参与的良好工作格局。

目前，山东省注册登记和备案的农村经济协会共有10109个，其中注册登记5989个，备案4120个。其中，以农业部门为业务主管单位的占10%；以科协为业务主管单位的占7%；以水产部门为业务主管单位的占2%；以畜牧部门为业务主管单位的占5%；以林业部门为业务主管单位的占4%；以科技部门为业务主管单位的占3%；以经贸部门为业务主管单位的占2%；以乡镇政府为业务主管单位的占62%。加入农村经济协会的农民494万人，专职工作人员5288人，农村经济协会的注册资金7039万元，固定资产达1.85亿元，协会自身年收入达31.3亿元。494万入会农民家庭平均年收入增幅达30%左右。

二、山东省农村经济协会发展存在的问题

（一）有关部门对农村经济协会的扶持力度不够。《中华人民共和国农民专业合作社法》出台后，农民专业合作社的法律地位和职能得以明确，

各地采取有力措施贯彻落实该法规，将农民专业合作社作为财政、税收、银行、农业、交通扶持政策的重点，而农村经济协会是社会团体法人，不在该法的调整范围内，有关部门在出台扶持政策时没有将其涵盖在内，严重地影响了农村经济协会的发展。

（二）部分基层干部对农村经济协会的概念和定位存在模糊认识。有的基层政府部门在出台文件或领导讲话的表述中将农村经济协会与农民专业合作社统称为农民专业合作经济组织，强调两者都可以采取合作制或股份制的形式，实现农民会员的劳动联合与资本联合，忽视了农村经济协会的非营利性。农村经济协会是不以营利为目的的社团法人，不允许入股分红。“股份制”与“资本联合”是合作社的基本特征。这说明，部分基层政府部门没有正确把握农村经济协会的概念和定位，影响了农村经济协会的培育发展工作。

三、下一步工作打算及建议

为了把发展农民专业合作组织与深化农业产业化经营结合起来，加快发展现代农业，推进社会主义新农村建设，民政厅将把培育发展农村经济协会作为当前和今后一个时期服务社会主义新农村建设的一项重要任务，进一步加强领导，并从建立行业协会体系和加强规范化建设等各个方面对农村经济协会给予支持：一是会同有关部门对农村经济协会进行培育、重组、改造，使其在设置、布局、种类、规模等方面，逐步适应并满足我省农业和农村经济发展需要。以农民专业合作组织为基础，以外向型大宗农产品为纽带，逐步形成相互联系、上下贯通、结构合理、布局科学、优势突出、特色鲜明的农产品行业协会体系。二是加强农村经济协会的规范化建设。按照省民政厅《关于开展社会团体规范化建设活动的通知》的要求，加强农村经济协会的基本建设、组织建设、制度建设、业务建设和党的建设，全面提高农村经济协会的整体素质，规范农村经济协会的运行机制，引导农村经济协会向规范化方向发展。同时，利用登记导向手段，积极推进政社分开，督促农村经济协会将农民专业合作社吸收为会员，扩大其会员覆盖面，充分发挥其桥梁和纽带的作用。

培育发展农村经济协会是一项系统工程，需要各部门通力合作。我们建议：一是认真贯彻国务院办公厅《关于加快推进行业协会商会改革和发展的若干意见》（国办发［2007］36号），省有关部门在有关农村经济协会的职能建设、税收减免、财政资金支持、人才引进等方面研究制定具体的、可操作性强的扶持配套政策并抓好落实。建议财政部门在安排农民专业合作经济组织扶持资金的同时，切实加强对农村经济协会资金扶持。二是，建议各级政府将农村经济协会的培育发展列入全省经济和社会发展的总体规划，制定本地农村经济协会培育发展规划和相关政策。把发展农村经济协会作为调整农村产业结构，增加农民收入，建设现代农业，加快社会主义新农村建设的一项重要措施来抓。同时，将这项工作作为农村经济工作责任目标，落实到相关领导和工作部门，强化政策措施，确保工作落实，推动农村经济协会的健康发展。

民间组织发展与管理体制创新研究

李怀建

当前，我国改革发展已进入关键阶段，经济体制深刻变革，社会结构深刻变动，利益格局深刻调整，思想观念深刻变化。这种空前的社会变革，给我国发展进步带来巨大活力的同时，也使社会矛盾和利益关系日趋复杂，不同社会利益主体之间的利益冲突日益显现。如何妥善处理这些社会矛盾和问题，将直接影响我国的经济社会发展和和谐社会建设。社会结构变动作为社会变革的重要内容，包括阶层结构、城乡结构、区域结构、人口结构、就业结构、社会组织结构等方面，其发展变化将对我国经济社会发展产生重要影响。民间组织作为社会组织的重要组织形式，由于数量大，种类多，涉及面广，其发展变化在一定程度上影响着我国经济社会的全面发展。本课题从调查河南省民间组织的发展现状入手，通过评析河南省民间组织在促进经济社会协调发展中的作用，揭示当前河南省民间组织发展与管理工作存在的主要问题及其原因，展望河南省民间组织的发展前景及趋势，提出了创新民间组织管理体制，加强和改进民间组织工作，推进河南省社会建设和管理的一些对策和措施。

一、河南省民间组织的发展现状

民间组织，是指由民间设立的从事社会公益和互益活动的非营利性社会组织。在我国，民间组织包括社会团体、民办非企业单位和基金会三大类。社会团体是由公民自愿组成为实现会员共同意愿，按照其章程开展活动的社会组织，包括各种学会、协会、研究会、联谊会、联合会、促进会、商会等；民办非企业单位是由企业事业单位、社会团体和其他社会力量以及公民个人利用非国有资产举办的，从事社会服务活动的社会组织，包括各种民办学校、民办医院、民办科研院所、民办文化体育场馆、民办社会福利机构和民办社会中介服务组织等；基金会是利用自然人、法人或者其他组织捐赠的财产，从事公益事业的非营利性组织。

近几年来，随着我国社会主义市场经济体制的逐步完善和政府职能的逐步转变，公民参与社会管理和公共服务的热情不断增强，河南省民间组织同全国一样得到了快速发展。

（一）发展总量与结构

从数量上看，据统计，截至 2006 年 12 月底，全省各级民政部门共登记各类民间组织 15341 个，其中社会团体 8282 个、民办非企业单位 7034 个、基金会 25 个。与 2001 年 12 月底相比，全省登记的民间组织净增 4452 个，其中，社会团体净增 2154 个，民办非企业单位净增 2288 个，基金会净增 10 个。增幅分别约为 40.9％、35.2％、48.2％、66.7％。

从区域管辖上看，全省 15341 个民间组织中，省级民间组织 1262 个（社会团体 885 个、民办非企业单位 352 个、基金会 25 个），约占全省民间组织总数的 8.2％；省辖市级民间组织 6188 个（社会团体 3538 个、民办非企业单位 2650 个），约占全省民间组织总数的 40.3％；县（市、区）级民间组织 7891 个（社会团体 3859 个、民办非企业单位 4032 个），约占全省民间组织总数的 51.5％。

从区域发展格局上看，河南省经济社会发达地市的民间组织数量较多，如洛阳市 1887 个、南阳市 1733 个、郑州市 1700 个；而欠发达地市的民间组织数量较少，如开封市 499 个、信阳市 453 个。

从行业分布上看，全省 8282 个社会团体中，行业性社团 3571 个，约占全省社团总数的 43.1％；学术性社团 1829 个，约占全省社团总数的 22.1％；专业性社团 1902 个，约占全省社团总数的 23％；联合性社团 695 个，约占全省社团总数的 8.4％；其他社团 285 个，约占全省社团总数的 3.4％。全省 7034 个民办非企业单位中，教育类民办非企业单位 2582 个，约占全省民办非企业单位总数的 36.7％；卫生类民办非企业单位 1474 个，约占全省民办非企业单位总数的 21％；劳动保障类民办非企业单位 790 个，约占全省民办非企业单位总数的 11.2％；科技类民办非企业单位 540 个，约占全省民办非企业单位总数的 7.7％；体育类民办非企业单位 453 个，约占全省民办非企业单位总数的 6.4％；民政类民办非企业单位 469 个，约占全省民办非企业单位总数的 6.6％；文化类民办非企业单位 306

个，约占全省民办非企业单位总数的4.4%；社会中介服务类民办非企业单位139个，约占全省民办非企业单位总数的2%；其他281个，约占全省民办非企业单位总数的4%。

（二）从业人员状况

从数量上看，据统计，截至2006年12月底，全省15341个民间组织共有从业人员132235人，平均每个民间组织有从业人员约86人。其中社会团体从业人员33780人，平均每个社团有从业人员约41人；民办非企业单位从业人员98320人，平均每个民办非企业单位有从业人员约14人；基金会从业人员135人，平均每个基金会有从业人员54人。

从年龄结构上看，据抽样调查统计推算，在全省社会团体从业人员中，20～40岁年龄段从业人员占全体社团从业人员的20%左右，40～60岁年龄段从业人员占全体社团从业人员的50%左右，60岁以上从业人员占全体社团从业人员的30%左右。在全省民办非企业单位从业人员中，20～40岁年龄段从业人员占全体民办非企业单位从业人员的45%左右，40～60岁年龄段从业人员占全体民办非企业单位从业人员的30%左右，60岁以上从业人员占全体民办非企业单位从业人员的15%左右。在全省基金会从业人员中，20～40岁年龄段从业人员占全体基金会从业人员的30%左右，40～60岁年龄段从业人员占全体基金会从业人员的40%左右，60岁以上从业人员占全体基金会从业人员的30%左右。

从知识结构上看，据抽样调查统计推算，在全省民间组织从业人员中，具有硕士以上学历或高级职称的从业人员占全体民间组织从业员的8%左右，具有本科学历或中级职称的从业人员占全体民间组织从业人员的25%左右，具有大、中专学历或初级职称的从业人员占全体民间组织从业人员的62%左右，高中以下学历的从业人员占全体民间组织从业人员的5%左右。

（三）资产和财务状况

在资产方面，据抽样调查统计推算，2006年12月底，河南省平均每个社会团体拥有资产10万元左右；平均每个民办学校拥有资产80万元左右；平均每个民办体育场馆拥有资产40万元左右；平均每个民办医疗机构拥有资产30万元左右；平均每个民办科研机构拥有资产20万元左右；其他民办非企业单位平均每个组织拥有资产10万元左右；平均每个基金会拥有资产600万元左右。按此计算，依据各类民间组织的数量，全省15341个民间组织资产总额为452670万元。全省民间组织资产在亿元以上的有6

家，主要集中在民办学校。

在财务收支方面，从2005年、2006年连续两年民间组织年检情况看，全省民间组织年度经费收支节余的占全省民间组织总数的65%左右，年度经费收支持平的占全省民间组织总数的20%左右，年度经费收支亏损的占全省民间组织总数的15%左右。其中，部分行业性社团、基金会和教育类民办非企业单位年收入相对较多，经费相对宽余；多数学术性社团和科技类、文化类民办非企业单位年收入相对较少，活动经费比较紧张。

在财务管理方面，据不完全调查统计，在全省民间组织中，财务制度健全、财务管理规范、配有专兼职财会人员的民间组织占全省民间组织总数的40%左右，主要集中在行业性社团、基金会和教育类民办非企业单位中；虽有财务制度，但财务管理不够规范，且无专兼职财会人员的占全省民间组织总数的30%左右，主要集中在部分学术性、联谊性社团和科技类、文化类民办非企业单位中；财务制度不健全、财务管理混乱，甚至不设银行账户、不建账的占全省民间组织总数的30%左右，主要集中在部分专业性社团和卫生类、体育类民办非企业单位及基层社区民间组织中。

（四）活动开展状况

根据日常民间组织管理工作了解掌握的情况，在全省民间组织中，活动开展和作用发挥较好的民间组织占全省民间组织总数的30%左右，活动开展和作用发挥一般的占全省民间组织总数的50%左右，活动开展不正常且作用发挥不明显的占全省民间组织总数的20%左右。

二、河南省民间组织在促进经济社会协调发展中的作用

民间组织遍布河南省城乡，其业务范围涉及教育、科技、文化、卫生、体育、劳动、民政、社区、环保、慈善、农村经济等社会经济生活的各个领域，具有民间性、非营利性、公益性、互益性、自愿性、自律性等特点，在参与社会管理、提供公共服务、反映公众诉求、化解社会矛盾、激发社会活力、规范社会行为等方面发挥着不可替代的作用，已成为河南省经济社会协调发展中不可缺少的一支重要力量。

（一）民间组织发展对于加强和完善我省社会管理工作具有重要作用

一是有利于促进社会管理体制创新，完善社会管理工作。随着政府职能的转变，相当部分的群众性、社会性、公益性的社会公共服务和社会管理职能将逐渐从政府职能中分离出来。而民间组织由于接近群众，运作成本低、效率高，足以发挥自身优势，承接政府社会性公共服务和管理社会

事务的职责，弥补政府和市场的失灵，既可以增加公共物品的供应总量，提高公共物品的供给效率，又为政府职能的顺利转变创造条件，促使政府职能从直接微观管理向间接宏观调控的转变，从而完善社会管理工作。实践证明，近几年来，河南省通过积极培育发展各类社区民间组织，鼓励社会力量在教育、科技、文化、卫生、体育、社会福利等领域兴办各类民办非企业单位，发展各类公益事业，为满足广大人民群众的各种社会生活需求发挥了积极作用，推动了政府职能的转变。同时，河南省一些社科类社团，在社科联等有关部门的组织领导下，积极会同省内有关专家、学者，围绕当前河南省社会变革中出现的各种社会矛盾和问题，深入开展有关学术研讨活动，探索改进社会管理工作的有效途径和办法，提出加紧转变政府职能，完善民间组织社会服务功，建立政府负责、社会协同、公众参与的社会管理格局的措施、建议，促进了社会管理体制的创新。特别是一些行业性社团，通过政府授权或接受政府委托直接参与社会管理工作，产生了良好效果。如省工业经济联合会受省发改委委托开展“河南省工业大奖”活动，省注册会计师协会受省财政厅委托对注册会计师进行注册和后续教育管理，省旅游协会受省旅游局委托对旅游行业部分业务进行指导管理，等等。据不完全统计，2005 年，河南省有 1100 多个行业协会参与各项行业管理工作，共举办各种论坛、协调会、座谈会等 5058 次，制定不同层次、不同行业服务标准 30 多个，开展各种咨询和行业维权活动 13892 件次，促进了河南省社会管理工作的完善。

二是有利于推动政府决策的科学化，促进社会主义民主法治建设。改革开放以来，我国的社会组织结构发生了巨大变化，社会不断分化、组合，社会利益主体由单一化向多元化转变。由于民间组织最接近社会生活，在了解弱势群体的社会需求、协调社会利益主体关系、增强市场融合、解决社会问题等方面具有政府不可替代的独特优势。各类民间组织作为不同利益主体的代表和社会各阶层利益表达的管道，架起政府与民间直接沟通的桥梁，扩大社会参与，在推动政府决策的科学化、民主化，保障人民群众的政治、经济、文化、社会等方面的权益发挥着重要作用。如省勘察设计协会，多年来始终立足勘察设计工作，积极组织有关会员单位和有关专家、学者，主动研讨，努力为行业改革发展服务，为政府献计献策。2006 年，为配合做好省直和驻豫部属工程勘察设计事业单位改企改制工作，协会积极承担有关任务，及时召开 14 个省直和驻豫部属院负责人座谈会，并组织 40 多人对各勘察设计事业单位的各方面情况，进行为期半年的调查统计，对相关上万个数据进行反复测算和核实。在协会参与下形成的省直和驻豫部属勘察设计事业单位改企改制意见，得到了国务院有关部门的支持和国务院领导的批示，最后被省政府采纳，许多意见被写进了省政府办公厅的正式文件中。既推动了政府实施事业单位改企改制决策的科学化，又保障了相关事业单位及其员工的合法权益。

三是有利于推进和谐社区建设，奠定社会和谐的基础。随着河南省经济社会发展和城镇化进程的加快，社区居民对社区服务的需求越来越多，要求越来越高，城乡社区在经济社会发展中的地位越来越重要，加强社区建设，提高社区服务水平，建设和谐社区，是构建和谐中原的重心所在。社区民间组织接近社区居民，最了解居民需求，可以通过整合和有效利用社区的各种资源，协调人才和聚集社区中的闲散资产，围绕社会救助、优抚、助残、老年服务、再就业服务、维护社会安全、科普和精神文明建设等工作，广泛开展各种社区服务，既能够满足社区居民的各种需求，增进社区的公共福利，又能够培养社区居民的公共意识，优化社区人际关系，促进社区团结和睦，为构建和谐中原奠定坚实基础。近年来，河南省多数县（市、区）民政部门学习借鉴经济发达地区的先进经验，结合当地实际，采取降低登记门槛，简化登记手续，或采取备案制的办法，依托街道办事处和居委会、社区服务中心，发展各类社区民间组织。据初步调查，目前，全省有各类社区民间组织3500多个，业务涵盖老年护理、孤儿收养、少年辅导、残障康复、家政服务、中介服务、技能培训、信息咨询、医疗卫生、文化娱乐、休闲健身、慈善救助、法律援助等。这些组织通过开展各种社区服务活动，满足了广大社区居民的各种社会公共需求，促进了全省社区建设。如郑州市二七区福化街办事处苗圃社区居委会，通过发展老年志愿者工作队、青年志愿者工作队、文艺宣传工作队、家政服务工作队等10个方面的社区民间组织，根据社区居民的不同服务需求开展相关服务活动，促进了社区和谐建设。该社区连续多年未发生盗窃、邻里纠纷等问题。金水区北林路办事处鑫苑社区居委会通过发展社区业余剧团等民间组织，定期开展文艺演出活动和邻居节活动，为社区居民营造了良好的文化生活环境。2007年五一期间，中共中央总书记胡锦涛到河南考察工作时专门视察了该社区，对该社区各方面建设和社区民间组织活动给予了肯定。

（二）民间组织发展对于服务河南省经济和社会建设具有重要作用

一是有利于促进社会主义市场经济体制的完善。从社会发展视野看，当代社会存在三类组织及其运行机制，第一类是市场机制——营利组织，第二类是国家机制——政府组织，第三类是社会机制——民间组织。经济社会的健康发展，需要三支力量联动的社会结构整合机制。在社会主义市场经济条件下，市场经济不是万能的，市场盲目无序的竞争会带来周期性的经济危机；政府干预也不是万能的，过多干预会影响经济发展的活力和效率。而广大民间组织，从事社会公益性活动，通过非强制、非等级和非营利趋向的社会机制运作，由为社会奉献的道德力量所驱动，能够通过动员和调配社会民间资源和力量，进行行业协调、行业管理、行业维权，协调经济领域的各种关系和利益，建立良好的市场经济秩序，维护社会公平竞争，弥补市场和政府失灵，促进社会主义市场经济体制的完善。如，近几年来，河南省家电维修行业协会、洗涤业协会、汽车行业协会、餐饮业协会等行业组织，通过组织本行业有关企业，召开各种座谈会，制定相关行业服务标准，倡导同行业共同遵守，避免了同行业间的恶性竞争，维护了行业整体利益，促进了河南省社会主义市场经济体制的完善。同时，河南省消费者协会立足维护消费者合法权益，积极会同政府有关部门，及时受理各类消费投诉案件，深入开展打假造假活动，2006 年共受理各类消费投诉案件 41995 件，调查处理 39669 件，既保护了河南省消费者的合法权益，又维护了良好的市场经济秩序。

二是有利于推进社会主义新农村建设。河南省是全国农业大省，由于种种原因，目前河南省农村经济社会发展相对滞后。农业基础薄弱，生产力水平较低；农民收入水平低，城乡居民收入差距拉大；农村公共事业发展滞后，城乡面貌反差较大等等。这些问题直接影响着和谐中原建设。农村专业经济协会作为联结农民、企业和市场的纽带，可通过组织开展各种农业技术、农产品产供销服务，提高农民和农业的组织化程度，促进农村经济发展。近几年来，各级政府、各有关部门高度重视农业经济合作组织和农村专业经济协会发展工作，2006 年省民政厅下发了《河南省重点培育 100 个具有典型示范意义的农村专业经济协会实施意见》，促进了河南省农村专业经济协会的快速发展。据统计，截至 2006 年 12 月底，河南省有各种农村专业经济协会 2755 个，其中县（市、区）级 728 个、乡镇级 1216 个、村级 811 个，并涌现出一批有实力、有活力、有影响的示范专业经济协会，为促进河南省农村经济建设发挥了重要作用。如新野县蔬菜产业协会利用蔬菜批发市场和龙头加工企业，构建蔬菜产业框架，把全县 80%以上的蔬菜通过协会销往全国 23 个省、市、区，有的还转口外销到日本、俄罗斯、越南等国家，使蔬菜生产成为新野县农业发展的支柱产业，同时也使新野县成为豫西南最大的蔬菜生产基地和蔬菜集散地。唐河县黄牛协会 2005 年成功举办了“中国南阳第一届黄牛节”，吸引国内外客商 5000 多人，签订合同 150 多份，合同金额达 1 亿多元，使南阳黄牛走向全国、走向世界。新郑市红枣营销协会，按照龙头企业带动、协会组织引导、开拓市场销售等运作方式，吸纳红枣生产、加工、销售企业30多家入会，形成遍及全省的红枣销售网络，由此带动红枣生产基地3万余亩、红枣种植户2万余户，年销售红枣万余吨，使新郑市的红枣生产很快形成了产业化的发展格局。等等。其他农村民间组织可通过开展一些普及法律、医疗卫生、科技文化等各类知识的培训、服务活动，推动农村精神文明建设，营造农村健康文明的新风尚。同时，农村专业经济协会的发展，与乡镇政府形成了一种良性互动关系，通过开展各种服务“三农”活动，不仅成为乡镇政府服务“三农”的有力助手，而且也弥补了农村税费改革后乡镇政府行政管理功能弱化的不足，并促进政府有关农业发展政策更贴近农村、贴近农民、贴近市场。

三是有利于推动对外交流和经贸发展。随着河南省改革开放的不断深化，国外、省外民间组织在河南省活动日益增多，省内各类民间组织积极开展对外交往与合作，对促进河南省对外交流和经贸发展起到重要作用。在国际交往方面，如省贸促会和省国际商会2006年共邀请和接待了30多个国家和地区的经贸代表团和工商界人士300多人来豫访问，助推了河南企业走出去，促进了河南省对外贸易工作。在省际交往方面，近年来，河南省浙江商会、川渝商会、湖南商会等异地商会纷纷成立，积极推进浙、川、渝、鄂和豫之间的经贸合作，推进共同发展。目前，河南省在全国其他10个省市也相继成立了河南商会。2004年8月，全国各地河南商会在郑州市召开了首届豫商大会，探讨豫商发展问题，推动了河南经济建设。据省政协经委会统计，2006年，广东、上海河南商会的11家会员单位与河南省开展经济技术合作项目46个，累计投资4817亿元，其中广东商会在新乡延津县投资创建的“广东河南商会工业园”首批资金400万元已到位。

四是有利于繁荣教育、文化、体育、卫生、科技、环保事业。当前，河南省社会公共需求全面快速增长与公共服务不到位、公共产品短缺的矛盾突出，直接影响着和谐中原建设。而民间组织可以发挥人才荟萃、知识密集、联系广泛等优势，通过广泛开展科普宣传、职业教育、文化娱乐、医疗保健、体育健身、环境保护等社会公共服务活动，既可以有效地缓解人民群众社会公共需求快速增长造成的压力，又能够促进教育、文化、体育、卫生、科技、环保事业的繁荣与发展。据调查了解，2006年，在教育方面，按每个民办教育培机构年均教育培训100人次计算，一年内全省3372个民办教育培训机构共教育培训各类人员337200人次。在医疗卫生方面，按每个民办医院诊所年均诊治500病人次计算，一年内全省1474个民办医院诊所共诊治各种病人737000人次。在文化体育方面，根据2007年3月全省民间组织文化资料普查结果，2006年全省共有文化类民间组织926个，全年共开展各种社会文化活动5181场次，通过举办各种培训班，共培训文化艺术专业38293人次；通过举办各种文艺演出，参加观众1545000人次；10个民办博物馆共接待参观人员71120人次。等等。由此可见，民间组织的发展，繁荣了我省教育、文化、体育、卫生、科技、环保事业。

（三）民间组织是化解社会矛盾、维护河南省社会稳定的重要力量

一是有利于推动社会公平正义。目前，河南省人均GDP已突破1600美元，经济总量跃居全国第五，工业化、城镇化、市场化进程明显加快，人民生活水平不断改善，经济社会发展站在一个新的历史起点上。但是，由于河南省是全国农业大省、人口大省，经济基础仍相对薄弱，特别是随着河南省经济体制改革的进一步深化，各种社会矛盾和利益关系将日趋复杂，不同社会利益主体之间的利益冲突将日益显现。维护社会公平正义，各尽所能、各得其所、和谐相处、共建共享，是一项十分重要的任务。民间组织作为公益性社会组织，倡导的核心价值是社会和谐，贯穿的是人道主义和志愿精神，追求的是公共利益，塑造的是平等、信任、合作、团结的社会关系，以承担社会责任、履行社会公益职责为宗旨，通过动员社会力量，筹集社会资金，开展各种社会救助和帮扶活动，保护弱势群体的基本权益，为党和政府分忧解难。如省红十字会、省慈善总会、省残疾人福利基金会、省青少年发展基金会、省中小学幼儿教师奖励基金会等组织，致力于社会公益事业，在扶残助弱、救济灾民、捐资助学、保护妇女儿童等方面发挥了积极作用。许多民办非企业单位也积极关注贫困、失业、环境、卫生、文化、教育、老年人等社会问题，充分发挥自身优势，通过走上街头、走进社区、走进农村、走进福利院等，开展各种便民利民、扶弱助残、扶危济困、科普教育、义务培训、文艺演出等公益活动，解决社会问题，化解社会矛盾。据统计，在2006年全省开展民办非企业单位自律与诚信建设活动中，全省民办非企业单位共开展“提供优质服务、真情回报社会”等主题公益活动1170次，提供各类社会服务524438人次，其中免费服务343593人次，低于成本价服务180845人次，直接社会效益达4765万元。促进了社会公平正义，维护了河南省社会安定有序。

二是有利于扩大社会就业。河南省民间组织的发展，不仅解决安置了大量富余人员就业，而且还通过各种渠道对下岗职工、农民工及富余人员进行职业技能培训，举办人才交流活动，搭建就业平台，提供就业机会，

从而减轻就业压力，缓解社会矛盾。河南省民间组织现有从业人员 14 万多人，已成为河南省社会就业的重要渠道。

三是有利于激发社会活力。河南省民间组织聚集着一些社会志愿服务人员，通过组织开展各种社会志愿服务活动，增强公民、企业和各种社会组织的社会责任，激发创新活力，增进团结和睦。同时，在民间组织中，因不存在原有单位体系的等级制度，人们可以在一个更宽松的环境中发挥自己的能力，尤其是不以谋生为目的，会激发出更大的创造力，从而有利于促进整个社会充满活力。

三、当前河南省民间组织发展与管理工作存在的主要问题及其原因

近几年来，河南省通过依法加强民间组织管理工作，民间组织得到了健康发展，发挥了重要作用，但总体上还处于发展的初级阶段，与发达国家和发达省市相比还存在着较大差距。

（一）民间组织发展与管理工作存在的主要问题

1. 民间组织发展总体数量偏少，规模较小，在公共服务部门所占比例较低。从数量上看，据统计，目前我国有各类民间组织 34 万多个，河南省有各类民间组织 15 万多个。在国际比较上，按每万人拥有民间组织的数量计算，法国是 110 个，日本是 97 个，美国是 52 个，阿根廷是 25 个，新加坡是 15 个，巴西是 13 个，而我国只有 26 个。在省市比较上，按每万人拥有民间组织的数量计算，上海是 57 个，山东是 49 个，浙江是 46 个，北京是 44 个，四川是 31 个，江苏是 29 个，湖北是 25 个，广东是 23 个，河北是 2 个，而河南省只有 15 个，这不仅与发达省市，就是与一些欠发达省市相比也存在较大差距。从规模上看，河南省民间组织总体规模较小，主要表现在人员队伍薄弱，资产总额较少等。据调查了解，2006 年，在人员队伍方面，上海市 7700 多个民间组织有从业人员 115000 多人，平均每个民间组织有从业人员 15 人，具有本科学历或中级职称以上人员占全体从业员的 70%左右；北京市 5200 多个民间组织有从业员 67600 多人，平均每个民间组织 13 人，具有本科学历或中级职称以上人员占全体从业员的 65%左右；山东省 46000 多个民间组织有从业人员 450800 多人，平均每个民间组织有从业人员 98 人，具有本科学历或中级职称以上人员占全体从业员的 45%左右；而我省 15300 多个民间组织只有从业人员 132000 多人，平均每个民间组织有从业人员 86 人，具有本科学历或中级职称以上人员占全体从

业员的33%左右。在资产总额方面，浙江省民间组织资产总额达到208亿多元，平均每个民间组织资产达90万元；上海市民间组织资产总额达到63亿多元，平均每个民间组织资产达81万元；山东省民间组织资产总额达到95亿多元，平均每个民间组织资产达45万元；而河南省民间组织资产总额为45亿多元，平均每个民间组织资产30万元。就全国而言，2006年全国民间组织资产总额达155亿美元，而美国营利组织2002年资产总额就高达24000亿美元。从在公共服务部门所占比例上看，由于大多数市场经济发达国家无事业单位，其社会公共服务主要依靠非政府组织（非营利组织）来提供。如，美国非营利组织包括150多种类型，覆盖社会生活的方方面面，其中，民办非营利性医疗机构占全国医疗服务部门的51%，民办非营利性教育机构占全国教育服务部门的46%，民办非营利性文艺组织占全国文艺服务部门的90%以上。而河南省民间组织同全国一样在社会公共服务部门所占综合比例不足30%。

2. 民间组织发展整体质量不高，作用发挥不到位。从质量上来看，一是河南省民间组织发展整体结构不够优化，尤其是经济社会发展需要的行业协会、农村专业经济协会、公益慈善和基层服务性民间组织发展不足。全省基金会只有25个，多数农村专业经济协会和社区民间组织发育不全，尚处于起步阶段。二是部分民间组织职能定位不准确，官办色彩浓厚，对政府依赖性强，自主创新和社会服务能力较弱。三是少数民间组织法制观念淡薄，内部管理制度不完善，自律机制不健全，社会公共责任缺失，社会公信力不高。四是非法民间组织和民间组织违法行为时有发生。少数民间组织随意超出章程规定的业务范围，从事违法活动。个别社团未经登记，擅自成立。特别是还有一定数量的民办学校、幼儿园、医院、体育俱乐部等民办非企业单位，至今未到民政部门登记，疏于管理，存在着严重的信用危机和安全隐患等等。从作用发挥上看，全省民间组织中，活动开展和作用发挥较好的民间组织占全省民间组织总数的30%，活动开展和作用发挥一般的占全省民间组织总数的50%，活动开展不正常且作用发挥不明显的占全省民间组织总数的20%。可以说河南省大多数民间组织尚未充分发挥其应有的功能和作用。如行业协会，由于受多种因素的影响，在行业协调、行业管理、行业维权、行业服务等方面还存在着许多不足和问题，与经济发达省市相比还存在着很大差距。

3. 民间组织管理监督工作不适应当前民间组织发展的需要。主要表现在：一是全省民间组织登记管理机关机构建设、人员编制、专项经费等与管理任务不相适应。河南省现有近16000个民间组织，省厅直接管理的民间组织有1200多个，除每年一度的年检外，还承担大量的咨询、登记、变更、查非等事务性工作，还要对市、县进行工作指导，可以说任务十分繁重。可是省厅民间组织管理局编制只有10人。多数省辖市民间组织管理人员不超过3人，县级基本没有专职工作人员，也没有专项经费，造成了管理力量与管理任务严重失调。二是民间组织管理监督工作机制不健全。监督管理手段薄弱，各地普遍缺乏专门的执法监察工作队伍；综合协调快速反应机制和社会监督机制不完善；双重管理体制落实不到位等等。三是民间组织管理信息化建设滞后。全省民间组织管理信息化建设还处在起步阶段，尚未建立民间组织数据库系统、数据传输系统和网上办公系统，远落后于北京、上海、广东、山东等省市。

（二）存在问题的主要原因

民间组织发展与管理工作存在问题的主要原因来自多个方面：民间组织自身建设方面，法规政策建设方面，管理体制建设方面，政府部门工作方面，社会环境影响方面等等。

1. 民间组织自身建设方面的原因。一是组织结构不健全，内部管理制度不完善。有的民间组织缺少必要的会员代表大会、理（董）事会及其工作制度，或虽有制度但缺乏民主监督机制，落实不到位，“家长制”、“一言堂”现象突出。有的民间组织内部矛盾较多，内耗严重。二是法制观念淡薄，诚信意识不强。有的民间组织不按章办事，随意活动，不参加年检，不接受管理；有的未经登记擅自成立，开展非法活动；有的缺乏诚信，业务工作、财务收支情况等不公开、不透明，营利倾向明显。三是观念落后，缺乏开拓创新和服务意识。有的民间组织依托行政机关，受制于行政机关的约束，缺乏自主发展空间；有的定位不明确，对行政资源的依赖性强，习惯于围着政府转，为会员、为社会服务的意识不强，协调行业整体利益的能力弱。四是经费不足，人才缺乏。由于受多种因素的影响，多数民间组织资金来源有限，经费不足，无法吸引优秀和高素质人才专职从事民间组织工作。没有人才，民间组织自然工作能力不强，服务水平低下，无力推动各项工作的开展。这些问题严重制约了民间组织发展、作用的发挥和地位的提高。

2. 法规政策建设方面的原因。一是现行社会团体、民办非企业单位、基金会三个条例立法层次低，缺少“民间组织法”，一方面，使得相应民间组织的地位、作用及职能等没有得到进一步明确和规范，影响了民间组织的发展；另一方面，社会团体和民办非企业单位两个条例作为程序性行政法规，作用主要在于规范民间组织登记行为，而对民间组织的监督管理缺乏一定力度和深度，造成监督执法困难。二是针对不同类别、不同层次民间组织缺少相应的具体登记管理办法，影响了民间组织的分类登记和管理。如农村专业经济协会和社区民间组织登记管理问题，由于在成立条件、登记标准、登记实施主体、业务主管单位界定等方面缺乏法律依据，相关登记管理工作难以深入开展。三是在民间组织人员编制、工资福利、社会保障、职称评定、税收减免等方面缺少系统配套的政策，造成了不同民间组织之间、民间组织与事业单位之间的不公平，影响了民间组织的生存和发展。四是在涉外民间组织管理方面缺少相应的登记管理办法，导致了涉外民间组织登记管理工作无法开展。五是在民办非企业单位监督管理工作中，缺少公安部门参与执法的法律依据，造成对一些未登记的民办小学、幼儿园、体育场馆等非法组织的强制取缔困难，带来了一定的社会隐患。六是现行民间组织管理法规与个别相关行业法律法规不衔接，造成民间组织“双重管理”体制落实不到位。

3. 民间组织管理体制建设方面的原因。我国对民间组织的管理实行的是业务主管单位和登记管理机关双重管理的体制。目前，这种管理体制是基本符合我国国情的，但也存在一些问题：一是对急需培育发展的农村、社区民间组织，按现行管理体制由县级以上政府有关部门和民政部门审批、登记，门槛较高，难以落实。二是对需要加快发展的各种行业协会，按条例规定由不同行业主管部门前置审批，因行业主管部门往往过多行政干预，不利于推进政社分开。同时，由于多数行业协会是由相关行业主管部门牵头组建，且协会负责人多数由党政机关干部兼任，他们既是运动员，又是裁判员，很难履行对协会的日常监督管理职责。三是在实际工作中，一些业务主管单位因业务交叉，或由于种种其他原因，不愿做民间组织的业务主管单位，致使一些民间组织因找不到业务主管单位而得不到登记。四是在现实工作中，就部分行业民办非企业单位而言，只要业务主管单位批准了，登记管理机关就得批准，否则，就会导致相互之间的不协调、不配合。这种现象直接造成了登记管理机关执法困难，对民间组织的监管不力。

4. 政府部门工作方面的原因。一是一些地方和有关部门对民间组织的地位、作用认识不足，对民间组织发展与管理工作重视不够、支持不力，一方面缺乏制定民间组织的发展规划，致使民间组织发展存在盲目性，设置不科学，布局不合理；另一方面缺乏制定培育扶持民间组织发展的有效政策和措施，影响了民间组织的健康发展；同时也忽视加强民间组织登记管理机关机构建设，致使民间组织管理队伍与管理手段薄弱，管理监督工作滞后。二是部分行业主管部门将行业协会看成是政府机关的内部机构、代管机构，有的甚至看成是负担，是争夺权力的对手，对本应转移到社会团体的行业管理职能和事务性工作紧握不放，影响了行业协会的生存与发展。三是个别登记管理机关和业务主管单位对民间组织管理工作不重视，或者放任自流，不履行监管职责；或者部门利益严重，相互推诿扯皮，工作不相配合。四是少数登记管理机关和业务主管单位工作人员素质差，协调处理问题能力低，工作不深入。有的缺乏依法行政和服务意识，工作责任感不强，疏于管理工作。

5. 社会环境影响方面的原因。从民间组织发展角度讲，就政府部门而言，由于缺乏对民间组织的正面宣传报道，导致少数地方、个别部门公民社会意识不强，过分夸大民间组织的消极影响，不愿支持民间组织的发展，使现有制度环境显现限制性特征。就社会公众而言，由于受多种因素的制约，多数企业、公民个人的志愿精神和慈善精神不足，一方面使民间组织缺乏必需的志愿服务人员和社会工作者；另一方面使民间组织接受捐助困难，无力开展社会活动，兴办社会事业。这与欧美日等发达国家存在较大差距。如美国，参与非营利组织的志愿者大约占非农业就业总人数的4%，约有49%的美国公民曾为非营利活动投入时间。民间捐赠比例达19%，1989年美国服务性非营利组织共获得3430亿美元，其中18%来自私人捐款，平均每个家庭捐款754美元，占家庭总收入的1.7%。从民间组织管理角度讲，由于缺乏必要的社会监督、社会评估机制，影响了民间组织自律机制的建设。

四、河南省民间组织发展前景及趋势分析

在我国全面建设和谐社会的大背景下，伴随着政府机构转型的实际进程，河南省民间组织同全国一样将得到进一步健康快速发展，并发挥日益重要的作用。目前，民间组织发展面临三大机遇：

第一，党中央、国务院高度重视民间组织工作，为民间组织发展提供了难得的发展机遇。党的十六届六中全通过的《关于构建社会主义和谐社会若干重大问题的决定》（以下简称《决定》）指出："坚持培育发展和管理监督并重，完善培育扶持和依法管理社会组织的政策，发挥各类社会组织提供服务、反映诉求、规范行为的作用。发展和规范律师、公证、会计、资产评估等机构，鼓励社会力量在教育、科技、文化、卫生、体育、社会福利等领域兴办民办非企业单位。发挥行业协会、学会、商会等社会团体的社会功能，为经济社会发展服务。发展和规范各类基金会，促进公

益事业发展。引导各类社会组织加强自身建设，提高自律性和诚信度。”这是迄今中央全会对民间组织发展的方针政策、功能定位、发展重点、自身建设作出的第一次全面阐述，内容更加具体，目标更加明确，具有非常重要的现实意义和深远的历史意义。不仅为民间组织发展指明了发展方向，提供了强大动力，也必将促使各级政府、各有关部门进一步加强民间组织工作，从而推动民间组织的健康快速发展。

第二，我国社会转型，将促使民间组织快速发展。在我国社会结构和社会体制双重转型的过程中，需要有多种社会整合形式对社会成员和社会群体进行有效的整合，以理性、合法的方式，满足他们在经济、政治、文化和社会生活等方面的需求。也就是说，社会利益主体和社会需求的多元化，需要社会管理和社会服务的多元化。民间组织作为整合社会资源，协调社会关系，预防和解决社会问题，恢复和发展社会功能的重要社会组织，必将在社会服务、社会管理领域承担大量的社会服务工作，发挥更加积极的作用。同时，构建和谐社会，转变政府职能，加强和完善社会管理工作，迫切需要健全社会组织，特别是民间组织，这已经成为社会共识。国务院已经将深化政府行政体制改革作为重要任务来抓，积极支持民间组织参与公共管理，使民间组织在社会管理和公共服务领域中发挥更多的作用。民间组织通过发挥各方面积极作用，能够进一步争取社会的参与和支持，从而促进民间组织的发展。

第三，培育扶持和依法管理民间组织法规政策的逐步完善，将进一步促进民间组织健康发展。按照党的十六届六中全会《决定》提出“坚持培育发展和管理监督并重，完善培育扶持和依法管理社会组织的政策，发挥各类社会组织提供服务、反映诉求、规范行为的作用”要求，各级政府及各有关部门将进一步完善民间组织发展与管理的法规政策，切实解决影响民间组织发展的政策性障碍，必将有力推动民间组织的健康快速发展。

另外，随着我国事业单位改革的逐步推开，部分社会服务性事业单位将与政府分开，被推向市场，转变成为民间组织，将为民间组织提供较大发展空间。

预计未来几年，河南省民间组织将进入快速发展时期。由于河南省与外省市相比，万人拥有民间组织数量较少，仍有较大发展空间。按年均10%的递增速度计算，五年后河南省民间组织数量将达到23000个左右，每万人拥有民间组织数量达到23个。

当然，民间组织发展也面临着一些不利因素：一是民间组织法制建设有待逐步完善；二是政府转变职能和完善民间组织社会服务功能，需要有一个循序渐进的过程；三是民间组织社会认知度和社会参与度，需要有一个逐步深化、提高的过程；四是民间组织自身建设存在的各种不规范问题，需要逐一解决；五是在市场经济条件下，民间组织相互竞争，优胜劣汰等等。这些都需要各级政府、各有关部门和广大民间组织共同努力，妥善处理，为民间组织发展创造条件。

五、创新管理体制，做好民间组织发展与管理工作的对策、措施

创新管理体制，做好民间组织发展与管理工作，必须按照党的十六届六中全会提出“坚持培育发展和管理监督并重，完善培育扶持和依法管理社会组织的政策，发挥各类社会组织提供服务、反映诉求、规范行为的作用”要求，结合河南省民间组织发展与管理工作的现状，围绕政府与民间组织的良性互动，从强化公民社会意识，健全法规体系，完善管理体制，优化组织结构，加强民间组织自律诚信建设，提高登记管理服务水平等方面，研究和制定民间组织发展与管理工作的对策和措施。

（一）强化公民社会意识，促进民间组织快速发展

公民社会，是指公民们在官方政治领域和市场经济领域之外自愿结社、自由讨论公共问题和自主从事社会政治活动而自发形成的民间公共领域。公民社会的主体是公民及其所结成的各种公民社会组织或民间组织。

公民社会是与市场经济和民主政治相伴而生的。市场机制在资源配置中发挥着基础性作用，市场经济发展为公民们从事自愿结社、自由讨论以及社会政治活动提供了必要的资源。民主法治建设，为公民们行使自己的言论自由、结社自由、集会自由等基本权利提供了政治和法律保障。政治和经济的分离，有限政府的建立，为公民社会的发展壮大提供了广阔的社会空间。

公民社会最重要的特征是它相对于国家的独立性和自主权，即反对国家对公民社会的非法压制和干预，反对国家职能的过分扩张，追求社会生活领域的自治与维护公民个人的正当权利和自由。但是，公民社会与国家之间并不是一种互相对立和对抗的关系，可以发展成为一种建设性的合作伙伴关系从而实现双赢。公民社会组织所从事的社会公益活动和政策倡议活动，能够推动社会有关问题的解决，对于政府所从事的社会建设和社会管理工作是一种有益的补充。而公民社会自身由于存在种种缺陷和问题，国家出于社会公共利益对公民社会组织及其活动进行法律监管是必要的、

正当的。因此，国家一方面要积极培育、保护公民社会的发展，努力发挥其积极作用，另一方面又要加强对公民社会的监督管理，促进公民社会健康发展。

改革开放以来，随着我国社会主义市场经济的迅速发展，社会结构发生了巨大变化，社会不断分化、组合，社会利益主体由单一化向多元化转变，国家与社会关系正处于深刻的调整之中。其间，公民社会得到了孕育和发展，涌现了各式各样的民间组织，并发挥了积极作用。但是，总体上讲，当前我国公民社会的发展并不十分完善。现有的公民社会组织中，传统的社团"行政化"特征明显，新兴民间组织则普遍存在资金不足、规模不大、组织不健全、作用发挥不到位等问题，此外还有大量民间组织尚未取得合法地位。其主要原因，一是市场经济创造和积累的物质财富还不足以供养一个大规模的公民社会组织；二是行政管理体制改革不到位，还存在着各种制约公民社会组织发展的观念、体制、管理方式等；三是公民个人的公民社会意识不强，公益、慈善和志愿精神不足，影响了公民社会组织的发展等等。因此，要切实加强公民社会理论研究，强化政府机关和公民们的公民社会意识，大力发展社会主义市场经济，为促进我国以民间组织为主体的公民社会发展创造条件。

（二）健全法规体系，扩大社会宣传，为民间组织发展营造良好环境

第一，完善法规政策，为民间组织发展营造良好的法制环境。民间组织的健康发展，离不开健全的法制轨道。针对目前我国民间组织法规政策建设滞后，严重制约民间组织发展与管理工作的状况，一是抓紧完善相关法律法规。尽快修订、完善我国现行社会团体、民办非企业单位两个条例，注意搞好与相关行业法律法规的衔接，全面明确民间组织的地位、作用、职能及责权范围和运行规范，进一步完善政府部门的监管服务内容，强化监管手段，增强可操作性。建议在适当时机，制定出台"民间组织法"，提升民间组织立法档次，增强民间组织法律权威性。抓紧出台"涉外民间组织登记管理办法"，加强对境外非政府组织在我国活动的管理。二是抓紧完善相关配套政策。按照分类管理原则，抓紧制定培育发展行业协会、农村专业经济协会、社区和公益性民间组织以及加快行业协会承接政府部门转变职能剥离的行业管理职能的规章制度和指导性意见，完善各类民间组织的社会服务功能，建立政府与民间组织合作伙伴关系，扩大民间组织的发展空间。建立政府对民间组织的资助机制，制定促进民间组织发展的扶持优惠或鼓励性政策，实行政府向民间组织购买服务，解决民间组织发展经费不足的突出问题。完善民间组织税收及从业人员的人事、工

资、福利、职称、医疗、养老等社会保障措施，增强民间组织对优秀人才的吸引力，提高民间组织的发展能力。

第二，扩大社会宣传，为民间组织发展营造良好的社会环境。加强宣传，正面引导，是提高民间组织社会认知度，争取社会支持民间组织发展的重要途径。根据目前河南省民间组织发展环境欠缺的状况，各级政府、各有关部门要以科学发展观为统领，从构建社会主义和谐社会的高度，充分认识做好民间组织发展与管理工作的重要意义，采取切实有效措施，积极营造支持民间组织发展与管理的良好社会环境。一是要通过各种新闻媒体，大力宣传民间组织在构建社会主义和谐社会中的积极作用，以及民间组织在服务经济社会建设中涌现出的先进典型和先进事迹，树立民间组织的良好形象。二是要通过组织各类民间组织，广泛开展各项社会公益活动，用实实在在的作用表现，获得社会公众对民间组织的认可。三是要通过大力弘扬中华民族几千年来乐善好施的传统美德，积极培养社会企业和人民群众的志愿精神，增强其公益、慈善意识，为民间组织发展获取社会资源创造条件。

（三）完善管理体制，强化执法监督，促进民间组织管理工作科学化、规范化、法制化

完善管理体制，强化执法监督，是加强和完善社会管理工作的重要内容。

一是强化双重管理体制。通过完善相关法律法规，进一步明确和规范登记管理机关和业务主管单位的职责，使二者能够“责”、“权”均衡，各司其职、各负其责、分工协作、相互配合。特别是要通过完善相关法律法规，进一步明确和规范业务主管单位的职责，确定不同类别民间组织的业务主管单位，并使业务主管单位的职责、权限制度化，确保其履行对该领域民间组织的监管职责，解决一些民间组织因找不到业务主管单位而无法登记的问题。

二是创新双重管理体制。坚持分类指导，在基层和社区、公益性民间组织中进行由民政单一管理的试点，逐步取消行政许可，实行备案制；对行业协会可探索实行统一业务主管单位的办法，以减少政府部门对行业协会的审批和过多的行政干预，给予行业协会充分自主管理权，推进政社分开；对社科类、专业性社会团体和民办学校、医院等行业特点明显的民办非企业单位，仍沿用双重管理体制。

三是完善管理监督体系。建立健全以县区民间组织登记管理机关为中心，乡镇（街道）、村（居委会）共同参与的民间组织监督网络，形成基

础广泛、上下联动的社会监督机制，把政府监督、司法监督、舆论监督、社会公众监督有效结合起来，形成整体联动机制。同时，要建立由政府领导，民政牵头，各有关部门共同参加的民间组织工作联席会议制度，定期召开会议，协调解决有关问题。

四是建立社会评估机制。组建由各有关部门、社会各界参加的民间组织评估机构，建立相应的评估指标体系和奖惩办法，结合民间组织年检工作，对民间组织进行责任、绩效和信用评估，好的给予奖励，差的予以惩罚。在此基础上，建立民间组织信誉档案，通过互联网向社会公布，发挥示范和警示作用。同时，注意培养一批能够担任起民间组织评估职能的民间组织，逐步形成“民间组织管理民间组织”的体制，使政府部门从管理者逐步转变为裁判者，实现政府部分民间组织管理职能的社会化。

五是加强执法监督。坚持培育发展和管理监督并重的方针，在大力培育发展民间组织的同时，切实加强对民间组织活动的依法监督，加大对非法和违法、违纪民间组织的查处力度，严密防范和严厉打击非法组织和敌对势力利用民间组织破坏国家安全和社会稳定的各类活动，保证民间组织的正确发展方向。同时，按照行政许可法的有关要求，完善民间组织监督检查、执法监督情况报告和执法责任追究等制度，并抓好这些制度的贯彻落实，促进民间组织监督管理工作规范化、制度化、法制化。

（四）优化组织结构，完善社会服务功能，提高民间组织的整体素质

着眼于河南省经济社会发展实际和构建和谐中原的需要，在对民间组织的发展趋势和合理布局进行前瞻性研究的基础上，制定民间组织发展中长期规划，并将其纳入河南省国民经济和社会发展规划之中，确定培育发展的重点，增强民间组织设置的科学性。一是适应我国加入世贸组织和经济市场化的需要，着力规范发展行业协会。加快政社分开步伐，增强行业协会承接政府部门转变职能剥离的行业管理和事务性工作的能力。二是适应我省社会管理重心从单位转向社区的要求，着力培育发展社区和公益性民间组织。积极探索民间组织服务社区、各类公益民间组织增强服务功能、扩大社会覆盖面的有效途径，支持和引导科、教、文、卫、体以及新型民间组织的发展。三是适应解决“三农”问题的需要，大力培育发展农村专业经济协会，制定对农村专业经济协会的优惠扶持政策，简化登记办法，规范和完善监管体制，促进农村专业经济协会快速发展。通过上述三项措施，逐步建立布局合理、结构优化、功能到位、作用明显的民间组织发展体系，全面提高河南省民间组织人员的素质。

（五）加强民间组织能力和诚信建设，提高社会公信力

组织能力和诚信建设，是提高民间组织社会公信力的关键。一是加强培训工作。通过组织开展各种业务培训、法制教育和实行专职工作人员资格认定制度，不断提高民间组织专职工作人员的政治业务素质，增强民间组织的可持续发展能力、自我管理能力、开展活动能力、社会参与能力，促使民间组织能够提供优质的公共服务，赢得社会的认同。二是加强民间组织社会工作人才队伍建设。深入开展调查研究，抓紧制定河南省民间组织社会工作人才培养、评价、使用、管理办法，科学设置民间组织社会工作岗位，在民间组织中建立一支既具有一定专业知识和专业技能，又热心公益事业、不畏艰辛、甘于奉献的志愿服务队伍。三是加强自律诚信建设。引导民间组织以服务国家、服务社会、服务群众为己任，按照章程要求，改善内部法人治理结构，加强财务管理，建立健全规章制度，形成民主选举、民主管理、独立自主、规范有序的运作机制。四是建立健全互律机制。鼓励民间组织通过必要的行业规范与公共道德加强交流、合作与互相监督，促进民间组织相互联系、相互制约与共同发展。五是加强民间组织领导班子建设和党的建设，促使民间组织形成团结奋进的领导集体，发挥党组织在民间组织中的领导核心作用。

（六）加强登记管理机关自身建设，提高管理服务水平

加强自身建设，是提高登记管理机关管理服务水平的重要基础。一是加强登记管理力量。根据河南省民间组织数量逐步增加和规模逐步扩张的实际，应充实加强登记管理力量，增设执法监察工作机构，不断提高执法监督能力。特别是要切实加强县（市、区）民间组织登记管理机关的机构建设，增加编制，充实人员，核拨经费，保证其日常工作的开展。二是提高管理人员的业务水平。认真抓好各项政治理论和业务学习，强化职业道德建设，不断提高每个管理工作人员的政治业务素质，不断增强服务意识、诚信意识、廉洁意识和责任意识，牢固树立管理就是服务、权力就是责任的观念，不仅要做好民间组织的登记审批工作，更重要的是要做好登记后的日常监督管理工作。三是加强民间组织管理信息化建设。根据民政部有关要求，尽快建立全省民间组织数据库系统、数据传输系统和网上办公系统，实现网上民间组织信息发布、信息咨询、登记审批、年度检查等功能，规范各项管理，改进服务质量，提高工作效率，以适应河南省民间组织发展与管理工作的需要，不断开创民间组织管理工作新局面。

基层社会团体备案制度探讨

李晴　商木林　黄明兵

一、基层社团生存发展状况分析

（一）基层社团的界定和特点

从社会管理的角度看，基层的概念是指社会管理体制中最低的层次，即城市中的社区（居委会）和农村中的行政村（自然村）。基层居（村）民为了保护、促进自身利益或体现、提升自身价值而自愿组成、在基层开展各种公益性或互益性活动且达不到社团法人登记条件的社团组织，即为基层社团。基层社团具备了一般社团应当具有的民间性、非营利性、相对独立性、自愿性、非政党性、非宗教性等特征，同时又具有它们自身的一些特点。例如：人数较少，活动内容比较单一，没有稳定的经费来源，没有正规的办公场所，活动场所不固定；没有层次复杂的组织机构，会员加入和退出比较随意，完全体现自愿的原则；由于种种原因，基层社团通常不愿意找县级人民政府的组成部门或县级政府授权的组织担任其业务主管单位。另一方面，县级人民政府有关部门（组织）也不愿意或没有精力和条件对基层社团行使监督管理职能。真正熟悉和掌握基层社团情况的，是它们所在的基层组织——居民委员会或村民委员会。

（二）基层社团的类型与作用

基层社团从单个组织来看，规模偏小，其活动对社会影响不大，但由于其总量超过了正式登记的社团数量，且分布广泛，最贴近人民群众，因而是一支能够在社会、政治、经济、文化、道德等建设中发挥作用的重要力量。

以湖北省为例，据不完全统计，全省现有基层社团 1.2 万个左右，是登记的社团法人数量的 1.5 倍。这些基层社团按其性质可分为五类：

一是公益型组织，活动内容包括扶贫助残、帮助再就业、修桥补路、关心下一代、环保等等。

二是自我管理型组织，活动内容有社区安保、环境卫生、评定低保对象、邻里纠纷调解、计划生育等等。

三是互助型组织，主要是志愿者组织和老年人、妇女组织以及各类便民、利民服务组织。

四是经济型组织，主要是未达到登记条件的农村专业经济协会或城市同业劳动者为促进生产、经济发展而成立的同业自律互益性组织。

五是兴趣爱好型组织，此类组织数量较多，且形式多样，只要是具有某种共同爱好的人群，都可能成立一个此类组织。

基层社团主要发挥了以下作用：

1. 协助政府管理社会事务。

随着政治体制改革和经济体制改革的不断推进，"以人为本"理念的深入人心，我国社会管理体制正在发生深刻的变革，政府对社会事务的管理更加注重保护群众切身利益，同时鼓励人民群众参与社会微观事务的管理，使基层社团的作用得以显现。例如黄石市黄石港区青山湖社区是个7000多人的大社区，破产企业多，下岗职工多，流动人口多，许多人在家没事干，不是打牌就是游手好闲，无事生非，社区的治安一度是个大难题。2003年社区居委会积极引导社区居民成立了老年人协会、计划生育协会、妇女维权协会、青年志愿者协会等13个基层社团，会员人数近600人，通过这些民间组织的自律管理和积极工作，社区治安、卫生环境和精神文明建设有了明显改观，该社区的调解协会和计生协会还受到了省司法厅和黄石市人民政府的表彰。

2. 组织群众改变贫困状况。

相当一部分基层社团是人们基于"团结起来力量大"的信念走到一起来的，这类组织由"能人"牵头，起到了凝聚人心、整合资源、带领群众脱贫致富的作用。如宜昌市夷陵区小溪塔镇大山坡村4组地处山区，交通不便，土特产运不出去，村民致富无门，年年盼修路。2001年村民组长黄正虎发动全村21户人家成立了"修路协会"。经协会多方努力，筹集资金13万多元，村里家家出资、出劳力，历时7个月，修起了1700多米的水泥路，取名为"志气路"。可以说，修路协会彻底改写了大山坡村4组贫穷落后的历史。

3. 发动社会帮助弱势群体。

扶贫助残、慈善公益型组织约占基层社团总数15%，大多由德高望重的老党员、退休老干部或社会责任感较强的企业界人士发起，广泛动员社区（乡村）资源，或为最困难的社会弱势群体捐钱捐物，解燃眉之急，或帮助残障人购物和日常服务，成为国家社会保障制度不可缺少的补充。

4. 基层社团是社会主义新农村建设的主力军。

农村专业经济协会教技术、跑市场，帮助农民增产增收，以实现“生产发展、生活富裕”，农村公益事业促进会则承担起实现“乡风文明、村容整治、管理民主”的重任。据《湖北日报》报道，武穴市（县级市）农村自2003年以来，已经有150个村由老党员牵头成立了“村公益事业促进会”，共筹资2.5亿元，建成了村、垸水泥路350公里，绿化带3.5万平方米，沼气池2800口，水冲或公厕123座，村垸文化室253个，体育场地89处，初步形成了农村公益事业“政府引导、农民自愿、企业捐赠、协会管理”的运行机制。

5. 基层社团是和谐、文明社区的建设者。

在基层社团比较活跃的社区，居民生活十分方便，从居家养老到家庭维修，从环境保护到职业介绍，都有人操心，有人帮助。在满足人们的精神文化生活方面，文化娱乐类社团功不可没。如黄石市现有文化娱乐类基层社团237个，通过举办知识讲座、举办表演、竞赛等丰富多彩的活动，陶冶了社区居民的情操，增进了邻里间的相互了解，在很大程度上促进了社区居民生活质量和品位的提高，为建设和谐、文明社区作出了积极的贡献。

（三）基层社团产生的原因和存在的问题

大部分基层社团是近五年发展起来的，大量产生基层社团的原因是多方面的。首先是政治原因：政治体制改革和民主法制建设深入，特别是党中央提出“以人为本”的治国执政理念，使得人民群众表达和反映自身利益诉求的权利进一步得到保障，为基层社团的发展提供了政治基础。其次，改革开放20多年来，我国社会和经济结构关系已发生了深刻的变化，城市中大批“单位人”变成“社会人”，社区居委会日益成为居民生活和城市管理的基点，社区居民迫切需要一种新的组织形式。在广大农村，农民从“一大二公”的生产队员变成“一盘散沙”式的小生产者，在生产经营领域和公益事业方面经常遇到单家独户无法解决的难题，非常需要组织化和机制化。这些是城乡基层社团存在和发展的经济原因和社会原因。近年来，党和国家大力提倡科学发展观，弘扬中华民族传统、吸收外来优秀文化，普及推广健康有益的文体活动，则是基层社团蓬勃发展的文化原因。当前，我国政治、经济、社会、文化建设已进入了发展的新阶段，可以预见，基层社团无论是数量还是质量都将进一步迅速发展。

但是，我们也不应回避基层社团当前存在的三大问题：

第一，在现行社团管理体制下，基层社团无法取得登记，而又在开展活动，实际上处于“非法组织”的尴尬地位。这种现状不利于基层社团自身的发展，而且容易使那些真正的非法组织浑水摸鱼钻空子。第二，名不正则言不顺，基层社团法律地位不明确，不能被各级党委、政府充分认可，既缺乏规划引导和规范管理，又得不到应有的扶持与奖励。第三，由于以上两个原因，基层社团往往处于“自生自灭”状态，难以健康地可持续发展。

基层社团处于社会管理体系的基础层面，“基础不牢，地动山摇”。基于此，我们认为，应当将基层社团管理作为创新社会管理体制的一项重要内容。

二、实行基层社团备案制度的必要性和可行性

鉴于基层社团所具备的基本特征、所起的重要作用和目前存在的突出问题，有必要对基层社团实行监督管理与培育发展并重的方针，具体监督管理方式以备案制管理为宜。

（一）对基层社团实行备案制度的必要性

第一，实行备案制度，有利于加强对基层社团的掌控和适度监管。目前由于基层社团达不到国家法律法规所规定的登记条件，游离于国家政策法规监控范围之外，形成了管理上的盲区，影响了整个社会管理体制的正常有序运行。备案是行政管理措施之一，具有程序简便和效率较高的优点，且不影响行政机关行使监督检查的权力。对基层社团实行备案管理，一可使社团登记管理机关摸清基层社团的底数，便于有针对性地加强监管，确保社会稳定；二可使基层社团明确自己应当在什么框架内活动，便于规范其行为；三可使社会各界（特别是基层社团周围的群众）了解基层社团的存在，便于社会监督。

第二，实行备案制度，有利于对基层社团实施培育发展政策。目前，由于基层社团基本上得不到外在的支持，生存发展普遍比较艰难，亟待社会各界的帮助，尤其需要得到政府部门的认可和支持。实行备案制，明确了政府赋予基层社团合法身份的途径，经备案的基层社团可以享有国家政策法规所规定的权利和义务，在一定的条件下，还可与政府形成助手和伙伴关系，政府向其购买服务。基层社团只有经过备案，才能得到政府部门培育发展优惠政策，才能够健康、有序地发展。

第三，实行备案制度，是基层民政工作发展的需要。基层社团所从事的多为社会公益性服务活动，与民政业务有着紧密的联系，不少基层社团所做的工作实际上是民政部门职能的一种延伸。对基层社团实行备案制度，加强了民政部门与这些民间组织的联系与沟通，有利于基层民政工作

向农村和城市社区延伸，进一步发展创新。

第四，实行备案制度，是改善社会组织结构的需要。和谐社会是一个社会组织结构均衡的社会。目前尽管我国民间组织数量每年以年增 2 万个左右的速度稳步发展，但与世界上许多国家比，数量仍然偏少。中国每万人拥有非政府组织数量仅为 2.1 个，不仅远远低于发达国家，与一些发展中国家也差距较大，如法国每万人拥有非政府组织数量是 110 个、日本是 97 个、美国是 52 个、阿根廷是 25 个、巴西是 13 个、印度是 10 个。人均拥有民间组织太少，固然是现阶段我国“强政府、弱社会”格局的折射，但也和我们对大量基层社团“视而不见”有很大关系。据专家估计，我国现有 200 万～300 万个基层社团未纳入登记管理机关的视野，处于自生自灭、极不稳定的状态。对基层社团实行备案制度，可以壮大社团队伍，使民间组织真正发展成为与政府部门、企业并列的第三部门，从而逐步改善我国的社会组织结构，使其符合构建和谐社会的需要。

(二) 基层社团备案制度的主要内容

前不久，湖北省受民政部门委托，草拟了“基层社团备案管理暂行办法”。在起草这个文件的过程中，我们参考了湖北部分市、县、区近年来开展基层社团管理工作的一些经验，并吸收了外地的一些管理理念，征求了基层社团和省以下各级社团登记管理干部的意见，结合管理效能、可操作性等因素，并注意与社团法人成立登记的衔接。我们起草的“基层社团备案管理暂行办法”基本内容归纳如下：

1. 备案对象：在村和社区居委会或乡镇和街道办事处内成立，从事经济、科技、慈善、公益、文体等活动且不具备法人条件的社团。

2. 备案事项：名称、负责人、业务范围、住所、章程。

3. 备案机关：县（市、区）民政部门是基层社团备案机关。基层社团不设业务主管单位。基层社团的日常活动由所在村委会或社区居委会指导和监督，跨村（居）的，由所在乡镇或街道办事处指导和监督。

4. 备案条件：会员一般不少于 5 人，有负责人，有住所，有规范的名称和章程。

5. 备案材料：(1)《基层社团申请备案表》（须有 3 名以上发起人签名，所在村委会或居委会盖章确认）；(2)《基层社团负责人备案表》；(3) 会员名册（须由会员本人签名）；(4) 章程。

6. 备案证书：备案机关在收到申请备案材料 20 日内完成审查工作，同意备案的，发给《基层社团备案证书》；不同意备案的，应书面说明理由。备案证书的有效期由省级民政部门确定。基层社团应于备案证书失效前30日内向备案机关申请换发证书。备案机关应及时将备案证书的发放情况通知基层社团所在的村（居）委员会或乡镇人民政府（街道办事处）。

7. 变更备案：基层社团备案事项发生变更的，应自变更之日起30日内填写《基层社团申请变更备案表》（此表须经基层社团所在村委会或居委会盖章确认），向备案机关申请变更备案。备案机关应在20个工作日内完成审查工作，同意变更备案的，收回原备案证书，换发新的备案证书；不同意变更的，书面说明理由。

8. 基层社团应执行民主议事、财务公开、重大活动提前向所在村（居）委会或乡镇人民政府（街道办事处）报告制度。

9. 注销备案：基层社团因故终止活动的，应按规定办理注销备案手续，并上交备案证书和印章。

10. 撤销备案：基层社团从事非法活动或不按章程开展活动；涂改、出租、出借备案证书或印章；不及时办理变更备案或证书失效不申请换证的，非法取得收入或侵占、私用、挪用基层社团资产（包括外界捐赠、资助）的，经备案机关责令改正仍未改正的，由备案机关撤销备案，并视情节追究经济或刑事责任。

11. 未经备案擅自以基层社团名义活动或被撤销备案后继续以基层社团名义活动的，即为非法民间组织，由民政部门予以依法取缔。

12. 基层社团备案超过6个月且已具备法人条件的，可不经“申请筹备”阶段，直接向民政部门申请社团法人登记。原基层社团领导机构即可作为拟成立的社团法人筹备组织，负责完成成立登记前的各项筹备工作。

三、关于基层社团备案制度的几点思考

为了研究制定基层社团备案制度，我们先后对湖北省五个较大的地级市基层社团发展与管理情况进行了调研，并与各地民间组织管理干部进行了深入的探讨，重点讨论了四个问题：

（一）关于基层社团备案体制

对基层社团实行什么样的备案体制，这是首先要解决的问题。近年来，湖北省基层社团备案管理采取了三种体制：第一种是参照现行社团登记管理体制的规定，要求乡镇政府（街道办事处）或相关县直部门（单位）作为基层社团的业务主管单位，县级民政部门为备案机关。第二种是在现行社团双重负责管理体制的基础上进行适当简化和调整：基层社团由县级民政部门备案，但不需要同级政府其他部门或授权的组织担任基层社团的业务主管单位，只需所在地村（居）民委员会或乡镇（街道办事处）

对其日常活动进行指导和监督。第三种是完全跳出现行的社团登记管理体制，县级民政部门和其他政府部门都不参与对基层社团的管理，基层社团只须经所在地村（居）民委会员备案即可开展活动。村（居）委员会要定期将备案情况送县级民政部门备案和乡镇（街道办事处）存档。当基层社团未经备案开展活动时，民政部门可予以取缔。

以上三种做法各有利弊，其对于基层社团的活动及管理产生了不同的影响。第一种做法，虽然不存在任何“政治风险”，但所要求的“业务主管单位”对于基层社团来说实际上是难以实现的。基层社团很难找到县级政府部门或组织来担任业务主管单位，而县级政府部门或组织则认为：基层社团规模太小，活动离得远，自己无法行使监督管理职责，因而不愿担任基层社团的业务主管单位，致使备案工作有名无实，难以开展。第三种做法基本上排除了政府对基层社团的管理，虽说可以为基层社团创造宽松的环境，但备案管理的效果却成问题。更重要的是，将备案职责推给村（居）委会或乡镇（街办），一是缺乏法律依据，二是会加重村（居）委会或乡镇（街办）负担，三是一旦村（居）委会软弱涣散或其他原因，可能不对基层社团进行备案或不将备案情况向民政部门报告，县级民政部门作为法定的社团登记管理机关，不掌握全县基层社团备案的准确情况，很难实施对基层社团的培育发展和监督管理职能。由此看来，基层社团采取第二种备案体制比较好，即由县级民政部门备案和管理，其日常业务活动由所在地村（居）民委员会或乡镇（街道办事处）负责监督和指导。

（二）关于基层社团备案条件

基层社团具有规模小、经费少、活动地域就近、场所不固定、会员进入或退出比较随意等特点，因此其备案条件应低于现行社团登记条件。各地对备案条件的规定不尽一致，以会员的规定为例，有的地方提出要有10人以上；有的地方规定不得少于5人；有的只需3人即可；个别地方甚至提出对基层社团实行“零门槛”备案，只要有人申请就备案，不设定任何条件。

我们认为：对基层社团“零门槛”备案的做法不符合中国国情，不利于防范不法分子，不利于维护社会稳定，因此应当制止。但是对基层社团设置较高的备案条件，将会阻碍基层社团的发展，也不行。为了合理设定基层社团备案条件，我们走访了多家基层社团，实地了解了他们的活动场所、活动方式等具体情况，得知：作为一个能够正常开展业务活动的基层社团，必不可少的条件是：有名称、有会员、有负责人、有住所（便于寄送信件）、有章程。至于会员人数，5人为低限比较符合实际情况（如果一个组织连 5 个会员都凑不齐，说明它缺乏群众基础）。

（三）关于基层社团备案的确认形式

备案机关对基层社团备案申请以何种形式确认，事关备案后续管理问题，应考虑周全。湖北省各地在探索基层社团备案管理过程中，出现过三种备案确认形式。第一种是民政部门以下发文件的形式对基层社团备案予以确认；第二种是以颁发《备案证书》的形式予以确认；第三种是“默认”的方式：在规定的期限内备案机关未向基层社团提出异议的，即视为同意备案。

我们认为，无论从有利于基层社团开展活动，还是有利于政府部门监管的角度出发，备案机关都应当以比较正规、严肃的方式，颁发《备案证书》对基层社团备案予以确认。颁发《备案证书》的好处是：基层社团可持《备案证书》在社会上开展章程规定的业务活动，备案机关则主要依据《备案证书》对基层社团进行管理。

（四）关于备案社团的权利和义务

基层社团备案后，即取得了非法人组织主体资格。那么，这类非法人民间组织应当拥有哪些权利义务？它们可以从事什么业务活动，应该禁止从事什么活动？有人认为，基层社团备案后即为合法组织，只要法律没有禁止的行为，基层社团都可以从事。当然也应当允许基层社团开展与其业务相对应的经济活动。为方便基层社团开展经济往来，应当给予基层社团向税务部门申购票据、向银行申请开设银行账户甚至申请贷款的权利。有人认为，基层社团大都规模小、经济实力差、活动时有时无，它们所取得的是非法人组织资格，不承担法律责任，因此也就不能从事经济活动，不能申购票据和开设银行账户及贷款。

我们认为，权利与义务应该对等。由于备案组织不能独立承担民事责任，而参与经济活动将可能产生经济纠纷，涉及民事法律责任，因此，不应提倡基层社团参与经济活动，备案社团的权利不应包括设立银行账户、购买票据等与经营有关的内容。如基层社团确有开展经济活动的需要，应积极创造条件申请社团法人登记，而不应通过备案取得与登记的法人组织同等的权利。

四、关于建立基层社团备案制度的建议

基层社团备案制度是对现行民间组织登记管理体制的发展和延伸，关系到国家社会管理体制的改革创新，也是民政部门为构建社会主义和谐社

会服务的重大举措。但目前我国基层社团发展以及基层社团备案管理都存在不少问题，如法律法规不配套、扶持发展政策少、党委政府重视不够、社会认可度不高、基层社团自我发展能力弱等问题。在此，就基层社团发展和备案管理工作提出三点建议：

（一）出台法律法规，为基层社团备案提供法律依据

对基层社团实施备案，从本质上说，是一种赋予其组织资格的行政许可行为。虽然基层社团备案有现实的需要和政策依据，但目前还缺乏法律法规依据。国家应出台法律法规，明确规定：基层社团由民政部门备案，基层社团必须进行备案后方可开展业务活动以及基层社团备案范围、备案体制、业务主管单位等重要问题，以此解决基层社团备案管理缺乏法律依据的问题。

（二）建立基层社团监督管理和培育发展的新机制

基层社团因其数量多、规模小、成员来自社会最基层而被称作“草根组织”。基层社团的存在，对于目前我国实际存在的“民间组织精英化”局面是一个很好的弥补。基层社团的发展，丰富了我国民间组织的结构层次，拉近了民间组织与群众的距离，增强了民间组织的生机与活力，其意义十分重大而深远。因此，应当将基层社团的规范管理和培育发展作为新时期民间组织管理工作的重要内容。但是，当前一个最现实的问题是：民间组织管理力量在县级民政部门普遍薄弱，而恰恰基层社团监督管理和培育发展工作重点是在这个层面。在县级民政部门，民间组织管理工作“无机构、无专人、无经费”的现象比比皆是。在“三无”问题得不到有效解决的情况下，完成现有任务已很不易，再也难以承担对基层社团进行备案管理的新任务。另一方面，基层社团的业务范围涉及工、农、教、科、文、卫、体等多个领域，其发展需要来自各个领域的政策支持。因此，应按照十六大报告提出的“党委领导、政府负责、社会协同、公众参与”的要求，建立基层社团备案管理和培育发展的新机制。当前首先要解决的问题是，争取党委政府将基层社团培育和管理纳入社会管理体制创新的总体目标中去，加强备案机关的机构建设，充实管理力量，保障工作经费，以确保基层社团备案管理工作落到实处。

（三）建立扶持基层社团发展的新体制

城乡基层社团来自群众、贴近群众、为群众服务，是社会主义新农村和和谐社区建设的生力军。无数事实证明，通过基层社团多样化、专业化、个性化的服务可以为群众带来更多的实惠，促进社会与经济和谐发展。但是目前基层社团大都规模小、活动少、不稳定，其生存、发展面临

诸多困难，亟待建立扶持基层社团发展的新体制。要从法律法规和政策层面扶持基层民间社团发展，通过立法保护基层社团合法的组织资格，通过制定政策为基层社团开展活动提供各方面的扶持和优惠；要建立基层社团与政府部门的合作伙伴关系，建立政府购买服务机制，为基层社团发展提供经费支持。此外，政府还应对基层社团中为当地经济和社会发展作出突出贡献的团体和个人予以表彰和奖励，激励更多的基层社团发挥更加积极的作用。

湖北省改革乡镇事业单位培育发展民办非企业单位建立农村公益服务新机制的调研报告

廖　鸿　赵　泳　李　晴
王斐遒　王素青　黄明兵　景朝阳

湖北是一个农业大省，长期以来农村积累的体制性矛盾比较突出。在经历了全省农村税费改革和乡镇行政机关改革之后，由于乡镇财政供养的乡镇事业单位人员并未减少，乡镇财政负担依然很重。为了从根本上减轻农民负担，加强农村公益服务，从2005年开始，湖北在全省范围内全面开展了农村乡镇综合配套改革工作，提出了建立“以钱养事”新机制和切实加强农村公益性服务建设的工作目标。

一、改革的主要做法

（一）分解职能，理顺乡镇管理体制。对原事业单位的职能实行“三收一放”，即：原承担的行政管理职能上交乡镇政府内设机构，执法职能交由县级主管部门，公益性服务职能交由乡镇政府实行购买服务，经营性服务全面放开。改革后的乡镇事业单位主要面向农村、农业和农民，承担涉农公益性服务职能。

（二）单位转变性质，彻底退出事业序列。全省乡镇事业单位除农村中小学、卫生院、财政所以及规定的县级机关延伸或派出机构外，全部退出财政供养系列，到民政部门或工商部门登记为自主经营、自负盈亏的民办非企业单位或企业。截至2006年年底，民政部门共登记了乡镇事业单位转制的民办非企业单位5590个，在工商部门登记为企业的不到300个。所有转制单位都办理了法人登记手续，并依法产生了法定代表人。

（三）人员转变身份，合理设置农村公益性服务岗位。转制单位的工作人员全部退出事业编制管理序列。各转制单位对照与政府签订的公益事业服务项目合同，因事设岗、以岗定酬，实行全员聘用，严格实行从业资格准入制度。负责人不再由乡镇政府任命，而是依章程民主选举产生；工作人员在取得服务资格的人员中选聘，按照有关政策，经个人申请，可自愿选择与单位解除劳动关系，自谋职业。

（四）建立“花钱买服务，养事不养人”的新机制。这项机制的主要特点是：县（市、区）、乡镇政府作为提供农村社会公益性服务的责任主体，会同县级业务主管部门，根据财力许可和农民需求共同确定公益性服务项目，按照“公开招标、优先转制单位”的原则将农村公益性服务项目发包给中标的转制单位，转制单位根据受托项目与工作人员签订服务劳动合同，工作人员再与农村服务对象签订服务合同。最后，由乡镇政府和县级业务主管部门采取定时考核和随机抽查相结合的方式，听取服务对象的意见，按合同规定和考核结果兑现农村公益性服务经费。为确保“以钱养事”新机制的贯彻落实，省委、省政府除了要求县乡财政按照“由财政拨付的兴办公益性事业的资金额度不减、用途不变，还要随财力的好转逐年有所增加”外，还从资金上加大了对农村公益性事业的投入。2006年，省级财政对实行新机制的乡镇“以奖代补”，按农业人口人均5元的标准下发到各县市，通过转移支付专项支持乡镇公益性事业发展。2007年、2008年将分别追加到10元、15元。截至目前，省财政已拿出6亿多元“以奖代补”资金，初步实现了“政府点单，财政埋单，农民念单”的农村公益服务目标。

（五）建立基本生活保障制度，解除职工后顾之忧。对原乡镇事业单位在编在岗人员实行全员养老保险，并从省财政资金中拿出13.8亿元支持地方政府完成这一过渡性任务。对未受聘公益岗位的人员，经本人申请，可实行内部退养。转制民非单位可在财政拨付的公益性事业服务费中发放退养人员的基本生活保障费；对符合退休条件的人员，可按规定办理退休手续，由财政支付其退休工资；对自谋职业和再创业的人员按政策发放一次性经济补偿金，并比照国有企业下岗职工享受再就业扶持政策。三年过渡期内，财政给未竞争上公益性岗位的人员每月发400元左右的补助经费。

二、改革取得的成效

（一）从政府来看，转变了职能，实现了“以钱养人”向“以钱养事”的转变。乡镇事业单位与政府脱钩，转变为民办社会服务机构。全省乡镇事业单位有79137人退出事业编制序列。财政部门对公益性服务的经费按服务主体承担服务项目的多少拨付，并且采取国库直接支付的办法，保证了专款专用。服务人员通过服务获取相应的劳务报酬，实现了“以钱养人”向“以钱养事”的转变，达到了“养人”与“养事”的双赢。

（二）从转制单位看，增强了造血功能，提高了服务能力。涉农服务不到位，农户不签字认可，转制单位的合同经费就不能全额兑现，涉农公益服务队伍的整体素质和服务水平有了较大程度的提高。各转制单位在不影响完成所承担农村公益性服务任务的前提下，通过开展农资销售、畜牧服务、有线电视传输、环境卫生、水利工程、生育保健等服务，拓展了经营性服务领域，创造了良好的经济效益。

（三）从服务对象看，农民减轻了负担，得到了实惠。转制民非单位千方百计为农民搞好服务，送政策、送技术、送信息上门，农民得到了更多的技术指导和项目服务，增加了收益。改革前，上级财政对乡镇事业单位实行差额拨款，总额有限，而实际支出远远高于这一数字，其缺口大多数只有向农民收取。改革后，“走了和尚、拆了庙”，切断了增加农民负担的源头，达到“减人、减支”和强化服务的目的。

三、改革存在的问题

（一）观念滞后给改革带来阻力。有些业务主管单位认为乡镇事业单位改革是砍掉了本部门在农村的“脚”，因此对改革持不同意见，在资金和业务指导上不能给予应有的支持与配合。有些转制单位的人员认为自已的干部身份没有了，原来的各种保障也没有了，不能正确理解和认识改革的必要性，加上受到“公务员加工资了”、“外省乡镇事业单位都保留了”等消息的影响，对待改革还有怨气和“希望回到原来事业单位”的消极思想。一些县（市、区）的党政领导在推行改革上也存在顾虑等待思想，对改革中出现的问题不能正确面对，影响了改革的有效推行。

（二）改革的配套政策有待于进一步完善。原来乡镇事业单位的很多技术干部都有职称，并可按“事业单位”类别为其工作人员评定技术职称。转制后，职称评聘很困难，挫伤了转制人员的工作积极性。由于转制人员没有买断身份，无论有没有技术都不愿离开转制单位，单位又无法辞退，用人机制难以兑现。乡镇事业单位转制为民办非企业单位后，按规定应享受税收优惠政策，但目前尚未出台相关政策。湖北省〔2005〕13号文件规定：转制单位可以“享受原债权，承担原债务”。但绝大多数转制单位实际上只有“债务”没有“债权”，债务使转制单位背起了沉重的包袱。

（三）转制单位的监管与现有法律、法规及登记管理机关的监管力量不适应。按照《民办非企业单位年检暂行办法》的有关规定：民办非企业单位连续两年不参加年检，由登记管理机关予以撤销登记，但由于转制民办非企业单位是体制改革的产物，民政部门不能轻易对这些单位进行撤销处理。对于出现的其他问题，民政部门也无法用《民办非企业单位登记管理暂行条例》中有关监管条款对其进行有效管理。民政部门作为登记管理机关，大部分市（县、区）没有专门的机构和人员，基本上是一个人既要负责登记，又要负责监管，即使接到对转制民非单位的举报，也不能做到及时查处，更无法对其进行日常监管。

四、几点思考与建议

（一）推行乡镇事业单位改革是社会发展的必然要求。湖北省建立“以钱养事”新机制，既是政府履行公共服务职能的迫切需要，又是提高农村社会化服务水平的有力措施；既是巩固农村税费改革成果的必然要求，又是从根本上减轻农民负担、建立农民增收长效机制的必然选择；既是逐步实现公益性服务城乡一体化的必经阶段，又是破解机构改革“增了减、减了增”的根本措施。

（二）民办社会服务机构是农村公益性服务的重要载体。民办非企业单位作为社会组织，具有较强的公益性和非营利性。湖北省的乡镇事业单位选择民办非企业单位担当农村公益性服务的重要载体，不仅能够解决“人往哪里去”的问题，还能安定转制人员情绪，实现平稳过渡，提高农村公益服务质量。

（三）乡镇事业单位改革应与部门体制改革做好衔接。乡镇事业单位改革应当与部门体制改革做好衔接，寻找政策的结合点。同时，相关部门应当及时出台相关政策，积极支持地方乡镇事业单位改革，达到监管有手段，工作有措施的目的，不断加强农村公益性服务建设。

（四）进一步加大财政投入，深化配套改革。转制人员的身份没有彻底买断，带来的后果是：即使服务质量不高，没有完成合同任务，政府仍要支付一定数量的公益性服务经费。转制人员即使不上班，单位也不能将其辞退，还要为其购买保险、发基本生活费。在三年过渡期内，这笔钱是财政支出。过渡期满后，财政不出这笔钱了，单位也出不起，恐怕会引起新的“动荡”。因此，要想实现彻底改革，当前亟待解决转制人员全员买断及其配套资金问题。

（五）妥善解决历史遗留问题。转制单位的债权债务可由乡镇政府承担，让转制单位作为一个新生组织健康自主发展；也可对原乡镇事业单位的资产进行评估后公开拍卖，所得款项用于还债；对于资不抵债的，超出固定资产部分的债务由乡镇政府或由上级政府主管部门承担。转制民非单位的固定资产属国有资产，只能由乡镇政府无偿提供给转制单位使用，所有权归乡镇政府。应鼓励有条件的转制单位购买原乡镇事业单位资产，作为转制后单位的固定资产。

（六）完善民办非企业单位法律法规，做好培育发展与规范管理工作。根据中央提出的“鼓励社会力量在教育、科技、文化、卫生、体育、社会福利等领域兴办民办非企业单位”的精神，将民办社会事业的发展纳入各级经济社会发展总体规划。民政部门作为登记管理机关，要做好培育发展与规范管理工作，尽快修订《民办非企业单位登记管理暂行条例》，会同有关部门研究制定有关劳动人事、财政税收、收费管理、职称评定、社会保障等配套政策，使民办和公办事业单位站在同一条起跑线上，加强自身建设，健全服务功能，在现代化建设和构建和谐社会中充分发挥作用。

湖南省企业入会情况调查报告

湖南省民政厅

近几年，我们按照党中央和湖南省委提出的“促进社会组织健康发展，发挥其提供服务、反映诉求、规范行为的作用”的要求，积极培育发展社会团体等民间组织。到2007年年底，全省已有民间组织13105，其中社会团体9006个，民办非企业单位4028个，基金会71个。这些社团的存在，是否符合湖南省企业的要求，是否给企业增加了负担，企业对社团有何意见，如何进一步改进社团登记管理工作为我省企业的发展创造良好的中介服务环境，为此，我们组织开展了对全省企业加入社会团体的相关情况的调查。

一、调查工作情况

为摸清湖南省企业加入社会团体的有关情况，进一步优化湖南省的经济发展环境，我们决定从企业加入协会的情况、企业交纳会费情况、企业交纳社会团体赞助费情况、企业对社会团体工作的满意度和对社会团体改革的意见及建议等方面进行调查，并根据调查内容精心设计了调查表格。我们采取上门走访、召开座谈会、问卷调查等三种方式，先后到长沙市、株洲市、湘潭市和岳阳市四市的38家企业加入社会团体的情况进行了深入调查。这38家企业既有国有企业，又有民营企业，还有国有改制为民营的企业；既有许多大型企业集团，又有中小企业，还有个体私营企业；涉及工业、农业和服务业等不同的领域，具有一定的代表性。与此同时，我们还就行业协会的发展情况对30家全省性行业协会进行了调查，并与省供销社、省工商联等行业协会的主管单位进行了座谈，比较全面地掌握了湖南省企业加入社会团体的情况和企业、社会团体、业务主管单位对企业参加社会团体的意见和建议。

二、湖南省企业入会情况

根据调查情况，从整体上看，湖南省企业参加社会团体具有如下特点：

1. 企业入会意识强。在座谈和走访中，企业普遍反映，加入WTO后，特别是温州的打火机协会、鞋业协会等行业协会代表企业在国外应诉成功后，企业对行业协会和其他社会团体的地位、作用和重要性有了新的认识，希望加入对于其发展有利的协会，且企业规模越大，要求加入协会的积极性越强。有的企业集团还建立了参加社会团体的管理办法，明确专门部门对集团各部门加入社会团体进行归口管理。具体来说，湖南省企业加入协会有如下三个特征：一是企业加入协会较多，以自愿为主，但有部分属于职能部门或者领导强制要求入会。据统计，调查的38个企业，共加入各级各类社团组织464个，平均每个企业加入协会12.2个。其中，企业自愿要求参加的社会团体307个，占66.16%，职能部门或者领导要求入会的157个，占33.84%。一个企业加入各级各类社团组织最多的有128个，据调查，全部属于自愿参加。二是全国性、全省性、全市性社会团体所占的比重基本相当，县级社会团体所占比重小。在加入的464个社会团体中，全国性社会团体140，全省性社会团体156个，全市性社会团体150，而县级社会团体只有18个。三是以行业协会为主，其他类型的社会团体占有一定比例。在加入的社会团体类型中，企业以参加行业协会为主，但又不限于行业协会，而是根据企业自身的发展需要选择不同的社会团体。在38家企业加入的464个社会团体中，行业性的194个，专业性的129个，学术性的80个，联合性的61个。

2. 企业对社会团体服务的满意度较高。被调查的企业普遍反映，所参加的社会团体大部分做到积极为企业提供市场信息、技术咨询、员工培训、行业发展研究、行业统计、行业分析和行业政策、组织或举办各种会展、商务考察交流、国内外经济技术交流与合作等服务，帮助企业解决生产经营中的困难，监督会员单位依法经营，向政府反映企业和行业的要求，引导会员企业贯彻执行政府的有关行业政策，协调会员与会员、会员与行业内非会员、会员与其他行业经营者、消费者及其他社会组织的关系等方面发挥了很重要的作用。特别是对于社会团体提供的信息，许多企业特别看重，有的企业集团还对社会团体编印的各种资料统一收集建档。根据统计，38个企业加入的464个社会团体中，企业认为“很满意”的社会团体有62个，占13.36%；认为“满意”的社会团体有108个，占23.28%；认为“基本满意”的社会团体有247个，占53.23%。而认为“不满意”的社会团体只有47个，仅仅占到10.13%。因此，从整体上看，企业对加入社会团体基本上是满意的。

3. 企业对会费标准普遍感到可以承受。社会团体的会费标准是根据《民政部、财政部关于调整社会团体会费政策等有关问题的通知》（民发［2003］95号）和《民政部、财政部关于进一步明确社会团体会费政策的通知》（民发［2006］123号）规定制定的。近几年，我们按照文件精神，要求社会团体必须按程序制定或修改会费标准，遵守会费标准备案制度，加强会费收取和使用的管理，确保会员直接参与制定会费标准，使会费标准既满足不同社会团体需求，又与会员的可承受度相适应。据统计，被调查的这38家企业2006年交纳社会团体会费达251.607万元，而这38家企业2006年的生产额（销售额）达5939930.162万元，会费仅仅占到生产额（销售额）的万分之四，被调查的企业普遍认为会费负担不重。同时，据统计，被调查的38家企业2006年交纳社会团体的赞助费为1279.35万元，为2006年会费的5倍，是近五年来会费762.93万元的2倍，这也说明企业对为其服务的社会团体是愿意花钱的。

4. 企业期待进一步改善社会团体工作。在调查中，企业也对社会团体管理工作提出了一些意见：一是对一些社会团体利用政府职能部门强行要求入会、强行收会费、收钱不服务很有意见。他们提出，有些社会团体变成了“二政府”，有些社会团体是某些部门的养老院，虽然有时强行要求交纳的会费的数额不是很高，但对这种强行入会、强行要会费、收费后不服务的做法很反感，强烈要求职能部门领导和在职公务员退出社会团体的任职和兼职，还社会团体的本能面目。在调查中，企业对有的协会强行收会费，打电话，拉赞助，收钱授牌有意见。二是企业反映许多协会是国家成立了，省、市、县也都成立，造成企业重复入会；同时，同一层级的协会的分工太细，每个协会的服务功能都不强，而企业要获得相关信息则必须同时加入多个协会，如湘潭某企业加入了128个协会，其中全国性的49个，全省性的49个，全市性的30个，其认为128个协会都是自愿加入，每个协会都可以提供一些其他协会不可提供的信息，具有作用，但参加这么多协会的活动，影响了他们的时间和精力。因此，建议市县某些领域不单独设立协会，而只设立分支代表机构，同时，尽量按行业设立大领域的协会，做大做强协会，提高协会的服务能力。

三、建议

根据调查情况，我们认为，湖南省企业对社会团体的服务整体上是满意的，社会团体的会费并没有给企业造成很严重的负担，企业并不反对湖南省社会团体的发展。相反，企业都希望我省社会团体进一步发展，提供更多、更好的服务，企业反对的只是那些行政色彩浓厚，利用行政职权强行入会、强行收取会费和只收费、不服务或者服务差的社会团体。为使湖南省社会团体的发展水平与湖南省经济发展需要相适用，进一步优化企业的入会环境，社会团体的登记管理机关一方面要继续积极培育发展行业协会，对企业需要、有利企业发展的社会团体，重点培育，优先服务，引导发挥作用，使企业可以找到自己想加入的协会。另一方面，要加强对各类社会团体的监督管理，特别是对社会团体收取会费、赞助费和提供服务的监督管理，促使社会团体依标准收费，切实减轻企业负担；积极提供服务，使企业获得相应的回报。同时，由于社会团体的登记管理实行业务主管单位和登记管理机关双重负责的制度，社会团体的许多工作必须政府及相关部门的高度重视和大力支持，因此，建议政府及有关部门要采取以下措施进一步改善企业的入会环境：

1. 推进社会团体的民间化。从调查情况可以看出，目前湖南省社会团体的问题，归根到底就是社会团体的行政色彩浓的问题。纯粹民间化了的社会团体，无法强制他人入会，无法强制收取会费和赞助费，为了吸引企业参加，自然会千方百计提供优质的服务，而这样的社会团体，企业又非常乐意参加。而社会团体一旦有职能部门领导兼职或者任职，或者干脆实行“官办、官管、官运作”，则不仅政社不分，而且严重影响社会团体的服务质量，企业也很有意见。为了推进湖南省社会团体的民间化，民政部门早在2004年11月就根据省纪委的要求对全省社会团体组织进行了清理规范。经过清理，全省当时有6569个社团，由行政机关、事业单位发起成立的社团有4602个，占社团总数的70%，由县处级以上领导干部兼任秘书长以上职务的社团共有2326个（其中省级462个，市级1657个，县级207个），占社团总数的35%，在社团兼职的处级以上领导干部共4958人。经过规范，保留6490个社会团体，合并43个，注（撤）销136个，脱钩183个，全省副处以上领导干部退出兼任社团领导职务747人，其中厅级93人，副处以上的654人。在2005年省政府颁布的《湖南省行业协会管理办法》（省政府第201号令）第二十一条规定：“行业协会的机构、人事、财务应当与党政机关、人民团体、事业单位及其他社会团体相分离，具有独立法人地位。现职国家公务员和依法授权行使行政管理职能的单位的人员不得在行业协会兼职”。但是，在我们对有关业务主管单位的调查中，除少数单位的领导按规定退出协会的兼职和公务员不在协会工作外，许多部门的领导以他们兼职已经报请组织人事部门批准、协会性质特殊等诸多方面的理由不愿退出。因此，建议从优化湖南省经济发展环境出发，严格按照《湖南省行业协会管理办法》的规定，要求所有在职的公务员全部退出在行业协会的兼职和任职，否则作为违纪行为予以处理。

2. 设立行业协会的发展扶持资金。行业协会对于经济发展、促进改革开放、健全市场经济体制都有十分重要的作用。广东、上海、浙江等许多省市为促进行业协会的发展，专门建立了行业协会发展专项基金。《湖南省行业协会管理办法》第六条也规定：“各级人民政府应当鼓励和支持行业依法组建协会，促进、扶持行业协会健康发展”，但是湖南省目前尚未设立行业协会的发展扶持资金。因此，为促进湖南省行业协会的发展，建议专门设立行业协会发展扶持资金支持行业协会开展有关活动，为湖南省企业提供更加优良的中介服务，进一步优化湖南省的经济发展环境。

创新民间组织党建管理体制的探索

方向文

目前，我国民间组织党建工作还处于探索阶段，如何创新民间组织党建管理体制，是贯彻落实党的十七大精神，加强党对民间组织的领导，促进民间组织健康发展，发挥民间组织的积极作用，巩固党的执政基础的迫切需要，也是当前广东省党建工作亟待研究解决的一个重要课题。

一、广东省民间组织党建管理体制的主要模式

近几年来，广东省各级党委政府、组织部门、民政部门和民间组织的业务主管单位，积极探索民间组织党建管理体制，创造了多种模式，对民间组织党建工作起到了较好的促进作用。至2006年年底，经全省各级民政部门登记注册的民间组织共计21057家，其中社会团体9856个，民办非企业单位11060个，基金会141个。全省民间组织从业人员14万多人，其中党员4万多名，占总从业人员30%左右。全省应建立党组织的民间组织（指民间组织专职工作人员中有3名党员以上的）共有3081个，已建立党组织的有887个，占总数29%。其中，社会团体应建1521个，已建366个，占24%；民办非企业单位应建1552个，已建513个，占33%；基金会应建8个，已建8个，占100%。目前，广东省民间组织党建管理体制主要有以下四种模式。

（一）组织部门、民政部门、业务主管单位分工负责、共同管理的模式。省级和大多数市、（县）区普遍采取这种管理模式。中共中央组织部《关于印发〈关于加强社会团体党的建设工作的意见〉的通知》（中组发[2000]10号）明确规定，“各级党委组织部门和各级政府民政部门以及社会团体业务主管单位党组织要通力合作，共同做好社会团体党的建设工作”，并规定了组织部门、民政部门和业务主管单位领导、指导社会团体党建工作的职责。这里的“社会团体”，包括现在的社会团体和基金会。

（二）惠州模式。惠州市构建了“三位一体”的民间组织党建工作领导格局。即各级党委书记和主管单位党委（党组）书记以及党委组织部

门、民间组织登记管理机关和业务主管部门党组织，这“三位”以党委书记和业务主管单位（党组）书记作为民间组织党建工作的“第一责任人”，统一领导，形成有责任、有管理、有监督的完整“一体化”领导和管理体系，推动民间组织党建工作的健康发展。

（三）东莞模式。东莞市在对民间组织党建工作的管理上采用了“条块结合，以块为主，以条为辅”的管理体制，主要有四个方面：一是单位管理模式。各业务主管单位在有条件的民间组织中建立起党的基层组织，管理本单位的党员。二是属地管理模式。这种模式成为对大多数中小民间组织进行管理的基本模式。即主要以流动党员相对集中的工业区、住宅区、商业区、开发区等为基本单位建立党组织，对流动党员实行统一管理。三是行业管理模式。即以行业协会为依托，在律师协会、会计师协会等民间组织中建立统管党委，对本行业的党组织工作和党员进行统一管理。四是挂靠管理模式。在劳动人事服务中心等人才代理机构成立党组织，对部分有人事档案挂靠关系、暂时未能纳入其他管理渠道的流动党员实行挂靠管理。

（四）深圳模式。2003 年，深圳市委成立了民营经济工作委员会，作为市委的派出机构，统一领导全市民营经济和民间组织党的工作。市民营工委内设办公室，编制 11 人，全市 6 个区全部成立民营工委，各街道成立了民营经济党委（总支），统一管理本辖区范围内的“两新”组织党组织和党员，形成了市、区、街道三级组织机构健全、管理关系畅顺的党的工作新格局。2005 年，依托市行业协会服务署（现与原市民政局民间组织管理办公室合并为深圳市民间组织管理局）成立了深圳市行业协会联合党委，“统一领导市级行业协会党的工作和思想政治工作”。

二、广东省民间组织党建管理体制存在的主要问题

近几年广东省民间组织党建工作的探索与实践表明，以上四种管理模式都体现了“党政共抓、条块结合、分层领导、综合管理”的思路，都对民间组织党建工作起到了一定的促进作用，但各有优点，也各有缺陷。共性的问题是，政出多门，关系不顺，职责不清，落实不到位，民间组织党建工作力度不大，进展不快。目前，广东省应建立党支部的民间组织中，未建立党支部的占 71%，不能适应十七大的要求，远远不能适应民间组织发展的新形势。现有管理体制存在的问题主要有四个：

（一）从管理体制看，缺乏牵头单位，政出多门，职责不清。虽然都是党政领导和组织部门、民政部门、业务主管单位齐抓共管，但党政领导

和组织部门是原则领导，是决策层；业务主管单位负责管理所属民间组织，是执行层；民政部门只负责监督，缺乏一个牵头单位，即管理层。实际上存在谁都在管、谁都管不到位的现象；管好管坏谁都有责任，但实际上谁都没有责任。

（二）从管理模式看，条块关系不清晰，指导关系不顺，上级对下级指导不够。民间组织党建工作有其自身的特点，必须统筹规划，从上到下，形成一套相对统一的指导思想、发展目标、管理体制、管理模式、管理制度和管理职责等。但目前广东省分级管理、条块结合的管理体制中，分级管理相对清晰，条块结合不够明确。省对地级市、市对县（区）如何对民间组织党建工作实施有效指导，由谁实施指导，并未明确，造成对全省民间组织党建工作缺乏统一管理、总体规划和有效指导，民间组织发展不快，特点不突出。

（三）从隶属关系看，没有明确规定，隶属关系五花八门。目前广东省民间组织党建工作，有的由业务主管部门党组织直接管理，如社团、基金会；有的由县（区）、街道、社区党委组织部门实行属地管理，如民办学校；有的由挂靠单位党组织管理，如部分行业协会挂靠会长单位；有的由专门的党的工作委员会管理，如教育工委将一些民办学校党建工作纳入了自己的工作范围；有的本级管，下级也管。此外，不少民间组织党组织的隶属关系问题长期得不到解决，有的希望挂靠在业务主管单位的党组织，但许多业务主管单位党组织不愿管；一些社区党组织愿意管，但民间组织的党组织又不愿意进入社区。

（四）从管理层级看，缺乏中间层次，管理难以落实。目前广东省还有 3194 个有 3 名以上党员的民间组织未建立党支部，大多数民间组织只有一两名党员，甚至没有党员。按现行管理体制，这些民间组织发展党员或成立党支部，由业务主管单位党委（党组）负责。但业务主管单位往往力不从心，难以实施有效管理。业务主管单位与民间组织之间，也缺乏一个中间层次，如党总支，造成民间组织建立党支部或发展党员进展较慢。

（五）从行业协会看，党建管理体制不明确，大多处于放任自流状况。《广东省行业协会条例》将行业协会的业务主管单位改为业务指导单位，但未明确行业协会党建管理部门，原业务主管单位也难以继续履行其领导、指导行业协会党建工作的职责，出现了管理的“空白区”。目前，广东省行业协会的党支部，或挂靠原业务主管单位；或挂靠其他社会团体；或挂靠会长单位；或根本就找不到挂靠单位。如广东电镀协会的 2 名党员便加入广州市机床协会党支部，挂靠会长单位广州机电集团党组。

三、创新民间组织党建管理体制的政策建议

创新民间组织党建管理体制，必须坚持五项原则：一是必须全面贯彻落实科学发展观；二是必须着眼全省民间组织基层党建工作的整体推进；三是必须从民间组织双重管理体制和分级管理的特点出发；四是必须考虑民间组织的独立性和自主性；五是必须坚持与广东省“三个走在前面”相符合。根据以上原则，可以考虑形成一种“党政领导、集中管理、分级负责、条块结合、多头推进、形成合力”的民间组织党建体制框架，探索一条符合十七大精神、符合民间组织管理要求、符合民间组织自身特点的党建管理新路子。建议：

（一）建立“组织部门领导、登记管理机关统筹、业务主管单位配合、民间组织落实”的管理体制，形成领导层（决策层）、管理层、执行层和落实层。各级党委组织部门是领导层（决策层），可设立“两新”组织党工委，由组织部门领导兼任书记，配备一名专职副书记和若干名专职工作人员，统一领导本级、指导下级新经济组织和新社会组织党建工作。各级民政部门可作为管理层，可设立民间组织党工委，书记由登记管理机关负责人兼任，并配备专职副书记和专职工作人员各一名，统一管理本级、指导下级民间组织党建工作，实行登记管理与党建工作一起抓，避免民间组织党工委设在其他部门而出现“三重”管理现象。各级业务主管单位可作为执行层，把所属民间组织组成一个或若干个党总支，负责具体管理民间组织党支部工作。对没有行政业务主管单位的行业协会，可由本级民间组织党工委，在同类行业协会中组建党总支，直接管理行业协会党支部工作。民间组织党支部可作为落实层，负责落实上级党组织的部署和安排。以上四个层次的领导关系如下：

省委组织部 / “两新”组织党工委（领导层、决策层）

⟶ 登记管理机关 / 民间组织党工委（管理层）

⟶ 业务主管单位 / 民间组织党支部（执行层）

⟶ 民间组织党总支（落实层）

这种管理模式，层级清楚，责任分明，关系顺畅，管理直接，便于落实。

（二）建立“分级管理、条块结合、以块为主、以条为辅”的管理模

式，形成上级统一部署，各级分别管理，上下合力推进的格局。分级管理，也就是以块为主，民间组织在哪一级登记，党建工作就接受哪一级"两新"组织党工委、民间组织党工委的领导；另外，由县（区）级政府授权街道、乡镇政府作为业务主管单位的社区民间组织、农村专业经济协会，因其规模小、活动范围小，其党建工作可纳入街道、乡镇党委管理范围。条条管理，就是上级"两新"组织党工委、民间组织党工委，负有指导下级民间组织党建工作的职责，以利于全省统一管理、统筹规划、统一部署，形成上下一盘棋。

（三）建立民间组织党总支和党支部新模式，理顺审批关系。设立民间组织党总支，必须在业务主管单位指导下，由几个同类型民间组织党支部组成，报民间组织党工委审批。建立民间组织党支部，由民间组织党总支具体负责。民间组织有 3 名以上正式党员的，必须按照党章规定，设立党支部；不足 3 名的，可由几个同类型民间组织共同组建联合党支部。民间组织的设立，必须经民间组织党总支审核，报同级民间组织党工委审批。

广东省深圳市促进社会组织发展和发挥作用的调研

深圳市民间组织管理局

一、深圳市社会组织发展和发挥作用的现状

改革开放的不断深入，市场体制的日益完善，为深圳社会组织健康发展提供了广阔空间，从规模、体系、管理体制和作用发挥等各个方面取得了很大成绩，总体上在全国处于领先地位。

（一）社会组织进入快速发展阶段

截至 2007 年年底，深圳依法登记的社会组织 3034 家，其中社会团体 1235 家（行业协会商会 205 家），民办非企业单位 1799 家。近年来，社会组织发展迅猛，年均增长近 20%，2007 出现了近 5 年来的最大增幅，实际增加社会组织 591 家，增长速度达到 24.3%。在社会组织快速发展过程中，民办非企业单位比重逐年增加。

（二）逐步形成门类齐全、覆盖广泛的社会组织体系

在全市登记的1235家社会团体中，学术性社团占28%，联合性社团占26%，行业性社团占27%，专业性社团占19%。在全市登记的1799家民办非企业单位中，教育类占72%，劳动类占14%，科技类占4%，体育类占3%，文化类占2%，其余的占5%。这些社会组织活跃在经济、科技、教育、文化、劳动、卫生、体育、社会福利等各个领域，形成了一个门类齐全、覆盖广泛的社会组织体系，成为推动深圳经济和社会发展的一支重要力量。

（三）社会组织规范监管和自律建设呈现新局面

通过出台《深圳市行业协会暂行办法》、《深圳市行业协会设立指引》、《深圳市行业协会商会发展"十一五"规划》等一批规范性文件，进一步建立健全了以协会章程为核心的自我管理制度体系，促进协会依法依章运作。近年来，深圳大部分社会组织积极开展了法人治理建设，不断完善组织章程，完善治理结构，健全内部规章制度和自律机制，通过差额选举的方式产生理事长、会长、副会长和常务理事，通过民主的方式决定行业和协会的重要事务等。

（四）社会组织在经济社会建设中发挥了积极作用

1. 深圳社会组织活动领域广泛，以学术研究及学术交流、行业服务及协调为主要活动领域。

2. 社会组织承担了社会监督和行业监督管理的相关工作事项，建立了从业规范，加强了行业自律。在行业调查研究、制定行业标准、收集送审材料、行业监督管理、为企业提供各种服务等领域，社会组织承担了较多的工作事项。

3. 各类社会组织作为不同利益主体的代表和社会各阶层利益表达的渠道，发挥政府与市场不可替代的、独特的作用，社会组织积极参政议政、建言献策，扩大群众有序参与民主的途径。

4. 推进社会公益事业发展，推动精神文明建设，慈善总会、基金会、民办非企业单位等各类民间组织，在消除贫困、尊老扶幼、帮助下岗职工再就业、环境保护、教育培训和卫生保健等方面做了大量工作，满足社会成员多样性和多层次的需求，推进社会公益事业的发展。

5. 社会组织日益成为国际交流合作的重要载体，深圳社会组织利用毗邻港澳的地缘优势，开展国际经济贸易、科技文化交流，众多行业协会组织会员参加培训和研讨会、国内外展会，举办国际性研讨会等，增进了深

圳各界同世界各国和地区的联系与交流。

（五）社会组织自身发展有待加强

深圳社会组织在运营中，面临着经费不足、人力资源匮乏、职能不到位等问题，使得深圳社会组织在独立性、自治能力和社会公益性等方面都还存在较大差距，难以承担公共服务和社会管理中社会组织应该承担的职能和工作事项。

二、发挥社会组织积极作用的政策建议

（一）明确社会组织的发展重点

根据社会组织的活动领域及其功能作用，将其划分为不同的类别，突出重点，制定不同的法规和相应的制度框架，并采取不同的管理政策，加强对社会组织引导、培育和监管。一方面要严格控制业务宽泛、不易界定的社会组织，禁止设立与法律相悖的社会组织；一方面要有计划、有重点地培育发展一批能够积极参与公共服务和公共管理的社会组织，发挥其积极作用。根据深圳经济社会发展的迫切需要，明确近期发展的重点领域为政治风险较小，关乎经济社会、民生、福利的工商经济、社会福利、公益慈善、社区社会组织。

（二）继续推进登记管理体制改革

按照解放思想、稳步推进的原则，近期选择工商经济、社会福利、公益慈善、社区社会组织进行管理体制的改革。一是对社会福利类、公益慈善类社会组织，明确民政部门是社会组织登记管理部门，其他有关部门在各自职责范围内依法对社会组织进行相关业务指导。二是对于社区社会组织，降低准入标准，简化登记程序，实行社会组织登记管理部门登记备案双轨制。三是继续深化行业协会商会登记管理体制改革，适度放开异地商会的登记和管理；允许本市行业协会商会根据产业发展需要吸收异地同行会员；同行业可以成立不同经营环节、不同利益取向的协会商会，鼓励适度竞争。

（三）建立购买服务机制

按照政府转变职能和事业单位改革的要求，对于政府分离出的或新增的社会管理和公共服务事项，凡可委托社会组织承担的，通过政府采购等法定方式，向符合条件的社会组织购买。近期购买服务主要集中在工商经济、社会福利、公益慈善、社区服务等重点发展领域。同时，制定相应的管理办法、操作规程、监管制度、评估制度，确保财政资金使用的规范

性、效益性。

（四）加大政策扶持力度

1. 建立社会组织发展资金扶持体系。对深圳迫切需要的社会福利、公益慈善、社区等重点发展领域的社会组织予以政府资助。管好用好行业协会商会发展专项经费。设立社会组织奖励资金，奖励现代社会组织制度完善和自我发展能力强的社会组织，引导社会组织加强自身建设。

2. 建设社会组织孵化基地，打造政府扶持、发展、服务社会组织的平台，优先满足经济、公益慈善、社区服务等重点发展领域的社会组织进驻，促进社会组织的发育和发展。

3. 完善配套保障措施。解决困扰社会组织发展的劳动人事制度、社会保障、职称评定、职业建设等突出问题，为社会组织的发展提供良好的政策保障。

4. 调整产业扶持方式。对现行的支持产业、行业、企业发展的各项政策进行梳理，改变政府的各项优惠政策直接面向单个企业的状况，改由依托行业组织通过规范的程序和方式组织实施政府支持行业发展的各项政策措施。

（五）完善监管措施

1. 完善社会组织的监督机制。在规范登记管理的基础上，对于不同类别的社会组织，社会组织登记管理部门采取不同的监督方式。对于接受社会捐赠、政府资助或政府向其购买服务的社会组织，有关部门应及时开展绩效评估、审计监督，促进社会组织合理运用社会资源。

2. 健全信息公开制度。一是要有重点有步骤地推行信息公开。对政府购买服务和资助项目的申请、评审程序以及年度工作报告和财务审计报告实行公开。积极探索公益慈善类社团、民办非企业等其他组织信息公开的机制和方式。二是要建立有效、广泛的信息公开渠道。三是要重视社会监督，把社会舆论当成监督管理的一大助力。

3. 建立社会组织社会化评估体系。引入社会中介组织参与社会的综合评估，设立一套科学的评估指标体系和办法，建立与之配套的信息披露制度。综合评估的结果，作为对社会组织实行分类指导、协调扶持、购买服务的参考。

（六）完善参政议政的措施

1. 积极探索发挥社会组织参政议政能力的新途径。各级党委、人大、政协和政府应当积极探索制度安排，凝聚、整合社会组织在扩大群众政治参与、反映群众诉求、增强社会自治功能的积极作用。

2. 制定沟通咨询制度。各级政府、各部门在作出涉及重大社会公共利益或行业利益的行政决策或具体行政行为时，应当及时与相关社会组织进行沟通，咨询相关意见。各部门在行政管理过程中，应当与相关行业社会组织建立日常联系制度，方便社会组织及时反映诉求。

（七）加快立法进程，完善法制保障

研究制定《深圳经济特区社会组织条例》，进一步明确社会组织法律地位和发展空间。制定出台《深圳经济特区行业协会商会条例》，将行业协会的制度创新和改革成果法定化。借鉴香港法定组织立法经验，对在社会管理和公共服务领域发挥重要作用的、与社会公共利益关系密切的社会组织，通过专项立法明确其法律地位和职能、规范其在参与社会管理和提供公共服务的行为与标准。

广西农民用水户协会发展情况调研报告

广西壮族自治区水利厅农水处　区民政厅民管处

为全面了解广西农民用水户协会的发展现状，加强农民用水户协会的登记管理工作，深化农村水利体制改革，促进农村经济发展，进一步发挥农民用水户协会在广西社会主义新农村建设中的积极作用。2007 年 9 月底至 10 月中旬，自治区水利厅农水处和自治区民政厅民间组织管理处组成联合调研组，对广西农民用水户协会发展情况进行调研。

一、基本情况

2002 年，广西开始农民用水户协会组建试点工作，2003 年，自治区民政厅、自治区水利厅等 6 部门联合下发了《关于加强农村经济协会登记管理和培育发展工作的通知》，农民用水户协会得到了快速发展。据统计，目前广西各类农民用水户协会有 7209 个，其中在民政部门登记的 3470 个，登记率为 48.1％。

广西农民用水户协会大致可划分为五种类型。

一是乡镇组建的农民用水户协会。以乡（镇）名义成立的农民用水户协会，有一个水源的水利工程灌溉多个村的，也有多个水源的水利工程灌溉多个行政村的。协会主要以水的分配权来控制、调动受益农民的积极性，效果很好。

二是村级农民用水户协会。主要有两种形式。第一种形式为一个水源跨多个村委或多个自然屯灌溉的水利工程，由几个村组成一个村级农民用水户协会，将水利工程交由用水户协会统一管理。这种形式工程管护量大，协会的工作量大，功能作用较差。第二种形式为多个水源各自灌溉多个自然屯或各村民小组的村级农民用水户协会。协会没有各水利工程调控权，协会组建的职责、权利和利益互相脱节，协会徒有虚名，效果很差。

三是灌区水管单位组建农民用水总会，各支渠组建农民用水户分会。这种方式与水管所直接管理方式相似，群众投工投劳投资，全部依靠各村委和水管所，“一事一议”难于实现，群众的积极性无法发挥，水利工程投入难、建设难、管理难问题仍无法解决。

四是农村饮水工程用水户协会。主要特点是解决饮水工程建设的水源、土地、投工投劳等政府解决不了的矛盾；解决人饮工程规模小、用水人口少、水费收不抵支按市场运作难以生存的人饮工程；解决饮水工程建成后维护与管理的难题。但是部分协会没有落实水费计收措施，管理人员没有报酬，用水无计量，浪费水和无人管水的问题比较突出，工程难以进入良性运行。

五是以农业灌溉区域划分成立农民用水户协会。这种类型组建农民用水户协会比较多。打破行政区域，以灌溉渠道划分组建协会，根据工程水资源的分配权，以民主管理的方式，结合工程的实际经会员讨论制定出协会的章程和各项规章制度，管理人员全部是灌区内的人，工程管理的好坏直接与本身的利益有很大关系，责、权、利得到统一，会员的积极性易于调动，协会发挥功能效果比较好。

二、主要作用

农民用水户协会的成立，打破了长期以来形成的农村用水浪费严重和工程老化失修以及水利工程产权不清、责任不明确的格局；将农田水利工程的管理权、使用权和决策权交给农民，实现了农民自己的工程自己建，自己的工程自己管，取得了良好的效果。

（一）明晰了工程产权，调动了群众积极性，促进了水利建设。用水户协会成立后，明确了水利工程的产权到每个协会，落实了水利工程的投入建设与运行管理的责任主体，改变长期以来农村小型水利工程的投入与管理的责任主体不明确问题，将水利工程的管理权、使用权和建设的义务交给农民用水户协会，从根本上改变了农民只管用水不管工程的习惯，农民自觉地把水利工程的管理和维修养护当作自己的事。据统计，从2004年以来到2007年3月，广西农民用水户协会以“一事一议”的民主管理方式，调动农民投入水利建设的资金有2.3亿元，投工投劳3827.1万个工日；每年有61%的农民用水户协会自筹资金7000万～8000万元对所管理的水利工程进行维修加固和砼渠道防渗，每年有92%的农民用水户协会对自己管理的水利工程进行投工投劳。

（二）减少了水事纠纷，融洽了干群关系，促进了社会和谐稳定。以民主讨论制定的制度公开、公正、公平管水，落实专人负责分水管水，实行水资源的统一管理，合理地配水，避免了过去群众乱放水、抢水争水的现象，大大减少了水事纠纷的发生；协会按公开透明的制度管水分水，杜绝了关系水、人情水，改变了过去由乡镇政府及村灌溉管理和水费计收管理形式，使乡镇政府和村从这些非常具体、极易产生干群矛盾的事务性工作中退出来，真正把乡村干部从繁杂的用水矛盾中解脱出来，改善了干群关系。达到了基层政权省心、农民放心的目的，促进了社会的和谐稳定。

（三）优化了水资源配置，提高了灌溉效率，减轻了农民负担。通过协会组织会员投入，对山塘水库加固和渠道防渗，山塘水库蓄水量明显增加，渠系水的利用率得到提高，渠道防渗后过水流速加快，节省了电灌站抽水用电的消耗，有效减轻了农民的负担。同时由于组建协会，落实管水员，做好供水规划，管水员按计划供水，用水管理得到加强，亩用水量减少，灌溉面积增多。

（四）促进了农业结构调整，提高了水的利用率，增加了农民收入。两年来，广西部分运行管理好、发挥协会功能作用好的农民用水合作组织，以协会为单位，以灌渠分类连片大面积调整农业种植结构，并通过农业部门指导引进新品种、新技术，协会还组织统一收购、统一价格、统一销售，提高了农业效益，增加了农民收入，很受群众欢迎。

（五）建立了投入新机制，解决了水利投入难题，促进了水利事业发展。组建农民用水户协会，是建立与农民家庭联产承包责任制相适应，与农村税费改革相配套的农田水利投入、建设与管理新机制，是转变农田水利建设投入不足，建设主体不明确，农民积极性不高的途径。

三、基本经验

几年来，各级水利、民政部门，在各级政府的领导下，高度重视协会的培育管理工作。水利部门在技术、资金、场地、业务上给予具体指导支持，民政部门在协会登记管理上，简化程序，降低门槛，热情服务。主要做法是：

（一）政策引导，资金扶持。2001年以来，广西壮族自治区人民政府办公厅、自治区发改委、财政厅、水利厅、民政厅、农业厅、国土厅、林业局、水产畜牧局、科学技术协会联合或分别出台了《关于推进广西农村小型水利体制改革的意见》、《关于加强农村经济协会登记管理和培育发展工作的通知》、《广西农村小型水利体制改革实施方案》、《关于加快水利改革与发展的若干意见》、《关于建立农田水利建设新机制的实施意见》、《关于加强农民用水户协会建设的意见的通知》，进一步规范了农民用水户协会改革的程序、办法和措施。同时水利和财政部门加大对农民用水户协会的资金扶持力度，不断为协会输血，帮助协会造血，两年来，中央和自治区财政投入小型农田补助资金1.8亿元，各市财政投入3529.5万元，各县（市、区）财政投入10103.83万元。这些政策出台和资金配套，为协会规范、可持续发展提供了有效支持。

（二）典型示范，全面推广。广西农民用水户协会发展试点工作首先从横县开始，试点过程中，充分发动群众，尊重群众意愿，通过政府的组织引导，协会制定了章程和工程建设、管护、财务、用水管理制度，协会运行以后效果很好，受到了农民群众的欢迎。试点充分显示了农民在灌溉中的决策能力和潜在积极性，显示了农民用水户协会的巨大生命力，起到了很好的样板作用。

（三）加强宣传，服务跟进。农民用水户协会是近年来水利工程灌溉管理体制改革中出现的新事物新现象，为提高群众的认识，推动改革顺利开展，营造良好的舆论氛围，各级市、县采用新闻报道、出动宣传车、印发资料、张贴标语、现场解答、座谈等方式进行水利工程管理体制改革宣传，让广大农户了解水利工程管理体制改革的目的和意义，并通过开展试点和典型宣传，通过看得见、摸得着的形式让农民认识到农民用水户协会对于推进水费改革、减轻农民负担的重要作用。

（四）完善制度，民主管理。广西各地为保证农民用水户协会的规范运行和健康发展，各级政府和有关部门结合农民用水户协会的特点，指导协会制定《会员代表大会制度》、《水利工程投入制度》、《灌溉管理制度》、《水费征收管理制度》、《水利工程管理制度》、《财务管理制度》等规章制度。按照“民办、民管、民受益”的原则，实行民主议事、自主办会，体现广大用水户意愿，增强用水户自主、自立的观念，提高会员参与灌溉管理和水利工程维护的积极性，同时以制度的形式明确了会员代表、理事、负责人产生程序及权利和义务，为协会规范运行提供组织保障。

（五）部门协作，合力推动。在推动农民用水户协会发展过程中，水利、民政部门始终围绕“政府主导、部门协作、社会参与”的工作机制，除了积极争取各级党委政府重视和抓好协会自身建设之外，还注重加强部门之间的协调、配合，以求得最大的社会合力。

四、存在问题

（一）思想认识不到位，重视力度不够。一些地方政府和部门领导对成立用水协会的作用意义认识不到位：没有认识到用水协会在解决农民用水难、水费收缴难、水利工程投入难等方面的重要性，甚至认为用户水协会是民间组织，农村水利是农民自己的事，政府不必参与，以致忽视对用户水协会的建立和指导，没有真正把培育发展用水协会摆上重要位置，对用水协会不积极进行引导，未做好宣传、发动工作。

（二）协会组建运作不够规范，作用难以发挥。农民用水户协会还处于初级发展阶段，有的协会内部组织结构不够健全，在经营运作上还没有形成民办、民管、民受益的规范管理模式，在管理上存在着组织策划能力差，成员信任度低的现象。在内部运作上不规范，管理水平低，手段落后，缺乏开拓市场能力和协调能力，作用发挥难。

（三）部分协会行政色彩浓厚，民间性不强。有的协会为减少管理人员报酬开支和组建协会的工作量，直接由村支书或村主任担任会长，有的灌区管理所所长直接担任本灌区的协会会长，这种做法与原来政府管理方式差别不大，行政色彩浓厚，民间性不足，依附性强，群众的自主性没有得到体现，群众参与的积极性不高。

（四）协会工作人员素质偏低，难以带动发展。部分协会执委及用水管理人员素质不高，其管理水平等综合素质较低，协会的发展后劲不足，协会无人办事，制约了协会的持续、健康发展，影响了协会的发展和壮大。

（五）协会经费严重不足，难以维持正常运作。协会经费来源有限，运行能力有限，发展举步维艰。由于农民协会的特殊性，有部分协会不收会费，协会经费的主要来源是供水单位支付的水费手续费，相当一部分协会没有固定的经费来源，资金来源贫困化，缺乏必要的活动经费。

（六）注册登记率低，监管困难。据水利部门统计，广西已成立农民用水户协会7209个，实际到民政部门注册登记的仅有3470个，登记率仅为 48.1%，还不到一半的数量。主要原因是：宣传不到位，广大农民没有充分认识到登记注册对农民用水户协会发展的意义。另外，有些农民用水户协会由于没有注册资金或资金不足而没有进行注册。此外，一些农村交通不便，为了办证跑水利、民政、银行等部门，要花费好几天时间，十分麻烦。

五、对策建议

（一）深化认识，加强引导。各级党委、政府及其有关部门要充分认识到：集中精力培育发展农民用水户协会，充分发挥其功能作用，是提高农业综合能力建设，促进农村经济发展的重要途径。各级党委、政府及其有关部门要进一步加强引导，加大农民用水户协会发展力度。

（二）登记备案，纳入管理。建议民政部和水利部制定政策，对农民用水户协会采取备案制和登记制两种办法进行管理，对协会规模小，没有对外联系业务，经水利部门按照验收标准要求进行验收后，由水利部门登记在案，报民政部门进行备案；对协会规模大，对外业务联系多，则到民政部门办理协会登记手续，领取《社会团体法人登记证书》。各级民政、水利部门，要积极为协会登记工作做好服务工作，尽量简化登记手续，方便群众，提高办事效率。

（三）资金投入，扶持引导。为调动各级政府做好协会工作的积极性，建议把中央和自治区财政投入的水利投资与各县（市、区）及乡镇政府的用水户协会运行管理工作挂钩。为将资金尽快下拨到协会中，建议一是国家补助资金要结合协会有登记制和备案制的实际情况进行；二是对协会运行管理好，达到验收条件，征收会费（水费）好，水价合理，工程管理任务落实，管理人员有一定报酬，发挥协会作用，民主管理好的协会进行优先扶持，同时对运行管理不好、作用发挥差的协会暂缓扶持；三是国家对工程投入前，水利部门要与协会签订工程建设协议，明确国家投入补助资金、补助办法、物资供给方式，受益群众投资、投工投劳数额、工程完成时间，工程质量要求，物资管理以及工程建设后要保证水费征收等要求。

（四）教育培训，提高素质。协会人员素质低，是协会发展的瓶颈，所以要对协会会员加强教育和技术培训工作，以提高其素质和管理水平。为此建议县级水利部门要设农民用水户协会培训专项经费。

（五）自主办会，自我管理。农民的事应该让农民自己做主。要引导协会严格按照章程办事，领导班子由村民自主推选那些有威望、有能力、公道正派的农民有水户协会中心积极分子组成。通过协会民主讨论，制定用水分水管水建水等一系列规章制度，实行会员自主管理、自主实施、自主教育、自主服务、自我监督。

（六）奖优罚劣，提升质量。建议水利部门制定农民用水者协会运作管理标准。对成立协会质量好，真正发挥作用数量多的县（市、区）及乡镇进行投资倾斜。对协会发展和管理不好，不按时完成水费征收任务的，一般不安排或暂缓安排下年度的水利工程项目经费。对功能作用发挥好的协会给予奖励；对活动开展少、作用发挥少、管理不善的协会予以整合、整改，甚至撤销。

海南省民间组织党建工作状况调查报告

郑孝河

新时期，民间组织要跟得上社会发展的快速节奏，需要一种动力核心的力量，这种动力核心力量就是共产党基层组织的凝聚力。因为中国共产党是中国工人阶级的先锋队，同时是中国人民和中华民族的先锋队，是中国特色社会主义事业的领导核心。我们在调查过程中发现，由于党的组织和党员在民间组织中发挥了积极作用，使民间组织中出现了许多新气象，同时发现在民间组织中也存在一些新问题，于是，我们很有必要探讨新时期民间组织党建工作的新思路。

一、新时期新气象

民间组织里的共产党员无论工作学习在哪里都没有忘记自己的先锋模范作用，使社会主义新时期显现出新气象。

新气象之一：有一批党员和党组织发挥了作用，才有民间组织的发展。民办海南大学三亚学院创办于2005年5月。刚开始，三亚学院的领导班子有6人，6人都是中共党员；教职工有150人，其中52人是中共党员。从建校一开始，三亚学院就非常重视党组织的建立工作，领导班子主动与海南省教育厅教育工委要求建立党组织。根据三亚学院领导班子的迫切要求和现有党员人数，海南省教育厅教育工委于2005年7月批准三亚学院成立党委，9个分院设立党分总支。

党组织成立后，主要是贯彻党的教育方针和做人的思想政治工作，同时在教职员工和学生中发展新党员。2006年年底，三亚学院培养发展了第一批新党员3名；2007年5月，三亚学院又培养发展第二批新党员23名。由于党委注意抓好人的思想政治工作和吸收先进分子加入党组织，因而激发了教职员工和学生的积极性，大大推动了学院的各项工作。2007年6月28日，全学院要搬迁到新的校区去。所有教学器材、课桌椅、学生用具等等，都要搬迁。刚好这几天又遇到大雨，行动极为不便。可是天无情人有劲，党员发挥先锋作用，全校师生冒着大雨，仅用两天时间就搬迁完原计划要用五天才能搬迁完的所有东西。

这是一种什么精神在产生巨大的力量？这是共产党员先锋模范作用的精神所产生的巨大力量！就是因为有一批共产党员和党组织发挥了先锋模范作用，才使民间组织有了较快的发展。

这种精神力量不仅仅表现在新校区的搬迁上，而且表现在科学文化知识的学习上。2007年年初，国家高教委组织一次全国性的计算机比赛，三亚学院派员参加，并获得金奖；2007年上半年，三亚学院派员参加世界华人在校生的数学比赛，并获得唯一一个特等奖、一个二等奖、二个三等奖、一个鼓励奖、一个文艺奖。

学院的精神面貌和学习氛围极大地鼓励着每个教职工，他们深有感受地说，我们到了三亚学院，感觉到民办的大学并不比国办的大学差。

新气象之二：有一批党员已被安排在民间组织的领导岗位上。为了加强党对民间组织的领导，不少民间组织在创建的时候就有意把一批有作为、有能力的党员安排在民间组织的领导岗位上。这样的安排，经过数年后已经产生了社会效果。海南省华商联谊会成立于2005年7月。在筹建的时候，海南省侨联就有意把刚退下来的原省侨联办公室主任、共产党员安排到海南省华商联谊会秘书长的岗位上，并且担任本会的党支部书记工作。

海南省华商联谊会虽然是世界华人从事贸易的商界联谊会，但是，由于共产党组织在该组织里起到核心和积极的推动作用，因此，该组织开展活动非常活跃，做了大量的工作。海南省华商联谊会成立后，已与日本的中华总商会建立了关系，并把海南推向世界。2007年7月份，日本中华总商会会长、水果专家、化肥农药专家颜安带领4人到海南搞调查研究，准备提高海南水果的质量和价格，把海南水果推向世界；世界华商会2007年9月份在日本召开大会，海南省华商联谊会已派员参加，并引起与会者的重视。从海南省华商联谊会的活动看，海南省华商联谊会已走向世界。这是早年播下党建种子结出的硕果。

新气象之三：有一批强烈要求加入党组织的年轻人。年轻人要求加入党组织是时代的特征，在民间组织里的年轻人同样有很强烈加入党组织的愿望。海南省北京师范大学等一批大学的校友会、各幼儿园的年轻教职工、没有建立党支部组织的各民办大学里的教职工、学生，他们很迫切要求加入党组织。在调研座谈会上，他们希望在民间组织里尽快建立党组织，以便圆了他们的入党梦。在民间组织里有这么一批迫切要求加入党组织的年轻人，使我们看到了国家的希望。

二、新时期新问题

近几年来，在民间组织发展过程中，出现了许多新气象，但是事物发展总是不平衡的，因此，也同时出现了许多新问题。

新问题之一：民间组织里人员流动性大，党员登记管理有难度。民间组织里的人员来自四面八方，其中有不少人是党员，但是他们在这里干一年半载以后还不知道又要流动到哪里去了。由于流动性大，有些党员干脆不把党员的组织关系转过来，不参加党组织生活。海南省三亚市出租车协会有2000多人，其中有23名党员，这些党员中大多数为内地过来的，因此没有人把党组织关系转过来。在民间组织里没有把党组织关系转过来的原因是多方面的，有的是悄悄离开原单位，党组织关系不好转；有的是打算如果在这边干不好就回内地原单位去，因此不想把党组织关系转过来；有的是在他工作的民间组织里面没有党组织，不知道转到哪里去。由于种种原因，致使一个民间组织里有23名党员也没有办法过上党组织生活，这是一个很大的问题。在调查过程中，我们了解到许多民间组织里都存在着这种党员难于参加党组织活动的情况。

新问题之二：民间组织里老板多，他们考虑更多的是经济效益。这个问题在民间组织里普遍存在，在企业家协会里更为突出。三亚市企业家协会有136家单位会员，个个是个体老板，其中有35名党员。由于三亚市企业家协会里没有党组织，所以自从加入企业家协会以来，这些党员就没有参加过一次党员生活会。他们都在强调自己手下有几十、几百号人马，如果企业哪里出了问题大家都没饭吃，不更多地考虑企业效益问题怎么行？就是这种思想占据了上风，才把党的组织建设和党员的组织生活挤到一边去。长此下去，民间组织里的党员生活怎么办？

新问题之三：民间组织里有党组织，但没有活动，一切都空空洞洞。在一些民间组织里虽然建立了党组织，但他们也是强调业务繁忙而把党的组织活动搁到一边去了。海南某民办中学创建于2004年8月，现有83位教职工，其中有20名党员，但是有组织关系转过来的才有3名。就因为有这3名党员，学校成立了党支部，党支部书记由副校长兼任。党支部虽然成立了，但是有其名无其实，党支部长期来没有开展活动，失去了党组织应有的作用。由于党组织没有开展活动，党员也把自己混同于一般的老百姓，失去了党员的先进性作用。这个中学的党员教师说，有组织，没活动，一切都空空洞洞。

新问题之四：民间组织里的负责人摆不正与党组织的关系。民间组织里的一些负责人不知道他自己与党组织里的关系是什么，把民间组织负责人凌驾于党组织之上，要指挥党组织，就连党组织开展活动也要由他批准。有个商会的会长不是党员，在一次他们商会党支部开会的时候，他怒气冲冲地跑过来指责党支部说，为什么你们开会不通过我？当时参加会议的党员都愣了。难道党支部开会要通过非党员同意？难道不是党员不能参加党支部活动这个基本的道理也不懂？还是另有想法？

新问题之五：民间组织里有人认为不一定要建立党组织。在调查的过程中，我们了解到民间组织里有一部分人认为，民间组织从审批筹备到成立，始终都是在党的领导下进行的，因此，民间组织就不一定要建立党组织了。据我们调查，事实并不然。有个研究会自2002年开始至现在，领导班子四分五裂，你争我夺，斗得面红耳赤，致使一个研究会有三套公章，到期换届也无法进行；有个研究会打着某某领导的旗号，到各单位去诈骗钱财，出现严重违法的现象；还有个研究会目无国法，未经政府登记管理机关批准就大张旗鼓成立基金会，未经公安部门批准就擅自私刻公章，还通知各乡镇成立办事处。在省政府执法人员下去纠正他们错误行为的时候，他们还执迷不悟，继续抗法。这三个研究会都是在党的领导下审批筹备成立的，但是因为没有党组织他们仍然作出违法乱纪的事。

三、新时期新思路

民间组织在新时期发展过程的党建工作中出现了许多新的问题，向我们提出了做好民间组织党建工作新思路。

新思路之一：我们要制定统一的活动规定。民间组织里的党组织生活怎样根据自身的实际开展活动？现在国家和省里都没有一个统一的规定，大家都在摸索着开展活动。这样很不利于民间组织党建工作的开展。在国家还没有出台这个规定之前，我们省级民间组织登记管理机关是否与有关部门研究，制定出台民间组织党建工作的规定，以便民间组织紧紧围绕党的中心工作和中心任务，加强学习党章，党的路线、方针、政策。这样才更加有利于民间组织党建工作的开展和各项工作的发展。

新思路之二：我们在民间组织里建立党组织，工作会做得更好。在民间组织里建立党组织，更有利于民间组织自身的发展，这是在实践中已被证明了的事实。特别是在民办的中专和大学里更显得重要。在中专和大学里青年人较多，各种思想都有，不利于统一教学，党组织在这个时候除了注意抓好贯彻党的教育方针之外，还要特别注意抓好教职工的思想政治工作，提高人的思想觉悟，改进各项工作，促进民间组织自身的发展。对于这个问题，海口市民办少林文武学校的马校长就非常有体会。海口市民办少林文武学校创办于 2003 年 7 月，现有师生员工将近 1000 人，各项工作都走在全市民办学校的前面。学校刚创办的时候，学校领导主要精力放在招生之上，转不过身来抓人的思想政治工作。马校长说，如果这个时候学校建立了党支部，主要抓人的思想政治工作，那么，我们的工作会做得更好。从这个例子看，在民间组织建立党组织很有必要。

新思路之三：我们业务主管单位要做好民间组织的党建工作。民间组织里的党建工作有三种情况，一是有党员也有党组织；二是有党员没有党组织；三是没有党员也没有党组织。

对于第一种情况，我们业务主管部门主要是作好党建工作的联络工作和监管工作就可以了。

对于第二种情况，我们业务主管部门一定要帮助他们建立起党组织，指导他们如何开展党建工作。对那些组织关系没有转过来的党员，我们要指导他们作好转来党组织关系的工作；对于发展新党员的工作由他们自己解决。

对于第三种情况，我们业务主管部门一定要关心他们的党建工作，在条件成熟的时候，逐个发展新党员。在没有建立党组织的民间组织，党员组织关系可以先转到业务主管单位暂代管理，等到他们的民间组织有了党组织后再转回去。这样可以保证每个党员都有机会参加党组织生活。

在民间组织中建立党组织，有利于党组织加强对民间组织的监督，保证民间组织的健康发展。业务主管部门不要怕辛苦，要承担起这个责任来，为民间组织党建工作献出一份力量。

新思路之四：我们要有意识地在民间组织中安排人事。我们认为海南省侨联办组建海南省华商联谊会的做法是可取的。省侨联办在组建海南省华商联谊会的时候，就有意识的把刚刚退下来的办公室主任安排到里面去担任商会秘书长，在党支部里任支部书记。这样就保证了党对民间组织的领导。海南省华商联谊会这种作法值得我们学习、借鉴。

在我们调查的过程中，了解到还有许多民间组织都注意到了安排抓党建工作的人员在领导岗位上这个问题，并且取得了一定的成绩。

新思路之五；我们要摆正党组织与民间组织的关系。党组织在民间组织里主要是做监督工作的，其次是做人的思想发动工作。另外，只有党组织才能决定党的事情，民间组织负责人是没有权力指挥党组织的。当然，这样的现象是个别现象。但是这种个别现象也说明了党组织与民间组织的关系问题在一些人的心目中没有摆正，需要重新认识。

再者，民间组织里的党组织也不宜干预民间组织里的正常事务。只有这样，才能使两辆马车并驾，“奔驰”在具有中国特色的社会主义大道上。

进一步做好云南省社会组织培育发展及监督管理工作的意见和建议

云南省民政厅

一、云南省社会组织发展及管理现状和趋势

（一）社会组织发展迅速

改革开放以来，在云南省委、省政府的正确领导下，在民政部的指导下，通过各方面努力，云南省社会组织初具规模，结构基本合理，影响逐渐扩大，作用逐步发挥，成为推动云南省社会经济发展的重要社会力量。截至 2007 年 7 月，全省经民政部门登记注册的社会组织有 8780 个，其中社会团体 6592 个，民办非企业单位 2165 个，基金会 23 个。另外还有大量的没有登记注册的“草根组织”即基层社区组织活跃在城市和乡村大地，部分境外非政府组织也来到云南省设立分支机构或开展活动。

（二）社会组织发挥了积极作用

近年来，云南省社会组织活跃在各个领域，它们广泛从事社会活动，在推动社会公益活动、反映社会诉求、促进决策民主化科学化、扩大就业、保护环境、缓解社会矛盾、满足社会多方面需求等方面做了大量工作，成为党和政府联系人民群众的桥梁和纽带，是政府加强社会建设、管

理社会事务的有力助手。云南省社会组织在数量上、发挥作用上、综合发展等方面，在我国西部地区处于前列。

（三）监督管理不断完善

从1990年恢复社会组织登记管理工作以来，云南省管理工作不断完善、加强，目前在省级、一部分州市设立了相应的登记管理机构，配备了工作人员，管理手段有所强化。对社会组织实行双重管理体制，民政部门负责登记管理，业务主管单位负责具体指导工作，相关部门密切配合，共同履行监督管理职责，管理工作基本适应社会组织发展需求。近年来，云南省的培育发展和监督管理工作得到了民政部的肯定。

（四）社会组织面临重大发展机遇

十六届六中全会要求在构建和谐社会中健全社会组织，发挥社会组织提供服务、反映诉求、规范行为的作用。胡锦涛总书记在中央党校“6·25”讲话中也指出：要“加快推进社会建设”。社会组织从事的主要是社会工作，是服务社会建设的生力军，是党委政府推进社会事业发展的有力助手。中央提出加快推进社会建设的要求，作为社会组织成员，社会组织可以在其中发挥重要作用，我国社会组织快速发展面临着空前的机遇。目前国家正大力推进行政管理体制改革，逐步形成“小政府、大社会”的格局，政府从一些不能管或不便管的领域退出来，把更多的职能转移给社会组织，社会组织有更多机会参与社会管理及公共服务，社会组织的服务将进入社会福利、慈善、康复与优抚安置、卫生服务及社区服务等领域，其工作和影响深入到普通百姓的生活当中，越来越多的人开始正确认识社会组织的地位和作用。政府对社会组织推行科学合理的管理、登记制度，立足改善培育发展的大环境，出台鼓励政策，建立健全社会组织体系。这些举措将促使社会组织规模和影响不断扩大。

二、面临的困难和问题

（一）社会组织的数量、质量和功能尚不能完全满足要求

云南省社会组织在数量、质量、功能作用发挥等方面，还远远不能满足日益增多的社会管理、社会事务和公共服务的需要。不少组织行政色彩较浓，党政领导兼职过多，缺少民间代表性，对民众的吸引力差；有的组织业务宽泛，超地域、超范围开展活动；有的组织利用党政部门权威做不应由社会组织做的事，如少数个体劳动者协会和私营企业协会利用办工商年检手续搭车收取会费，引起群众反感。

（二）少部分组织存在稳定隐患

有的组织内部管理混乱，管理失序，出现诚信危机，甚至从事诈骗，影响正常的社会经济秩序；个别组织散布流言蜚语，对抗政府，引发社会不稳定。如某组织以保护自然环境为由，在云南省江河流域频繁活动，阻止发展水电事业，干扰政府正当决策。

（三）外部监管力度不够

一些地方和部门对社会组织培育、发展的工作没有引起足够重视，政府扶持、指导的措施不多，群众参与面和支持面小，没有形成发展的有利环境。管理法规、政策滞后或不配套，尤其是对境外非政府的管理还没有专门的法规。双重管理没有完全落实，粗放式管理在一些地方比较突出，有的主管单位甚至撒手不管，放任自流。个别省级单位及其系统擅自审批商会组织，不利于政府部门的统一归口登记管理。

（四）登记管理队伍不足

对社会组织履行登记管理工作的职责在民政部门，省、州市、县三级民政部门均负有登记管理职能，但除省和部分州市设有专职机构外，一部分州市和绝大部分县未设立登记管理机构，基层登记管理工作无专人负责。社会组织队伍较为庞杂，民政部门人少事多，难于兼顾，加之监管手段不足，履行监督管理职责的难度较大。

三、发展及管理的指导思想和目标

（一）指导思想

促进云南省社会组织发展及管理的指导思想是：以邓小平理论和“三个代表”重要思想为指导，以科学发展观为统领，坚持培育发展与监督管理并重的方针，建设适应需求、数量增长、质量提高、结构优化、布局合理、作用显著的社会组织体系，重点发展行业性、服务性、公益性、涉农类、慈善类、社区类的社会组织，大力兴办民办非企业单位，鼓励社会组织发挥提供服务、反映诉求、规范行为、化解矛盾、服务全局的作用。建立法制健全、管理规范、分类指导、分级负责的社会组织管理体系，坚持并完善双重管理体制，业务主管单位与登记管理机关相互配合，各负其责，依法把好审批关、登记关，强化监管，切实把社会组织引入健康发展轨道。

（二）发展目标

1.“十一五”的具体指标：（1）社会组织年均增长20%以上，到2010年达到2万个；推行备案管理，社区组织备案总数3万个，云南省每万人拥有社会组织10.9个，基本与全国持平。（2）政府“购买服务”普遍推行，社会组织收入达到22亿元，支出18亿元，纳税达到5亿元，募集社会工作资金10亿元。社会组织提供就业岗位10万个，参与公益活动的志愿人员达到100万人次。（3）社会组织公信力和自律能力提高，结社人数500万人次，公民选择民办非企业单位服务的首选率上升，社会组织服务占全部社会服务的20%以上。

2. 十年长远目标：（1）云南省社会组织发展与全省经济社会发展水平相协调、相适应。社会组织种类齐全，涉及工农商科教文卫体等社会各个领域，较大程度满足人民群众结社和组建多样性社会组织的需求。（2）社会组织生存和发展能力普遍增强，有效为社会、政府和社会组织成员提供非营利的服务，满足社会多方面需求。90%的企业参加行业协会，农村普遍建立适应新农村建设需要的各类协会，基层社区组织遍布城乡，为民服务的作用充分显现。（3）社会组织年收入30亿元，支出28亿元，年募集公益资金20亿元，提供50万个就业岗位，发展志愿人员100万人。（4）政府管理能力全面提升，管理手段实现信息化、网络化、法制化，全面满足各种社会组织的设立和管理，依法审批，依法登记，审批登记制度化、程序化、规范化。

四、促进发展及完善管理的主要任务

（一）大力发展不同类型社会组织

优先发展行业协会和商会，建立省、市两级行业协会体系，支持他们开展行业指导、行业管理、行业服务、行业自律，团结全行业企业一同发展。加快社区社会组织建设步伐，让社区内的各种互助组织、兴趣组织、帮扶组织成长壮大，满足社区居民由“单位人”向“社会人”转变，实现自我管理，自我服务，自我教育。大力支持发展农村专业经济协会，鼓励农民组建以行业为特征的专业性组织，让农民组织起来，发展产业经济，共同应对市场风险和挑战。全面推动民办非企业单位快速发展，支持社会资金建立各类民办服务机构，在教育、卫生、文化、社会福利等领域培育一大批民间服务组织，打破行业垄断，降低全行业服务成本，满足社会多样化需求。

（二）支持社会组织发挥积极作用

建立健全党委领导、政府负责、社会协同、公众参与的管理格局。营造促进发展的宽松氛围，让各种非政府、非营利组织全面发展，如鉴证类中介组织得以规范，民办非企业单位有用武之地，行业协会作用显现，各类基金会弘扬正义和公平。建立奖励和鼓励志愿者的制度，鼓励公民年轻时付出服务，保存并记录他的服务时间，在他老年无助时可向社会申请、索取服务。倡导社会组织广施善行，社会组织积极利用社会资源，维护公共利益，减少贫困，在扶老、助残、救孤、济困方面发挥作用。在政府与公众之间营造和谐、和睦氛围，发生群体事件时，支持社会组织参与问题解决，多做说服劝解工作，缓和对立情绪，及时化解矛盾和解决问题。

（三）提高社会组织整体素质和综合实力

建立以章程为核心的规章制度，用制度来约束和规范社会组织的行为，避免“失灵”和失控。完善社会组织法人治理结构，坚持民主办会、民主协商、民主选举、民主决策、民主管理，自主开展工作，不断优化内部结构，扩大组织规模，发展会员，自身结构更趋合理。建立问责制度，让社会各界评议其工作和业绩，形成权责统一；建立罢免制度，及时撤换不称职者和有严重错误者。全面提升社会组织综合实力，拓展公共服务。提升社会组织的公信力，坚持公益性、民间性、社会性、非营利性等性质，保持社会组织活力。增强筹款能力，利用国家重视慈善事业的机会，向社会各界争取资金。

（四）支持社会组织走向国际舞台

选择一批有实力、有影响，又能与政府合作的社会组织，给予重点培养和扶持，让他们走出去，参加国际会议，组织志愿者到国外服务，参与解决国际经济纠纷。

（五）创新监督管理机制

推行“三为主”管理方式。在管理机制上，以自律管理为主，要求社会组织遵守法律法规和自己的章程，恪守对政府和社会的承诺，自己管理自己。在管理手段上，以法律管理为主，运用法律法规和政策约束社会组织，减少行政管理。在监管方式上，以间接管理为主，政府不再直接管理社会组织内部事务，其选举、活动、班子变更、制度设立、经费筹划等均由社会组织自己处理，让他们真正成为独立的法人组织。

（六）对社区基层组织推行备案制度

试行新型备案管理制度，让社区基层组织合法化。对在城乡社区活动的基层组织，实行备案制，规定要有负责人牵头，有办事场所，有一定工作经费，从事公益活动，具备上述条件就可以在民政部门进行备案，取得合法身份，开展活动。完善双重管理，取消部分前置审批，减少不必要的程序，简化手续。建立预警机制，由公安、安全、民政、外事等部门组成社会组织应急处置小组，专门处理涉及社会组织的重大社会问题，定期分析研究社会组织带倾向性的问题，制定预案，及早把问题处置于萌芽之中，防止事态扩大。

（七）探索登记管理新体制

整合管理资源，设置社会组织统一登记机构，统一管理各类社会组织。具体做法是，将现行对社会组织和事业单位、鉴证类中介组织等组织进行管理的政府各部门职能予以调整、整合，成立新的统一的登记管理机构，即社会组织管理部门，统一登记、管理、监督社会组织、事业单位、中介组织等社会组织。在管理和监督实践中，仍然坚持双重管理体制，强化登记机关的权威性，支持登记机关依法登记，分级管理，按层次管理，依法管理。明确业务主管单位的职责，业务主管单位普遍建立管理制度和责任制，责任到人，领导负责，发现重大问题及时处理。

五、政策措施及工作建议

（一）建立政府与社会组织的对话渠道

在省级层面上建立稳定的对话和联络渠道，由政府部门定期向社会组织通报政治、经济、科学、文化等方面的工作、政策，让社会组织及时知晓云南省重大事项，争取社会组织的支持和理解，让社会组织的工作与政府思路合拍，减少政治上的震动和经济上的波动。这项工作可由政策研究部门与民政部门共同研究实施，定期、不定期组织政府部门与社会组织对话，就政府、社会各界关心的涉及云南省重大决策、经济发展、环境保护、国计民生等热点、难点、重点事项开展讨论，研究解决的办法，集思广益，达成共识。

（二）制定云南省促进社会组织培育发展条例

出台云南省地方性法规，以省人大名义颁布执行，从法律层面上明确社会组织是云南省重要的社会组织，是构建和谐社会的重要生力军，各级政府都要给予扶持，建立健全培育发展的机制，营造社会组织培育发展的环境。让社会组织得到明确的法律保护，给社会组织发展提供优惠政策，构建宽松、和谐、有利的社会氛围。

（三）推行购买服务制度

全面实行政府向社会组织购买服务的制度。由省政府规定，凡是政府出资的公益、服务项目均实行购买服务，把公益事务推向市场，公开挂牌招标，由社会各类组织包括社会组织承揽项目。政府审查承揽者的资格，监督项目进程，项目完成时进行审计，检查验收，按质支付款项，评价效绩。社会组织与政府进行长期的项目合作，建立良好的关系，相互支持，相互依赖。

（四）支持民办社会服务组织快速发展

按十六届六中全会提出的要求，大力发展民办非企业单位，提供优惠政策让社会力量、社会资金进入教育、科技、文化、卫生、体育、社会福利、生态环境、社区服务等社会领域，实行非禁准入。鼓励在社会事业和服务业大量设立民办非企业单位，与公办事业单位一道，共同为社会大众提供服务，并展开有益的、合理的竞争。可尝试把一部分服务型的事业单位改制为民办机构，给予特殊政策，让其在市场竞争中焕发活力。提倡服务方式多样化，公办的、民办的在一个平台上共同竞争，让社会和民众对服务进行自由选择。对民办非企业单位与公办事业单位一视同仁，实行平等政策待遇，给民办非企业单位在立项、信贷、土地使用、财政支持、职称、收费等方面，享受与公办单位同等待遇。

（五）重点建设登记管理机关

在省民政厅内设立副厅级的云南省社会组织管理局，增加编制，充实管理人员。全面落实《中共云南省委办公厅、云南省人民政府办公厅关于切实加强我省民间组织管理工作的通知》（云办发［1999］48 号文件）精神，适当时候，由省组织督查组，对州市登记管理机构建设情况进行督查。要求州市有社会组织 500 个以上的，需在民政部门配专职工作人员 4—6 名；有 50 个以上社会组织的县级民政部门须建立专门机构，配 2—4 名专职工作人员，其余县区在民政部门内确定 1 人专抓此事。

（六）把境外非政府组织有效管起来

以我为主，主动管理，不让境外非政府组织的活动失控，防止对云南省安全和稳定构成隐患。具体办法是，在国家未出台有关管理法规之前，先制定云南省的管理规章，实行登记在省，即确定省级民政部门为登记部门，对境外组织进行变通登记，让其合法化；指定省级有关业务部门为行业主管单位，具体对境外非政府组织开展业务给予行业指导和监督。有关部门依此给予办理居留、银行开户、工作许可、开展活动的证照，切实把境外非政府组织管理起来。

（七）尽快建立社会组织数据库

目前中央和省政府都要求建立社会组织数据库，把社会组织，尤其是境外非政府组织的情况掌握起来，收集信息，了解各方面情况，以便领导机关决策。云南省有关部门做了不少工作，目前应加快步伐，及时在省级建立社会组织数据库，采集信息，为每个境外或省内社会组织建立电子档案，全面收集整理情况，分析动态，及时为党政领导提供准确信息。按省政府的要求，省民政厅已做了前期准备工作，完成了可行性报告，现需要省发改委、省信息产业办组织专家进行论证，以便省政府尽快下达专款建立云南省社会组织信息库。此项目建成后可初步满足全省社会组织（含境外非政府组织）信息的保管、分析、使用、传递，相关单位均可共享，为管理和监督社会组织提供技术服务。

关于陕西省农村专业经济协会的调查与思考

陕西省民政厅

一、陕西省农村专业经济协会产生的历史根源

农村专业经济协会的悄然兴起，显示出强劲的生命力和创造力，既有外部因素的催生，又有内部活力的推动，是农村经济社会发展的必然产物。

一是农业组织化、产业化结构调整的迫切要求。

由于我国农业是以“小规模、分散化”农户经营为基础，以家庭联产承包经营为单元的组织形式，导致了农民在农业生产中既缺乏社会化服务体系支持，又缺乏自我组织的保护意识，使农业产品结构不尽合理，农户间缺乏合理分工，农民在生产经营的各个环节中陷于被动。重要表现在，农民因缺乏科学指导与信息交流，缺乏市场风险意识，他们在农作物的种植面积、市场价格、供求等方面，容易对一些农产品一哄而起，造成产过于求、供过于求，造成产品价格暴跌、出卖难、丰产不丰收的现象。前两年，从陕西省白鹿塬上的“拯救西瓜”到阎良郊区的“芹菜事件”，“瓜贱伤农、菜贱伤农”的教训极为深刻，给农民带来了重大经济损失。呼唤农业中介组织，引领农民创市场，已经成为广大农民群众的强烈愿望。

二是农业科技成果转化的迫切要求。

目前，我国的农业科技推广组织按行政区域分中央、省、市、县、乡

5 级设置，但越是基层的、直接与农民打交道的县级农业技术推广中心或乡镇农技推广站，无论是从人员数量还是工作条件，呈现出明显的“倒三角”结构，现有农技推广队伍很难满足实际所需；二是农户对推广服务的要求已从传统的粮棉种植、畜牧养殖等技术，延伸至对农产品的产前、产中基础设施建设和产后服务体系需求等综合服务领域，而与本地密切相关的新产品技术或市场资讯，现有的农技推广部门却难以提供。因此，作为农户、科技推广与市场连接的纽带和桥梁，农村专业经济协会是农业科技成果转化生产力的迫切要求。

三是维护农民利益、壮大集体经济与村民自治的迫切要求。

改革开放以来，我国的政治建设和政治发展的明显特征是强化了以村民自治为内容的基层民主和基层政权建设。村委会是村民自治的组织形式，经济利益是农民参与村民自治的基础和动力，农民是否积极参与村民自治，主要是村民自治组织即村委会能否为村民提供良好的社会管理服务。从实践中看，在集体经济实力较差的地方，因缺乏凝聚群众的物质基础，村委会难以为农民提供良好的社会管理服务，村民参与自治的积极性不高，村民自治运作效果不理想。相反，在一些集体经济实力较强的村，各类专业经济协会活跃，公共服务设施健全，集体经济力量为村民自治的正常运作提供了重要的物质支撑；反过来讲，集体经济愈发达的村，愈需要通过村民自治，扩大农民群众的政治参与，村民自治组织才能享有较高威信。因此，村集体经济已成为制约村民自治运作和发展的物质基础，农村专业经济协会也成为壮大集体经济和保障农民利益必不可少的抓手。

可见，农村专业经济协会的应运而生，正是农民群众在生产经营实践过程中，为解决上述问题而摸索和探索出的新兴组织形式，已成为健全陕西省农村市场和农业服务体系，发展现代农业，繁荣农村经济的重要组织力量。

二、陕西省农村专业经济协会的发展现状

陕西省早在 1995 年就被国务院确定为农民专业合作组织建设试点省，开展了农村专业经济协会（原称农民专业协会）的试点工作。2003 年，陕西省启动登记工作。通过放宽政策、培育扶持，明确职责、整合资源，深入指导、规范管理等措施，目前，全省各类农村专业合作组织发展到 9800 余家，成员达 150 多万人，创办经济实体 1200 多个，拥有固定资产 6 亿多元；其中，在各县级民政部门登记的农村专业经济协会 2093 个，备案登记 632 个，合计 2725 个。全省农村专业经济协会发展已初见成效，表现在以

下五个方面：

1. 优化了农业产业结构，促进农村经济发展

协会把农户组织起来进入市场，将协会的技术和经验推广到群众中形成经营规模，通过技术培训和信息服务，有效解决了农民在结构调整中遇到的信息难寻、门路难找、技术难懂、产品难销的问题，推动了农业向集约化、产业化方向发展。近年来，城固县在各类农村专业经济协会带动下，已形成“果、菜、猪、药、茶、桑”等六大骨干特色产业基地。2007年全县果品面积达20万亩，产值突破5亿元，尤其是柑橘产业发展迅猛、效益显著，已成为城固县经济发展最具活力的农业特色产业和农民增收的重要途径。

2. 推广了农业先进技术，促进农业科技成果转化应用

协会通常上联科研院所、下联市场、基地和农户，形成了农业科普新机制，并及时将科研成果就地实验、示范推广，加快了科研成果转化和推广应用的步伐。经统计，杨凌区依托农业示范区和农业科技院校的优势，在各类农村专业经济协会的带动下，大力发展科技农业、高效农业，使农民人均收入从2003年的2843元，以每年11%的速度递增，2006年达到3815元。

3. 提高了农民组织化程度，促进农业产业化经营

协会以凝聚行业群体力量，共同参与市场竞争为已任，把农民组织起来，使原来一家一户、一村一组的经营，发展为全乡全县的规模经营，大大提高农民组织化程度，增强了农民在市场中的“谈判”地位和抵御风险的能力。例如洛川县南杨舒果农协会为推动全村产业化经营步伐，与多家销售公司建立产销网络，采取“订单农业”的方式，直接让利给会员，确保会员增收、产业增效，同时达到了公司、协会、农户三赢的目的（典型的销售服务型农村专业经济协会）。

4. 扩大了农民就业领域，为政府转变职能创出新路子

协会客观上已经承担了政府想办办不好、想管管不了的一些事务。它的发展不仅扩大了种养殖业、加工业、运输业、市场营销业，而且推动了邮电通信、饮食服务等行业发展，增加了就业机会，促进了农村剩余劳动力转移。近年来，宝鸡、汉中、铜川、咸阳等多个县市成立的百余家农民用水协会，不但解决了一直困扰农村浇地用水的管理问题，大大减轻了乡镇政府的工作量，增加了农民就业机会。据统计，自农民用水者协会成立后，陕西省农民用水负担户均减少200余元。

5. 发挥优势作用，推进村民自治和农村民主管理

协会建立在农民自愿的基础上，对协会的组织管理是以经济和法律手段为主，实行自愿组合、民主管理、民主决策，协会成员真正当家作主。广大

农民在参与协会活动过程中，能逐渐体会到合法守序、诚信经营的重要性，农民依法维权的意识也会加强。同时，协会深入农民群众，联系当地实际，宣传党的方针政策，尊重农民意愿，集中农民意见，并提出解决问题的思路和建议供群众选择，在为群众所接受的基础上及时采用，这不仅可以促进农村经济发展，更加有助于推进村民自治建设和农村民主管理进程。

三、陕西省农村专业经济协会发展存在的问题与思考

陕西省农村专业经济协会尚处在起步发展阶段，普遍存在诸如有关方面重视不够，各地发展不平衡，协会规模偏小，资金短缺、人才匮乏，宣传力度还需进一步加强等问题，都需要研究解决。除此之外，我们想就调研中还存在的几个不可忽视的问题，提出一点意见和建议：

陕西省农村专业经济协会虽然有了一定的发展，但依然存在有关政府部门重视不够，发展不平衡，规模偏小，资金短缺、人才匮乏等问题，需要研究解决。

一是要正确认识农村专业经济协会和农民专业合作社的关系问题。

农村专业经济协会和农民专业合作社两者都是在市场经济体制下，在农村家庭承包经营基础上，对统分结合、双层经营的农业经营体制的进一步丰富和完善。它们以“民办、民管、民受益”为基本原则，充分保障会（成）员的合法权益，都是推进农业产业化经营、建设现代农业的重要载体，都是促进农业经济发展，建设社会主义新农村的重要组织力量。

但两者之间还有一定的区别：

农村专业经济协会是同类农产品生产经营的农户为农业生产、销售和技术推广提供服务，自愿组建的实行自我管理、民主决策、互助合作的公益性、非经营性民间社团组织，属于民政部门注册登记的范畴。随着市场经济发展的要求，部分农村专业经济协会将出现三个方向的转化：一是向私营企业转化；二是向合作社转化；三是向行业协会转化。

农民专业合作社是在农村家庭承包经营基础上，同类农产品的生产经营者或者同类农业生产经营服务的提供者、利用者，自愿联合、民主管理的互助性经济组织。明确为企业性质。属于工商部门注册登记的范畴。农民专业合作社也会发生三方面的转化：一是转化为真正意义上的农民专业合作社。（2007 年 7 月 1 日施行的《中华人民共和国农民专业合作社法》规范了合作社的相关内容。截至10 月底，在陕西省县区级工商部门依法登记的农民专业合作社 720 家。）二是转化为农村专业经济协会。三是转化为股份制企业。

农村专业经济协会以服务会员为宗旨，维护市场秩序和会员合法权益；农民专业合作社以为社员获取最大利润为目的，进行市场化经营。合作社可以会员身份加入协会，协会反过来要为合作社提供生产经营服务。真正的农村专业经济协会应是位于合作社之上，始终为其提供指导服务并规范其行为的高级组织形式。工作中，充分认识两者关系，处理好二者间的转化，有着重要的积极作用。

二是坚持民办原则，减少行政干预。

农村专业经济协会是农民群众的组织，主体是农民，政府相关部门不能以行政手段去强行推动，更不能介入农村专业经济协会内部运行，应坚持“引导不领导，扶持不干预”的基本原则。在工作引导上，应坚持多样性，防止一刀切，先让农民自由发展，在发展中逐步规范。无论是组建农村专业经济协会，还是农民专业合作社，或是对已存在的协会向合作社转化，我们都要根据实际情况，妥善处理两者间的关系，充分尊重农民意愿，尊重农民选择。

近两年来，安康市把培育发展农村专业经济协会当作民政工作服务农村经济发展和新农村建设的着力点和切入点，不断探索，改革创新，效益显著。

三是制定扶持政策，完善法律制度。

2007 年 6 月 1 日全国首个农村专业经济协会的立法——《湖南省农村专业经济协会促进办法》出台，从制度层面对农村专业经济协会予以扶持和规范。陕西省也应尽快制定出台相关地方法规，尤其是在资金、项目、税收等方面，应给以农村专业经济协会切实可行的扶持政策。

在合作社法已实施的情况下，国家也应加快出台“农村专业经济协会法”或补充修订《社会团体登记管理条例》，除要明确协会的法律地位、财政资金补助、税收优惠、适度规范组织和行为等方面的条款以外，还应对农村专业经济协会不以营利为目的的经营活动以及协会举办经济实体作出灵活而不失原则的规定。特别对农民专业经济协会的登记管理应降低门槛，简化程序，必要时实施备案登记制等具体措施。

四是整合各方资源，全力推进农村专业经济协会发展。

目前陕西省农村专业经济协会的发展还存在着较大的随意性和单纯性，导致了农、林、畜牧、水利、粮食、供销等多部门、多行业参与协会管理的局面。因部门间各自为政，彼此缺乏信息交流与活动协调，跨部门、跨行业的农村专业经济协会其组织资源难于整合，整体效应难以发挥。我们认为，任何一个部门单靠自身力量是不能适应和满足当前农村经济发展和农民需求的。现实中存在多种形式的农民专业合作组织也是必然，所以各部门都应站在解决“三农”问题上，站在促进经济社会全面发展，建设社会主义新农村的高度和大局上，把农民的利益放在首位，摒弃部门局部利益，特别是作为农村专业经济协会登记监管的民政部门，应率先加强民政内部人力、物力、财力的合理调配和有机整合，加强与业务主管单位和相关职能部门的密切配合与协作，切实为农民办实事、办大事，推进陕西省农村专业经济协会健康、有序发展。

五是加强与村党支部、村委会的配合协作，培育农民需要的各类农村专业经济协会。

党的十七大明确提出：“加强基层政权建设，完善政务公开、村务公开等制度，实现政府行政管理与基层群众自治有效衔接和良性互动。发挥社会组织在扩大群众参与、反映群众诉求方面的积极作用，增强社会自治功能。”作为农村社会组织的主要形式之一，农村专业经济协会在基层民主政治发展过程中，具有不可替代的重要作用。村民委员会组织法规定，中国共产党在农村的基层组织发挥领导核心作用。村委会是村民自我管理、自我教育、自我服务的基层群众性自治组织。农村专业经济协会是农民自愿组成的，为农业生产经营提供服务的非营利性社会组织。村党支部、村委会、村专业经济协会鼎立了农村政治领导、公共服务和社会管理、经济发展的基础。农村基层政权正如一驾三套马车，村党支部、村委会、村专业经济协会三马齐奔，同心协力，各司其职，相得益彰，必将会在促进农村经济社会进步中发挥强大的作用。

实践证明，农村专业经济协会目前已成为健全陕西省农村市场和农业服务体系，发展现代农业、繁荣农村经济的重要组织形式，已成为建设社会主义新农村的重要力量。

我们认为，各级民政部门在抓基层政权建设的同时，应该把农村专业经济协会作为一项重要内容，把基层民主建设与社会组织管理工作结合起来，充分发挥农村专业经济协会在扩大群众参与、反映群众诉求、提供群众服务等方面的积极作用。同时还要鼓励培育农村专业经济协会向五个方面发展：一是健全产业化体系，提升产业增长效益，培育龙头带动型的农村专业经济协会；二是构建流通载体，实现小生产与大市场有效对接，培育销售服务型的农村专业经济协会；三是促进科技推广，发展优势高效农业产业，培育科技服务型的农村专业经济协会；四是推进劳务有序输出，提高劳务输出效益，培育劳务输出型的农村专业经济协会；五是强化后续管理教育，实现基础设施循环利用，培育农村社区管理型的农村专业经济协会。

论社区社会组织的培育与管理

姚俊杰

社会组织管理与社区建设都是改革开放后国家赋予民政部门的新任务，同属社会事务管理工作的重要内容。为使社区建设和社会组织管理实现有机的结合并相互促进，现结合工作实践和对甘肃省天水市部分社区社会组织的调研，对社会组织管理工作谈一点粗浅的看法。

一、社会组织在社区建设中的地位和作用

社会组织在组织形态上有社会团体、民办非企业单位和基金会三种形式，从属性上看有非国家机关的单位和公民个人利用非国有资产举办，不以营利为主要目的等特点。社区建设是围绕着提高社区居民生活质量、促进社区民主而开展的活动，这些活动大致可分为社区服务和社区管理两方面。无论是社区服务还是社区管理，都离不开社会组织。对于前者而言，社会组织是生力军；对于后者而言，社会组织是重要载体。

社会组织是社区服务的生力军。国家和省有关文件对社区建设的内容作出了规定：社区建设的第一项内容是社区组织（共有三类），其中第三类组织就是社区中介机构（都是非政府组织，其中社会团体和民办非企业单位占了很大比重）。社区建设的第二项内容是社区服务，包括面向社区生活困难群体的社会福利性服务，面向社区一般居民的便民、利民服务，面向属地单位的社会化服务和面向社区的失业人员的再就业服务等。承担和组织上述服务的机构一般都具备社会非营利性组织（社团和民办非企业单位）的特征。社区建设的第三项内容是社区卫生，即社区居民的疾病防治，医疗、康复、保健、心理咨询和计划生育等。第四项内容是社区文化，即各种群众性的文化、教育、科普等活动。以上活动仅靠行政手段是难以完成的，必须借助于相关社会组织的力量才能广泛深入地开展起来并坚持下去。

社会组织是推进基层民主政治建设和维护社区稳定的主要依靠力量。社区建设的目标除了要在社区服务、社区卫生、社区文化等方面做足文章，不断提高社区居民质量以外，还要在推进基层民主政治建设和维护社

区社会稳定、加强社区精神文明建设等方面取得长足进步。这一目标的实现同样需要依靠社会组织的力量，尤其需要社会组织中科普和公益类社团发挥作用。只有当社区居民自觉地组织起来，满腔热忱地参与有关社区管理，才有望实现“四个民主”，实现居民的自我管理、自我教育、自我服务、自我监督，从而不断推进基层民主政治建设。

社会组织在社区建设中是挑大梁的中坚力量。从国家对社区建设的总体构想看，社区建设是由三大行为主体：政府（及派出机构）、社区组织（自治组织和其他社会组织，主要是社会组织）和社区成员共同完成的；而社区成员一旦投身到社区建设中去，就会加入社区中某一社会组织。由此可见，社区社会组织在社区建设中唱的是“重头戏”。就社区建设的实质意义来讲，由社区居民组成或面向社区居民服务的社会组织应当是社区建设的主力军，因为如果没有它们的参与，就无法实现既定目标。再从社区居委会的工作方法来看，新时期政府和社会赋予居委会的任务非常繁重，社区居委会的管理范围也比过去大了。因此，过去那种传统的“走东家串西家”式的工作方法已无法沿用了，居委会工作人员不可能为搞一项活动而叩开1000～3500户居民的家门。怎么办？只有依靠若干个志愿者组织或类似的社会服务组织来充当桥梁和纽带。从这个意义上说，社区社会组织的建设与管理是社区建设工作的一个重要基础，这一点应引起社区建设的主要推动者——各级政府的足够重视。

二、社会组织进社区，对各级管理机关提出了新课题

现阶段我国社会组织还很不发达，特别是在县级以下的区域，基本上是社区组织的“盲区”。这主要是现行政策规定“社团的级别应与其活动范围相称，成立社团必须有县级以上政府授权的机构担当其业务主管单位”，这种社团登记管理格局已经严重滞后于社会的需要。当城市社区建设发展到一定阶段时，社区居民从不同的层面表达了要求在县以下区域，尤其是社区居委会范围内成立社会组织的愿望。一些市县级社团如计划生育协会、志愿者协会等组织强烈要求以社区居委会为单位设立社团或社团分支机构，以利于将相关活动延伸到基层。

“社会组织进社区”已不是呼声，而是客观需要。为此，我们在大力推进社区建设进程中，按照“要适时发展与经济建设和人民群众生活密切相关的社会组织，使公益性、福利性社会组织在城乡社会化服务体系中发挥更大作用”的要求，目前应解决“社会组织进社区”的业务主管单位“缺位”问题。其解决的办法是：活动地域限于乡、镇人民政府、街道办

事处可行使业务主管单位职责，并协助登记管理机关进行监督管理。至于会员数量、活动经费数额标准等，应当“一切从实际出发”降低门槛为社区中的社会组织制定专门的设立条件。

三、充分利用“社区”这块阵地，把社会组织的培育发展和监督管理工作落实基层

加大对社区社会组织的培育发展力度。首先要正确认识其特点，社区社会组织的资产性质比较复杂。很多设施、设备是有关部门或单位无偿提供给社区使用的，产权并不属于社区居委会，也不属于社区社会组织本身，这种情形应当认定为使用权捐赠。社区社会组织获得的这种场地、设施的“使用权捐赠”，认定为一定期限内社会组织获得约束使用权。其次是要充分利用、贯彻落实国家关于扶持社区服务业发展的优惠政策，为社区社会组织创造一个良好的外部发展环境。民政部门作为社会组织的登记管理机关，应积极向各级政府提出支持发展社区社会组织的意见和建议，协调有关部门落实国家已出台的有关优惠政策。第三，要牢牢把握社区社会组织发展的正确方向。社区社会组织必须以服务为宗旨，不能以营利为目的。只有这样，社区社会组织才会有长足的发展，并切实为社区建设添砖加瓦，贡献力量，社区服务才能够得民心、顺民意。第四，社会组织要明确自己所承担的法律责任。要做到积极培育发展社区社会组织，要使社区成员、社区管理机构和社区建设指导部门正确理解社区社会组织登记。第五，充分发挥社区管理机构在监督管理社会组织管理方面的作用。明确给街道民政（办）赋予“监督、管理、服务社会组织（社团和民办非企业单位）”的新职能，这样就为社区居委会行使相关职能提供了政策依据。实践证明，街道办事处和社区居委会是登记管理机关监督管理社会组织好帮手。社区居委会应对辖区内以社会组织名义开展的活动进行监督检查，发现属于非法组织或违法活动的，应将有关线索及时上报街道办事处和区（县）社会组织登记管理机关，配合有关部门及时查处。只有这样，社会组织登记管理机关才能切实按照“属地查处”的原则，把党中央、国务院提出的“进一步加强社会组织管理”的指示落实到基层，把社会组织违法违规活动消灭在萌芽状态。

促进民间组织在加强和完善社会管理中发挥积极作用

闫　鹏

一、新疆维吾尔自治区民间组织发展的基本情况

目前新疆在各级民政部门登记的民间组织有 5350 个。分别为：社团 3503 个，民办非企业单位 1832 个，基金会 15 个；其中：在自治区民政厅登记的全区性社团 527 个，基金会 15 个；地县级民政部门登记的社团 2976 个；纳入县级民政部门备案的社团组织 471 个。

另：

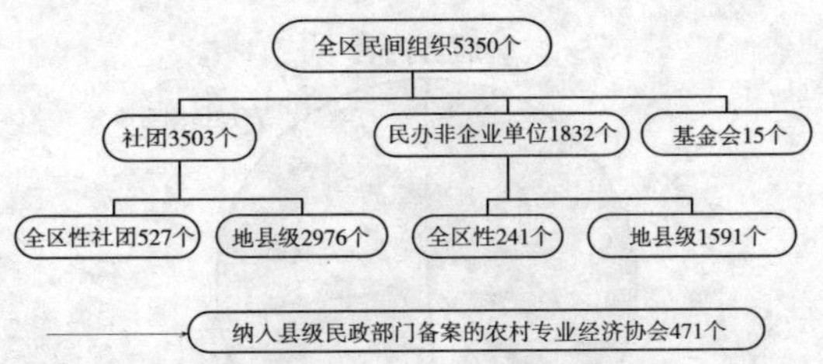

社团分类情况是，行业性社团 1243 个，专业性社团社团 1244 个，学术性社团 667 个，联合性社团 269 个。

据统计，目前全区共有各种类型的农民专业经济组织 1123 个，会员人数达 41. 07 万人。

全疆各灌区已成立农民用水户协会 1487 个，管理灌溉面积 1039 万亩，人口 220 万人，

农民专业经济组织登记管理实行：

五个放宽，就是放宽对协会注册资金、会员数量、办公场所、专职工作人员、运作方式的要求。县级农村专业经济协会的注册资金一般不低于 3000 元，乡（镇）级以下一般不低于 2000 元。有固定的办公场所、有兼职工作人员，有一定数量的会员，特别是对当地经济发展和农民致富有利，民政部门就予以登记，对一时还不够上述条件的，可以由县级民政部门批准备案。

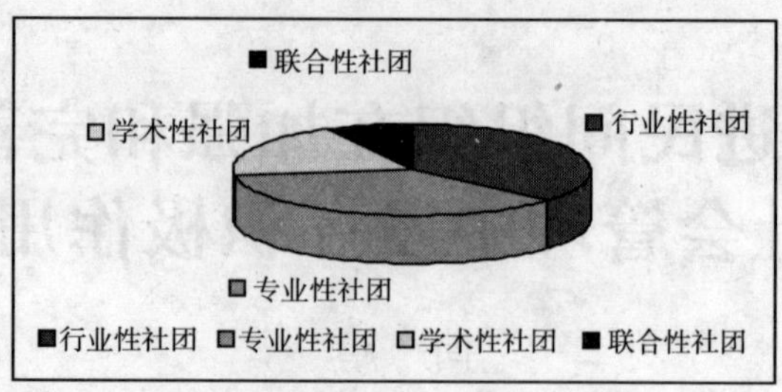
联合性社团
行业性社团
学术性社团
专业性社团
行业性社团 专业性社团 学术性社团 联合性社团

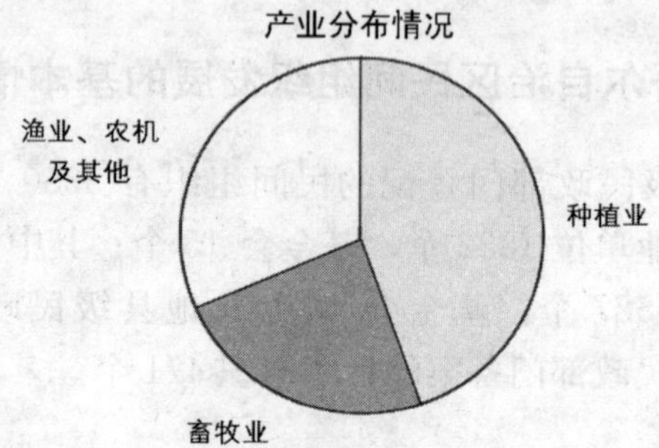
产业分布情况
渔业、农机
及其他
种植业
畜牧业

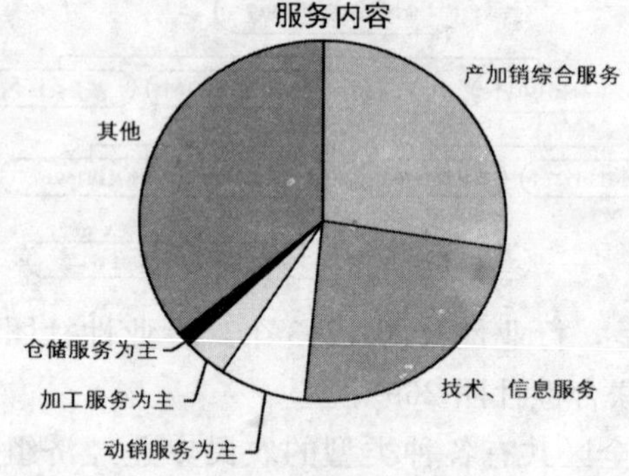
服务内容
产加销综合服务
其他
仓储服务为主
加工服务为主
动销服务为主
技术、信息服务

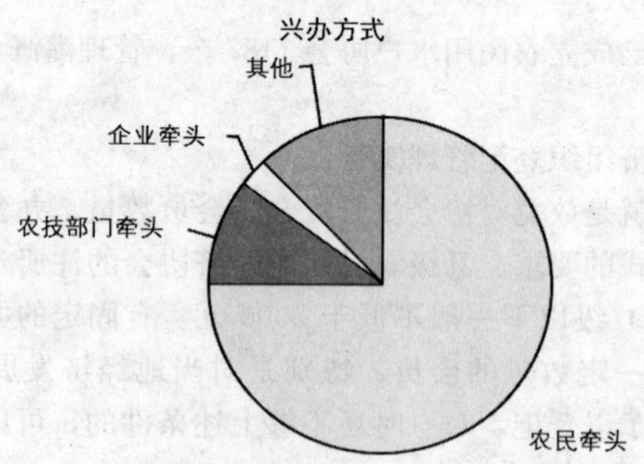
兴办方式
其他
企业牵头
农技部门牵头
农民牵头

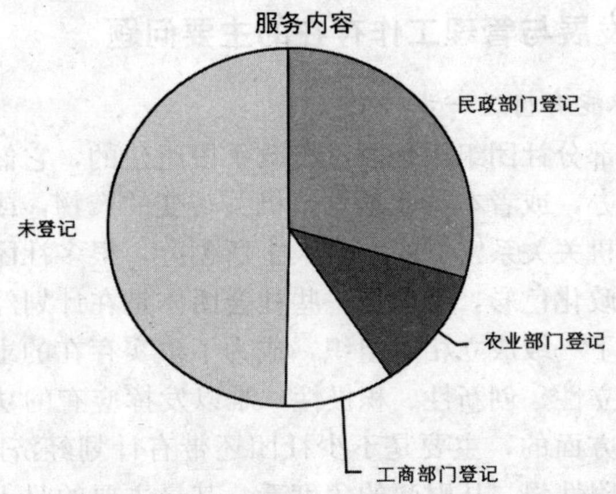

四个允许，允许县以下农村专业经济协会设立区域性分支机构，允许跨区域发展会员，允许按单一品种设置协会，对达不到登记条件的允许备案登记。

三个减少，就是减少批准筹备环节，减少公告环节（成立乡镇以下的协会，可免于公告），减免登记收费。

一个鼓励，鼓励农村专业经济协会在核准的业务范围内积极开展活动或服务。

公益慈善类社团组织发展较慢，目前注册登记的基金会15个，资金约3000万元，只有1个非公募基金会，尚有3个基金会未按规定换新的《基金会登记证书》；全区公益慈善类社团，基本上都是各级红十字会和由民政部门主管的慈善总会。

新疆社团主要集中在政治、经济、文化中心地区，越往基层相对减少，如自治区级社团527个，占全区社团的15%，每年基本上以20个数量在增加。乌鲁木齐市级登记社团133家，哈密市登记17家。

新疆民间组织总体上仍处于初级发展阶段，民间组织自身功能、机制、组织等方面发展很不平衡，以全区性社团评价，527个社团，组织机构健全、规范活动、社会或行业反响好的约达35%，作用发挥一般的约达50%，存在组织不健全，活动不正常，有牌子无队伍等问题的约占10%。每年各级民政部门都对一些民间组织作出组织处理，仅2006年，自治区民政厅就对17个全区性社团予以撤销登记，对8个社团作出责令改正的处理。

二、社团发展与管理工作存在的主要问题

（一）政府职能有待进一步转变

新疆相当一部分社团组织是通过行政手段组建的，它们或者由各级党政机关所直接创办，或者本身就是党政机关转变的产物，或者由原党政部门领导及与党政机关关系密切的知名人士所创办，很多社团的组织建设和开展活动带有行政化色彩，特别是一些社会团体是在计划经济的背景下建立的，上级要求下一级成立相应组织，成为了事实存在的隶属关系，民间性淡化，缺乏独立性、创新性、积极性，难以发挥应有的功能。造成这一问题的原因是多方面的，主要是不少社团还带有计划经济时代的旧痕迹，自身能力差，依附性强。从财政的角度看，其最主要的收入来源是政府提供的财政拨款和补贴，或借助于行政部门的职权，开展活动收费。从人事的角度看，其负责人在担任该组织领导人之前都曾在国家行政部门或事业单位任过职，大多数就是党政现职领导兼职。这类社团从组织、职能、活动方式、管理体制等各个方面看，都依赖于政府，甚至是作为政府的附属机构在发挥作用。

（二）有关法规政策不配套、严重滞后于社团发展的要求

如修改的《社会团体登记管理条例》至今未能出台，现行的法规无法调整社会经济发展，对社团管理工作的要求。如“异地商会”的登记管理问题，外国非政府组织在我区设立机构的登记和加强管理问题，自治区党委对行业协会和政府部门脱钩与大力发展行业协会问题，对社团实施分类管理问题等等。

（三）双重负责管理体制没有得到很好落实

双重管理的体制在实施上存在一些问题，根据现行有关民间组织的法规要求，凡组建社团或设立民办非企业单位，都必须有相关业务主管单位的审查同意，到实际当中是“找婆婆”难。有的申办民非单位的创意很好，但因找不到业务主管单位而没有办法办理登记。

（四）发展农民专业经济协会中存在的主要问题

一是多数协会的服务能力弱小。相当一部分农村专业经济协会组织规模不大、结构松散，功能不强、没有扶持经费来源，科技含量低，辐射带动能力不强；有的协会是按上级部门要求成立的，有牌子无活动。二是受市场需求制约，不稳定。

（五）管理机构不全，力量薄弱，手段落后

新疆目前15个地州（市）民政局，设独立登记管理机构的8个，其中

4 个是作为民政局的事业单位。按财政管理体制，民间组织管理工作经费应由本级财政列入预算管理，但新疆地县财政大都没核拨专项业务经费。

（六）查处工作难开展

突出表现在：非法民办非企业单位滋生较快，已登记的民办非企业单位的违法行为严重。仅乌鲁木齐市，截至 2005 年年底就查出非法幼儿园、民办学校 261 家，取缔 80 家，限期整改 56 家，停办 49 家，尚未处理 76 家。民政部门自身无力进行日常的监督和查处工作，都是借助公安、行政执法等部门力量联合执法。

（七）政策研究和宣传工作薄弱

一些地方民政部门对民间组织组织发展和管理工作宣传不到位，缺少主动性，对新形势发展所面临的分类管理，民间组织进社区，促进公益慈善类组织发展等直接关系和谐社会建设问题没有研究和探索 。

三、民间组织发展的趋势分析

根据近几年新疆维吾尔自治区的民间组织发展状况分析：

随着经济的快速增长，新疆维吾尔自治区民间组织呈现多元化发展趋势，据统计 2002 年以来的 5 年时间，全区经民政部门登记的社团组织 1037 个。按发展趋势分析，社团无论是从数量、还是质量都是发展的机遇期，重点是以下几类组织的发展：

行业协会将得到新的发展。近几年，新登记的一部分行业协会，专业协会从组织机构、逐渐摆脱了行政化倾向，向民间化方向发展。和市场连接紧密的行业协会（商会、同业公会）等将会是分类变化较大，数量增加较快的一类社会组织，行业协会这类社团可以代表行业的利益，行业协会最希望得到政府的支持。

农村专业经济协会仍将稳步发展。农民用水户协会将大量增加，公益慈善类和基层民间组织将会逐步增加。

四、做好民间组织发展和管理工作的意见

（一）加强学习研究，理清思路

进一步调整工作思路，把思想和认识统一到中央和自治区党委要求上来，增强做好民间组织管理工作的使命感和紧迫感。民间组织管理工作涉及面广，执行政策的要求高，开展业务工作要深入到各级主管部门中，深入到民间组织和民间组织专职人员中，了解情况，听取意见；应不断研究

民间组织发展的新形势、新情况、新问题，把握新的历史阶段民间组织工作的特征和发展规律，理清本地民间组织发展和管理工作的思路、目标和任务，制定相应的工作措施，把国家法规和中央以及自治区党委政府的要求贯彻好，执行好。

（二）坚持分类指导，促进有序发展

要适应公共服务需求的变化，突出重点，着力培育新型民间组织。按市场化原则改革和发展行业协会。发挥行业协会在经济领域实行行业服务、指导协调和自律管理等作用，为经济社会发展服务。鼓励社区民间组织发展。制定社区基层民间组织备案办法。适当放宽对社区民间组织的准入条件，加大公益慈善类民间组织扶持力度。激活公民及社会组织参与社会建设和管理的动力和责任感。

（三）注重制度建设，完善法规政策体系

要做好《新疆维吾尔自治区行业协会管理办法》的修改工作；还将制定《社团组织评比达标表彰活动管理办法》、《基层社会团体备案办法》，抓紧研究建立和完善社团年度报告制度、评估制度、备案制度。对发展迅速、亟待规范的行业协会、商会、农村专业经济协会、社区民间组织等实施分类管理，使之健康发展。

建立健全财政支持制度，落实税收减免政策。在调整优化公共财政支出结构、提高公共服务支出比重的同时，通过政府委托管理、奖励资助、购买服务等方式，建立对民间组织的资助机制，今后还应继续协调相关部门，逐步健全民间组织的财务制度、票据管理、人事管理、社会保险、职业资格评定等政策的贯彻。

（四）积极培育农村专业经济协会

坚持登记和备案相结合，制定和落实扶持政策，使农村专业经济协会有能力进行资金、技术、劳动力等生产要素的优化配置，发挥它们在提高农民的组织化程度、维护和协调农民利益、加快新农村建设、促进城乡和谐发展中的积极作用。

（五）做好监督管理和依法行政工作

继续坚持培育发展与管理监督并重的方针，立足国情、区情、理性研究和把握社团发展形势和管理规律，积极稳妥地推进社团与经济社会事业的同步发展；要进一步健全和完善社团的法规政策体系，不断提高管理工作的法制化、程序化和规范化水平；要切实规范社团组织行为，努力营造社团组织良性发展氛围，加快形成管理规范、布局合理、结构优化、功能到位、作用明显的社团组织发展格局。

改进和完善管理体制，建立民间组织综合监管体制，登记管理机关、业务主管部门及有关职能部门应密切配合，形成各司其责，齐抓共管的工作格局。建立健全民间组织有进有退的常态机制，对民间组织的违法活动和非法组织，该处罚的要予以处罚，使监督管理工作有法可依。

建立民间组织的综合评估体系，定期跟踪考评，建立评级奖惩机制，对诚信守法、自律严格、作用突出、社会公允的民间组织，给予评级和奖励。要加强信息披露工作，凡规定社团和基金会应当披露的信息，都应真实、及时、完整地披露，以接受社会的监督，提高公信力。

·第五编·

社会组织风采

天津市自行车行业协会

天津市自行车行业协会成立于1995年，现有登记会员436个，主要由自行车、电动车及零部件生产企业、科研院所、经销商、专业杂志等单位组成。该协会自成立以来在促进天津自行车产业发展、科技创新等方面开展了大量的工作，为天津市的经济建设和发展发挥了重要的推动作用。协会参与制定的“十一五”天津自行车产业和电动自行车产业发展规划，使行业总体运行保持了持续健康的良好态势，产业整体技术实力、产品质量和创新能力都有显著提高。连续举办的8届“中国北方国际自行车展览会”，吸引了国内外500多家企业参展，彰显出天津自行车产业及展会窗口的巨大影响力，推动天津自行车产业转变发展方式，加速由“制造第一”向“创造第一”的目标进军，使自行车产业成为天津的特色产业。在科技创新方面，协会积极推进镁合金应用和镁合金自行车产业化开发及锂电池的应用，制定了镁合金自行车产业发展规划，取得了镁合金自行车和电动车整车产品开发的突破。协会配合天津市政府、武清区政府打造“中华自行车王国”，认真策划、制订规划和实施方案，促使天津尽快发展成为世界级自行车产业基地。天津市自行车行业协会2004年12月被国家民政部授予“全国先进民间组织”称号，2003—2007年连续5年被天津市人民政府、市发改委、市社团局授予“天津市优秀社会团体”、“天津市示范行业协会”等荣誉称号，协会理事长龚孝燕女士被中国女企业家协会授予“中国百名杰出女企业家”称号。

天津浙江商会

天津浙江商会成立于1998年，现有登记会员750个，会员所涉行业横跨房地产、轻工业、商贸物流、高新技术等多个领域。商会自成立以来，充分发挥社团组织的桥梁纽带作用，积极吸引广大浙商投资天津，累计投资额达800多亿元。为主动适应滨海新区开发开放的形势，商会创新招商模式，以浙商投资的大型商贸项目为平台，采用以商招商的方式成功引进凯宾斯基集团、瑞典宜家家居、印尼力宝集团、美国俄本集团、加拿大555集团等世界500强企业。商会利用全国浙商网络，以在津浙商成功创业发展壮大的亲身经历宣传天津，组团参加浙商大会宣传天津、宣传滨海新区等方式开展招商工作。商会组织筹建的滨海浙商大厦是浙商在滨海新区的服务窗口，建筑面积达13万平方米，是参照国际标准商务中心区域功能需求，设计规划的高效集成型商务综合体。商会在积极为天津招商引资的同时，还热心社会事业，筹集1000万元，在本市教育发展基金会设立"天津浙商爱心助学专项基金"，用于资助本市教育事业；在和平区举办的"共享阳光"助学捐赠活动中，在津浙商捐款600万元。天津浙江商会连续3年荣获"天津市国内招商引资特别奖"，2003年被授予"天津市先进社会团体"称号，2006年－2007年度获"天津市优秀商会"称号。

发挥桥梁纽带作用
促进行业健康发展

河北省饲料工业协会

河北省饲料工业协会，坚持宗旨，紧紧围绕行业发展和企业需求，扎实工作、创新服务，有力地促进了全省饲料工业健康发展。

一、积极开展调查研究，为政府部门决策提供依据

围绕全省饲料工业发展和企业关心的重点、难点问题，与全省重点饲料企业建立了联系点，采取多种形式先后就开展了全省饲料工业发展规划、资源开发利用、有关政策落实等大型调研活动，为政府决策提供了依据。

二、积极参与施政，加强行业管理

受省饲料办委托审核全省饲料生产企业有关证件材料4000多份和标签1万多个。组织实施了"猪用复合添加剂预混料综合技术推广应用"等四项农业部农牧渔业丰收计划项目。制定并实施了《河北省饲料行业行规行约》，有效地加强了行业管理，维护了行业秩序。

三、加强培训与鉴定工作，提高行业整体素质

举办各类饲料加工、配方设计、营销策略、添加剂预混料生产技术的科技培训、技术讲座等100多次，培训各类技术人员、管理人员2万多人次。成立了职业技能鉴定站，通过培训共有2371人获得劳动部颁发的饲料行业职业技能鉴定证书。

四、狠抓产品质量，推动行业科技进步

积极组织和引导饲料企业争创名牌。先后有64种产品被评为“河北省饲料工业协会推荐产品”，19种产品被评为“河北省名牌产品”，8种产品被评为“中国饲料行业信得过产品”，5家企业被评为“全国饲料行业科技进步先进集体”，4家企业获得“全国饲料添加剂科技创新优秀企业”称号，2家企业入选“全国三十强饲料企业”。

五、创建饲料企业联席会，促进行业和谐发展

组织省内效益好、技术水平高、产品质量过硬的20家大型企业建立了企业联席会制度。定期分析行业发展趋势、企业间互通信息、取长补短、强强联合、共同抵御市场风险。

六、“请进来、走出去”，促进行业间交流

多次与北京市饲料协会和高科技饲料企业联合体举办“饲料企业发展高层论坛”、联谊会和经验交流活动等，7次组织企业到美国、加拿大等地考察学习，5次组团参加全国饲料交易会，连续成功地举办了10届河北省畜牧业畜产品交易会。

七、加强信息工作，办好《饲料科技》刊物和网站

创办了《河北饲料科技杂态》和《河北饲料科技网》积极宣传推广饲料工业科技信息，编辑了《河北饲料行业名录》、《饲料法规汇编》、《饲料知识手册》等资料，成为全国有影响的饲料科普期刊和网站。

河北经济日报2007年6月22日刊登

建立市场规范　加强行业管理

河北省家具协会

河北省家具协会是全国先进协会和河北省优秀社团。协会始终坚持为企业服务和引领河北家具业健康持续发展的宗旨，在制定行业发展规划、人才培训、企业咨询、信息服务等方面做了卓有成效的工作，特别是与河北省工商行政管理局联合制发了《河北省家具市场管理规范》（以下简称《规范》），有效地加强了家具市场管理，促进了河北省家具行业健康发展。

针对河北家具市场存在着品牌繁杂，良莠不齐，产品合格率低，甲醛超标现象严重，企业间恶性竞争，以及缺乏统一规范和标准等问题。河北省家具协会经过深入调研论证后，与河北省工商行政管理局联合制发了《河北省家具市场管理规范》（以下简称《规范》）。《规范》全文贯穿了“保证消费者在河北家具市场上买到优质、安全、无污染的绿色环保家具”，要求把打击假冒伪劣、开展维权反欺诈作为市场管理的重要措施；市场主办单位提供合法有序的经营场所，并大力推广绿色环保家具产品；进入市场的家具经营者必须提供符合国家质量标准的家具商品，不得销售假冒他人注册商品，不得仿冒优质商品、认证产品、许可证标志的商品及危及人身安全和健康等商品；大力推进家具市场的诚信建设，开展以“守合同重信用保质量无假货”为主要内容的诚信守法活动。同时规定，家具协会应当积极建立推行信用制度，提高市场经营者的信誉，惩戒、公示违法违章经营者。

《规范》出台后，家具协会与省工商局通过召开新闻发布会、印制大型宣传资料、联合进行检查、评选绿色环保家具市场等活动，大力推进规范的落实。有效地促进了河北省家具业的健康发展，家具质量明显提高，市场环境得到了规范和净化。

由省政府部门与行业协会联合发文规范市场在河北省属先例。不仅使政府与协会之间建立起新型的合作关系，使政府职能由微观管理转向宏观调控的重要体现，也使行业协会有效地实施了行业管理。

“能人协会”，帮穷人成为能人

何　勇

在辽宁，农村专业经济协会虽然是“能人协会”，但却“爱富不嫌贫”，甚至是“爱富帮贫”，成为贫穷农民闯市场不可或缺的靠山。2006年，辽宁省各专业协会共投入扶贫资金3744.7万元，帮扶困难群众2.53万户，其中9000户当年脱贫，贫困户年人均增收1800元。

一、机制：从“间接输血”到“直接造血”

传统扶贫大多靠行政手段，由政府拿钱购置一些种雏供困难户饲养。乡镇的民政助理一人负责几十个贫困户，又不懂技术，有时效果并不好。农经协扶贫则解决了政府直接扶贫的一些弊端，调动了社会力量，使扶贫工作实现了从政府到民间，从间接到直接，从“输血”到“造血”的改变，潜力巨大。

二、模式：让贫困农户加入产业链条

协会扶贫还可以把最先进的技术、管理经营理念直接带给贫困户。建平县马铃薯协会现有会员120人，辐射服务农户2600余户。几年来，协会扶持贫困户750户，户均年增加收入6000多元，其中有160户成为马铃薯种植大户。

从2003年起，协会统一供种、管理、订单收购，同时组织技术人员定期入户指导田间管理，当年就使97户贫困户脱贫，户均增收5000多元。此后，马铃薯协会又累计筹资29万元，用同样的方式帮助300户贫困户实现脱贫。

三、瓶颈：农协扶贫尚需政府扶持

协会扶贫，有了产业，关键要有资金启动。据介绍，在缺乏固定资金的情况下，辽宁省各地农村经济协会采取了不同的方法融资。一是协会自筹，二是将政府扶持协会的资金用于扶贫。此外，小额贷款、捐赠款投入等也成为农经协的扶贫资金。建议将各级财政的专项扶贫资金、福利彩票的福利金，政府对农村困难群众的救济金、捐赠款等资金允许用于农村专业经济协会扶贫，用政策加以规范，将起到事半功倍的扶贫效果。

辽宁家具行业协会新贡献

——《辽宁省实木家具市场规范》出台

辽宁省家具协会　祖树武

什么是“实木家具”？这个在家具行业和市场争议多年的焦点问题，如今在辽宁达成共识。2007年11月23日，辽宁省家具协会、辽宁省消费者协会、沈阳产品质量监督检验院在沈阳召开“《辽宁省实木家具市场规范》出台新闻发布会”，向社会和全行业公开解读这个“中国实木家具产业基地的地方性行业规则”。

一、集思广益 出台《辽宁省实木家具市场规范》

省家具协会从2002年起就提出在行业提出要确立中国实木家具定义，以规范市场。联合企业、大专院校专家、学者，多次召开“中国实木家具发展研讨会”，最后编制出台《辽宁省实木家具市场规范》，《辽宁省实木家具市场规范》中规定：木家具按用材比例分为纯实木家具、实木家具和实木复合家具。纯实木检家具：指产品所有木制部位都必须以锯材加工制作而成；实木家具：指主要部件为实木锯材和胶合材制作成的木家具；实木复合家具：指外表采用微薄木贴面或木纹纸贴面的木家具。现已得到各地同行业重视，迅速推广全国。

二、专家建议《辽宁省实木家具市场规范》向全国推广

中国家具协会对《辽宁省实木家具市场规范》出台给予高度评价。两次致函，认为，《辽宁省实木家具市场规范》作为中国实木家具产业基地的地方性行业规则，是家具行业生产、销售的技术结晶，对全行业发展、全国家具市场规范具有借鉴和指导作用。指出，为了规范市场，辽宁省家具协会和辽宁省内的企业做了很多努力。本次规范的制定，将有利于行业健康发展，保护消费者利益，保护企业利益。希望《辽省省实木家具市场

规范》在实施中不断完善，成为适用全行业的一个准则，在全行业发展和各地家具市场规范工作中，起着应有的作用。

沈阳产品质量监督检验院以此为基础，向国家质检总局申报制定《实木家具标准》，以填补国家实木家具标准空白。辽宁省消费者协会也向国家消费者协会建议向全国推广《实木家具市场规范》。

维护稻草行业利益
推动区域经济发展

——大连（中国）稻草输出协会发挥作用案例

大连市民政局　张君玲

大连（中国）稻草输出协会是1999年10月由24家稻草输出企业自发成立的社会团体。协会成立以来，立足解决多年来制约稻草对日出口行业发展的深层次矛盾，充分发挥行业自律、协调和服务职能，尤其是在寻求中国输日稻草解禁，维护稻草行业利益等方面发挥了不可替代的作用，促进了稻草对日出口行业的健康发展。

1999年10月，我国稻草首次实现对日本出口，到2008年由于种种原因，大连口岸输日稻草三次被禁，在协会的斡旋下，三度被解禁。尤其是2002年4月，日本因在我输往日本的两个集装箱稻草内发现二化螟活虫而宣布暂停进口中国稻草，在政府出面协调未果的情况下，协会主动出击，协会会长8个月长住日本进行斡旋，通过日本国际贸易促进会民间渠道，与日本有关方面进行协调，通过十多次的信函与人员往来交涉，就近100个技术问题充分交换了意见，经过不懈努力，中国稻草重新恢复出口日本，结束了长达14个月的稻草禁运。同时，协会积极引导企业进行行业自律，严格质量标准，规范行业秩序，抵制了稻草熏蒸企业的盲目生产和恶性竞争，联合全行业企业通过限量生产，提高品质，将每吨稻草的出口价格稳定在200美元左右，使稻草产业成为真正的黄金产业。

协会以协调服务维护稻草行业利益，促进了稻草输出行业的发展，东北三省30多万农民为之受益，创造了1万多个就业岗位，铁路、汽运、集装箱、港口、海运等各行各业得到了发展。黑龙江、吉林、辽宁及其他各地的熏蒸企业都聚集大连，各新兴行业也应运而生，为我国出口创汇、农副产品利用、改善东北农业产业结构、解决就业做出了重大贡献。到目前为止，中国稻草累计出口170多万吨，出口集装箱总量达22万TEU以上，占大连出口TEU总量的近10%，出口创汇3.2亿多美元，有力推动了大连港口经济的发展。

滚动式发展　打造精品工程

——辽宁省瓦房店市太阳街道蔬菜协会扶贫事迹

舒国尧　徐朝荣

辽宁省瓦房店市太阳街道王店村是大连市的贫困村，贫困户121户，占村总户数的10%。2004年10月，村党支部书记于晓东带头成立了蔬菜协会，协会成立后，把蔬菜大棚返季生产作为扶贫工作的切入点，采取滚动式发展的办法，分批分期帮助贫困户建设蔬菜大棚，取得了较好的扶贫效果。

为使贫困户尽快摆脱贫穷，协会积极扶持贫困户建蔬菜大棚，面对资金短缺，及时向对口帮扶单位大连市民政局反映情况，并很快得到了10万元启动资金支持，不足部分由街道办事处和村委会担保向信用社贷款解决。待大棚产生效益还本收回，为下一批贫困户建大棚。2005年春季，建50栋大棚，大棚蔬菜喜获丰收，每个大棚年收入在2万元以上，有的达3万元以上，首批贫困户脱贫。为使更多的贫困户脱贫，协会联合一些有爱心的企业和金融部门，多渠道筹集70万元资金，2005年、2006年两年建高标准（居住、采暖、种植、养殖“四位一体”）蔬菜大棚100栋，为蔬菜大棚基地修路、打井、上高压线等，完善小区的配套设施，使每栋大棚当年收入均达2万元以上。

为把产业做大、做强、做精，协会聘请蔬菜种植专家讲课，传授蔬菜种植技术及大棚管理知识，协会提供产前、产中、产后服务，积极找市场，实行统购统销，解决蔬菜销售问题。同时，提高大棚蔬菜种植水平，生产名、特、优精品蔬菜，通过大连市农业发展局蔬菜保护地“绿色无公害生产基地”的认证和国家农业部“绿丰”牌系列绿色无公害蔬菜标识认证。

3年多来，在协会的带领下，从无蔬菜大棚，发展到150栋，蔬菜保护地上千亩，全村121户贫困户通过蔬菜大棚种植脱了贫，每人年均增收700

元，进一步提高了协会的感召力、凝聚力和社会知名度，协会现有500多户加入，会员达1200多人。“协会+公司+基地+会员户”的链条式扶贫形式，改变了传统的捐钱捐物“输血”型扶贫，使贫困户不断自身“造血”，从根本上形成了贫困户脱贫的长效机制，走出了协会扶贫帮困的新路子。

发挥协会引领和带动作用，为农民架起致富之桥

吉林省珲春市中药材协会

珲春市中药材协会自2002年12月成立以来，积极为会员服务，为农户架起了信息、技术交流和市场销售的桥梁。目前，协会会员有240多人，并带动周边农民种植中药材，年收300多万元。

一、开展科技服务，因地制宜发展中药材生产

协会与延边特产研究所建立了技术合作关系，引进了黄芪、当归、五味子、党参、桔梗、平贝母、刺五加等20多个品种，在试验的基础上，探索总结实用种植方法，为种植户提供技术支撑。同时，还培育出了适应当地气候条件和市场前景广阔的中药材优良品种。特别是适应韩日市场的需要，对韩日青睐的朝鲜党参、日本当归等品种进行了重点推广，使种植户每亩收益在2500元以上。

二、建立示范基地，引导会员进行规范化生产

为了促进产业结构调整，创造产业效益，协会采取建立示范基地、引导会员进行规范化生产。在全市9个乡镇建立了11个示范基地，向农民传授种植技术和引导发展种植项目，重点推广了市场前景好的当归、黄芪、刺五加、轮叶当参等9种中药材的种植。在示范基地的带动下，全市的中药材种植面积达到370多公顷，促进了我市农村产业结构的调整。

三、发挥带头作用，架起农民与市场沟通的桥梁

中药材生产的技术性要求很强，存在着一定的市场风险。针对农民怕选错品种、怕不懂技术、怕产品卖不出去的顾虑，协会负责人及时外出了解国内市场信息，通过考察学习、试种引种等，积累经验。选出优质品

种，培植种苗，向农民提供。在协会的带领下，会员降低了生产成本，提高了中药材的品质，在产品销售上与韩国渤海农副产品加工有限公司、北京京兴饮片厂等单位建立了长期供货合同。

上海市长寿路街道民间组织服务中心

2002年8月，在上海乃至全国创建了第一家社区民间组织服务中心。5年多来，中心经过政府主导、倡导到推动以及自我发展三个阶段。目前，社区中形成了“街道推动、‘中心’运作、各方参与、百姓受益”的善治新格局；以“社工引领义工、义工服务群众、群众参加义工”的“两工”联动机制；以“社区为平台、社团为载体、社工为发展”的“三社”互动模式；积极引导社区内的民间组织参与社区建设和管理，为构建和谐社区做出积极贡献。

中心实施民间组织枢纽式管理，为辖区内95个民间组织和193个群众活动团队提供服务，帮民间组织“建家”，增加了民间组织的认同感；开展“社团看社区——热爱我们的家园；社区看社团——促进事业的发展；社团进社区——共建两个文明”的活动，促民间组织“爱家”，增加了民间组织的幸福感；帮助53家民办非企业单位“落户”长寿路街道，引民间组织“安家”，增加了民间组织的归属感，积极引导民间组织溶入社区，参与建设和谐家园。

中心搭建服务平台，开辟绿色通道，热心帮助民间组织解决实际困难；承接政府转移职能，开展民办非企业单位、家庭收养调查评估工作；建立社区民间组织预警网络，及时反馈信息，协助管理部门开展工作；对群众团队实行备案登记，探索群众团队长效管理机制；发挥“孵化器”作用，培育社区慈善超市等服务性、公益性、慈善类民间组织，救助社区弱势群体；建立社区义工服务总站，规范义工管理，服务社区百姓。

中心既与政府有着密切的合作伙伴关系，但又不是“二政府”，它的创立架起了沟通政府与社会之间的桥梁，为政府与公民社会的良性互动提供了一种机制和载体，为政府职能转变，推动小政府、大社会的改革作了积极的探索。该中心为辖区内95个民间组织和193个群众活动团队提供了及时有效服务，获得了“第四届中国地方政府创新奖”的优胜奖。

上海市静安区社会帮教志愿者协会

成立于2003年9月的上海市静安区率先成立社会帮教志愿者协会，组织一支300余人组成的社会帮教志愿者队伍，以发动社会力量开展安置帮教工作为己任，十多年来，这支队伍在著名民营企业家、市、区社会帮教志愿者协会王元洪、康志坚会长的带领下，为维护社会稳定、建设和谐静安做出了积极贡献。

真情帮助，尽心解忧，营造和谐。多年来，协会的志愿者们带着宽容、理解、关爱走进了特殊群体的心灵。志愿者们带着热情和承诺，先后上百次走进大墙内外，与200余名服刑人员结对帮教，尽力拯救他们的灵魂。从思想上有的放矢地做好思想转化工作。从生活上对困难的服刑人员给予资助；用亲情的力量做好教育感化工作，组织服刑人员家属走进监狱，进行面对面的交流，有力地促进了服刑人员的教育改造。在结对帮教的服刑人员中有近70%的人被裁决提前释放、假释、减刑或被评为劳改积极分子。

以人为本，全面衔接，分类帮教。他们坚持把帮教工作同"以人为本"、"和谐社会"联系在一起，形成了一套独特的帮教思路。摸清帮教对象情况，针对不同的服刑人员和刑释解教人员设计不同的分类教育方法和教育内容。他们采取集中教育、个别教育和分类教育相结合的方法，注重形式多样、内容广泛的教育手段，提高教育效果。

帮困解难，建立基地，化解矛盾。他们充分关注服刑人员和刑释解教人员的生存状态，努力维护其合法权益。协助政府做了大量的化解矛盾和排忧解难工作。为服刑人员和回归人员搭建就业平台，将安置帮教工作平台着力前移，将岗位送进大墙，几年来，与多名临近解教服刑人员签订了就业岗位意向协议书。同时，通过各种途径为刑释解教和服刑人员解决实际困难，使回归人员深切感受到政府的关爱，社会的温暖。至今，已为家庭生活困难的对象提供帮困资助达200多人次，资助费用高达数10万余元。

慈善年夜饭

浙江省慈善总会

2002年以来，浙江省慈善总会与浙江日报报业集团下属今日早报合作，在每年的农历除夕前夕举办“慈善年夜饭”活动。活动面向困难群众、福利院的老人和孩子等弱势群体，内容主要包括餐饮企业慈善宴请、文艺工作者义演、现场分发年货和红包等，活动邀请各级领导，由领导向群众拜年，场面热烈感人，努力营造“人文关怀”的良好氛围。有关媒体也及时给予了报道。

活动推出以来，得到了许多单位的积极响应，为“慈善年夜饭”活动提供大力支持，规模不断扩大升级，内容不断丰富创新。2002年，全省仅杭州一地举办该项活动。2003年，杭州、宁波、温州三地分别举办，主题为“千人慈善年夜饭”活动。2004年，活动扩大为“万人一家——慈善年夜饭”。2005年，全省11个市全部行动起来，不少县（市、区）参与，活动还结合开展了春节扶贫慰问。2006年，省慈善总会推出“万元席”，邀请热心慈善事业的企业参加，现场募得了3万元善款，全部用于给参加慈善年夜饭活动的困难群众发“红包”。2007年，活动还办到了流浪儿童救助保护中心和省女子监狱，受惠群众范围不断扩大，全省有近10万困难群众享受了“慈善大餐”。尤其是流浪儿童和女囚也感受到了社会的关爱。

“慈善年夜饭”活动至今已连续举办7次，在受到广泛好评的同时，影响也逐步扩大。目前，各市、县（市、区）级慈善总会也都开展了这项活动。作为全省慈善活动的一个品牌，“慈善年夜饭”活动被评为2005年“中华慈善奖”的入围项目，并荣获2006年“中华慈善事业突出贡献奖”项目奖。

不断提高服务质量
推进协会改革和发展

浙江省皮革行业协会

浙江省皮革行业协会成立于1994年。2007年，协会有民营企业、专业市场、高等院校、科研单位等近400余家会员单位，协会会员企业的经济总量已占到省内全行业规模以上企业的65%以上，代表着全行业近百万员工。2003—2007年，协会连续4年被浙江省经贸委评为“先进协会”，同时也是全国皮革行业的先进协会；2004年，又被国家民政部评为“全国先进民间组织”。

一、充分发挥桥梁纽带作用，当好政府的参谋

协会先后完成了《浙江皮革工业发展战略研究》、《浙江省皮革产业技术进步调研》、《浙江省皮革工业产业发展竞争力报告》、《浙江省轻工业优势行业十一五专项规划纲要——皮革与制品工业》、《全省制革行业节能减排情况调研》等行业重大课题调研，成果受到省科技厅等有关部门的重视，为政府决策提供了重要参考。当欧盟决定从2006年10月开始对中国皮面皮鞋征收为期2年16.5%的反倾销税后，协会积极采取应对举措，及时向有关政府部门反映情况，并深入企业宣讲反倾销应诉知识，帮助企业渡过难关。

二、积极培育特色区域和专业市场，创建皮革品牌强省

协会积极发挥沟通协调的作用，不断推进特色区域和专业市场发展，推动品牌建设。近年来，温州的制鞋生产基地、海宁的皮革和皮革服装生产基地、桐乡崇福的毛皮生产基地已经分别被中国轻工联合会、中国皮革协会授予“中国鞋都”、“中国皮革之都”、“中国皮草名镇”的荣誉称号。目前，全省皮革行业业已形成了浙南以温州为中心、浙北以海宁、桐乡为中心，南北相望的产业集群，成为广大皮革企业角逐竞争的大舞台。

三、积极组织考察参展，帮助企业拓宽市场

近年来，协会积极组织企业参加中国国际皮革展、中国国际鞋类展、

浙江省轻工产品博览会和德国杜塞尔多夫国际鞋展等多个展会，多次组织企业出国考察学习，在进一步提升浙江皮革企业品牌知名度、拓宽销售市场的同时，还帮助企业提升运作管理的水平，在国际上树立起了浙江皮革良好的品牌形象。浙江皮革企业及其产品已走向了世界各地。

四、大力加强自身基础建设，打造优秀社团

2001年以来，协会与原挂靠单位省皮塑公司脱钩，建立健全了“自愿入会、自筹经费、自理会务”的机制，各项工作步入了良性循环的发展轨道。协会制作了会徽，创作了会歌《皮革之歌》，创办了会刊《浙江皮革》，建立了网站《浙江皮革网》，构建起“一徽、一歌、一刊、一网”的体系，营造积极向上的文化氛围。《浙江皮革》还被浙江省图书馆作为馆藏刊物收藏。目前，协会总资产达200余万元，聘有专职工作人员7人，兼职工作人员5人，均具有大专以上学历。

创新发展“宁波兔”的宁波兔业协会

宁波市民间组织管理局

2006年的夏天，在宁波市首届种兔展评中，14家万兔场送展的75只公兔被评为“种王”。种兔经过体重体貌、背毛腹毛等8项指标考核，7名国家级兔业专家一致确认：宁波獭兔“种王”总体质量国际先进。中国兔业协会负责人赞叹道：“世界獭兔在中国，中国獭兔在宁波。”据悉，宁波市仅兔业协会180多名会员的獭兔饲养量就达50万只左右，加上零星养殖，全市獭兔和长毛兔饲养量有100万只，占全国兔业的1/4，已成为宁波市畜牧业生产的一个亮点，有力地促进了“农业增效，农民增收”。

宁波兔业协会成立于2001年9月28日，针对兔业行业存在的炒种造成良种退化、兔皮质量下降、行业信誉下降、技术力量薄弱等问题，协会发挥了组织和技术优势，与各级畜牧兽医技术推广机构，共同做好先进实用技术的推广应用，让广大兔农认识到兔子饲养管理方面存在的不足，掌握最佳营养搭配、疾病防治、适时取皮等系列科学养殖技术；协会还组织专业场户培训、研讨、交流信息，经营管理和科研技术等方面的各种培训，邀请科技、业务、管理方面的专家教授举办有关报告会、科技推广会，提高会员的整体素质，制定行业质量标准，实行统一收购，做到优质优价，有序竞争，促进兔业生产的集约化和产业化进程。在兔业协会的努力工作下，宁波兔业生产形成了五大优势：一是品种优势，长毛兔是世界领先名牌品种，獭兔是国内最好品种之一；二是规模优势，宁波兔的规模饲养在全省属领先水平；三是起点较高，工商企业投资较多；四是有了网络式组织形式，几个重点生产县区相继成立了协会，有的乡村还成立了獭兔业合作社，初步建立了“风险共担、利益共享”的合作组织；五是技术优势，拥有兔子育种方面的技术力量和经验。

陈志卫

2008 年 1 月 13 日刊登于《中国社会报——社会组织周刊》

行业自律　共谋发展

——安徽宁国市“网吧协会”为行业服务侧记

安徽省民政厅民间组织管理局

为了规范和促进行业发展，在政府有关部门的指导下，2005 年 4 月，网吧经营者走到一起，依法成立了宁国市互联网上网服务营业场所经营者协会——简称“网吧协会”。

“网吧协会”成立后，经过充分酝酿和民主协商，首先依法按章向盲目降价、恶性竞争的问题开战，统筹全市网吧合理布局。2006 年 7 月，“网吧协会”集中经营者的合理化建议，积极与主管部门沟通，在取得支持后，制定出台了宁国市网吧业整体发展规划，为宁国市网吧业市场化指明了方向。目前宁国市网吧数量被严格控制在 29 家，其中城区 19 家，乡镇 10 家，最小的网吧也拥有电脑 100 台以上，初步实现了布局合理，规模化经营。协会还推出收费指导价，细化收费统一为 2—10 元，建立了有序合理的价格机制。

重塑行业自律形象，促进了行业发展。协会制定自律公约，所有会员郑重在“承诺书”上签名，主动接受业务主管单位和登记管理机关等部门指导监督，杜绝违规经营行为，倡导文明上网。成立会长亲自带队的“自律纠查队”，每天分组分片轮流检查；还与公安、工商等部门合作，实行

“观察员制度”，确保行业自律公约落到实处。同时，还开展诚信活动，评选创建“诚信网吧”。

实实在在为网吧经营者谋收益，公平合理地推进行业发展，宁国市“网吧协会”以“自律、诚信”牢牢网住了会员们的心，推进了宁国市网络文化市场向着规模化、品牌化发展。

宁国市副市长叶蕴说：“网吧协会”为政府规范宁国网络文化市场发展，加强精神文明建设，构建和谐社会，发挥了积极作用。安徽日报等多家媒体对宁国市“网吧协会”进行了多视角的集中宣传报道，安徽日报以《“自律宣言”：撑起一片艳阳天》为题，并配发《短评》宣传了协会发展的事迹。

根据《安徽日报》2007年9月29日第一版整理

发挥行业协会作用 协调石材出口价格

——福建省石材行业协会成功维护出口企业利益

福建省石材行业协会

改革开放30年来，福建省石材产业迅猛发展，现已成为全国石材产业的加工出口贸易中心，其出口石材产值、产量连续13年居全国首位，2007年福建省石材产品出口产值占全国65%，日本为主要出口国之一。

福建省石材行业协会作为福建石材企业之家，充分发挥行业协会的行业服务、行业自律、行业代表、行业协调四大职能，在会员企业中有很强的凝聚力、向心力。2000年欧盟向我国石材业提出反倾销申诉。福建省作为石材出口大省，举足轻重。福建省石材行业协会勇担重托，代表全国石材业应诉，历时8个月，获得全胜，保住了欧盟市场，在全国石材业界发挥了中流砥柱作用。

近年来，由于国家对石材产品出口退税政策的连续两年调整，加上原材料、工资上涨、美元贬值，众多石材出口企业利润大幅下滑，企业经营困难，福建石材出口企业提高出口产品价格呼声一片。可是，石材出口企业独家提高价格，单枪匹马形不成气候，难以维护行业整体利益。面对这种局面，福建石材行业协会发挥协会协调作用，通过召开理事会，研究对策，统一思想，成立福建省石材出口企业营销联盟，制定相关行规行约，决定提高出口石材产品价格10%。2007年3月在厦门国际石材展期间，福建省石材行业协会组织40多家主要石材出口企业与日本石材产业协会及日本石材株式会社等30多家企业，就中日石材贸易价格、质量、验货标准等进行磋商。经过艰苦磋商，日方对中方提出的提高10%的出口价格表示理解和接受。这次成功的磋商，维护了福建石材出口企业的整体利益，避免贸易争端，双方实现互惠互利，进一步巩固出口市场，保持了石材产品出口日本市场的持续增长。

向贫困大学新生伸出援助之手　厦门市慈善总会连续3年开展“岗位助学”、“慈善助学”活动

厦门市民政局社团办

福建省厦门市慈善总会在今年暑假期间主办了“岗位助学”、“慈善助学”活动。据介绍，这已是主办单位连续3年开展这样的活动了。

厦门市慈善总会等单位主办的2007年暑假“岗位助学”活动刚刚开展，就有46家热心企业报名，愿意提供打工岗位，先后有近500名学生报名到26家企业打工。企业提供给学生的岗位大多是比较容易操作的工种，学生很快就可以胜任。学生在企业一天工作8小时，月工资约为750元。在实行计件工资的岗位，部分学生月工资可达到1000元以上。到企业工作的学生通过劳动实践，既培养了吃苦耐劳的精神，又锻炼了独立工作的能力，更增强了个人的社会责任感。同时，通过该项活动，学生还可以从企业那里获得一定的报酬，为他们上大学提供部分经济来源。据了解，3年来，厦门市参加“岗位助学”活动的学生有949名，为学生提供岗位的企业有76家，这项活动受到了学生、家庭、企业的欢迎。

在开展“岗位助学”活动的同时，厦门市慈善总会等主办单位还开展了“慈善助学”活动，参加“岗位助学”活动的学生可向厦门市慈善总会申请“慈善助学”补助费（该项费用来自社会各界的捐助）。2007年，补

助金额的起点已提高至每人3000元。这样，加上学生个人“岗位助学”两个月所挣的约1500元（部分学生会更多些），他们跨进高等学府的费用已基本上没有问题。据悉，厦门市慈善总会2007年已拨付使用善款135万元，资助贫困学生382名，拨付总量是2005年的2.1倍和2006年的1.31倍。

牵线搭桥　招商引资

——厦门市侨乡经济促进会努力为经济发展服务

厦门市侨乡经济促进会

厦门市侨乡经济促进会充分发挥联系海内外客商的桥梁纽带作用，为招商引资牵线，为经济建设服务，在厦门市新一轮跨越式发展中作出了积极的努力。

厦门市侨乡经济促进会在推进厦门经济发展中，努力为企业家搭建平台，为招商引资牵线搭桥。该会这几年来先后三次组织海内外闽商近千人参加厦门“九·八”国际投洽会，并协办各省市在厦举办的招商活动30多场。由该会牵线的投资项目较大的有45个，总金额达人民币55.8亿元。特别是在去年的“九·八”国际投洽会期间，该会协助河北、山西、山东、河南、陕西、安徽、甘肃、江苏、福建等9个省及20个市在厦门举办招商推介会，中外客商465人次参加了这些招商活动。同时，经该会牵线并当场签下合作开发意向书的有10个较大项目，总投资4.5亿美元，折合人民币36亿元。该会还出资与厦门市委政策研究室、厦门市思明区政府、北京市社科院、厦门大学等高等学校合作，成功举办了“总部经济研讨会”，为发展区域“总部经济”做了许多卓有成效的工作。

厦门市侨乡经济促进会在竭诚为经济发展牵线搭桥中，还积极开展联谊活动，团结和联络更多客商来厦门投资。该会近年来两次组团赴菲律宾进行经济考察，并与菲律宾最大的社团菲律宾晋江同乡总会缔结为友好社团；组织海内外闽商32人赴山西考察，与姐妹商会山西省福建商会友好交流，并在临汾等地签约8个项目，总投资10多亿元人民币；组团22人赴香港和澳门进行友好访问，先后拜访了香港厦门联谊总会、旅港福建商会、香港晋江同乡会、香港三明联会、澳门福建同乡总会，加深了与港澳友好社团及各界人士的友谊，对推动闽籍港澳企业家来厦返乡投资兴业产生了积极的影响。该会还应邀参加山西省人民政府在香港举办的投资洽谈会，有力地推动了闽商加快与山西的经济文化合作交流进程。

厦门市食品行业协会鼓励引导企业开拓国内外市场

厦门市民政局社团办

近年来，福建省厦门市食品行业协会充分发挥协会协调服务作用，积极鼓励和引导食品行业企业努力开拓国内外市场，取得明显成效。

厦门市食品行业协会在推进食品企业加强外引内联，开拓国内外市场中想方设法，排除困难，努力作为。一是认真组织和推动企业“走出去”开拓国外市场。协会配合市贸发局组织了一个有 11 家食品企业 17 人参加的代表团参加菲律宾国际食品展。据不完全统计，展会期间有 300 多家菲律宾和海外采购商与厦门市企业洽谈，意向金额超过 30 万美元；考察访问期间，代表团同当地政府机构、商务机构及企业界人士进行了广泛的工作交流和业务对接，结交了许多朋友并签订了一批订单，取得了预期效果。二是积极参与构建食品行业的交易平台。协会积极组织食品企业，参加在厦门市举办的第四届中国（厦门）国际食品交易博览会。在“食博会”组委会的具体指导下，协会成功组织了 104 个企业的 219 个展位参展：本届“食博会”的交易比前三届有很大突破，得到市政府领导的表扬和参展企业的肯定。三是积极发动和组织企业扩大国内销售渠道。前一个阶段，在市贸发局的指导帮助下，协会作为承办组团单位，积极组织 9 家企业的 20 个展位，参加在宁波举行的“2006 年中国食品博览会”，并从招展报名、办证、布展及展品的统一运输、会务到住宿安排等方面，精心组织安排，努力做好各项服务工作，得到参展企业的好评，协会被组委会授予“最佳组织奖”和“最佳展位奖”。四是主动为企业排忧解难。2006 年市场猪肉价格暴跌，为了稳定生猪养殖户和肉品市场行情，协会积极配合市畜牧业协会向市政府有关部门行文，向新闻媒体呼吁，请求政府给予扶持、媒体给予帮助，以助企业渡过难关，为缓解企业压力和稳定市场作出了积极的努力。对于企业在生产经营中遇到的其他各类困难，协会都千方百计努力帮助解决，受到企业的好评。

吴文裕　黄雅蓉

此文刊登于2007年4月1日第11期的《中国社会报·民间组织周刊》

强化自律　推进维权

——厦门市室内装饰协会致力打造和谐的家庭装饰消费环境

厦门市室内装饰协会

厦门市室内装饰协会最近被厦门市人民政府授予“1997—2007年度消费者权益保护工作先进单位”光荣称号。该协会自成立以来，积极履行政府赋予的行业管理职能，围绕加强自身建设、增强服务功能、规范行业自律、打造行业品牌、提高协调能力等方面做了大量的工作，为打造和谐的家庭装饰消费环境做出了不懈的努力。

厦门市室内装饰协会把加强行业自律性管理工作，放在协会工作的首位，努力提高协调解决纠纷的有效性。协会现有会员企业近300家，其中从事家装设计、施工的企业约占会员总数的50%。随着人民生活水平的不断提高，对居住质量也提出了更高的要求，因此，协会要求家装公司在提高设计水平和施工能力的同时，要十分注重诚信经营。为推进家装公司的诚信自律建设，协会一方面通过建立行业准入制度，把好家装准入门槛关；另一方面，多次举办从业人员资格培训，提高从业人员素质，规范行业自律行为。协会还开展了“厦门市十佳家装企业”的评选活动，以此树立家装品牌，更好地引导消费，进一步提高了会员企业遵纪守法和诚信经营的自觉性。同时，协会对个别拒不履行解决纠纷协调意见的家装公司，根据情节轻重，运用行业自律的手段，分别做出媒体曝光、警告和降低室内装饰资质等级，直至吊销资质证书的处罚，提高了协调纠纷的有效性和形成解决矛盾的机制，消费者投诉率呈逐年下降的趋势。

厦门市室内装饰协会在加强行业自律中，高度重视维护消费者的合法权益，积极受理协调消费者的投诉，创造了和谐的家装消费环境。协会建立了消费者投诉协调工作制度，成立了协调机构，配备了 2 名工作人员，负责受理家装消费者的投诉工作。协会努力提高协调解决家装纠纷的权威性，客观公正地协调解决每一件纠纷，做到“事事有结果，件件有落实”。几年来，协会先后受理协调解决家装业主投诉近 100 件，协助 12315 消费者投诉中心协调解决家装质量投诉案件 70 多件，结案率达到 100%，满意率达到 98%以上，无一留下后遗症，既有力地维护了消费者的利益，也注意维护了家装企业的合法权益，深受广大消费者和家装公司的欢迎。厦门市室内装饰协会的工作得到社会的认可和政府有关部门的好评，分别被评为“厦门市社会团体先进单位”、“福建省先进民间组织”、“全国室内装饰优秀协会”等。

厦门市物流协会积极推进现代物流业健康有序发展

厦门市物流协会

厦门市物流协会成立 3 年来，坚持“团结协作、增强活力、积极探索、创新服务”的工作方针，充分发挥了协会作为政府与企业、企业与企业间的桥梁和纽带作用，有力地推进了现代物流业的健康有序发展。

一、做好电子疏港系统的开发建设和管理工作

厦门市物流协会积极配合市物流办，为加强港口疏港的建设与管理工作，认真设计开发了电子疏港系统，并于 2006 年 11 月正式运行。该系统整合码头、船代、堆场、集装箱运输等业务的信息资源，免费提供拖车企业业务管理系统和驾驶员信息管理系统，规范外来拖车管理，运行海关卡口系统，由此充分提高了疏港效率，加强了疏港相关业务管理，提高了拖车企业运作的效率。该电子疏港系统由协会管理，协会成立了发卡中心，海关电子卡口系统采用了系统电子车牌和司机 IC 卡，大大减轻了企业的负担，受到了港口部门和企业的欢迎。

二、协调落实国家及地方物流优惠政策

厦门市物流协会为进一步推进本市物流业的发展，认真协调抓好国家

及地方扶持物流业发展的优惠政策的落实。协会通过市发改委上报国家申请“流通业结构调整国家预算内专项资金（国债）投资计划”；申请市财政对重点物流项目和企业专项实行贷款贴息政策；通过市物流办和市国税局申报国家物流企业税收优惠试点企业的认定等。在协会的努力和各方的支持下，先后有厦门国贸集团、厦门夏商农产品集团、海投物流、速传物流、夏商物流、兴荣国际物流、华贸物流等会员单位获得了实质的政策优惠，促进企业更快发展。

三、精心组织物流主题论坛活动

厦门市物流协会这几年来先后举办了多次论坛活动，如：在厦门国际会议展览中心举行“中国（厦门）国际港口物流展览会”暨“港口·物流·城市经济高层论坛”；与市信息协会共同主办“第二届海峡两岸信息化论坛”；承办了“培育壮大区域物流市场论坛”，邀请了泉州、三明、龙岩及江西的南昌、赣州、新余等地物流主管部门和企业参加；与中国交通运输协会物流企业分会共同主办了“两岸四地港口物流发展论坛”，新加坡、美国和中国内地及台湾地区 50 多个国家、地区的港口发展研究专家和港口企业高层人员到会，增进了厦门市物流协会会员与国内外现代物流企业的交流和合作。

吴文裕　黄雅蓉

加强规范化建设　充分发挥行业协会的桥梁纽带作用

山东省银行业协会

山东省银行业协会成立以来，紧紧围绕协会的宗旨，创造性地开展工作，在服务、协调、监督、管理等方面积极探索路子、摸索经验，为推动山东金融业的发展做出了积极的共献。

（一）树立服务意识，拓展业务领域，为会员的业务发展和经营管理提供全方位服务

协会创办了《山东省银行业信息》会刊，建立会员单位工作联络员和信息员联席会议制度。2007 年，协会邀请中国内地和台湾金融界的著名专家授课，对 180 余名中、高级管理人员进行了业务培训，提高业内员工综

合素质。协会先后组织会员单位的高级管理人员，赴西欧和北欧国家对口合作银行进行业务考察及洽谈，拓宽会员经营思路。

（二）围绕信用体系建设，搭建活动平台，积极探索银企双方诚信合作渠道

与省经贸委、省银监局、大众日报社合作，联合举办了“齐鲁企业论坛——山东中小企业银企合作研修班”，实现了银企双方“零距离”接触和交流。协会与省经济体制改革委员会办公室、省信誉评级委员会等单位，联合组织开展了“山东省民营企业‘资信百佳企业’评选活动”。

（三）抓住热点问题，开展调查研究，为银监局和会员单位决策提供依据

协会主动配合银监局，围绕中间业务收费、信用卡、外币信用证等业务和企业逃废银行债务问题，组织召开专题会议，开展一系列调查研究工作，沟通了金融监管部门与会员单位的联系，及时反映了会员单位的意见和建议，为会员维权积极呼吁。为贯彻落实《制裁逃废金融债务行为暂行办法》，协会积极配合省银监局制定对失信企业的制裁措施，加大金融债权管理工作力度，为推动全省创建“金融安全区，诚实守信区”工作的开展做出了应有的贡献。

（四）发挥行业自律组织的协调、监督和维权作用，规范会员经营行为，维护会员合法权益

协会先后制定并由全体会员共同签署了《山东省银行业同业自律公约》、《山东省银行业联合抵制企业逃废银行债务行为公约》、《山东省银行业人才流动公约》和《山东省银行业职业道德公约》等四个自律公约。

吴运亮　江　峰

平凡之中打造公益形象

——记青岛本色高级计算机设计技能培训中心

青岛市民间管理组织局

山东省青岛本色高级计算机设计技能培训中心自成立以来，始终遵循“以德施教”宗旨，坚持“服务社会，就业第一”原则，走“诚信办学”之路，致力于大中院校毕业生、社会青年、下岗失业人员以及其他弱势群

体的就业培训工作，培训就业率达98%以上。雄厚的办学实力，领先的专业设置，诚信的就业服务，赢得了学员、家长及用人单位的好评。培训中心在努力打造品牌的同时，还通过开展形式多样的公益活动，真情回报社会。

“本色公益培训”是培训中心每年定期举办的回报社会的主题活动，主要为低收入、低保、贫困家庭人员以及残疾人等社会弱势群体提供参加“高新技能”培训的机会，凡符合条件者，不收取任何费用，培训期为4个月。截至目前，培训中心已举办7期公益培训，免费培训人数近270人。中心领导非常重视每次公益培训，连续在媒体刊登免费培训的通知，安排专职教师负责接听咨询电话、接待来访人员。在教学场地比较紧张的情况下，为公益培训配备了最新的教学设备、设施，选拔优秀教师任课，并针对参加培训人员的年龄、文化水平制作教学课件，改进教学方法。授课期间，聘请美术院校、设计院校的教授专家和设计行业精英进行专题讲座，提高学员的理论知识与审美意识，并定期带领学员到校外实习基地，现场实践，学以致用。培训后期，还为多数学员安排解决了就业问题。培训中心在教授技能的同时，还注重学员的道德品质培养，经常举办“身残志更坚”、“塑造阳光心态”、“毅力成就梦想”等专题座谈会，为免费学员和其他在校学员搭建沟通平台，激发学员的学习热情，净化学员的心灵。

培训中心在平凡的工作中默默地回报社会，赢得了公众的好评，树立了良好的社会公益形象。2006年，荣获“全国民办非企业单位自律与诚信建设先进单位”称号。

杨冬红

发表报刊：2007年5月13日《中国社会报·民间周刊》第5版

发挥桥梁纽带作用
搭建和谐社区平台

——记青岛市李沧区百通社区温馨服务中心

百通社区温馨服务中心成立以来，紧紧把握和谐社区建设这条主线，秉承“真情服务、真情沟通、真心奉献”服务理念，通过形式多样的服务活动，协助社区居委会初步建立起居民生活便利、人际关系和谐的现代化文明社区，用行动温馨社区每一人，和谐社区每一角落。

一、以文化活动为切入点，促进人与人之间的和谐

百通社区共有 3300 户，11500 人口，居民由汉、回、朝鲜族等 6 个民族构成，来自全国 20 多个省市，人员成分复杂。为此，服务中心确定了“以活动促和谐，以服务促发展”的工作理念，将社区内原有的老年合唱组、秧歌舞蹈队等文体队伍纳入中心统一管理，把社区内有一定文化修养的、退休在家的老党员、老教师、老劳模动员起来，根据他们的特长，领导组织各类文体队伍，参与社区的文艺演出，以激发居民的参与热情，增进邻里之间的和谐。

二、引导居民参政议政，促进社区政治文明建设

本着“听居民的呼声，讲居民之事，解居民之忧，做居民朋友”的宗旨，服务中心引导居民关心社区公共事务和公益事业，为社区建设的热点、难点问题出谋划策。中心先后收集居民对社区建设的合理化建议 190 余条，其中 60 余条被居两委采纳。“关爱帮护队”、“爱心超市”、“有事你说话热线”等也都是由居民建议而设立的。中心的每个成员都是社区的信息员、宣传员，在他们的带动下，居民为社区建设出谋划策、参政议政的积极性有了很大提高。

三、积极参与公益事业，促进社区自我服务水平

根据社区建设发展和社会多层次、多元化的需要，服务中心积极做好社区的公益事业。如针对空巢老人成立了“关爱帮护队”，全社区已有 21 名老人享受到中心的上门服务；开通“有事你说话”热线，受理居民的各种求助；把居民闲置不用的物品集中起来建立“爱心超市”，困难居民可以凭“爱心救助卡”到超市领取自己所需物品；与民办学校联合办学，满足社区朝鲜族群众学习汉语、中老年人了解医疗保健知识的需求。

湖北省道路运输行业协会脚踏实地为企业办实事

湖北省道路运输行业协会本着维护道路运输企业和乘客、货主的合法权益的要求，努力采取措施提高企业的抗风险能力，降低企业经营风险。根据企业的呼吁行业主管部门的要求，协会于 2004 年 11 月与中国人民财产保险股份有限公司（以下简称“人保财险”）湖北省分公司，就全省道路客运承运人责任险签订了 3 年统保协议，通过团购为企业撑起道路客运承运人责任险。

在承运人责任险出台实施之前，主要存在四个方面的问题：一是险种不同，赔付标准不一。各企业按照各自熟悉的方式，通常在保险公司为乘客办理了保险额度在 1 万－2 万元车上座位险或意外伤害保险。二是费率不同，保费标准不一。保险额度相同，保费不同，费率通常在 5‰－6‰。三是保险条款不同，理赔范围不一。如：车上座位险，保险公司只负责赔偿在车上伤亡的旅客，旅客在车下发生事故则不负责赔偿。四是企业大小不同，服务态度不一。对待小企业和对待大型企业的售后服务，理赔时效不一样，缺乏监督制约手段。

协会在深入调查的基础上，认真制定招标方案，进行公开招标，请企业专家进行评选，确定中标单位，签订统保协议，全面推行承运人责任险。通过签订统保协议，使承运人责任险实行了五统一，即：统一费率、统一保额、统一理赔标准、统一赔偿范围，统一预先赔付比例。实行五统一取得了四点效果：一是降低了费率，由原来的 6‰降到 1.42‰。即：由过去的保费 60 元或 50 元保额 1 万元，到启动时保费 100 元保额 7 万元，不但为企业节约了大量的保费，还大大提高了企业的抗风险能力。二是拓展了保险范围，由过去只负责旅客在车上的保险，扩展到从旅客剪票进站上车至旅客到达目的地之间的全程保险。三是预先赔付，发生重大交通事故预估金额达 50 万元以上的可预先赔付 50％保险金，缓解企业因发生特大事故资金周转的困难。四是投保分为五个档次（4 万元、7 万元、14 万元、20 万元、30 万元），企业根据需要自主选择，灵活多样。通过实际运行，统保协议得到了企业的认可。

武汉大学社会弱者权利保护中心公益服务15年

为遭遇家庭暴力的少年争取抚养费，为被政府侵犯土地承包经营权的农民讨回公道、为全国首例状告公安机关非法查验身份证案担任代理等等，成立15周年的武汉大学社会弱者权利保护中心已经公益代理诉讼案件2000余起。

武汉大学社会弱者权利保护中心（以下简称中心）成立于1992年，是全国第一家法律援助机构。在为社会弱势群体服务的过程中，中心不向求助者收取任何费用，所有日常办公经费全部来自社会机构的捐赠。

中心成立伊始，它便“以最优秀的法律人才为最需要法律帮助的人提供最佳的法律服务”为使命，为匡扶正义迈出了第一步。

1993年3月，16岁的武汉少年邱小龙，与继母不和遭父亲殴打，并被逐出家门，他多处求助，均得不到解决。中心闻讯后，及时派出志愿者为他提供法律援助，通过诉讼，法院判决邱小龙的父亲每月支付邱小龙60元生活费，并给他提供住处。

这是中心成立后承办的第一个案件，首战告捷，引起社会广泛关注。

中心成立15年来，接待咨询4万余人次，回复信件2.1万余件，电话咨询约3.8万余次，通过网站提供法律意见1000余次，代理诉讼案件2000余起，胜诉率达78%。

2006年中心调整了工作重心，在继续开展法律援助工作的基础上，更多地关注公益诉讼法的研究和公益诉讼案件，以案件的社会影响推动国家政策改进和法治发展。

2006年5月23日，徐国建在湖北省麻城火车站出站时，麻城铁路公安处车站派出所3名民警强行要求检查居民身份证。徐要求警察按照法律规定出示执法证件并说明理由，遭到警察拒绝并被其强行带到民警值班室继续接受盘问。徐认为警察强行检查身份证的行为违法，徐国建请求中心为其代理，于5月26日到当地人民法院提起行政公诉。该案最终以麻城铁路公安处向徐道歉，承诺改进执法方法而结束。

这是中心成功代理的一起有广泛影响的公益诉讼案件，因涉及国家权力与公民权利之间的关系而具有重要意义。

摘自 2007 年《中国青年报》

长沙县：农水协会

“就算还干一个月，我们这里的晚稻也能丰收。”望着一丘丘绿波起伏的稻田、一口口碧波荡漾的山塘，长沙县北山镇明月村明月农民用水者协会会长邬德良底气十足地对记者说。由 200 多户农户自发组成的农民用水者协会由于对水进行了统一管理、调配，使有限的水资源流失、浪费极少，灌溉用水得到了有力的保证，1000 多亩水田都及时插上了晚稻，目前长势喜人。长沙县水利局负责人告诉记者，长沙县像这样的用水者协会共有 7 个，都在此次抗击大旱中立下了奇功。

长沙县北山镇明月村今年遭遇 50 年一遇的旱灾。在旱象初露时，村里 200 多户农户根据有关旱情预报信息，自发组成了明月农民用水者协会，制定了用水协议，协会选出了 8 个用水小组的管水员。根据协议，这 200 多户农户的 1000 多亩稻田的灌溉用水只能由这 8 名管水员“一把锄头说了算”，其他任何人都无权干涉管水事宜。遇到需要启动抗旱机台抽水等情况，农民用水者协会采取“一事一议”的办法，投票决定农户出资、出工比例。

正是靠着这种科学、规范的管水机制，明月村大旱之年难见旱象。明月村农民用水者协会会长邬德良告诉记者，没成立协会前，村民用水没有科学调配，结果是“大沟跑，小沟流”，水源大量浪费。现在周边许多农民看到这种统一管水模式，既经济又省力，都抢着申请加入这个协会。

据介绍，长沙县成立的 7 家农民用水者协会，共涉及 7 个中小型水库灌区、11 个村，参与农户 6640 人，管理灌溉面积 7024 亩。

刘　凌　杨又华

湖南日报 2007—8—16

倡导诚信 促进和谐
——湖南省银行业协会自律维权成效显著

规范发展行业协会和市场中介组织是构建和谐社会的重要内容之一。湖南省银行业协会按照规范发展的要求，认真履行行业自律和维权职能，促进会员单位实现共同利益，取得了显著成效，被评为“全省先进社会团体”。

搭建自律维权平台，建立长效工作机制。首先，清理修订了行业公约，组织制定了行业自律、行业维权、行业人才流动、行业竞争等方面的公约、规范与制度办法 26 个。其次狠抓了中国银行业“三大公约”的贯彻落实，积极引导银行业金融机构逐步调整、完善了不适应行业公约要求的操作方法和管理规定。第三，成立信贷、法律、中间业务和文明规范服务四个专业工作委员会，借助银行专家解决行业问题，近期还将成立银行卡专业工作委员会。

维护市场秩序，保护合法权益。一是倡导诚实守信。组织开展了“信贷诚信单位”评选活动 7 次，共有 3580 户企业单位被评为“湖南银行业信贷诚信单位”。实行了银行业依法维权信息收集通报制度，从 2003 年起，逐年撰写“湖南银行业年度依法维权报告”，促进了“二高一低”状况的改善。二是开展行业联合制裁。先后组织开展行业联合制裁行动 9 次，170 家企业被列入“黑名单”，受到银行业停止信贷融资、停办支付结算等方面的联合制裁。实行了银行业严重违法违规人员业内告示制度，目前已对 12 名严重违法违规人员进行业内通报，提示银行业不予录用或谨慎录用。实行了社会中介机制不良行为案例银行内部通报制度。三是主动服务行业。参与了 15 个企业、涉及银行债权 9.98 亿元的破产清算工作；协助四家金融资产管理公司向省政法委反映了不良资产处置和管理中的困难和问题；协调会员单位妥善处理社会反映强烈的银行卡收费纠纷和银行代发低保金问题；会同光大银行和工商银行处理了抵押物拍卖款执行、贷款抵押资产保护和债务纠纷，协调了基层法院强行扣划保证金存款、银行贷款中房地产评估费折扣、汽车消费贷款保险、涉外对冲资金诈骗问题。四是提升行业自律维权能力。出台了湖南银行业文明服务基本规定、文明规范服务意见、节假日金融服务意见，开展了文明规范服务和银行基础知识普及系列活动，18 家银行机构被评为“中国银行业文明规范服务示范单位”；组织实施了银行从业资格认证工作，已有 6000 余人通过考试，还举办了两期境内、三期香港、两期国外专业培训班，700 余人参加培训；研究制定了银行业协会配合做好治理商业贿赂专项治理工作意见，提出了治理对策和方法。

开展自律维权调研，促进行业热点问题的解决。先后进行了担保公司在银行融资风险、银行运用法律手段维护权益、银行业文明规范服务满意度等九项专题调研，有针对性的提出了解决问题的措施和建议。调研报告均被中国银监会和湖南银监局转载和采用。

摘自《湖南日报》2007 年 11 月 14 日

立足民生　为民解忧

——2007 年广东省慈善总会工作概况

2007 年广东省慈善总会秉承“聚民间之财，办最困难者之事”的原则，不断提高筹款和救助能力，扎扎实实地开展各项工作，成效显著，得到了社会各界的广泛好评。一年来，省慈善总会通过开展“送书献爱心，建设新农村”、2007 年度“送温暖、献爱心”、“共沐蓝天、共创和谐——广东美术慈善创作大赛暨作品助孤义卖”、2007 年广州泰瑞·福克斯慈善慢跑活动、美国美泰儿童基金会合作项目等各式各样的筹款活动，先后向社会各界募集善款 8000 多万元人民币以及价值近 500 万元的物资，并开设了“孤儿救助基金”和“爱与心相连（广东）医疗救助基金”等两大专项基金为我省孤儿和特困家庭重大疾病患者筹款。

与此同时，总会遵循“党和政府最关心、困难群众最需要”的理念，以社会救助为中心，严格按照中华人民共和国公益事业捐赠法规定和捐赠者意愿，兴办和资助了各项社会慈善公益事业。其中投入 418 万元用于“送书献爱心，建设新农村”活动，为我省贫困地区 116 间农村中小学建立了图书室，捐助图书 57.5 万册和书架 750 个；投入近 148 万元，用于帮助贫困地区兴建教学楼及解决了 500 多名贫困学子的学费问题；投入近 90 万元，救助了近70名省内各市县特困病患者；投入近48万元用于“微笑列车”项目唇腭裂患者手术补助费用，帮助了800多名患者实施手术；拨款近75万元人民币(美泰儿童基金会专项基金)。给深圳第二人民医院、佛山启聪学校、南海社会福利中心和东莞儿童福利院，救助患病儿童113人；拨款300万元用于低保困难家庭和重点优抚对象心脏病患者进行医疗救治，至2007年年底止已救治366人；投入7860万元开展救灾、敬老、扶贫等其他各项慈善事业，并将接收到的物资及时送到有需要的人们手中。省慈善总会充分发挥了慈善事业作为社会保障体系重要补充的积极作用，为弱势群体，困难群众送去了温暖和希望，为构建和谐广东作出了积极的贡献。

广东省食品行业协会

广东省医药行业协会

广东省食品行业协会是“全国先进民间组织”、“广东省先进民间组织”，2007年得到了新发展。目前，协会拥有会员企业1600家。拥有凉茶、中医药等34个专业委员会、分会，拥有《营养与食品卫生》杂志、《南方食品食品网》、南方食品质量检验检测中心、食品药品产业安全预警服务平台，已建成并经业务主管单位省文化厅批准正在办理注册登记的广东省凉茶博物馆，正在筹建广东省南昆山中医药研究院及广东省食品医药行业惩防体系与治理商业贿赂预警平台。协会秘书处下辖质量技术部等6个职能部门，已成为净资产超过1000万元、全国食品医药界最大的行业协会。

2007年，协会建立健全了产业发展规划设计运营体系、行业自律管理体系、食品医药产业名牌优质产品评价保护体系、食品行业标准体系整套服务体系。协会创造性地提出并推行“实施名牌发展战略”，形成了闻名中外的“广东粮，珠江水”；开展食文化遗产认定保护工作，使凉茶成为国家级非物质文化遗产。协会制定了《广东省食品行业自律管理若干规定》等8个文本，并通过评价认定了第一批100多家行业自律管理A级企业，推动了产业健康发展。2007年，全省食品医药行业完成工业总产值2356亿元，同比增长21%；餐饮业实现营业收入1700亿元，行业经济总量达到4052亿元。获“中国名牌产品”、“中国驰名商标”数量居全国同行业之首，获“广东省名牌产品”、“广东省著名商标”数量居广东各行业之首，并培育出了“中国第一食品名镇——庵埠”、“中国腊味食品名镇——黄圃”、“中国沙糖橘之乡——广宁”、“中国食品名镇——茶山”等全国著名产业集群。

在广东省民政厅的指导下，协会党支部与省民间组织管理局党支部结成学习对子，加强相互学习和交流，促进了党建工作和各项工作的顺利进行。开展“四好部门”和“三好员工”活动，系统学习法律法规、技术标准、业务知识，协会工作做到了政府、行业、企业、社会“四满意”。2007年，张俊修会长当选为政协第十届广东省委员会委员。

用诚信塑造品牌
以创新实现发展

深圳书城培训中心

深圳书城培训中心系深圳出版发行集团旗下的一家综合性国有民办非企业培训机构，于1999年注册成立，2002年与深圳市文化管理培训中心实现机构并置，实行“两块牌子，一套班子”的运作。目前，该中心拥有250多个品牌培训项目，教学范围辐射至深圳6大行政区，年培训4万余人，20多万新老学员遍布深圳各行各业。

一、树立质量标准

中心2001年引入ISO9000质量管理体系，2006年成为华南地区首家通过BSI质量体系认证的培训机构。2007年建立了相对完整的学科带头人工作和管理体系。该中心还专门设立教研室，为教学计划、教学大纲及课程进行统一制定、规划和评估考核，控制与提升教学质量，以质量建立信誉。

二、创新服务体系

中心除了提供学历、外语、电脑、职业技能等多元精品培训服务，依托庞大教学网点把优质培训服务输送到深圳宝安、龙岗等偏远地区外，还拥有全市最大的英语社交环境，设立了大运会英语言演练场，并率先成立了学员服务中心，组建了新汽车文化俱乐部、书城热舞俱乐部、学员外语及城市文化义工队，建立了完善的学员服务体系，提供多元增值服务，以服务提升品牌。

三、勇担社会责任

多年来，中心积极承担企业公民的社会责任，所承办深圳读书月重点主题活动“快速阅读大赛”每年吸引12万人参加；所承办的深圳市百万市民讲外语主题活动“一元钱学外语”流动公益培训课堂每年走进30多家企业和社区，每年免费培训市民和外来工1万多人；所承办的深圳市百万农民工技能大比武之“广告·动漫设计大赛”，吸引了200多名农民工精英参加；积极参与“五关”行动，开展免费培训、爱心讲座、创业和就业指导等多种形式的社区课堂，吸引上万名外来工、下岗工人、低保户子女、在校中小学生参加；积极参展文博会、封博会，以此为平台开展残疾人动漫作品展等公益活动；作为深圳市再就业培训基地、残疾人培训基地，每年培训再就业人员和残障人士500多人，为社会弱势群体营造了一个自我提升、自我增值、自我实现的培训学习和就业平台。

以服务为中心
积极做好协会工作

广西保险行业协会

2007年，广西保险行业协会以服务为中心，以自律、维权、协调、交流、宣传为基本职责，围绕各会员公司的需求和促进广西保险业和谐发展，开拓创新，积极主动开展工作，较好地发挥了桥梁和纽带作用。

一、加强行业自律，实现行业自我约束

一年来，协会倡议和组织各会员公司签订了《过渡性交强险理赔信息查询系统使用协议》、《保险机构管理人员流动自律公约》、《保险营销员流动自律公约》、《非车险业务自律协议》等一系列的自律协议。通过签订协议，规范市场行为，市场秩序得到有效的管控与改善，尤其是机动车辆保险市场秩序明显好转。

二、开展诚信建设活动，推动保险行业诚信体系建设

受广西保监局的委托，协会完成了2006年度广西保险机构诚信建设考

评工作。为进一步宣传诚信知识、倡导诚信理念、提升诚信服务，协会与广西保监局联合主办了“人保财险杯”诚信保险知识竞赛活动。共有15家区级保险公司代表队和8家市级保险行业协会代表队参加了竞赛活动、1.5万人参加了报纸答题，区内多家媒体对本次活动进行了全程的跟踪报道。通过开展诚信建设活动，推动了了广西保险行业诚信体系建设。

三、做好中介考试工作，促进保险代理人队伍建设

为了满足个人代理人就近考试的需要，协会急会员公司之所急，相继协助百色、河池、贵港、北部湾4个保险行业协会完成电子化考试点的程序安装、调试、试考和开考工作，促进了全区保险代理人电子化考试取得迅速发展。

自2005年以来，我区实施的保险代理人资格考试少数民族特殊政策对增加保险从业人员数量、保留业务骨干起到了积极作用。为进一步发挥政策的作用，促进代理人队伍的壮大，协会下发了进一步加快对享受广西保险代理人资格考试少数民族特殊政策人员的审核工作的通知，简化了审核程序，缩短了审核时间。协会积极探索营销员和保险中介人员的继续教育培训工作，为保险从业人员的继续教育作出积极的努力。

谢应新

积极发挥协会协调作用 促进海南道路运输行业市场和谐发展

海南省道路班车旅客运输协会

2002年5月，经省交通厅同意，省民政厅批准注册正式成立海南省道路班车旅客运输协会（以下简称“省班车协会”）。省班车协会是由我省经营道路客运班线的运输企业自发组成的，负责我省客运班车“滚动发班”的管理工作。

“滚动发班”是以车型分类、班次共保、循环发班、营收共享、优质服务为原则，由运政、车站和经营车方共同配合，运用运政管理与行业自律相结合的手段，真正做到“车进站、客归点”，使参营班车达到“六统一”即进站、票价、调度、配客、发班、结算“六统一”的运作管理模式。

我省道路客运班线自1999年实行滚动发班管理模式以来，有效地规范了企业的经营行为和运输市场秩序，从根本上扭转了全省高速公路客运市场的混乱局面。滚动发班实施8年来，省班车协会共接待车主上访（5人以上）235批次。协会领导班子始终做到热情接待、耐心解答，竭力协调处理上访业主反映的问题，并结合相关法律法规和政策引导业主采取合法手段维护正当利益，最大限度地避免和减少了停班罢运、集体闹事等事件的发生，称职做好省交通厅等政府职能部门的左右手。

在防范和化解群体性事件的工作中，协会始终坚持“稳定压倒一切”的工作方针，按照“深入排查、及时化解、密切监控、稳妥协调”的工作方法，有效地将矛盾和问题化解在萌芽之中。在处理群体性突发事件中，按照正确的方法和步骤有条不紊地开展工作。首先，将情况及时向主管部门汇报，做好车主思想工作；其次，及时召开协调会议，寻找解决问题的方法；第三，充分发挥社团组织自律、协调功能，有效地缓和了矛盾冲突。如成品油价格逐年攀升，而客运票价未能上调，造成客运班线车经营举步维艰。2006年3月，国家出台燃油补贴政策，而跨市县班线客车却未获补贴，引起广大车主十分不满，并酝酿在“五一”开车堵塞省政府集体请愿罢运。省班车协会、省交通厅等领导非常重视，多次召开紧急会议，做好车主思想教育工作，引导车主通过合法手段维护正当权益，在省班车协会及有关部门的共同努力下，及时制止了一起即将发生的大规模恶性罢运事件。

协会始终坚持“服务企业、服务行业、服务政府”的宗旨，努力加强各参营企业与政府的沟通与联系，发挥协会在政府和企业之间的桥梁纽带作用。同时，还及时宣传贯彻行业政策和管理措施，从而真正做好政府职能部门参谋，为政府部门出谋献策。为构建“和谐交通”添砖添瓦，不断促进海南交通又好又快发展。

四川省浙江商会为会员营造温馨的“家”

四川省民政厅

四川省浙江商会2006年、2007年先后被四川省政府招商引资局评为商会工作先进单位和招商引资工作先进单位。

服务会员，多办实事，使商会成为会员的“娘家”。为把商会办成在川浙商的“娘家”，四川省浙江商会积极为会员搭建政企沟通平台，维护在川浙商合法权益。几年来，商会加强与四川各级政府和相关部门的联系沟通，通过商会出面干预协调、向政府反映、发律师函、法律咨询援助、诉讼等方式，先后为20家会员企业、5家浙江籍非会员企业，协调解决了合同纠纷、商铺转让、资金返还、债权追索、产品营销、土地征用等矛盾纠纷，维护了会员的合法权益。

服务社会，富而思源、回馈社会，积极参与四川慈善事业。商会每年都要组织和动员广大会员开展“尽一份社会责任、捐献一份慈善爱心”活动，鼓励会员要担负起更多的社会责任。广大会员纷纷为社会慈善事业及公益事业捐款捐物。5年来，四川省浙江商会，为支援灾区“重建家园”、救助贫困地区儿童捐助500多万元；为成都、南充、甘孜州康定县藏族地区等捐资850万元建希望小学5所和对巴中、广元、仪陇等革命老区的小学生给予实物资助；捐资200多万元资助200多名贫困大学生完成学业。为社会慈善事业及公益事业捐款捐物累计达到1500多万元。仅2007年浙商企业就为四川慈善捐款420万元。

服务川浙两省，为招商引资、经济社会发展作贡献。四川省浙江商会努力为四川的招商引资牵线搭桥，为“四川的项目找资金、为浙商的资金找项目”。2007年，商会促成浙商在四川投资项目达到223个，协议投资342万元。2002年以来，四川省浙江商会为促进川浙经济合作，牵线搭桥，共引进签约合作项目1500个，协议投资金额达500多亿元，为川浙两省经济社会发展作出了积极贡献，受到两省党委政府领导的高度赞扬。

与此同时，四川省浙江商会还积极组织浙商企业，开展关注家乡建设和发展，致富反哺家乡，积极支援和参与浙江新农村建设，5 年共筹集资金 350 万元，受到浙江省有关部门的好评。

程永信

坚持宗旨　紧扣主题
在社会建设中发挥积极作用

贵州省公民道德建设促进会

贵州省公民道德建设促进会于 2004 年 3 月成立，以贯彻《公民道德建设实施纲要》、推进未成年人思想道德建设工作为己任。2007 年主要开展了以下工作和活动。

一、深入基层，开展调研

2007 年 6 月，省促进会和省"整脏治乱"办公室同志一道，到凯里、铜仁、六盘水、安顺等地对开展"整脏治乱"与公民道德建设情况进行调研。2007 年 10 月，到铜仁地区就公民道德建设和未成年人思想道德建设、构建和谐社区建设进行调研。通过调研活动，加强了省促进会与基层单位的联系，为省促进会坚持理论探讨与总结实践经验相结合，发挥社会建设作用打下了良好基础。

二、紧扣主题，服务大局

2007 年省促进会紧扣公民道德建设和未成年人思想道德建设这两大主题，服务于省委相关工作部署，与省文明办等单位联合，先后召开了"共铸诚信贵州"研讨会，"未成年人思想道德建设"座谈会，"公民道德建设与构建和谐社会"研讨会、"践行社会主义荣辱观与加强公民道德建设"座谈会、"'整脏治乱'与公民道德建设"专题座谈会、"弘扬雷锋精神推进道德建设"座谈会等。这些活动对加强公民道德建设和未成年人思想道德建设、构建和谐社会起到了一定促进作用。

三、总结经验，宣传推介

省促进会通过编发“信息交流”，评选“公民道德建设”优秀论文：编辑出版会刊《公民道德建设》（8期）；公开出版图书《公民道德与和谐社会》以及新闻媒体等，宣传推介公民道德建设和未成年人思想道德建设的经验。2007年初，还组织撰写了题为《关于加强和改进未成年人思想道德建设的几点建议》材料，提出了具有较强针对性和普遍意义的5条建议，由省促进会会长袁荣贵（全国政协委员），在3月召开的全国政协会议上作了发言，受到大会及有关方面的重视和关注。

围绕中心　服务大局
努力为困难职工奉献爱心

贵州省送温暖基金会

贵州省送温暖基金会于2004年8月经贵州省民政厅批准成立。基金会成立以来，在确保基金安全、保值、增值的前提下，累计实现了基金增值及项目收益539万元，并接受社会各界捐款823万元，秉承为贵州省困难职工送温暖及其子女上学募集资金并提供帮助的宗旨，总计已划拨1096万元，用于省总工会连续4年的两节送温暖和3年的金秋助学补助以及职工平时突发困难的补助，2006年年底和2007年年初还在省直属系统筹集了衣服、棉被20万件，现金25万元用于农民工的送温暖专项补助。此项工作得到了全国总工会和贵州省委领导同志的充分肯定和社会各界以及广大职工的好评。

2007年，基金会通过深入调查研究，整合各方资源，借助媒体宣传等方式，逐步建立帮扶长效机制，推动工作再上新台阶。首先，积极配合全省各级工会多层次、多形式、多渠道地努力做好元旦、春节“两节”期间送温暖的相关工作。在各级党政的高度重视和大力支持下，全省共筹措送温暖资金5865万元，慰问困难企业3570个，慰问困难职工115080户。其次，2007年7月底至9月上旬在全省各级工会开展了“金秋助学”活动。活动中基金会共筹集助学资金140万元，根据各地各产业的经济发展状况和职工人数进行分配下拨，全省各级工会共筹集发放助学资金600余万元，资助了近3万名符合条件的学子。另外，近几年来，基金会与贵州省黄果树烟草集团公司投资124万元联合在贵州偏远的少数民族地区修建了4所希望小学。

贵州省送温暖基金会在今后的工作中，将继续以党的十七大精神为指导，贯彻落实科学发展观，求真务实，科学创新，努力推进送温暖活动创新发展，为构建社会主义和谐社会作出了自己的贡献。

心系教育　培育人才

——云南爱因森软件职业学院

云南爱因森软件职业学院是在云南省民政厅登记的民办非企业单位，业务主管单位为云南省教育厅。自登记以来，云南爱因森软件职业学院积极按时参加年检，严格按照登记管理机关核准的章程和规定的业务范围开展活动，积极发挥民办高校在构建和谐社会中的积极作用。

云南爱因森软件职业学院是云南民办职业教育的领军者，被誉为云南“软件白领的摇篮”和“中国最具品牌影响力教育培训机构”，拥有中国著名计算机教育专家、清华大学教授谭浩强等一批知名客座教授，结合用人单位要求与就业趋势，有针对性地开设了软件应用技术、工商管理、法律事务、外语等20个热门专业。自成立以来，学院累计向社会输送计算机专业人才10余万人。

一直以来，云南爱因森软件职业学院心系国民教育、心系民族地区，把关注贫困地区的教育和服务社会作为己任，在促进社区公益事业发展中发挥带头作用。近年来，学院开展了“校内网青海牧区贫困小学生助学计划”的活动；开办了“民族发展扶持班”，为云南特有的7个少数民族学生提供免费的培训学习机会；专门为社区不同群体设置的培训，不仅满足了社区居民的不同需求，还丰富了社区的文化生活，促进了和谐社区建设；举办的“云南爱因森软件职业学院电脑学习中心助残爱心班”和下岗职工免费电脑培训等公益活动，为智障残疾人和弱势群体创造学习机会，提供就业保障。

为使云南爱因森软件职业学院又好又快全面、协调、可持续发展，学院于2007年9月成立了云南省民办高等院校第一个党委，并在电脑学校、电脑学习中心建立党支部，大力加强广大师生员工思想政治工作和精神文明建设。

云南爱因森软件职业学院从创办至今，始终坚持"以父母之心办教育、帮助学生成功"的办学理念，以严格的教学管理和高度负责的态度，以一片赤诚感恩的爱心，回报社会，始终为推动构建和谐社会贡献力量，得到各级党委、政府和社会各界的肯定和好评。

西藏自治区民族团结发展促进协会举行第一期捐资助学活动

在全区各族人民喜迎党的十七大胜利召开和全区开展第17个"民族团结月"活动之际，2007年9月18日，西藏自治区民族团结发展促进协会举行第一期"西藏民族团结助学行动"捐赠仪式在拉萨举行。自治区人大常委会副主任向巴嘎登、自治区政协副主席次仁卓嘎出席了此次捐赠仪式，自治区文明办、民政厅、教育厅、团委领导，捐资助学企业代表，受资助学生所在单位负责同志以及受资助学生代表等100多人参加了捐资助学活动仪式。

此次捐资助学活动由西藏自治区民族团结发展促进协会发起，北京菜市口百货股份有限公司捐资20万元；北京中视博大发展投资集团捐资18万元；西藏银桥实业发展有限公司捐资7万元；西藏康曲民族经济文化发展有限公司捐资5万元，共计50万元人民币，对西藏大学、西藏藏医学院、西藏高等师范专科学校、拉萨中学、杰素·丹珍保育院、南木保育院的500名贫困学生进行了资助。

在捐资助学活动仪式上，西藏自治区民族团结发展促进协会会长对捐资助学的企业表示了感谢，同时也对受到资助的贫困学生寄予了希望。捐资助学企业代表在发言中表示：今后将一如既往地进行捐资助学活动，为西藏的人才培养，为构建和谐社会做出积极的贡献。受资助的贫困学生代表在发言中则表示：绝不辜负党和政府以及社会各界对他们的殷切希望，一定要用实际行动，用良好的学习成绩来回报社会对他们的无私关怀与帮助。

此次捐资助学活动，各捐资助学企业在做大、做强自身事业的同时，积极响应党和政府号召，心系群众、情系西藏教育，慷慨解囊，为西藏的贫困学生捐资助学，用实际行动回报社会，充分体现了这些捐资助学企业关心他人、关爱社会的可贵精神风貌和道德情操，对于解决我区各族贫困学生“上学难”问题，激发学生学习积极性，弘扬扶贫帮困的人道主义精神都具有十分重要的意义。

援助西藏发展基金会为拉萨、昌都、日喀则等地区牧民群众捐赠太阳能设备

2007年，援助西藏发展基金会积极发挥社会组织作用，广泛开展“爱我西藏·支援西藏”阳光工程，共向拉萨、昌都、日喀则、山南、林芝等地（市）的部分县乡农牧民群众捐赠太阳能光伏电站、太阳灶、太阳能灯等太阳能设备近2000台套，设备总价值近300万元，使许多农牧民群众告别了无电的历史，用上了清洁、安全的太阳能能源。另外，援助西藏发展基金会还为全区7地（市）25个县、35个乡的5664户农牧民家庭，42所乡村小学和17所乡卫生院捐款319万多元，受益人数达2.8万余人。

援助西藏发展基金会副秘书长阿培·晋源表示，援助西藏发展基金会将一如既往地为更多需要帮助的贫困农牧民脱贫解困，为建设社会主义新农村和构建和谐西藏做出应有的贡献。

发挥协会支部作用促进农村经济发展

陕西省汉中市民政局

2007年11月5日，陕西省宁强县巨亭乡产业协会党支部正式成立，这是该县成立的首个协会党支部。党支部有各党员示范基地负责人、乡农技站干部、乡成技校老师、优秀党员示范户等19名党员组成，每年由乡党委解决办公经费1000元。党支部的主要职责是贯彻落实乡党委关于产业发展的决议；研究草拟全乡产业发展规划，为促进产业发展献言献策；做好产业链上党员教育管理和发展工作，积极引导和充分发挥党员在产业发展

中的先锋模范作用；做好党员在产业管理方面的业务培训；组织党员为群众做好生产环节的技术指导和帮助。该协会党支部成立后，积极开展“联户谈心”、“结对帮扶”等活动，通过技术培训、召开现场会、创办产业示范园等形式，为群众提供产、供、销一条龙服务，受到群众欢迎。

在协会支部的促进和带动下，目前全乡共发展食用菌36万袋，出栏生猪4200头，饲养家禽21000只，种植中药材1000亩，“菌、畜、药”三大主导产业实现收入960万元，占到农村经济总收入60%。

西安市阎良区武屯蔬菜产销协会

一

2006年秋，西安市阎良区出现芹菜卖难，几近酿成“芹菜危机”。武屯蔬菜产销协会，通过增设购销网点，扩大销售区域，敦促菜农及早出售，很快做到了顺畅销售，芹菜价格趋于稳定，到11月下旬，阎良区芹菜基本销售完毕，秋芹菜卖难得到较好解决。

2007年，阎良区武屯蔬菜产销协会不断发展壮大。协会以示范园区3000亩蔬菜为试验、示范基地，聘请西农大教授前来授课，共举办各类培训班23次，参加人数1700多人次，印发资料2000份。引进西芹、菜花、甘蓝等新品种12个，“芹阎”牌西芹商标注册也已经进入审批程序。协会南下长沙、南阳，北上兰州、西宁，协会和当地政府一起搞推介，使2007年芹菜出现产销两旺的可喜局面。2007年6月，区农技站在园区安装了频振式杀虫灯50盏，每当夜幕降临，杀虫灯像一张大网，诱杀虫子大显神威。园区内蔬菜用药次数比周围地区减少3－5次，而且，长势比周边地区都好。通过协会检测室自检，没有发现一起农药残留量超标事件。区农检中心和农业部门质量办公室多次抽检，也全部达到了合格。协会基础设施建设不断改进。2007年7月，协会建成一座长17米、宽8米，建筑面积136平方米的办公用房，设会议室、检测室、信息室、财务室，并且配备了电脑、检测仪器、桌椅等办公用具。2007年11月，协会又建起了一座长24.4米、宽13米，建筑面积317.2平方米的蔬菜批发市场交易大棚。办公环境的改善，使协会面貌焕然一新。

协会从2005年4月份成立至今，会员从350户发展到了1270户；经纪人队伍从23人增加到43人；总资产78万元，年利润实现8万元；会员人均纯收入5300元，带动农户2850户。

陕西一台今日点击栏目报道

充分发挥桥梁纽带作用 努力搭建经济服务平台

——甘肃省机械工程学会发挥作用具体案例

甘肃省民政厅民间组织管理局

甘肃省机械工程学会响应省委、省政府“振兴装备制造业行动计划”，成功组织承办了2007年第二届中国（兰州）国际装备制造业博览会。

博览会围绕西部地区装备制造业的发展特点，以市场为导向，遵循展览市场规则，将专业展和综合展相结合。本次博览会共有国内外200余家企业参展，展位300余个。展品按专业展示为主的原则设立了：机床、工模具、工业控制自动化及仪器仪表、焊接设备、电力电工设备、泵、阀门、流体设备、真空、五金电动工具、压缩机、汽车、农机等为主题的系列展览会，集中展示了德国费斯托公司、香港虹润、台湾三巨、中国西电、中国亚德客、金川集团、酒钢集团、星火机床、长城电工、天水锻压、吉利汽车等各类具有高、精、尖性能的装备制造业设备与产品。据不完全统计，此次博览会达成的产品交易及合作投资项目金额超过3.8亿多元。金川集团机械制造公司与哈萨克斯坦铜业集团、北京金诚信矿业建设有限公司等9家中外企业签订了井下采矿设备、选矿压滤设备销售合同，合同总金额8100万元人民币。

通过承办本次博览会，宣传了甘肃装备制造业、招商引资及经济发展的各项优惠政策，同时展示了近年来经济快速发展的新面貌，不仅有力地推动了装备制造业的发展，也带动了其他行业和其他各个领域的振兴，达到了经济效益和社会效益的双赢目的，为推动甘肃省工业经济的发展以及我国西部地区装备制造业的调整改造和全面振兴做出了积极的贡献。

廖　翔

从严把关重质量
争先创优促发展

——甘肃省建筑业联合会发挥作用具体案例

甘肃省民政厅民间组织管理局

提高工程质量，创建飞天奖工程，是省建设厅委托联合会组织实施的一项重要工作。

今年经企业申报、各市（州）推荐的2007年飞天奖工程共86项。甘肃省建筑业联合会会同相关部门认真审查，精心组织，为做好此项工作，抽调专家按照国家规定的评定标准进行了严格评议、现场复查，评委会评审、网上公示、报省建设厅批准，最后有52项被评为2007年飞天奖工程，其中飞天金奖8项。此项工作得到省建设厅表扬和肯定。并向中国建筑业协会推荐申报了2项鲁班奖工程评选对象。在全国95项获奖工程中，我省甘肃火电工程公司主承建的张掖电厂一期2×300MW燃煤机组工程和海天建设集团兰州公司主承建的西北民族大学公共教学楼工程，荣获2007年鲁班奖工程光荣称号。

创建飞天奖工程，目的是提高建筑工程质量，落脚点是项目部，但提高工程质量的关键人物是项目经理。过去，我们表彰飞天奖工程只表彰企业，今年为了鼓励基层创优的积极性和适应省内外工程招投标的市场需要，根据企业的建议，我们对全省1998年—2006年期间创建飞天奖工程的257名项目经理颁发了证书和奖杯，这一举措受到了广大企业和项目经理的欢迎。2007年中国建筑业协会评审表彰了2006年度的全国建筑业优秀项目经理，经我会推荐的13名同志全部获此荣誉称号。

多年来，我省的飞天奖工程评选，从未下达指标，主要看质量好不好，条件够不够，宁缺毋滥，不搞凑数。今年的飞天奖工程，从数量上看，少于去年，但由于要求严格，示范作用更强了。

廖　翔

新疆经贸行业协会为企业“搭桥”

新疆机械电子工业协会坚持为企业和企业家服务，积极推进企业改革和管理现代化，从1998年开始至今积极配合自治区机电行办工作，先后为行业内近30家企业起草改制和改革方案，使新疆机电行业等一批企业建立了新的法人治理结构，受到企业的欢迎。

目前，自治区经贸委主管的行业协会共有64个，涉及轻工、机械、化工、纺织、建材、电子、交通、冶金和商贸流通等领域。在协助政府参与行业管理、服务企业发展、优化行业发展环境，推动产业结构调整及经济发展等方面发挥了重要的作用。

新疆钢铁行业协会积极组织行业运行分析，先后对我区的铁合金企业、小炼钢、小炼铁、小轧钢企业以及近几年新疆和改扩建钢铁项目以及资源情况进行了调研，为引导企业开拓市场发挥了很好的作用。

经贸系统的行业协会还自觉开展行业自律工作，积极维护行业自律和公平竞争，例如，新疆建材工业协会在水泥销售价格方面制定行为约定，统一价格，避免了恶意竞争，有效地改善了市场环境，维护了企业的共同利益。

附 录

社会组织历年统计资料

单位：个

年 份	社会组织合计	社会团体	民办非企业	基金会
1978				
1979				
1980				
1981				
1982				
1983				
1984				
1985				
1986				
1987				
1988	4446	4446		
1989	4544	4544		
1990	10855	10855		
1991	82814	82814		
1992	154502	154502		
1993	167506	167506		
1994	174060	174060		
1995	180583	180583		
1996	184821	184821		
1997	181318	181318		
1998	165600	165600		
1999	142665	136764	5901	
2000	153322	130668	22654	
2001	210939	128805	82134	
2002	244509	133297	111212	
2003	266612	141167	124491	954
2004	289432	153359	135181	892
2005	319762	171150	147637	975
2006	354393	191946	161303	1144
2007	386916	211661	173915	1340

注：2002 年以前的基金会含在社会团体内。

图书在版编目（CIP）数据

中国社会组织年鉴．2008 /《中国社会组织年鉴》编委会编．—北京：中国社会出版社，2008.10

ISBN 978－7－5087－2387－7

Ⅰ．中… Ⅱ．中… Ⅲ．社会团体—中国—2008—年鉴 Ⅳ．D66－54

中国版本图书馆 CIP 数据核字（2008）第 166109 号

书　　名： 中国社会组织年鉴 2008
编　　者： 中国社会组织年鉴编委会
责任编辑： 朱永玲

出版发行： 中国社会出版社　邮政编码：100032
通联方法： 北京市西城区二龙路甲 33 号新龙大厦
电　话：（010）66080300　（010）66083600
（010）66085300　（010）66063678
邮购部：（010）66060275　电　传：（010）66051713
网　　址： www. shcbs. com. cn
经　　销： 各地新华书店

印刷装订： 北京凯达印务有限公司
开　　本： 170mm×240mm　1/16
印　　张： 35.5　**插图**　0.25
字　　数： 600 千字
版　　次： 2008 年 10 月第 1 版
印　　次： 2008 年 10 月第 1 次印刷
定　　价： 98.00 元